OEUVRES
DE
WALTER SCOTT

TRADUITES

PAR M. LOUIS VIVIEN,

AVEC TOUTES LES NOTES, PRÉFACES, INTRODUCTIONS ET MODIFICATIONS
AJOUTÉES PAR L'AUTEUR A SA DERNIÈRE ÉDITION D'ÉDIMBOURG ;
ET
DE NOUVELLES NOTES HISTORIQUES ET LITTÉRAIRES PAR LE TRADUCTEUR.

TROISIÈME ÉDITION.

Tome Vingt-cinquième.

LÉGENDE DE MONTROSE.

PARIS :

Chez LEFÈVRE, Éditeur, rue de l'Éperon, 6.

POURRAT FRÈRES, Éditeurs, | DAUVIN et FONTAINE, Libraires,
Rue des Petits-Augustins, 5. | Passage des Panoramas, 35.

1841.

OEUVRES
DE
WALTER SCOTT.

TOME XXV.

IMPRIMERIES DE PECQUEREAU ET Ce.
Rue de la Harpe, 58.

OEUVRES

DE

WALTER SCOTT

TRADUITES

PAR M. LOUIS VIVIEN,

AVEC TOUTES LES NOTES, PRÉFACES, INTRODUCTIONS ET MODIFICATIONS AJOUTÉES PAR L'AUTEUR
A SA DERNIÈRE ÉDITION D'ÉDIMBOURG ;
ET DE NOUVELLES NOTES HISTORIQUES ET LITTÉRAIRES PAR LE TRADUCTEUR.

TROISIÈME ÉDITION.

TOME VINGT-CINQUIÈME.

LA LÉGENDE DE MONTROSE.

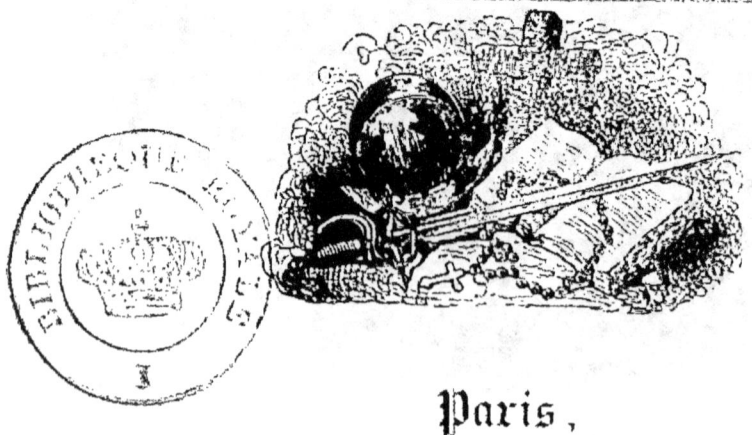

Paris,

Chez LEFÈVRE, Éditeur, rue de l'Éperon, 6 ;
DAUVIN et FONTAINE, Libraires, passage des Panoramas, 35 ;
POURRAT FRÈRES, Éditeurs, rue des Petits-Augustins, 5.

1841.

INTRODUCTION

A

UNE LÉGENDE DE MONTROSE.

La Légende de Montrose a été écrite principalement en vue de placer sous les yeux du lecteur la triste destinée de lord John Kilpont, fils aîné de William, comte d'Airth et de Menteith, et les singulières circonstances de la naissance et de l'histoire de James Stewart d'Ardvoirlich, sous les coups duquel tomba ce lord infortuné.

Notre sujet nous conduit à parler de sanglantes querelles, et nous devons commencer par en raconter une plus ancienne encore que celle à laquelle se rapporte notre histoire. Sous le règne de Jacques IV, une animosité terrible entre les grandes familles de Drummond et de Murray divisait le comté de Perth. Les premiers, plus nombreux et plus puissants, enfermèrent cent soixante des Murray dans l'église de Monivaird, et y mirent le feu. Les femmes et les enfants de ces malheureux, qui avaient aussi cherché un asile dans le temple, périrent dans le même embrasement. Un homme, appelé David Murray, dut la vie à l'humanité de l'un des Drummond, qui le reçut dans ses bras lorsqu'il s'élançait du milieu des flammes. Le roi Jacques IV, qui gouvernait avec plus de vigueur que la plupart de ses prédécesseurs, fit sévèrement punir cet épouvantable forfait, et plusieurs des coupables furent décapités à Stirling. Pour échapper aux poursuites dirigées contre son clan, le Drummond qui avait soustrait David Murray à la mort se réfugia en Irlande, jusqu'à ce que, par les soins de celui dont il avait sauvé la vie, il obtint la permission de rentrer en Écosse, où il porta, ainsi que ses descendants, le nom distinctif de Drummond-Eirinich, ou Ernoch, c'est-à-dire, d'Irlande ; et le même titre fut attribué à leurs possessions

Le Drummond-Ernoch du temps de Jacques VI était un des forestiers de la forêt royale de Glenartney; il s'y trouva employé à la recherche du gibier vers l'année 1588, ou au commencement de 1589. Cette forêt touchait à la principale retraite des Mac-Gregor, ou d'une branche particulière de ce clan connue sous le nom de Mac-Eagh, ou Enfants du Brouillard. Ils regardèrent la chasse du forestier dans leur voisinage comme une agression, ou peut-être l'avaient-ils en haine pour avoir arrêté ou tué quelqu'un des leurs, ou pour quelque autre raison semblable. Cette tribu des Mac-Gregor était hors la loi et poursuivie, comme le lecteur peut le voir dans l'Introduction de *Rob-Roy*; et chacun ayant la main levée contre eux, leur bras était naturellement levé contre tout le monde. Bref, ils surprirent et égorgèrent Drummond-Ernoch, et lui coupèrent la tête, qu'ils emportèrent avec eux, enveloppée dans le coin d'un de leurs plaids.

Dans l'ivresse de la vengeance, ils s'arrêtèrent au manoir d'Ardvoirlich et y demandèrent des rafraîchissements, qu'en l'absence de son époux, la dame de la maison, sœur du malheureux Drummond-Ernoch, n'osa ou ne voulut point leur refuser. Elle leur fit apporter du pain et du fromage, et donna des ordres pour qu'on leur préparât quelque chose de plus substantiel. Tandis qu'elle était sortie dans cette charitable intention, les barbares placèrent la tête de son frère sur la table, et lui remplirent la bouche de pain et de fromage, en lui ordonnant de manger, en mémoire de tous les joyeux repas qu'il avait faits dans cette maison.

La pauvre femme, en rentrant, ayant aperçu cet épouvantable spectacle, poussa un cri perçant, et s'enfuit dans les bois, où, comme il est dit dans le roman, elle erra en proie à un délire frénétique, et se tint quelque temps éloignée de toute société humaine. Un reste de sentiment instinctif la porta enfin à jeter de loin un coup d'œil furtif sur les femmes qui venaient traire les vaches; on s'en aperçut, et Ardvoirlich, son époux, étant parvenu à la ramener au logis, l'y enferma jusqu'à ce qu'elle eût donné le jour à un fils qu'elle portait dans son sein. Après sa délivrance, on la vit recouvrer par degrés ses facultés mentales.

Sur ces entrefaites, les proscrits avaient mis le comble à leurs insultes contre l'autorité royale, qu'à la manière dont elle était exercée ils avaient d'ailleurs peu sujet de respecter. Le trophée sanglant qu'ils avaient si odieusement présenté aux regards de la dame d'Ardvoirlich fut porté dans la vieille église de Balquidder, presque au centre de leur pays. Là, le laird Mac-Gregor et tous les hommes de son clan rassemblés à cet effet, étendirent successivement la main sur la tête de la victime, et jurèrent, avec une solennité barbare et sauvage, de défendre l'auteur du meurtre. Cette ligue féroce et vindicative a fourni au regrettable ami de l'auteur, sir Alexandre Boswell, baronnet, le sujet d'un poëme plein d'âme, intitulé — *Le Vœu du clan d'Alpin*, — qui a été imprimé, mais non, je crois, livré au public, en 1811 [1].

Le fait est établi par une proclamation du Conseil-Privé, en date du 4 février 1589, qui déchaîne le fer et la flamme contre les Mac-Gregor [2]. Cette terrible mission fut remplie avec une furie peu ordinaire. Feu l'excellent John Buchanan de Cambusmore a montré à l'auteur une correspondance entre l'un de ses aïeux, le laird de Buchanan, et lord Drummond, au sujet d'un rendez-vous et d'un jour à fixer pour balayer certaines vallées avec leurs adhérents, et « tirer une douce vengeance de la mort de leur cousin, Drummond-Ernoch. » Néanmoins, en dépit de tout ce qu'on put faire, la tribu des Mac-Gregor survécut encore pour supporter et exercer de nouvelles cruautés et de nouveaux outrages [3].

Cependant le jeune James Stewart d'Ardvoirlich était arrivé à l'âge

[1] *Voir* l'Appendice, n° 1, ci-après, page 11.
[2] *Voir* l'Appendice, n° 2, *ibid.*
[3] Je saisis l'occasion que me procure une seconde mention de ce clan, pour signaler l'erreur qui impute à un individu nommé Ciar Mohr Mac-Gregor le massacre des étudiants à la bataille de Glenfruin. J'ai été informé par John Gregorson, écuyer, que le chef de ce nom était mort près d'un siècle avant cette bataille, et ne pouvait en conséquence avoir commis l'action cruelle dont il est question. Cette méprise ne saurait m'être reprochée, puisque, en citant la tradition, j'en ai décliné la responsabilité; elle doit être attribuée à la renommée populaire, toujours disposée à mettre les actions remarquables sous un nom remarquable comme elles. — *Voyez* le passage erroné, dans l'Introduction de *Rob-Roy*, page vii; et maintenant, que l'ombre offensée de Dugald Ciar Mohr repose en paix!

C'est avec un plaisir mêlé de honte que je me rappelle l'erreur plus importante que j'ai commise en annonçant la mort de mon savant ami, le révérend docteur Grahame, ministre d'Aberfoil. — *Voyez Rob-Roy*, page 259. Je ne puis me souvenir à présent du motif précis pour lequel j'ai privé de l'existence mon bon et savant ami, à moins que, comme M. Kirke, son prédécesseur dans la paroisse, l'excellent docteur n'ait fait un petit voyage dans le pays des Fées, dont il connaît si bien les merveilles. Mais, quelle que soit la cause de mon erreur, je regrette bien sincèrement d'avoir répandu un tel bruit; et personne ne peut être plus enchanté que moi d'apprendre que, de quelque manière que j'aie été amené à l'accréditer et à lui donner cours, la nouvelle est fausse, et que le docteur Grahame est encore vivant et pasteur d'Aberfoil, pour les délices et l'instruction de ses confrères les antiquaires. (W. S.)

viril. D'une taille extraordinaire, vigoureux et actif, il avait surtout, dans la pression de sa main, tant de puissance, qu'il pouvait faire jaillir le sang des ongles de ceux qui s'essayaient avec lui à cette épreuve. Son caractère était bizarre, hautain et irascible; pourtant il fallait que l'on vît en lui quelques bonnes qualités, puisqu'il fut tendrement aimé de lord Kilpont, fils aîné du comte d'Airth et de Menteith.

Ce jeune et brave seigneur joignit Montrose lorsqu'il leva l'étendard en 1644, un peu avant la bataille décisive de Tippermuir, livrée le 1er septembre de cette année. A cette époque, Stewart d'Ardvoirlich était le confident du jeune lord pendant le jour, et son compagnon de lit pendant la nuit. Mais quatre ou cinq jours environ après la bataille, Ardvoirlich, poussé par un accès de fureur soudaine, ou par une secrète haine longtemps nourrie contre son ami sans défiance, frappa lord Kilpont au cœur d'un coup de poignard, et s'échappa du camp de Montrose en tuant une sentinelle qui essayait de l'arrêter. L'évêque Guthrie donne pour raison de ce crime odieux que lord Kilpont avait rejeté avec horreur la proposition que lui avait faite Ardvoirlich d'assassiner Montrose; mais il ne semble pas qu'aucune preuve confirme cette accusation, qui n'a qu'un simple soupçon pour base. Ce qui est certain, c'est qu'Ardvoirlich, le meurtrier, se réfugia auprès des Covenantaires, qui l'employèrent et lui donnèrent un commandement. Il obtint pour le meurtre de lord Kilpont un édit de grâce, confirmé en 1644 par le Parlement, et fut nommé major au régiment d'Argyle en 1648. Tels sont les faits sur lesquels est basée l'histoire donnée ici comme une légende des guerres de Montrose : le lecteur verra qu'ils ont été notablement modifiés dans la narration du romancier.

L'auteur s'est efforcé d'égayer la partie tragique du récit en introduisant un personnage qui eût la couleur du temps et du pays. Dans cette tentative, d'excellents juges ont pensé qu'il avait assez bien réussi. Le mépris du commerce professé par les jeunes gens qui avaient quelque prétention à la noblesse, la pauvreté de l'Écosse, la disposition nationale à courir les aventures, tout contribuait à pousser les Écossais hors de leur pays, et à leur faire prendre du service dans les contrées qui étaient en guerre les unes contre les autres. Ils se distinguaient sur le continent par leur bravoure; mais en adoptant le métier de soldats mercenaires, ils compromettaient nécessairement leur caractère national. La teinture d'instruction que possédaient la plupart d'entre eux dégénérait en pédanterie ; leurs bonnes manières n'étaient plus qu'un simple cérémonial ; et la crainte du déshonneur, au lieu de les éloigner de ce qui est réellement mal, ne se manifestait plus que par l'accomplissement de certaines observances minutieuses et tout à fait différentes de ce qui est en soi digne d'éloges. Un homme d'honneur qui courait après la fortune pouvait, par exemple, changer de service comme de chemise, combattre, comme le brave capitaine Dalgetty, tantôt pour une cause, tantôt pour l'autre, sans s'inquiéter du bon droit, et piller les paysans que lui soumettait le sort des armes, avec la plus impitoyable rapacité. Mais il devait faire attention à ne pas souffrir, même de la part d'un ecclésiastique, le plus léger reproche qui eût rapport à une négligence dans le service. Le passage suivant prouvera la vérité de ce que j'avance.

« Je ne dois pas oublier ici un prédicateur, Maître William Forbesse. Il prêchait les troupes, et même au besoin se faisait capitaine pour conduire les soldats dans les bonnes occasions, étant plein de courage et supérieur en jugement et en prudence à bien des capitaines que j'ai connus, qui n'étaient pas si capables que lui. A cette époque, non-seulement il priait pour nous, mais il nous accompagnait, pour observer, je crois, la conduite des hommes. Ayant trouvé un sergent (dont je ne dirai pas le nom) qui négligeait à la fois son devoir et son honneur, et l'ayant réprimandé, il promit de le signaler, ce qu'il fit après le service. Le sergent, appelé devant moi et accusé, nia l'accusation, déclarant que si ce n'était pas le ministre qui l'eût portée, il ne souffrirait pas une telle injure. Le prédicateur offrit de se battre avec lui pour prouver que ce qu'il avait dit était vrai. Sur ce, je cassai le sergent, et je donnai sa place à un plus digne, nommé Mungo Gray, gentilhomme d'un véritable mérite et de beaucoup de courage. Le sergent cassé ne demanda jamais raison à Maître William, ce qui fit que l'on prit mauvaise opinion de lui, de sorte qu'il retourna dans ses foyers et quitta le métier des armes. »

Cette citation est extraite d'un ouvrage que l'auteur a fréquemment consulté en composant les pages qu'on va lire, et qui est écrit d'une manière qui a beaucoup de rapports avec le caractère du capitaine Dugald Dalgetty. Il porte le formidable titre qui suit : — « Exploits de Monro dans le digne régiment écossais, appelé régiment de Mac-Keye, levé en août 1626 par le colonel sir Donald Mac-Keye, lord Rees, pour le service de Sa Majesté le roi de Danemark, et licencié après la bataille de Nerling, en septembre 1634, à Worms, dans le Palatinat ; accomplis dans plusieurs missions et services, d'abord sous le magnanime roi de Danemark, pendant ses guerres contre l'Empire ; ensuite sous l'invincible roi de Suède, pendant la vie de Sa Majesté ; et depuis sous le directeur-général le grand-chancelier Oxenstiern et ses généraux : recueillis et rassemblés à ses moments perdus par le colonel Robert Monro, premier lieutenant dans ledit régiment ; dédiés au noble et digne capitaine Thomas Mac-Kenzie de Kildon, frère du noble lord comte de Seaforth, pour l'usage de tous les nobles cavaliers qui suivent l'honorable profession des armes. Auxquels est joint l'abrégé de l'exercice, et diverses pratiques et observations à l'usage du jeune officier. Terminés par les méditations du soldat allant à son service » — *Londres*, 1637.

Un autre personnage digne de la même école, et qui envisage à peu près de la même façon l'état militaire, est sir James Turner, soldat de fortune qui parvint à une haute position sous le règne de Charles II, reçut la mission de détruire les conventicules dans les comtés de Galloway et de Dumfries, et fut fait prisonnier par les covenantaires insurgés, dans le soulèvement qui précéda la bataille de Pentland. Sir James est un personnage qui a de plus hautes prétentions encore que le lieutenant-colonel Monro ; il a écrit un traité militaire sur l'exercice de la pique, intitulé *Pallas armata*. De plus, il avait été élevé au collége de Glascow, quoiqu'il ait fini par devenir enseigne dans les guerres d'Allemagne, au lieu de prendre son diplôme de Maître ès Arts dans cette savante université.

Plus tard, il composa sur des sujets historiques et littéraires plusieurs discours dont le club Bannatyne a extrait et imprimé les passages qui concernent sa vie et son époque, sous le titre de « Mémoires de sir James Turner. » J'ai emprunté à ce curieux ouvrage le fragment qui suit, pour montrer comment le capitaine Dalgetty eût pu rapporter un trait semblable s'il eût tenu un journal. Ce passage, pour en donner une idée plus juste, est tel que le génie de De Foe l'aurait tracé pour donner à un récit d'imagination les traits exacts et distinctifs de la vérité.

« Ici je veux raconter un accident qui m'est arrivé ; car bien qu'il ne soit pas fort extraordinaire, les détails en sont pourtant tout à fait bizarres. Mes deux brigades étaient dans un village à un demi-mille d'Applebie; je logeais moi-même dans la maison d'un gentilhomme, officier de cavalerie, qui était alors avec sir Marmaduke; sa femme gardait la chambre, étant sur le point d'accoucher. Le château se trouvant abandonné, et Lambert assez loin, je résolus de me mettre au lit toutes les nuits, me sentant très-fatigué des jours précédents. La première nuit, je dormis assez bien. En me levant le lendemain matin, il me manquait un bas de fil, un de filoselle et une chaussette, en un mot, la garniture d'une jambe sous la botte. Aucune recherche ne put me les faire retrouver. Comme j'en avais encore d'autres, je m'habillai et me rendis au quartier-général. A mon retour, je ne pus obtenir aucune nouvelle de mes bas. Le soir je me couchai, et le matin suivant je me trouvai absolument dans le même embarras : il me manquait les trois bas d'une seule jambe : les trois autres étaient restés intacts comme la veille. Une perquisition plus minutieuse que la première eut lieu sans plus de succès. J'avais encore en réserve une paire de bas entiers et une paire de chaussettes plus grandes que les autres. Je les mis à mes jambes. Le troisième jour, ce fut le même manége : il ne me restait encore de bas que pour une jambe. Nous imaginâmes alors, moi et mes domestiques, que c'étaient sans doute des rats qui avaient fait avec moi un si singulier partage de mes bas. La maîtresse de la maison le savait fort bien, mais elle n'avait pas voulu me le dire. La chambre, qui était une salle basse, ayant été soigneusement visitée avec des chandelles, on découvrit le bout de ma grande chaussette dans un trou où ils avaient entraîné tout le reste. Je sortis, et je donnai ordre de lever le plancher pour voir comment les rats avaient disposé de mes effets. La maîtresse de la maison envoya une servante pour assister à cette opération, qu'elle savait devoir l'intéresser. Une planche ayant été entr'ouverte, un petit domestique à moi y passa la main et rapporta vingt-quatre vieilles pièces d'or et un angelot[1]. La servante affirma que ce trésor appartenait à sa maîtresse. L'enfant m'ayant apporté l'or, je me rendis immédiatement dans la chambre de la dame, et je lui dis qu'il était probable que Lambert avait logé dans cette maison (comme cela était en effet), que quel-

[1] Monnaie du moyen âge. L'angelot, ainsi nommé à cause de l'ange figuré sur le revers, valait en Angleterre 10 shillings. (L. V.)

qu'un de ses domestiques avait sans doute caché cet or, et qu'alors il était légitimement à moi; mais que si elle pouvait prouver qu'il lui appartenait à elle, je le lui remettrais sur-le-champ. La pauvre femme me répondit, en versant d'abondantes larmes, que son mari n'étant pas un homme très-économe (et de fait c'était un dissipateur), elle avait caché cet or à son insu pour s'en servir lorsqu'elle en aurait besoin, et particulièrement lorsqu'elle serait en couches. Elle me conjura, au nom de l'amour que j'avais pour le roi (pour lequel son mari et elle avaient beaucoup souffert), de ne point lui retenir son or. Elle dit que s'il y avait plus ou moins de vingt-quatre pièces entières et de deux demi-pièces, ce ne serait pas à elle, et elle ajouta qu'elle avait mis les siennes dans une bourse de velours rouge. Après que je l'eus rassurée sur son dépôt, on fit une nouvelle perquisition; et l'on retrouva le second angelot et la bourse de velours tout en morceaux, ainsi que mes bas; de sorte que je rendis aussitôt l'or à la pauvre dame. J'ai souvent entendu dire que lorsque les rats mangent ou rongent des vêtements, c'est un mauvais augure qui présage quelque malheur à ceux à qui ces objets appartiennent. Grâce à Dieu, je ne me suis jamais inquiété de semblables pronostics et n'y ai jamais fait aucune attention. Il est vrai que plus d'un malheur m'arriva peu de temps après; mais je suis sûr que j'aurais pu le prévoir moi-même mieux que les rats ou toute autre vermine, et pourtant il n'en fut rien. J'ai à la vérité entendu raconter de belles histoires de rats qui abandonnent les maisons ou les vaisseaux, lorsque les premières vont brûler et les seconds s'engloutir. Les naturalistes disent que ce sont des créatures pleines de sagacité, et je le veux bien. Mais je ne croirai jamais qu'ils puissent prévoir les événements futurs, que je ne pense pas que le diable lui-même puisse connaître ni prédire, et qui sont des choses que le Tout-Puissant tient cachées dans le sein de sa divine prescience. Car, de savoir si le Seigneur a voulu et réglé d'avance que les choses qui nous arrivent s'accomplissent par la loi d'une nécessité fatale et qui échappe au contrôle, c'est une question qui n'est pas encore décidée[1]. »

En citant ces anciennes autorités, je ne dois pas oublier le portrait plus moderne d'un soldat écossais d'autrefois, tracé de main de maître dans le personnage de Lesmahagow; car l'existence de ce brave ca-

---

[1] Mémoires de sir James Turner, édition de Bannatyne, page 59. (W. S.)

pitaine prive seul l'auteur actuel de tout droit à une originalité complète. Cependant Dalgetty, comme le fruit de sa propre imagination, a été si cher à son père, qu'il a commis la faute de donner au capitaine un rôle trop important dans l'histoire. C'est l'opinion d'un critique très-haut placé dans la littérature, et l'auteur se trouve heureux d'avoir encouru sa censure, puisqu'elle fournit à sa modestie une excuse décente pour citer l'éloge qu'il eût eu mauvaise grâce à imprimer ici, s'il eût été sans restriction. Ce passage se trouve dans le cinquante-cinquième numéro de la *Revue d'Édimbourg*, qui contient une critique d'*Ivanhoe* :

« Dalgetty revient peut-être trop souvent, — ou plutôt il tient, proportion gardée, trop de place dans l'ouvrage, — car, en lui-même, nous pensons qu'il est toujours amusant ; — et l'auteur n'a nulle part montré plus d'affinité avec ce génie incomparable qui a pu faire passer ses Falstaff et ses Pistol d'acte en acte, de pièce en pièce, et les mettre chaque fois en scène avec une inépuisable faconde sans épuiser leur verve ni s'éloigner d'une note du ton du rôle, que dans les longs et fréquents échantillons de l'éloquence du redoutable Ritt-Master. L'idée générale du caractère est familière à nos auteurs comiques depuis la restauration, — et l'on peut dire jusqu'à un certain point qu'il est composé des capitaines Fluellen et Bobadil ; — mais la plaisante combinaison du *soldado* avec l'étudiant en théologie du collège Mareschal est tout à fait originale, et jamais mélange de talent, d'amour-propre, de courage, de grossièreté et d'imagination n'a été si heureusement rendu. De ses nombreuses tirades, il n'y en a pas une qui ne soit caractéristique, — et, à notre avis, tout à fait divertissante. »

APPENDICE.

N° I.

La rareté du poëme de mon défunt ami me servira d'excuse pour transcrire ici la chaleureuse conclusion du *Vœu du Clan d'Alpin*. Le clan Gregor est rassemblé dans l'ancienne église de Balquidder. La tête de Drummond-Ernoch est placée sur l'autel, et couverte un instant par la bannière de la tribu. Le chef s'avance vers l'autel :

« Et s'arrêtant, il jette un coup d'œil sur la bannière ; puis il s'écrie d'un ton dédaigneux, le doigt dirigé vers elle : C'est le don d'un roi d'Écosse ! D'un mouvement rapide et violent, l'éclatante enveloppe est repoussée au loin, et la tête de l'homme mort est devant lui. Il contemple sans émotion ce visage défiguré, ces cheveux souillés d'un sang noir, ces traits déformés par les convulsions, ces yeux renversés, ternes et éteints. Mais sans effroi, l'air sombre et les sourcils froncés, il demeure immobile. Sur la tête il étend sa main droite nue, de l'autre il saisit son épée ; puis s'agenouillant, il s'écrie : — Je jure par le Ciel d'avouer cette œuvre de mort et d'en réclamer ma part, comme si elle était réellement et pleinement mienne, comme si cette main droite avait frappé le coup. Qu'ils viennent donc, nos ennemis, qu'un seul se présente ou que tous s'avancent ! Si, pour venger le trépas de ce misérable, une épée est tirée, un arc tendu, j'engage ici mon salut éternel qu'à mon tour je réclamerai, d'eux ou de lui, membre pour membre. En rencontre imprévue ou en bataille rangée, ce fer rendra mort pour mort.

« Il se tait ; et sur un signe de lui, les hommes du clan s'approchent de l'autel. Pas un murmure ne s'élève de la foule, pas un bruit mortel ne se fait entendre, si ce n'est le cliquetis de leurs armes, qui retentissent sur le marbre du saint lieu. Chacun, s'avançant avec empressement, étend sa main droite sur la tête de la victime, et les lèvres pâles, le front plissé, prononce à son tour le serment. Le farouche Malcolm contemple cette scène, et lance au milieu d'eux des regards perçants. En ce moment, une larme s'échappe de ses yeux ; elle vient spontanément, — il ignore pourquoi. Il tressaille vivement, et se dressant au-dessus de la foule, il s'écrie : — Amis, issus du sang d'Alpin et dignes du nom de clan d'Alpin, vous que n'ont jamais souillés la crainte ni la honte, continuez ! — Point de merci ! telle sera toujours, en temps de guerre, la devise du clan d'Alpin. »

N° II.

On a débattu le point de savoir si les Enfants du Brouillard étaient les Mac-Gregor actuels, ou s'ils n'étaient pas les proscrits nommés Mac-Donald, appartenant à Ardnamurchan. L'acte suivant du Conseil-Privé semble décider la question.

APPENDICE.

Édimbourg, 4 février 1589.

« Ledit jour, les lords du Conseil secret étant sûrement informés des cruels et coupables méfaits du perfide clan Gregor, qui depuis longtemps persiste à commettre des meurtres, des assassinats, des vols, des déprédations et des brigandages manifestes sur les bons et paisibles sujets de Sa Seigneurie, habitant, les années passées, les contrées voisines des défilés des Highlands ; et spécialement ayant appris le cruel meurtre de feu John Drummond, de Drummond-Ernoch, propre tenancier de Sa Majesté et l'un de ses forestiers à Glenartney, commis le — jour de — passé ; sachant que ledit clan, de l'avis et de la résolution de tous, veut défendre les assassins contre quiconque entreprendrait de venger ledit feu John, qui était occupé à chercher de la venaison pour Sa Seigneurie, par l'ordre de Pat. lord Drummond, intendant de Stratharne, et principal forestier de Glenartney, la reine, très-chère épouse de Sa Majesté, étant incessamment attendue dans ce royaume ; instruits aussi que les auteurs du meurtre, après l'avoir commis, ont coupé la tête dudit feu John Drummond, et l'ont portée au laird de Mac-Gregor, qui, avec tous ceux du clan de Mac-Gregor, s'est à dessein rendu, le dimanche suivant, dans l'église de Balquidder ; que la tête dudit feu John leur a été présentée ; qu'ils ont déclaré que ledit meurtre avait été commis de leur aveu, par leur conseil et leur détermination, et que, la main étendue sur la tête de la victime, ils ont, avec une solennité sauvage et barbare, juré de défendre les auteurs du meurtre, au profond mépris de notre souverain seigneur et de son autorité, et au dangereux exemple d'autres hommes sanguinaires qui les imiteraient, si l'on souffrait que de tels crimes demeurassent impunis. »

Vient ensuite l'ordre aux comtes de Huntly, Argyle, Athole, Montrose, Pat. lord Drummond, Ja. commandeur d'Incheffray, And. Camphel de Lochinnel, Duncan Campbell d'Ardkinglas, Lauchlane Mac-Intosh de Dunnauchtane, sir Io. Murray de Tullibarden, chevalier, Geo. Buchanan de Buchanan, et And. Mac-Farlane d'Ariquocher, de rechercher et d'arrêter Alaster Mac-Gregor de Glenstre (et plusieurs autres dénommés en l'acte,) « et tous autres dudit clan Gregor ou ses adhérents, coupables de cet odieux meurtre, ou de vol, de recel, de brigandage et de *sorning*[1], partout où ils pourraient être appréhendés. S'ils résistent ou se réfugient dans des châteaux et maisons, il faut les poursuivre et les assiéger le fer et la flamme à la main. Cette mission durera l'espace de trois ans. »

Tel était le système de police suivi en 1589 ; et tel était l'état de l'Écosse environ trente ans après la Réformation.

---

[1] Mendicité à main armée. (L. V.)

POST-SCRIPTUM.

Pendant que ces feuilles étaient sous presse, l'auteur recevait du sir Robert Stewart d'Ardvoirlich d'aujourd'hui une lettre renfermant une relation du déplorable trépas de lord Kilpont, tout autre et plus probable que celle donnée par l'évêque Wishart, dont le récit fait croire à de la folie ou à la plus noire trahison de la part de James Stewart d'Ardvoirlich, l'un des ancêtres de la famille actuelle de ce nom. Il croit à propos de transcrire en entier ici les renseignements qui lui ont été communiqués par son respectable correspondant, et qui sont plus détaillés que les histoires de cette époque.

« Quoique je n'aie pas l'honneur d'être personnellement connu de vous, j'espère que vous excuserez la liberté que je prends aujourd'hui de vous écrire au sujet d'un fait dont vous vous êtes plus d'une fois occupé, et dans lequel un de mes ancêtres se trouve malheureusement intéressé. Je veux parler du meurtre de lord Kilpont, fils du comte d'Airth et de Menteith, tué, en 1664, par James Stewart d'Ardvoirlich. Comme la cause de ce triste événement et la querelle qui y donna lieu n'ont jamais été présentées exactement dans les histoires du temps où il s'est passé, et comme je suis persuadé qu'en adoptant sur ce sujet, dans la seconde série de vos admirables Récits tirés de l'histoire d'Écosse[1], la version de Wishart, votre plume lui donnerait un caractère d'authenticité qu'elle ne mérite pas, j'ai résolu, dans la vue de rendre, autant que possible, justice à la mémoire de mon aïeul infortuné, de vous envoyer la relation de cette affaire telle qu'elle s'est transmise dans la famille.

« James Stewart d'Ardvoirlich, qui vécut au commencement du XVIIe siècle, et qui fut la malheureuse cause de la mort de lord Kilpont, comme il a été dit, était chargé du commandement d'une des compagnies indépendantes levées dans les Highlands à la naissance des troubles du règne de Charles Ier. Lord Kilpont était à la tête d'une autre de ces compagnies. Une étroite intimité, cimentée par les liens d'une parenté éloignée, existait entre eux. Lorsque Montrose leva l'étendard royal, Ardvoirlich fut un des premiers à se déclarer en sa faveur, et l'on dit qu'il fut le principal mobile qui entraîna lord Kilpont dans la même cause. En conséquence, ils joignirent Montrose à Buchanty, comme le rapporte Wishart, avec sir John Drummond et les hommes de leurs clans respectifs. Pendant qu'ils servaient ensemble, leur union était si intime, qu'ils vivaient et couchaient sous la même tente.

« A la même époque, Montrose avait été rallié par les Irlandais, sous les ordres d'Alexandre Mac-Donald. Ceux-ci, dans leur marche vers le camp, avaient com-

---

[1] Une *Légende de Montrose* compose dans l'original, avec la *Fiancée de Lammermoor*, la troisième série (et non la seconde) des *Récits de mon Hôte*. (L. V.)

mis quelques excès sur des terres appartenant à Ardvoirlich, et situées sur la ligne qu'ils avaient parcourue en venant de la côte occidentale. Ardvoirlich s'en plaignit à Montrose, qui désirant sans doute, autant que possible, se concilier ses nouveaux alliés, traita l'affaire d'une manière évasive. Ardvoirlich, homme à passions violentes, n'ayant pu obtenir la satisfaction qu'il réclamait, provoqua Mac-Donald en combat singulier. Mais, avant qu'ils eussent pu se rencontrer sur le terrain, Montrose, sur l'avis et par le conseil, dit-on, de lord Kilpont, les fit mettre tous deux aux arrêts. Sentant le danger d'une telle querelle dans ce moment critique, il effectua entre eux une sorte de réconciliation, et les obligea à se donner la main en sa présence. On rapporte qu'en cette occasion, Ardvoirlich, qui était d'une force extraordinaire, serra la main de Mac-Donald de telle sorte qu'il lui fit jaillir le sang des doigts; ce qui ferait voir qu'Ardvoirlich n'était nullement réconcilié.

« Quelques jours après la bataille de Tippermuir, pendant que l'armée était campée à Collace, Montrose donna aux officiers un repas pour célébrer la victoire qu'il venait de remporter; Kilpont et son ami Ardvoirlich étaient de la réunion. De retour dans leur quartier, Ardvoirlich, qui semblait encore avoir sur le cœur sa querelle avec Mac-Donald, étant échauffé par le vin, se mit à blâmer lord Kilpont du rôle qu'il avait joué en l'empêchant d'obtenir satisfaction, et à récriminer contre Montrose, qui lui avait refusé ce qu'il considérait comme une réparation légitime. Kilpont, naturellement, défendit sa conduite et celle de Montrose, son parent. La discussion dégénéra bientôt en paroles injurieuses; finalement, par une transition facile dans l'état où ils étaient tous deux, ils en vinrent aux voies de fait, et Ardvoirlich, d'un coup de poignard, étendit Kilpont mort sur la place. Il prit la fuite aussitôt; et protégé par un épais brouillard, il échappa aux poursuites, laissant sur son lit de mort son fils aîné, Henri, qui avait été mortellement blessé à Tippermuir.

« Ses partisans abandonnèrent immédiatement Montrose, et il ne lui resta d'autre ressource que de se jeter dans les bras de la faction opposée, où il fut bien accueilli. Son nom est fréquemment cité dans les campagnes de Leslie, et il est dit que, dans plus d'une occasion, il protégea de son crédit auprès de Leslie plusieurs de ses anciens amis lorsque la cause du roi fut désespérée.

« La relation qui précède diffère essentiellement, je le sais, de la version donnée par Wishart, qui rapporte que Stewart avait formé le projet d'assassiner Montrose, et qu'il tua lord Kilpont pour avoir refusé de tremper dans le complot. Mais je dois faire remarquer que, outre que Wishart a toujours été considéré comme un historien partial, et dont l'autorité est très-contestable toutes les fois qu'il s'agit des intentions ou de la conduite de ceux qui ne sont pas de son opinion, lors même que Stewart aurait conçu un semblable dessein, Kilpont, à cause de son nom et de ses relations, était certainement le dernier homme qu'il eût choisi pour confident et pour complice. D'un autre côté, quoiqu'elle n'ait jamais encore été publiée, que je sache, cette version s'est transmise dans la famille par une tradition constante; et en considérant la date récente de l'événement et les sources d'où la tradition dérive, je n'ai aucun motif d'en mettre en doute la parfaite authenticité. Les détails circonstanciés qui précèdent ont été racontés à mon père, M. Stewart, maintenant Stewart d'Ardvoirlich, il y a plusieurs années, par un homme qui tenait de fort près à la famille, et qui vécut jusqu'à l'âge de cent ans: Cet homme était un arrière-petit-fils de James Stewart, par son fils naturel John,

POST-SCRIPTUM.

dont on raconte encore dans le pays plusieurs aventures sous le nom de *John Dhu Mhor*. Ce John était avec son père à l'époque de la mort de lord Kilpont, et fut en conséquence témoin de l'événement; il survécut longtemps à la Révolution, et c'est de lui que le narrateur de mon père, qui était déjà un homme avant la mort de son aïeul John Dhu Mhor, tenait les renseignements ci-dessus.

« J'ai bien des excuses à vous faire pour avoir abusé si longtemps de votre patience; mais j'éprouvais un désir bien naturel de rectifier, s'il était possible, ce que je regarde comme une imputation sans fondement contre la mémoire d'un de mes ancêtres, avant que cette imputation pût être considérée comme un point historique. Que ce fût un homme de passions violentes et d'un caractère étrange, je ne prétends pas le nier, et plusieurs traditions, qui courent encore dans le pays, le prouvent assez. Mais qu'il ait été capable de former le projet d'assassiner Montrose, c'est ce que démentent ses principes et toutes les actions de sa vie antérieure. S'il fut obligé de passer dans les rangs du parti opposé, ce fut seulement par mesure de sûreté, lord Kilpont ayant des amis et des parents puissants et nombreux, en état et en disposition de venger sa mort.

« Il ne me reste qu'à ajouter que vous avez pleine permission de faire de cette communication l'usage qu'il vous plaira; vous pouvez ou la rejeter tout à fait ou lui donner la confiance que vous croirez qu'elle mérite. Je serai en tout temps prêt à vous fournir sur ce sujet les renseignements ultérieurs que vous pourriez désirer, et qu'il sera en mon pouvoir de vous procurer. »

Ardvoirlich, 15 janvier 1830.

La publication d'un document si intime et probablement si exact est une dette obligée envers la mémoire de James Stewart, victime, à ce qu'il semblerait, de la violence de ses passions, mais peut-être incapable d'un acte de trahison prémédité.

Abbotsford, 1er août 1830.

INTRODUCTION.

Le sergent More Mac Alpin, lors de son séjour parmi nous, était un des habitants les plus honorés de Gandercleugh. Personne, le samedi soir, ne songeait à lui disputer le droit de s'asseoir dans le grand fauteuil de cuir, « au meilleur coin de la cheminée, » dans la salle commune des Armes de Wallace; et notre sacristain, John Duirward, aurait regardé comme une usurpation coupable que quelqu'un vînt s'installer dans le coin du banc placé à gauche de la chaire, et que le sergent occupait régulièrement les dimanches. C'est là qu'il s'asseyait, vêtu de son uniforme bleu des invalides, brossé avec le soin le plus scrupuleux. Deux médailles d'honneur, attachées à sa boutonnière, et la manche vide qu'aurait dû remplir son bras droit, attestaient ses pénibles et honorables services. Ses traits hâlés, ses cheveux gris, réunis, à l'ancienne mode militaire, de manière à former une petite queue, et sa tête un peu penchée à droite pour mieux entendre la voix du ministre, étaient autant d'indices de sa profession et de ses infirmités. A côté de lui était assise sa sœur Janette, petite vieille proprette, avec une coiffe highlandaise et un plaid de tartan, épiant les moindres regards de son frère, le plus grand homme à ses yeux qui fût au monde, et notant avec soin pour lui, dans sa bible à fermoirs d'argent, les textes que le ministre citait ou développait.

C'était, je crois, le respect que témoignaient généralement au digne invalide les personnes de tous les rangs à Gandercleugh, qui l'avait décidé à choisir notre village pour sa résidence; car, dans l'origine, ce n'était nullement son intention.

Il s'était élevé au rang de sergent-major d'artillerie par de pénibles campagnes dans diverses parties du monde, et passait pour un des soldats les plus braves et les plus éprouvés de l'artillerie écossaise. Une balle qui lui fracassa le bras dans la guerre de la Péninsule lui procura enfin une honorable retraite, avec une pension de Chelsea et une belle gratification sur les fonds de l'État. En outre, le sergent More Mac Alpin avait été aussi prudent que brave; et du fruit de son butin et de ses épargnes, il était devenu possesseur d'une petite somme dans le trois pour cent consolidés.

Il quitta l'armée avec l'intention de jouir de son revenu dans le sauvage vallon des Highlands où, dans sa jeunesse, il avait gardé le gros bétail et les chèvres, avant que le roulement du tambour lui eût fait mettre son bonnet sur l'oreille et suivre sa musique pendant près de quarante ans. Dans son souvenir, cette retraite était d'une beauté supérieure à tous les sites les plus riches qu'il eût vus dans ses voyages. La vallée heureuse de Rasselas [1] elle-même n'aurait pu soutenir la comparaison. Il revint; — il revit ce lieu chéri : ce n'était qu'un vallon stérile, entouré de rochers escarpés et traversé par un torrent glacé. Ce n'était pas là le pire. Le feu avait cessé de fumer dans trente foyers; — de la cabane de ses pères, il ne put reconnaître que quelques pierres détachées; — leur langue était presque inconnue; — l'ancienne race dont il se vantait de descendre avait cherché un refuge au delà de l'Atlantique. Un fermier du Sud, trois bergers en plaids gris et six chiens, occupaient alors à eux seuls toute la vallée, qui, lorsqu'il était enfant, nourrissait dans le contentement, sinon dans l'aisance, plus de deux cents habitants.

Dans la maison du nouveau tenancier, le sergent Mac Alpin trouva cependant une source inattendue de joie, et l'occasion d'occuper ses dispositions affectueuses. Sa sœur Janette était restée heureusement si persuadée que son frère reviendrait un jour, qu'elle avait refusé d'accompagner ses parents dans leur émigration. Bien plus, elle avait consenti, non sans gémir sur une telle dégradation, à entrer au service de l'intrus des Basses-Terres, qui, quoique Saxon, disait-elle, s'était montré bon à son égard. Cette rencontre imprévue avec sa sœur parut consoler le sergent More de tous les désappointements qu'il avait éprouvés; pourtant, ce ne fut pas sans une larme involontaire qu'il entendit raconter, comme une femme des Highlands pouvait seule le faire, l'histoire de l'expatriation des siens.

Elle rapporta en détail les vaines offres qu'ils avaient faites d'augmenter la redevance, au risque d'être réduits à la plus extrême misère, qu'ils auraient affrontée avec joie pour obtenir la permission de vivre et de mourir sur leur sol natal. Janette n'oublia pas non plus les présages qui avaient annoncé le départ de la race celtique et l'arrivée des étrangers. Pendant les deux années qui précédèrent l'émigration, quand le vent de la nuit gémissait dans le défilé de Balachra, son souffle soupirait distinctement l'air : *Ha til mi tulidh* (Nous ne reviendrons plus), sur lequel les émigrants adressaient ordinairement leurs adieux à la terre de la patrie. Les cris sauvages des pâtres du Sud et les aboiements de leurs chiens s'étaient souvent fait entendre dans le brouillard des montagnes longtemps avant qu'ils arrivassent réellement. Un barde, le dernier de sa race, avait rappelé l'expulsion des habitants de la vallée dans des vers qui arrachèrent des larmes aux yeux du vieil invalide, et dont la première stance peut être rendue ainsi :

> « Malheur sur toi, malheur, ô fils du Lowlander !
> Pourquoi vouloir quitter tes riantes frontières ?
> Pourquoi venir chez lui troubler l'Highlander,
> Et désoler le val si tranquille naguères ? »

[1] *Rasselas*, ou *le Prince d'Abyssinie*, roman publié en 1760 par Samuel Johnson. (L. V.

INTRODUCTION.

Ce qui ajoutait au chagrin du sergent More Mac Alpin en cette occasion, c'était que le chef qui avait effectué ce changement passait, selon la tradition et l'opinion générale, pour le représentant de ceux qui avaient été jadis les chefs et les pères des malheureux fugitifs. Jusqu'alors, un des principaux sujets d'orgueil du sergent More avait été d'établir, par une déduction généalogique, à quel degré de parenté il tenait à ce personnage. Un douloureux changement s'opéra alors dans ses sentiments à son égard.

— Je ne puis le maudire, dit-il en se levant et en parcourant la chambre à grands pas, lorsque Janette eut fini son récit, je ne veux pas le maudire ; c'est le descendant et le représentant de mes pères. Mais jamais à l'avenir homme ne m'entendra prononcer son nom. Et il tint parole ; car, jusqu'au jour de sa mort, personne ne l'entendit parler de ce chef au cœur dur et égoïste.

Après avoir donné un jour à ces tristes souvenirs, l'énergie qui avait soutenu le brave sergent à travers tant de dangers fortifia son cœur contre ce cruel désappointement. — Il irait, dit-il, rejoindre ses parents au Canada, où ils avaient donné à une vallée transatlantique le nom du vallon de leur père. Janette retrousserait ses jupons comme les femmes d'un soldat ; au diable la distance ! c'était le saut d'une puce en comparaison des marches et des courses qu'il avait faites pour des motifs plus légers.

Dans ce dessein il quitta les Highlands, et vint avec sa sœur jusqu'à Gandercleugh, en se dirigeant sur Glasgow, pour de là passer au Canada. Mais l'hiver était arrivé ; et, pensant qu'il valait mieux attendre pour s'embarquer que le printemps fût revenu et que le Saint-Laurent fût navigable, il se fixa parmi nous pour le peu de mois qu'il devait rester dans la Grande-Bretagne. Comme nous l'avons déjà dit, le respectable vieillard ne trouva, dans tous les rangs de la société, qu'égards et déférence ; et, quand le printemps fut de retour, il était si content de ses quartiers d'hiver, qu'il ne songea plus à ses projets de voyage. Janette avait peur de la mer, et lui-même ressentait les infirmités, suites de l'âge et d'un pénible service, plus qu'il ne s'y était d'abord attendu. Et comme il l'avouait au ministre et à mon digne chef, M. Cleishbotham, — il valait mieux s'en tenir à des amis connus que d'aller plus loin pour être moins bien.

Il élut donc son domicile à Gandercleugh, à la grande satisfaction, ainsi que nous l'avons déjà dit, de tous les habitants, pour lesquels il devint, en raison de ses connaissances stratégiques et de ses commentaires savants sur les journaux, les gazettes et les bulletins, un véritable oracle explicatif de tous les événements militaires, passés, présents ou futurs.

Il est vrai que le sergent avait ses inconséquences. Il était zélé jacobite, son père et ses quatre oncles étant *allés dehors* [1] en 45 ; mais il n'en était pas moins

---

[1] Voyez la note 2 de Waverley, page 227. (L. V.)

zélé partisan du roi Georges, au service duquel il avait fait sa petite fortune et perdu trois frères; de sorte que l'on courait également le risque de lui déplaire en appelant le prince Charles le Prétendant [1], ou en tenant quelque propos attentatoire à la dignité du roi Georges. Il faut encore avouer que lorsque le jour de recevoir ses rentes était venu, le sergent était porté à rester aux Armes de Wallace plus avant dans la soirée que ne le voulait la stricte tempérance ou même l'intérêt de sa bourse; car, dans ces occasions, ses compagnons de débauche flattaient quelquefois ses passions politiques, en chantant des chansons jacobites ou en buvant à la ruine de Bonaparte et à la santé du duc de Wellington; de sorte que non-seulement le sergent était charmé de payer l'écot général, mais qu'il se laissait parfois aller à prêter de petites sommes à ses amis intéressés. Après ces escapades, comme il les appelait, et lorsqu'il avait retrouvé son sang-froid, il manquait rarement de remercier Dieu et le duc d'York, qui avaient rendu plus difficile pour un vieux soldat de se ruiner par sa folie, qu'il ne l'aurait été dans son jeune temps.

Ce n'était pas en de pareilles occasions que je faisais partie de la société du sergent More Mac Alpin; mais souvent, quand j'en avais le loisir, j'allais le rejoindre à ce qu'il appelait sa parade du matin et du soir, à laquelle, lorsque le temps était beau, il se montrait aussi exact que s'il y eût été appelé par le roulement du tambour. Le matin, c'était sous les ormes du cimetière; — car la mort, disait-il, avait été pendant tant d'années sa proche voisine, qu'il n'avait pas de motif pour rompre la connaissance. Sa promenade du soir avait lieu sur une pelouse au bord de la rivière, où on le voyait quelquefois assis sur un banc sans dossier, les lunettes sur le nez, lisant les papiers publics à un cercle de politiques de village, leur expliquant les termes militaires, et aidant l'intelligence de ses auditeurs par des lignes tracées sur la terre avec le bout de sa canne. D'autres fois, il était entouré d'un régiment d'écoliers, que tantôt il formait à la manœuvre, et que tantôt, ce qui obtenait moins l'approbation de leurs parents, il instruisait dans l'art mystérieux des feux d'artifice; car, lorsqu'il y avait des réjouissances publiques, le sergent était le pyrotechnicien (comme dit l'Encyclopédie) du village de Gandercleugh.

C'était dans sa promenade du matin que je rejoignais le plus souvent le vieux soldat. Encore à présent, je puis à peine regarder le chemin du village, ombragé par une allée de grands ormes, sans croire le voir venir à moi d'un pas mesuré, avec sa taille droite, la canne en avant, prêt à me rendre le salut militaire; — mais il n'est plus. Il repose, avec sa fidèle Janette, sous le troisième arbre à partir de la haie, au coin occidental du cimetière.

Le plaisir que je trouvais dans la conversation du sergent Mac Alpin ne résul-

---

[1] *Voyez* la note 2 de Waverley, page 227. (L. V.)

tait pas seulement du récit des nombreuses aventures qui lui étaient arrivées dans le cours de sa vie vagabonde, mais encore du souvenir de quantité de traditions des Highlands qu'il avait apprises de ses parents dans sa jeunesse, et dont il aurait plus tard regardé comme une hérésie de mettre en doute l'authenticité. Plusieurs de ces légendes avaient rapport aux guerres de Montrose, dans lesquelles quelques-uns des ancêtres du sergent avaient, à ce qu'il paraît, joué un rôle distingué. Le sort a voulu que, bien que ces commotions civiles aient fait le plus grand honneur aux Highlanders, puisque ce fut la première fois qu'ils se montrèrent supérieurs, ou du moins égaux à leurs voisins des Basses-Terres, dans des engagements réguliers, le souvenir en ait été moins célébré parmi eux qu'on ne s'y serait attendu en songeant à l'abondance de traditions qu'ils ont conservées sur des sujets moins intéressants. C'est donc avec un grand plaisir que j'ai emprunté à mon ami l'invalide quelques détails curieux sur ce temps. Ils sont empreints de ce caractère d'étrangeté et de merveilleux qui appartient à l'époque et au narrateur, mais que je ne reprocherai nullement au lecteur d'accueillir avec défiance, pourvu qu'il veuille bien accorder une foi entière aux événements naturels de ce récit, qui, comme tous ceux que j'ai eu l'honneur de soumettre à son jugement, repose réellement sur un fond véritable.

UNE LÉGENDE
DE MONTROSE.

CHAPITRE PREMIER.

> Gens qui étayent leur croyance sur le saint texte de la pique et du fusil, qui décident toutes les controverses par l'autorité infaillible du canon, et qui prouvent l'orthodoxie de leur doctrine par des coups et des horions apostoliques.
> BUTLER.

C'est durant la période de cette terrible et sanglante guerre civile qui agita la Grande-Bretagne au dix-septième siècle, que commence notre histoire. L'Écosse avait jusqu'alors échappé aux ravages de la guerre intestine, quoique ses habitants fussent très-divisés en fait d'opinions politiques; et beaucoup d'entre eux, las du contrôle des États du Parlement et désapprouvant la mesure hardie qu'ils avaient prise en envoyant une nombreuse armée au secours du Parlement anglais, étaient décidés, de leur côté, à saisir la première occasion de se déclarer pour le roi, et de faire une diversion qui pourrait au moins forcer à rappeler d'Angleterre l'armée du général Leslie, et peut-être à remettre une grande partie de l'Écosse sous l'autorité royale. Ce plan avait été principalement adopté par la noblesse du Nord, qui avait refusé avec une grande opiniâtreté de s'engager dans la Ligue Solennelle et le Covenant, et par beaucoup de chefs de clans highlandais, qui sentaient que leur intérêt et leur autorité étaient liés au sort de la royauté, qui avaient en outre une aversion prononcée pour les formes de la religion presbytérienne, et qui, enfin, étaient dans cet état de société à demi barbare où la guerre est toujours mieux venue que la paix.

On s'attendait généralement à voir surgir de graves commotions de ce concours de circonstances; et les incursions déprédatrices que de tout temps les montagnards écossais avaient eu l'habitude de faire dans les basses terres commençaient à prendre une forme plus régulière, plus avouée et plus méthodique, comme si elles eussent fait partie d'un système général d'hostilités.

Ceux qui étaient à la tête des affaires ne se dissimulaient pas les dangers de la situation, et ils se préparaient avec inquiétude à les affronter et à les repousser. Pourtant ils voyaient avec plaisir qu'aucun chef, qu'aucun personnage d'un nom important n'était encore apparu pour rassembler une armée royaliste, ou même pour diriger les efforts de ces bandes sans discipline que l'amour du pillage, autant peut-être que la conviction politique, avait poussées à des mesures hostiles. On espérait généralement que la présence d'une quantité suffisante de troupes dans les basses terres contiguës à la ligne des Highlands contiendrait les chefs montagnards, tandis que le pouvoir des divers barons du Nord qui avaient épousé la cause du Covenant, tels, par exemple, que le comte Mareschal, les grandes familles des Forbes, des Leslie, des Irvine, les Grant et autres clans presbytériens, pourrait contre-balancer et tenir en bride, non-seulement les forces des Ogilvies et autres Cavaliers d'Angus et de Kincardine, mais encore la puissante famille des Gordons, dont l'immense autorité n'était égalée que par leur extrême aversion pour le presbytérianisme.

Dans les Highlands de l'ouest, le parti dominant comptait de nombreux ennemis; mais on croyait les forces de ces tribus mécontentes paralysées, et l'esprit belliqueux de leurs chefs intimidé par l'influence plus puissante du marquis d'Argyle, en qui la Convention des États se confiait avec la plus entière sécurité, et dont l'autorité dans les Highlands, déjà exorbitante, s'était encore accrue par les concessions arrachées au roi lors de la dernière pacification. On n'ignorait pas qu'Argyle avait plus d'habileté politique que de courage personnel, et qu'il était plus propre à conduire une intrigue diplomatique qu'à contenir des montagnards malveillants; mais la force de son clan, et l'enthousiasme des braves gentilshommes qui en commandaient les guerriers, pouvaient, à ce qu'il semblait, compenser l'insuffisance personnelle de leur chef. Et comme les Campbell avaient déjà rudement humilié plusieurs tribus de leur voisinage, on supposait que celles-ci ne se presseraient pas de provoquer un nouveau conflit avec des adversaires si puissants.

Disposant ainsi de l'ouest et du sud de l'Écosse, sans contredit la plus riche partie du royaume, — maîtresse souveraine dans le comté de Fife, et comptant de nombreux et puissants amis même au nord du Forth et du Tay, — la Convention des États d'Écosse ne crut pas le danger suffisant pour la déterminer à changer la marche politique qu'elle avait adoptée, et à rappeler l'armée auxiliaire de vingt mille hommes qu'elle avait envoyée au secours de ses frères du Parlement anglais, qui, grâces à cette augmentation de forces, avait réduit le

CHAPITRE I.

parti du roi à la défensive, au moment où il était sur le chemin des succès et du triomphe.

Les motifs qui portèrent, à cette époque, la Convention des États à prendre un intérêt si immédiat et si actif à la guerre civile d'Angleterre, sont détaillés dans nos historiens; mais il est bon de les rappeler ici sommairement. Le pays n'avait à reprocher au roi aucun nouveau grief, aucune nouvelle agression, et la paix conclue entre Charles et ses sujets d'Écosse avait été fidèlement observée; mais les meneurs du gouvernement n'ignoraient pas que cette paix avait été arrachée au roi, autant par l'influence du parti parlementaire anglais que par la crainte de leurs propres armes. Il est vrai que, depuis, le roi Charles avait visité la capitale de son ancien royaume, qu'il avait consenti à la nouvelle organisation de l'Église, et distribué des honneurs et des récompenses aux chefs du parti qui s'étaient montrés le plus opposés à ses intérêts, mais on craignait que ces faveurs accordées si à contrecœur ne fussent rétractées dès que l'occasion le permettrait. En Écosse, on voyait avec une vive inquiétude la position fâcheuse du Parlement anglais, et l'on pressentait que si Charles venait à triompher, par la force des armes, de ses sujets insurgés d'Angleterre, il ne tarderait pas à faire éclater sur l'Écosse un ressentiment qu'il pouvait croire justement encouru par ceux qui avaient donné contre lui l'exemple de la rébellion armée. Tel était l'esprit politique de la mesure qui avait déterminé l'envoi de troupes auxiliaires en Angleterre, ainsi qu'il fut avoué dans un manifeste explicatif des raisons pour lesquelles ce secours non moins opportun qu'important était accordé au Parlement anglais. — Le parlement anglais, y disait-on, s'était déjà montré favorable à l'Écosse et pouvait l'être encore; au lieu que le roi, bien qu'il y eût dernièrement établi la religion conformément au désir général, n'avait pas donné sujet de se fier à sa déclaration royale, puisque ses promesses et ses actions n'étaient jamais d'accord ensemble. « Notre conscience, ajoutait-on en terminant, et Dieu, qui est au-dessus de notre conscience, nous sont témoins que nous avons uniquement en vue la gloire de Dieu, la paix des deux nations et l'honneur du roi, en renversant et en punissant par des moyens légaux ceux qui sont les perturbateurs d'Israël, les tisons d'enfer, les Coré, les Balaam, les Doeg, les Rabsbakeh, les Aman, les Tobie et les Samballat de notre siècle; cette œuvre accomplie, nous serons satisfaits. Nous ne nous sommes décidés à recourir à cette expédition militaire en Angleterre, pour en venir à nos pieuses fins, que lorsque tous les autres moyens auxquels nous avions pu songer nous ont manqué : celui-là seul nous restait, *ultimum et unicum remedium*, dernier et unique remède. »

Laissant aux casuistes à décider si une partie contractante est excusable de rompre un traité solennel parce qu'elle soupçonne que, tel ou tel cas échéant, ce traité pourra être foulé aux pieds par l'autre signataire, nous allons relater deux circonstances qui eurent au moins autant d'influence sur le peuple et sur le gouvernement d'Écosse que tous les doutes que leur inspirait la sincérité du roi.

La première était la nature et la composition de l'armée, conduite par une noblesse pauvre et mécontente, sous laquelle commandaient principalement des soldats de fortune écossais, qui avaient servi dans les guerres d'Allemagne et avaient fini par y perdre presque tout sentiment de conscience politique et même de nationalité, adoptant cette opinion des mercenaires, que le premier devoir d'un soldat était d'être fidèle à l'état ou au souverain dont il recevait sa solde, sans s'inquiéter ni de la justice de la cause, ni des liens qui pouvaient l'unir lui-même au parti opposé. Ce sont les hommes de cette trempe que Grotius flétrit ainsi : — *Nullum vitæ genus est improbius quàm eorum qui, sine causæ respectu, mercede conducti, militant* [1]. Pour ces soldats mercenaires aussi bien que pour la noblesse nécessiteuse avec laquelle ils partageaient le commandement, et qui s'était facilement pénétrée de la même opinion, le succès récent de la courte invasion faite en Angleterre dans l'année 1641 était un motif suffisant pour renouveler une expérience aussi profitable. La haute paie et l'extrême liberté dont ils avaient joui en Angleterre avaient fait une vive impression sur l'esprit de ces aventuriers armés, et l'espoir de lever encore huit cent cinquante livres par jour tenait lieu de tous les arguments de la politique ou de la morale.

Une autre cause enflammait les esprits de la masse de la nation, autant que l'attrayante perspective de la richesse de l'Angleterre animait cette soldatesque. On avait tant écrit et tant discouru de part et d'autre sur la forme du gouvernement de l'Église, que cette question était devenue bien plus importante aux yeux de la multitude que les doctrines de cet évangile que les deux Églises avaient adopté. Les Épiscopaux et les Presbytériens les plus fougueux étaient devenus aussi intolérants que les papistes, et admettaient à peine qu'il fût possible de trouver son salut hors du giron de leurs églises respectives. On faisait en vain observer à ces fanatiques que si l'auteur de notre sainte religion avait regardé l'adoption d'une forme particulière dans le gouvernement de l'Église comme essentielle au salut, il l'aurait révélée avec la même précision qu'il l'avait fait dans l'Ancien Testament. Les deux partis continuaient de disputer avec autant d'acharnement que s'ils avaient eu des ordres immédiats du Ciel à alléguer pour justifier leur intolérance. Laud, à l'époque de sa domination, avait mis le feu à la mèche en voulant imposer aux Écossais des cérémonies religieuses étrangères à leurs habitudes

---

[1] Il n'est pas de genre de vie plus méprisable que celui des gens qui combattent pour de l'argent, sans considérer quelle cause ils servent.

et à leurs opinions. Le succès de la résistance opposée à cette tentative, et la substitution du culte presbytérien aux formes repoussées, avaient rendu chère à la nation la cause de cette doctrine dans la défense de laquelle elle avait triomphé. La Ligue Solennelle et le Covenant, adoptés avec enthousiasme par la plus grande partie des habitants du royaume, et par eux imposés aux autres à la pointe de l'épée, avaient au fond pour objet principal d'établir la doctrine et la discipline de l'Église presbytérienne et de détruire toutes les erreurs et les hérésies; et, après avoir réussi à dresser dans leur pays le candélabre d'or, les Écossais, en bons frères, voulaient en faire autant en Angleterre. Ils pensèrent atteindre facilement ce but en prêtant au Parlement le secours efficace des forces écossaises. Les presbytériens, dont le parti était nombreux et puissant dans le Parlement anglais, étaient alors à la tête de l'opposition formée contre le roi, tandis que les indépendants et les autres sectaires qui plus tard, sous Cromwell, s'emparèrent du pouvoir du glaive, et renversèrent le presbytérianisme en Écosse et en Angleterre, se cachaient encore derrière le parti le plus riche et le plus fort. La chance d'amener les royaumes d'Angleterre et d'Écosse à une discipline et à un culte uniformes semblait donc aux Écossais aussi favorable qu'ils pouvaient la désirer.

Le célèbre sir Henri Vane, l'un des commissaires qui négocièrent l'alliance entre l'Angleterre et l'Écosse, vit la puissance de cet appât sur l'esprit de ceux avec lesquels il traitait; et quoique ce fût lui-même un indépendant fougueux, il trouva moyen de satisfaire et de tromper à la fois les plus ardents désirs des presbytériens, en qualifiant l'obligation de réformer l'Église d'Angleterre de changement « qui devait s'exécuter conformément à la parole de Dieu et la pratique des meilleures églises réformées. » Trompés par leur propre zèle, ne concevant aucun doute sur le *jus divinum* [1] de leurs institutions religieuses, et ne croyant pas possible que d'autres pussent en concevoir, les États et l'Église d'Écosse pensèrent que ces expressions s'appliquaient nécessairement à l'établissement du presbytérianisme, et ils ne furent détrompés que lorsque, n'ayant plus besoin de leurs secours, les sectaires leur donnèrent à entendre que cette phrase pouvait aussi bien s'appliquer à la doctrine des indépendants, ou à toute autre forme de culte que ceux qui étaient alors à la tête des affaires pourraient regarder comme conforme à la parole de Dieu et à la pratique des meilleures églises réformées. Les Écossais, qui s'étaient ainsi laissé jouer, ne furent pas moins étonnés de reconnaître que les projets des sectaires anglais n'allaient à rien moins qu'au renversement de la constitution monarchique en Angleterre, tandis que leur intention à eux avait été de restreindre le pouvoir du roi, et nullement de détruire la royauté. Mais ils avaient

[1] Droit divin.

agi en cette circonstance comme ces imprudents médecins qui commencent par médicamenter un malade jusqu'à ce qu'ils l'aient réduit à un état de faiblesse dont tous les cordiaux sont ensuite incapables de le tirer.

Mais ces événements étaient encore dans le sein de l'avenir; le Parlement écossais croyait encore son union avec l'Angleterre basée sur la justice, la prudence et la piété, et l'expédition semblait réussir au gré de ses vœux. La jonction de l'armée écossaise avec celles de Fairfax et de Manchester mit les forces parlementaires en état d'assiéger York, et de livrer la terrible bataille de Long-Marston-Moor, dans laquelle le prince Rupert et le marquis de Newcastle furent défaits. Cette victoire fut, il est vrai, moins glorieuse pour les auxiliaires écossais que leurs compatriotes n'auraient pu le désirer. David Leslie et ses cavaliers combattirent bravement, et l'honneur de cette journée leur appartient comme à la brigade des indépendants de Cromwell; mais le vieux comte de Leven, général du Covenant, fut repoussé du champ de bataille par la charge impétueuse du prince Rupert, et il était déjà à trente milles, en pleine fuite vers l'Écosse, lorsqu'il apprit que son parti avait remporté une victoire complète.

L'absence des troupes auxiliaires employées dans cette espèce de croisade pour l'établissement du presbytérianisme en Angleterre avait considérablement diminué les forces de la Convention des États en Écosse, et donné naissance, parmi les anti-covenantaires, aux mouvements dont nous avons parlé au commencement de ce chapitre.

CHAPITRE II.

> Sa mère lui donna pour berceau la cuirasse rouillée qu'avait jadis portée son époux, et dont le son belliqueux endormit l'enfant qui ne se plaignit jamais de sa couche peu moelleuse. Puis il rêva de guerres terribles prêtes à éclater, s'éveilla, combattit et fut vainqueur, avant de pouvoir se tenir debout.
>
> <div align="right">HALL, <i>Satires</i>.</div>

Ce fut vers la fin d'un soir d'été, à l'époque de fermentation dont nous venons de parler, qu'un jeune homme de qualité, bien monté, bien armé, et suivi de deux domestiques, dont l'un conduisait un cheval de somme, gravissait lentement un de ces défilés escarpés par lesquels on pénètre des basses terres du comté de Perth dans les Highlands [1]. Ils avaient, pendant quelque temps, longé les bords d'un lac dont les eaux profondes reflétaient les rayons empourprés du soleil couchant. Le chemin raboteux qu'ils suivaient, non sans peine, était tantôt ombragé par de vieux bouleaux et de vieux chênes, tantôt dominé par d'immenses quartiers de roc suspendus. La colline qui, de l'autre côté, formait le bord septentrional de cette belle nappe d'eau, présentait une pente rapide, mais moins raide, couverte d'un manteau de bruyères d'un rouge foncé. Aujourd'hui, un paysage aussi romantique semblerait plein de charmes à un touriste; mais ceux qui voyagent dans les temps de trouble et de terreur donnent peu d'attention aux beautés pittoresques d'un site.

Le maître, aussi souvent que les arbres le permettaient, se tenait auprès d'un de ses domestiques ou de tous les deux, et semblait s'entretenir avec eux d'une manière très-animée, sans doute parce que la distinction des rangs est aisément mise de côté entre ceux qui doivent partager les mêmes dangers. Les dispositions des chefs qui habitaient cette contrée sauvage, et la probabilité de leur participation aux convulsions politiques auxquelles on s'attendait prochainement, étaient le sujet de la conversation.

Ils n'étaient encore qu'à la moitié du lac, et le jeune gentilhomme montrait du doigt à ses domestiques l'endroit où la route qu'il voulait

---

[1] Le passage pittoresque de Leny, près Callender, dans le comté de Menteith, répondrait, à quelques égards, à cette description. (W. S.)

suivre tournait vers le nord, et, quittant le bord du lac, montait à droite en suivant une ravine, lorsqu'ils aperçurent un cavalier seul qui marchait le long du rivage, et venait de leur côté. Les rayons du soleil frappant sur son casque et sur sa cuirasse faisaient voir qu'il était armé, et le dessein qu'avaient en vue les autres voyageurs voulait qu'ils ne le laissassent point passer sans le questionner. — Il faut, dit le jeune seigneur, savoir quel est cet homme et où il va ; et, pressant son cheval de l'éperon, suivi de ses deux domestiques, il galopa, aussi vite que l'état raboteux du chemin le permettait, jusqu'à l'endroit où le sentier qui côtoyait le lac était coupé par celui qui descendait du ravin, empêchant ainsi que l'étranger pût les éviter en prenant cette dernière route avant qu'ils l'eussent atteint.

L'étranger avait d'abord doublé le pas en voyant les trois cavaliers s'avancer rapidement vers lui ; mais lorsqu'il les vit faire halte et former un front qui occupait tout le sentier, il retint son cheval et ne marcha plus qu'avec beaucoup de circonspection, de sorte que les deux partis eurent le temps de s'examiner à leur aise. L'étranger sans suite montait un bon cheval taillé pour le service militaire et pour le poids énorme qu'il avait à porter, et il se tenait sur sa selle de guerre, ou *demi-pique*, d'un air qui montrait que c'était son siége ordinaire. Il portait un casque poli et étincelant surmonté d'un panache de plumes, une cuirasse assez épaisse pour résister à une balle de mousquet, et une barde plus mince. Sous cette armure défensive il avait un justaucorps de buffle, et ses mains étaient armées d'une paire de gantelets ou gants de fer dont le haut montait jusqu'au coude, et qui, comme les autres pièces, était d'acier poli. A l'arçon de sa selle pendait une double fonte garnie de pistolets d'une taille bien au-dessus de l'ordinaire, ayant près de deux pieds de long, et pouvant recevoir des balles de vingt à la livre. Un ceinturon de buffle avec une grande boucle d'argent soutenait à son côté gauche un espadon à deux tranchants ayant une forte garde, et dont la lame longue et étroite était également bonne à frapper d'estoc et de taille. A sa droite pendait une dague d'environ dix-huit pouces de longueur. Un baudrier retenant sur son dos une espingole ou carabine était croisé par une bandoulière à laquelle était attachée la giberne contenant ses munitions ; des cuissarts d'acier, alors appelés tassettes, venaient rejoindre le haut de ses immenses bottes fortes, et complétaient l'équipement d'un guerrier bien armé de ce temps-là.

L'air du cavalier lui-même répondait parfaitement à cet attirail militaire, auquel il paraissait habitué depuis longtemps. Sa taille était au-dessus de la moyenne, et il paraissait d'une force suffisante pour porter avec aisance le poids de ses armes défensives ou offensives. Il pouvait avoir un peu plus de quarante ans, et sa physionomie était celle d'un vieux troupier qui s'était trouvé à mainte bataille et en avait rapporté

CHAPITRE II.

pour gage plus d'une cicatrice. A la distance d'environ soixante pas, il s'arrêta, se raffermit en selle, se dressa sur ses étriers pour reconnaître d'une manière certaine les intentions du groupe qui arrivait sur lui, et plaça son mousquet sous son bras droit, prêt à s'en servir si l'occasion l'exigeait. Sous tous les rapports, sauf celui du nombre, il avait l'avantage sur ceux qui semblaient disposés à lui barrer le chemin.

Le chef de la cavalcade était, il est vrai, bien monté et vêtu d'un justaucorps de buffle richement brodé, petit uniforme militaire de l'époque; mais ses domestiques n'avaient que de grossières jaquettes de feutre épais qui auraient à peine résisté au tranchant d'une épée maniée par un homme vigoureux, et ils ne portaient tous deux d'autres armes que des épées et des pistolets, sans lesquels les gentilshommes ou leurs domestiques se mettaient rarement en route dans ces temps de troubles.

Lorsqu'ils se furent examinés environ une minute, le jeune gentilhomme adressa à l'inconnu la question qui était alors dans la bouche de tous les étrangers qui se rencontraient en pareille circonstance. — Pour qui êtes-vous?

— Dites-moi d'abord pour qui vous êtes, — répondit le soldat. C'est au parti le plus fort à parler le premier.

— Nous sommes pour Dieu et le roi Charles, repartit le premier interlocuteur. — Dites-nous donc quel est votre parti, maintenant que vous connaissez le nôtre.

— Je suis pour Dieu et mon étendard.

— Et pour quel étendard? reprit le chef du petit groupe. — Êtes-vous Cavalier ou Tête-Ronde? pour le roi ou pour la Convention?

— Par ma foi, monsieur, je ne voudrais pas vous faire un mensonge, car c'est une chose qui ne convient ni à un cavalier de fortune ni à un soldat; mais pour répondre à votre question avec vérité, il faudrait que j'eusse moi-même décidé auquel des partis qui divisent en ce moment le royaume je me rallierai définitivement, et c'est un point sur lequel mon esprit n'est point encore absolument fixé.

— J'aurais cru, repartit le jeune seigneur, que lorsqu'il s'agissait de loyauté et de religion, un gentilhomme, un homme d'honneur, ne pouvait être longtemps à choisir son parti.

— En vérité, monsieur, si vous parlez ainsi pour me faire un reproche et pour attaquer mon honneur ou ma naissance, je vous en donnerai volontiers des preuves en soutenant cette querelle moi seul contre vous trois. Mais si c'est par forme d'argumentation logique, science que j'ai étudiée dans ma jeunesse au collège Mareschal, à Aberdeen, je suis prêt à vous prouver *logicè* que ma résolution de différer pendant un certain temps à m'engager dans l'un ou l'autre des deux partis convient non-seulement à un gentilhomme et à un homme d'honneur, mais encore à une personne de bon sens et de prudence, qui s'est nourrie des belles-lettres pendant sa première jeunesse, et qui, depuis, a fait la guerre sous la bannière de l'invincible Gustave, le lion du Nord, et sous plusieurs autres chefs illustres, luthériens et calvinistes, papistes et arminiens.

Après avoir échangé un mot ou deux avec ses domestiques, le jeune gentilhomme reprit : — Je serais charmé, monsieur, d'avoir un moment d'entretien avec vous sur une question si intéressante, et je serais fier de pouvoir vous décider en faveur de la cause que j'ai moi-même embrassée. Je me rends ce soir chez un ami qui ne demeure pas à plus de trois milles d'ici ; si vous voulez m'y accompagner, vous trouverez un bon gîte pour la nuit, et vous serez libre de reprendre votre route demain matin, si vous ne vous sentez pas disposé à vous joindre à nous.

— Et qui m'en répondra? demanda le prudent soldat. — Un homme doit savoir quelles sont ses garanties ; sinon il peut tomber dans une embuscade.

— Je suis le comte de Menteith, et j'espère que vous regarderez ma parole comme une sûreté suffisante.

— Le comte de Menteith est un brave gentilhomme, repartit le soldat, et il n'y a pas à douter de sa parole. — D'un mouvement il replaça son mousquet en sautoir sur l'épaule, de l'autre il fit au jeune comte le salut militaire ; et continuant de parler en avançant pour le rejoindre : — J'espère aussi, dit-il, que la promesse que je vous fais d'être un *buen camarado* pour Votre Seigneurie, en paix ou en guerre, tant que nous resterons ensemble, ne paraîtra pas tout à fait à mépriser dans ces temps de troubles, où, comme on dit, la tête d'un homme est plus en sûreté sous un casque d'acier que dans un palais de marbre.

— Je vous assure, monsieur, dit lord Menteith, qu'à en juger d'après votre apparence, j'apprécie hautement l'avantage de votre escorte ; mais je compte que nous n'aurons point occasion d'exercer notre valeur, car je veux vous conduire à de bons quartiers sur un territoire ami.

— De bons quartiers, mylord, sont toujours agréables, et l'on ne doit leur préférer qu'une bonne paie et un bon butin, — pour ne rien dire de l'honneur du soldat ni des devoirs sacrés du service. Et franchement, mylord, votre offre généreuse est d'autant mieux venue, que je ne savais pas précisément où je pourrais trouver un logement cette nuit pour moi et pour mon pauvre compagnon, ajouta-t-il en flattant son cheval de la main.

— M'est-il permis de vous demander à présent à qui j'ai l'avantage de servir de quartier-maître?

— Certainement, mylord ; mon nom est Dalgetty, — Dugald Dalgetty, le ritt-master Dugald Dalgetty de Drumth-wacket, au service et aux ordres de Votre Honneur. C'est un nom que vous avez pu voir dans le *Gallo-Belge*, dans la *Gazette suédoise*, ou, si vous lisez l'allemand, dans le *Fliegenden Mercœur* [1] de Leipsick. Mon père, mylord, ayant par ses folies réduit à zéro un beau patrimoine, je n'eus pas de meilleur parti à prendre, lorsque j'eus atteint mes dix-huit ans, que de porter dans les guerres d'Allemagne la science que j'avais acquise au collége Mareschal d'Aberdeen, ma noblesse, mon titre de Drumthwacket, avec deux bras solides et deux jambes à l'avenant, pour faire mon chemin comme soldat de fortune. Mes jambes et mes bras, mylord, m'ont été plus utiles que ma noblesse et ma science, et je me suis vu portant la pique comme simple soldat sous le vieux sir Ludovic Leslie, où j'ai si bien appris les règles du service, que je ne les oublierai pas de sitôt. Monsieur, j'ai fait huit heures de faction, depuis midi jusqu'à huit heures du soir, à la porte du palais, avec ma cuirasse, mon casque et mes brassards, bardé de fer jusqu'aux dents, par une gelée si rude que la glace était plus dure que de la pierre; et tout cela pour m'être arrêté un instant à parler à mon hôtesse, au lieu de me rendre à l'appel.

— Et sans doute, monsieur, repartit lord Menteith, vous vous êtes trouvé dans des occasions où il faisait aussi chaud qu'il faisait froid dans celle dont vous parlez?

— Assurément, mylord, il ne me sied pas d'en parler; mais celui qui a vu les affaires de Leipsick et de Lutzen peut se flatter d'avoir vu des batailles rangées. Et quand on a assisté à la prise de Francfort, de Spanheim, de Nuremberg et autres, on doit savoir un peu ce que c'est que siéges, attaques, assauts et sacs de villes.

— Mais votre mérite et votre expérience, monsieur, vous ont sans doute valu de l'avancement?

— Cela a été long à venir, mylord, diablement long; mais comme mes compatriotes, les pères de la guerre, qui avaient levé ces braves régiments écossais, la terreur de l'Allemagne, commençaient à tomber joliment dru, les uns par les maladies, les autres par l'épée, nous, leurs enfants, nous recueillîmes leur héritage. Je fus six ans premier soldat de la compagnie, mylord, et trois ans speisade, dédaignant de porter la hallebarde, arme indigne de ma naissance. Enfin, je fus nommé fahndragger, comme on dit en allemand (c'est-à-dire enseigne), dans le régiment des Chevaux Noirs des gardes du roi; puis je parvins aux grades de lieutenant et de ritt-master sous l'invincible monarque, le boulevard de la foi protestante, le lion du Nord, la terreur de l'Autriche, Gustave le Victorieux.

— Et pourtant, si je vous comprends bien, capitaine Dalgetty, — car je crois que ce grade correspond à votre titre étranger de ritt-master....

[1] Le Mercure ailé.

— C'est exactement le même grade, interrompit Dalgetty, ritt-master signifiant littéralement chef de file.

— Je remarquais, reprit lord Menteith, que, si je vous ai bien compris, vous avez quitté le service de ce grand prince.

— Après sa mort, mylord, — après sa mort, et lorsque rien ne m'obligeait plus à rester sous sa bannière. Il y avait dans ce service, mylord, des choses qu'un homme d'honneur ne peut guère digérer, et particulièrement la solde, qui n'était pas des plus grasses : soixante dollars seulement par mois pour un ritt-master ; et encore l'invincible Gustave n'en payait jamais plus d'un tiers, que l'on distribuait tous les mois en forme de prêt, quoiqu'à bien considérer ce fût réellement un emprunt que ce grand monarque faisait des deux autres tiers qui restaient dus au soldat. J'ai vu quelquefois des régiments entiers de la Hollande et du Holstein s'insurger sur le champ de bataille comme de vils coquins, et crier : *gelt! gelt!* pour exprimer leur désir de recevoir leur paye, au lieu de s'escrimer comme nos bonnes lames d'Écosse, qui ont toujours dédaigné, mylord, de sacrifier l'honneur à un misérable gain.

— Mais cet arriéré n'était-il pas payé au soldat à une époque déterminée ?

— Je vous jure ma parole, mylord, qu'à aucune époque et par aucun moyen il n'a jamais été possible d'en rattraper un seul kreutzer. Je ne me suis jamais vu à la tête de vingt dollars à moi tout le temps que j'ai servi l'invincible Gustave, à moins qu'ils ne me vinssent d'un assaut, d'une victoire, de la prise de quelque ville ou de quelque bourgade ; circonstances dans lesquelles un soldat de fortune qui connaît les usages de la guerre manque rarement de faire quelque petit profit.

— Je commence à m'étonner, monsieur, de ce que vous êtes resté si longtemps au service de la Suède, plutôt que de ce que vous avez fini par en sortir.

— Aussi n'y serais-je pas resté, si ce n'est que ce grand chef, ce vaillant capitaine, ce glorieux roi, le lion du Nord et le boulevard de la foi protestante, avait une manière de gagner des batailles, de prendre des villes, d'envahir des provinces et de lever des contributions, qui donnait à son service des charmes irrésistibles pour tous les nobles cavaliers qui suivent l'honorable profession des armes. Tel que vous me voyez, mylord, j'ai commandé tout le district de Dunklespiel sur le Bas-Rhin, occupant le palais du palsgrave, buvant ses meilleurs vins avec mes camarades, frappant des contributions, des impositions et des réquisitions, et n'oubliant pas de lécher mes doigts comme doit le faire un bon cuisinier. Mais, à vrai dire, toute cette prospérité ne tarda pas à déchoir, quand notre grand capitaine eut reçu trois balles sur le champ

---

Geld (et non pas *gelt*) signifie en allemand argent, monnaie. (L. V.)

CHAPITRE II.

de bataille de Lutzen ; c'est pourquoi, voyant que la fortune avait changé de côté, et que les prêts et les emprunts continuaient comme par le passé à former notre paye, tandis qu'il n'y avait plus aucun casuel ni revenant-bon, je résignai ma commission, et je pris du service sous Wallenstein, dans le régiment irlandais de Walter Butler.

— Et puis-je vous demander, dit lord Menteith, que les aventures de ce soldat de fortune semblaient intéresser, comment vous vous trouvâtes de ce changement de maître?

— Assez bien, mylord ; — sans qu'il y eût rien de trop, pourtant. Je ne puis pas dire que l'empereur payât beaucoup mieux que le grand Gustave. Pour de bons coups, nous en avions à foison. J'étais souvent obligé de donner de la tête contre mes vieilles connaissances les plumes suédoises, qu'il faut que Votre Honneur se figure sous forme de pieux à doubles pointes garnis de fer à chaque bout, et plantés devant les bataillons des hallebardiers pour empêcher la charge de la cavalerie. Les plumes suédoises dont je vous parle, bien qu'elles soient d'un effet agréable à l'œil, ressemblant aux arbustes et aux arbrisseaux d'une forêt, comme les formidables piques rangées en bataille par derrière en représentent les pins élevés, ne sont pas cependant aussi douces au toucher que le plumage d'une oie. Néanmoins, quoique les coups soient solides et la paye légère, un officier de fortune peut faire assez bien ses affaires au service de l'empereur, parce qu'on ne contrôle pas de si près qu'en Suède ses petites aubaines ; et pourvu qu'un homme eût fait son devoir sur le champ de bataille, ni Wallenstein, ni Pappenheim, ni le vieux Tilly avant eux, n'écoutaient les criailleries des paysans ou des bourgeois contre un chef ou contre un soldat qui les avait par hasard tondus d'un peu près. De sorte qu'un cavalier qui a de l'expérience, et qui sait, comme dit notre proverbe écossais, comment on attache la tête de la laie à la queue du marcassin, peut tirer du pays la solde qu'il ne saurait obtenir de l'empereur.

— Largement, sans doute, et avec les intérêts?

— Indubitablement, mylord, répondit gravement Dalgetty ; car il serait doublement honteux pour un officier de se voir demander raison de misérables délits.

— Et je vous prie, monsieur, quel motif vous fit abandonner un service si avantageux?

— Ma foi, mylord, voici. Le major de notre régiment était un cavalier irlandais nommé O'Quilligan. Un soir, j'avais eu quelques mots avec lui sur le mérite et la prééminence de nos nations respectives. Le lendemain, il s'avisa de me donner ses ordres la pointe de sa canne levée vers moi, au lieu de la tenir baissée à terre, comme c'est l'habitude d'un officier qui sait vivre quand il commande un homme qui est son égal en rang, quoique peut-être son inférieur en grade militaire. Là dessus, nous nous battîmes en duel ; et comme, après les informations qui eurent lieu, Walter Butler, notre *oberst* ou colonel, jugea à propos d'infliger la punition la plus légère à son compatriote, et la plus sévère à moi, ma foi! moi, vexé d'une partialité semblable, je changeai ma commission pour une autre dans l'armée espagnole.

— J'espère que vous gagnâtes au changement?

— Franchement, je n'eus guère à m'en plaindre. La paye était assez régulière, étant fournie par les riches Flamands et Wallons des Pays-Bas. Les quartiers étaient excellents, le bon pain de froment de Flandre valait mieux que les rations de pain de seigle de Suède, et le vin du Rhin était plus commun dans notre camp que je n'ai jamais vu la bière brune de Rostock l'être dans celui de Gustave. Le service était nul, la consigne peu de chose, et encore, ce peu de chose, nous pouvions le faire ou le négliger suivant notre bon plaisir. C'était une excellente retraite pour un cavalier un peu fatigué de batailles et de sièges, qui avait acheté au prix de son sang autant d'honneur qu'il lui en faut, et qui désirait avoir un peu ses aises et mener bonne vie.

— Et puis-je vous demander, capitaine, pourquoi, vous trouvant, comme je le suppose, dans la situation que vous venez de dépeindre, vous quittâtes aussi le service de l'Espagne?

— Il faut faire attention, mylord, que vos Espagnols sont des gens qui, dans leur opinion, sont tout à fait sans égaux, et qui par conséquent n'apprécient pas convenablement les braves cavaliers étrangers qui veulent bien prendre du service chez eux. Et c'est une chose poignante pour un honorable soldado de se voir mis de côté, sacrifié et obligé de céder le pas à une kyrielle de *signors* vaniteux, qui, s'il était question de monter les premiers à l'assaut, la pique en main, céderaient bien volontiers leur place à un cavalier écossais. Et puis, mylord, j'avais des scrupules de conscience à l'endroit de la religion.

— Je n'aurais pas pensé, capitaine Dalgetty, qu'un vieux soldat, qui avait si souvent changé de service, fût bien scrupuleux sur ce point.

— Aussi ne le suis-je pas, mylord : je pense que c'est l'affaire de l'aumônier du régiment d'arranger tout cela pour moi comme pour tous les braves cavaliers, d'autant qu'il ne fait pas autre chose, que je sache, pour gagner sa paye et son traitement. Mais c'était un cas particulier, mylord, un *casus improvisus*[1], je puis dire, dans lequel je n'avais pas d'aumônier de ma communion pour me conseiller. Bref, quoique l'on consentît à fermer les yeux sur ma qualité de protestant, parce que j'étais un homme d'action et que j'avais plus d'expérience que tous les Dons de notre *tertia* ensemble; cependant, quand nous étions en garnison, on voulait me faire aller à la messe avec le régiment. Or, mylord, comme franc Écossais, et élevé au collège Mareschal d'Aberdeen, je devais

[1] Un cas imprévu.

regarder la messe comme un acte d'aveugle papisme et d'idolâtrie manifeste, que je ne voulais nullement sanctionner par ma présence. Il est vrai que je consultai sur ce point un digne compatriote, un père Fatsides [1] du couvent écossais de Wurtzbourg...

— Et j'espère, interrompit lord Menteith, que vous obtintes de ce pieux conseiller une opinion bien claire?

— Aussi claire qu'elle pouvait l'être, repartit le capitaine Dalgetty, si l'on considère que nous avions bu six flacons de vin du Rhin et environ deux pintes de kirschenwasser. Le père Fatsides me déclara que, pour un hérétique comme moi, autant qu'il en pouvait juger, il importait peu d'aller ou non à la messe, attendu que l'arrêt de ma damnation éternelle était signé et scellé de toute manière, à cause de mon endurcissement et de mon opiniâtre persévérance dans ma diabolique hérésie. Découragé par cette réponse, je m'adressai à un pasteur hollandais de l'Église réformée, qui me dit qu'il pensait que je pouvais légalement aller à la messe, puisque le prophète avait permis à Naaman, brave seigneur et cavalier recommandable au service de Syrie, de suivre son souverain dans le temple de Rimmon, faux dieu ou idole qu'il adorait, et de s'incliner pendant que le roi s'appuyait sur son bras. Mais cette réponse ne me satisfit pas, d'abord parce qu'il y avait une grande différence entre un roi de Syrie, qui avait été sacré, et notre colonel espagnol, que j'aurais pu, d'un souffle, faire voler comme une pelure d'oignon, et surtout parce que je ne voyais pas que cette obligation me fût imposée par aucune des règles du service. Et puis, aucune considération de casuel ou de paye ne balançait le tort que je pouvais faire à ma conscience.

— De sorte que vous changeâtes encore de drapeau?

— Ma foi, oui, mylord; et après avoir essayé pendant quelque temps de deux ou trois autres gouvernements, je finis par entrer au service de leurs Hautes Puissances les États de Hollande.

— Et comment votre humeur s'accommoda-t-elle de leur service?

— Oh! mylord, s'écria le soldat avec une sorte d'enthousiasme, leur conduite un jour de paye pourrait servir de modèle à toute l'Europe. — Il n'y a là ni prêts, ni emprunts, ni retenues, ni arriérés; — tout est balancé et soldé comme un compte de banque. Les quartiers aussi sont excellents et les vivres irréprochables; mais en revanche, mylord, ce sont des gens minutieusement scrupuleux, qui ne passent pas la moindre peccadille; de sorte que si un paysan se plaint d'une tête cassée, ou un cabaretier de pots cassés, si une mauvaise coquine crie seulement assez haut pour qu'on l'entende, un brave soldat se voit traîné non devant la cour martiale de son corps, qui peut seule juger et punir ses erreurs, mais devant un misérable artisan, un bourgmestre, qui le menace de la prison et de la corde, et de je ne sais quoi encore, comme si c'était un

---

[1] Côtes-Grasses.

de leurs vils paysans amphibies à larges culottes. Aussi, ne pouvant vivre plus longtemps parmi ces ingrats plébéiens, qui, bien qu'incapables de se défendre par leurs propres forces, n'accordent cependant au noble cavalier étranger qui prend du service chez eux rien autre chose que sa paye toute sèche, qu'aucun homme d'honneur ne peut faire entrer en parallèle avec une licence libérale et un honorable appui, je résolus de quitter le service des *Mynheers*. Et ayant alors appris, à ma grande satisfaction, qu'il devait y avoir quelque chose à faire pour moi cet été dans mon cher pays natal, je suis venu ici, comme un mendiant à une noce, comme on dit, pour faire profiter mes chers compatriotes de l'expérience que j'ai acquise dans les pays étrangers. Telle est, mylord, l'esquisse abrégée de mon histoire, sauf mes faits d'armes sur les champs de bataille, dans les siéges, les assauts et les prises de villes, dont le récit serait trop long, et siérait peut-être mieux à une autre bouche qu'à la mienne.

CHAPITRE III.

> Que les hommes d'État se cassent la tête à chercher où est la justice ! Batailler est mon métier ; du pain, c'est mon salaire ; et je puis dire, avec le soldat suisse : La meilleure cause est celle qui paie le mieux. DONNE.

La route était en ce moment devenue si étroite et si difficile, que les voyageurs furent obligés d'interrompre leur conversation ; lord Menteith ralentit le pas de son cheval et échangea quelques mots avec ses domestiques. Après environ un quart de mille d'une marche lente et pénible dans une montée rude et raboteuse, le capitaine, qui formait alors l'avant-garde de la petite troupe, déboucha dans une vallée entre des montagnes, à travers laquelle fuyait un ruisseau dont les bords verdoyants étaient assez larges pour que les voyageurs pussent continuer leur route d'une manière plus agréable.

Lord Menteith reprit donc la conversation, interrompue par les embarras du chemin. — J'aurais pensé, dit-il au capitaine Dalgetty, qu'un honorable cavalier de distinction comme vous, qui a si longtemps servi le vaillant roi de Suède, et qui a conçu un si juste mépris pour les vils marchands des États de Hollande, n'aurait point hésité à embrasser la cause du roi Charles, préférablement à celle de ces misérables Têtes-Rondes, de ces hypocrites coquins révoltés contre son autorité.

— Vous avez raison, mylord ; et *cæteris paribus* [1], je serais assez porté à voir les choses sous le même jour ; mais il y a un proverbe du Sud qui dit que les belles paroles ne mettent pas de beurre dans les panais. — J'en ai appris assez depuis que je suis revenu ici pour savoir qu'un homme d'honneur peut adopter, dans ces discordes civiles, le parti qui lui paraît le plus convenable à ses intérêts particuliers. Loyauté ! voilà votre mot d'ordre, mylord ; — Liberté ! répond un partisan du côté opposé de la vallée. — Le roi ! est le cri de guerre des uns, — le Parlement ! celui des autres. — Montrose pour toujours ! crie Donald [2] en agitant sa toque ; — Argyle et Leven ! riposte un Saunders [3] du Sud, se pavanant avec son chapeau et son panache. Combattez pour les évêques, dit un prêtre avec sa robe et son rochet ; — tenez ferme pour l'Église [4], crie un ministre avec son bonnet et son rabat de Genève. — Ce sont tous de bons mots d'ordre, — d'excellents mots d'ordre. Mais quelle est la meilleure cause ? je ne saurais le dire. Ce dont je suis sûr, c'est que je me suis battu plus d'une fois dans le sang jusqu'aux genoux pour des causes dix fois pires que la plus mauvaise de celles-ci.

— Mais, capitaine Dalgetty, puisque les prétentions des deux partis vous semblent si également justes, voudriez-vous me dire quelles circonstances décideront votre choix ?

— Deux considérations bien simples, mylord, répondit le soldat. La première, ce sera de savoir de quel côté mes services me vaudront le grade le plus honorable ; — et la seconde, qui en est le corollaire, par quel parti ils seront probablement le mieux rétribués. Et pour vous parler franchement, mylord, mon opinion sur ces deux points penche en ce moment du côté du Parlement.

— Quelles sont vos raisons, s'il vous plaît ? dit lord Menteith. Peut-être pourrai-je les combattre par d'autres plus puissantes ?

— Je me rendrai volontiers à de bonnes raisons, monsieur, si elles s'adressent à mon honneur et à mon intérêt. — Hé bien donc, mylord, voici une espèce d'armée highlandaise, assemblée, ou qu'on espère voir s'assembler, dans ces montagnes sauvages, en faveur du roi. Or, vous connaissez le caractère de nos Highlanders. Je ne nierai pas que ce ne soient des gens robustes de corps et intrépides de cœur, et assez courageux dans leur manière étrange de combattre, qui est aussi éloignée des usages et de la discipline de la guerre que le fut jamais autrefois celle des Scythes, ou que l'est aujourd'hui celle des Indiens sauvages de l'Amérique. Ils n'ont pas même un fifre allemand ou un tambour pour battre la marche, la générale, la charge, la retraite ; le

[1] Toutes choses égales.
[2] Personnification des Highlands. (L. V.)
[3] Personnification des Lowlands. (L. V.)
[4] L'église d'Écosse, l'église presbytérienne. (L. V.)

réveil, le rappel ou toute autre batterie, et les sons criards de leurs maudites cornemuses, qu'ils prétendent comprendre, sont inintelligibles pour les oreilles d'un cavalier habitué à faire la guerre avec des peuples civilisés. De sorte que si j'entreprenais de discipliner ce troupeau de sans culottes, il me serait impossible de m'en faire comprendre ; et quand j'y réussirais, jugez un peu, mylord, quelle chance j'aurais de me faire obéir par une bande de gens à demi sauvages, habitués à témoigner aveuglément à leurs lairds et à leurs chefs ce respect et cette soumission qu'il leur faudrait avoir pour des officiers commissionnés. Si je leur enseignais à se ranger en bataille en extrayant la racine carrée, c'est-à-dire en formant votre bataillon carré d'un nombre égal d'hommes, de rangs et de files correspondant à la racine carrée de la totalité des soldats sous les armes, que pourrais-je attendre d'eux pour leur avoir communiqué cet inestimable secret de la tactique militaire ? Peut-être un coup de dirk dans les côtes, pour avoir placé en flanc ou à l'arrière quelque Mac-Alister More, quelque Mac-Shemei ou quelque Mac-Capperfae, qui prétendait être au premier rang. — Ma foi, l'Écriture Sainte a bien raison de dire : « Si vous jetez des perles devant des pourceaux, ils se retourneront contre vous et vous déchireront. »

— Anderson, dit lord Monteith en se retournant vers un de ses deux domestiques, qui le suivaient de très-près, vous pouvez, je crois, assurer ce gentilhomme que nous aurons plus besoin d'officiers expérimentés, et que nous serons plus disposés à profiter de leurs connaissances, qu'il ne semble le penser.

— Avec la permission de Votre Honneur, répondit Anderson en ôtant respectueusement son bonnet, lorsque nous aurons été rejoints par l'infanterie irlandaise que nous attendons et qui doit déjà être débarquée dans les Highlands de l'Ouest, il nous faudra de bons officiers pour discipliner nos recrues.

— Et j'aimerais beaucoup, — oui, beaucoup, à être employé à ce service, dit Dalgetty. Les Irlandais sont de bons lurons, — de fameux lurons ; — je ne demande pas de meilleurs soldats sur un champ de bataille. J'ai vu une fois une brigade d'Irlandais, à la prise de Francfort-sur-l'Oder, jouer de la pique et de l'épée jusqu'à culbuter les brigades suédoises bleues et jaunes, qui passaient pour aussi braves qu'aucune de celles qui combattaient sous l'immortel Gustave. Et quoique l'intrépide Hepburn, le vaillant Lumsdale, le courageux Monroe, avec d'autres cavaliers et moi, nous nous fussions fait jour ailleurs à la pointe de la lance, si nous avions rencontré la même résistance, nous nous en serions retournés avec plus de perte que de profit. Mais ces braves Irlandais, qui furent tous passés au fil de l'épée, comme c'est l'usage en pareil cas, n'en acquirent pas moins une réputation et une gloire immortelles. Aussi depuis ce jour j'ai toujours aimé et ho-

CHAPITRE III.

noré les soldats de cette nation, après ceux de l'Écosse, ma patrie.

— Je croirais, reprit lord Menteith, pouvoir vous promettre le commandement d'un corps d'Irlandais, si vous étiez disposé à embrasser la cause royale.

— Mais ma seconde et principale difficulté reste toujours; car, quoique je regarde comme une chose basse et honteuse pour un soldat de n'avoir jamais à la bouche que les mots de paye et de gelt, comme ces misérables coquins de lansquenets allemands dont je vous ai déjà parlé, et quoique je sois prêt à soutenir, l'épée à la main, que l'honneur doit passer avant la solde, les quartiers libres et l'arriéré, cependant, *ex contrario*[1], la paie d'un soldat étant le contre-poids de son engagement, un cavalier sage et prudent fait bien de considérer quelle rémunération il recevra de ses services, et sur quels fonds elle lui sera comptée. Et franchement, mylord, d'après ce que j'ai pu voir et entendre, c'est la Convention qui tient la bourse. Les Highlanders, on peut les tenir en haleine en leur permettant de voler le bétail : quant aux Irlandais, Votre Seigneurie et ses nobles associés peuvent, suivant l'usage de pareilles guerres, les payer aussi rarement et aussi peu qu'il pourra leur être agréable ou commode; mais on ne traite pas de la même manière un cavalier comme moi, qui doit entretenir ses chevaux, ses domestiques, ses armes et son équipage, et qui ne peut ni ne veut faire la guerre à ses dépens.

Anderson, le domestique qui avait déjà parlé, adressa alors la parole à son maître : — Je crois, mylord, dit-il d'un air respectueux, qu'avec la permission de Votre Seigneurie, je puis répondre quelque chose, et détruire aussi la seconde objection du capitaine Dalgetty. Il nous demande où nous trouverons l'argent de la paie; or, il me semble, dans mon simple bon sens, que les ressources nous sont ouvertes comme aux Covenantaires. Ils taxent le pays suivant leur bon plaisir et pillent les terres du roi. Hé bien, une fois dans les Lowlands, à la tête de nos Highlanders et de nos Irlandais et l'épée à la main, nous trouverions plus d'un traître bien gras dont les trésors mal acquis rempliraient la caisse de l'armée et satisferaient nos soldats. Et puis, les confiscations pleuvront dru, et en donnant les terres saisies aux braves cavaliers qui se seront rangés sous son étendard, le roi récompensera ses amis et punira en même temps ses ennemis. En un mot, celui qui se joindra à ces chiens de Têtes-Rondes peut compter sur une misérable paye; — mais celui qui suivra nos drapeaux a la chance de devenir chevalier, lord ou comte, si le sort le favorise.

— Avez-vous jamais servi, mon ami? dit le capitaine.

— Un peu, monsieur, dans nos troubles domestiques, répondit Anderson d'un air modeste.

[1] Par contre.

— Mais jamais en Allemagne ou dans les Pays-Bas ?
— Je n'ai jamais eu cet honneur.
— Je vous assure, poursuivit Dalgetty en s'adressant à lord Menteith, que le domestique de Votre Seigneurie a sur les questions militaires des idées judicieuses, naturelles et justes, bien qu'elles ne soient pas très-régulières et qu'elles rappellent un peu trop l'homme qui vend la peau de l'ours avant de l'avoir mis à terre. — Pourtant, je réfléchirai sur tout cela.

— Réfléchissez-y, capitaine, dit lord Menteith ; vous aurez la nuit pour y penser, car nous voici près de la maison où je crois pouvoir vous garantir une réception hospitalière.

— Qui viendra fort à propos, car depuis la pointe du jour je n'ai rien pris que le quart d'un gâteau d'avoine que j'ai partagé avec mon cheval. Aussi ai-je été obligé de serrer mon ceinturon de trois points, de peur que la pesanteur du fer ne le fît glisser, tant la faim m'avait rendu le ventre mince.

CHAPITRE IV.

> Une fois, n'importe quand, les Giunimies s'assemblèrent dans une vallée, aussi alertes et aussi braves qu'aucun de ceux qui ont jamais porté le dirk, la targe, la claymore, les bas courts, un plaid et les trews, dans l'Uist, Lochaber, Skye ou Lewes, ou couvert leurs fortes têtes d'une toque. Si vous les aviez vus, vous en conviendriez.
> MESTON.

Nos voyageurs avaient alors devant eux une montagne couverte d'une antique forêt de pins d'Écosse, qui, étendant vers le couchant les rameaux décharnés de leurs cimes, reflétaient les feux rougeâtres du soleil à son déclin. Au milieu de ce bois s'élevaient les tours, ou plutôt les cheminées de la maison, décorée du titre de château, qui devait être le terme de leur voyage.

Suivant l'usage de cette époque, un ou deux bâtiments élevés et étroits qui se coupaient et se croisaient entre eux formaient le *corps de logis*. Quelques bartisanes en saillie, flanquées, à chaque angle, de petites tourelles tout à fait semblables à des poivrières, avaient valu à Darnlinvarach l'honorable qualification de château. Le manoir était entouré d'un petit mur, dans l'enceinte duquel se trouvaient aussi les bâtiments de service.

A mesure qu'ils approchaient, les voyageurs découvraient les marques d'additions récemment faites aux moyens de défense du château, et suggérées sans doute par le peu de sécurité dont on jouissait dans ces temps de troubles. De nouvelles meurtrières pour la mousqueterie avaient été percées en différents endroits des constructions et du mur qui les environnait. Les fenêtres venaient d'être soigneusement garnies de barreaux de fer croisés l'un sur l'autre, en long et en large, comme les grilles d'une prison. La porte de la cour était fermée ; et ce ne fut qu'après un prudent interrogatoire qu'un des battants fut ouvert par deux domestiques, deux vigoureux Highlanders, tous deux armés, et, comme Bitias et Pandarus dans l'Énéide, prêts à défendre l'entrée contre tout ennemi qui aurait tenté une intrusion.

Lorsque les voyageurs furent entrés dans la cour, ils y virent encore de nouveaux préparatifs de défense. Les murs avaient été garnis d'échafauds pour favoriser l'usage des armes à feu, et deux ou trois de ces petits canons appelés *sackers* ou fauconneaux avaient été placés sur les tourelles qui flanquaient les angles du château.

Plusieurs domestiques, ceux-ci dans le costume des Highlands, ceux-là dans celui des Lowlands, sortirent aussitôt de l'intérieur de la maison ; les uns s'empressèrent de prendre les chevaux des étrangers, tandis que les autres s'occupaient d'introduire les voyageurs dans le château. Mais le capitaine Dalgetty refusa les offres de service de ceux qui voulaient le débarrasser du soin de son cheval. — Mes amis, dit-il, j'ai l'habitude de panser moi-même Gustave (car c'est ainsi que je l'ai appelé, du nom de mon invincible maître). Nous sommes de vieux amis, des compagnons de voyage, et comme j'ai souvent besoin du service de ses jambes, je lui prête toujours en retour celui de ma langue pour demander tout ce qui lui est nécessaire. — En conséquence et sans autre apologie, il accompagna son coursier dans l'écurie.

Ni lord Menteith ni les hommes de sa suite n'eurent la même attention pour leurs chevaux ; les abandonnant aux soins des domestiques, ils entrèrent dans la maison. Sous une espèce de vestibule sombre et en forme de voûte, parmi différents objets, était un énorme tonneau de petite ale, près duquel étaient rangées deux ou trois *quaichs*, ou tasses de bois, à la disposition, à ce qu'il paraissait, de quiconque voudrait s'en servir. Lord Menteith tourna le robinet, but sans cérémonie, et passa ensuite le gobelet à Anderson, qui suivit l'exemple de son maître, mais non sans avoir jeté la goutte d'ale qui restait, et rincé légèrement sa coupe de bois.

— Que diable, l'ami, dit un vieux serviteur highlandais de la famille, ne peut-elle boire après son maître sans rincer la tasse et sans jeter l'ale ? Que le diable l'emporte !

---

[1] Manière de s'exprimer familière aux Highlanders. Voyez à ce sujet une note de *Rob-Roy*. (L. V.)

— J'ai été élevé en France, répondit Anderson, et l'on n'y boit jamais après personne dans la même coupe, si ce n'est après une jeune dame.

— Au diable leur délicatesse! repartit Donald; et si l'ale est bonne, qu'importe que la barbe d'un autre homme ait trempé dans le *queich* avant la vôtre?

Le camarade d'Anderson but sans prendre la précaution qui avait si fort offusqué Donald, et tous deux suivirent leur maître dans la salle basse à arceaux de pierre, rendez-vous commun d'une famille des Highlands. Un grand feu de tourbe, nécessité par l'humidité, qui, même en été, rendait l'appartement malsain, brûlait dans une vaste cheminée à l'extrémité de la pièce, qu'il éclairait d'une lumière douteuse. Vingt ou trente targes, autant de claymores, des dirks, des plaids, des fusils à mèche et à pierre, des arcs, des arbalètes, des haches de Lochaber [1], des cottes d'armes, des casques, des morions, et d'anciens hauberts ou cottes de mailles à réseaux avec des chaperons et des manches semblables, pendaient pêle-mêle autour des murs, et auraient fait pour un mois le bonheur d'un membre d'une société moderne d'antiquaires. Mais à cette époque, tout cela était trop familier pour attirer beaucoup l'attention.

Sur une grande table de chêne grossièrement travaillée, l'hospitalité empressée du serviteur qui avait déjà parlé apporta aussitôt du lait, du beurre, du fromage de chèvre, un pot de bière et un flacon d'usquebaugh [2], destinés à réparer les forces de lord Menteith. En même temps, un domestique d'un ordre inférieur faisait les mêmes préparatifs au bas bout de la table pour les gens du comte. L'espace qui les séparait était, dans les habitudes de l'époque, une distinction suffisante entre les domestiques et le maître, lors même, comme dans cette circonstance, qu'il était d'un haut rang. Pendant ce temps, les nouveaux venus se tenaient près du feu, — le jeune seigneur sous le manteau de la cheminée, et ses gens à quelque distance.

— Anderson, dit lord Menteith, que pensez-vous de notre compagnon de voyage?

— C'est un solide gaillard, si sa mine ne ment pas. Je voudrais que nous en eussions une vingtaine comme lui pour discipliner un peu nos Hibernois [3].

— Je ne suis pas de votre avis, Anderson, reprit lord Menteith. Je regarde votre capitaine Dalgetty comme une de ces sangsues dont le sang qu'elles ont sucé en pays étranger n'a fait qu'aiguiser l'appétit, et qui reviennent maintenant pour s'engraisser de celui de leurs concitoyens. Honte à tous ces aventuriers qui vendent leur épée! Ils ont rendu,

---

[1] Sorte de hallebarde. (L. V.)

[2] Eau-de-vie de grains distillée dans les montagnes. (L. V.)

[3] *Teagues*, sobriquet donné aux Irlandais. (L. V.)

dans toute l'Europe, le nom d'Écossais synonyme de celui de misérable mercenaire qui ne connaît d'autre honneur, d'autre principe, que sa solde, et qui promène sa fidélité d'un parti à un autre, suivant le caprice de la fortune ou la libéralité de celui qui le soudoie. C'est à leur insatiable besoin de pillage et de licence que nous devons en grande partie ces discordes civiles qui nous font aujourd'hui tourner nos épées contre notre propre sein. Ce gladiateur vendu a failli me faire perdre patience, et pourtant j'avais peine à m'empêcher de rire de l'excès de son impudence.

— Votre Seigneurie me pardonnera de lui recommander, dans les circonstances présentes, de cacher au moins une partie de cette généreuse indignation. Nous ne pouvons malheureusement exécuter nos projets sans le secours de gens dont les motifs d'action sont moins honorables que les nôtres. Nous ne pouvons nous passer de l'aide de drôles tels que notre ami le *soldado*. Et pour parler la langue hypocrite des saints du parlement anglais, — les fils de Zerniah sont trop nombreux pour nous.

— Je dissimulerai donc du mieux que je pourrai, comme je l'ai déjà fait d'après votre avis. Mais je donne bien le drôle au diable, et de tout mon cœur.

— Soit, mylord; mais vous n'en devez pas moins vous rappeler que, pour guérir la morsure d'un scorpion, il faut en écraser un autre sur la plaie. — Mais silence, on pourrait nous entendre.

En ce moment, par une porte latérale, on vit entrer un Highlander, que sa haute stature, son air fier, son armure complète, la plume d'aigle qui surmontait sa toque, annonçaient être d'un rang supérieur. Il s'approcha lentement de la table et ne répondit point à lord Menteith, qui, l'interpellant du nom d'Allan, lui demanda comment il se portait.

— Il ne faut pas lui parler à présent, dit à demi-voix le vieux serviteur.

Le grand Highlander se laissa tomber sur un siége vacant près du feu, fixa les yeux sur l'énorme monceau de tourbe qui brûlait dans le foyer, et parut plongé dans une profonde rêverie. Ses yeux noirs, ses traits sauvages, son air d'exaltation, annonçaient un homme vivement préoccupé du sujet de ses méditations, et accordant peu d'attention aux objets extérieurs. Son air sombre et austère, fruit peut-être d'habitudes ascétiques et solitaires, aurait pu, dans un Lowlander, être attribué au fanatisme religieux; mais cette maladie de l'esprit, si commune alors en Angleterre et dans les Lowlands de l'Écosse, atteignait rarement, à cette époque, les Highlanders. Ils avaient cependant leurs superstitions particulières, dont les nébuleuses chimères obscurcissaient l'esprit aussi complètement que le puritanisme de leurs voisins.

— Il ne faut pas, répéta le serviteur highlandais, s'approchant de lord

Menteith et lui parlant tout bas, il ne faut pas que Votre Seigneurie parle en ce moment à Allan, car le nuage est sur son esprit.

Lord Menteith répondit d'un signe de tête, et ne s'occupa plus du taciturne montagnard.

— N'ai-je pas dit, s'écria celui-ci, se dressant tout à coup de toute sa hauteur et se tournant vers le domestique, — n'ai-je pas dit qu'ils viendraient quatre? D'où vient qu'ils ne sont que trois dans cette salle?

— Véritablement vous l'avez dit, Allan, répondit le vieux Highlander, et voici le quatrième qui vient de l'écurie, et dont j'entends le cliquetis à la porte, car il est couvert de fer sur le dos, la poitrine, les cuisses et les jambes, comme une écrevisse de son écaille. Mettrai-je son siège au haut de la table, près de lord Menteith, ou bien au bas bout, avec ces braves gens?

Lord Menteith répondit lui-même à la question en lui désignant une place près de lui.

— Tenez, le voici qui vient, reprit Donald au moment où le capitaine Dalgetty entrait dans la salle. J'espère que ces messieurs prendront tous le pain et le fromage, comme nous disons dans les glens, en attendant qu'on leur prépare un meilleur repas, et que le Tiernach[1] revienne de la montagne avec les gentilshommes du Sud. Dugald Cook[2] vous fera voir alors comment il apprête le chevreuil et le gibier de la montagne.

Sur ces entrefaites, le capitaine Dalgetty était entré dans l'appartement, et s'étant approché du siège placé près de lord Menteith, il s'appuyait sur le dossier, les bras croisés. Anderson et son camarade attendaient, à l'extrémité de la table, dans une attitude respectueuse, la permission de s'asseoir. Trois ou quatre montagnards, sous les ordres du vieux Donald, allaient et venaient pour apporter de nouveaux mets, ou se tenaient debout prêts à servir les convives.

Au milieu de ces préparatifs, Allan se leva tout à coup; prenant une lampe des mains d'un domestique, il l'approcha du visage de Dalgetty, et examina ses traits avec l'attention la plus grande et la plus scrupuleuse.

— Sur mon honneur, dit Dalgetty à demi fâché, au moment où, secouant la tête d'un air mystérieux, Allan terminait son examen, je réponds que ce garçon et moi nous nous reconnaîtrons quand nous nous rencontrerons une autre fois.

Cependant Allan se dirigea vers l'autre bout de la table, et après avoir, à l'aide de sa lampe, soumis Anderson et son camarade au même examen, s'arrêta un moment comme plongé dans une profonde ré-

---

[1] Le chef du clan. (L. V.)
[2] Dugald le Cuisinier. (L. V.)

flexion ; puis, se frappant le front, il saisit vivement Anderson par le bras, et avant que celui-ci pût lui opposer aucune résistance, il le conduisit, ou plutôt le traîna à la place restée vacante au haut bout de la table, et après lui avoir fait signe de s'y asseoir sans plus de cérémonie, il refoula brusquement le soldat vers l'extrémité inférieure. Le capitaine, fort irrité de cette liberté, essaya de se débarrasser d'Allan par la force; mais tout vigoureux qu'il était, il ne put résister au gigantesque montagnard, qui le poussa avec tant de violence, qu'après avoir reculé de quelques pas en chancelant, il tomba de toute sa longueur, faisant retentir la voûte de la salle du fracas de son armure. Dès qu'il se fut relevé, son premier mouvement fut de tirer son épée et de courir sur Allan, qui, les bras croisés, semblait attendre son attaque avec la plus dédaigneuse indifférence. Lord Menteith et ses domestiques s'interposèrent pour rétablir la paix, tandis que les Highlanders, saisissant les armes suspendues à la muraille, semblaient tout prêts à soutenir la querelle.

— Il est fou, dit tout bas lord Menteith, il est tout à fait fou ; il est inutile de se quereller avec lui.

— Si Votre Seigneurie est sûre qu'il est *non compos mentis*[1], dit le capitaine Dalgetty, ce que ses manières et sa conduite semblent prouver, l'affaire en restera là ; car un fou ne peut ni faire insulte, ni donner une satisfaction honorable. Mais, sur mon âme, si j'avais eu sous mon ceinturon ma provende et une bouteille de vin du Rhin, cela se serait passé autrement. C'est pourtant malheureux qu'il ait l'esprit faible ; car c'est un gaillard solide de corps, et qui est en état de manier la pique, le morgenstern[2], ou toute autre arme que ce soit.

La paix ainsi rétablie, les voyageurs s'assirent dans l'ordre d'abord fixé. Allan, qui était alors allé reprendre son siége auprès du feu, et qui semblait de nouveau plongé dans sa rêverie, ne vint plus s'immiscer dans leurs arrangements. Lord Menteith, s'adressant au principal serviteur, se hâta d'amener quelque sujet de conversation qui pût effacer tout souvenir de la querelle qui venait d'avoir lieu. — Ainsi donc, Donald, si j'ai bien entendu, le laird est sur la montagne avec de hôtes anglais?

— Oui, bien sûr, s'il plaît à Votre Honneur, il est dans la montagne

---

[1] Qu'il n'a pas sa raison.

[2] C'était une espèce de massue ou de masse, dont on se servait au commencement du seizième siècle pour défendre les brèches et les murailles. Lorsque les Allemands insultèrent un régiment écossais alors assiégé dans Stralsund, en disant qu'ils avaient appris qu'un vaisseau danois leur apportait des pipes, « un de nos soldats, dit le colonel Robert Munro, leur montrant par-dessus les remparts un morgenstern fait d'un gros bâton cerclé en fer, comme le manche d'une hallebarde, avec une boule à l'extrémité, leur cria : Voici une des pipes avec lesquelles nous vous briserons le crâne quand vous nous donnerez l'assaut. » (W. S.)

avec deux caballeros [1] saxons, sir Miles Musgrave et Christophe Hall du Cumraik [2], comme je crois qu'ils appellent leur pays.

— Hall et Musgrave? dit lord Menteith en jetant un coup d'œil à ses domestiques; ce sont précisément ceux que nous désirions voir.

— En vérité, reprit Donald, je voudrais, moi, ne les avoir jamais eus devant les yeux; car ils ne sont venus ici que pour dévaster la maison.

— Quoi donc! Donald, vous n'aviez pas l'habitude d'être si avare de votre bœuf et de votre ale; quoiqu'ils soient du Sud, ils ne mangeront pas tout le bétail qui paît sur les terres du château.

— Du diable si je m'en soucierais, si c'était là le pis; car nous avons ici bon nombre de montagnards [3] qui ne nous laisseront manquer de rien tant qu'il y aura une bête à cornes d'ici au comté de Perth. Mais c'est une tout autre affaire; — ce n'est rien moins qu'une gageure.

— Une gageure! répéta lord Menteith avec quelque étonnement.

— Vraiment oui, continua Donald, non moins empressé de conter ses nouvelles que lord Menteith n'était curieux de les apprendre; comme Votre Seigneurie est un ami et un parent de la maison, et que d'ici à une heure vous en entendrez parler de reste, je puis aussi bien vous dire la chose moi-même. Vous saurez donc que lorsque notre laird est allé en Angleterre, où il va plus souvent que ses amis ne le voudraient, il descendait dans la maison de ce sir Miles Musgrave, où on mettait sur table six chandeliers, qui avaient, m'a-t-on dit, deux fois la taille de ceux de l'église de Dunblane, et qui n'étaient ni de fer, ni de cuivre, ni d'étain, mais d'argent massif, ni plus ni moins; — au diable leur orgueil anglais, qui est si grand et qu'ils savent si mal gouverner! Si bien qu'ils se mirent à plaisanter le laird, et à lui dire qu'il n'avait jamais vu de si belles choses dans son pauvre pays; et le laird, ne voulant pas laisser rabaisser son pays sans dire un mot pour son honneur, jura en bon écossais qu'il avait dans son propre château plus de chandeliers, et des chandeliers plus précieux, qu'on n'en avait jamais allumé dans aucune salle du Cumberland, si Cumberland est le nom de ce pays.

— C'était parler en patriote, dit lord Menteith.

— C'est très-vrai; mais Son Honneur aurait mieux fait de retenir sa langue, car si vous dites devant des Saxons quelque chose d'un peu extraordinaire, ils vous proposent un pari aussi vite qu'un maréchal des Lowlands pourrait mettre un fer à un shelty [4] des Highlands. Ainsi donc il fallait que le laird retirât sa parole ou qu'il acceptât une gageure

---

[1] Cavaliers.
[2] Le Cumberland. (L. V.)
[3] *Trewsmen*, dit le texte; littéralement Hommes aux *trews*. Le *trew* est une sorte de pantalon ou plutôt de caleçon court et large, pareil à celui des matelots flamands. (L. V.)
[4] Poney; petite race cavaline de la Haute-Écosse. (L. V.)

de deux cents marcs; et il tint la gageure plutôt que de rougir devant ces gens-là. Maintenant, il va falloir payer, et j'imagine que c'est ce qui fait qu'il tarde tant à rentrer ce soir.

— Assurément, Donald, dit lord Menteith, d'après ce que je connais de l'argenterie de la famille, votre maître est sûr de perdre un semblable pari.

— Votre Honneur peut en répondre; et où trouvera-t-il l'argent pour s'acquitter? je n'en sais rien, quand il puiserait dans vingt bourses. Je lui avais conseillé de descendre adroitement les deux gentilshommes saxons avec leurs domestiques dans le puits de la tour, et de les y laisser jusqu'à ce qu'ils annulassent de bonne volonté le pari; mais le laird ne veut pas entendre raison.

A ces mots, Allan se leva, s'avança vers les interlocuteurs et interrompit la conversation en disant au domestique d'une voix de tonnerre:
— Et comment osez-vous donner à mon frère un avis si déshonorant? Comment osez-vous dire qu'il perdra cette gageure ou toute autre qu'il lui plaira de faire?

— Certainement, Allan Mac-Aulay, répondit le vieillard, ce n'est pas au fils de mon père à contredire ce que le fils de votre père croit devoir dire. Le laird peut sans doute gagner son pari. Mais tout ce que je sais, moi, c'est que du diable s'il y a un chandelier ou rien de semblable au château, sauf les vieilles branches de fer qui sont à la cheminée depuis le temps du laird Kenneth, et les flambeaux d'étain que votre père a fait faire par le vieux Willie Winkie le chaudronnier; à preuve que du diable s'il y a l'ombre d'une once d'argenterie dans toute la maison, excepté la vieille tasse à posset [1] de mylady, et encore elle n'a plus qu'une anse et pas de couvercle.

— Paix, vieillard! dit Allan avec humeur. Et vous, messieurs, si vous avez fini de vous rafraîchir, veuillez quitter cette salle; il faut que je la prépare pour recevoir les hôtes du Sud.

— Venez, dit le serviteur, tirant lord Menteith par sa manche; son heure est arrivée, ajouta-t-il en regardant Allan, il ne faut pas le contrarier.

Sortant donc de la salle, lord Menteith et le capitaine suivirent le vieux Donald, tandis qu'un second Highlander emmenait d'un autre côté les deux domestiques. Nos deux voyageurs venaient à peine d'entrer dans une espèce de petit salon retiré, qu'ils y furent rejoints par le maître de la maison, Angus Mac-Aulay, et ses hôtes anglais. Tous témoignèrent la plus grande joie de se voir, car lord Menteith et les seigneurs anglais se connaissaient parfaitement; et présenté par le jeune comte, le capitaine Dalgetty fut très-bien accueilli par le laird. Mais, lorsque la première effusion de compliments affectueux fut pas-

---

[1] *Posset*, breuvage composé de vin sec, de crème, de muscades d'œufs battus et de sucre, que l'on prenait avant de se mettre au lit. (L. V.)

4

sée, lord Menteith put remarquer qu'un nuage de tristesse obscurcissait le front de son ami des Highlands.

— Vous devez avoir appris, dit Sir Christophe Hall, que nos beaux projets dans le Cumberland ont complétement échoué. La milice n'a pas voulu entrer en Écosse, et nos amis n'étaient pas de force avec vos oreilles dressées de covenantaires dans les comtés du Sud. Sachant donc qu'il y avait ici quelque chose sous jeu, Musgrave et moi, plutôt que de rester oisifs chez nous, nous sommes venus faire la campagne avec vos kilts et vos plaids.

— J'espère que vous avez avec vous des armes, des hommes et de l'argent? dit lord Menteith en souriant.

— En tout une douzaine ou deux de soldats, que nous avons laissés dans le dernier village des Lowlands, répondit Musgrave; et nous avons eu assez de peine à les amener jusque-là.

— Quant à l'argent, ajouta son compagnon, nous comptons sur une petite remise de notre hôte et ami que voici.

A ces mots le laird devint tout rouge, et tirant lord Menteith un peu à l'écart, il lui raconta qu'il s'était, à son grand regret, engagé dans une folle gageure.

— Donald m'a tout appris, dit lord Menteith, pouvant à peine retenir un sourire.

— Au diable le vieux bavard! s'écria Mac-Aulay; il faut toujours qu'il parle, quand il y irait de la vie d'un homme. Mais ce n'est pas non plus un sujet de plaisanterie pour vous, mylord, car je compte sur votre bienveillante et fraternelle amitié, comme proche parent de notre maison, pour m'aider à me libérer envers ces mangeurs de puddings. Autrement, à ne vous rien cacher, du diable si un Mac-Aulay sera au rendez-vous, car je veux être damné si je ne me fais pas covenantaire plutôt que de me trouver en face de ces gens-là sans les avoir payés. Et en mettant les choses au mieux, ce sera bien assez malheureux de leur donner mon argent et de leur prêter à rire.

— Vous pouvez croire, cousin, dit lord Menteith, que je ne suis pas trop bien pourvu dans ce moment-ci; mais soyez assuré que je m'efforcerai de vous aider autant qu'il me sera possible, en considération de notre vieille amitié, de notre voisinage et de notre parenté.

— Merci, mylord, merci, merci, dit Mac-Aulay avec effusion; et puisqu'ils vont employer cet argent pour le service du roi, qu'importe qui le donne, eux, vous ou moi? — nous sommes tous les fils d'un homme, j'espère? Mais il faut que vous trouviez quelque expédient raisonnable pour sortir de là, sans quoi il faudra que j'aie recours à mon André Ferrara [1]; car je ne me soucie pas d'être traité comme un

---

[1] Mon épée, du nom d'André Ferrara, armurier célèbre en Écosse. Voyez à ce sujet la note X de *Waverley*. (L. V.)

fanfaron ou un hâbleur à ma propre table, lorsque, Dieu le sait, je ne voulais que soutenir mon honneur, et celui de ma maison et de mon pays.

Comme il finissait de parler, Donald entra d'un air plus gai qu'on n'aurait pu s'y attendre en raison de l'échec qui menaçait la bourse et la réputation de son maître. — Messieurs, son dîner est servi [1], et *ses chandelles sont allumées*, dit-il, en appuyant avec une emphase gutturale sur les derniers mots.

— Que diable veut-il dire? dit Musgrave en regardant son compagnon.

Les yeux de lord Menteith firent la même question au laird, qui n'y répondit qu'en secouant la tête.

Une courte discussion de politesse sur la préséance retarda quelques instants leur sortie du salon. Lord Menteith insista pour céder le pas que lui assurait son rang, sur ce qu'il était dans son pays et proche parent de la maison dans laquelle ils étaient réunis. Les deux hôtes anglais entrèrent donc les premiers dans la salle, où un spectacle inattendu s'offrit à leurs yeux. La grande table de chêne était couverte de viandes succulentes; autour étaient rangés des sièges pour les convives. Derrière chaque siége se tenait un gigantesque montagnard, complètement habillé et armé à la mode de son pays, tenant de la main droite une épée nue, la pointe tournée vers la terre, et de la gauche une torche flamboyante de pin. Ce bois, qui croît dans les marais, est si plein de térébenthine, que, lorsqu'il est sec et fendu, les Highlanders s'en servent souvent comme de chandelles. Ce tableau imprévu et presque imposant était éclairé par la lueur rougeâtre des torches, qui faisaient ressortir les traits sauvages, le costume bizarre et les armes étincelantes de ceux qui les portaient, tandis que la fumée, qui s'élevait en tourbillons jusqu'au plafond de la salle, les enveloppait comme d'un nuage de vapeurs. Avant que les étrangers fussent revenus de leur surprise, Allan s'avança, et, la main sur la poignée de sa claymore, leur montrant les porteurs de torches, leur dit d'un ton de voix grave et solennel: — Vous voyez, nobles cavaliers, les chandeliers de la maison de mon frère, ceux dont notre antique famille a coutume de se servir; aucun de ces hommes ne connaît d'autres lois que les ordres de son chef. — Oseriez-vous *leur* comparer l'or le plus précieux qui soit jamais sorti d'une mine? Qu'en dites-vous, messieurs? — votre gageure est-elle gagnée ou perdue?

— Perdue! perdue! s'écria gaîment Musgrave; — tous mes chandeliers d'argent sont maintenant fondus et à cheval, et plût au Ciel que les coquins qu'ils ont servi à enrôler fussent moitié aussi sûrs que ceux-ci. — Voici votre argent, monsieur, dit-il en s'adressant au chef; ceci entamera un peu nos finances, à Hall et à moi, mais les dettes d'honneur doivent s'acquitter.

---

[1] Nous avons déjà fait remarquer la particularité de cette locution montagnarde, qui emploie en parlant de soi le pronom de la troisième personne. (L. V.)

— Que la malédiction paternelle tombe sur le fils de mon père, interrompit Allan, s'il reçoit de vous un seul penny ! C'est assez que vous renonciez à rien exiger de ce qui lui appartient.

Lord Menteith soutint vivement l'avis d'Allan, et Mac-Aulay s'empressa de se joindre à lui et de déclarer que tout cela n'était qu'une folie, et ne méritait pas qu'on en parlât plus longtemps. Les Anglais, après quelques refus de politesse, se laissèrent persuader de regarder la chose comme une plaisanterie.

— Maintenant, Allan, dit le laird, faites retirer vos chandeliers ; car, puisque les gentilshommes saxons les ont vus, ils dîneront aussi bien à la lumière des vieux flambeaux d'étain, sans que nous les suffoquions avec une pareille fumée.

Aussitôt, sur un signe d'Allan, les chandeliers vivants redressèrent leurs épées la pointe en l'air, et sortirent de la salle, laissant les convives se livrer aux plaisirs de la table[1].

CHAPITRE V.

> Il devint si téméraire et si farouche, que son propre père et seigneur tremblait souvent à son horrible aspect. De crainte qu'il ne lui arrivât malheur, il l'avertissait de ne pas mépriser imprudemment les bêtes féroces, et de ne pas trop les provoquer ; car il voulait apprendre au lion à se coucher humblement à ses pieds (leçon dangereuse), et forcer le cruel léopard à étouffer ses rugissements quand dans sa rage il brûlait de se venger.   SPENCER.

Malgré l'appétit proverbial des Anglais, — c'est-à-dire proverbial en Écosse à cette époque, — les convives du Sud ne firent à table qu'une bien pauvre figure, à côté du capitaine Dalgetty et de sa monstrueuse voracité, nonobstant la vigueur et la persévérance déployées déjà par le brave soldat dans l'attaque qu'il avait dirigée contre les rafraîchissements qu'on leur avait servis à leur arrivée en manière de sentinelles perdues. Il ne parla à personne pendant le repas, et ce ne fut que lorsque tous les plats furent à peu près enlevés de table qu'il gratifia la compagnie, qui l'avait examiné avec quelque surprise, des raisons pour lesquelles il mangeait si vite et si longtemps.

— La première qualité, il l'avait acquise, dit-il, lorsqu'il occupait une place à la table des boursiers, au collège Mareschal d'Aberdeen, où, si on ne remuait pas les mâchoires aussi vite qu'une paire de casta-

---

[1] Un pari semblable à celui mentionné dans le texte fut, dit-on, soutenu par Mac-Donald de Keppock, qui s'en tira de la manière racontée ici. (W. S.)

gnettes, on courait grand risque de n'avoir rien à mettre sous la dent. Quant à la quantité d'aliments que je prends, ajouta le capitaine Dalgetty, l'honorable compagnie sait que le commandant d'une forteresse doit, toutes les fois qu'il en trouve l'occasion, s'assurer d'autant de munitions et de vivres que ses magasins en peuvent contenir, ne sachant jamais quand il peut avoir un siége ou un blocus à soutenir. D'après ce principe, messieurs, quand un cavalier trouve une provende bonne et abondante, il fait sagement, selon moi, de s'avitailler pour au moins trois jours; car il ignore quand il pourra trouver d'autres vivres.

Le laird reconnut la prudence de cette maxime, et conseilla au vieux cavalier d'ajouter un verre d'eau-de-vie et un flacon de clairet [1] aux provisions substantielles dont il était déjà muni, proposition que le capitaine accepta avec empressement.

Lorsque la table fut desservie et que les domestiques se furent retirés, excepté le page ou henchman [2] du laird, qui resta dans la salle pour demander ou apporter ce qu'on désirait, en un mot, pour remplir l'office de nos sonnettes, la conversation tomba sur la politique et sur l'état du pays, et lord Menteith demanda avec un vif intérêt quels clans devaient se rendre à l'appel fait par les amis du roi.

— Cela dépend beaucoup de la personne qui lèvera l'étendard, mylord, répondit le laird; car vous savez que nous autres Highlanders, lorsque plusieurs clans sont réunis, nous ne nous laissons pas facilement commander par un de nos chefs, où, pour parler franchement, par aucun autre. Nous avons entendu dire que Colkitto, — c'est-à-dire le jeune Colkitto, Alaster Mac-Donald, a passé la Kyle à la tête d'un corps de troupes du comté d'Antrim en Irlande, et qu'il est déjà parvenu jusqu'à Ardnamurchan. Ils devraient être ici à présent, mais je suppose qu'ils s'amusent à piller le pays qu'ils traversent.

— Hé bien, dit lord Menteith, Colkitto ne pourra-t-il pas être votre chef?

— Colkitto! s'écria Allan Mac-Aulay d'un air de mépris, — qui parle de Colkitto? — Il n'y a qu'un homme auquel nous puissions obéir, et c'est Montrose.

— Mais, monsieur, dit sir Christophe Hall, on n'a plus entendu parler de Montrose depuis la tentative infructueuse de soulèvement que nous avons faite dans le nord de l'Angleterre. On croit qu'il est retourné à Oxford demander de nouvelles instructions au roi.

— Retourné! reprit Allan avec un sourire dédaigneux; je pourrais bien vous dire la vérité, mais c'est inutile : vous l'apprendrez assez tôt.

— Sur mon honneur, Allan, reprit lord Menteith, vous finirez par fatiguer vos amis avec cette humeur insupportable, sombre et morose.

---

[1] *Claret*; c'est le nom qu'on donne au vin de Bordeaux. (L. V.)

[2] *Henchman* ou homme de la main droite. *Voyez* Waverley, page 93. (L. V.)

— Mais je sais ce que c'est, ajouta-t-il en riant, vous n'avez pas vu Annette Lyle aujourd'hui.

— Qui dites-vous que je n'ai pas vu? répliqua Allan d'un ton brusque.

— Annette Lyle, la belle reine du chant et des ménestrels.

— Plût à Dieu que je ne la revisse jamais, dit Allan en poussant un soupir, à condition que la même sentence fût portée contre vous!

— Et pourquoi contre moi? repartit insouciamment lord Menteith.

— Parce qu'il est écrit sur votre front que vous serez la cause de notre ruine à tous deux. A ces mots, il se leva et sortit de la salle.

— Y a-t-il longtemps qu'il est dans cet état? demanda lord Menteith à Mac-Aulay.

— Environ trois jours, répondit Angus; l'accès est presque passé, il sera mieux demain. — Mais, allons, messieurs, ne laissons pas la dame-jeanne crier pour qu'on la vide. A la santé du roi Charles! et puisse le chien de covenantaire qui la refuse aller au ciel par la route de Grass-Market[1].

Tous s'empressèrent de répondre à ce toast, qui fut aussitôt suivi d'un autre et de plusieurs autres encore, tous inspirés par l'esprit de parti et portés avec un enthousiasme croissant. Cependant le capitaine Dalgetty crut nécessaire de faire une protestation.

— Sirs Cavaliers, dit-il, j'accepte ces santés : *primò*, par respect pour l'honorable maison où j'ai trouvé l'hospitalité, et *secundò*, parce que je ne crois pas qu'il faille être bien scrupuleux sur cet article, *inter pocula*[2]; mais je proteste, conformément à la garantie qui m'a été donnée par cet honorable lord, que je serai libre, malgré cet acte de complaisance, de prendre demain du service chez les covenantaires, si telle est ma volonté.

Mac-Aulay et ses hôtes anglais se regardèrent avec surprise à cette déclaration, qui aurait certainement amené une nouvelle querelle si lord Menteith ne se fût saisi de l'affaire et n'eût raconté les circonstances de sa rencontre et les conditions qu'il avait faites avec Dalgetty. — J'espère, dit-il en terminant, que nous parviendrons à assurer à notre parti le secours du capitaine.

— Autrement, dit le laird, je proteste, comme dit le capitaine, que rien de ce qui s'est passé ce soir, pas même mon pain ni mon sel qu'il a mangés, ni mon eau-de-vie, mon bordeaux ou mon usquebaugh avec lesquels nous avons trinqué, ne m'empêchera de lui fendre la tête jusqu'aux épaules.

— Et vous serez bien reçu, repartit le capitaine, à moins que mon épée ne puisse défendre ma tête, comme elle l'a fait dans de plus grands dangers que ceux que votre attaque pourrait me faire courir.

---

[1] Place des exécutions à Édimbourg. (L. V.)
[2] Au milieu des verres.

Lord Menteith s'interposa de nouveau, et la concorde rétablie entre les convives, non sans quelque difficulté, fut cimentée par d'abondantes libations. Cependant lord Menteith trouva moyen de terminer la partie plutôt que ce n'était l'usage au château, en alléguant qu'il était fatigué et indisposé. Cette retraite désappointa quelque peu le vaillant capitaine, qui, entre autres habitudes contractées dans les Pays-Bas, avait rapporté celle de boire une énorme quantité de liqueurs fortes et de pouvoir la supporter sans peine.

Leur hôte les conduisit lui-même dans une espèce de dortoir en forme de galerie, où il y avait un lit à quatre colonnes avec des rideaux de tartan, et plusieurs espèces de crèches ou grandes huches placées le long du mur. Trois de ces paniers étaient remplis de bruyère en fleur et préparés pour recevoir des hôtes.

— Je n'ai pas besoin d'apprendre à Votre Seigneurie, dit Mac-Aulay à lord Menteith en le tirant à part, comment nous nous logeons dans les Highlands ; seulement, ne me souciant pas de vous laisser dormir seul dans votre chambre avec ce vagabond allemand, j'ai fait placer les lits de vos domestiques dans cette galerie. Dieu me damne, mylord ! nous vivons dans un temps où tel qui va se coucher le gosier sain et aussi intact que gosier qui ait jamais été arrosé d'eau-de-vie, peut, le lendemain matin, l'avoir ouvert comme une huître qui bâille.

Lord Menteith le remercia sincèrement, en disant que c'était précisément l'arrangement qu'il désirait, et que, bien qu'il ne craignît pas la moindre violence du capitaine Dalgetty, Anderson était une personne sûre, une espèce de gentilhomme qu'il aimait toujours à avoir près de lui.

— Je n'ai point vu cet Anderson, dit Mac-Aulay ; l'avez-vous pris en Angleterre ?

— Oui, répondit lord Menteith ; vous le verrez demain. En attendant, je vous souhaite une bonne nuit.

Le laird sortit après lui avoir rendu le bonsoir. Il allait faire le même compliment au capitaine Dalgetty ; mais s'apercevant qu'il était engagé dans une chaude discussion avec une grande cruche d'eau-de-vie, il pensa que ce serait dommage de le troubler dans une si louable occupation, et prit congé de lui sans plus de cérémonie.

Les deux domestiques de lord Menteith entrèrent presque aussitôt après qu'Angus fut sorti. Le digne capitaine, qui se trouvait alors quelque peu surchargé de bonne chère, commença à trouver assez difficile de détacher les agrafes de son armure, et adressa à Anderson ces mots entrecoupés par un léger hoquet : — Anderson, mon bon ami, vous devez avoir lu dans l'Écriture que celui qui ôte son armure ne se vante pas comme celui qui la met. — Je ne sais pas si c'est bien là ce qui est écrit, mais la vérité pure est qu'il me faudra dormir dans ma cuirasse, comme plus d'un brave camarade qui ne s'est jamais réveillé, à moins que vous ne me détachiez cette boucle.

— Détachez-lui son armure, Sibbald, dit Anderson à l'autre domestique.

— Par saint André! s'écria le capitaine en se retournant tout surpris, voilà un singulier drôle! — Un homme aux gages de quatre livres par an, et qui porte la livrée, se trouve trop grand seigneur pour servir le ritt-master Dugald Dalgetty de Drumthwacket, qui a fait ses humanités au collége Mareschal d'Aberdeen, et qui a servi la moitié des princes de l'Europe!

— Capitaine Dalgetty, dit lord Menteith. dont le lot était de jouer le rôle de pacificateur toute la soirée, je dois vous dire qu'Anderson ne sert personne que moi; mais j'aiderai Sibbald à défaire votre corselet avec grand plaisir.

— Ce serait trop de peine pour vous, mylord, s'écria Dalgetty, et cependant cela ne vous nuirait pas d'apprendre comment l'on met et l'on ôte une belle armure. Je puis mettre et retirer la mienne comme un gant; seulement, ce soir, quoique je ne sois point *ebrius* [1], je suis, selon l'expression classique, *vino ciboque gravatus* [2].

Sur ces entrefaites, Sibbald l'avait débarrassé de son armure, et il se tenait devant le feu, réfléchissant, avec une gravité d'ivrogne, sur les événements de la soirée. Ce qui semblait l'intéresser le plus, c'était le caractère d'Allan Mac-Aulay. — Enfoncer les Anglais si adroitement avec ses porteurs de torches highlandais! — huit Rories sans-culottes pour six chandeliers d'argent! — c'est un coup de maître, — un *tour de passe* [3], — une excellente escobarderie! — Et avec tout cela être fou!... J'ai bien envie, mylord, continua-t-il en secouant la tête, de lui accorder le privilége d'un être raisonnable, et, malgré sa parenté avec Votre Seigneurie, de lui appliquer quelques coups de canne pour lui faire expier l'offense qu'il m'a faite, ou bien de faire de cela le sujet d'un duel, comme il convient à un cavalier insulté.

— Si vous voulez, repartit lord Menteith, écouter à cette heure de la nuit une longue histoire, je vous ferai voir que les circonstances de la naissance d'Allan expliquent son caractère bizarre, de manière à mettre entièrement hors de doute la possibilité d'une pareille satisfaction.

— Une longue histoire, mylord, après un bon coup du soir et un bonnet de nuit bien chaud, est ce qu'il y a de mieux pour procurer un bon sommeil [4]; et puisque Votre Seigneurie veut bien prendre la peine de la raconter, je l'écouterai avec attention et reconnaissance.

[1] Ivre.

[2] Alourdi par le vin et la bonne chère.

[3] Ces mots sont en français dans le texte.

[4] Il y a dans le texte *the best shoeing-horne for drawing on a sound sleep*, le meilleur chausse-pied pour faire entrer dans un profond sommeil.

CHAPITRE V.

— Anderson, dit lord Menteith, et vous Sibbald, vous êtes curieux aussi, je suppose, d'entendre l'histoire de cet homme étrange, et je crois devoir satisfaire votre curiosité, afin que vous sachiez comment vous comporter à son égard à l'occasion. Approchez, vous serez mieux auprès du feu.

Ayant ainsi réuni un auditoire autour de lui, lord Menteith s'assit sur le bord de son lit, tandis que le capitaine Dalgetty, après avoir essuyé les restes de posset qui s'étaient attachés à sa barbe et à ses moustaches, et récité le premier verset du psaume luthérien, *Alle gute Geister loben den Herrn*[1], s'enfonça dans une des huches, et, sortant sa grosse tête de dessous la couverture, écouta le récit de lord Menteith dans un état de complète béatitude, moitié endormi, moitié éveillé.

— Le père des deux frères Angus et Allan Mac-Aulay, dit le comte, était un gentilhomme de mérite et d'une naissance distinguée, chef d'un clan de montagnards de bon renom, quoique peu nombreux. Sa femme, la mère des deux jeunes gens, était une personne de bonne famille, s'il m'est permis de parler ainsi d'une de mes proches parentes. Son frère, brave et honorable jeune homme, obtint de Jacques VI une charge de forestier et d'autres priviléges dans une chasse royale contiguë à ce château. En exerçant et en défendant ses droits, il eut le malheur d'avoir une querelle avec quelques-uns de nos maraudeurs ou caterans highlandais, dont je pense, capitaine Dalgetty, que vous avez entendu parler.

— Certainement, dit le capitaine, faisant un effort sur lui-même pour répondre. Avant que je sortisse du collége Mareschal d'Aberdeen, Dugald Garr faisait le diable dans le Garioch, et les Farquharsons du côté de Dee, et le clan Chattan sur les terres des Gordon, et les Grants et les Camerons sur celles des Morays. Depuis, j'ai vu les Cravates et les Pandours en Pannonie et en Transylvanie, et les Cosaques des frontières de la Pologne, et les voleurs, les bandits et les sauvages de tous les autres pays; de sorte que j'ai une idée exacte de vos enragés Highlanders.

— Le clan, reprit lord Menteith, avec lequel l'oncle maternel des Mac-Aulay était entré en querelle, se composait d'une petite troupe de bandits appelés les Enfants du Brouillard, parce que, n'ayant point d'habitation, ils erraient sans cesse dans les vallées et dans les montagnes. C'est une race féroce et audacieuse, avec toute l'irritabilité et toutes les passions sauvages et vindicatives propres aux hommes qui n'ont jamais connu les lois des sociétés civilisées. Quelques-uns d'entre eux épièrent l'infortuné forestier, le surprirent pendant qu'il chassait seul et sans suite, et le tuèrent avec tous les raffinements d'une cruauté

[1] Tous les bons esprits louent le Seigneur.

inventive. Ils lui coupèrent la tête, et résolurent, par bravade, de la porter au château de son beau-frère. Le laird était absent, et sa femme reçut à contre-cœur des hôtes auxquels elle n'osait peut-être fermer sa porte. Des rafraîchissements furent servis aux Enfants du Brouillard, qui, saisissant une occasion, tirèrent la tête de leur victime du plaid dans lequel elle était enveloppée, la posèrent sur la table, et lui mirent un morceau de pain entre les dents, en lui disant de manger, puisqu'elle avait fait plus d'un bon repas à cette table. La dame, qui était sortie pour vaquer aux soins de sa maison, rentra en ce moment, et apercevant la tête de son frère, elle se précipita hors de la salle avec la rapidité d'une flèche, et s'enfuit dans les bois en poussant des cris épouvantables. Les misérables, satisfaits de leur triomphe sauvage, se retirèrent. Les gens de la maison épouvantés, après être revenus de leur première terreur, cherchèrent de tous côtés leur infortunée maîtresse ; mais ils ne la trouvèrent nulle part. Le malheureux mari revint le lendemain, et, aidé de ses vassaux, fit de nouvelles et plus minutieuses recherches dans un rayon plus éloigné, mais avec aussi peu de succès. On pensa généralement que, dans l'excès de sa frayeur, elle s'était jetée dans un des nombreux précipices qui bordent la rivière, ou dans un lac profond situé à environ un mille du château. Sa perte était d'autant plus déplorable, qu'elle était alors grosse de six mois. Angus Mac-Aulay, son fils aîné, était né à peu près dix-huit mois avant.

— Mais je vous fatigue, capitaine Dalgetty, et vous paraissez avoir envie de dormir.

— Du tout, répondit le soldat, je n'ai point sommeil ; j'entends toujours mieux les yeux fermés. C'est une habitude que j'ai prise lorsque je faisais sentinelle.

— Et je réponds, dit lord Menteith à l'oreille d'Anderson, que le poids de la hallebarde du sergent de ronde les lui a souvent fait ouvrir.

Mais, étant probablement en humeur de raconter, le jeune seigneur continua son récit en s'adressant principalement à ses domestiques, sans s'occuper du vétéran assoupi : — Tous les barons de la contrée jurèrent alors de tirer vengeance de cet épouvantable crime ; ils prirent les armes avec le beau-frère et les parents de la victime, et firent la chasse aux Enfants du Brouillard avec autant de fureur, je crois, que ceux-ci en avaient eux-mêmes montré. Dix-sept têtes, trophées sanglants de leur vengeance, furent partagées entre les alliés, qui les attachèrent au-dessus des portes de leurs châteaux pour servir de pâture aux oiseaux de proie. Ceux qui survécurent gagnèrent des montagnes plus éloignées, et y cherchèrent une retraite.

— Par le flanc droit, demi-tour, et à votre première position ! s'écria le capitaine Dalgetty, l'expression militaire de retraite lui ayant fait venir aux lèvres le commandement analogue ; puis, levant la tête, il affirma qu'il avait attentivement écouté tout ce qui s'était dit.

— C'est l'usage en été, reprit lord Menteith, sans faire attention à ce que disait le capitaine, d'envoyer les vaches sur les montagnes pour qu'elles puissent paître l'herbe tendre ; soir et matin les filles du village et les domestiques vont les traire. Pendant qu'elles vaquaient à cette occupation, les servantes de cette famille remarquèrent, à leur grande terreur, que leurs mouvements étaient épiés de loin par une figure pâle, grande et maigre, qui avait une ressemblance extraordinaire avec leur maîtresse défunte, et qu'elles prirent en conséquence pour son ombre. Quelques-unes des plus hardies ayant osé s'approcher de ce fantôme décharné, il s'enfonça dans les bois en poussant un cri sauvage. Le mari, informé de cette circonstance, se rendit dans la vallée avec quelques serviteurs, et prit si bien ses mesures qu'il parvint à couper la retraite à la pauvre fugitive, et à s'emparer de la personne de sa malheureuse femme. Elle avait complétement perdu la raison. Comment avait-elle vécu pendant qu'elle errait dans les bois ? c'est ce qu'il fut impossible de savoir : quelques-uns supposèrent qu'elle s'était nourrie de racines et de baies sauvages, dont les arbres des forêts sont couverts dans cette saison ; mais le vulgaire aima mieux penser qu'elle avait vécu du lait des biches, ou qu'elle avait été nourrie par les fées ou de toute autre manière merveilleuse. Il fut plus aisé d'expliquer son retour. Du fourré où elle se cachait, elle avait vu traire les vaches, et, comme surveiller cette besogne avait été son occupation favorite, l'habitude avait prévalu sur l'altération même de sa raison.

Parvenue au terme de sa grossesse, la malheureuse dame mit au jour un fils qui non-seulement ne semblait pas avoir souffert des maux de sa mère, mais qui paraissait même d'une vigueur et d'une force peu communes. Après sa délivrance, la pauvre mère recouvra la raison, — en grande partie du moins ; mais jamais elle ne retrouva ni sa santé ni son enjouement. Allan était toute sa joie. Sa sollicitude pour lui ne connaissait pas de relâche, et sans nul doute ce fut elle qui fit entrer dans sa jeune tête toutes ces idées superstitieuses que son esprit rêveur et passionné accueillit avec tant d'avidité. Il avait environ dix ans lorsqu'elle mourut. Ses dernières paroles, elle les lui adressa en particulier ; mais on a tout lieu de croire qu'elle lui enjoignit de tirer vengeance des Enfants du Brouillard, vœu qu'il satisfit pleinement dans la suite.

Depuis ce moment, les habitudes d'Allan Mac-Aulay changèrent totalement. Il avait été jusque-là le compagnon assidu de sa mère, écoutant ses rêves, lui redisant les siens, et nourrissant son imagination, originairement dérangée sans doute par suite des circonstances qui avaient précédé sa naissance, de toutes les étranges et terribles superstitions si communes aux montagnards, et que la malheureuse dame avait écoutées d'une oreille crédule depuis la mort de son frère. Ce genre de vie avait donné à l'enfant un air timide, sauvage et égaré ; il aimait à chercher les retraites solitaires dans les bois; rien ne l'effrayait plus que l'approche des enfants de son âge. Je me rappelle, quoique plus jeune que lui de quelques années, que mon père m'amena un jour ici en visite, et je n'ai pu oublier avec quel étonnement je vis ce jeune ermite repousser toutes les avances que je fis pour lui faire partager les jeux naturels à notre âge. Je me souviens que son père se plaignait au mien de son caractère, et disait aussi qu'il lui était impossible d'enlever à sa femme la compagnie de cet enfant, qui semblait la seule consolation qui lui restât au monde, d'autant plus que le plaisir qu'elle trouvait dans la société d'Allan paraissait prévenir le retour, au moins dans toute sa force, de la terrible maladie dont elle avait été atteinte. Mais après la mort de sa mère, les habitudes et les manières de l'enfant changèrent tout à coup. Il était, il est vrai, aussi sérieux et pensif qu'auparavant, et de longs moments de silence et de rêverie montraient clairement que, sous ce rapport, son caractère était toujours le même ; mais d'autres fois il recherchait les lieux où se réunissait la jeunesse du clan, qu'on l'avait vu jusque-là éviter avec soin. Il se mêlait à tous ses exercices ; et, grâce à une force de corps vraiment extraordinaire, il surpassa bientôt son frère et d'autres jeunes gens d'un âge beaucoup plus avancé que le sien. Ceux qui l'avaient méprisé autrefois commencèrent à le craindre, sinon à l'aimer ; et au lieu de regarder Allan comme un enfant rêveur, efféminé et faible d'esprit, les compagnons de ses plaisirs et de ses exercices militaires se plaignaient que lorsqu'il était échauffé il était trop porté à prendre le jeu au sérieux et à oublier qu'il ne faisait qu'essayer ses forces avec des amis. — Mais je parle à des oreilles fermées, dit lord Menteith en s'interrompant, car le nez du capitaine attestait de la manière la plus incontestable qu'il était plongé dans les bras de l'oubli.

— Si vous voulez parler des oreilles de ce pourceau qui ronfle, mylord, dit Anderson, elles sont fermées en effet pour tout ce que vous pourriez dire ; mais comme cette place n'est pas propre à un entretien plus secret, j'espère que vous voudrez bien continuer pour Sibbald et pour moi. L'histoire de ce pauvre jeune homme inspire un profond intérêt.

— Vous saurez donc, poursuivit lord Menteith, qu'Allan continua à croître en force et en énergie jusqu'à l'âge de quinze ans, époque vers laquelle il prit une indépendance complète de caractère et une impatiente aversion de tout contrôle qui alarmèrent vivement son père. Il passait des journées et des nuits entières dans les bois, sous prétexte de chasser, quoiqu'il ne rapportât presque jamais de gibier. Son père était d'autant plus tourmenté, que plusieurs Enfants du Brouillard, encouragés par les troubles croissants de l'État, s'étaient hasardés à revenir dans leurs anciens repaires, et il ne croyait nullement prudent de les attaquer de nouveau. Le danger que courait Allan, dans ses courses vagabondes, d'être assailli par ces brigands vindicatifs, était une source perpétuelle d'appréhensions.

J'étais en visite au château lorsque la crise éclata. Allan était depuis le point du jour dans les bois où je l'avais cherché en vain ; la nuit venait noire et orageuse, et il ne rentrait pas. Son père témoignait la plus vive inquiétude, et parlait d'envoyer à sa recherche le lendemain dès l'aube, quand tout à coup, pendant que nous étions à souper, la porte s'ouvrit, et Allan entra dans la salle d'un air fier, joyeux et triomphant. Son caractère intraitable et le dérangement de son esprit avaient une telle influence sur son père, que, sans donner aucun autre signe de mécontentement, le laird se contenta de dire que j'avais tué un magnifique daim et que j'étais rentré avant le coucher du soleil, tandis qu'Allan, qui était resté sur la montagne jusqu'au milieu de la nuit, revenait sans doute les mains vides. — En êtes-vous sûr? dit Allan d'un ton farouche ; j'ai là quelque chose qui vous dira le contraire.

Nous remarquâmes alors que ses mains étaient ensanglantées et qu'il avait des taches de sang au visage ; et nous attendions avec impatience l'explication de cette scène, quand tout à coup, dénouant le coin de son plaid, il jeta sur la table une tête d'homme sanglante et fraîchement coupée, en disant : Roule sur cette table où la tête d'un homme de bien a roulé avant toi ! A ses traits hideux, aux nattes rousses de ses cheveux et de sa barbe à moitié blanchis par l'âge, le père d'Allan et les autres assistants reconnurent la tête d'Hector du Brouillard, chef bien connu des brigands, redouté pour sa force et sa férocité, l'un des auteurs principaux du meurtre de l'infortuné forestier, oncle d'Allan, et qui, grâces à une défense désespérée et à une agilité extraordinaire, avait échappé à la destruction générale de son clan. Nous fûmes tous, comme on peut le croire, frappés de surprise ; mais Allan refusa de satisfaire notre curiosité, et nous conjecturâmes seulement qu'il n'avait dû terrasser le bandit qu'après un combat opiniâtre, en voyant qu'il avait reçu plusieurs blessures dans la lutte. On prit dès lors toutes les précautions possibles pour le garantir de la vengeance des brigands ; mais ni ses blessures ni les ordres exprès de son père, ni même les verrous des portes du château et de celles de son appartement, ne purent empêcher Allan de courir au-devant de ceux dont il s'était attiré toute la haine. Il s'échappa la nuit par la fenêtre de sa chambre, en dépit des vaines précautions de son père, et apporta une fois une tête, une autre fois deux, conquises sur les Enfants du Brouillard. Malgré toute leur sauvage intrépidité, ces hommes finirent par être épouvantés de l'audace et de la haine inflexible avec laquelle Allan les poursuivait dans leurs retraites. Comme il n'hésitait jamais à les attaquer, quel que fût le nombre, ils en conclurent que sa vie devait être garantie par un charme, ou qu'il combattait sous la protection de quelque puissance surnaturelle. Ni fusil, ni dirk, ni dourlach[1], ne pouvaient, disaient-ils, rien contre lui. Ils attribuaient son invulnérabilité aux circonstances remarquables de sa naissance, si bien qu'enfin cinq ou six des plus vigoureux caterans des Highlands auraient pris la fuite au seul bruit de la voix ou du cor d'Allan.

Sur ces entrefaites, les Enfants du Brouillard avaient recommencé leurs anciens brigandages, et faisaient aux Mac-Aulays, à leurs parents et à leurs amis tout le mal qu'ils pouvaient. Cette conduite amena contre leur tribu une nouvelle expédition à laquelle je pris part. Nous les surprîmes en nous emparant à la fois des défilés inférieurs et supérieurs de la contrée, et nous fîmes ce qu'on fait d'habitude en pareil cas, nous mîmes tout à feu et à sang sur notre passage. Dans cette terrible espèce de guerre, les femmes même et les gens sans défense n'échappent pas toujours à la mort. Seule, une petite fille, qui souriait sous le poignard nu d'Allan, fut soustraite à sa vengeance par mes pressantes sollicitations. Amenée au château, elle y fut élevée sous le nom d'Annette Lyle, et devint la plus charmante petite fée qui ait jamais dansé sur la bruyère par le clair de lune. Il s'écoula longtemps avant qu'Allan pût souffrir la présence de cet enfant, lorsqu'enfin il lui vint à l'esprit, en voyant sa physionomie peut-être, qu'elle n'appartenait pas à la race odieuse de ses ennemis, mais qu'ils l'avaient faite prisonnière dans quelqu'une de leurs incursions, circonstance qui n'est pas impossible, mais à laquelle il croit aussi fermement qu'aux Saintes Écritures. Il aime passionnément son talent pour la musique, qui est si parfait qu'elle surpasse les plus habiles du pays dans l'art de pincer du clairshach[2]. On reconnut que le son de son instrument produisait sur l'esprit troublé d'Allan, dans ses plus sombres accès, les effets bienfaisants qu'en éprouvait autrefois le roi des Juifs. Le caractère d'Annette Lyle est si aimable, son innocence et sa gaîté si charmantes, que dans le château elle est regardée et traitée comme la sœur du laird plutôt que comme une enfant recueillie par humanité. Et en effet, il est impossible de la voir sans se sentir intéressé par sa candeur, sa douceur et sa grâce.

— Prenez garde, mylord, dit Anderson en souriant, il y a peut-être du danger à en faire un éloge si chaud. Allan Mac-Aulay, d'après ce qu'en dit Votre Seigneurie, ne serait pas un rival endurant.

— Bon! bon! dit lord Menteith en riant, mais en rougissant en même temps, Allan n'est pas accessible à l'amour. Quant à moi, ajouta-t-il d'un ton plus grave, le mystère de la naissance d'Annette est une raison suffisante pour m'empêcher de former aucun projet sérieux sur elle, et sa faiblesse sans appui me défend d'en concevoir d'autres.

---

[1] *Dourlach*, carquois; littéralement, étui à flèches. (W. S.)
[2] Harpe. (W. S.)

— C'est parler d'une manière digne de vous, mylord; — mais j'espère que vous allez continuer votre intéressant récit.

— Il est à peu près fini; tout ce qu'il me reste à dire, c'est que le courage et la force extraordinaires d'Allan, son caractère énergique et indomptable, et l'opinion généralement admise et entretenue par lui qu'il est en rapport avec des êtres surnaturels et qu'il peut prédire l'avenir, lui font accorder par son clan beaucoup plus de déférence qu'à Angus lui-même, qui est un Highlander brave et distingué, mais en qui rien ne peut balancer les qualités de son jeune frère.

— Un pareil caractère, dit Anderson, ne saurait manquer d'avoir la plus grande influence sur l'esprit d'une armée de montagnards. Il faut nous assurer d'Allan à tout prix, mylord. Sa bravoure et sa seconde vue...

— Silence! interrompit lord Menteith, voilà le hibou qui s'éveille.

— Ne parlez-vous pas de seconde vue, ou *deuteroscopia?* dit le capitaine. Je me rappelle que le fameux major Munro m'a raconté que Murdoch Mackenzie, né à Assint, brave soldat de son régiment, avait prédit que Donald Tough du Lochaber et quelques autres individus seraient tués, comme aussi que le major lui-même recevrait une blessure dans une sortie imprévue au siége de Stralsund.

— J'ai souvent entendu parler de cette faculté, dit Anderson, mais j'ai toujours pensé que ceux qui prétendent la posséder étaient des fanatiques ou des imposteurs.

— Je ne saurais, repartit lord Menteith, donner ni l'une ni l'autre de ces épithètes à mon cousin Allan Mac-Aulay. Il a montré en mainte occasion trop de finesse et de bon sens, comme vous en avez eu une preuve ce soir, pour être un fanatique; ses nobles sentiments et sa loyauté l'absolvent du reproche d'imposture.

— Votre Seigneurie, dit Anderson, croit donc à ses facultés surnaturelles?

— Nullement, répondit le jeune comte; je pense qu'il se persuade à lui-même que ses prédictions, qui ne sont, en réalité, que le résultat du jugement et de la réflexion, sont le fruit d'inspirations surnaturelles, absolument comme les fanatiques prennent les chimères de leur imagination pour des inspirations divines. — Au reste, si cette explication ne vous suffit pas, Anderson, je n'en ai pas de meilleure à vous donner, et il est temps que nous allions tous dormir, après les fatigues du voyage d'aujourd'hui.

CHAPITRE VI.

> Les événements de l'avenir projettent devant eux leur ombre.
> CAMPBELL.

Le lendemain, les hôtes du château se levèrent de bonne heure ; et, après avoir causé un instant en particulier avec ses domestiques, lord Menteith s'adressa au capitaine, qui était assis dans un coin, occupé à nettoyer sa cuirasse avec du tripoli et un morceau de peau de chamois, tout en fredonnant une vieille chanson en l'honneur de l'invincible Gustave-Adolphe.

> « Lorsque les canons grondent et que les boulets volent, celui qu'anime le désir de la gloire, enfants, ne doit pas craindre la mort. »

— Capitaine Dalgetty, dit lord Menteith, voici le moment où il faut nous séparer ou rester camarades.

— Pas avant le déjeuner, j'espère, répondit le capitaine.

— J'aurais cru, reprit le comte, que la place était approvisionnée pour trois jours au moins.

— J'ai encore des magasins vides pour le bœuf et les gâteaux d'avoine, repartit Dalgetty, et je n'ai jamais manqué une occasion favorable de renouveler mes vivres.

— Mais un général sage ne doit pas permettre qu'un parlementaire ou un individu neutre reste dans son camp plus longtemps que ne le veut la prudence. Il faut donc que nous sachions précisément vos intentions, et, suivant ce qu'elles seront, vous recevrez un sauf-conduit pour vous retirer en paix, ou vous serez le bienvenu à rester parmi nous.

— Hé bien, cela étant, je n'essaierai pas de retarder la capitulation en feignant de parlementer (excellent stratagème employé par sir James Ramsay, au siége de Hanau, en l'an de grâce 1636), mais j'avouerai franchement que si votre paye me plaît autant que votre provende et votre compagnie, je me sens tout disposé à me ranger sous vos drapeaux.

— Notre paye ne sera pas forte quant à présent ; car elle est prise sur le fonds commun réuni par le petit nombre des nôtres qui peuvent disposer de quelque argent. — Avec le grade de major et d'adjudant, je n'oserais promettre au capitaine Dalgetty plus d'un demi-dollar par jour.

— Au diable tous les demis et les quarts! s'écria le capitaine; si c'était à mon choix, je ne consentirais pas plus au partage d'un dollar, que la femme du jugement de Salomon à celui du fils de ses entrailles.

— La comparaison n'est pas tout à fait juste, capitaine Dalgetty, car je pense que vous aimeriez mieux partager le dollar que de l'abandonner tout entier à votre compétiteur. Cependant, je puis vous promettre l'autre moitié à la fin de la campagne à titre d'arriéré.

— Ah oui! ces arriérés qu'on promet toujours et dont on ne voit jamais rien! En Espagne, en Autriche, en Suède, c'est partout la même chanson. Oh! vivent les Hoganmogans[1]! s'ils n'étaient ni officiers ni soldats, ils étaient bons payeurs. — Et cependant, mylord, si je pouvais être sûr que mon héritage naturel de Drumthwacket soit tombé entre les mains d'un de ces coquins de Covenantaires, dont, si nous réussissions, on pourrait facilement faire un traître, j'attache tant de prix à ce fertile et charmant domaine, que je m'enrôlerais volontiers avec vous pour la campagne.

— Je puis tirer le capitaine Dalgetty d'inquiétude, dit Sibbald, le second serviteur de lord Menteith; car si le domaine de Drumthwacket est, comme je le crois, le grand et stérile marécage de ce nom, situé à cinq milles au sud d'Aberdeen, je puis lui apprendre qu'il a été dernièrement acheté par Elias Strachan, le plus insigne rebelle qui ait jamais juré le Covenant.

— Le chien à longues oreilles! s'écria Dalgetty avec colère; qui diable lui a donné l'audace d'acheter un domaine qui était dans une famille depuis quatre cents ans? — *Cynthius aurem vellet*, comme nous disions au collège Mareschal, c'est-à-dire, je le tirerai hors de la maison de mon père par les oreilles. Hé bien, mylord Menteith, je suis à vous, bras et épée, corps et âme, jusqu'à la mort ou jusqu'à la fin de la campagne, n'importe laquelle des deux arrive la première.

— Et moi, dit le jeune comte, je scelle le marché en vous soldant un mois de paye à l'avance.

— Cela n'était pas nécessaire, répondit Dalgetty, tout en empochant l'argent. Mais il faut maintenant que je descende visiter ma selle et mes harnais, voir si Gustave a son déjeuner, et lui dire que nous avons repris du service.

— Voilà votre précieuse recrue, dit lord Menteith à Anderson lorsque le capitaine fut sorti; je crains qu'elle ne nous fasse pas beaucoup d'honneur.

— C'est un homme comme il en faut dans ces temps-ci, répondit Anderson; et sans de pareilles gens nous ne pourrions guère poursuivre notre entreprise.

— Descendons, reprit lord Menteith, et allons voir si l'on vient

---

[1] Les Hollandais. (L. V.)

au rendez-vous, car j'entends bien du bruit dans le château.

A leur entrée dans la salle, les domestiques se tenant modestement derrière, lord Menteith échangea avec Angus Mac-Aulay et ses hôtes anglais les compliments du matin, tandis qu'Allan, assis sur le siége qu'il occupait la veille, ne faisait attention à personne.

Le vieux Donald entra précipitamment. — Un message de Vich-Alister-More¹, dit-il; il sera ici dans la soirée.

— Avec combien de monde? demanda Mac-Aulay.

— Vingt-cinq ou trente hommes, sa suite ordinaire.

— Faites mettre force paille dans la grande grange.

Un autre domestique accourut au même instant annoncer l'approche de sir Hector Mac-Lean, qui arrivait avec une escorte nombreuse.

— Mettez-les dans la drècherie², dit Mac-Aulay, et laissez l'intervalle du trou au fumier entre eux et les Mac-Donalds; car ils ne sont rien moins qu'amis.

Donald entra de nouveau, la mine notablement allongée. — Le diable est dans la maison, dit-il; je crois que tous les Highlands sont en l'air. Evan Dhu de Lochiel sera ici dans une heure, avec Dieu sait combien de monde.

— Dans la grande grange, à côté des Mac-Donalds, dit le laird.

Un grand nombre d'autres chefs furent encore annoncés, dont le moindre aurait cru déroger à sa dignité en marchant sans une suite de six ou sept personnes. A chaque nouvel avis, Angus Mac-Aulay répondait en désignant une place où installer ses hôtes; — les écuries, le grenier, l'étable, les hangars, tous les bâtiments de service furent convertis en dortoirs pour la nuit. Mais l'arrivée de Mac-Dougal de Lorn, alors que le laird avait épuisé toutes ses ressources, finit par le mettre dans l'embarras. — Que diable faire, Donald? dit-il; la grande grange en contiendrait cinquante de plus, s'ils voulaient se coucher tête-bêche; mais il y aurait des dirks tirés pour savoir à qui serait dessus, et il y aurait du sang répandu³ avant le jour.

— A quoi bon tout cela? s'écria Allan en se levant, et s'avançant avec la brusquerie sauvage qui lui était ordinaire; les Gaëls d'aujourd'hui ont-ils donc la chair plus délicate et le sang plus blanc que ne l'avaient leurs pères? — Défoncez un tonneau d'usquebaugh, ce sera leur posset; — leurs plaids leur serviront de draps, — la voûte bleue du ciel de

---

¹ Nom de famille de Mac-Donnell de Glengarry. (W. S.)

² *Malt-kiln*, four à drèche.

³ Le texte emploie l'expression *bloody pudding*, du boudin sanglant. Les gens du peuple de Paris ont, dans leur idiome, une expression qui est la traduction fidèle de celle-ci, mais que nous n'avons pas osé employer. Ils disent d'un homme qui perd son sang dans une rixe qu'il *fait du boudin*. (L. V.)

rideau, et la terre de couche. — Qu'il en vienne mille de plus, et ils ne se querelleront pas à propos d'une place sur la bruyère !

— Allan a raison, reprit Angus; il est vraiment étrange qu'Allan, qui, entre nous, dit-il à lord Musgrave, est un peu timbré, semble parfois avoir plus de bon sens que nous tous ensemble. Observez-le en ce moment.

— Oui, poursuivit Allan en arrêtant sur le mur opposé de la salle ses regards fixes et sombres, ils peuvent bien commencer comme ils doivent finir. Plus d'un homme dormira cette nuit sur la bruyère, qui, lorsque le vent de la Saint-Martin soufflera, y restera étendu tout raide, et ne s'inquiétera guère du froid ou du manque de couverture.

— Ne nous prédites point l'avenir, frère, dit Angus, cela ne porte pas bonheur.

— Et quel est donc le bonheur que vous attendez? repartit Allan, dont les yeux égarés semblaient prêts à sortir de leur orbite. Puis, saisi d'un tremblement convulsif, il tomba entre les bras de Donald et de son frère, qui, connaissant la nature de ses accès, s'étaient approchés pour prévenir sa chute. Ils l'assirent sur un banc, et le soutinrent jusqu'à ce qu'il revînt à lui et qu'il fût en état de parler.

— Pour l'amour de Dieu, Allan, lui dit son frère, sachant quelle impression ses paroles mystérieuses pouvaient produire sur la plupart de ses hôtes, pour l'amour de Dieu, ne dites rien pour nous décourager !

— Est-ce moi qui vous décourage? répliqua Allan; que chacun affronte son sort comme j'affronterai le mien. Ce qui doit arriver arrivera ; et nous parcourrons bravement plus d'un champ de victoire, avant d'arriver à la place fatale du massacre, ou de monter sur l'échafaud tendu de noir.

— Quelle place de massacre? quel échafaud? s'écrièrent plusieurs voix ; car Allan passait auprès de la plupart des montagnards pour être doué de seconde vue.

— Vous ne le saurez que trop tôt, répondit Allan. Ne me parlez plus, vos questions me fatiguent. Puis il porta la main à son front, appuya son coude sur son genou, et tomba dans une profonde rêverie.

— Faites venir Annette Lyle avec sa harpe, dit tout bas Angus à son domestique; et que ces messieurs veuillent bien me suivre, si un déjeuner highlandais ne leur fait point peur.

Tous les assistants suivirent leur hôte hospitalier, à l'exception de lord Menteith, qui resta seul dans une des profondes embrasures formées par les fenêtres de la salle. Annette Lyle entra un instant après. Lord Menteith ne l'avait pas mal dépeinte, en la représentant comme la plus légère et la plus charmante fée qui eût jamais foulé le gazon au clair de la lune. Sa stature beaucoup au-dessous de celle des autres femmes lui donnait un air d'extrême jeunesse ; et bien qu'elle eût près de dix-huit ans, elle aurait pu passer pour en avoir quatre de moins. Son visage, ses mains et ses pieds étaient dans une proportion si parfaite avec sa taille et sa délicatesse, que Titania elle-même aurait eu peine à trouver une créature plus digne de la représenter. Ses cheveux d'un blond doré retombaient sur ses épaules en boucles abondantes, qui s'assortissaient merveilleusement à la fraîcheur de son teint et à l'expression enjouée mais naïve de ses traits. Quand nous aurons ajouté à tant de charmes qu'Annette, quoique orpheline, semblait la plus gaie et la plus heureuse des jeunes filles, le lecteur nous permettra de réclamer pour elle l'intérêt de presque tous ceux qui la voyaient. En effet, il était impossible de trouver un être plus universellement aimé, et souvent elle paraissait au milieu des grossiers habitants du château, ainsi que le disait Allan dans ses moments d'humeur poétique, « comme un rayon de soleil sur une mer orageuse, » communiquant aux autres la sérénité dont son âme était remplie.

Annette, telle que nous venons de la représenter, sourit et rougit à la fois lorsque, au moment où elle entrait, lord Menteith sortit de l'endroit où il s'était retiré et lui souhaita affectueusement le bonjour.

— Bonjour, mylord, répondit-elle en tendant la main à son ami ; nous vous avons rarement vu au château depuis ces derniers temps, et j'ai peur qu'aujourd'hui vous n'y soyez pas venu avec des vues pacifiques.

— Si mon arrivée peut porter le trouble ailleurs, qu'au moins elle n'interrompe pas votre musique, Annette, répondit lord Menteith. Mon cousin Allan a besoin du secours de votre voix et de votre harpe.

— Mon sauveur, dit Annette Lyle, a droit à mes humbles efforts ; et vous aussi, mylord, — vous aussi vous êtes mon sauveur, et c'est surtout à vous que je dois une vie qui n'a de prix qu'autant qu'elle peut être utile à mes protecteurs.

A ces mots, elle s'assit à quelque distance d'Allan Mac-Aulay, sur le même banc où il était placé ; et après avoir accordé sa clairshach, petite harpe d'environ trente pouces de haut, elle s'en accompagna en chantant. L'air qu'elle choisit était une ancienne mélodie gaélique, et les paroles, que l'on supposait très-anciennes, étaient dans le même dialecte ; mais nous en donnons ici une traduction due à Secundus Macpherson, Esq. de Glenforgen, et nous espérons qu'on la trouvera presque aussi fidèle que la traduction d'Ossian de son célèbre homonyme.

« Noirs oiseaux de sinistre augure, chouette, corbeau, chauve-souris, hibou, laissez le malade à ses rêves ; — toute la nuit il a entendu vos cris aigus. — Fuyez, rentrez dans les sombres retraites de la tour en ruines, enfoncez-vous dans le lierre, dans les buissons, dans les broussailles de la montagne, car voici que l'alouette chante au haut des airs.

« Fuyez dans les fondrières et dans les rochers, loup rôdeur, astucieux renard ; — hâtez-vous, ne tournez pas les yeux, quoique l'agneau bêle après la brebis. Baissez la queue et pressez votre fuite : avec la nuit finit votre sûreté ; et répété par l'écho lointain, le cor du chasseur s'approche.

« Le pâle croissant de la lune ne se voit plus qu'à peine ; comme un fantôme, elle s'évanouit aux clartés du matin. Fuyez tous, esprits malfaiteurs, et vous aussi, lutins et fairies qui effrayez le pèlerin sur sa route. — Éteignez, kelpies, éteignez dans le marais fangeux vos torches qui abusent le voyageur attardé. Vos danses sont finies, votre règne est passé, car le soleil dore le sommet de Benyieglo[1].

« Tristes et sombres pensées, pensées noires et coupables qui obscurcissez l'esprit dompté par le sommeil, fuyez de l'âme du dormeur, comme les brouillards de la nuit s'effacent à l'approche du jour. Sorcière maudite, toi dont l'aspect hideux et décrépit glace le sang et énerve les membres, pique ton noir coursier, et pars ! tu n'oserais regarder en face le divin soleil. »

A mesure que la ballade avançait, Allan Mac-Aulay paraissait recouvrer par degrés sa présence d'esprit, et donner plus d'attention aux objets qui l'entouraient. Les rides profondes qui sillonnaient son front s'effacèrent ; et tous ses traits, qui avaient semblé contractés par une angoisse intérieure, reprirent un aspect plus naturel. Lorsqu'il leva la tête et se redressa sur son siége, sa physionomie, bien qu'encore pleine de mélancolie, n'avait plus rien de farouche ni de sauvage ; et calme alors, son visage, sans être beau, avait une expression frappante, mâle et même noble. Ses sourcils bruns et épais, tout à l'heure rapprochés l'un de l'autre, étaient maintenant légèrement séparés ainsi qu'ils devaient l'être ; et ses yeux gris, cessant peu à peu de rouler dans leurs orbites avec un éclat étrange et terrible, avaient repris une expression ferme et assurée.

— Dieu soit béni ! dit-il, après avoir attendu en silence, pendant quelques minutes, que les derniers sons de la harpe eussent cessé de vibrer à son oreille ; mon âme n'est plus obscurcie, — le brouillard s'est éloigné de mon esprit.

— Cousin Allan, dit lord Menteith en s'approchant, vous devez remercier Annette Lyle autant que le Ciel de l'heureux changement survenu dans votre humeur mélancolique.

— Mon noble cousin Menteith connaît depuis si longtemps mon malheureux état, répondit Allan en se levant et en le saluant avec une affection respectueuse, que je n'ai pas besoin de m'excuser auprès de lui d'avoir tardé si longtemps à lui faire mes compliments de bienvenue.

— Nous sommes de trop vieilles connaissances, Allan, et de trop bons amis, pour être sur le cérémonial, repartit Menteith ; mais la moitié des Highlands sera ici aujourd'hui, et vous savez qu'avec nos chefs montagnards l'étiquette ne doit pas être négligée. Que donnerez-vous à la petite Annette pour vous avoir mis en état de saluer Evan-

[1] L'un des pics des monts Grampians (L. V.)

Dhu, et je ne sais combien d'autres toques et d'autres plumets ?

— Ce qu'il me donnera? dit Annette en souriant; rien de moins. j'espère, que le plus beau ruban de la foire de Doune.

— La foire de Doune, Annette? reprit Allan d'un air triste; il y aura bien du sang versé avant ce jour-là, et peut-être ne le verrai-je jamais. Mais vous me rappelez à propos ce que je veux faire depuis longtemps.

En disant ces mots, il sortit de la salle.

— S'il parlait longtemps sur ce ton, dit lord Menteith, vous feriez bien, ma chère Annette, d'accorder votre harpe.

— J'espère que cela ne sera point nécessaire, dit Annette avec inquiétude. Cet accès a été long, et il ne se renouvellera probablement pas de sitôt. C'est une chose terrible de voir un être naturellement généreux et affectionné affligé d'une telle maladie.

Comme elle parlait à voix basse et d'un ton confidentiel, lord Menteith s'approcha naturellement et se pencha vers elle, afin de pouvoir mieux saisir le sens de ses paroles. Lorsque Allan rentra subitement, ils se reculèrent, comme se sentant surpris dans une conversation qu'ils désiraient lui cacher. Ce mouvement n'échappa point aux regards d'Allan; il s'arrêta un instant à la porte, — ses sourcils se froncèrent, — ses yeux roulèrent dans leurs orbites; mais cet accès ne dura qu'un moment. Il passa sa main large et nerveuse sur son front, comme pour effacer ces traces d'émotion, et s'approcha d'Annette, tenant une petite boîte de bois de chêne curieusement travaillée. — Je vous prends à témoin, cousin Menteith, dit-il, que je donne cette boîte et ce qu'elle contient à Annette Lyle. Elle renferme quelques ornements qui ont appartenu à ma pauvre mère; — ils ne sont pas d'une grande valeur, comme vous pouvez croire, car la femme d'un laird des Highlands a rarement un riche écrin.

— Mais ces bijoux appartiennent à la famille, dit Annette Lyle en repoussant doucement et timidement la boîte. — Je ne puis accepter...

— Ils n'appartiennent qu'à moi, interrompit Allan; c'est le legs que m'a fait ma mère à son lit de mort. C'est, avec mon plaid et ma claymore, tout ce qui m'appartient. — Prenez-les donc, — ce sont pour moi des bagatelles sans valeur, — et conservez-les pour l'amour de moi, — si je ne dois jamais revenir de ces guerres.

En parlant ainsi, il ouvrit le petit coffre et le présenta à Annette.

— Si ces objets ont quelque valeur, reprit-il, disposez-en pour vos besoins, lorsque cette maison aura été consumée par le feu de l'ennemi. et ne pourra plus vous offrir un asile. Mais conservez une bague en souvenir d'Allan, qui a fait, pour mériter votre affection, sinon tout ce qu'il aurait voulu, du moins tout ce qui était en son pouvoir.

CHAPITRE VI.

Ce fut en vain qu'Annette s'efforça de retenir ses larmes en lui répondant : — Une bague seulement, Allan ; je l'accepterai de vous comme un souvenir de votre bonté pour une pauvre orpheline ; mais ne me pressez pas de rien prendre de plus. Je ne puis ni ne veux accepter un présent d'une telle valeur.

— Choisissez donc, dit Allan ; votre délicatesse peut être bien fondée. Le reste prendra une forme sous laquelle il pourra vous être plus utile.

— Ne pensez pas à cela, repartit Annette en prenant parmi les bijoux de l'écrin la bague qui paraissait la moins précieuse ; gardez-les pour votre fiancée, ou pour celle de votre frère. — Mais, bonté du Ciel ! s'écria-t-elle tout à coup en regardant la bague, qu'ai-je choisi là !

Allan s'empressa d'y jeter un regard plein d'une sombre appréhension ; la bague portait dans un fond d'émail une tête de mort sur deux poignards en croix. Lorsqu'il reconnut la devise, il poussa un soupir si profond, qu'Annette laissa échapper l'anneau, qui roula sur le plancher. Lord Menteith le ramassa et le remit à la jeune fille effrayée.

— Je prends Dieu à témoin, dit Allan d'un ton solennel, que c'est *votre* main, mylord, et non la mienne, qui lui a rendu ce présent de fatal augure. C'était la bague de deuil que portait ma mère en mémoire de son frère assassiné.

— Je ne crains pas les présages, dit Annette, laissant percer un sourire à travers ses larmes ; et rien de ce qui vient de ses deux protecteurs (c'est ainsi qu'elle avait coutume d'appeler Allan et lord Menteith) ne peut porter malheur à la pauvre orpheline.

Elle passa la bague à son doigt, et reprenant sa harpe, elle se mit à chanter, sur un air gai, les vers suivants d'une chanson alors à la mode, empreinte du goût hyperbolique et précieux du temps du roi Charles, et qui, tirée de quelque masque[1] de la cour, était parvenue jusqu'aux solitudes du Perthshire :

« N'interroge pas les astres, pauvre savant : ils sont sans influence ; pour lire le destin des jeunes et des vieux, regarde les yeux de mon Hélène.

« Mais arrête, imprudent astrologue ! ce serait payer trop cher le secret des peines d'autrui, que de l'acheter au prix des tiennes. »

— Elle a raison, Allan, dit lord Menteith ; et la fin de cette vieille chanson vaut mieux que tout ce que nous pourrions apprendre en essayant de lire dans l'avenir.

[1] Sorte de petite pièce de théâtre fort en vogue alors à la cour d'Angleterre. (L. V.

— Elle a TORT, mylord, répliqua Allan d'un air sombre ; mais vous, qui traitez si légèrement les avis que je vous ai donnés, vous ne vivrez peut-être pas pour voir s'accomplir le présage. — Ne riez pas ainsi d'un air dédaigneux, ajouta-t-il en s'interrompant, ou plutôt riez aussi fort et aussi longtemps qu'il vous plaira ; car, avant peu, le temps de rire sera passé pour vous.

— Je ne m'inquiète pas de vos visions, Allan, dit lord Menteith ; quelque courte que puisse être la durée de ma vie, l'œil d'un voyant highlandais ne saurait en apercevoir la fin.

— Pour l'amour du Ciel, dit vivement Annette Lyle, vous connaissez son caractère, vous savez qu'il ne peut endurer....

— Ne craignez rien de moi, interrompit Allan ; — mon esprit est maintenant tranquille et calme. — Mais quant à vous, jeune lord, ajouta-t-il en se tournant vers Menteith, mon œil vous a cherché sur des champs de bataille où les Highlanders et les Lowlanders gisaient étendus en aussi grand nombre que l'on vit jamais les corbeaux perchés sur ces vieux arbres (il montrait du doigt un repaire de ces oiseaux que l'on apercevait de la fenêtre) — mon œil vous a cherché, mais votre cadavre n'y était point. — Mon œil vous a cherché au milieu d'une foule de captifs désarmés et sans défense, traînés dans les cachots d'une antique et sombre forteresse : — éclair sur éclair, — décharge sur décharge, — les balles ennemies pleuvaient sur eux, et ils tombaient comme les feuilles sèches en automne ; mais vous n'étiez pas dans leurs rangs. — L'échafaud était dressé, — le billot préparé, la sciure de bois répandue ; — le prêtre était là avec son livre, — le bourreau avec sa hache : — mais là non plus mon œil ne vous a pas trouvé.

— C'est donc le gibet qui m'attend? dit lord Menteith. J'aurais pourtant désiré qu'on m'épargnât la corde, ne fût-ce que pour l'honneur de la pairie.

Il prononça ces mots d'un ton railleur, mais non sans une sorte de curiosité, et sans éprouver le désir de recevoir une réponse ; car l'envie de connaître l'avenir exerce souvent son influence même sur l'esprit de ceux qui désavouent toute croyance à la possibilité de semblables prédictions.

— Votre rang, mylord, ne sera déshonoré ni dans votre personne ni par le genre de votre mort. Trois fois j'ai vu un Highlander vous — plonger son dirk dans le sein : — tel sera votre sort.

— Si vous vouliez me le dépeindre, reprit lord Menteith, je lui épargnerais la peine d'accomplir votre prophétie, à moins que son plaid ne fût à l'épreuve de l'épée ou du pistolet.

— Vos armes, répondit Allan, vous seraient d'un faible secours ; au surplus, je ne puis vous donner les indications que vous désirez. La face de la vision a toujours été détournée de moi.

— Hé bien soit ; laissons tout cela dans le doute où l'a placé votre augure. Je n'en dînerai pas moins gaîment aujourd'hui au milieu des plaids, des dirks et des kilts.

— Cela se peut; il est possible aussi que vous fassiez bien de jouir de ces derniers instants, qui, pour moi, sont empoisonnés par de sinistres présages. — Mais je vous le répète; cette arme, — c'est-à-dire, se reprit-il en touchant la poignée du dirk qu'il portait, une arme comme celle-ci, doit trancher vos jours.

— En attendant, Allan, vous avez fait disparaître les couleurs des joues d'Annette Lyle. — Quittons cet entretien, mon ami, et allons voir ce que nous entendons l'un et l'autre : — le progrès de nos préparatifs de guerre.

Ils allèrent rejoindre Angus Mac-Aulay et ses hôtes anglais, et dans les discussions techniques qui s'engagèrent aussitôt, Allan montra une lucidité d'esprit, une force de raisonnement et une netteté de pensée, qui contrastaient singulièrement avec l'aspect mystique sous lequel son caractère nous est apparu jusqu'ici.

CHAPITRE VII.

> Lorsque Albin indigné tire sa claymore, lorsque les chieftains coiffés de toques s'assemblent autour de lui, l'indomptable clan Ranald et le fier Moray, tous dans leur costume de tartan, couverts de plaids, la tête ornée de panaches....
> *Présages de Lochiel.*

QUICONQUE eût vu ce matin-là le château de Darnlinvarach aurait joui d'un spectacle aussi intéressant qu'animé. Les différents chefs, arrivant avec leurs suites respectives, lesquelles, malgré leur nombre, n'étaient cependant que leur cortége et leur garde ordinaires dans les occasions solennelles, saluaient le seigneur du château et se saluaient entre eux avec une affection cordiale ou avec une politesse fière et réservée, suivant les relations d'amitié ou les sentiments hostiles de leurs clans respectifs. Chaque chef, quelque mince que fût son importance relative, se montrait tout disposé à exiger des autres la déférence due à un prince indépendant; tandis que les plus puissants et les plus forts, divisés entre eux par de récentes querelles ou de vieilles haines, étaient forcés par politique d'user de grands égards envers les autres, afin de pouvoir au besoin rallier à leurs intérêts et à leur étendard le plus de partisans possible. Cette assemblée de chefs ne ressemblait pas mal à ces anciennes diètes de l'empire, où le plus petit *frey-graff* qui possédât un castel perché sur un rocher stérile, avec quelques centaines d'acres autour, prétendait au rang et aux honneurs de prince souverain, et au droit de siéger suivant son rang parmi les dignitaires de l'empire.

La suite des différents chefs était logée et casée séparément, aussi bien que la place et les circonstances le permettaient. Mais chacun d'eux avait conservé son henchman, qui ne le quittait pas plus que son ombre, et se tenait prêt à exécuter tous les ordres que pourrait lui donner son maître.

L'intérieur du château présentait un spectacle singulier. Les Highlanders, venus d'îles, de vallées et de gorges [1] diverses, se regardaient de loin d'un œil de jalousie, de curiosité inquiète ou de malveillance hostile; mais, ce qu'il y avait de plus étourdissant dans l'assemblée, au moins pour l'oreille d'un Lowlander, c'était l'émulation musicale des joueurs de cornemuse. Ces ménestrels guerriers, qui avaient tous la plus haute opinion de la supériorité de leurs tribus respectives, en même temps que la plus haute idée de l'importance de leur profession, jouèrent d'abord leurs différents pibrochs chacun d'eux à la tête de son clan. Mais ensuite, de même que les coqs de bruyère vers la fin de la saison, alors, pour parler la langue des chasseurs, qu'ils se réunissent et s'assemblent, attirés mutuellement par le bruit de leurs chants de victoire, nos Orphées, secouant leurs plaids et leurs tartans du même air de triomphe que les oiseaux hérissent leurs plumes, commencèrent à s'approcher assez près les uns des autres pour pouvoir donner à leurs confrères un échantillon de leur talent. Puis s'avançant toujours davantage en se lançant des regards où perçait l'orgueil et la provocation, et se pavanant avec complaisance, ils se mirent à enfler leurs instruments criards, chacun jouant son air favori, et firent un tel vacarme, que, s'il y eût eu un musicien italien enterré à dix milles de là, il serait ressuscité d'entre les morts pour fuir cet horrible charivari.

Pendant ce temps les chefs s'étaient assemblés en conseil secret dans la grande salle du château. Parmi eux se trouvaient les personnages les plus importants des Highlands, les uns amenés par leur zèle pour la cause royale, les autres, en plus grand nombre, par la haine que leur inspirait le despotisme rigoureux et absolu que le marquis d'Argyle, depuis qu'il était devenu si influent dans l'État, exerçait sur ses voisins des montagnes. Quoique doué de grands talents et possédant une autorité considérable, cet homme d'état avait des défauts qui le rendaient impopulaire parmi les chefs highlandais. Sa dévotion avait un caractère sombre et fanatique, son ambition paraissait insatiable, et les chefs inférieurs l'accusaient de n'avoir ni bonté ni générosité. Ajoutez à cela

---

[1] *Straths*, littéralement fond dans lequel coule une rivière. (L. V.)

que, bien que Highlander et d'une famille distinguée de tout temps par sa valeur, Gillespie Grumach[1] (c'est ainsi qu'à cause de ses yeux louches on le désignait individuellement dans les Highlands, où les titres de noblesse sont inconnus) passait pour un homme de cabinet plutôt que pour un homme d'action. Il était, ainsi que sa tribu, particulièrement détesté des Mac-Donalds et des Mac-Leans, deux clans nombreux, qui, bien que divisés par de vieilles haines, se réunissaient dans une horreur profonde pour les Campbells, ou, comme on les appelait, les Enfants de Diarmid.

Les chefs assemblés gardèrent quelque temps le silence, attendant que quelqu'un exposât l'objet de la réunion. Enfin, un des plus puissants d'entre eux ouvrit la diète en disant : — Nous avons été convoqués ici, Mac-Aulay, pour délibérer sur des matières importantes, les affaires du roi et celles de l'État, et nous désirons savoir qui va nous les expliquer.

Mac-Aulay, dont l'éloquence n'était pas le fort, demanda que lord Menteith voulût bien ouvrir la discussion. Le jeune comte s'exprima avec beaucoup de modestie et de chaleur à la fois. — Il aurait désiré que ce qu'il avait à dire fût venu d'une personne d'une réputation plus grande et mieux établie. Mais puisqu'il se trouvait chargé de porter la parole, il devait déclarer aux chefs assemblés que ceux qui voulaient secouer le joug honteux que le fanatisme s'efforçait d'appesantir sur leurs têtes, n'avaient pas un instant à perdre. — Les Covenantaires, dit-il, après avoir deux fois fait la guerre à leur souverain, et avoir arraché de lui toutes les concessions, raisonnables ou non, qu'il leur a plu de demander ; — après avoir vu leurs chefs comblés de dignités et de faveurs ; — après avoir publiquement déclaré, lorsque le roi, à la suite d'une gracieuse visite à son pays natal, était sur le point de retourner en Angleterre, qu'il partait roi satisfait d'un peuple satisfait : — après tout cela, sans même le prétexte d'un grief national, les mêmes hommes, sur des doutes et des soupçons également déshonorants pour le roi et sans fondement en eux-mêmes, ont envoyé une forte armée pour soutenir ses sujets révoltés d'Angleterre dans une querelle où l'Écosse n'a pas plus d'intérêt que dans les guerres d'Allemagne. Il ajouta qu'heureusement la précipitation avec laquelle cette résolution criminelle avait été adoptée, avait aveuglé la junte qui s'était emparée du gouvernement d'Écosse sur les dangers auxquels elle s'exposait. L'armée envoyée en Angleterre sous les ordres du vieux Leven se composait de ces vieux soldats, la force des armées levées en Écosse pendant les deux dernières guerres...

A ces mots, le capitaine Dalgetty voulut se lever pour expliquer comment nombre d'anciens officiers, formés dans les guerres d'Allemagne,

---

[1] *Grumach.* — Grimacier. (W. S.)

se trouvaient à sa connaissance dans l'armée du comte de Leven. Mais Allan Mac-Aulay, le retenant d'une main sur son siége, plaça l'index de son autre main sur ses lèvres, et l'empêcha, non sans peine, d'interrompre le comte. Le capitaine Dalgetty lui jeta un regard de mépris et d'indignation qui n'émut nullement la gravité du montagnard, et lord Menteith continua sans être autrement troublé.

— Le moment, dit-il, était favorable ; tous les fidèles et loyaux Écossais devaient le saisir pour prouver que le reproche dernièrement fait à leur pays n'avait sa source que dans l'ambition égoïste de quelques hommes turbulents et séditieux, et dans l'absurde fanatisme qui, du haut de cinq cents chaires, s'était répandu comme un torrent sur toutes les Basses-Terres de l'Écosse. Il avait reçu des lettres du marquis de Huntly dans le Nord, et il les communiquerait en particulier à chacun des chefs. Ce noble seigneur, aussi loyal que puissant, était décidé à faire les plus grands efforts pour la cause commune, et le comte de Seaforth était prêt à se ranger sous les mêmes étendards. Il avait des nouvelles également positives du comte d'Airly et des Ogilvies du comté d'Angus, et il n'y avait pas à douter qu'ils ne montassent bientôt à cheval avec les Hays, les Leiths, les Burnets et d'autres loyaux gentilshommes, et ne formassent un corps plus que suffisant pour tenir en respect les Covenantaires du Nord, qui avaient déjà éprouvé leur valeur dans la fameuse déroute vulgairement appelée le Trot de Turiff. Au sud du Forth et du Tay, ajouta-t-il, le roi avait de nombreux amis, qui, blessés par des serments arrachés, par des réquisitions vexatoires, par des taxes monstrueuses injustement imposées et inégalement réparties, par la tyrannie du comité des États et l'insolence inquisitoriale des ministres presbytériens, n'attendaient que de voir flotter la bannière royale pour prendre les armes. Douglas, Traquair, Roxburgh, Hume, tous dévoués à la cause du roi, contre-balanceraient l'influence du Covenant dans le Sud ; et deux gentilshommes, distingués par leur naissance et leur rang, venus à cette assemblée du nord de l'Angleterre, répondraient du zèle du Cumberland, du Westmoreland et du Northumberland. A tant de braves gentilshommes, les Covenantaires du Sud ne pouvaient opposer que des recrues sans expérience : les Wigamores des comtés de l'Ouest, les laboureurs et les artisans des Basses-Terres. Quant aux Highlands de l'Ouest, il n'y voyait point d'autres partisans des Covenantaires qu'un individu aussi connu qu'il était odieux ; mais y avait-il un seul homme qui, jetant les yeux dans cette salle et voyant la puissance, la bravoure et le rang des chefs qui y étaient assemblés, pût douter un moment de leurs succès contre toutes les forces que Gillespie Grumach pourrait leur opposer ? Il avait à ajouter que des fonds considérables et des munitions étaient assurés pour l'armée ; — (ici Dalgetty dressa l'oreille) — que des officiers de talent, formés dans les guerres étrangères, dont un était présent (le capitaine Dalgetty se leva et promena ses regards

CHAPITRE VII. 77

autour de lui), s'étaient chargés d'instruire toutes les recrues qu'on pourrait avoir besoin de discipliner; qu'un nombreux corps de forces auxiliaires irlandaises, envoyé de l'Ulster par le comte d'Antrim, était heureusement débarqué sur la terre ferme; qu'avec l'aide du clan Renold, elles avaient pris et fortifié le château de Mingarry, et qu'en dépit des efforts d'Argyle pour les arrêter, elles étaient alors en pleine marche pour venir au rendez-vous. Il ne lui restait plus qu'à supplier les nobles chefs qui l'écoutaient de mettre de côté toute considération secondaire, et de s'unir de cœur et de bras pour la défense de la cause commune; d'envoyer la croix de feu ¹ dans leurs districts afin de rassembler toutes leurs forces, et de se réunir avec assez de célérité pour ne pas laisser à l'ennemi le temps de se préparer ni de revenir de la terreur panique où le jetterait le premier son de leurs pibrochs. Pour lui, disait-il en terminant, quoiqu'il ne fût ni des plus riches ni des plus puissants parmi la noblesse d'Écosse, il sentait qu'il avait à soutenir la dignité d'une ancienne et honorable maison, et l'indépendance d'une nation non moins ancienne et non moins honorable, et il était résolu à sacrifier sa vie et sa fortune pour cette cause. Enfin, si ceux qui étaient plus puissants que lui étaient aussi zélés, il avait la confiance qu'ils mériteraient les remerciments de leur roi et la reconnaissance de la postérité.

De bruyants applaudissements succédèrent au discours de lord Menteith, et attestèrent que tous les assistants partageaient les sentiments qu'il avait exprimés; mais quand le silence se fut rétabli, les chefs assemblés continuèrent à se regarder les uns les autres comme s'il restait encore quelque point à régler. Après quelques propos échangés à voix basse, un vieillard respectable par ses cheveux blancs, quoiqu'il ne fût pas du plus haut rang parmi les chefs, répondit au discours du comte.

— Thane de Menteith, dit-il, vous avez bien parlé; il n'y a personne de nous qui ne sente son cœur embrasé des mêmes sentiments. Mais ce n'est pas la force seule qui gagne les batailles; la tête du général donne la victoire aussi bien que le bras du soldat. Dites-nous qui doit lever et porter la bannière sous laquelle on nous invite à nous rallier. Pense-t-on que nous exposerons nos fils et la fleur de nos compatriotes sans savoir à quel chef nous les confions? Ce serait envoyer à la mort ceux que les lois de Dieu et des hommes nous ordonnent de protéger. Où est la commission du roi qui appelle aux armes ses sujets? Quelque simples et ignorants qu'on puisse nous croire, nous connaissons encore les lois de la guerre et celles de notre pays, et nous ne troublerons pas la paix générale de l'Écosse sans un ordre exprès du roi, et

¹ Signal avec lequel on parcourait les vallées pour appeler les habitants aux armes. (L. V.)

sans un chef digne de commander à des hommes tels que ceux qui sont assemblés ici.

— Où trouveriez-vous ce chef, dit un autre laird en se levant, si ce n'est le représentant du Lord des Iles, que sa naissance et la tradition héréditaire appellent à commander tous les clans réunis des Highlands? et ou réside cet honorable droit, si ce n'est dans la maison de Vich-Alister-More.

— Je reconnais, dit un autre chef, interrompant vivement l'orateur, la vérité de ce qui a été dit d'abord, mais non celle de la conséquence qu'on en tire. Si Vich-Alister-More prétend représenter le Lord des Iles, qu'il prouve d'abord que son sang est plus rouge que le mien.

— Cela sera bientôt fait, s'écria Vich-Alister-More en mettant la main sur la poignée de sa claymore. Lord Menteith se précipita entre eux, les conjurant, les suppliant de se rappeler que les intérêts de l'Écosse, la liberté de leur pays et la cause de leur roi devaient passer avant toutes les querelles personnelles sur la généalogie, la noblesse et la préséance. Plusieurs chefs montagnards, qui ne voulaient admettre les prétentions d'aucun des deux rivaux, s'entremirent dans le même sens, mais aucun ne montra plus de chaleur que le célèbre Evan Dhu.

— Je suis venu de mes lacs, dit-il, comme un torrent descend de la montagne, non pour retourner sur mes pas, mais pour fournir ma carrière. Ce n'est point en nous occupant de nos propres prétentions que nous servirons l'Écosse ou le roi Charles. Ma voix est acquise au général que le roi désignera, et qui possédera sans doute les qualités nécessaires pour commander à des hommes comme nous. Il devra être de haute naissance, ou nous nous dégraderions en lui obéissant, — habile et sage, ou nous compromettrions la sûreté de nos clans, — brave entre les braves, ou notre honneur serait en péril, — modéré, ferme et énergique, pour maintenir l'union parmi nous. — Tel est l'homme qui doit nous commander. Thane de Menteith, pouvez-vous nous dire où nous trouverons un pareil général?

— Il n'en est qu'un de tel, dit Allan Mac-Aulay; et le voici, ajouta-t-il en mettant la main sur l'épaule d'Anderson, qui se tenait debout derrière lord Menteith.

Un violent murmure exprima la surprise universelle de l'assemblée; mais Anderson, rejetant le manteau qui lui cachait le visage, s'avança et dit : — Je n'avais pas l'intention de rester longtemps spectateur silencieux de cette scène intéressante, mais mon impatient ami m'oblige à me faire connaître un peu plus tôt que je n'en avais le projet. Ce que je pourrai faire pour le service du roi prouvera si je mérite l'honneur qui m'est accordé par cet acte. C'est une commission scellée du grand sceau qui confère à James Graham, comte de Montrose, le commandement des forces qui doivent s'assembler pour le service de sa majesté dans ce royaume.

De bruyantes acclamations éclatèrent alors dans l'auditoire. Il n'y avait pas, en effet, d'autre homme dont, en fait de rang, ces fiers montagnards eussent été disposés à reconnaître la supériorité. Sa haine héréditaire et invétérée contre le marquis d'Argyle était un gage de l'énergie avec laquelle il pousserait la guerre, tandis que ses talents militaires bien connus et sa valeur éprouvée donnaient tout lieu d'espérer qu'il la terminerait heureusement.

CHAPITRE VIII.

> Notre plan est aussi bon que plan qui ait jamais été conçu ; nos amis sont sûrs et dévoués ; un bon plan, de bons amis et dont on doit beaucoup espérer ; un excellent plan, d'excellents amis.
> *Henri IV*, 1re Partie.

Dès que les acclamations unanimes de joie et de surprise furent calmées, on demanda de toutes parts le silence pour entendre la lecture de la commission royale. Les chefs, qui avaient jusque-là gardé leurs toques sur leur tête, sans doute parce qu'aucun d'eux ne voulait ôter la sienne le premier, se découvrirent tous à la fois par respect pour les ordres du roi. Le brevet, rédigé dans les termes les plus amples et les plus larges, autorisait le comte de Montrose à appeler les sujets aux armes, pour réprimer la rébellion que différents traîtres et séditieux avaient excitée contre le roi, en forfaisant, était-il dit, à leur serment d'allégeance, et en rompant la paix établie entre les deux royaumes. Il enjoignait à toutes les autorités inférieures d'obéir à Montrose et de l'assister dans son entreprise ; il lui donnait pouvoir de publier des ordonnances et des proclamations, de punir les crimes, de faire grâce aux coupables, de choisir et de destituer les gouverneurs et les commandants. Enfin, c'était la commission la plus ample et la plus étendue qu'un prince ait jamais pu confier à un sujet. Dès que la lecture fut terminée, une salve unanime vint témoigner de la soumission empressée des chefs aux volontés de leur souverain. Non content de les remercier en masse de cet accueil favorable, Montrose s'adressa à chacun d'eux individuellement. Les chefs les plus influents lui étaient déjà personnellement connus depuis longtemps, mais il aborda alors même ceux d'une importance médiocre ; et, par la connaissance qu'il montra des noms de chacun d'eux, des aventures et de l'histoire de leurs clans, il prouva combien il avait dû étudier le caractère des montagnards, et se préparer au rôle qu'il jouait en ce moment.

Pendant qu'il s'occupait de ces actes de courtoisie, ses manières gracieuses, ses traits expressifs et la dignité de son maintien, formaient un contraste singulier avec la simplicité grossière de son costume. Montrose avait ce genre de tournure et de physionomie dans lesquelles, au premier regard, on ne voit rien d'extraordinaire, mais qui frappent plus vivement à mesure que les yeux s'y arrêtent. Sa taille ne s'élevait pas beaucoup au-dessus de la moyenne, mais il était remarquablement bien fait de sa personne, et pouvait déployer une grande force et supporter de longues fatigues. S'il n'eût été, en effet, doué d'une constitution de fer, il n'aurait pu résister aux travaux de ses campagnes extraordinaires, dans lesquelles il se soumettait lui-même à toutes les privations du moindre soldat. Les exercices militaires et les arts de la paix lui étaient tous également familiers; aussi possédait-il ce maintien aisé et gracieux particulier aux hommes auxquels l'habitude a rendu toutes les attitudes faciles.

Ses longs cheveux bruns, partagés sur le sommet de la tête suivant l'usage des nobles royalistes, descendaient de chaque côté en touffes bouclées; et l'une des mèches, tombant deux ou trois pouces plus bas que les autres, prouvait que Montrose avait adopté cette mode contre laquelle un puritain, M. Prynne, a écrit un traité intitulé: *Désagrément des boucles*. Les traits qu'encadraient ces tresses étaient de ceux qui empruntent leur intérêt au caractère de l'homme plutôt qu'à leur propre régularité. Toutefois, un nez aquilin, un teint animé, de grands yeux gris, vifs, décidés et bien fendus, rachetaient ce qu'il y avait d'un peu commun et d'irrégulier dans les autres parties de son visage. En somme, on pouvait dire que Montrose était plutôt bien que mal. Mais ceux qui le voyaient quand son âme se peignait dans ses regards avec toute l'énergie et le feu du génie, — ceux qui l'entendaient parler avec l'autorité du talent et l'éloquence de la nature, prenaient même de son extérieur une opinion infiniment plus favorable que les portraits qui nous sont restés de lui ne nous porteraient à le croire. Telle fut, du moins, l'impression qu'en reçut l'assemblée des chefs montagnards, sur lesquels, comme sur tous les hommes dans les mêmes conditions sociales, l'extérieur n'a pas peu d'influence.

Dans la conversation qui s'entama après qu'il se fut fait connaître, Montrose raconta les différents dangers qu'il avait courus dans sa tentative actuelle. Il avait d'abord essayé de réunir, dans le nord de l'Angleterre, un corps de royalistes qu'il comptait, conformément aux ordres du marquis de Newcastle, faire entrer en Écosse; mais la répugnance des Anglais à passer la frontière, et le retard du comte d'Antrim qui devait débarquer au golfe de Solway avec son armée irlandaise, s'étaient opposés à l'exécution de son projet. D'autres plans ayant également échoué, il s'était trouvé forcé de prendre un déguisement pour pouvoir traverser sans danger les Lowlands, ce à quoi l'avait obligeamment aidé son parent le comte de Menteith. Comment Allan Mac-Aulay l'avait-il reconnu? c'est ce qu'il ne pouvait expliquer. Ceux qui savaient les prétentions d'Allan à l'inspiration sourirent d'un air mystérieux ; mais celui-ci se contenta de répondre que le comte de Montrose ne devait pas s'étonner d'être connu de milliers de personnes dont lui-même ne pouvait se souvenir.

— Foi de cavalier, dit le capitaine Dalgetty, trouvant enfin l'occasion de placer son mot, je suis heureux et fier de pouvoir tirer l'épée sous les ordres de Votre Seigneurie ; et je bannis de mon cœur toute rancune, tout ressentiment et toute animosité contre M. Allan Mac-Aulay, pour m'avoir rejeté hier au bas bout de la table. Certes, il a si bien parlé aujourd'hui comme un homme qui jouit de toute la plénitude de sa raison, que j'avais intérieurement décidé qu'il n'avait aucun droit à réclamer les priviléges que donne la folie ; mais, puisqu'il ne m'a déplacé que pour un noble comte, mon futur général en chef, je reconnais devant vous tous la justice de cette préférence, et je salue Allan de tout mon cœur, en homme qui veut être son *buen camarado*.

Après ce discours, qui ne fut guère ni écouté ni entendu, le capitaine saisit la main d'Allan sans ôter son gantelet, et la secoua cordialement ; politesse que la main de fer d'Allan lui rendit d'une force à lui faire entrer dans les chairs les écailles du gantelet.

Le capitaine Dalgetty aurait bien pu prendre cette marque d'amitié pour un nouvel affront, si, au moment où en soufflant il secouait sa main meurtrie, la voix de Montrose n'eût tout à coup appelé son attention.

— Écoutez ces nouvelles, capitaine Dalgetty, — je veux dire major Dalgetty. — Les Irlandais, qui doivent profiter des leçons de votre expérience militaire, ne sont plus qu'à quelques lieues de nous.

— Nos chasseurs, dit Angus Mac-Aulay, qui étaient sortis afin de rapporter de la venaison pour l'honorable compagnie, ont appris qu'une troupe d'étrangers, qui ne parlent ni le saxon ni le pur gaélique, et qui ont de la peine à se faire comprendre des gens du pays, se dirigent de ce côté, en armes et sous la conduite, dit-on, d'Alaster Mac-Donald, communément appelé le jeune Colkitto.

— Ce doivent être nos gens, reprit Montrose ; il faut nous hâter d'envoyer des messagers au-devant d'eux, pour leur servir de guides et leur procurer ce dont ils ont besoin.

— Ce dernier point, repartit Angus Mac-Aulay, ne sera pas facile : car on m'assure qu'excepté leurs mousquets et quelques munitions, ils manquent de tout ce qui est nécessaire à des soldats, et qu'entre autres choses, ils n'ont ni argent, ni souliers, ni habits.

— Il est au moins inutile de proclamer cela si haut, dit Montrose. Les tisserands puritains de Glascow nous fourniront du drap à foison lorsque nous descendrons des Highlands ; et si les sermons des ministres ont pu naguère persuader aux vieilles femmes des bourgs d'Écosse de donner leurs toiles pour faire des tentes aux soldats du Dunse-Law[1], nous verrons si je n'aurai pas le talent de décider les pieuses dames à renouveler leur don patriotique, et leurs coquins de maris à nous ouvrir leur bourse.

— Quant aux armes, dit le capitaine Dalgetty, si Votre Seigneurie veut permettre à un vieux soldat de dire son avis, ce serait assez qu'un tiers des hommes eût des mousquets : pour les autres, mon arme de prédilection serait la pique, qui est excellente pour soutenir une charge de cavalerie ou pour enfoncer un corps d'infanterie. Un forgeron ordinaire vous fera cent têtes de piques en un jour ; il ne manque pas de bois ici pour faire des manches ; et je garantis que suivant les meilleurs usages de la guerre, un bon bataillon de piquiers, formés à la manière du Lion du Nord, de l'immortel Gustave, serait en état de bousculer la phalange macédonienne dont j'ai lu souvent les prouesses au collége Mareschal, lorsque j'étudiais dans l'ancienne ville de Bonaccord. Je puis même me permettre de dire....

La leçon du capitaine sur la tactique fut tout à coup interrompue en cet endroit par Allan Mac-Aulay, qui cria vivement : — Place pour un hôte qui n'était ni attendu ni désiré !

Au même instant la porte de la salle s'ouvrit, et un homme à cheveux gris, d'un aspect imposant, parut au milieu de l'assemblée. Il y avait de la dignité dans ses manières, et même un air d'autorité. Sa taille était au-dessus de la taille ordinaire, et ses regards annonçaient l'habitude du commandement. Il jeta sur les chefs assemblés un coup d'œil sévère et presque menaçant. Les principaux d'entre eux le lui rendirent avec une dédaigneuse indifférence ; mais il semblait que quelques-uns des gentilshommes moins puissants de l'Ouest auraient voulu être partout ailleurs.

— A qui de vous, dit l'étranger, faut-il que je m'adresse comme au chef de cette assemblée ? ou, peut-être, n'avez-vous pas encore choisi celui qui doit remplir un poste au moins aussi périlleux qu'honorable ?

— Adressez-vous à moi, sir Duncan Campbell, dit Montrose en s'avançant.

— A vous ! reprit sir Duncan Campbell d'un air presque méprisant.

— Oui, — à moi, — au comte de Montrose, si vous l'avez oublié.

— En cet instant, du moins, j'aurais eu quelque peine à le reconnaître sous le déguisement d'un valet ; — et pourtant j'aurais pu deviner qu'il ne fallait pas moins que la mauvaise influence de Votre Seigneurie, d'un des principaux perturbateurs d'Israël, pour réunir cette imprudente assemblée d'hommes égarés.

---

[1] Les Covenântaires campés à Dunse-Law durant les troubles de 1639. (W. S.)

— Je vous répondrai dans le jargon de vos puritains que ce n'est pas moi qui ai porté le trouble dans Israël, mais bien toi et la maison de ton père. Mais laissons cette altercation qui n'intéresse que nous, et voyons les nouvelles que vous nous apportez de la part d'Argyle, votre chef; car je dois croire que c'est en son nom que vous êtes ici.

— C'est au nom du marquis d'Argyle, — au nom de la Convention des États d'Écosse, que je demande à connaître ce que signifie cette singulière assemblée. Si elle a pour objet de troubler la paix du pays, comme voisins, comme hommes d'honneur, vous auriez dû au moins nous avertir de nous tenir sur nos gardes.

— C'est une chose étrange et nouvelle en Écosse, dit Montrose en se tournant vers l'assemblée, que des Écossais de rang et de naissance ne puissent se réunir dans la maison d'un ami commun sans avoir à subir, des gens qui nous gouvernent, des visites et des questions inquisitoriales sur le motif de leur réunion. Il me semble que nos ancêtres étaient accoutumés à se réunir pour des parties de chasse dans les montagnes, ou pour tout autre objet, sans en demander la permission au grand Mac-Callum More lui-même, ni à aucun de ses émissaires ou subordonnés.

— Cela a été ainsi en Écosse, répondit un des chefs de l'Ouest, et ce temps-là reviendra lorsque les usurpateurs de nos anciennes possessions seront de nouveau réduits à n'être plus que lairds de Lochow, au lieu de se répandre sur nos domaines comme une nuée de sauterelles dévorantes.

— Faut-il donc que je croie, dit sir Duncan, que c'est contre *mon* nom seul que se font ces préparatifs? ou les Enfants de Diarmid doivent-ils souffrir en commun avec tous les habitants paisibles et tranquilles de l'Écosse?

— J'aurais, s'écria en se levant un chef à l'air farouche, j'aurais une question à faire au chevalier d'Ardenvohr avant qu'il aille plus loin dans son audacieuse mercuriale. — A-t-il apporté plus d'une vie dans ce château, pour oser venir nous y insulter?

— Messieurs, dit Montrose, je réclame de vous un peu de patience. Un envoyé qui vient à nous comme ambassadeur a droit de parler librement et de compter sur un sauf-conduit. Mais puisque sir Duncan Campbell est si pressant, je veux bien, pour sa gouverne, l'informer qu'il est ici dans une assemblée de fidèles sujets du roi, convoqués par moi, au nom et de l'autorité de Sa Majesté, et en vertu des pouvoirs que me confère une commission royale.

— Ainsi donc nous allons avoir, reprit sir Duncan Campbell, une guerre civile dans toutes les formes? J'ai trop longtemps porté les armes pour la voir venir avec inquiétude; mais il aurait été honorable pour lord Montrose de consulter en cette occasion un peu moins son ambition personnelle et un peu plus la paix du pays.

— Sir Duncan, répondit Montrose, ceux-là ont consulté leur ambition et leur intérêt, qui ont mis le pays dans le péril où il est aujourd'hui, et qui ont rendu nécessaires les remèdes violents que nous allons employer à regret.

— Et parmi ces égoïstes, repartit sir Duncan Campbell, quel rang assignerons-nous à ce noble comte, si furieusement attaché au Covenant, qu'il fut le premier, en 1639, à s'élancer dans les eaux de la Tyne à la tête de son régiment, pour charger l'armée royale? Ce fut encore lui, je crois, qui imposa, à la pointe de la pique et de l'épée, le Covenant à la ville et aux colléges d'Aberdeen.

— Je comprends vos sarcasmes, sir Duncan, répondit Montrose avec modération; et je dirai seulement que si un sincère repentir peut faire oublier une faute de jeunesse et le malheur d'avoir cédé aux artificieuses instigations d'ambitieux hypocrites, je dois obtenir le pardon des crimes que vous me reprochez. Je veux au moins m'efforcer de le mériter; car me voici, l'épée à la main, prêt à verser le meilleur de mon sang pour réparer mes erreurs. Un homme ne peut rien faire de plus.

— Je suis fâché, je vous jure, mylord, d'avoir à porter une telle réponse au marquis d'Argyle. Il m'avait encore chargé de proposer à Votre Seigneurie, pour prévenir les sanglantes réactions qui accompagnent nécessairement une guerre entre montagnards, de conclure une trève pour le nord de la ligne des Highlands. L'Écosse est assez grande pour fournir des champs de bataille, sans que des voisins aillent mutuellement massacrer leurs familles et dévaster leurs domaines.

— C'est une proposition pacifique, dit Montrose en souriant, telle qu'on devait l'attendre d'un homme dont la conduite personnelle a toujours été plus pacifique que ses conseils. Cependant, si les termes d'une pareille trève pouvaient être fixés d'une manière égale, et si nous pouvions avoir une garantie — car cela est indispensable, sir Duncan, — que votre marquis observerait ces conditions avec une rigoureuse fidélité, je serais, pour ma part, charmé de laisser la paix derrière nous, puisqu'il faut que nous portions la guerre en avant. Mais, sir Duncan, vous êtes trop vieux soldat et trop expérimenté pour que nous puissions vous permettre de rester dans ce château, et d'y être témoin de nos préparatifs. Nous vous prierons donc, lorsque vous aurez pris quelque rafraîchissement, de retourner sans délai à Inverary; et nous enverrons avec vous un de nos gentilshommes pour arrêter les bases de l'armistice dans les Highlands, dans le cas où la proposition du marquis serait sérieuse. Sir Duncan Campbell répondit en s'inclinant.

— Comte de Menteith, continua Montrose, voulez-vous avoir la bonté de suivre sir Duncan Campbell d'Ardenvohr, pendant que nous allons choisir celui qui devra l'accompagner à Inverary? Mac-Aulay

CHAPITRE VIII.

nous permettra de réclamer de lui pour l'envoyé du marquis une honorable hospitalité.

— Je vais donner des ordres à cet effet, dit Allan Mac-Aulay en s'avançant. J'aime sir Duncan Campbell ; nous avons souffert ensemble autrefois, je ne l'ai point oublié.

— Mylord Menteith, dit sir Duncan Campbell, je suis fâché de vous voir, si jeune, engagé avec des rebelles dans une entreprise aussi désespérée.

— Je suis jeune, répondit Menteith, mais je suis assez âgé pour distinguer le bon droit du mauvais, la loyauté de la rébellion ; plutôt on entre dans la bonne voie, plus on a de chances d'y fournir une longue et honorable carrière.

— Et vous aussi, mon ami, reprit sir Duncan en serrant la main d'Allan Mac-Aulay, devons-nous donc combattre l'un contre l'autre, nous si souvent unis contre un ennemi commun ? Puis se tournant vers l'assemblée : — Adieu, messieurs, dit-il ; j'aperçois parmi vous tant de gens que j'aime, que je suis profondément affligé de vous voir repousser toute parole de paix. Dieu, ajouta-t-il en levant les yeux au ciel, jugera nos motifs et ceux des fauteurs de cette guerre civile !

— Amen, répondit Montrose ; nous nous soumettons tous à ce tribunal.

Sir Duncan Campbell quitta la salle, accompagné d'Allan Mac-Aulay et de lord Menteith. — Voilà bien un véritable Campbell, dit Montrose au moment où l'envoyé s'éloignait ; toujours aussi faux que beaux parleurs.

— Pardonnez-moi, mylord, dit Evan Dhu ; quoique ennemi héréditaire de cette famille, j'ai toujours vu le chevalier d'Ardenvohr brave à la guerre, honnête pendant la paix, et sage dans le conseil.

— Tel est sans doute son caractère personnel, dit Montrose ; mais il est ici l'organe, l'écho de son chef, le marquis, l'homme le plus faux qui ait jamais existé. — Mac-Aulay, ajouta-t-il à l'oreille de son hôte, de peur qu'il n'exerce quelque influence sur l'inexpérience de Menteith ou sur l'esprit singulier de votre frère, vous feriez bien d'envoyer des musiciens auprès d'eux, pour empêcher qu'il ne les engage dans une conférence particulière.

— Du diable si je puis disposer d'un seul musicien, répondit Mac-Aulay ; je n'ai que le joueur de cornemuse, qui a presque perdu le souffle dans une lutte ambitieuse avec deux ou trois de ses confrères. Mais je puis envoyer Annette Lyle avec sa harpe. Il sortit alors de la salle pour donner des ordres en conséquence.

Pendant ce temps, une vive discussion s'entama sur la question de savoir qui accompagnerait sir Duncan à Inverary. C'était une mission qu'on ne pouvait proposer aux principaux chefs, habitués à se considérer comme les égaux de Mac-Callum More lui-même, et qui ne ten tait nullement ceux qui n'avaient pas le même prétexte pour s'y soustraire. On aurait pu croire qu'Inverary était la Vallée des Ombres de la Mort, à voir la répugnance que les chefs inférieurs montraient à en approcher. Après bien de l'hésitation, il fallut finir par en avouer le motif; c'était que le montagnard, quel qu'il fût, qui se chargerait d'une mission si peu agréable à Mac-Callum More, pouvait être sûr que celui-ci garderait le souvenir de cette offense, et l'en ferait, un jour ou un autre, amèrement repentir.

Dans cette position embarrassante, Montrose, qui regardait l'armistice proposé par Argyle comme un simple stratagème, mais qui n'avait pas osé le refuser brusquement en présence de ceux qu'il intéressait si fort, résolut de confier ce dangereux honneur au capitaine Dalgetty, qui n'avait dans les Highlands ni clan ni domaines sur lesquels d'Argyle put faire retomber sa colère.

— Fort bien, mais j'ai un cou, dit brusquement Dalgetty; et s'il juge à propos de se venger dessus? Je connais plus d'un cas où un honorable ambassadeur a été pendu comme espion. Les Romains ne traitèrent pas mieux les envoyés au siége de Capoue, quoique j'aie lu qu'ils se contentèrent de leur couper les mains et le nez, et de leur arracher les yeux, et qu'ils les laissèrent ensuite partir en paix.

— Sur mon honneur, capitaine Dalgetty, dit Montrose, si le marquis, au mépris des lois de la guerre, osait commettre sur vous quelque cruauté, soyez sûr que j'en tirerais une vengeance si éclatante, que toute l'Écosse en retentirait.

— Cela ne ferait pas grand'chose à Dalgetty, repartit le capitaine; mais *corragio!* comme dit l'Espagnol. Avec la terre promise devant les yeux, le marais de Drumthwacket, *mea paupera regna*, comme nous disions au collége Mareschal, j'accepte la mission de Votre Excellence, sachant qu'un cavalier d'honneur doit obéir aux ordres de son chef, sans craindre ni le sabre ni le gibet.

— Bravement résolu! dit Menteith; veuillez donc me suivre, et je vous instruirai de ce qu'il faut proposer à Mac-Callum More, et des conditions auxquelles nous consentirons à lui garantir une trêve pour ses possessions dans les Highlands.

Il n'est pas nécessaire de fatiguer nos lecteurs des détails de ces instructions. Elles étaient d'une nature évasive et assorties à une proposition que Montrose regardait comme n'ayant pas d'autre but que de gagner du temps. Lorsqu'il eut remis au capitaine Dalgetty tous ses ordres, et que le digne soldat, après avoir fait un salut militaire, était déjà près de la porte de l'appartement, Montrose lui fit signe de revenir.

— Je n'ai pas besoin, je suppose, de rappeler à un officier qui a servi sous le grand Gustave, que l'on demande à un parlementaire quelque chose de plus que la simple exécution de ses instructions, et que son général attend de lui, à son retour, quelque rapport sur l'état des

CHAPITRE VIII.

affaires de l'ennemi, autant qu'il pourra les observer. En un mot, capitaine Dalgetty, il faut que vous soyez *un peu clairvoyant*[1].

— Ah! ah! Excellence! dit Dalgetty en donnant à ses traits une expression inimitable de finesse et d'intelligence; s'ils ne me mettent pas la tête dans un sac, ce que j'ai vu pratiquer à l'égard d'honorables militaires soupçonnés d'être chargés d'une commission comme celle-ci, Votre Excellence peut compter sur la relation exacte de tout ce que Dugald Dalgetty aura vu ou entendu, voire même du nombre des notes qui composent le pibroch de Mac-Callum More, ou de celui des carreaux de son plaid et de ses trews.

— C'est bien, répondit Montrose; adieu, capitaine Dalgetty : et de même qu'on dit que la pensée d'une dame est toujours renfermée dans le *post scriptum* de ses lettres, n'oubliez pas que la partie la plus importante de votre mission se trouve dans mes dernières paroles.

Dalgetty fit une nouvelle grimace en signe d'intelligence, et sortit pour aller ravitailler le cheval et le cavalier, afin de les mettre l'un et l'autre en état de supporter les fatigues de ce nouveau voyage.

A la porte de l'écurie, — car Gustave avait toujours ses premiers soins, — il rencontra Angus Mac-Aulay et sir Miles Musgrave, qui examinaient son cheval; après en avoir vanté les formes et l'encolure, ils se réunirent tous deux pour engager fortement le capitaine à ne pas emmener un si excellent animal dans le fatigant voyage qu'il allait faire. Angus lui dépeignit sous les couleurs les plus alarmantes les routes ou plutôt les affreux sentiers qu'il serait obligé de suivre en traversant le comté d'Argyle, et les misérables huttes où il serait condamné à passer la nuit, et où il ne pourrait se procurer d'autre fourrage pour son cheval que des brins de bruyère sèche. Bref, il déclara qu'il était absolument impossible qu'après un pareil pèlerinage l'animal fût encore propre à aucun service militaire. L'Anglais confirma pleinement tout ce qu'avait dit Angus, ajoutant qu'il se donnait au diable, corps et âme, s'il ne regardait pas comme un véritable meurtre d'emmener un cheval, ne valût-il qu'un farthing, dans une solitude si désolée et si inhospitalière. Le capitaine Dalgetty regarda fixement les deux gentilshommes l'un après l'autre; puis il leur demanda, comme s'il eût été indécis, ce qu'ils lui conseillaient de faire en pareille circonstance.

— Par la main de mon père, mon cher ami, répondit Mac-Aulay, si vous laissez l'animal à ma garde, vous pouvez compter qu'il sera nourri et traité comme il le mérite, et qu'à votre heureux retour vous le trouverez aussi brillant qu'un oignon bouilli dans le beurre.

— Ou bien, dit sir Miles Musgrave, si ce digne cavalier veut se défaire de son cheval à un prix raisonnable, j'ai encore une partie des

[1] Ces mots sont en français dans le texte.

chandeliers d'argent qui danse dans ma bourse, et que je ferai volontiers passer dans la sienne.

— En somme, mes honorables amis, reprit le capitaine Dalgetty en les regardant tous deux avec un air de pénétration comique, je vois que vous ne seriez pas absolument fâchés ni l'un ni l'autre d'avoir quelque souvenir du vieux soldat, dans le cas où il plairait à Mac-Callum More de le faire pendre à la porte de son château. Et certainement, ce ne serait pas une petite satisfaction pour moi, la chose arrivant, d'avoir pour héritier un noble et loyal cavalier comme sir Miles Musgrave, ou un digne et généreux chieftain comme notre excellent hôte.

Tous deux se hâtèrent de protester contre une pareille intention, et insistèrent de nouveau sur l'état impraticable des chemins dans les Highlands. Angus Mac-Aulay énuméra en langue gaélique les noms barbares d'une foule de défilés dangereux, de précipices, de fondrières et de ravins, à travers lesquels passait, dit-il, la route d'Inverary. Le vieux Donald, qui venait d'entrer, confirma le tableau tracé par son maître, en levant les yeux et les mains au ciel, et en secouant la tête à chaque mot qui sortait du gosier de Mac-Aulay. Mais rien ne put émouvoir l'inflexible capitaine.

— Mes dignes amis, dit-il, Gustave connaît les inconvénients des voyages et les montagnes de la Bohême; et sans vouloir dépriser les précipices et les ravins que M. Angus a bien voulu citer, et dont sir Miles, qui ne les a jamais vus, m'a confirmé les horreurs, ces montagnes peuvent le disputer aux plus mauvaises routes de l'Europe. Il faut vous dire que mon cheval a un caractère excellent et tout à fait social. S'il ne peut boire dans mon verre, nous partageons notre pain ensemble, et ce sera bien le diable s'il souffre de la famine partout où l'on pourra trouver des cakes ou des bannocks[*]. Et pour couper court, je vous prie, mes chers amis, de remarquer le palefroi de sir Duncan Campbell, là dans cette stalle, devant nous; vous voyez combien il est gras et beau. Hé bien, pour calmer vos inquiétudes à mon égard, je vous donne ma parole que, tant que nous suivrons la même route, ce palefroi et son chevalier manqueront de vivres avant Gustave et moi.

Sur ce, il remplit une large mesure d'avoine et la porta à son coursier, qui, hennissant doucement, dressant les oreilles et frappant la terre du pied, montra ainsi combien était étroite l'intimité qui existait entre lui et son cavalier. Il ne toucha point à son avoine avant de lui avoir rendu ses caresses en lui léchant les mains et la figure. Après cet échange de tendresses, l'animal entama sa provende avec un empressement qui accusait de vieilles habitudes militaires. Après l'avoir regardé avec complaisance pendant près de cinq minutes, son maître lui dit : — Voilà, j'espère, qui va te faire du bien, mon brave Gustave. —

[*] Pains ronds et plats d'avoine ou d'orge. (L. V.)

Maintenant il faut que j'aille aussi faire mes provisions pour la campagne.

Il s'éloigna alors en saluant l'Anglais et Angus Mac-Aulay, qui restèrent à se regarder pendant quelque temps sans parler, et partirent ensuite d'un éclat de rire.

— Ce drôle, dit sir Miles Musgrave, est taillé pour faire son chemin dans le monde.

— Je le croirais aussi, répondit Mac-Aulay, s'il peut s'échapper des mains de Mac-Callum More aussi aisément que des nôtres.

— Pensez-vous que le marquis ne respecte pas en la personne de Dalgetty les lois de la guerre?

— Pas plus que je ne respecterais une proclamation des États. — Mais venez, il est temps de retourner vers mes hôtes

CHAPITRE IX.

> Ils furent élus dans une rébellion, alors que la force et non le droit faisait loi; dans des temps meilleurs advienne ce que devra, et que leur pouvoir soit renversé dans la poussière.
> CORIOLAN.

Dans une petite pièce écartée, loin du reste des hôtes réunis dans le château, on servit toutes sortes de rafraîchissements à sir Thomas Campbell, auquel lord Menteith et Allan Mac-Aulay tenaient respectueusement compagnie. Il s'entretint avec ce dernier d'une espèce de partie de chasse qu'ils avaient faite ensemble contre les Enfants du Brouillard, auxquels le chevalier d'Ardenvohr portait, ainsi que les Mac-Aulay, une haine mortelle et implacable. Mais il ne fut pas longtemps sans essayer de ramener la conversation sur l'objet de son voyage actuel au château de Darlinvarach.

— Il était profondément affligé, dit-il, de voir que des voisins, des amis, qui devraient se soutenir mutuellement, allaient probablement en venir aux mains pour une cause qui les intéressait si peu. — Qu'importe aux chefs highlandais, ajouta-t-il, que ce soit le roi ou le Parlement qui triomphe? Ne vaudrait-il pas mieux les laisser terminer leurs différends sans intervenir, tandis que les chefs profiteraient de l'occasion pour établir leur autorité personnelle de manière à ce qu'elle ne fût plus désormais mise en question ni par le Parlement, ni par le roi? Il rappela à Allan Mac-Aulay que les mesures prises sous le dernier règne pour rétablir, disait-on, la paix dans les Highlands, étaient, dans le fait, dirigées contre le pouvoir patriarcal des chefs. Il lui cita le célèbre établissement, dans le Lewis, des Entrepreneurs du comté de Fife, ainsi qu'on les appelait, comme faisant partie d'un plan délibéré, formé pour introduire des étrangers au sein des tribus celtes, détruire par degrés leurs anciennes coutumes et leur mode de gouvernement, et les dépouiller de l'héritage de leurs pères[1]. Et pourtant, ajouta-t-il en s'adressant à Allan, c'est pour donner une autorité despotique au monarque qui a conçu de semblables desseins, que tant de chefs montagnards sont sur le point de guerroyer et de tirer l'épée contre leurs voisins, leurs alliés et leurs anciens confédérés.

— C'est à mon frère, dit Allan, c'est au fils aîné de la maison de mon père que le chevalier d'Ardenvohr doit adresser ces observations. Je suis, il est vrai, le frère d'Angus ; mais à ce titre je ne suis que le premier des hommes de son clan, et obligé de montrer l'exemple aux autres par mon obéissance prompte et empressée à ses ordres.

— D'ailleurs, dit à son tour lord Menteith, la cause est beaucoup plus générale que sir Duncan Campbell ne semble le supposer. L'affaire n'est pas seulement entre le Saxon ou le Celte, la montagne ou la vallée, les Highlands ou les Lowlands. Il s'agit de savoir si nous voulons continuer à être gouvernés par l'autorité illimitée qu'a usurpée une réunion d'hommes qui ne nous sont supérieurs en rien, au lieu de retourner au gouvernement naturel du prince contre lequel ils se sont révoltés. Quant à ce qui regarde les Highlands en particulier, ajouta-t-il, je demande pardon à sir Duncan Campbell de ma franchise ; mais il me paraît très-clair que le seul résultat de l'usurpation actuelle sera l'agrandissement d'un clan au préjudice de l'indépendance de tous les chefs des montagnes.

— Je ne vous répondrai pas, mylord, répliqua sir Duncan Campbell, parce que je connais vos préventions et que je sais de qui vous les tenez ; mais vous me permettrez de vous dire que j'ai connu par les livres et par moi-même un comte de Menteith qui, placé à la tête d'une branche rivale de la famille de Graham, aurait dédaigné d'accepter la tutelle politique et de servir sous les ordres d'un comte de Montrose.

— C'est en vain, sir Duncan, répondit lord Menteith avec fierté, que vous voudriez armer ma vanité contre mes principes. Le roi a donné à mes ancêtres leur titre et leur rang ; ce titre et ce rang ne m'empêcheront jamais de servir sa cause sous un homme plus digne que moi d'être commandant en chef. Encore moins une misérable jalousie m'empêcherait-elle de mettre mon bras et mon épée à la disposition du plus

---

[1] Sous le règne de Jacques II, une tentative d'une nature extraordinaire fut faite pour civiliser la partie la plus septentrionale de l'archipel des Hébrides. Le monarque accorda la propriété de l'île de Lewis, comme si c'eût été une contrée inconnue et sauvage, à quelques gentilshommes des Lowlands, appelés *entrepreneurs*, la plupart du comté de Fife, pour s'y établir et y fonder une colonie. L'entreprise réussit d'abord ; mais les naturels de l'île, les Mac-Leods et les Mac-Kenzies, se révoltèrent contre les aventuriers des Basses-Terres et les massacrèrent presque tous. (W. S.)

CHAPITRE IX.

brave, du plus loyal, du plus héroïque de tous nos nobles écossais.

— Il est fâcheux, reprit sir Duncan Campbell, que vous ne puissiez ajouter à son panégyrique les épithètes de plus ferme et de plus constant. Mais je ne veux point discuter cela avec vous, mylord, ajouta-t-il en faisant un signe de la main comme pour arrêter la discussion. Le sort en est jeté pour vous ; permettez-moi seulement de déplorer la fatale destinée vers laquelle l'impétuosité naturelle de Mac-Aulay et l'influence de Votre Seigneurie poussent mon vaillant ami Allan, le clan de son père et tant d'autres braves gens.

— Le dé en est jeté pour nous tous, sir Duncan, dit Allan d'un air sombre, et s'abandonnant à ses dispositions mélancoliques ; la main de fer du destin a marqué notre sort sur notre front longtemps avant que nous puissions former un désir, ou lever un doigt pour notre défense. S'il en était autrement, comment le *voyant* découvrirait-il l'avenir au milieu de ces présages, qui passent comme des ombres devant ses yeux lorsqu'il dort et lorsqu'il veille ? On ne peut prévoir que ce qui doit certainement arriver.

Sir Duncan Campbell allait répondre, et le point le plus obscur et le plus contesté de la métaphysique allait peut-être faire naître une discussion entre deux controversistes montagnards, lorsque la porte s'ouvrit, et qu'Annette Lyle, sa clairshach à la main, entra dans l'appartement. La liberté d'une jeune fille des Highlands perçait dans sa démarche et dans son regard ; vivant dans la plus étroite intimité avec le laird de Mac-Aulay, son frère, lord Menteith et d'autres gentilshommes qui fréquentaient Darnlinvarach, elle n'avait rien de cette timidité qu'une femme élevée au milieu des personnes de son sexe eût éprouvée, ou cru nécessaire de feindre, dans une occasion semblable.

Son costume tenait de l'antique ; car les nouvelles modes parvenaient rarement dans les Highlands, et il ne leur eût pas été facile d'ailleurs de pénétrer dans un château principalement habité par des hommes dont la guerre et la chasse étaient la seule occupation. Cependant les vêtements d'Annette étaient de bon goût, et même riches. Son corsage ouvert à haut collet était d'une étoffe bleue richement brodée, et avait des agrafes d'argent pour le fermer à volonté. Les manches, qui étaient larges, ne descendaient pas au-dessous du coude, et étaient bordées d'une frange d'or. Sous ce surtout, si on peut l'appeler ainsi, elle portait un corset de satin bleu également brodé avec richesse, mais d'une nuance un peu plus tendre que celle du surtout. La jupe était faite d'un tartan de soie où le bleu dominait de manière à éviter l'effet désagréable que produisent trop souvent dans cette étoffe le mélange et l'opposition tranchée des couleurs. Une chaîne d'argent antique était passée autour de son cou, et supportait la clef ou *wrest* avec laquelle elle accordait son instrument. Une petite fraise s'élevait au-dessus du collet de son surtout, et était attachée par une broche de quelque prix, que lui avait dès longtemps donnée lord Menteith. Ses blonds cheveux, tombant en boucles abondantes, cachaient presque ses yeux enjoués; et, moitié souriant, moitié rougissant, elle annonça qu'elle était chargée par Mac-Aulay de demander si on voulait de la musique. Sir Duncan Campbell regardait avec un vif sentiment de surprise et d'intérêt la charmante fille dont l'apparition venait d'interrompre sa discussion avec Allan Mac-Aulay.

— Se peut-il, lui dit-il tout bas, qu'une si jolie et si gracieuse personne soit une musicienne aux gages de votre frère?

— Pas du tout, répondit Allan avec vivacité, quoiqu'en hésitant; c'est une — une — proche parente de notre famille. Elle est traitée, ajouta-t-il d'un ton plus ferme, comme la fille adoptive de la maison de notre père.

En parlant ainsi, il se leva de son siège, et, avec cet air de courtoisie que tous les Highlanders savent prendre lorsqu'ils le veulent, il le céda à Annette, et lui offrit, en même temps, les rafraîchissements qui étaient sur la table, avec un empressement qui avait sans doute pour objet de donner à sir Duncan une idée du rang et du mérite de la jeune fille. Si telle etait l'intention d'Allan, cette précaution n'était point nécessaire. Les yeux de sir Duncan, constamment fixés sur Annette, exprimaient un intérêt beaucoup plus vif que celui qu'aurait pu lui inspirer l'idée qu'elle était d'une haute naissance. Annette se sentait même embarrassée sous le regard fixe du vieux chevalier, et ce ne fut pas sans beaucoup d'hésitation qu'après avoir accordé son instrument, et reçu de lord Menteith et d'Allan un regard d'encouragement, elle chanta la ballade suivante, que notre ami, M. Secundus Macpherson, dont nous avons déjà eu à reconnaître l'obligeance, a rendue ainsi :

L'ORPHELINE.

« Le nuage chargé de grêle était poussé par le vent de novembre, le froid soleil d'hiver éclairait de ses pâles rayons les murs grisâtres du château, quand lady Anne sortit.

« L'orpheline était assise au pied du chêne; ses bras et ses pieds étaient nus, et les grains de la grêle n'étaient pas encore fondus dans ses cheveux d'ébène.

« Noble dame, dit-elle, au nom de tous les liens qui unissent la mère et l'enfant, aidez un être qui n'a jamais connu leurs joies, secourez le malheur d'une orpheline!

« La châtelaine répondit : — La détresse d'une orpheline est dure et triste à supporter; mais il est pire le sort d'une veuve qui pleure à la fois son époux et son enfant.

« Douze fois l'année a accompli son cours, depuis qu'en fuyant la vengeance cruelle du chef farouche de Strathallan j'ai vu les tourbillons du Forth engloutir mon enfant.

« Douze fois l'année a accompli son cours, repartit la fille errante, depuis que des pêcheurs, un jour de Sainte-Brigitte, ont jeté leurs filets sur la côte de Campsie.

« Sainte Brigitte ne leur envoya pas de poissons, — mais ils sauvèrent un enfant qui allait mourir, et l'élevèrent dans le besoin et dans la peine, pour qu'il vous demandât son pain.

La dame embrassa l'orpheline. — Tu as le regard de mon époux, sainte Brigitte et sa fête soient bénies! Tu es l'héritière de sa veuve.

« On mit à la fille si pauvre et si pâle des robes de soie et de belles sandales; et au lieu de grains de grêle glacés des perles brillent dans ses cheveux [1]. »

Pendant qu'Annette chantait, lord Menteith remarqua, avec quelque surprise, que sa ballade paraissait produire sur l'esprit de sir Duncan Campbell une impression beaucoup plus vive qu'il n'aurait pu le supposer d'après son âge et son caractère. Il savait bien que les Highlanders de cette époque étaient infiniment plus sensibles au charme d'un récit ou d'une ballade que leurs voisins des Lowlands; mais cette disposition même lui semblait à peine suffisante pour expliquer l'embarras avec lequel le vieillard détournait les yeux de la musicienne, comme

---

Malgré l'élégance de cette traduction, les admirateurs de l'antiquité celtique pure seront peut-être curieux de connaître une version littérale de l'original gaélique; nous la joignons donc ici, nous bornant à ajouter que l'original lui-même est déposé chez M. Jedediah Cleishbotham.

TRADUCTION LITTÉRALE.

La grêle avait été portée sur les ailes du vent d'automne. Le soleil brillait entre les nuages, pâle comme le guerrier blessé qui soulève péniblement sa tête sur la bruyère lorsque le torrent des batailles a passé sur lui.

Finèle, la dame du château, sortit pour voir ses servantes aller rejoindre les troupeaux avec leurs seaux à lait.

Sous le vieux chêne du rendez-vous, une jeune orpheline était assise. Les feuilles flétries tombaient autour d'elle, et son cœur était plus flétri que les feuilles.

Le père de la glace (poétiquement mis pour le froid) durcissait encore les grains de grêle dans sa chevelure. On eût dit des taches de cendre blanche sur les rameaux tordus du chêne noirci et à demi consumé qui flambe dans le foyer.

Et la jeune fille dit : — Donnez-moi des consolations, madame, je suis une orpheline. Et la dame répondit : — Comment puis-je donner ce que je n'ai pas? je suis la veuve d'un époux assassiné, la mère d'un enfant qui a péri. Quand je fuyais, éperdue, la vengeance de l'ennemi de mon époux, notre barque s'est engloutie dans la mer, et mon enfant a péri. C'était le jour de Sainte-Brigitte, près de la côte orageuse de Campsie. Maudit soit ce jour! Et la jeune fille répondit : — Ce fut le jour de Sainte-Brigitte, il y a de cela douze moissons, que les pêcheurs de Campsie n'amenèrent dans leurs filets ni saumon ni saumoneau, mais un enfant à demi mort, qui depuis a vécu dans la misère, et qui va mourir s'il n'est secouru. Et la dame répondit : — Bénis soient sainte Brigitte et le jour qui lui est consacré! car voilà les yeux noirs et le regard de faucon de mon époux assassiné, et l'héritage de sa veuve t'appartiendra. Et elle appela ses femmes et leur ordonna de vêtir la jeune fille de soie et de samit; et les perles qu'elles mêlèrent aux tresses noires de ses cheveux étaient plus blanches que les grains glacés de la grêle.

s'il eût craint de les fixer sur un objet aussi intéressant. Encore moins devait-on s'attendre qu'une physionomie qui exprimait la fierté, le froid bon sens et l'habitude austère du commandement, fût si fortement émue par une circonstance si ordinaire. Le front du chef se couvrit d'un nuage, et il abaissa l'arc épais de ses larges sourcils gris jusqu'à ce qu'ils couvrissent presque entièrement ses yeux, aux cils desquels on voyait briller une larme suspendue. Il resta silencieux et immobile dans la même attitude pendant une minute ou deux après que les derniers sons eurent cessé de vibrer. Il leva alors la tête et regarda Annette Lyle comme s'il eût voulu lui parler ; puis, paraissant tout à coup changer d'idée, il allait adresser la parole à Allan, lorsque la porte s'ouvrit et que le maître du château parut.

CHAPITRE X.

> Pendant le voyage, le jour était sombre et noir, les montagnes sauvages, et le chemin peu sûr ; plus noir, plus sombre et moins sûr parut à leurs yeux le château qui les reçut.
> *Le Conte des Voyageurs.*

Angus Mac-Aulay était chargé d'un message dont il semblait avoir quelque peine à s'acquitter ; ce ne fut qu'après avoir commencé vingt phrases différentes et s'être embrouillé dans tout ce qu'il voulait dire, qu'il réussit à faire comprendre à sir Duncan Campbell que le cavalier qui devait l'accompagner l'attendait, et que tout était prêt pour son retour à Inverary. Sir Duncan se leva d'un air indigné, l'affront que renfermait ce message effaçant en lui tout souvenir de l'émotion que la musique avait éveillée dans son cœur.

— Je ne m'attendais guère à ce procédé, dit-il en lançant à Angus Mac-Aulay un regard courroucé ; je ne croyais pas qu'il y eût dans les Highlands de l'Ouest un chef qui pour plaire à un Saxon pût obliger le chevalier d'Ardenvohr à sortir de son château quand le soleil penche à son déclin, et avant que la seconde coupe ait été remplie. Mais adieu, monsieur ; la nourriture d'un manant ne satisfait point l'appétit[1]. La première fois que je reviendrai à Darnlinvarach, ce sera une épée nue à la main, et une torche ardente dans l'autre.

— Et si vous venez ainsi, répondit Angus, quand vous amèneriez derrière vous cinq cents Campbells, je vous promets de vous bien rece-

---

[1] Phrase proverbiale. (L. V.)

voir, et de vous faire à tous un tel accueil que vous ne vous plaindrez pas une autre fois de l'hospitalité de Darlinvarach.

— Gens menacés vivent longtemps, répliqua sir Duncan. Votre goût pour les gasconnades¹ est trop bien connu, laird de Mac-Aulay, pour que des hommes d'honneur s'arrêtent à vos forfanteries. Quant à vous, mylord, et vous, Allan, qui avez remplacé mon hôte incivil, recevez mes remercîments. — Et vous, jolie mistress, ajouta-t-il en s'adressant à Annette Lyle, et en lui mettant au doigt une petite bague, acceptez ce faible souvenir, pour avoir rouvert une source qui était tarie depuis bien longtemps. A ces mots il sortit et fit appeler les gens de sa suite. Angus Mac-Aulay, également confus et irrité du reproche d'inhospitalité, le plus grand affront qu'on pût faire à un montagnard, ne suivit pas Duncan dans la cour. Le sire d'Ardenvohr y trouva son palefroi tout sellé, et six serviteurs à cheval prêts à le suivre. Le noble capitaine Dalgetty l'attendait aussi, tenant Gustave par la bride; mais il ne serra son ceinturon et ne monta sur son coursier que lorsqu'il vit paraître sir Duncan. Alors toute la cavalcade s'éloigna du château.

Le voyage fut long et fatigant; mais les voyageurs ne furent exposés à aucune des privations extrêmes que le laird de Mac-Aulay avait prédites. A dire vrai, sir Duncan avait grand soin d'éviter ces sentiers plus courts et plus secrets par lesquels le comté d'Argyle était accessible du côté de l'ouest; car son parent et son chef, le marquis, avait coutume de dire qu'il ne voudrait pas pour cent mille couronnes qu'aucun mortel connût les défilés par lesquels une force armée pouvait pénétrer dans son pays.

Sir Duncan Campbell évita donc constamment les Highlands, et entrant dans les Basses-Terres, il se dirigea vers le port le plus voisin, où il avait à ses ordres plusieurs galères à demi-pont, ou *birlings*, comme on les appelait; ils s'embarquèrent à bord de l'une d'elles avec Gustave, qui était tellement habitué aux aventures, que la terre et la mer lui semblaient aussi indifférentes qu'à son maître.

Le vent étant favorable, ils poursuivirent rapidement leur route en faisant force de voiles et de rames, et le lendemain matin de bonne heure on annonça au capitaine Dalgetty, alors retiré dans une petite cabine sous le demi-pont, que la galère était au pied des murs du château de sir Duncan Campbell.

En effet, en montant sur le pont du bâtiment, il aperçut Ardenvohr qui s'élevait au-dessus de sa tête. C'était un sombre donjon de forme carrée, d'une étendue considérable et d'une grande élévation, situé sur une langue de terre s'avançant dans le lac d'eau salée ou bras de mer où ils étaient entrés la veille². Un mur, flanqué de tourelles à chacun

---

[1] *For gasconnading*, dit le texte, dont nous avons besoin de nous appuyer ici pour nous justifier près de nos compatriotes des bords de la Garonne. (L. V.)

[2] *Voyez* le plan topographique joint à ce volume. (L. V.)

des angles, environnait le château du côté de la terre; mais du côté du lac, il était bâti si près du roc escarpé, qu'il n'y avait place que pour une batterie de sept canons destinés à protéger la forteresse contre toute attaque de ce côté, quoique placés trop haut pour être d'aucune utilité réelle dans le système militaire moderne.

Le soleil, qui se levait derrière le vieux château, en projetait au loin l'ombre sur le lac et sur le tillac de la galère où le capitaine Dalgetty se promenait alors, attendant avec quelque impatience le signal du débarquement. Sir Duncan Campbell, à ce qu'il apprit de ses serviteurs, était déjà dans les murs du château; mais aucun d'eux ne voulut consentir à le suivre à terre comme le proposait le capitaine, avant, disaient-ils, d'en avoir reçu la permission positive ou l'ordre du chevalier d'Ardenvohr. Bientôt après cet ordre arriva, et une barque, à la proue de laquelle se tenait un joueur de cornemuse, portant sur son bras gauche les armes du chevalier d'Ardenvohr brodées en argent, et jouant de toute la force de ses poumons la marche du clan, « Les Campbells arrivent, » vint chercher l'envoyé de Montrose pour le conduire au château d'Ardenvohr. La distance entre la galère et le rivage était si courte, qu'il était à peine besoin pour la franchir du secours de huit vigoureux rameurs en bonnets, en jupons courts et en trews, dont les efforts introduisirent la barque dans la petite crique où ils avaient coutume de prendre terre, avant qu'il fût possible de s'apercevoir qu'elle avait quitté le flanc de la galère. Deux des bateliers, malgré la résistance de Dalgetty, le chargèrent sur le dos d'un troisième Highlander, et traversant à gué avec lui les dernières vagues, le déposèrent à sec au bas du rocher sur lequel s'élevait le château. Sur le devant de ce rocher on voyait comme l'entrée d'une caverne basse, vers laquelle les matelots se préparaient à entraîner notre ami Dalgetty, lorsque, se dégageant, non sans peine, de leurs mains, il insista pour voir Gustave aborder sain et sauf avant de faire un pas de plus. Les montagnards ne pouvaient comprendre ce qu'il voulait dire, lorsque l'un d'eux, qui entendait un peu l'anglais, ou plutôt l'écossais des Lowlands, s'écria : — Bast! tout cela est à propos de son cheval, l'inutile bête!

Le capitaine Dalgetty ouvrait la bouche pour faire de nouvelles observations, mais il fut interrompu par l'arrivée de sir Thomas Campbell lui-même, qui parut à l'entrée de la caverne que nous venons de mentionner. Il venait inviter le capitaine Dalgetty à accepter l'hospitalité au château d'Ardenvohr, l'assurant en même temps sur l'honneur que Gustave serait traité comme il convenait au héros dont il portait le nom, pour ne rien dire du personnage important auquel il appartenait. Malgré cette garantie satisfaisante, telle était l'inquiétude du capitaine sur le sort de son ami Gustave, qu'il aurait encore hésité, si deux montagnards ne l'eussent saisi par le bras, en même temps que deux autres

ne l'eussent poussé par derrière, pendant qu'un cinquième s'écriait :
— Le Sassenach est-il fou? N'entend-*elle* pas le laird qui l'invite de sa propre bouche à venir dans son château, et n'est-ce pas beaucoup d'honneur pour quelqu'un comme *elle*?

Ainsi entraîné, le capitaine Dalgetty n'eut que le temps de jeter en arrière un rapide coup d'œil sur la galère où il avait laissé le compagnon de ses travaux militaires. Au bout de quelques minutes, il se trouva au milieu d'une obscurité complète, sur un escalier qui, partant de la caverne basse dont nous avons parlé, montait en tournant à travers les flancs du roc massif.

— Maudits sauvages de montagnards! murmura le capitaine à demi-voix; que deviendrai-je s'il arrive quelque chose à Gustave, l'homonyme de l'invincible Lion de la ligue protestante, entre leurs mains brutales?

— N'ayez aucune crainte, répondit sir Duncan, qui était plus près de lui qu'il ne le pensait; mes gens sont accoutumés à embarquer et à soigner des chevaux, et vous reverrez bientôt Gustave en aussi bon état que la dernière fois que vous l'avez monté.

Le capitaine Dalgetty connaissait trop bien le monde pour hasarder de nouvelles objections, quelque inquiétude qu'il pût éprouver intérieurement. Une ou deux marches plus haut, il revit la lumière et rencontra une porte; à travers un guichet grillé, il passa dans une galerie taillée dans la partie découverte du rocher, et d'une étendue de six ou huit toises environ; puis enfin il atteignit une seconde porte également défendue par une herse de fer, et après laquelle le chemin rentrait dans le roc. — Voilà une admirable traverse, observa le capitaine; et si elle était commandée par une pièce de campagne, ou seulement par quelques mousquets, elle suffirait bien pour mettre la place à l'abri d'un coup de main.

Sir Duncan Campbell ne répondit rien dans le moment; mais, un instant après, lorsqu'ils furent entrés dans la seconde caverne, il frappa, avec le bâton qu'il tenait à la main, des deux côtés du guichet; et, au bruit creux et sonore qui répondit à ces coups, le capitaine Dalgetty reconnut qu'il y avait, de chaque côté, une pièce de canon placée pour balayer la galerie qu'ils venaient de traverser, quoique les embrasures par lesquelles on pouvait les tirer à l'occasion fussent masquées à l'extérieur par des mottes de terre et des quartiers de pierre. Après avoir monté le second escalier, ils se trouvèrent de nouveau sur une galerie ou plate-forme découverte, où ils auraient été exposés à un double feu de mousqueterie et d'artillerie, si, venant avec des intentions hostiles, ils avaient essayé d'avancer. Un troisième escalier, taillé dans le roc comme les premiers, mais non voûté, les conduisit enfin dans la batterie au pied de la tour. Ces dernières marches étaient également étroites et raides; et, sans parler du feu dont on pouvait les battre d'en haut, un ou deux hommes déterminés, armés de piques et de haches, auraient pu y tenir tête à des centaines d'assaillants ; car l'escalier ne pouvait livrer passage à deux personnes de front, et aucune espèce de balustrade ou de rampe ne le séparait du précipice escarpé et profond dont en ce moment le flot battait le pied avec un bruit semblable à celui du tonnerre; de sorte que, grâce aux ombrageuses précautions prises pour la sûreté de cette ancienne forteresse celtique, une personne dont les nerfs auraient été délicats et la tête sujette à des vertiges aurait eu quelque peine à parvenir jusqu'à la porte du château, en supposant même qu'elle n'eût trouvé aucune résistance.

Le capitaine Dalgetty, trop vieux soldat pour éprouver de semblables terreurs, ne fut pas plutôt arrivé dans la cour, qu'il protesta devant Dieu que les fortifications du château de sir Duncan lui rappelaient la fameuse forteresse de Spandau, dans la marche de Brandebourg, mieux qu'aucune des places qu'il avait eu l'honneur de défendre dans le cours de ses campagnes. Cependant, il critiqua vivement la place qu'occupaient les bouches de la batterie dont nous avons parlé, disant que lorsque des canons étaient perchés, comme des cormorans ou des mouettes, sur le haut d'un rocher, il avait toujours remarqué que leur bruit causait plus de surprise que leur ravage d'épouvante ou de mal.

Sir Duncan, sans rien répondre, conduisit le soldat dans la tour, qui était défendue par une herse et par une porte en bois de chêne garnie de fer, séparées seulement par l'épaisseur du mur. A peine entré dans une salle tendue de tapisseries, le capitaine continua ses critiques militaires. Il les interrompit, toutefois, à la vue d'un excellent déjeuner dont il prit sa part avec une avidité remarquable; mais sitôt qu'il eut mis ses provisions en lieu sûr, il fit le tour de l'appartement, examinant attentivement par chaque fenêtre le terrain qui entourait le château. Il revint ensuite à sa place, et se renversant en arrière sur son siége, il étendit une de ses jambes nerveuses, caressa sa grosse botte avec la houssine qu'il tenait à la main, comme un homme mal élevé qui affecte de l'aisance dans la société de ses supérieurs, et donna ainsi son opinion qu'on ne lui demandait pas : — D'honneur, sir Duncan, votre château est une jolie position et susceptible de défense; et pourtant, je ne crois pas qu'un homme d'honneur puisse espérer de s'y maintenir bien longtemps avec avantage; car, sir Duncan, faites-moi le plaisir de remarquer que là-bas, du côté des terres, il est couronné et dominé, ou commandé, comme nous disons, nous autres soldats, par cette hauteur circulaire, sur laquelle un ennemi pourrait bien établir une batterie de canons qui vous ferait battre la chamade dans les quarante-huit heures, à moins d'une protection toute particulière de la Providence.

— Il n'y a point de route par laquelle on puisse amener de l'artillerie contre Ardenvohr, répondit sir Duncan d'un ton un peu sec. Si ce n'est par quelques sentiers qu'on rendrait impraticables en quelques heures, à peine pourriez-vous traverser à cheval les marais et les fondrières qui entourent mon château.

— Cela vous plaît à dire, sir Duncan ; mais, nous autres gens de guerre, nous disons que là où il y a un rivage il y a toujours un côté découvert, attendu que lorsque les canons et les munitions ne peuvent venir par terre, on peut toujours facilement les transporter par mer près de l'endroit où on doit les employer. Et il n'y a pas un fort, quelque sûre que soit sa position, qui soit tout à fait invincible, ou, comme on dit, imprenable ; car je vous jure, sir Duncan, que j'ai vu vingt-cinq hommes, rien que par l'audace imprévue de leur attaque, emporter, à la pointe de la pique, une position aussi forte que celle d'Ardenvohr, et passer au fil de l'épée, faire prisonnière et rançonner une garnison dix fois plus nombreuse que les assiégeants.

Quelque connaissance du monde que possédât sir Duncan Campbell, quelque pouvoir qu'il eût de cacher ses émotions intérieures, il parut piqué et blessé de ces observations que le capitaine faisait avec la plus naïve gravité, n'ayant choisi ce sujet de conversation que comme un de ceux sur lesquels il se croyait en état de briller et, comme on dit, de faire la loi, sans songer aucunement qu'il pouvait n'être pas aussi agréable à son hôte.

— Pour couper court sur ce sujet, reprit sir Duncan avec une expression de voix et de physionomie légèrement agitée, il n'est pas du tout nécessaire que vous m'appreniez, capitaine Dalgetty, qu'un château peut être emporté d'assaut s'il n'est bravement défendu, ou surpris, s'il n'est soigneusement gardé. Mais j'espère que mon pauvre manoir ne se trouvera jamais dans aucun de ces deux cas, le capitaine Dalgetty lui-même se chargerait-il d'en faire le siège.

— Malgré tout, sir Duncan, repartit le persévérant major, je vous conseillerais, en ami, de faire construire sur cette hauteur circulaire un fort, avec un bon fossé, ce qui serait très-facile, en le faisant creuser par les paysans du voisinage ; telle était l'habitude du valeureux Gustave Adolphe, qui faisait la guerre avec la pelle et la pioche aussi souvent qu'avec l'épée, la pique et le mousquet. Je vous engagerais aussi à entourer ledit fort non-seulement d'un fossé, mais encore de quelques pieux ou palissades. — (En ce moment, sir Duncan impatienté sortit de la salle, et le capitaine le suivit à la porte, élevant la voix à mesure qu'il s'éloignait, jusqu'à ce qu'il fût trop loin pour entendre.) — Ces pieux ou palissades devraient être artistement entaillés, à angles rentrants avec des meurtrières ou barbacanes pour la mousqueterie, de sorte que l'ennemi.... La brute de montagnard ! la vieille brute de montagnard ! Ils sont aussi orgueilleux que des paons, et aussi entêtés que des béliers. — Le voilà qui vient de perdre l'occasion de faire de son château le plus joli fort irrégulier contre lequel assiégeants se soient jamais cassé le nez. — Mais je vois, ajouta-t-il en regardant par la fenêtre au fond du précipice, qu'ils ont débarqué Gustave en bon état. — L'excellent camarade ! je reconnaîtrais le mouvement de sa tête au milieu de tout un escadron. Il faut que j'aille voir ce qu'ils en vont faire.

Mais après avoir atteint la cour du côté du rivage, il s'apprêtait à descendre l'escalier, lorsque deux sentinelles montagnardes, lui présentant leurs haches de Lochaber, lui firent comprendre que c'était une tentative dangereuse.

— Diavolo ! fit le capitaine ; et moi qui n'ai pas le mot d'ordre. Je ne pourrais jamais prononcer une syllabe de leur baragouin sauvage, quand il s'agirait de me tirer des griffes du grand prévôt.

— Je serai votre caution, capitaine Dalgetty, dit sir Duncan, qui s'était de nouveau approché de lui sans qu'il s'en aperçût, et nous irons ensemble voir comment on a traité votre coursier favori.

Il lui fit donc descendre l'escalier jusqu'au rivage, et, par un petit détour, il le conduisit derrière un énorme rocher, qui cachait les écuries et les autres bâtiments dépendant du château. Le capitaine Dalgetty s'aperçut alors que, du côté de la terre, le château était rendu complétement inaccessible par un ravin en partie naturel et en partie creusé avec beaucoup de soin et de travail, qu'on ne pouvait traverser que sur un pont-levis. Néanmoins, et malgré l'air triomphant avec lequel sir Duncan lui montrait ses défenses, il persista à soutenir qu'il fallait élever une redoute sur Drumsnab, comme on nommait l'éminence circulaire située à l'est du château, parce que de là on pouvait incommoder la place en y lançant des boulets ardents et pleins de feu, suivant l'invention curieuse d'Étienne Bathian, roi de Pologne, au moyen desquels ce prince avait ruiné de fond en comble la grande cité russe de Moscow. Cette invention, le capitaine Dalgetty avouait ne l'avoir pas encore vu employer, mais il ajouta qu'il aurait un plaisir tout particulier à en voir faire l'épreuve contre Ardenvohr ou contre tout autre château de même force, observant qu'une expérience si curieuse ne pourrait que causer le plus grand plaisir à tous les admirateurs de l'art militaire.

Sir Duncan détourna la conversation en conduisant le soldat dans les écuries, et en le laissant soigner Gustave à sa volonté et à sa fantaisie. Après s'être acquitté avec soin de ce devoir, le capitaine Dalgetty proposa de retourner au château, disant qu'il voulait employer le temps qui lui restait jusqu'au dîner, qui, sans doute, aurait lieu vers midi, après la parade, à fourbir son armure. Elle avait eu quelque peu à souffrir de l'air de la mer, et il craignait qu'elle ne lui fît pas honneur aux yeux de Mac-Callum More. Cependant, en retournant au château, il ne manqua pas de représenter à sir Duncan Campbell le tort considérable que pourrait lui causer l'attaque soudaine d'un ennemi qui, à son grand préjudice, brûlerait ses greniers et tuerait chevaux et troupeaux, et il le conjura de nouveau avec instance de construire une redoute sur l'éminence appelée Drumsnab, lui offrant ses services pour lui en tracer le plan d'amitié. A cet avis désintéressé sir Duncan ne répondit qu'en conduisant son hôte dans sa chambre, et en l'informant que le son de la cloche du château l'avertirait lorsque le dîner serait prêt.

CHAPITRE XI.

> Est-ce là ton château, Baldwin? La tristesse déploie sa noire bannière sur le donjon, assombrissant au loin les vagues écumeuses qui expirent à ses pieds. Si je devais l'habiter, pour voir ces ténèbres obscurcir la face de la nature, pour entendre le mugissement perpétuel des flots et le cri des oiseaux de mer, j'aimerais mieux la hutte la plus pauvre que jamais paysan se soit bâtie pour se faire un abri momentané.
> BROWN.

Le brave ritt-master aurait volontiers employé son temps à examiner l'extérieur du château de sir Duncan, et à vérifier la justesse de ses idées militaires sur la nature des fortifications. Mais une robuste sentinelle, qui montait la garde à la porte de sa chambre une hache de Lochaber sur l'épaule, lui donna à entendre, par des signes non équivoques, qu'il était soumis à une espèce de captivité honorable.

— Il est étrange, pensa le ritt-master en lui-même, combien ces sauvages entendent les règles et la pratique de la guerre! Qui se serait imaginé qu'ils connaissaient la maxime du grand, du divin Gustave Adolphe, qu'un parlementaire est demi-ambassadeur, demi-espion? — Puis, ayant fini de polir ses armes, il s'assit patiemment pour compter combien un demi-dollar par jour produirait à la fin d'une campagne de six mois; et lorsqu'il eut résolu ce problème, il passa aux calculs plus abstraits, nécessaires pour ranger en bataille une brigade de deux mille hommes, d'après le principe de l'extraction de la racine carrée.

Il fut agréablement tiré de ses méditations par le son de la cloche du dîner. Le Highlander, tout à l'heure son gardien, devint alors son introducteur et le conduisit dans la salle à manger, où une table à quatre couverts attestait par son abondance l'hospitalité highlandaise. Sir Duncan entra, donnant la main à son épouse, femme d'une taille élevée, aux traits flétris et mélancoliques, et vêtue de sombres habits de deuil. Ils étaient suivis d'un prêtre presbytérien, portant son manteau de Genève et sa calotte de soie noire qui couvrait si bien ses cheveux courts, qu'à peine on pouvait les apercevoir; de sorte que ses oreilles, en pleine liberté, dominaient d'une manière insolite dans l'ensemble de sa physionomie. Cette mode disgracieuse était générale à cette époque, et avait en partie donné naissance aux sobriquets de Têtes-Rondes, chiens à oreilles droites, et autres surnoms semblables, que l'insolence des Cavaliers prodiguait libéralement à leurs ennemis politiques.

Sir Duncan présenta son hôte à sa femme, qui reçut le salut militaire du capitaine avec une révérence froide et silencieuse, où il était difficile de voir qui dominait de l'orgueil ou de la tristesse. Le ministre, auquel Dalgetty fut ensuite présenté, lui jeta un coup d'œil où se lisaient à la fois le dédain et la curiosité.

Le capitaine, accoutumé à de plus mauvais regards lancés par des personnes plus dangereuses, s'inquiétait fort peu de ceux de la dame et du prêtre; mais il rassemblait toutes ses facultés pour donner l'assaut à une énorme pièce de bœuf qui fumait à l'extrémité de la table. Il fallut toutefois différer l'attaque, comme il aurait dit, jusqu'à la fin d'une longue prière, entre chaque verset de laquelle il saisissait son couteau et sa fourchette, comme il aurait fait de son mousquet ou de sa pique au moment d'un combat, les abandonnant chaque fois à contre-cœur, lorsque le prolixe chapelain entamait une nouvelle phrase de son *benedicite*. Sir Duncan l'écoutait d'un air décent, quoiqu'il passât pour s'être joint aux Covenantaires plutôt par dévouement pour son chef que par amour réel pour la cause de la liberté ou du presbytérianisme; son épouse seule suivait l'oraison avec les marques d'une conviction profonde.

Le repas se passa presque dans un silence de chartreux; car le capitaine Dalgetty n'avait pas l'habitude d'employer sa bouche à parler lorsqu'il pouvait l'occuper d'une manière plus profitable. Sir Duncan ne dit pas une parole; son épouse et le ministre échangèrent seuls de temps en temps quelques mots prononcés à voix basse et à peine distincts.

Mais, lorsque les plats eurent été enlevés et remplacés par des liqueurs de différentes sortes, le capitaine Dalgetty, qui n'avait plus les mêmes raisons pour garder le silence, commença à s'ennuyer de celui du reste de la compagnie. Revenant donc sur son premier terrain, il dirigea une nouvelle attaque contre son hôte.

— Pour en revenir à cette éminence circulaire, dit-il, à cette colline ou hauteur appelée Drumsnab, je serais flatté de causer un peu avec vous, sir Duncan, sur la nature de la redoute qu'il y faudrait construire, et de savoir si les angles en devront être aigus ou obtus; — j'ai entendu là-dessus le grand feld-maréchal Bannier avoir une savante discussion avec le général Tiefenbach pendant une suspension d'armes.

— Capitaine Dalgetty, répondit sir Duncan très-sèchement, nous n'avons pas l'habitude, nous autres Highlanders, de débattre des questions militaires avec des étrangers. Ce château est en état de résister à des forces plus puissantes que les malheureux gentilshommes que

CHAPITRE XI.

nous avons laissés à Darnlinvarach ne pourront jamais en réunir contre ses murs.

Un profond soupir échappé à la dame accompagna ces derniers mots, qui semblaient lui rappeler quelque douloureuse circonstance.

— Celui qui avait donné a repris, dit le ministre d'une voix solennelle. Puissiez-vous, noble dame, répéter longtemps : Son nom soit béni !

A cette exhortation, qui paraissait adressée à elle seule, la dame répondit par une inclination de tête plus humble que le capitaine Dalgetty ne lui en avait encore vu faire. Supposant qu'il la trouverait alors d'une humeur plus causeuse, il se mit sans façon à lui adresser la parole.

— Il est certainement très-naturel que Votre Seigneurie s'alarme au seul mot de préparatifs militaires. J'ai observé qu'il répand l'effroi chez les femmes de tous les pays et presque de toutes les conditions. Cependant Penthésilée, dans l'antiquité, ainsi que Jeanne d'Arc et d'autres, étaient d'un autre tempérament. On m'a dit, pendant que j'étais au service des Espagnols, que le duc d'Albe avait autrefois dans son armée un corps de femmes divisé en *tertias*, c'est-à-dire en régiments, commandé par des officiers de leur sexe, et sous les ordres d'un général en chef appelé en allemand *Hure-weibler*, ou, comme nous dirions en anglais, capitaine des filles. Il est vrai que ce n'étaient pas des personnes à comparer à Votre Seigneurie ; c'étaient des femmes *quæ quæstum corporibus faciebant*, comme nous disions de Jeanne Drochiels au collège Mareschal, les mêmes que les Français appellent *courtisanes*, et nous en écossais.....

— Madame vous dispense d'entrer dans de plus grandes explications, capitaine Dalgetty, interrompit sévèrement son hôte ; et le ministre ajouta que de pareils propos seraient mieux placés dans un corps de garde rempli d'une soldatesque profane, qu'à la table d'un homme respectable, en présence d'une dame de qualité.

— Je vous demande pardon, *Domine*, ou docteur, *aut quocumque alio nomine gaudes*[1], car il est bon que vous sachiez que j'ai étudié les belles-lettres, dit l'intrépide envoyé en se versant un grand verre de vin. Je ne vois pas que vos reproches soient fondés, attendu que je n'ai pas parlé de ces *turpes personæ*[2], comme si leur métier ou leur caractère était un sujet de conversation convenable en présence de madame mais seulement *par accident*, et pour prouver le point en question, c'est-à-dire leur courage et leur audace naturelle, augmentés beaucoup, sans doute, par les circonstances déplorables de leur condition.

— Capitaine Dalgetty, reprit sir Duncan Campbell, pour couper court à cet entretien, je dois vous dire que j'ai quelques affaires à régler ce soir, afin de pouvoir vous accompagner demain à Inverary ; ainsi donc....

— Accompagner monsieur demain ! s'écria sa femme. Vous ne pou-

---

[1] Ou quelque autre nom qu'il vous plaise porter.
[2] De ces personnes déshonnêtes.

vez avoir ce projet, sir Duncan, à moins que vous n'ayez oublié que demain est un triste anniversaire, consacré à une solennité non moins triste.

— Je ne l'ai point oublié, répondit sir Duncan. Comment pourrai-je l'oublier jamais? Mais la nécessité exige que cet officier se rende à Inverary sans perte de temps.

— Mais non pas, sans doute, que vous l'accompagniez en personne? repartit la dame.

— Il vaudrait mieux que je le fisse; cependant je puis écrire au marquis, et ne partir que le jour suivant. — Capitaine Dalgetty, je vais vous préparer, pour le marquis d'Argyle, une lettre qui lui expliquera votre caractère et l'objet de votre mission; vous voudrez bien vous tenir prêt à partir pour Inverary demain de grand matin.

— Sir Duncan Campbell, répondit Dalgetty, vous êtes assurément le maître là-dessus; néanmoins, je vous prie de songer à la tache qui ternirait votre écusson, s'il arrivait qu'un parlementaire éprouvât quelque insulte *clàm, vi, vel precariò* [1], je ne dis pas par l'effet de votre volonté, mais encore faute des précautions que vous auriez dû prendre pour le protéger.

— Vous êtes sous la sauvegarde de mon honneur, monsieur, dit sir Duncan, et c'est une sûreté plus que suffisante. Maintenant, ajouta-t-il en se levant, je dois donner l'exemple de la retraite.

Dalgetty se vit obligé de se rendre à cette invitation, quoiqu'il fût encore de bonne heure; mais, en général habile, il mit à profit tous les instants qui lui furent laissés. — Je me fie à votre honorable parole, sir Duncan, dit-il en remplissant son verre, et je bois à votre santé et à la durée de votre honorable maison. Un soupir fut la seule réponse du chevalier. — A la vôtre aussi, madame, reprit le soldat remplissant de nouveau le *quaigh* [2] avec toute la vitesse possible. Je bois à votre honorable santé et à l'accomplissement de tous vos vertueux désirs; — et vous, mon révérend, ajouta-t-il sans oublier de joindre l'action aux paroles, je remplis cette coupe à l'oubli de toute inimitié entre vous et le capitaine, c'est-à-dire le major Dalgetty! — Et attendu que le flacon ne contient plus qu'un verre, je bois à la santé de tous les honorables cavaliers et braves *soldados*. — Maintenant que la bouteille est vide, sir Duncan, je suis prêt à suivre votre factionnaire ou sentinelle dans mes quartiers.

Il reçut la permission formelle de se retirer, et l'assurance que, puisque le vin paraissait de son goût, on lui en porterait dans un instant une autre bouteille du même cru pour charmer les heures de sa solitude.

Le major ne fut pas plutôt arrivé à sa chambre, que cette promesse

---

[1] Secrètement, par force ou par prières.
[2] Gobelet. (L. V.)

CHAPITRE XI.

fut exécutée; et, bientôt après, le secours additionnel d'un pâté de venaison vint lui rendre tout à fait tolérables la captivité et le manque de société. Le domestique ou valet de chambre qui apporta au major ces précieuses munitions lui remit un paquet scellé, entouré d'un fil de soie, suivant la coutume de l'époque, et adressé avec beaucoup de formules de respect au haut et puissant prince Archibald, marquis d'Argyle, seigneur de Lorne et autres lieux. Le valet de chambre informa en même temps le ritt-master qu'il devait monter à cheval de grand matin pour se rendre à Inverary, où la missive de sir Duncan lui servirait à la fois de lettre d'introduction et de passe-port. N'oubliant pas que son but était de recueillir des renseignements aussi bien que de parlementer, et désirant, pour son propre compte, connaître les raisons qu'avait sir Duncan de le faire partir sans l'accompagner, le ritt-master demanda au domestique, avec toute la précaution que lui suggérait son expérience, quels motifs retenaient sir Duncan au château le lendemain. Celui-ci, qui était des basses-terres, répondit que c'était l'usage de sir Duncan et de son épouse d'observer comme un jour de jeûne et de deuil solennel l'anniversaire du jour où leur château avait été surpris, et où leurs enfants, au nombre de quatre, avaient été cruellement massacrés par une bande de brigands montagnards, pendant l'absence de sir Duncan, qui accompagnait le marquis d'Argyle dans une expédition contre les Mac-Leans de l'île de Mull.

— Certes, dit le soldat, votre maître et votre maîtresse ont quelque raison de jeûner et de gémir. Cependant, j'oserai dire que, s'il avait pris l'avis de quelque soldat expérimenté et versé dans l'art de défendre les places fortes, il aurait construit une redoute sur la petite colline qui s'élève à gauche du pont-levis. Et je puis aisément vous le prouver, mon bon ami; car, supposons que ce pâté soit le château... Comment vous nommez-vous, mon ami?

— Lorimer, monsieur.

— Hé bien, à votre santé, honnête Lorimer. — Je disais donc, Lorimer, qu'en supposant que ce pâté soit la principale partie ou citadelle de la place à défendre, et que cet os à moelle soit la redoute qu'il faudrait élever....

— Je suis désolé, monsieur, interrompit Lorimer, de ne pouvoir écouter le reste de votre démonstration; mais la cloche va sonner. Le digne monsieur Graneangowl, le chapelain du marquis, va célébrer le service, et comme, sur soixante personnes de sa maison, nous ne sommes que sept qui entendons l'écossais, il serait inconvenant qu'un de nous y manquât, et cela me ferait grand tort dans l'esprit de ma maîtresse. Voici des pipes et du tabac, monsieur, si vous voulez fumer; et si vous avez besoin de quelque autre chose, on vous l'apportera dans deux heures, lorsque les prières seront finies. A ces mots, il sortit de la chambre.

A peine fut-il parti, que le son monotone de la cloche du château en convoqua tous les habitants ; aussitôt les voix glapissantes des femmes répondirent à cet appel, mêlées aux accents plus graves des hommes, qui, parlant *erse* du fond du gosier, accouraient de différents côtés par une longue et étroite galerie servant de communication à plusieurs chambres, et, entre autres, à celle où se trouvait le capitaine Dalgetty. — Les voilà qui courent comme si on battait le rappel, pensa le soldat en lui-même ; s'ils vont tous à la parade, j'irai voir dehors à prendre un peu d'air frais, et à faire mes observations sur les côtés faibles de la place.

En conséquence, lorsque tout fut tranquille, il ouvrit la porte de la chambre, et il se préparait à en sortir, quand il vit son ami à la hache s'avancer vers lui de l'extrémité de la galerie, moitié sifflant, moitié fredonnant une chanson gaélique. Paraître déconcerté eût été à la fois impolitique et indigne de son caractère de soldat ; aussi le capitaine, faisant la meilleure contenance qu'il put, se mit à siffler une retraite suédoise sur un ton plus haut que la sentinelle, et se retirant pas à pas, d'un air d'indifférence, comme si son seul dessein eût été de respirer un peu l'air frais, il ferma la porte au nez de son gardien, lorsque celui-ci fut à quelques pas de lui.

— C'est très-bien, pensa intérieurement le ritt-master, il me dégage de ma parole en me donnant des gardes ; car, comme nous disions au collége Mareschal, *fides et fiducia sunt relativa*[1]. S'il ne se fie pas à ma parole, je ne vois pas pourquoi je serais forcé de la tenir, si quelque motif pouvait me faire désirer d'y manquer. Il est sûr que l'obligation morale de la parole n'existe plus dès qu'on la remplace par la force physique.

Tout en se consolant ainsi à l'aide de la liberté métaphysique qu'il déduisait de la vigilance de son gardien, le ritt-master Dalgetty rentra dans sa chambre, où, partagé entre des calculs théoriques de tactique et des attaques pratiques contre le pâté et la bouteille, il passa la soirée jusqu'à ce qu'il fût temps de se mettre au lit. Il fut éveillé au point du jour par Lorimer, qui lui annonça qu'après le déjeuner, pour lequel il lui apportait d'amples provisions, son guide et son cheval seraient prêts à le conduire à Inverary. Après avoir suivi le conseil du valet de chambre, le major se disposa à monter à cheval. En traversant les appartements, il remarqua que les domestiques étaient activement occupés à tendre la grande salle en noir, — cérémonie que, dit-il, il avait vu pratiquer lorsque l'immortel Gustave Adolphe avait été exposé sur son lit de parade dans le château de Wolgast, et qu'en conséquence il regardait comme la marque du deuil le plus profond et le plus strict.

---

[1] *Voyez* la note A, à la fin du volume.

Lorsque Dalgetty fut monté à cheval, il se vit entouré, ou peut-être gardé, par cinq ou six Campbells bien armés, et commandés par un homme que la targe qu'il portait sur son épaule et la petite plume de coq placée sur son bonnet, aussi bien que l'air d'importance qu'il se donnait, annonçaient être un *dunnie-wassel*, ou homme d'un rang supérieur dans le clan, et qui, à en juger par la dignité de son maintien, ne devait pas être moins que le cousin de sir Duncan au dixième ou au douzième degré. Mais il fut impossible au major d'obtenir aucun renseignement positif sur ce sujet, non plus que sur aucun autre, attendu que ni le chef ni aucun de ses hommes ne parlaient anglais. Le capitaine était à cheval, et ses guides à pied; mais telle était leur activité, tel était le nombre des obstacles que la nature de la route présentait à un cavalier, que loin d'être retardé par la lenteur de leur marche, il avait plutôt de la peine à les suivre. Il remarqua qu'ils l'observaient de temps en temps d'un œil attentif, comme s'ils craignaient qu'il ne fît quelque tentative pour s'échapper. Une fois même qu'il était resté en arrière en traversant un ruisseau, un des montagnards se mit à préparer la mèche de son mousquet, et lui fit comprendre par là qu'il courrait quelque danger en essayant de leur fausser compagnie. Dalgetty n'augura rien de bon de la surveillance rigoureuse dont il était l'objet; mais il il n'y avait pas de remède, car chercher à échapper à ses guides dans un pays inconnu et impraticable aurait été une véritable folie. Il se résigna donc patiemment à traverser une solitude aride et sauvage, foulant des sentiers qui n'étaient connus que des bergers et des conducteurs de bestiaux, et plus inquiet que charmé du sublime spectacle de ces sites de montagnes qui attirent maintenant de tous les coins de l'Angleterre de nombreux visiteurs, lesquels viennent repaître leurs yeux de l'aspect grandiose des Highlands, et mortifier leur palais avec la maigre chère des Highlanders.

Enfin, ils atteignirent le bord méridional de ce lac magnifique sur lequel est situé Inverary, et le son d'un cor, que le *dunnie-wassel* fit retentir jusqu'au fond des rochers et des bois, servit de signal à une chaloupe bien équipée, qui, sortant d'une crique où elle était cachée, reçut à son bord tous nos voyageurs, y compris Gustave. L'intelligent quadrupède, voyageur expérimenté sur mer et sur terre, entra dans la barque et en sortit avec la prudence d'un chrétien.

Embarqué sur le Loch-Fine, le capitaine Dalgetty aurait pu admirer un des plus imposants tableaux de la nature. Il aurait pu voir deux rivières rivales, l'Aray et le Shiray, qui portent au lac le tribut de leurs eaux, sortir toutes deux de sombres et paisibles forêts. Il aurait pu remarquer, sur la pente douce et insensible qui descend jusqu'au rivage, le vieux château gothique avec ses lignes irrégulières, ses murs crénelés, ses tours et ses cours extérieures et intérieures, et qui offrait, sous le rapport pittoresque, un aspect beaucoup plus saisissant que l'édifice uniforme et massif qui l'a remplacé. Il aurait pu admirer ces forêts épaisses, qui, dans un rayon de plus d'un mille, entouraient ce puissant et noble manoir, et son œil aurait pu s'arrêter sur le pic pittoresque de Duniquoich, s'élançant du sein du lac et cachant son front chauve au milieu des vapeurs de l'atmosphère; tandis qu'un fanal solitaire, planté à son sommet comme le nid d'un aigle, ajoutait à la majesté du tableau en éveillant une idée de danger. Le capitaine Dalgetty aurait pu, si son esprit y eût été disposé, voir toutes ces beautés, et cent autres qui augmentaient l'éclat de cette scène; mais, à vrai dire, le brave capitaine, qui n'avait rien mangé depuis le point du jour, s'occupait particulièrement de la fumée qui sortait des cheminées du château, et qui semblait lui garantir ce qu'il aimait à nommer une abondante provende.

L'embarcation approcha bientôt de la jetée rocailleuse conduisant du lac à la petite ville d'Inverary. Celle-ci n'était alors qu'un assemblage de huttes grossières entremêlées de quelques maisons en pierre, s'étendant depuis les bords du lac Fine jusqu'à la principale porte du château, devant laquelle nos gens aperçurent un spectacle qui aurait facilement soulevé un cœur moins intrépide et resserré un estomac plus délicat que celui du ritt-master Dugald Dalgetty, titulaire de Drumthwacket.

CHAPITRE XII.

> Fait pour les desseins cachés et les projets tortueux, sagace, hardi, turbulent, inquiet, changeant de place et de principes, mécontent dans le pouvoir, impatient dans la disgrâce.
> *Absalon et Achitophel.*

Le village d'Inverary, aujourd'hui jolie ville de province, accusait alors la rudesse du dix-septième siècle, par l'aspect misérable des maisons et l'irrégularité de ses rues non pavées. Mais ce qui caractérisait l'époque plus fortement et d'une manière plus terrible, c'était le spectacle qu'offrait la place du marché, qui occupait un terrain d'une largeur irrégulière, à mi-chemin entre le port ou môle et la porte menaçante du château, dont la sombre arcade, la herse et les bastions terminaient de ce côté la perspective. Au milieu de la place s'élevait un gibet grossier où étaient suspendus cinq cadavres. A leur costume, deux d'entre ces malheureux paraissaient être des Lowlanders; les trois autres étaient enveloppés dans des plaids de montagnards. Deux ou trois femmes, assises sous la potence, semblaient pleurer et chanter à voix basse le coronach des

CHAPITRE XII.

morts. Mais ce spectacle était apparemment trop ordinaire pour exciter beaucoup l'intérêt des habitants en général, qui, tandis qu'ils se pressaient pour regarder la tournure militaire, le haut coursier et l'armure brillante du capitaine Dalgetty, semblaient n'accorder aucune attention au tableau piteux que présentait leur grande place.

L'envoyé de Montrose n'était pas tout à fait aussi indifférent, et entendant deux ou trois mots d'anglais s'échapper de la bouche d'un Highlander d'assez honnête apparence, il arrêta aussitôt Gustave et lui dit : — Le grand prévôt a eu de l'ouvrage ici, l'ami. Puis-je vous demander pour quel crime ces coupables ont été justiciés?

En disant ces mots, il indiqua des yeux le gibet, et le Gaël, comprenant ce qu'il voulait dire, plutôt par son geste que par ses paroles, répondit aussitôt : — Ce sont trois gentilshommes caterans, — Dieu leur fasse grâce! ajouta-t-il en se signant, — et deux Sassenachs, qui ne voulaient pas faire quelque chose que Mac-Callum More leur ordonnait; et s'éloignant avec un air d'indifférence, il continua son chemin sans attendre d'autre question.

Dalgetty haussa les épaules et se remit en marche; car le cousin au dixième ou douzième degré de sir Duncan Campbell avait déjà donné quelques signes d'impatience.

A la porte du château l'attendait un autre exemple terrible du pouvoir féodal. Une estacade ou palissade, qui semblait nouvellement ajoutée aux défenses de la porte, et qui était protégée par deux pièces d'artillerie légère, formait un petit enclos où l'on voyait un énorme billot sur lequel une hache était posée. L'un et l'autre étaient teints d'un sang fraîchement répandu, et une quantité de sciure de bois, jonchée à l'entour, conservait autant qu'elle les cachait les marques d'une exécution récente.

Comme Dalgetty contemplait ce nouvel objet de terreur, le chef de ses guides le tira par le pan de son habit, et ayant ainsi appelé son attention, lui indiqua de l'œil et du doigt un poteau fixé sur l'estacade, et sur lequel était fichée une tête d'homme, sans doute celle du malheureux qui venait d'être décapité. Un sourire sardonique contracta les lèvres du Highlander pendant qu'il montrait cet horrible spectacle, qui parut à son compagnon de voyage d'un assez mauvais augure.

Dalgetty mit pied à terre devant la porte, et Gustave fut emmené, sans qu'on permît au major de le conduire à l'écurie, suivant son habitude.

Cette séparation causa au vieux soldat une angoisse que l'appareil de la mort ne lui avait point fait éprouver. — Pauvre Gustave! se dit-il; s'il doit arriver quelque malheur, j'aurais mieux fait de le laisser à Darnlinvarach que de l'amener ici, au milieu de ces sauvages montagnards qui savent à peine distinguer la tête d'un cheval de sa queue.

Mais à la voix du devoir, un soldat doit quitter tout ce qu'il a de plus cher.

> Lorsque le canon gronde et que les étendards flottent, enfants, ceux qu'anime le désir de la gloire ne doivent pas craindre la mort; allons, intrépides cavaliers, faisons bravement notre devoir! combattons pour l'évangile et l'invincible roi de Suède!

Faisant ainsi taire ses craintes avec le refrain d'une ballade guerrière, il suivit son guide dans une espèce de corps de garde rempli de Highlanders armés. On lui fit entendre qu'il devait y rester jusqu'à ce que son arrivée eût été annoncée au marquis. Pour qu'Argyle comprît plus facilement qui on lui annonçait, le vaillant capitaine remit au *dunniewassel* les dépêches de sir Duncan Campbell, le priant de son mieux, par signes, de les remettre au marquis en mains propres. Le guide fit un mouvement de tête et sortit.

Le capitaine resta environ une demi-heure dans cet endroit, soutenant avec indifférence et rendant avec mépris les regards scrutateurs et hostiles à la fois des soldats gaëls, dont son extérieur et son costume piquaient autant la curiosité que sa personne et son pays semblaient exciter leur aversion. Il supportait avec l'insouciance d'un soldat toutes ces contrariétés, lorsqu'enfin, au bout de la demi-heure, un homme en habit de velours noir, et portant une chaîne d'or comme un magistrat moderne d'Édimbourg, mais qui, en réalité, n'était que l'intendant de la maison du marquis d'Argyle, entra dans la salle, et, avec une gravité solennelle, invita le capitaine à le suivre en présence de son maître.

Les appartements qu'il traversa étaient remplis de domestiques et de visiteurs de tout genre, disposés peut-être avec quelque ostentation pour donner à l'envoyé de Montrose une haute idée de la puissance et de la magnificence de la maison de son rival. Une antichambre était pleine de laquais en livrée brune et jaune, couleur de la famille, qui, rangés sur deux lignes, regardaient en silence le capitaine Dalgetty passer au milieu d'eux. Une autre était occupée par des gentilshommes du Highland et des chefs de petits clans, qui s'amusaient à jouer aux échecs, au trictrac et à d'autres jeux, s'interrompant à peine pour jeter un regard de curiosité sur l'étranger. Une troisième pièce était remplie de gentilshommes et officiers des Lowlands, qui semblaient aussi faire partie de la maison. Enfin, dans la salle d'audience, le marquis était entouré d'une cour qui attestait sa haute position.

Cette salle, dont les portes à deux battants s'ouvrirent pour la réception du capitaine, était une longue galerie ornée de tapisseries et de portraits de famille, avec un plafond voûté, en bois travaillé à jour, et des solives dont l'extrémité était sculptée et richement dorée. Elle était éclairée par de grandes fenêtres gothiques en forme de fer de lance, dont les châssis massifs étaient garnis de vitraux de couleur, à travers lesquels les rayons du soleil avaient peine à pénétrer, au milieu des têtes de sanglier, des galères, des bâtons et des épées, armes de la puissante famille d'Argyle, et emblème des hautes charges héréditaires de justicier d'Écosse et de grand-maître de la maison du roi qu'elle posséda longtemps. Au bout de cette magnifique galerie, se tenait le marquis, au milieu d'un cercle brillant de gentilshommes des Highlands et des Lowlands, tous richement vêtus, parmi lesquels étaient deux ou trois membres du clergé, appelés peut-être pour être témoins du zèle de Sa Seigneurie pour le Covenant.

Le marquis était habillé suivant la mode du temps, que Van Dyck a si souvent peinte; mais son habit était d'une couleur uniforme et sévère, et plutôt riche qu'élégant. Son teint brun, son front sillonné de rides et ses regards fixés à terre lui donnaient l'apparence d'un homme souvent plongé dans d'importantes méditations, et qui avait acquis, par une longue habitude, un air de gravité et de mystère dont il ne pouvait se défaire, même lorsqu'il n'avait rien à cacher. L'expression louche de ses yeux, qui lui avait valu, dans les Highlands, le surnom de Gillespie Grumach ou le Mal-Gracieux, était moins sensible lorsqu'il les tenait baissés, ce qui, peut-être, était la raison qui lui avait fait prendre cette habitude. Il était grand et maigre; mais ni son maintien ni ses manières ne manquaient de la dignité qui convenait à son rang. Il y avait quelque chose de froid dans son accueil et de sinistre dans son regard, quoique sa parole et son geste fussent empreints de l'aisance ordinaire aux gens de qualité. Adoré de son clan, dont il s'était vivement occupé d'agrandir la puissance, il était en revanche mal vu des autres tribus de montagnards, dont quelques-unes s'étaient déjà vues dépouillées par lui de leurs possessions, tandis que d'autres se sentaient exposées à devenir plus tard victimes de ses projets; de sorte que toutes ne voyaient qu'avec crainte la hauteur à laquelle il s'était élevé.

Nous avons déjà dit qu'en se montrant au milieu de ses conseillers, des officiers de sa maison et de la foule de ses vassaux, de ses alliés et de ses tenanciers, le marquis d'Argyle voulait sans doute faire impression sur le système nerveux du capitaine Dugald Dalgetty. Mais l'intrépide personnage, en passant d'un drapeau sous un autre, avait fait la plus grande partie de la guerre de trente ans en Allemagne, époque où un brave et heureux soldat était le compagnon des princes. Le roi de Suède, et à son exemple les fiers princes de l'Empire eux-mêmes, s'étaient souvent trouvés obligés de composer avec leur dignité et leur morgue, en accordant à leurs soldats des priviléges extraordinaires et une incroyable familiarité, lorsqu'ils n'avaient point d'argent pour satisfaire à leurs réclamations. Le capitaine Dugald Dalgetty pouvait se vanter de s'être assis avec des princes à des festins de roi; il n'était donc pas homme à se laisser intimider par l'éclat qui entourait Mac-Callum More. D'ailleurs, ce n'était pas naturellement l'homme le plus modeste du monde ; il avait au contraire si bonne opinion de lui-même, que, dans quelque compagnie qu'il lui arrivât de se trouver, il s'élevait toujours en idée au niveau des autres, de sorte qu'il se sentait aussi à son aise dans la plus haute société qu'au milieu de ses compagnons ordinaires. Ce qui le confirmait puissamment dans l'opinion éminente qu'il avait de son importance, c'étaient ses idées sur la profession militaire, dans laquelle, suivant ses expressions, un brave cavalier devenait le camarade d'un empereur.

Lors donc qu'il fut introduit dans la salle d'audience, il se dirigea vers le marquis d'un air plus confiant que respectueux, et il serait arrivé jusqu'auprès de lui avant de parler, si celui-ci ne lui eût fait signe de la main de s'arrêter. Le capitaine Dalgetty s'arrêta donc, et après avoir fait son salut militaire avec une assurance tout à fait dégagée, il s'adressa ainsi au marquis : — Je vous souhaite le bonjour, mylord, — ou plutôt je devrais dire le bonsoir ; *beso a usted las manos* [1], comme disent les Espagnols.

— Qui êtes-vous, monsieur, et quelle est votre affaire ? demanda le marquis d'un ton qu'il croyait propre à réprimer l'offensante familiarité du soldat.

— La question est juste, mylord, et je vais y répondre sur-le-champ comme il convient à un cavalier, et cela *peremptoriè*, comme nous avions coutume de dire au collège Mareschal.

— Voyez quel est cet homme et ce qu'il veut, Néal, dit sévèrement le marquis à un gentilhomme qui se tenait près de lui.

— J'épargnerai cette peine à l'honorable gentilhomme, repartit le capitaine. Je m'appelle Dugald Dalgetty de Drumth-wacket, ancien rittmaster au service de différentes puissances, et aujourd'hui major de je ne sais quel régiment irlandais. Je viens en qualité de parlementaire, de la part du haut et puissant seigneur James, comte de Montrose, et d'autres nobles cavaliers maintenant sous les armes pour Sa Majesté ; et ainsi, vive le roi Charles !

— Savez-vous où vous êtes, monsieur, et le danger qu'il y a de plaisanter avec nous, reprit le marquis, pour me répondre comme si j'étais un enfant ou un insensé ? Le comte de Montrose est avec les mécontents anglais, et je vous soupçonne d'être un de ces vagabonds irlandais qui sont venus dans ce pays pour mettre tout à feu et à sang, comme ils l'ont fait sous sir Phelim O'Neale.

— Mylord, répliqua le capitaine Dalgetty, je ne suis point un vagabond, quoique major d'un régiment irlandais. C'est ce que pourraient attester à votre Seigneurie l'invincible Gustave Adolphe, le Lion du Nord, Bannier, Oxenstiern, le belliqueux duc de Saxe-Weimar, Tilly, Wallenstein, Piccolomini, et autres grands capitaines tant morts que

---

[1] Je vous baise les mains.

vivants. Quant au noble comte de Montrose, je prie Votre Seigneurie de jeter les yeux sur les pleins pouvoirs que j'ai reçus pour traiter avec elle, au nom de ce très-honorable commandant.

Le marquis regarda légèrement le papier signé et scellé que le capitaine Dalgetty lui présentait, et, le jetant dédaigneusement sur une table, il demanda à ceux qui l'entouraient « ce que méritait un homme venant comme envoyé et agent avoué de traîtres et de mécontents qui avaient pris les armes contre l'État? »

— Haute potence et courte confession, répondit aussitôt un des assistants.

— Je prierai l'honorable cavalier qui vient de parler, dit Dalgetty, d'être moins prompt à donner ses conclusions, et Votre Seigneurie de réfléchir avant de les adopter, attendu que de semblables menaces ne se font qu'à de misérables *bisognos*, et non à des hommes de cœur et d'action, qui sont tenus de s'exposer aussi bien dans les services de cette nature que dans les siéges, batailles ou mêlées de toute espèce. Il est vrai que je n'ai avec moi ni trompette, ni drapeau blanc, vu que notre armée n'est pas encore complètement équipée; mais Votre Seigneurie et ces honorables cavaliers conviendront que le caractère sacré d'un envoyé, qui vient proposer une trêve ou suspension d'armes, ne consiste point dans une fanfare de trompette, qui n'est qu'un son, ou dans les ondulations d'un pavillon blanc, qui n'est pas autre chose en lui-même qu'un vieux chiffon, mais bien dans la confiance que l'envoyé et ceux qui l'envoient mettent en l'honneur de ceux auxquels le message est adressé, et dans leur ferme persuasion qu'ils respecteront le *jus gentium*, aussi bien que les lois de la guerre, dans la personne du parlementaire.

— Monsieur, dit le marquis, vous n'êtes pas venu ici pour nous apprendre les lois de la guerre, qui ne peuvent s'appliquer à des rebelles et à des insurgés, mais pour subir la peine due à l'insolence et à la folie que vous avez montrées en apportant le message d'un traître au lord grand justicier d'Écosse, que son devoir oblige à punir de mort une telle offense.

— Messieurs, reprit le capitaine, qui commençait à trouver assez désagréable la tournure que semblait prendre son ambassade, je vous prie de vous rappeler que le comte de Montrose vous rendra responsables, vous et vos propriétés, de tout le mal qui pourrait résulter, pour moi ou mon cheval, de ces procédés malséants, et qu'il sera en droit de prendre sa revanche sur vos personnes et sur vos biens.

Cette menace fut accueillie par un rire dédaigneux. — Il y a loin jusqu'à Lochow, dit l'un des Campbells, expression proverbiale signifiant que les domaines héréditaires de leur clan étaient hors de la portée des invasions de l'ennemi. — Mais, messieurs, reprit encore l'infortuné capitaine, qui ne voulait pas se laisser condamner sans qu'on l'eût au moins entendu tout au long, quoique ce ne soit point à moi de dire s'il y a loin jusqu'à Lochow, attendu que ce pays m'est étranger, cependant, et ceci rentre plus dans la question, j'espère que vous reconnaîtrez que ma sûreté dans cette mission est garantie par un honorable gentilhomme de votre nom, sir Duncan Campbell d'Ardenvohr; et je vous prie de remarquer qu'en violant la parole qu'il m'a donnée, vous préjudicieriez grandement à son honneur et à sa réputation.

Cette circonstance parut nouvelle pour la plupart des assistants, car ils se parlèrent bas les uns aux autres, et le visage du marquis, malgré la facilité avec laquelle il dissimulait tous les signes extérieurs de ses émotions, laissa voir de l'impatience et du dépit.

— Est-ce que sir Duncan d'Ardenvohr garantit sur son honneur la sûreté de cet homme, mylord? dit une personne de la compagnie en s'adressant au marquis.

— Je ne le crois pas, répondit celui-ci; mais je n'ai pas encore eu le temps de lire sa lettre.

— Nous prierons Votre Seigneurie de le faire, dit un autre des Campbells; notre honneur ne doit pas avoir à souffrir pour un pareil compagnon.

— Une mouche morte, dit un prêtre, donne une mauvaise odeur au baume de l'apothicaire.

— Mon révérend, dit le capitaine Dalgetty, à cause de l'avantage que j'en puis tirer, je vous pardonne le mauvais goût de votre comparaison; et je pardonne aussi au gentilhomme en bonnet rouge l'épithète mal sonnante de *compagnon* dont il m'a malhonnêtement gratifié, et qui ne me convient nullement, si ce n'est dans le sens de compagnon d'armes, comme elle m'a été donnée par le grand Gustave Adolphe, le Lion du Nord, et autres généraux distingués tant en Allemagne que dans les Pays-Bas. Quant à la garantie de sir Duncan Campbell, j'engage ma vie qu'il confirmera mes paroles lorsqu'il viendra ici demain.

— Si le sire d'Ardenvohr est attendu sitôt, mylord, reprit l'un des intercesseurs, ce serait pitié de presser l'affaire de ce pauvre homme.

— Avant tout, dit un autre, Votre Seigneurie — sauf le respect que je lui dois — pourrait au moins consulter la lettre du chevalier d'Ardenvohr, et voir sur quel pied ce major Dalgetty, comme il se qualifie, a été envoyé ici par lui.

Ils se réunirent autour du marquis, et s'entretinrent à voix basse, en anglais et en gaélique. Le pouvoir patriarcal des chefs était très-grand, et celui du marquis d'Argyle, armé de tous ses priviléges de juridiction héréditaire, était absolu entre tous. Mais il y a toujours quelque frein, d'une espèce ou d'une autre, même dans le gouvernement le plus despotique. Celui qui tempérait la puissance des chefs celtes était la nécessité de se concilier leurs parents, qui, sous leurs ordres, conduisaient au combat les hommes du clan, et qui, en temps de paix, formaient comme le conseil de la tribu. Le marquis, en cette occasion, se crut obligé de se rendre aux observations de ce sénat, ou, pour me servir du mot propre, de ce *Couroultai* de la tribu des Campbells, et sortant du cercle, il donna l'ordre de conduire le prisonnier en lieu de sûreté.

— Prisonnier! s'écria Dalgetty, se débattant avec une telle force, qu'il faillit renverser deux montagnards, qui, depuis quelques minutes, attendaient le signal de le saisir, et se tenaient à cet effet derrière lui. Le capitaine fut un moment si prêt de recouvrer sa liberté, que le marquis d'Argyle changea de couleur, et recula de deux pas, en portant, cependant, la main à son épée, tandis que plusieurs membres de son clan, avec un dévouement empressé, s'étaient jetés entre lui et le prisonnier, dont ils redoutaient la vengeance. Mais les soldats highlandais étaient trop vigoureux pour être terrassés, et le malheureux capitaine, après s'être vu retirer ses armes offensives, fut entraîné et conduit, à travers plusieurs passages obscurs, devant une petite grille de fer, derrière laquelle se trouvait une seconde porte de bois. Un vieux montagnard à figure rébarbative, avec une longue barbe blanche, les ouvrit l'une et l'autre; et un escalier étroit et rapide, qui aboutissait dans un souterrain, se présenta aux regards de Dalgetty. Ses gardes lui firent descendre deux ou trois marches en le poussant; puis, lui lâchant les bras, ils le laissèrent continuer à tâtons comme il put, tâche qui devint difficile et même dangereuse, lorsque les deux portes, successivement fermées, eurent laissé le prisonnier dans une obscurité complète.

CHAPITRE XIII.

> Nous plaignons le triste sort de l'étranger qui vient en ces lieux, s'il n'y vient pour adorer le roi des rois — Sa Grâce.
>
> Burns, — *Épigramme sur un voyage à Inverary.*

Le capitaine, privé de lumière, comme nous venons de le dire, et placé dans une position très-peu rassurante, se mit à descendre l'escalier étroit et dégradé, avec toute la précaution possible, espérant trouver en bas quelque endroit où se reposer. Mais, malgré tous ses soins, il ne put éviter, à la fin, de faire un faux pas qui lui fit franchir les quatre ou cinq derniers degrés trop vite pour qu'il pût conserver son équilibre. Au pied de l'escalier, il se heurta contre quelque chose de mou qui se mit à remuer et qui poussa un gémissement; ce choc le fit trébucher en avant, et il fut tomber sur les mains et les genoux au fond d'un cachot pavé de dalles humides.

Lorsque le capitaine se fut relevé, son premier mot fut de demander ce qu'il avait heurté.

— Ce qui était un homme il y a un mois, répondit une voix sourde et entrecoupée.

— Et qu'est-il donc à présent, pour s'aviser de se coucher sur la dernière marche de l'escalier, blotti comme un hérisson, pour faire casser le nez aux honorables cavaliers que le malheur amène ici?

— Ce qu'il est à présent? un misérable tronc dont on a arraché les branches une à une, et qui s'inquiète peu s'il doit être bientôt taillé et coupé en morceaux pour aller au feu.

— Je vous plains, l'ami; mais *patienza*, comme dit l'Espagnol. Si vous étiez resté aussi tranquille qu'une souche, pour me servir de vos expressions, vous m'auriez évité quelques écorchures aux mains et aux genoux.

— Vous êtes soldat, et vous vous plaignez d'une chute à laquelle un enfant ne penserait pas!

— Soldat? et comment pouvez-vous savoir, dans l'obscurité de cette maudite caverne, que je suis un soldat?

— J'ai entendu résonner votre armure quand vous êtes tombé, et maintenant je la vois briller. Quand vous serez resté aussi longtemps que moi dans ces ténèbres, vos yeux distingueront le moindre lézard qui rampe sur le pavé.

— J'aimerais mieux que le diable me les arrache! s'il faut que cela m'arrive, j'aime mieux faire la prière du soldat et le saut de l'échelle avec une cravate de corde autour du cou. Mais, dites-moi, quelle espèce de provende — c'est-à-dire de nourriture, avez-vous ici, mon frère en affliction?

— Du pain et de l'eau une fois par jour.

— Faites-moi goûter votre pain, s'il vous plaît, l'ami; j'espère que nous vivrons en bons camarades tant que nous serons ensemble dans cet abominable trou.

— Le pain et la cruche d'eau sont dans le coin, à deux pas, à votre main droite. Prenez, et grand bien vous fasse! Pour moi, je n'aurai bientôt plus besoin de nourriture ici-bas.

Dalgetty ne se fit pas répéter l'invitation, et, après avoir été chercher, à tâtons, les provisions, il se mit à expédier le pain d'avoine noir et dur avec autant d'intrépidité que nous l'avons déjà vu attaquer des mets plus succulents.

— Ce pain, marmotta-t-il la bouche pleine, n'est pas très-savoureux; pourtant, il n'est pas plus mauvais que celui que nous mangeâmes au fameux siége de Werben, où le valeureux Gustave déjoua tous les efforts du vieux Tilly, ce célèbre et redoutable héros qui avait fait prendre la fuite à deux rois, — à Ferdinand de Bohême et à Christian de Danemark. Quant à cette eau, qui n'est pas des plus agréables, je ne la bois pas moins à votre prompte délivrance, camarade, sans oublier la mienne, et je voudrais de tout mon cœur que ce fût du vin du Rhin, ou au moins de la bière mousseuse de Lubeck, ne fût-ce que pour l'honneur du toast.

Pendant que Dalgetty bavardait de la sorte, ses dents allaient le même train que sa langue, et il eut bientôt expédié les provisions que la bonté ou l'indifférence de son compagnon d'infortune avait abandonnées à sa voracité. Quand sa tâche fut remplie, il s'enveloppa dans son manteau, et s'étant assis dans un coin du cachot où il pouvait s'appuyer de chaque côté (car il avait toujours, dit-il, affectionné les fauteuils dès sa plus tendre jeunesse), il se mit à questionner son camarade de captivité.

— Mon cher ami, lui dit-il, puisque nous sommes camarades de lit et de table, il faut que nous fassions un peu plus ample connaissance. Je m'appelle Dugald Dalgetty de Drumthwacket et autres lieux ; je suis major dans un régiment de fidèles Irlandais, et envoyé extraordinaire de haut et puissant seigneur James comte de Montrose. — Quel est votre nom, s'il vous plaît ?

— Il vous servira peu de le connaître.

— Vous me permettrez d'en juger moi-même.

— Hé bien donc, je m'appelle Ranald Mac Eagh, — c'est-à-dire Ranald fils du Brouillard.

— Fils du brouillard ! s'écria Dalgetty ; dites plutôt fils des ténèbres. Mais dites-moi, Ranald, puisque c'est votre nom, comment êtes-vous tombé entre les griffes du grand prévôt ? autrement dire, qui diable vous a amené ici ?

— Mes malheurs et mes crimes, répondit Ranald. Connaissez-vous le chevalier d'Ardenvohr ?

— Je connais parfaitement cette honorable personne.

— Mais savez-vous où il est maintenant ?

— Il jeûne aujourd'hui à Ardenvohr, pour pouvoir se régaler demain à Inverary ; et si par hasard il allait ne pas venir, mon bail sur terre pourrait bien se trouver un peu abrégé.

— Faites lui donc savoir qu'un homme qui est à la fois son plus grand ennemi et son meilleur ami réclame son intercession.

— Franchement, j'aimerais assez lui porter un message moins obscur. Sir Duncan n'est pas un homme qui s'amuse à deviner les énigmes.

— Saxon pusillanime, reprit le prisonnier, dites-lui que je suis le corbeau qui, il y a quinze ans, s'est abattu sur son château et sur les enfants qu'il y avait laissés ; — que je suis le chasseur qui a découvert la tanière du loup sur la montagne, et qui a détruit ses petits ; — que je suis le chef de la bande qui a surpris Ardenvohr, il y a eu hier quinze ans, et qui a passé ses quatre enfants au fil de l'épée.

— Ma foi, mon honnête ami, si ce sont là vos meilleurs titres de recommandation à la bienveillance de sir Duncan, je me dispenserai volontiers de les faire valoir, attendu que j'ai remarqué que la brute elle-même entre en fureur contre ceux qui lui enlèvent sa progéniture, à plus forte raison une créature raisonnable, un chrétien, contre ceux qui ont fait du mal à sa petite famille. Mais, je vous prie, faites-moi le plaisir de me dire si vous avez assailli le château par l'éminence appelée Drumsnab, que je soutiens être le véritable point d'attaque, tant qu'on n'y aura pas élevé une redoute.

— Nous escaladâmes le rocher au moyen d'échelles d'osier ou de jonc, qui nous furent jetées par un complice de notre clan; il avait servi six mois dans le château, pour jouir de cette seule nuit de vengeance. Le hibou faisait retentir à nos oreilles ses cris sinistres pendant que nous étions suspendus entre le ciel et la terre; les flots mugissaient au pied du rocher, et fracassèrent notre barque; cependant le cœur ne faillit à personne. Au point du jour il n'y avait plus que du sang et des cendres, là où régnaient la paix et la joie au coucher du soleil.

— Ce fut, je n'en doute pas, une jolie camisade, Ranald Mac-Eagh, un assaut irréprochable, et pas du tout mal exécuté. Cependant, j'aurais attaqué le château de cette petite hauteur appelée Drumsnab. Mais vous, Ranald, c'est une petite manœuvre irrégulière à la Scythe, ressemblant beaucoup à celle des Turks, des Tartares et autres nations asiatiques.

— Mais la raison, mon ami, la cause de cette guerre, — la *teterrima causa*[1], si je puis dire? Apprenez-la-moi, Ranald.

— Nous avions été traqués par les Mac-Aulays et d'autres tribus de l'Ouest, de telle sorte que nous n'étions plus en sûreté dans nos possessions.

— Ah! ah! j'ai quelque idée d'avoir entendu parler de cette affaire. Ne mîtes-vous pas du pain et du fromage dans la bouche d'un homme qui n'avait plus d'estomac pour les digérer?

— Vous savez donc comment nous nous vengeâmes de l'orgueilleux forestier!

— Oui, oui, j'en ai entendu parler, il n'y a pas encore longtemps. Fourrer du pain dans la bouche d'un homme mort, c'était une bonne plaisanterie, mais un peu trop sauvage et trop grossière pour des gens civilisés, outre que c'était gaspiller de bonnes provisions. J'ai vu des siéges et des blocus, moi, où un soldat en vie aurait fait ses choux gras, Ranald, de cette croûte de pain que vous donniez à une tête de mort.

— Nous fûmes attaqués par sir Duncan, continua Mac-Eagh, et mon frère fut massacré, — sa tête sanglante fut piquée sur les remparts que nous avons escaladés. — Je jurai de le venger, et c'est un serment que je n'ai jamais violé.

---

[1] La terrible cause.

— C'est tout simple ; et tout franc soldat conviendra que la vengeance est un morceau friand. Mais comment cette histoire pourrait-elle intéresser sir Duncan à votre sort? cela passe mon intelligence ; à moins pourtant qu'elle ne le porte à demander au marquis de changer le mode de supplice, et de remplacer la pendaison, ou simple suspension, par la roue, pour vous y faire rompre les membres avec le soc d'une charrue, ou de vous livrer à quelque autre torture. Si j'étais à votre place, Ranald, j'aimerais mieux ne pas m'occuper de sir Duncan, garder mon secret, et sortir tranquillement de ce monde par suffocation, comme ont fait vos ancêtres avant vous.

— Écoute, étranger. Sir Duncan d'Ardenvohr avait quatre enfants. Trois tombèrent sous nos dirks, mais le quatrième vit encore ; et je suis sûr qu'il donnerait plus, pour pouvoir faire sauter sur ses genoux ce quatrième enfant qui reste, que pour faire torturer ces vieux os qui se soucient peu de sa colère ou de son pardon. D'un mot, si je voulais le prononcer, je puis changer ce jour de deuil et de jeûne en un jour de joie, de fêtes et d'actions de grâces. Oh! j'en juge par mon propre cœur! Mon Kenneth, qui poursuit les papillons sur les bords de l'Aven, m'est plus cher que dix fils qui sont couchés sous la terre, ou livrés en proie aux oiseaux de l'air.

— Je présume, Ranald, que les trois jolis garçons que j'ai vus là-bas sur la place du marché, pendus par la tête comme des merluches sèches, étaient un peu de votre connaissance?

Il y eut un moment de silence avant que le montagnard répondît d'un ton profondément ému : — C'étaient mes fils, étranger, — c'étaient mes fils! — le sang de mon sang, — les os de mes os! — agiles à la course, — intrépides au combat, — invincibles jusqu'au jour où les fils de Diarmid les ont écrasés par le nombre! Pourquoi voudrais-je leur survivre? Le vieux tronc souffrira moins quand on coupera ses racines, qu'il n'a souffert quand on l'a dépouillé des rameaux qui faisaient sa parure. Mais il faut instruire Kenneth à la vengeance ; — le jeune aiglon doit apprendre du vieil aigle à fondre sur ses ennemis. Pour lui, je veux racheter ma vie et ma liberté, en découvrant mon secret au chevalier d'Ardenvohr.

— Vous atteindrez plus facilement votre but en me le confiant, dit une troisième voix se mêlant à l'entretien.

Tous les Highlanders sont superstitieux. — L'ennemi du genre humain est auprès de nous! s'écria Ranald en se levant sur ses pieds. Ce mouvement fit retentir ses chaînes, et il se retira aussi loin qu'elles le lui permettaient de l'endroit d'où la voix semblait venir. Il communiqua un peu de son effroi au capitaine Dalgetty, qui se mit à répéter, dans une espèce de jargon polyglotte, tous les exorcismes qu'il avait entendus dans sa vie, sans pouvoir se rappeler plus d'un mot ou deux de chacun.

— *In nomine Domini*, comme nous disions au collége Mareschal : — *Santissima madre di Dios*, comme dit l'Espagnol ; — *Alle guten geister loben den Herrn*, dit le divin Psalmiste, dans la traduction du docteur Luther.

— Trève à vos exorcismes, reprit la voix qui s'était déjà fait entendre ; — quoique je vienne à vous d'une manière étrange, je suis un mortel comme vous, et mes secours peuvent vous être utiles dans la position critique où vous vous trouvez, si vous n'êtes pas trop fier pour vous laisser guider.

En parlant ainsi, l'étranger ouvrit une lanterne sourde, à la faible clarté de laquelle Dalgetty put seulement reconnaître que l'homme qui avait mystérieusement pénétré auprès d'eux et interrompu leur entretien, était d'une haute taille et portait la livrée du marquis. Son premier mouvement fut de regarder les pieds de l'individu ; mais il ne vit ni le pied fourchu que les légendes écossaises attribuent au diable, ni le sabot de cheval qui le caractérise en Allemagne. Sa première question fut de demander à l'étranger comment il était venu jusqu'à eux.

— Car, dit-il, on aurait entendu grincer ces gonds rouillés, si la porte s'était ouverte ; et si vous avez passé par le trou de la serrure, ma foi, monsieur, arrangez cela comme vous voudrez, mais il n'est pas possible de vous enrôler dans un régiment de vivants.

— Je garde mon secret, répondit l'étranger, jusqu'à ce que vous ayez mérité de le connaître en me dévoilant quelques-uns des vôtres. Peut-être ensuite consentirai-je à vous faire sortir par où je suis entré moi-même.

— Ce ne peut être alors par le trou de la serrure, dit le capitaine ; car si mon casque y passait, ma cuirasse n'y passerait sans doute pas. Pour des secrets, je n'en ai pas à moi, et guère aux autres. Mais dites-nous quel secret vous voulez savoir, ou, comme disait le professeur Snufflegreek au collége Mareschal d'Aberdeen : « Parle pour que je te connaisse. »

— Ce n'est point à vous que j'ai affaire d'abord, répondit l'étranger en tournant sa lumière directement sur les traits sauvages et amaigris et sur les membres robustes du Highlander, Ranald Mac-Eagh, qui, collé contre le mur du cachot, semblait encore douter si ce visiteur était une créature vivante.

— Je vous ai apporté quelque chose, mon ami, reprit l'étranger d'une voix plus douce, pour améliorer votre régime. Si vous devez mourir demain, ce n'est pas une raison pour ne pas vivre cette nuit.

— Non certainement, — il n'y a pas de raison au monde pour cela répliqua le major, qui s'empressa aussitôt de vider un petit panier que l'étranger avait apporté sous son manteau, tandis que le Highlander, soit méfiance, soit dédain, ne faisait aucune attention à ces provisions.

CHAPITRE XIII.

— A ta santé, mon ami! dit le capitaine, qui, ayant déjà dépêché un énorme morceau de chevreau rôti, venait de s'emparer d'une bouteille. Comment t'appelle-t-on, mon bon ami?

— Murdoch Campbell, monsieur, répondit le domestique, serviteur du marquis d'Argyle, et remplissant parfois les fonctions de porte-clefs.

— Hé bien, encore une fois, à ta santé, Murdoch, et je mets ton nom au bout du toast pour qu'il soit plus efficace. Je prendrais ce vin-là pour du Calcavella. Ma foi, honnête Murdoch, j'ose dire que tu mérites d'être geôlier; car tu parais connaître, vingt fois mieux que ton chef, la manière de nourrir d'honnêtes gentilshommes qui sont dans le malheur. Du pain et de l'eau? le diable soit de lui! C'était assez, Murdoch, pour perdre de réputation le cachot du marquis. Mais je vois que vous avez à causer avec mon ami Ranald Mac-Eagh, que voici. Que je ne vous gêne point; je vais me mettre dans ce coin avec le panier, et je vous réponds que mes mâchoires feront assez de bruit pour empêcher mes oreilles d'entendre.

Cependant, malgré cette promesse, le vieux soldat écouta leur conversation avec toute l'attention dont il était capable, ou, comme il le disait lui-même, il renversa ses oreilles sur son cou, comme Gustave lorsqu'il entendait tourner la clef dans la serrure du coffre à avoine. Il put donc, grâces à l'exiguïté du cachot, saisir le dialogue suivant:

— Savez-vous, Fils du Brouillard, dit le Campbell, que vous ne devez sortir d'ici que pour aller au gibet?

— Ceux qui m'étaient les plus chers, répondit Mac-Eagh, ont passé par ce chemin avant moi.

— Vous ne feriez donc rien pour éviter de les suivre?

Le prisonnier se tordit dans ses chaînes avant de répondre.

— Je ferais beaucoup, dit-il enfin; non pas pour ma vie, mais à cause de l'enfant que j'ai laissé dans le glen [1] de Strath-Aven.

— Et que feriez-vous donc pour détourner l'amertume de l'heure fatale? peu m'importe le motif qui vous porte à l'éviter.

— Je ferais tout ce qu'un homme peut faire sans perdre le nom d'homme.

— Prétendez-vous au nom d'homme, vous qui vous êtes conduit comme un loup?

— Oui, répondit l'outlaw [2], je suis un homme comme mes pères. — Lorsque nous étions couverts du manteau de la paix, nous étions des agneaux; — on nous l'a arraché, et vous nous appelez maintenant des loups. Rendez-nous les cabanes que vous avez brûlées, nos enfants que vous avez massacrés, nos veuves que vous avez fait mourir de faim; — détachez du gibet et du poteau les cadavres mutilés et les crânes

---

[1] Vallée. (L. V.)
[2] Littéralement, qui est hors la loi. (L. V.)

blanchis de nos parents ; — dites-leur de vivre et de nous bénir, et alors nous serons vos vassaux et vos frères. — Jusque-là, que la mort, le sang et la haine tirent entre nous un sombre voile de division!

— Ainsi vous ne voulez rien faire pour votre liberté?

— Tout, — hors me dire l'ami de votre tribu.

— Nous nous soucions peu de l'amitié des bandits et des caterans, et nous ne nous abaisserions pas à l'accepter. — Ce que je vous demande, c'est de me dire, en échange de votre liberté, où est la fille et l'héritière du chevalier d'Ardenvohr.

— Pour que vous puissiez la marier à quelque misérable parent de votre noble maître, suivant la coutume des enfants de Diarmid! La vallée de Glenorquhy ne crie-t-elle pas vengeance, en ce moment même, pour la violence faite à une enfant sans appui, que ses parents conduisaient à la cour du souverain? Ceux qui l'escortaient ne furent-ils pas forcés de la cacher sous une chaudière, autour de laquelle ils combattirent jusqu'à ce qu'il n'en restât plus un pour raconter cette histoire? Et la jeune fille ne fut-elle point amenée dans ce fatal château, et mariée ensuite au frère de Mac-Callum More, et tout cela à cause de ses grands biens[1]?

— Si cette histoire est vraie, la jeune fille eut une position plus élevée que celle qu'aurait pu lui donner le roi d'Écosse. Mais ceci nous éloigne de la question. La fille de sir Duncan d'Ardenvohr n'est point une étrangère, elle est de notre sang ; et qui a plus de droit à connaître son sort que Mac-Callum More, le chef de son clan?

— C'est donc de sa part que vous me faites cette question? dit le bandit. Le domestique du marquis fit un signe affirmatif.

— Et vous ne ferez point de mal à la jeune fille? — je lui en ai déjà fait assez.

— Aucun mal, sur la foi d'un chrétien.

— Et ma récompense sera la vie avec la liberté?

— Telle est notre convention.

— Sachez donc que cette enfant, que je sauvai par compassion lors du pillage du château de son père, fut élevée comme la fille d'adoption de notre tribu, jusqu'au moment où nous fûmes vaincus au défilé de Ballenduthil par ce démon incarné, l'ennemi mortel de notre clan, Allan Mac-Aulay à la Main Sanglante, et par les cavaliers de Lennox commandés par l'héritier de Menteith.

— Elle est tombée au pouvoir d'Allan à la Main Sanglante, et elle passait pour une fille de ta tribu? Alors son sang a rougi le dirk, et tu n'as rien dit qui puisse racheter ta vie criminelle.

---

[1] On raconte une histoire semblable de l'héritière du clan de Calder, qui fut faite prisonnière comme il est dit dans le texte, et mariée ensuite à sir Duncan Campbell. C'est de cette union que descendent les Campbells de Cawdor. (W. S.)

CHAPITRE XIII.

— Si ma vie dépend de la sienne, repartit l'outlaw, je suis tranquille, car la jeune fille vit encore; mais elle repose sur une garantie moins sûre, — la promesse fragile d'un fils de Diarmid.

— Cette promesse sera fidèlement tenue, si vous pouvez m'assurer qu'elle vit, et me dire quel lieu elle habite.

— Elle habite le château de Darnlinvarach, sous le nom d'Annette Lyle. J'en ai souvent entendu parler par mes amis, qui se sont rapprochés des bois qui les ont vus naître, et il n'y a pas longtemps que mes propres yeux l'ont vue.

— Vous! dit Murdoch étonné, vous, l'un des chefs des Enfants du Brouillard, vous vous êtes hasardé si près de votre ennemi mortel?

— Fils de Diarmid, j'ai fait plus; j'ai pénétré dans la grande salle du château, déguisé en joueur de harpe des bords sauvages de Skianach. Mon projet était de plonger mon dirk dans le cœur de ce Mac-Aulay à la Main Sanglante, qui fait trembler notre race, et de me resigner ensuite au sort que Dieu m'aurait réservé. Mais j'aperçus Annette Lyle au moment même où ma main saisissait la poignée de ma dague. Elle jouait sur sa clairshach un air des Enfants du Brouillard, qu'elle avait appris pendant qu'elle était parmi nous. Les bois où nous avions vécu heureux agitaient leurs feuilles verdissantes dans ses chants; les eaux de nos ruisseaux y murmuraient doucement. Ma main laissa échapper le poignard; des torrents de larmes coulèrent de mes yeux, et l'heure de la vengeance se passa. — Maintenant, fils de Diarmid, ai-je payé la rançon de ma tête?

— Oui, si votre histoire est vraie; mais quelle preuve en pouvez-vous donner?

— Ciel et terre! s'écria l'outlaw, je vous prends à témoin qu'il cherche déjà à rétracter sa parole!

— Nullement; je tiendrai tout ce que je vous ai promis, lorsque je serai sûr que vous m'avez dit la vérité. — Mais j'ai quelques mots à dire à votre compagnon de captivité.

— Promettre et ne point tenir, — toujours promettre et ne point tenir, murmura le prisonnier en se laissant retomber sur la dalle du cachot.

Pendant ce temps, le capitaine Dalgetty, qui n'avait pas perdu un mot de ce dialogue, faisait ses remarques en lui-même. — Que diable ce rusé coquin peut-il avoir à me dire? Je n'ai pas d'enfant à moi, que je sache, ni à personne, sur lesquels lui raconter quelque histoire. Mais laissons-le venir; — il lui faudra faire plus d'une manœuvre avant de prendre en flanc le vieux soldat.

En conséquence, et comme s'il se fût tenu, la pique à la main, sur une brèche pour la défendre, il attendit avec précaution, mais sans crainte, le commencement de l'attaque.

— Vous êtes un citoyen du monde, capitaine Dalgetty, lui dit Murdoch Campbell, et vous ne pouvez ignorer notre vieux proverbe écossais, *service pour service*¹, qui se dit aussi chez toutes les nations. et dans tous les camps.

— Alors je dois le connaître un peu, dit Dalgetty; car, excepté les Turks, il n'y a guère de puissances en Europe au service desquelles je n'aie été; et j'ai quelquefois eu l'idée d'aller faire une campagne avec Bethlem Gabor ou avec les Janissaires.

— Un homme de votre expérience et sans préjugés me comprendra donc aisément, lorsque je lui dirai que sa liberté dépend de la vérité et de la franchise de ses réponses à quelques petites questions sur les gentilshommes qu'il a quittés ces jours-ci, sur leurs préparatifs, le nombre de leurs soldats, la nature de leurs ressources, enfin sur tout ce qu'il peut connaître de leur plan de campagne.

— Uniquement pour satisfaire votre curiosité, et sans aucun autre motif?

— Aucun au monde. Quel intérêt un pauvre diable comme moi pourrait-il prendre à leurs opérations?

— Faites donc vos questions, et j'y répondrai *peremptoriè*.

— Combien peut-il y avoir d'Irlandais en marche pour joindre le rebelle James Graham?

— Probablement dix mille.

— Dix mille! nous savons qu'il en est à peine débarqué deux mille à Ardnamurchan.

— Alors, repartit le capitaine Dalgetty avec un grand sang-froid, vous en savez plus que moi sur leur compte; car je ne les ai pas encore passés en revue, ni même aperçus sous les armes.

— Et combien attend-on d'hommes des clans?

— Autant qu'ils en pourront fournir.

— Vous ne répondez pas à la question, monsieur; parlez clairement· Y aura-t-il cinq mille hommes?

— Dans ces environs-là, répondit Dalgetty.

— C'est jouer avec votre vie, monsieur, que de plaisanter avec moi, répliqua l'interrogateur; je n'ai qu'à donner un coup de sifflet, et en moins de dix minutes votre tête est accrochée au-dessus du pont-levis.

— Mais à parler franchement, M. Murdoch, pensez-vous que ce soit une chose raisonnable de me demander les secrets de notre armée, à moi qui suis engagé pour toute la campagne? Si je vous enseigne les moyens de vaincre Montrose, que deviendront ma paye, l'arriéré, et la chance du butin?

— Je vous dis, moi, que si vous faites l'obstiné, vous pourrez commencer et finir votre campagne sur la route du billot qui est à la

---

¹ En écossais, *gif-gaf*; et en vieil anglais, *ka me, ka thee*, c'est-à-dire se servant mutuellement l'un l'autre. (W. S.)

porte du château, tout dressé pour les vagabonds comme vous ; mais si vous répondez sincèrement à mes questions, je vous recevrai à mon... au service de Mac-Callum More.

— La paye est-elle bonne, à son service?

— Il doublera celle que vous avez maintenant, si vous voulez retourner auprès de Montrose et faire ce qu'il vous dira.

— Je suis fâché, monsieur, de ne pas vous avoir vu avant de m'engager avec lui, dit Dalgetty en paraissant réfléchir.

— Au contraire, je puis vous faire des conditions plus avantageuses à présent ; toujours en supposant que vous soyez fidèle.

— C'est-à-dire fidèle à vous et traître à Montrose?

— Fidèle à la cause de la religion et du bon ordre, qui sanctifie toutes les fraudes qu'on peut employer pour la servir.

— Et le marquis d'Argyle, — si j'avais envie d'entrer à son service, est-ce un bon maître?

— Jamais on n'en vit un meilleur.

— Libéral envers ses officiers?

— La main toujours ouverte.

— Loyal et fidèle à ses engagements?

— Aussi honorable qu'aucun gentilhomme au monde.

— Je n'en ai jamais entendu dire tant de bien jusqu'ici. Vous devez bien connaître le marquis, — ou plutôt vous êtes le marquis lui-même. — Lord d'Argyle, ajouta-t-il en s'élançant tout à coup sur le gentilhomme déguisé, je vous arrête, au nom du roi Charles, comme un traître. Si vous vous avisez d'appeler du secours, je vous tords le cou.

L'attaque de Dalgetty sur la personne d'Argyle fut si subite et si inattendue, qu'il le renversa facilement sur le pavé du cachot, et le tint en respect d'une main, tandis que de l'autre, serrant le cou du marquis, il était prêt à l'étrangler au moindre effort qu'il aurait fait pour appeler du secours.

— Lord d'Argyle, dit-il, c'est maintenant à mon tour de vous dicter les termes de la capitulation. Si vous voulez m'indiquer le chemin secret par lequel vous êtes entré dans le cachot, je vous épargnerai, à condition que vous serez mon *locum tenens*, comme nous disions au collège Mareschal, jusqu'à ce que notre geôlier vienne visiter ses prisonniers. Sinon je commencerai par vous étrangler : — j'ai appris la manière d'un heyduck polonais, qui avait été esclave dans le sérail ottoman, — et puis je chercherai quelque moyen d'opérer ma retraite.

— Traître! voulez-vous donc m'assassiner pour reconnaître ma bonté? murmura Argyle.

— Non pas pour votre bonté, mylord, répliqua Dalgetty, mais d'abord pour apprendre à Votre Seigneurie les règles du *jus gentium* à l'égard des officiers qui viennent à vous avec un sauf-conduit, et ensuite pour l'avertir du danger qu'il y a à faire des propositions déshonorantes à un digne militaire, et l'engager à trahir son drapeau pendant la durée de son service.

— Laissez-moi la vie, et je ferai ce que vous me demandez.

Dalgetty tenait toujours sous sa griffe le cou du marquis, — le serrant un peu pendant qu'il lui faisait ces questions, — et le relâchant autant qu'il le fallait pour lui laisser la faculté de répondre.

— Où est la porte secrète du cachot? demanda-t-il.

— Levez la lanterne, dans le coin à droite, et vous distinguerez le fer qui couvre le ressort.

— Très-bien. — Où conduit le passage?

— A mon cabinet particulier derrière la tapisserie.

— De là comment pourrai-je gagner la porte extérieure?

— En traversant la grande galerie, l'antichambre, la salle d'attente, la grande salle des gardes...

— Oui, toutes pleines de soldats, de factionnaires et de domestiques, n'est-ce pas? Cela ne peut pas me convenir, mylord. — N'avez-vous pas un passage secret qui mène à la porte, comme vous en avez un pour vos cachots? J'en ai vu de tels en Allemagne.

— Il y en a un qui de mon cabinet donne sur la chapelle.

— Et quel est le mot de passe?

— L'épée de Lévi, répondit le marquis. Mais si vous voulez vous en rapporter à ma parole d'honneur, j'irai avec vous, je vous accompagnerai à travers tous les gardes, et je vous mettrai en pleine liberté avec un passe-port.

— Je pourrais me fier à vous, mylord, si les marques de mes doigts n'étaient pas déjà imprimées en noir sur votre cou ; — mais maintenant, *beso los manos a usted*, comme disent les Espagnols. Cependant vous pouvez me donner un passe-port ; — il y a tout ce qu'il faut pour écrire dans votre cabinet?

— Sans doute; et des passe-ports en blanc qu'il ne s'agit plus que de signer. Je vais vous y suivre sur-le-champ.

— Ce serait beaucoup trop d'honneur pour un homme comme moi, dit Dalgetty. Votre Seigneurie restera sous la garde de mon honnête ami Ranald Mac-Eagh. Permettez-moi donc, je vous prie, de vous traîner à la portée de sa chaîne. — Honnête Ranald, vous voyez où en sont nos affaires. Je trouverai, je n'en doute pas, les moyens de vous mettre en liberté. En attendant, faites comme moi ; appliquez-moi votre main, comme cela, sur la gorge de ce haut et puissant prince, par-dessous sa fraise; et s'il fait mine de bouger ou de crier, ne manquez pas, mon digne Ranald, de serrer vigoureusement. Quand ce serait jusque *ad deliquium*, c'est-à-dire, jusqu'à ce qu'il tombât en pâmoison, il n'y aurait pas grand mal, attendu qu'il en réservait bien d'autres à votre gosier et au mien.

CHAPITRE XIII.

— S'il essaie de parler ou de remuer, dit Ranald, il meurt de ma main.

— C'est bien, Ranald, — voilà de l'intelligence. Un ami déterminé qui entend à demi-mot en vaut un million !

Ayant ainsi remis la garde du marquis à son nouvel allié, Dalgetty poussa le ressort, et la porte secrète s'ouvrit sans faire le moindre bruit en tournant sur ses gonds, tant ils étaient polis et bien huilés. L'autre côté de la porte était garni d'énormes verrous et de barres de fer ; au mur pendaient une ou deux clefs probablement destinées à ouvrir les cadenas. Un étroit escalier pratiqué dans l'épaisseur du mur aboutissait, comme le marquis l'avait dit, derrière la tapisserie de son cabinet. De pareilles communications étaient communes dans les vieux châteaux, et donnaient au seigneur les moyens d'écouter, comme un autre Denis, la conversation de ses prisonniers, ou, s'il voulait, de les visiter sous un déguisement, expérience qui, en cette occasion, s'était terminée d'une manière si peu agréable pour Gillespie Grumach. Après avoir examiné d'abord s'il n'y avait personne dans l'appartement, et reconnu qu'il n'y avait point de danger, le capitaine entra, et prit à la hâte un des passe-ports en blanc épars sur la table, et tout ce qu'il fallait pour écrire. Puis, s'emparant aussi du poignard du marquis et détachant un des cordons de soie des rideaux, il redescendit dans la caverne. En écoutant un instant à la porte, il put entendre la voix étouffée du marquis d'Argyle, qui faisait à Mac-Eagh de brillantes offres s'il voulait le laisser donner l'alarme.

— Pour une forêt de daims, — pour mille têtes de bétail, répondit le cateran, pour toutes les terres qui ont jamais eu pour maître un fils de Diarmid, je ne violerais pas la promesse que j'ai faite à l'homme aux habits de fer !

— L'homme aux habits de fer, dit Dalgetty en entrant, est lié envers vous, Mac-Eagh, et ce noble seigneur sera lié aussi ; mais il faut d'abord qu'il remplisse sur ce passe-port les noms du major Dugald Dalgetty et de son guide, ou bien il court risque de recevoir le sien pour l'autre monde.

Le marquis écrivit et signa, à la lueur de la lanterne sourde, tout ce qu'exigea le soldat.

— Et maintenant, Ranald, dit Dalgetty, ôte-moi ton surtout, — je veux dire ton plaid, Ranald ; je vais en affubler Mac-Callum More, et en faire, pour un moment, un Enfant du Brouillard. — Il n'y a pas à dire, mylord, il faut que je vous enveloppe la tête de manière à nous garantir contre vos cris intempestifs. — Là, maintenant, le voilà suffisamment enveloppé. — Tenez vos mains tranquilles, ou, par le Ciel, je vous enfonce votre propre poignard dans le cœur ! — Allons, vous n'aurez pas moins qu'un cordon de soie pour vous attacher, comme il convient à un homme de votre rang. — Bien, maintenant il peut rester comme cela jusqu'à ce qu'on vienne le délivrer. — S'il a commandé notre dîner un peu tard, Ranald, il est probable que c'est lui qui en souffrira. — A quelle heure, mon bon Ranald, le geôlier vient-il ordinairement?

— Jamais avant que le soleil soit descendu à l'ouest dans la mer, répondit Mac-Eagh.

— Alors, mon ami, nous avons trois heures devant nous. A présent travaillons à notre délivrance.

Son premier soin fut d'examiner la chaîne de Ranald. Il l'ouvrit au moyen d'une des clefs suspendues derrière la porte secrète, et placées là sans doute pour que le marquis pût, quand il le voulait, délivrer un prisonnier, ou le mettre ailleurs sans être obligé d'appeler le geôlier. L'outlaw étendit ses bras engourdis, et bondit sur la dalle du cachot avec toute l'ivresse d'un homme qui retrouve sa liberté.

— Prenez la livrée de ce noble prisonnier, dit le capitaine Dalgetty, endossez-la, et marchez sur mes pas.

L'outlaw obéit. Ils montèrent l'escalier secret, après avoir préalablement fermé la porte derrière eux, et atteignirent heureusement le cabinet du marquis [1].

CHAPITRE XIV.

> C'est donc ici le vestibule et l'escalier, — mais après? Celui qui est sûr de périr sur la terre peut bien se passer de cartes et de boussole, et se confier à la pleine mer sans pilote.
> *Tragédie de Brennovalt.*

Cherchez le passage secret de la chapelle, Ranald, dit le capitaine, pendant que je jette un coup d'œil là-dessus.

En disant ces mots, il saisit d'une main une liasse de papiers, les plus précieux d'Argyle, et de l'autre une bourse d'or, déposées toutes deux dans l'un des tiroirs d'un riche secrétaire qui était ouvert d'une manière tout à fait engageante. Il n'oublia pas non plus de s'emparer d'une épée, d'une paire de pistolets, d'une poire à poudre et d'un sac de balles qui étaient suspendus à la muraille.

---

[1] La position précaire des nobles, sous le régime féodal, introduisit dans leurs châteaux un vaste système d'espionnage. Sir Robert Carey raconte qu'il prit les habits d'un de ses geôliers pour arracher une confession à Geordie Bourne, son prisonnier, qu'il fit pendre ensuite, en récompense de la franchise de ses aveux. Le beau et antique château de Naworth, sur la frontière anglo-écossaise, renferme un escalier secret qui communiquait au cabinet de lord William Howard, et par lequel il pouvait descendre dans la prison, comme on voit, dans le chapitre précédent, que le fit le marquis d'Argyle.
(W. S.)

CHAPITRE XIV.

— Renseignements et butin, dit le vieux soldat en empochant sa trouvaille, un honorable cavalier ne doit jamais oublier cela, les uns dans l'intérêt de son général, l'autre dans le sien propre. Cette épée est une André Ferrara, et ces pistolets valent mieux que les miens. Mais un bon échange n'est pas un vol. On ne se joue pas de la vie d'un soldat, mylord d'Argyle, on ne s'en joue pas pour rien. — Mais doucement, doucement, Ranald ; où diable allez-vous, sage Enfant du Brouillard ?

Il était temps en effet d'arrêter Mac-Eagh ; car, ne trouvant pas assez vite le passage secret, et impatient, probablement, d'un si long retard, il avait décroché une épée et une targe, et se préparait à entrer dans la grande galerie, avec l'intention, sans doute, de se frayer un passage de vive force envers et contre tous.

— Arrêtez, si vous tenez à la vie, lui dit tout bas Dalgetty en le retenant. Il faut agir de ruse, s'il est possible. Ainsi donc, barricadons d'abord cette porte, pour qu'on puisse croire que Mac-Callum More ne veut pas être dérangé. — Maintenant laissez-moi pousser une reconnaissance pour trouver le passage secret.

En regardant derrière la tapisserie à différents endroits, le capitaine finit par découvrir une porte secrète ouvrant sur un passage tortueux, fermé à l'autre extrémité par une seconde porte qui donnait sans doute sur la chapelle. Mais il fut désagréablement surpris d'entendre, de l'autre côté de cette seconde porte, la voix sonore d'un ministre occupé à prêcher.

— C'est pour cela, dit-il, que le traître nous a indiqué ce corridor comme un passage secret. J'ai bien envie de retourner lui couper la gorge.

Il ouvrit alors tout doucement la porte, qui donnait sur une galerie grillée réservée au marquis, et dont les rideaux étaient fermés, probablement pour faire croire qu'il assistait au service divin, tandis qu'en réalité il s'occupait ailleurs de ses affaires temporelles. Il n'y avait personne dans le banc ; car la famille du marquis — telle était la sévérité de l'étiquette observée alors — écoutait le service dans une autre galerie, un peu au-dessous de celle du grand personnage. Ce qu'ayant reconnu, le capitaine Dalgetty se hasarda à s'établir dans la galerie, dont il ferma soigneusement la porte.

Jamais (quoique le mot soit bien téméraire), jamais sermon ne fut écouté avec plus d'impatience et moins d'édification, du moins par un des auditeurs. Le capitaine entendit *seizièmement*, — *dix-septièmement*, — *dix-huitièmement*, et *pour conclure*, avec une anxiété qui tenait en quelque sorte du désespoir. Mais un homme ne peut pas *sermonner* toujours (car le service s'appelait alors *sermon* [1]), et le ministre ter-

---

[1] En anglais, *lecture*, instruction, parce que le ministre lit et développe un passage des écritures. (L. Y.)

mina enfin son discours, sans oublier de faire un profond salut du côté de la galerie grillée, ne soupçonnant guère à qui il accordait cette marque de respect. A en juger par l'empressement qu'ils mirent à se retirer, les domestiques du marquis n'étaient guère plus charmés que le capitaine de la longueur de ce qu'ils venaient d'entendre. Il est vrai que la plupart d'entre eux étant Highlanders, ils avaient pour excuse de ne pas comprendre un seul mot de ce que disait le ministre, quoiqu'ils assistassent à ses instructions par l'ordre exprès de Mac-Callum More, ce qu'ils auraient fait également quand c'eût été un iman turc.

Mais quoique l'assemblée se fût dispersée si rapidement, le ministre resta dans la chapelle, et se promenant en long et en large dans le sanctuaire gothique, semblait méditer sur ce qu'il venait de dire, ou préparer un nouveau sermon pour la prochaine occasion. Malgré son audace, Dalgetty hésitait sur ce qu'il devait faire. Cependant le temps pressait, et chaque moment augmentait la chance que le geôlier, en descendant plutôt que de coutume dans le cachot, ne s'aperçût de l'échange des prisonniers et ne découvrît leur évasion. Enfin, après avoir averti tout bas Ranald, qui épiait tous ses mouvements, de le suivre et de ne pas perdre contenance, le capitaine Dalgetty se mit, avec un grand sang-froid, à descendre les marches qui conduisaient de la galerie dans l'intérieur de la chapelle. Un aventurier moins expérimenté aurait essayé de passer rapidement derrière le digne ministre, dans l'espoir de s'échapper sans être aperçu ; mais le capitaine, prévoyant tout le danger qu'il y aurait à échouer dans une pareille tentative, marcha gravement au-devant du ministre qui se promenait au milieu du chœur, et lui ôta son chapeau, se disposant à continuer son chemin après cette respectueuse formalité. Mais quel fut son étonnement de reconnaître dans le prédicateur le même homme avec lequel il avait dîné à Ardenvohr ! Néanmoins il retrouva promptement sa présence d'esprit ; et, avant que le ministre pût dire un mot, il lui adressa le premier la parole. — Je ne saurais, dit-il, quitter ce château, sans vous offrir, mon très-révérend père, mes humbles remercîments pour l'homélie dont vous nous avez favorisés ce soir.

— Je n'ai point remarqué, monsieur, que vous fussiez dans la chapelle, répondit le ministre.

— L'honorable marquis, dit Dalgetty d'un air modeste, a daigné m'accorder une place dans sa galerie particulière. Le ministre s'inclina profondément à ces mots ; car il savait qu'un tel honneur était réservé aux personnes du plus haut rang. — Monsieur, reprit le capitaine, dans l'espèce de vie errante que j'ai menée, il m'est arrivé d'entendre bien des prédicateurs de différentes religions, — luthériens, catholiques, réformés, calvinistes et autres ; mais jamais je n'ai entendu une homélie telle que la vôtre.

— Dites un sermon, monsieur, c'est l'expression consacrée dans notre église.

— Sermon ou homélie, c'était *ganz vortreflich* [1], comme disent les Allemands; et je n'ai pas voulu quitter ce château sans vous dire les émotions que j'ai éprouvées intérieurement en entendant votre édifiant discours, et combien je suis affligé au fond du cœur d'avoir paru hier, pendant le repas, manquer au respect qui est dû aux personnes telles que vous.

— Hélas! mon digne monsieur, repartit le ministre, nous nous rencontrons dans ce monde, comme dans la Vallée de l'Ombre de la Mort, sans savoir contre qui le hasard nous pousse. Aussi n'est-il pas étonnant que nous heurtions quelquefois ceux à qui, si nous les connaissions, nous accorderions tout notre respect. Franchement, monsieur, je vous aurais pris pour un profane endurci, plutôt que pour une personne pieuse comme vous êtes, qui honore le Maître de toutes choses jusque dans le plus humble de ses serviteurs.

— J'ai toujours eu cette habitude, révérend docteur; car, étant au service de l'immortel Gustave…. Mais je vous distrais de vos méditations, dit-il en s'interrompant, — son désir de parler du roi de Suède cédant cette fois à la nécessité des circonstances.

— Nullement, mon digne monsieur, répliqua le ministre. Quel était, je vous prie, l'usage de ce grand prince, dont la mémoire est si chère au cœur de tout protestant?

— Les tambours, monsieur, battaient pour la prière du matin et pour celle du soir, aussi régulièrement que pour la parade; et si un soldat passait devant l'aumônier sans le saluer, il avait pour sa peine une heure de cheval de bois. Je vous souhaite le bonsoir, monsieur; — je suis obligé de partir; Mac-Callum More vient de me donner un passe-port.

— Encore un instant, monsieur. N'y a-t-il rien que je puisse faire pour témoigner mon respect pour l'élève du grand Gustave, pour un si admirable appréciateur de l'éloquence sacrée?

— Rien, monsieur, que de lui montrer le plus court chemin pour gagner la porte du château; — et voudriez-vous avoir la bonté, ajouta-t-il avec une incroyable effronterie, de dire à un domestique de m'amener mon cheval, un cheval hongre gris-foncé: — on n'a qu'à l'appeler Gustave, il dressera l'oreille. — Je ne sais pas où sont les écuries, et mon guide, dit-il en regardant Ranald, ne parle pas anglais.

— Je vais faire à l'instant ce que vous désirez, répondit le ministre. — Quant à votre chemin, traversez ce passage cloîtré.

— Que le Ciel bénisse votre vanité! dit à part lui le capitaine. J'avais peur d'être obligé de partir sans Gustave.

Le chapelain s'employa en effet si activement en faveur de l'excellent

[1] C'était une chose tout à fait excellente.

juge de l'éloquence, que tandis que Dalgetty était en pourparler avec les sentinelles du pont-levis, montrant son passe-port et donnant le mot d'ordre, un domestique lui amena son cheval tout sellé pour le voyage. En tout autre endroit, le capitaine, paraissant tout à coup en liberté, après avoir été publiquement jeté en prison, aurait excité des soupçons et donné lieu à des informations; mais les officiers et les domestiques du marquis étaient accoutumés à la politique mystérieuse de leur maître, et ils supposèrent seulement que Dalgetty avait été délivré et chargé par lui de quelque mission secrète. Dans cette persuasion, et après avoir reçu le mot d'ordre, ils le laissèrent sortir librement.

Dalgetty traversa lentement la ville d'Inverary, accompagné de l'outlaw, qui marchait comme un valet de pied à côté de son cheval. En passant devant le gibet, le vieillard regarda les cadavres et se tordit les mains. Le regard et le geste furent rapides comme la pensée; mais ils révélaient une inexprimable douleur. Il se remit aussitôt, et, en passant, il dit tout bas quelques mots à l'une des femmes qui semblaient, comme Rizpah, la fille d'Aiah, occupées à garder et à pleurer les victimes de l'injustice et de la cruauté féodales. La femme tressaillit à sa voix, mais, se remettant aussitôt, elle répondit par une légère inclination de tête.

Dalgetty sortit de la ville, ne sachant s'il devait tenter de prendre ou de louer une barque pour traverser le fleuve, ou bien s'enfoncer dans les bois et se dérober ainsi aux recherches. Dans le premier cas, il pouvait être immédiatement poursuivi par les chaloupes d'Argyle, qui étaient prêtes à mettre à la voile, avec leurs longues vergues tournées au vent; et quelle espérance de leur échapper dans une simple barque de pêcheurs highlandais? S'il choisissait l'autre parti, la chance de vivre et de se cacher dans ces solitudes arides et inconnues était excessivement précaire. La ville était déjà derrière lui; cependant, il ne pouvait encore décider de quel côté il devait tourner pour se mettre en sûreté, et il commençait à sentir qu'en s'évadant du cachot d'Inverary, dans la position désespérée où il se trouvait, il n'avait accompli que la partie la plus aisée d'une tâche difficile. S'il était repris, son sort était maintenant certain; car l'affront personnel qu'il avait fait à un homme aussi puissant et aussi vindicatif ne pouvait s'expier que par une prompte mort. Pendant qu'il pesait ces tristes considérations et qu'il regardait autour de lui d'un air qui révélait clairement son indécision, Ranald Mac-Eagh lui demanda tout à coup quelle route il se proposait de prendre?

— Ma foi, mon brave camarade, répondit Dalgetty, c'est justement la question à laquelle je puis le moins répondre. Franchement, Ranald, je commence à croire que nous aurions mieux fait de nous en tenir au pain noir et à la cruche d'eau jusqu'à l'arrivée de sir Duncan, qui, pour son honneur, eût été obligé de se démener un peu en ma faveur.

— Saxon, dit Mac-Eagh, ne regrettez pas d'avoir échangé l'air empesté de ce cachot contre l'air pur du ciel. Surtout ne vous repentez pas d'avoir rendu service à un Enfant du Brouillard. Laissez-vous guider par moi, et je réponds de votre sûreté sur ma tête.

— Pouvez-vous me conduire à travers ces montagnes, et me ramener à l'armée de Montrose?

— Oui, répondit Mac-Eagh; il n'est personne à qui les défilés des montagnes, les cavernes, les glens, les bois et les antres soient aussi connus qu'aux Enfants du Brouillard. Tandis que d'autres rampent dans la plaine, sur le bord des lacs et des rivières, à nous il nous faut les précipices escarpés, les rochers inaccessibles, les sources mystérieuses des torrents. Tous les limiers d'Argyle ne pourront découvrir les sentiers secrets à travers lesquels je puis vous guider.

— Dis-tu vrai, honnête Ranald? alors marche en avant; car certainement je ne sauverai jamais la barque si je prends moi-même le gouvernail.

L'outlaw s'enfonça dans les bois qui entouraient le château dans un rayon de plusieurs milles, marchant si vite qu'il fallait que Gustave trottât rondement, et suivant tant de détours et de sentiers entrecroisés, que le capitaine Dalgetty, complétement désorienté, ne sut bientôt plus où il pouvait être. A la fin, le chemin, qui était graduellement devenu plus difficile, se perdit au milieu de buissons et de broussailles. Le mugissement d'un torrent se faisait entendre dans le voisinage, et le terrain, tour à tour inégal et marécageux, devint tout à fait impraticable pour un cheval.

— Que diable allons-nous faire ici? dit Dalgetty. J'ai bien peur qu'il ne faille me séparer de Gustave.

— Ne vous inquiétez pas de votre cheval, répondit l'outlaw; il vous sera bientôt rendu.

A ces mots, il donna un petit coup de sifflet, et un jeune garçon, demi-nu, demi-couvert d'un tartan, n'ayant, pour protéger sa tête et son visage contre la pluie et le soleil, que ses longs cheveux noués avec une courroie de cuir, maigre, décharné, et dont les yeux gris, pleins d'un feu sauvage, semblaient occuper une place dix fois plus grande que celle qui leur est ordinairement attribuée dans la figure humaine, sortit comme une bête sauvage d'un buisson de ronces et d'épines.

— Donnez votre cheval à ce garçon, dit Ranald Mac-Eagh au capitaine; votre vie en dépend.

— Hélas! hélas! s'écria le vétéran désespéré; *eheu!* comme nous disions au collège Mareschal, faut-il laisser Gustave à un tel palefrenier?

— Êtes-vous fou de perdre ainsi le temps? lui dit son guide; sommes-nous donc en pays ami, pour que vous vous sépariez de votre cheval comme si c'était votre frère? Je vous dis que vous le retrouverez ; mais quand vous ne devriez jamais le revoir, la vie ne vaut-elle pas mieux que le meilleur poulain que jamais cavale ait mis bas?

— Cela est vrai, mon honnête ami, dit tristement Dalgetty ; mais si vous saviez ce que vaut Gustave, si vous saviez ce que nous avons fait et souffert ensemble! — Tenez, il se retourne pour me regarder! — Soyez bon pour lui, mon cher sans-culotte, et je vous récompenserai bien. A ces mots, et avec un gros soupir, il détourna les yeux de ce spectacle déchirant, et se mit en devoir de suivre son guide.

Suivre son guide n'était pas chose aisée, et cette tâche exigea bientôt plus d'agilité que n'en avait le capitaine Dalgetty. Aussitôt après avoir quitté son cheval, il commença à descendre, sans autre secours que celui de quelques branches pendantes ou de quelques racines d'arbres sortant de terre, dans le lit d'un torrent qui grondait à huit pieds au-dessous du sol, et dont l'Enfant du Brouillard lui fit remonter le cours. Les énormes pierres qu'ils escaladaient, — les buissons de ronces et d'épines à travers lesquels ils avaient à se frayer péniblement leur chemin, — les rochers qu'il leur fallait gravir d'abord avec beaucoup de fatigue et de peine, pour les redescendre ensuite au milieu des mêmes dangers, tous ces obstacles, et mille autres pareils, étaient surmontés par le montagnard agile et demi-nu avec une aisance et une promptitude qui excitaient la surprise et l'envie du capitaine Dalgetty. Embarrassé de son casque, de sa cuirasse et du reste de son armure, sans parler de ses lourdes bottes fortes, il se trouva à la fin tellement épuisé par la fatigue et les difficultés du chemin, qu'il s'assit sur une pierre pour reprendre haleine, tout en expliquant à Ranald Mac-Eagh la différence qu'il y avait entre voyager *expeditus*, et voyager *impeditus* [1], suivant l'interprétation de ces deux expressions militaires adoptée au collége Mareschal d'Aberdeen. Pour toute réponse le montagnard posa sa main sur le bras du soldat, puis l'étendit ensuite derrière eux dans la direction du vent. Dalgetty ne put rien voir, car la nuit commençait à tomber, et ils étaient au fond d'un sombre ravin. Mais bientôt il put entendre distinctement dans le lointain le son lugubre d'une grosse cloche.

— Si je ne me trompe, dit-il, c'est le signal d'alarme, — la cloche d'orage, comme disent les Allemands.

— Elle sonne l'heure de votre mort, dit Ranald, si vous ne pouvez pas me suivre un peu plus loin. Chaque coup de cette cloche annonce qu'un brave a rendu le dernier soupir.

— Ma foi, Ranald, mon fidèle ami, je ne nierai pas que le cas ne puisse bientôt être le mien ; car je suis si fatigué (étant, comme je vous l'ai dit, *impeditus;* car si j'étais *expeditus*, une marche à pied ne

[1] Armé à la légère ou chargé de bagages.

CHAPITRE XIV.

m'effraierait pas plus qu'une ritournelle de fifre), que je ferais mieux, je crois, de m'établir dans un de ces buissons et d'y attendre tranquillement le sort qu'il plaira à Dieu de m'envoyer. Je vous en prie, mon honnête ami Ranald, sauvez-vous et abandonnez-moi à mon destin, comme le Lion du Nord, l'immortel Gustave-Adolphe, mon maître, que je n'oublierai jamais (et dont vous devez certainement avoir entendu parler, Ranald, quand vous n'auriez entendu parler d'aucun autre général), disait à François-Albert, duc de Saxe-Lauenbourg, lorsqu'il fut blessé mortellement dans les plaines de Lutzen. Pourtant, Ranald, ne désespérez pas tout à fait de mon salut, car je me suis trouvé dans des passes aussi difficiles que celle-ci en Allemagne. — Je me souviens entre autres qu'à la fatale bataille de Nerlingen, — après laquelle je changeai de service...

— Si vous vouliez conserver l'haleine du fils de votre père pour tirer son enfant d'embarras, au lieu de l'épuiser à raconter des histoires de Seannachies, interrompit Ranald, qui commençait à s'impatienter du bavardage du capitaine, ou si vos pieds pouvaient aller aussi vite que votre langue, vous pourriez encore reposer ce soir votre tête sur un oreiller.

— Il y a quelque chose de militaire dans cette sortie, reprit le capitaine, quoique ce soit parler d'une manière un peu légère et irrévérencieuse à un officier supérieur. Mais je veux bien pardonner ces petites libertés en marche, en considération des licences saturnales qu'en pareil cas on accorde aux troupes chez toutes les nations. Et maintenant que j'ai repris haleine, reprends tes fonctions, ami Ranald, ou, pour parler plus clairement : *I præ, sequar*[1], comme nous avions coutume de dire au collége Mareschal.

Comprenant ce qu'il voulait dire plutôt par son geste que par ses paroles, le Fils du Brouillard le guida de nouveau, avec une précision et une assurance qui tenaient de l'instinct, à travers le terrain le plus difficile et le plus raboteux qu'il fût possible d'imaginer. Malgré le poids de ses lourdes bottes, l'embarras de ses cuissards, de ses gantelets et de sa cuirasse, sans parler du justaucorps de buffle qu'il portait sous son armure, et tout en racontant, le long du chemin, ses anciens exploits à Ranald, qui ne lui prêtait pas la moindre attention, le capitaine Dalgetty était parvenu à suivre son guide pendant un espace assez considérable, lorsque le vent apporta à leurs oreilles les aboiements répétés d'un chien, qui semblait avoir découvert la piste de sa proie.

— Infernal limier, dont le gosier n'a jamais rien prédit de bon aux Enfants du Brouillard, dit Ranald, maudite soit celle qui t'a mis bas! as-tu déjà trouvé nos traces? Mais tu arrives trop tard, noir limier d'enfer; le daim a rejoint son troupeau.

---

[1] Marche devant, je te suivrai.

A ces mots, il donna un tout petit coup de sifflet, qui lui fut renvoyé avec la même précaution du haut d'un chemin creux qu'ils gravissaient depuis quelque temps. Ils doublèrent le pas et atteignirent le haut de ce sentier, où la lune, qui brillait alors de tout son éclat, permit à Dalgetty de distinguer un groupe composé de dix ou douze Highlanders et d'à peu près autant de femmes et d'enfants. Les transports de joie avec lesquels cette petite troupe reçut Ranald Mac-Eagh firent aisément reconnaître au compagnon de voyage de l'outlaw que ceux au milieu desquels il se trouvait étaient des Enfants du Brouillard. Leur retraite était en harmonie avec leur nom et leurs habitudes. C'était un rocher en saillie autour duquel serpentait un sentier étroit et raboteux, commandé sur divers points par la petite plate-forme qu'occupaient les montagnards.

Ranald adressa vivement aux enfants de sa tribu quelques phrases animées; et les hommes vinrent l'un après l'autre serrer la main de Dalgetty, tandis que les femmes, plus expansives dans leur reconnaissance, se pressaient autour de lui pour baiser même le bord de ses vêtements.

— Ils vous engagent leur foi, dit Ranald Mac-Eagh, en retour du service que vous avez rendu au clan aujourd'hui.

— En voilà assez, Ranald, répondit le soldat, en voilà assez; — dites-leur que je n'aime pas ces serrements de main; — cela confond les rangs et les grades dans le service militaire. Quant à baiser mes gantelets, et les autres parties de mon armure, je me rappelle que l'immortel Gustave, traversant les rues de Nuremberg et se voyant rendre de pareils honneurs par la populace (honneurs dont il était sans doute beaucoup plus digne qu'un pauvre cavalier comme moi), leur dit pour les en empêcher: Si vous m'adorez ainsi comme un Dieu, qui vous assure que la vengeance du Ciel ne prouvera pas bientôt que je suis un mortel? — Ainsi donc, Ranald, vous voulez, à ce qu'il me paraît, faire halte ici pour attendre ceux qui vous poursuivent? — *Voto á Dios*, comme dit l'Espagnol. — Jolie position, — la plus jolie position pour un petit peloton que j'aie jamais vue depuis que je suis au service. — L'ennemi ne peut l'approcher sans s'exposer au feu du canon et du mousquet. — Mais, Ranald, mon brave camarade, vous n'avez pas de canon, j'ose l'assurer, et je ne vois pas non plus qu'aucun de ces gens-là ait de mousquets. Avec quelle artillerie vous proposez-vous donc de défendre le passage avant d'en venir aux mains? Franchement, Ranald, cela passe mon intelligence.

— Avec les armes et le courage de nos pères, répondit Mac-Eagh; et il fit remarquer au capitaine que ses hommes étaient armés d'arcs et de flèches.

— Des arcs et des flèches! s'écria Dalgetty; ha! ha! ha! allons-nous revoir Robin Hood et Little John? Des arcs et des flèches! certes, voilà cent ans qu'on n'en a vu dans une armée civilisée. Des arcs et des flèches! et pourquoi pas des frondes, comme du temps de Goliath? Qui aurait dit que Dugald Dalgetty de Drumthwacket vivrait pour voir des hommes combattre avec des arcs et des flèches? — L'immortel Gustave ne l'aurait jamais cru, — ni Wallenstein, — ni Butler, — ni le vieux Tilly. Enfin, Ranald, un chat ne peut avoir que ses griffes : — — puisque vous n'avez que des arcs et des flèches, tirons-en le meilleur parti possible. Seulement, comme je n'entends rien au service et à la manœuvre de votre artillerie à l'ancienne mode, disposez-la vous-même pour le mieux ; car, que je prenne le commandement, ce que j'aurais fait de grand cœur si vous aviez dû combattre avec des armes chrétiennes, c'est une chose impossible, lorsque vous allez combattre comme le Numide armé de carquois. Cependant, je n'en jouerai pas moins mon rôle dans la mêlée avec mes pistolets, vu que ma carabine est malheureusement restée à la selle de Gustave. — Bien obligé, je vous remercie, continua-t-il en s'adressant à un montagnard qui lui offrait un arc ; Dugald Dalgetty peut dire de lui-même ce qu'il a appris au collége Mareschal :

> Non eget Mauri jaculis, neque arcu,
> Nec venenatis gravida sagittis,
> Fusce, pharetra.

c'est-à-dire...

Ranald Mac-Eagh imposa une seconde fois silence à la loquacité du commandant, en le tirant par sa manche et en lui montrant du doigt le fond du défilé. Les aboiements du limier approchaient alors de plus en plus, et l'on pouvait entendre la voix de plusieurs hommes qui accompagnaient l'animal et s'appelaient les uns les autres lorsqu'ils s'étaient écartés, soit dans l'empressement de leur marche, soit pour fouiller avec plus de soin les buissons qui se trouvaient sur leur passage. Il était évident qu'ils approchaient à chaque instant davantage. Mac-Eagh proposa alors au capitaine Dalgetty de se débarrasser de son armure, et lui dit que les femmes la transporteraient en lieu de sûreté.

— Je vous demande pardon, monsieur, dit Dalgetty, mais cela n'est pas dans les règles du service militaire ; je me souviens même que les cuirassiers du régiment de Finlande furent réprimandés et privés de leurs timballes par l'immortel Gustave, pour s'être permis de se mettre en marche sans leurs cuirasses, et de les laisser avec le bagage. Jamais timballes ne résonnèrent plus à la tête de ce fameux régiment qu'après qu'il se fut conduit d'une manière si remarquable à la bataille de Leipsick. C'est une leçon qu'on ne doit pas oublier, non plus que cette exclamation de l'immortel Gustave : — Maintenant, je saurai si mes officiers m'aiment, en leur voyant mettre leur armure ; car si mes officiers sont tués, qui conduira mes soldats à la victoire? Cependant, mon ami Ranald, cela n'empêche pas qu'on me débarrasse de ces bottes un peu pesantes, pourvu que vous puissiez me donner quelque autre chaussure à la place; car je ne pense pas que la plante de mes pieds soit assez dure pour courir sur les cailloux et sur les ronces, comme me paraissent le faire vos amis.

Débarrasser le capitaine de ses bottes incommodes, et lui mettre aux pieds une paire de brogues [1] en peau de daim dont un montagnard se dépouilla en sa faveur, fut l'affaire d'une minute, et Dalgetty se trouva beaucoup plus à son aise après ce changement de chaussure. Il était en train de recommander à Ranald Mac-Eagh d'envoyer deux ou trois de ses hommes un peu plus bas pour reconnaître le défilé, et en même temps d'étendre un peu son front en plaçant deux archers détachés à chaque flanc, en manière de postes avancés, lorsque les cris rapprochés du limier leur apprirent que ceux qui les poursuivaient étaient au pied de leur retraite. Tous gardèrent un profond silence, car, si parleur qu'il fût en d'autres occasions, le capitaine Dalgetty savait bien la nécessité de se taire dans une embuscade.

La lune éclairait faiblement le sentier raboteux et les saillies du rocher autour duquel il serpentait, et sa lumière était interceptée çà et là par le feuillage des buissons et des arbres rabougris, qui, poussant dans les fentes de la pierre, enveloppaient d'une ombre inégale le sommet et les bords du roc escarpé. Plus bas, un épais taillis plongé dans une noire et profonde obscurité ressemblait en quelque sorte aux vagues lointaines de la mer. Du sein de ces ténèbres et presque du fond du précipice s'élevaient, par instants, les aboiements terribles du chien, que répétaient les échos des bois et des rochers d'alentour. Puis c'était un profond silence, interrompu seulement par le clapotement d'un petit ruisseau, qui tantôt s'élançait en cascades, et tantôt se frayait plus silencieusement un passage le long des flancs du rocher jusqu'à sa base. On entendait aussi des voix d'hommes qui parlaient tout bas au pied de la montagne; il semblait qu'ils n'avaient pas découvert l'étroit sentier qui conduisait à son sommet, ou que, l'ayant trouvé, le danger de le gravir, joint à la lumière incertaine de la lune et à la crainte qu'il ne fût défendu, les faisait hésiter à s'y engager.

Enfin un homme sortit de cet abîme ténébreux, et, s'avançant sous les pâles rayons de la lune, commença à gravir lentement et avec précaution le sentier escarpé. Ses formes se dessinèrent alors si nettement, que Dalgetty put distinguer non-seulement la personne d'un Highlander, mais encore le long fusil qu'il tenait à la main, et les plumes qui ornaient sa toque. — *Tausend teiflen* [2] ! — s'il est permis de jurer quand on est peut-être si près de son dernier moment — murmura

---

[1] Bottines en cuir demi-tanné. (L. V.)
[2] Mille diables !

entre ses dents le capitaine, qu'allons-nous devenir s'ils ont de la mousqueterie pour attaquer nos archers?

Mais à l'instant où le montagnard venait d'atteindre une pointe de rocher, à mi-chemin de l'escarpement, et s'arrêtait pour faire signe à ceux qui étaient restés en bas de le suivre, une flèche partit en sifflant de l'arc de l'un des Enfants du Brouillard, et lui fit une blessure si fatale, que, sans un seul effort pour se sauver, il perdit l'équilibre et tomba la tête la première du haut du rocher au fond du précipice. Le craquement des branches qui le reçurent et le retentissement de sa chute sur la terre furent suivis d'un cri d'horreur et de surprise jeté par ses camarades. Les Enfants du Brouillard, encouragés par l'effroi que ce premier succès avait répandu parmi leurs ennemis, répondirent à leur tour par d'affreux hurlements de joie, et, se montrant sur le faîte du rocher, s'efforcèrent, par leurs clameurs sauvages et leurs gestes menaçants, de donner aux assiégeants une idée de leur courage, de leur nombre et de leur vigilance. L'expérience militaire du capitaine Dalgetty lui-même ne l'empêcha pas de se lever et de crier à Ranald, plus haut que la prudence ne le permettait : — *Caraco*, camarade! comme dit l'Espagnol; vivent les arcs! Maintenant, si vous en croyiez mes faibles lumières, vous feriez avancer un peloton pour prendre position...

— Le Sassenach! cria une voix d'en bas; visez au Sassenach! je vois briller sa cuirasse. Trois coups de mousquet partirent au même instant, et tandis qu'une balle venait s'aplatir contre sa cuirasse à l'épreuve, à la force de laquelle notre vaillant capitaine avait plus d'une fois dû la vie, une autre pénétra l'armure qui couvrait le devant de sa cuisse gauche, et l'étendit sur la terre. Ranald le prit aussitôt dans ses bras et le transporta loin du bord du précipice, tandis que le major murmurait d'un ton plaintif : — J'ai toujours dit à l'immortel Gustave, à Wallenstein, à Tilly et autres hommes de guerre, que, suivant mon pauvre bon sens, les cuissards devaient être à l'épreuve du mousquet.

Mac-Eagh dit vivement deux ou trois mots en langue gaélique pour recommander le blessé aux soins des femmes qui étaient à l'arrière-garde de sa petite troupe, et il se préparait à retourner au combat. Mais Dalgetty l'arrêta par son plaid : — Je ne sais, lui dit-il, comment ceci finira; — mais je vous prie de faire savoir à Montrose que je suis mort en digne soldat de l'immortel Gustave. — Croyez-moi, prenez garde de ne pas quitter votre position actuelle, même pour poursuivre l'ennemi, si vous obtenez quelque avantage, — et — et...

En ce moment, la respiration commença à lui manquer, et ses yeux se fermèrent par suite du sang qu'il perdait; Mac-Eagh, profitant de cette circonstance, dégagea de la main de Dalgetty le bout de son manteau, et y substitua celui d'une femme que le capitaine tint for tement, croyant s'assurer l'attention du proscrit, auquel il continua de débiter ses instructions militaires tant qu'il eut la force de remuer les lèvres, quoique ses paroles devinssent à chaque instant plus incohérentes : — Camarade, n'oubliez pas de placer vos mousquetaires devant vos piques, vos haches de Lochaber et vos épées à deux mains. — Ferme, dragons, sur le flanc gauche ! — Où en étais-je ? — Ah ! Ranald, si vous songez à la retraite, laissez quelques mèches allumées sur les branches des arbres ; — cela fait croire qu'il y a des fusils derrière. — Mais j'oubliais : — vous n'avez ni mousquets, ni hauberts ; — rien que des arcs et des flèches. — Des arcs et des flèches ! Ha ! ha ! ha !

Ici le capitaine tomba dans un état d'épuisement complet, ne pouvant résister à l'envie de rire qu'excitait dans un soldat du dix-huitième siècle l'idée de ces anciennes armes de guerre. Comme il fut longtemps avant de reprendre connaissance, nous le laisserons, en attendant, aux soins des Filles du Brouillard, gardes en réalité aussi douces et aussi attentives que leurs dehors étaient sauvages et grossiers.

CHAPITRE XV.

> Mais si tes paroles sont sincères, si ta fidélité et ta constance y répondent, je te rendrai célèbre par mes vers et fière de mes exploits,
> Je te servirai par les moyens les plus nobles que l'on ait jamais connus ; j'ornerai, je couronnerai ta tête de lauriers, et je t'aimerai chaque jour davantage.
>
> *Vers de Montrose.*

Quelque regret que nous en ayons, il nous faut maintenant laisser le brave capitaine Dalgetty se rétablir de ses blessures ou devenir ce qu'il plaira au Ciel, pour retracer brièvement les opérations militaires de Montrose, quoiqu'elles méritent des pages plus sérieuses et un meilleur historien. Avec le secours des chieftains dont nous avons déjà parlé, et surtout grâces à la jonction des Murrays, des Stewarts et autres clans d'Athole, particulièrement dévoués à la cause royale, il eut bientôt assemblé une armée de deux ou trois mille montagnards, auxquels il parvint à réunir les Irlandais commandés par Colkitto. Ce chef, qui, au grand embarras des commentateurs de Milton, est cité dans un des sonnets de l'illustre poëte¹, s'appelait véritablement Alister ou Alexandre Mac Donnel; il était Écossais d'origine, et allié au comte d'Antrim, à la protection duquel il devait le commandement des troupes irlandaises. Sous beaucoup de rapports, il méritait cet honneur. Brave jusqu'à l'insouciance, plein de vigueur et d'activité, excellant à manier toutes les armes, il était toujours prêt à donner l'exemple au moment du danger. Pour contre-balancer ces bonnes qualités, il faut dire qu'il était sans aucune expérience de la tactique militaire, et d'un caractère jaloux et présomptueux qui fit souvent perdre à Montrose les fruits de la bravoure de Colkitto. Telle est cependant la supériorité des avantages extérieurs aux yeux d'une nation sauvage, que les actes de force et de courage de ce champion semblent avoir fait une impression plus profonde sur les Highlanders, que l'habileté militaire et l'esprit chevaleresque du marquis de Montrose. De nombreuses traditions relatives à Alister Mac Donnel courent encore dans les vallées des Highlands, tandis que le nom de Montrose y est rarement cité.

Le point sur lequel Montrose assembla définitivement sa petite armée fut Strathearn, sur les limites des montagnes du Perthshire, de manière à menacer la principale ville de ce comté.

Ses ennemis étaient préparés à le recevoir. Argyle, à la tête de ses montagnards, suivait les mouvements des Irlandais de l'ouest à l'est, et par force, par menaces ou par persuasion, il avait réuni une armée presque suffisante pour livrer bataille à celle de Montrose. Les Lowlands étaient aussi préparés à la lutte par les raisons que nous avons rapportées au commencement de notre récit. Un corps de six mille hommes d'infanterie et de six ou sept mille cavaliers, qui par une odieuse profanation prenait le titre d'armée de Dieu, avait été levé à la hâte dans les comtés de Fife, d'Angus, de Perth, de Stirling, et dans les districts environnants. Autrefois, et même encore sous le règne précédent, des forces beaucoup moins considérables auraient suffi pour mettre les Lowlands à l'abri d'une invasion de montagnards plus formidable que celle pour laquelle les chefs s'étaient réunis sous Montrose;

Le livre de Milton, intitulé *Tetrachordon*, avait été, à ce qu'il paraît, tourné en ridicule par les théologiens assemblés à Westminster, et par d'autres critiques, à cause de la barbarie de son titre. Milton, dans son sonnet, se venge sur les noms sauvages des Écossais, que la guerre civile avait rendus familiers aux oreilles anglaises:

« .... Hé quoi, messieurs, est-ce donc plus dur que Gordon, *Colkitto*, Mac-Donald ou
« Gallasp, — ces noms raboteux qui coulent aisément de nos lèvres, et devant lesquels
« Quintilien serait resté ébahi? »

« Il est probable, dit l'évêque Newton, que c'étaient des personnages remarquables parmi les ministres écossais, qui s'étaient montrés partisans fanatiques du Covenant; » au lieu que Milton veut seulement ridiculiser la barbarie des noms écossais en général, et cite sans distinction celui de Gillespie, un des apôtres du Covenant, et ceux de Colkitto et de Mac-Donnel (qui appartiennent tous deux au même homme), un des adversaires les plus acharnés de cette ligue. (W. S.)

mais les choses avaient bien changé depuis un demi-siècle. Avant cette époque, les Lowlanders étaient aussi constamment en guerre que les Highlanders, et ils étaient incomparablement mieux disciplinés et mieux armés. L'ordre de bataille favori des Écossais avait quelque ressemblance avec la phalange macédonienne. Leur infanterie, armée de longues lances, formait un corps compacte, impénétrable même aux hommes d'armes du temps, quoique bien montés et revêtus d'armures à l'épreuve. On conçoit donc sans peine que leurs rangs ne pouvaient être enfoncés par les charges irrégulières de l'infanterie highlandaise, armée seulement d'épées pour combattre corps à corps, mal approvisionnée d'armes de trait, et n'ayant aucune artillerie.

Cette manière de combattre fut en grande partie changée par l'introduction des mousquets dans l'armée des Basses-Terres d'Écosse; mais, comme on n'y avait point encore adapté la baïonnette, le mousquet, qui, de loin, était une arme formidable, n'était plus une défense lorsque l'ennemi attaquait corps à corps. La pique, il est vrai, n'était pas complétement abandonnée dans l'armée écossaise; mais ce n'était plus l'arme favorite, et ceux qui s'en servaient n'avaient plus en elle la même confiance qu'autrefois, à tel point que Daniel Lupton, tacticien du temps, a écrit un ouvrage tout exprès pour établir la supériorité du mousquet. Ce changement remontait au temps des guerres de Gustave-Adolphe, dont les marches étaient si rapides que la pique fut bientôt abandonnée pour les armes à feu. Une conséquence nécessaire de cette innovation, aussi bien que de l'établissement d'armées permanentes qui firent de la guerre un métier, fut l'introduction d'un système laborieux et compliqué de discipline, composé d'une multitude de commandements, avec les opérations et les manœuvres correspondantes, et d'une seule desquelles l'oubli devait jeter partout la confusion. La guerre donc, telle que la faisaient la plupart des nations de l'Europe, avait pris alors le caractère d'un métier ou d'un art, dans lequel une pratique assidue et une longue expérience étaient indispensables. Telle fut la conséquence naturelle de l'établissement des armées permanentes, qui avaient presque partout, et en particulier dans les longues guerres d'Allemagne, remplacé ce qu'on peut appeler la discipline naturelle de la milice féodale.

Les troupes des Lowlands d'Écosse avaient donc un double désavantage en combattant les Highlanders. Elles n'avaient plus la lance, cette arme qui dans les mains de leurs ancêtres avait si souvent repoussé les impétueuses attaques des montagnards, et elles étaient soumises à une discipline nouvelle et compliquée, très-bonne, peut-être, pour des troupes régulières auxquelles on pouvait l'enseigner complétement, mais qui ne servait qu'à jeter le désordre dans les rangs de soldats citoyens qui y étaient rarement soumis et qui la comprenaient fort peu. On a tant fait de nos jours pour ramener la tactique à ses premiers principes, et pour secouer le pédantisme de la guerre, qu'il nous est facile d'apprécier les désavantages auxquels était exposée une milice à demi formée, instruite à regarder le succès comme dépendant de la précision avec laquelle elle suivait un système de tactique que sans doute elle comprenait tout juste assez pour voir quand elle faisait mal, sans savoir pour cela comment s'y prendre pour mieux faire. L'on ne peut nier non plus que sous le rapport de l'esprit belliqueux et des habitudes militaires, les Lowlanders du dix-septième siècle ne fussent tombés bien au-dessous de leurs compatriotes des Highlands.

Depuis l'époque la plus reculée jusqu'à la réunion des deux couronnes, le royaume d'Écosse, les Lowlands comme les Highlands, avait constamment été le théâtre de guerres étrangères ou civiles, et il n'y avait peut-être pas un de ses intrépides habitants, de seize à soixante ans, qui ne fût naturellement disposé, comme il y était littéralement obligé par la loi, à prendre les armes au premier appel de son seigneur-lige ou à la première proclamation du roi. La loi était la même en 1645 que cent ans avant; mais la génération qui y était soumise avait été élevée dans des sentiments tout autres. Les hommes étaient restés tranquillement assis à l'ombre de leurs vignes et de leurs figuiers; et un appel aux armes impliquait un changement de vie aussi nouveau que désagréable. Ceux d'entre eux, aussi, qui vivaient près des Highlands, étaient sans cesse, et à leur grand détriment, en collision avec les turbulents habitants de ces montagnes, qui enlevaient leurs troupeaux, pillaient leurs demeures, insultaient leurs personnes, et qui avaient acquis sur eux cette espèce de supériorité que donne un système constant d'agression. Les Lowlanders, plus éloignés et à l'abri de ces déprédations, étaient intimidés par les bruits exagérés qui couraient sur les Highlanders, qu'à cause de la différence complète des lois, du langage et du costume, ils étaient portés à regarder comme un peuple de sauvages, également inaccessible à tout sentiment de crainte ou d'humanité. Tous ces préjugés, joints aux mœurs moins belliqueuses des Lowlanders et à la connaissance imparfaite du système nouveau et compliqué de discipline pour lequel on leur avait fait changer leur manière naturelle de combattre, leur donnaient un grand désavantage, quand ils se trouvaient opposés aux Highlanders sur un champ de bataille. Les montagnards, au contraire, avec les armes et le courage de leurs pères, avaient conservé aussi leur tactique simple et naturelle, et ils fondaient avec une entière confiance sur un ennemi pour lequel le peu de discipline qu'il connaissait était, comme l'armure de Saül pour David, un embarras plutôt qu'un secours, « parce qu'ils ne savaient pas s'en servir. »

Ce fut avec ces désavantages d'un côté, et avec ces avantages de l'autre, pour compenser l'infériorité du nombre et le manque de cavalerie et d'artillerie, que Montrose attaqua l'armée de lord Elcho dans les plaines de Tippermuir. Les ministres presbytériens n'avaient épargné aucun effort pour stimuler l'enthousiasme de leurs partisans, et l'un d'eux, en haranguant les troupes le jour même de la bataille, ne craignit pas de dire que si jamais Dieu avait parlé par sa bouche, il leur promettait en son nom, pour ce jour-là, une victoire éclatante et assurée. La cavalerie et l'artillerie étaient aussi regardées comme des garanties certaines de succès, la nouveauté de leurs charges ayant, dans des occasions précédentes, jeté le découragement parmi les Highlanders. Le champ de bataille était une plaine de bruyères, et le terrain donnait peu d'avantages à l'un ou à l'autre des partis, si ce n'est qu'il permettait à la cavalerie des covenantaires d'agir efficacement.

Jamais bataille, dont le résultat dût être plus important, ne fut plus aisément décidée. La cavalerie lowlandaise fit une charge; mais, soit que le feu de la mousqueterie l'eût mise en désordre, soit qu'elle n'eût donné qu'avec la répugnance qui, comme nous l'avons dit, dominait parmi les gentilshommes, elle ne produisit aucun effet sur les Highlanders, et recula en désordre sur les rangs des fantassins, qui n'avaient ni piques ni baïonnettes pour la protéger. Montrose s'en aperçut et profita aussitôt de cet avantage. Il ordonna une charge générale, qui fut exécutée avec l'intrépidité sauvage et furieuse particulière aux montagnards. Un seul officier des covenantaires, formé dans les guerres d'Italie, opposa une résistance désespérée à l'aile droite. Sur tous les autres points, leurs rangs furent enfoncés au premier choc; et cet avantage une fois obtenu, les Lowlanders se trouvèrent tout à fait hors d'état de combattre corps à corps leurs ennemis plus agiles et plus vigoureux. Beaucoup furent tués sur le champ de bataille, et il en périt une telle quantité dans la déroute, que les covenantaires perdirent, dit-on, plus d'un tiers de leur armée. Il est vrai qu'il faut comprendre dans ce nombre beaucoup de bourgeois qui s'enfuirent avec plus de rapidité que ne le comportait leur embonpoint, et qui, tombant d'épuisement sur la route, moururent ainsi sans avoir reçu une seule blessure [1].

Les vainqueurs s'emparèrent de Perth, et y trouvèrent des sommes considérables d'argent, ainsi qu'une grande quantité d'armes et de munitions. Mais ces avantages devaient être balancés par un inconvénient immense, qui s'est toujours reproduit dans les armées de montagnards. Rien ne pouvait amener les clans à se considérer comme troupes régulières et à agir comme telles. En l'année 1745-6, lorsque le Chevalier Charles-Édouard, pour faire un exemple, fit fusiller un soldat qui avait déserté, les Highlanders qui composaient son armée se montrèrent aussi indignés que surpris. Ils ne pouvaient concevoir en vertu de quel principe de justice on ôtait la vie à un homme, uniquement pour être re-

[1] Nous sommes bien aise de citer notre autorité pour un fait aussi singulier : — « Un grand nombre de bourgeois furent tués; — vingt-cinq tombèrent dans l'église de Saint-André; — beaucoup perdirent haleine en fuyant, et moururent sans avoir été touchés. » — Voyez BAILLIE's Letters, vol. II, p. 92. (W. S.)

tourné chez lui, lorsqu'il ne lui convenait pas de rester plus longtemps à l'armée. Tel avait toujours été l'usage de leurs pères. Lorsqu'une bataille était terminée, ils croyaient que la campagne l'était aussi : si la bataille était perdue, ils cherchaient un asile dans leurs montagnes ; — si elle était gagnée, ils couraient y mettre leur butin en sûreté. D'autres fois, ils avaient leurs troupeaux à surveiller, leurs champs à ensemencer ou à moissonner, sans quoi leurs familles eussent péri de besoin. Dans l'un ou dans l'autre cas, ils abandonnaient momentanément le service ; et, quoiqu'il fût assez facile de les faire revenir en leur offrant la perspective de nouvelles aventures et de plus riches dépouilles, en attendant, l'occasion du succès était perdue sans retour. Cette circonstance démontre, quand même l'histoire ne nous l'eût pas appris aussi, que les Highlanders n'avaient jamais fait la guerre dans des vues de conquête permanente, mais seulement dans l'espoir d'en tirer un avantage momentané ou pour décider quelques querelles. Elle explique aussi pourquoi Montrose, malgré tous ses brillants succès, ne parvint jamais à s'établir d'une manière sûre et durable dans les Lowlands, et pourquoi ceux mêmes des gentilshommes et des seigneurs de ces contrées qui penchaient pour la cause royale, montraient de la répugnance à se joindre à une armée si inconstante et si irrégulière, dont les habitudes pouvaient leur faire craindre à chaque instant que les Highlanders, se réfugiant en sûreté dans leurs montagnes, n'abandonnassent tous les Lowlanders qui auraient fait cause commune avec eux à la merci d'un ennemi irrité et triomphant. La même considération servira aussi à rendre compte des marches soudaines que Montrose était obligé de faire pour recruter son armée dans les montagnes, et des rapides changements de fortune qui le forçaient souvent à battre en retraite devant ces mêmes ennemis qu'il venait de vaincre. S'il est quelques lecteurs qui cherchent dans ces récits autre chose qu'une distraction momentanée, ils ne trouveront pas ces remarques indignes de leur être rappelées.

Ce fut par ces causes, c'est-à-dire la défiance des loyalistes lowlanders et la désertion momentanée de ses montagnards, que Montrose, même après la victoire décisive de Tippermuir, se trouva dans l'impossibilité de tenir devant la seconde armée qu'Argyle amenait de l'Ouest contre lui. Dans cette conjoncture, suppléant par la rapidité des mouvements au petit nombre de ses forces, il se porta tout à coup de Perth sur Dundee, et n'ayant pu s'en faire ouvrir les portes, il marcha vers le Nord sur Aberdeen, où il s'attendait à être joint par les Gordons et d'autres loyalistes. Mais le zèle de ces gentilshommes était alors complètement paralysé par un corps nombreux de covenantaires sous les ordres de lord Burleigh, et que l'on supposait fort de trois mille hommes. Avec des forces moitié moins nombreuses, Montrose les attaqua hardiment. La bataille fut livrée sous les murs de la ville, et la valeur impétueuse des soldats de Montrose triompha de nouveau, malgré tous les désavantages de leur position.

Mais il était dans la destinée de ce grand capitaine d'acquérir toujours de la gloire et de recueillir rarement les fruits de ses succès. Il avait à peine eu le temps de faire reposer sa petite armée dans Aberdeen, lorsqu'il apprit, d'une part, que les Gordons ne viendraient probablement pas se joindre à lui, par les raisons que nous avons déjà données, et par quelques autres particulières à leur chef, le marquis de Huntly; tandis que d'un autre côté, Argyle, dont les forces s'étaient accrues par l'accession de plusieurs gentilshommes des Lowlands, s'avançait vers lui à la tête d'une armée beaucoup plus nombreuse qu'il n'en avait encore eu à combattre. Ces troupes marchaient, à la vérité, avec une lenteur conforme au caractère circonspect de leur chef, mais cette circonspection même rendait l'approche d'Argyle plus redoutable; car pour qu'il se portât en avant, il fallait que le marquis se trouvât à la tête d'une armée si supérieure en nombre qu'il n'y eût point de résistance possible.

Un seul moyen de retraite restait ouvert à Montrose, et il l'adopta. Il se jeta dans les Highlands, où il pouvait braver les poursuites, et où il était sûr de retrouver, dans chaque vallée, les recrues qui avaient quitté son étendard pour aller déposer leur butin dans leurs forteresses natales. C'est ainsi que la nature singulière de l'armée que commandait Montrose, tandis que d'un côté elle rendait sa victoire en quelque sorte illusoire, lui permettait d'un autre, dans les circonstances les plus désavantageuses, d'assurer sa retraite, de recruter ses forces, et de se rendre plus formidable que jamais à l'ennemi devant lequel il n'avait pu tenir peu de jours auparavant.

Cette fois, il se jeta dans le Badenoch, et traversant rapidement ce district, ainsi que le comté voisin d'Athole, il sema l'alarme parmi les Covenantaires par des attaques imprévues et réitérées sur divers points, et répandit partout une telle consternation, que le Parlement envoya à plusieurs reprises au marquis d'Argyle, son général, l'ordre d'attaquer et de disperser à tout prix l'armée de Montrose.

Ces ordres ne convenaient ni à l'esprit hautain, ni à la politique circonspecte et temporisatrice du noble seigneur auquel ils étaient adressés. Il n'y eut donc aucun égard, et borna ses efforts à intriguer auprès du petit nombre des Lowlanders rangés sous les drapeaux de Montrose, dont la plupart reculaient devant la perspective d'une campagne dans les Highlands, qui exposait leurs personnes à d'insupportables fatigues, et laissait leurs biens à la merci des covenantaires. En effet, plusieurs d'entre eux quittèrent le camp de Montrose à cette époque. Mais il fut rallié par un corps de troupes dont le caractère, plus analogue aux circonstances, convenait beaucoup mieux à la situation dans laquelle il se trouvait. Ce renfort consistait en un corps nombreux de Highlanders que Colkitto, dépêché à cet effet, avait levé dans le comté d'Argyle. Parmi les plus distingués étaient John de Moidart, appelé le capitaine du clan Ranald, les Stewarts d'Appin, le clan Gregor, le clan Mac-Nab, et d'autres tribus inférieures. L'armée de Montrose se trouva alors si formidable, qu'Argyle ne se soucia pas de conserver plus longtemps le commandement des forces qui lui étaient opposées ; il retourna à Édimbourg, et y donna sa démission, sous prétexte que son armée ne recevait pas les renforts et les provisions qu'on aurait dû lui envoyer. D'Édimbourg, le marquis retourna à Inverary, où, dans une sécurité absolue, il se remit à gouverner en patriarche féodal ses vassaux et ses tenanciers, se reposant sur la foi du proverbe national que nous avons déjà cité : « Il y a loin jusqu'à Lochow. »

CHAPITRE XVI.

> Des montagnes escarpées, d'énormes rochers environnaient son armée d'un côté ; de l'autre, d'immenses et horribles marécages l'entouraient d'une eau fangeuse et verdâtre.
>
> Ce que voyant le comte, il assembla en conseil tous ses capitaines, qui, dans leur ardeur sauvage, demandèrent à marcher en avant et à affronter la fortune, quelle qu'elle pût être. *Flodden Field*, vieux poëme.

MONTROSE avait alors une brillante carrière devant lui, pourvu qu'il pût obtenir le concours de ses braves mais inconstants soldats et de leurs chefs indépendants. Les Basses-Terres lui étaient ouvertes, et l'armée des covenantaires n'était plus en état d'arrêter sa course ; car les partisans d'Argyle l'avaient abandonnée avec lui, lorsque leur maître avait donné sa démission, et plusieurs autres corps, fatigués de la guerre, avaient profité de l'occasion pour se débander. En descendant Strath-Tay, l'un des passages les plus praticables des Highlands, Montrose n'avait donc qu'à se présenter dans les Lowlands pour réveiller l'esprit de chevalerie et de loyauté qui, bien qu'endormi, vivait toujours au cœur des gentilshommes des rives septentrionales du Forth. Maître de ces districts, après une victoire ou même sans coup férir, il se trouvait en possession d'une des parties les plus riches et les plus fertiles du royaume, et en état de donner à ses troupes une paie régulière, et par ce moyen de les fixer d'une manière plus stable sous ses drapeaux, de pénétrer jusqu'à la capitale, et de là peut-être jusqu'à la frontière anglo-écossaise, où il croyait pouvoir se joindre aux forces du roi Charles qui n'avaient pas encore été réduites.

Tel était le plan d'opérations qui devait donner la gloire la plus vraie, et assurer à la cause royale les succès les plus importants. Il n'échappa donc point à l'esprit ambitieux et hardi de celui que ses services avaient déjà fait surnommer le Grand Marquis. Mais d'autres motifs faisaient agir la plupart de ses partisans, et n'étaient peut-être pas sans exercer aussi une influence secrète et cachée sur ses propres sentiments.

Il n'y avait, pour ainsi dire, pas un des chefs de l'Ouest, dans l'armée de Montrose, qui ne regardât le marquis d'Argyle comme le principal et le véritable but des hostilités. Presque tous avaient éprouvé quel était son pouvoir ; presque tous, en retirant de leurs glens les hommes en état de porter les armes, laissaient leurs familles et leurs propriétés exposées à sa vengeance ; tous, sans exception, désiraient diminuer son autorité, et la plupart étaient si près de ses domaines, qu'ils pouvaient raisonnablement espérer d'avoir une portion de ses dépouilles. Pour ces chefs, la possession d'Inverary et de sa forteresse était un événement beaucoup plus important et plus désirable que la prise d'Édimbourg. Ce dernier événement ne pouvait procurer à leurs vassaux que l'avantage passager d'une légère gratification ou d'un pillage ; le premier assurait aux chefs eux-mêmes indemnité pour le passé et sécurité pour l'avenir. Outre ces raisons personnelles, les chefs qui soutenaient cette opinion en faisaient valoir une autre qui ne laissait pas que d'être plausible. Ils disaient que bien qu'au premier moment de son entrée dans les Lowlands Montrose pût être supérieur à l'ennemi, à mesure qu'il s'éloignerait des montagnes chaque jour verrait diminuer ses forces et l'exposerait à être écrasé par quelque armée que les covenantaires parviendraient à mettre sur pied en réunissant les recrues et les garnisons des Basses-Terres. Au contraire, en renversant la puissance d'Argyle, non-seulement il permettrait à ses amis de l'Ouest, déjà présents, de disposer de cette partie de leurs hommes qu'autrement ils devaient laisser dans leurs foyers pour la protection de leurs familles, mais encore il rangerait sous ses étendards plusieurs tribus déjà favorables à sa cause, et que la crainte de Mac-Callum More empêchait seule de se joindre à lui.

Ces arguments, comme nous l'avons déjà donné à entendre, trouvaient dans l'esprit de Montrose un certain sentiment de complaisance qui ne s'accordait pas parfaitement avec l'héroïsme général de son caractère. Les maisons d'Argyle et de Montrose avaient été autrefois opposées l'une à l'autre en plus d'une occasion, soit dans la guerre, soit dans la politique, et les avantages nombreux obtenus par la première l'avaient rendue l'objet de l'envie et de la haine de sa rivale, qui, se croyant les mêmes droits, n'avait pas été aussi bien récompensée. Ce n'était pas tout. Les chefs actuels de ces deux familles n'avaient cessé d'être dans l'opposition la plus tranchée depuis l'origine des derniers troubles.

Montrose, qui sentait la supériorité de ses talents, et qui avait rendu, dans le commencement de la guerre, de grands services aux partisans du Covenant, s'était attendu à obtenir la première place dans leur conseil et le commandement de leur armée; mais ils jugèrent plus prudent de les accorder à son rival Argyle, dont les talents étaient plus bornés et le pouvoir plus étendu. Cette préférence fut un affront que Montrose ne pardonna jamais aux covenantaires, et qu'il était encore moins disposé à pardonner à Argyle qui lui avait été préféré. Il était donc poussé par tous les sentiments de haine qui pouvaient irriter une âme ardente, à une époque de discordes, à vouloir se venger de l'homme qui était à la fois l'ennemi de sa maison et son ennemi personnel; et il est probable que ces motifs particuliers ne furent pas sans influence sur son esprit, lorsqu'il vit la plus grande partie de ses partisans décidés à diriger une expédition contre les domaines d'Argyle, plutôt qu'à adopter la mesure bien plus décisive d'entrer sur-le-champ dans les Basses-Terres.

Cependant, quelque tenté qu'il fût d'attaquer le comté d'Argyle, Montrose ne se résolut qu'avec peine à renoncer au plan glorieux d'une descente dans les Lowlands. Il tint plus d'une fois conseil avec les principaux chefs, combattant, peut-être, ses penchants secrets autant que les leurs. Il leur représenta l'extrême difficulté de conduire, de l'est dans le comté d'Argyle, même une armée de montagnards, à travers des défilés à peine accessibles pour des bergers et des chasseurs de daims, au milieu de montagnes que les clans, même les plus voisins, ne pouvaient se vanter de connaître parfaitement. La saison augmentait encore ces inconvénients, car on touchait au mois de décembre, époque où il fallait s'attendre à voir les passages des montagnes, si dangereux par eux-mêmes, devenir entièrement impraticables par suite de la chute des neiges. Ces objections ne purent ni satisfaire les chefs ni leur fermer la bouche. Ils insistaient sur leur ancienne manière de faire la guerre, en enlevant les troupeaux qui, suivant l'expression gaélique, « paissaient l'herbe de leurs ennemis. » Le conseil se sépara fort avant dans la nuit et sans prendre aucune décision. Seulement les chefs qui soutenaient qu'il fallait envahir l'Argyleshire promirent de chercher, parmi les hommes de leurs clans, ceux qui seraient le plus capables de servir de guides pour cette expédition.

Montrose s'était retiré dans la cabane qui lui servait de tente, et il s'était étendu sur un lit de fougère sèche, la seule couche qui s'y trouvât. Mais il appelait en vain le sommeil; les visions de l'ambition chassaient celles de Morphée. Tantôt il se voyait déployant la bannière royale du haut de la citadelle reconquise d'Édimbourg, envoyant des secours à un monarque dont la couronne dépendait de ses victoires, et recevant en récompense tous les honneurs et toutes les grâces qui pleuvent sur celui qu'un roi se plaît à combler de ses faveurs. Tantôt ce rêve, tout brillant qu'il fût, s'évanouissait devant l'illusion qui lui montrait sa vengeance satisfaite et son ennemi personnel terrassé de sa propre main. Surprendre le marquis dans sa forteresse d'Inverary ; — écraser en lui tout à la fois le rival de sa famille et le principal soutien des presbytériens ; — montrer aux covenantaires ce qu'étaient et cet Argyle qu'ils avaient préféré et ce Montrose qu'ils avaient sacrifié, c'était là un tableau qui flattait trop ses désirs de vengeance féodale pour qu'il en détournât facilement les yeux.

Pendant qu'il réfléchissait ainsi, en proie à des pensées et à des sentiments contradictoires, le soldat qui faisait sentinelle à sa porte vint annoncer au marquis que deux personnes désiraient parler à Son Excellence.

— Leurs noms? demanda Montrose, et le motif de leur visite à une pareille heure de la nuit ?

A ces questions de son général, le factionnaire, qui était un des Irlandais de Colkitto, ne put répondre bien clairement ; et Montrose, qui dans un pareil moment n'osait refuser audience à personne, de peur de négliger des avis importants, après avoir pris la précaution nécessaire de faire mettre sa garde sous les armes, se prépara à recevoir ses importuns visiteurs. A peine son valet de chambre avait-il eu le temps d'allumer deux torches, à peine lui-même avait-il eu le temps de se lever, que deux hommes entrèrent : l'un portait le costume des gens des Basses-Terres, c'est-à-dire un vêtement de peau de chamois, presque en lambeaux ; l'autre était un vieux montagnard à la taille droite et élevée, dont le teint qu'on aurait pu appeler gris de fer, et l'extérieur usé, accusaient le ravage des frimas et des tempêtes.

— Que désirez-vous de moi, mes amis? dit le marquis, tandis que sa main cherchait presque involontairement la crosse d'un de ses pistolets ; car à cette époque et à cette heure il était permis de concevoir des soupçons, que la bonne mine des étrangers n'était nullement faite pour dissiper.

— Permettez-moi, je vous prie, mon très-noble général et très-honorable lord, dit le Lowlander, de vous féliciter des grandes victoires que vous avez remportées depuis que j'ai eu le malheur de vous quitter. C'est une jolie affaire que cette bataille de Tippermuir ; néanmoins, s'il m'était permis de donner un conseil...

— Avant cela, interrompit le marquis, voudriez-vous me dire quelle est la personne qui a la bonté de m'honorer de ses avis ?

— En vérité, mylord, je me flattais que cela n'était pas nécessaire. Il n'y a pas si longtemps, ce me semble, que j'ai pris du service dans les troupes de votre armée, sous la promesse d'un brevet de major, avec un demi-dollar de paie par jour et un demi-dollar d'arriéré. Puis-je espérer que Votre Seigneurie n'a pas oublié ma paie aussi bien que ma personne?

— Mon bon ami, mon cher major Dalgetty, dit Montrose, qui re-

connut alors parfaitement son homme, excusez-moi si d'importantes affaires ont effacé de ma mémoire les traits de mes amis; et puis cette lumière est si sombre... Mais toutes les conditions seront observées.
— Hé bien! quelles nouvelles du comté d'Argyle, mon bon major? Nous vous avions cru perdu depuis longtemps; et je me préparais en ce moment à tirer la plus éclatante vengeance du vieux renard qui violait en votre personne les lois de la guerre.

— Ma foi, mylord, reprit Dalgetty, je désire fort que mon retour ne mette aucun obstacle à l'exécution d'un projet si juste et si louable; je ne suis pas du tout ici, je vous jure, pour rappeler sur le comte d'Argyle votre intérêt ou votre indulgence, et je n'ai pas envie d'intercéder en sa faveur. Si je suis sorti de ses griffes, après Dieu et l'adresse supérieure qu'en vieux troupier consommé j'ai déployée dans cette évasion, — après ces auxiliaires, dis-je, je le dois à ce vieux montagnard, que je prends la liberté de recommander à la faveur spéciale de Votre Seigneurie, comme l'instrument du salut de votre serviteur Dugald Dalgetty de Drumthwacket.

— C'est, répondit gravement le marquis, un service important qui sera, soyez-en sûr, récompensé comme il le mérite.

— A genoux, Ranald, dit le major Dalgetty (comme nous l'appellerons désormais), à genoux, et baisez la main de Son Excellence.

Cette manière de remercier n'étant pas conforme à l'usage du pays de Ranald, celui-ci se contenta de croiser les bras sur sa poitrine, en inclinant profondément la tête.

— Ce pauvre homme, mylord, continua le major Dalgetty en prenant un air de protection à l'égard de Ranald Mac-Eagh, a vraiment fait tout ce qu'il a pu pour me défendre contre mes ennemis, sans avoir d'autres armes de trait que des arcs et des flèches, ce que Votre Seigneurie aura peine à croire.

— Vous en verrez beaucoup dans mon camp, répliqua Montrose, et nous les trouvons fort utiles[1].

— Fort utiles, mylord! s'écria Dalgetty; Votre Seigneurie excusera, j'espère, ma surprise. — Des arcs et des flèches! — vous me pardonnerez, sans doute, de vous recommander d'y substituer des mousquets, à la première occasion favorable. — Mais, outre qu'il m'a défendu, cet honnête montagnard a encore pris la peine de me guérir d'une blessure que j'avais reçue en opérant ma retraite, en considération de quoi je dois, pour m'acquitter de mon mieux, le recommander à la protection spéciale de Votre Seigneurie.

---

[1] On peut, en effet, consigner ici, pour ceux qui admirent le talent de l'archer, que non-seulement plusieurs des Highlanders de l'armée de Montrose se servaient de ces armes antiques, mais qu'en Angleterre même, l'arc et les flèches, jadis la gloire des braves habitants des campagnes, furent parfois employés pendant les grandes guerres civiles. (W. S.)

— Quel est votre nom, mon ami? dit Montrose en se tournant vers le Highlander.

— Cela ne peut pas se dire, répondit le montagnard.

— C'est-à-dire, interpréta le major Dalgetty, qu'il désire cacher son nom, attendu qu'autrefois il a pris un château, égorgé certains enfants, et fait d'autres plaisanteries, qui, comme le sait bien Votre Excellence, se pratiquent souvent en temps de guerre, mais qui ne concilient pas à leurs auteurs la bienveillance des amis de ceux à qui elles ont été faites. J'ai vu, dans ma carrière militaire, plus d'un brave cavalier mis à mort par des paysans, rien que pour avoir traité le pays militairement.

— Je comprends; cet homme est en hostilité avec quelques-uns de nos partisans. Qu'il se retire dans le corps de garde, et nous aviserons aux meilleurs moyens de le protéger.

— Vous entendez, Ranald; Son Excellence désire causer en conseil privé avec moi. Il faut que vous alliez au corps de garde. — Il ne sait pas où cela est, le pauvre garçon! — il est encore bien jeune dans le métier de soldat, pour un homme de son âge! Je vais le faire conduire par une sentinelle, et je reviens sur-le-champ auprès de Votre Seigneurie. — Il sortit un instant et rentra comme il l'avait dit.

La première question de Montrose fut relative à l'ambassade d'Inverary; et il écouta attentivement le rapport de Dalgetty, malgré la prolixité de sa narration. Le marquis dut se contraindre pour lui prêter une oreille patiente; mais il savait mieux que personne que lorsqu'il y a quelque renseignement à tirer du récit d'agents tels que Dalgetty, le seul moyen de l'obtenir est de les laisser conter leur histoire à leur manière. Sa patience fut enfin récompensée. Parmi les dépouilles que le capitaine avait pris la liberté de s'approprier, était une liasse de papiers secrets d'Argyle. Il les remit entre les mains de son général; mais le besoin qu'il éprouvait de rendre compte n'alla pas plus loin, car je n'ai pas appris qu'il ait parlé de la bourse d'or dont il s'était emparé en même temps qu'il avait pris les papiers. Montrose détacha une torche de la muraille, et fut bientôt profondément enfoncé dans la lecture de ces documents, dans lesquels il semblait trouver des raisons propres à irriter le ressentiment personnel qu'il entretenait contre son rival Argyle.

— Il ne me craint pas? dit-il; hé bien, il sentira ce que je puis. Il veut mettre le feu à mon château de Murdoch? — c'est d'Inverary que s'élancera d'abord la fumée. — Oh! que n'ai-je un guide pour me conduire à travers les montagnes de Strath-Fillan!

Quel que fût l'amour-propre de Dalgetty, il connaissait assez bien son affaire pour deviner l'intention de Montrose. Il interrompit aussitôt sa prolixe narration de l'escarmouche qui avait eu lieu et de la blessure qu'il avait reçue dans sa retraite, et se mit à parler du sujet qui paraissait intéresser son général.

CHAPITRE XVI.

— Si Votre Excellence, dit-il, désire faire une invasion dans le comté d'Argyle, Ranald, ce pauvre homme que je vous ai présenté, connaît, ainsi que ses enfans et ses compagnons, tous les sentiers qui conduisent dans ce pays, soit de l'est, soit du nord.

— Réellement! s'écria Montrose; quelle raison avez-vous de croire leurs connaissances si étendues?

— Son Excellence saura que, pendant les semaines que j'ai passées au milieu d'eux pour le traitement de ma blessure, ils furent plusieurs fois obligés de changer de quartier, à cause des tentatives réitérées d'Argyle pour remettre la main sur la personne d'un officier qui était honoré de la confiance de Votre Seigneurie; de sorte que j'ai eu occasion d'admirer avec quelle singulière adresse, avec quelle connaissance du pays, ils avançaient et se retiraient tour à tour. Quand enfin j'ai été en état de rejoindre le drapeau de Votre Excellence, cette honnête et simple créature, ce Ranald Mac-Eagh, m'a conduit par des sentiers dans lesquels mon cheval Gustave (dont Votre Seigneurie peut se souvenir) marchait en toute sûreté; et je pensai alors en moi-même, que si l'on avait besoin de guides, d'espions ou d'émissaires dans une expédition contre ce district occidental, on n'en pourrait désirer de plus habiles que mon hôte et ses compagnons.

— Et pouvez-vous répondre de la fidélité de cet homme? Quel est son nom, son état?

— C'est un outlaw, un voleur de profession, un peu meurtrier ou assassin dans l'occasion; il s'appelle Ranald Mac-Eagh, ce qui signifie Ranald l'Enfant du Brouillard.

— Je crois me rappeler ce nom, dit Montrose en paraissant réfléchir. Ces Enfants du Brouillard n'ont-ils pas commis quelque acte de cruauté envers les Mac-Aulays?

Le major Dalgetty cita alors le meurtre du forestier, et la mémoire active de Montrose lui rappela aussitôt toutes les circonstances du fait.

— C'est un grand malheur, reprit le marquis, que cette haine implacable entre ces hommes et les Mac-Aulays. Allan s'est comporté bravement dans ces guerres; par le mystère étrange de sa conduite et de son langage, il a tant d'influence sur l'esprit de ses compatriotes, que le mécontenter pourrait avoir de graves conséquences. D'un autre côté, ces hommes pouvant nous rendre de si importants services, et méritant, à ce que vous dites, toute confiance...

— Ma paie et mes arrérages, mon cheval et mes armes, ma tête et mon cou, je répondrais de leur fidélité sur tout cela, interrompit le major; et Votre Excellence sait qu'un soldat n'en pourrait pas dire davantage pour son propre père.

— C'est vrai; mais comme c'est là un point de la plus haute importance, je voudrais bien savoir sur quels fondements vous appuyez une assurance si positive?

— En deux mots donc, mylord, voici mes raisons. Non-seulement ils dédaignèrent de gagner une belle récompense qu'Argyle me fit l'honneur d'offrir pour prix de ma pauvre tête ; non-seulement ils s'abstinrent de toucher à mes effets, dont la valeur aurait tenté les soldats réguliers de n'importe quelle armée d'Europe ; non-seulement ils me rendirent mon cheval, qui, comme Votre Excellence le sait, est une bête de prix : mais je ne pus jamais leur faire accepter un stiver, un doit[1] ou un maravédi[2] pour les indemniser de l'embarras et des frais de ma maladie. Ils refusèrent absolument l'argent que je leur offrais de mon plein gré ; — c'est une chose qui ne se voit pas souvent dans un pays chrétien.

— Je conviens, dit Montrose après un moment de réflexion, que leur conduite envers vous est une preuve manifeste de leur fidélité ; mais comment s'assurer contre l'explosion de cette haine ? Il s'arrêta, puis il ajouta tout à coup : — Mais j'oublie que j'ai soupé, et que vous, major, vous venez de voyager par le clair de lune.

Il ordonna à ses domestiques d'apporter une bouteille de vin et quelques rafraîchissements. Le major Dalgetty, qui avait l'appétit d'un convalescent revenu des montagnes, ne se fit pas prier pour attaquer les mets placés devant lui, et se mit à les expédier avec une telle rapidité, que le marquis, remplissant un verre de vin, et buvant à sa santé, ne put s'empêcher de dire que, si grossières que fussent les provisions de son camp, il craignait que le major Dalgetty n'eût fait encore plus mauvaise chère pendant son excursion dans le comté d'Argyle.

— Votre Excellence peut en lever la main, répondit le digne major en parlant la bouche pleine, car j'ai encore sur le cœur le pain dur et l'eau bourbeuse d'Argyle ; et quoique les pauvres malheureuses créatures m'aient traité de leur mieux, la cuisine des Enfants du Brouillard était si peu succulente, que lorsque je remis mon armure, que j'avais été forcé d'abandonner pour pouvoir aller plus vite, je dansais dedans comme l'amande sèche d'une noix conservée d'une fête de la Toussaint à l'autre.

— Il faut songer aux moyens de réparer ces pertes, major Dalgetty.

— Ma foi, j'aurai du mal à y réussir, à moins que mon arriéré ne soit converti en solde immédiate ; car j'affirme à Votre Excellence que les vingt-quatre livres de graisse que j'ai perdues ne me venaient pas d'autre chose que de la régularité des États de Hollande dans leurs paiements.

— En ce cas, il vous en reste encore assez pour faire un bon piéton. Quant à la paie, remportons seulement une victoire, — une victoire, major, et vos désirs, tous vos désirs seront largement comblés. En attendant, remplissez votre verre.

[1] Petites monnaies de Hollande valant, la première un sou, et la seconde la moitié d'un iard. (L. V.)

[2] Le maravédi, monnaie d'Espagne, représente aussi le huitième d'un de nos sous. (L. V.)

CHAPITRE XVI.

— A la santé de Votre Excellence! dit le major en remplissant son verre jusqu'au bord, pour montrer le zèle avec lequel il portait ce toast. et puisse-t-elle triompher de tous nos ennemis, et particulièrement d'Argyle! Je lui ai déjà tiré la barbe une fois, et j'espère bien lui en arracher encore quelques brins.

— Très-bien! repartit Montrose; mais, pour en revenir à ces Enfants du Brouillard, vous comprenez, Dalgetty, que leur présence en ces lieux, et l'objet pour lequel nous les employons, sont un secret entre vous et moi.

Charmé, comme Montrose l'avait prévu, de cette marque de confiance de son général, le major plaça un doigt sur le bout de son nez. et remua la tête en signe d'intelligence.

— Combien Ranald peut-il avoir de compagnons? reprit le marquis.

— Ils ne sont plus guère, autant que je puis savoir, que huit ou dix hommes, plus quelques femmes et quelques enfants.

— Où sont-ils à présent?

— Dans une vallée, à trois milles de distance, en attendant les ordres de Votre Excellence. Je n'ai pas cru devoir les amener au camp sans votre autorisation.

— Vous avez très-bien pensé; il serait bon qu'ils restassent où ils sont, ou même qu'ils cherchassent quelque refuge plus éloigné. Je leur enverrai de l'argent, quoique ce soit un article dont je ne regorge pas à présent.

— C'est tout à fait inutile; Votre Excellence n'a qu'à leur faire entendre que les Mac-Aulays vont marcher dans cette direction, et mes amis du Brouillard feront aussitôt volte-face et décamperont tout net.

— Ce ne serait guère courtois. Il vaut mieux leur envoyer quelques dollars, afin qu'ils puissent acheter des bestiaux pour nourrir les femmes et les enfants.

— Ils savent s'en procurer à bien meilleur compte; mais que Votre Excellence fasse ce qu'elle jugera convenable.

— Que Ranald Mac-Eagh choisisse un ou deux de ses compagnons, des hommes sur lesquels il puisse compter, et qui soient capables de garder leur secret et le nôtre; ils nous serviront de guides, et leur chef sera notre éclaireur. Qu'ils soient dans ma tente demain à la pointe du jour; et tâchez, s'il est possible, qu'ils ne soupçonnent point mon projet et qu'ils n'aient point d'entretien particulier entre eux. — Ce vieillard a-t-il des enfants?

— Ils ont été tués ou pendus, au nombre, je crois, de douze bien comptés. — Mais il lui reste encore un petit-fils, jeune gaillard qui promet, que je n'ai jamais vu sans un caillou dans le coin de son plaid pour le lancer à tout ce qui peut se trouver dans son chemin. Ce qui signifie que, comme David qui avait l'habitude de lancer de petites pierres qu'il ramassait dans les ruisseaux, il deviendra plus tard un intrépide guerrier.

— Je garderai cet enfant près de moi, major Dalgetty. Je présume qu'il aura assez de raison pour taire son nom.

— Votre Excellence peut être tranquille là-dessus. Ces petits drôles de montagnards, sitôt qu'ils ont brisé la coquille....

— C'est bien, interrompit Montrose; cet enfant me répondra de la fidélité de son père, et si Ranald se conduit bien, l'avancement de son fils sera sa récompense. — Maintenant, major Dalgetty, vous pouvez aller vous reposer; demain vous m'amènerez ce Mac-Eagh, sous le nom et la qualité qu'il lui plaira de prendre. Je suppose que dans sa profession il doit être suffisamment habitué à revêtir toute sorte de déguisements. Nous pouvons mettre dans notre confidence John de Moidart; il a du jugement, du tact et de l'expérience, et il permettra probablement que cet homme passe pour quelque temps pour un de ses vassaux. Quant à vous, major; mon valet de chambre sera votre quartier-maître pour cette nuit.

Le major Dalgetty prit congé du marquis, le cœur plein de joie, tout fier de l'accueil qu'il avait reçu et ravi des manières de son nouveau général, lesquelles, comme il l'expliqua très-longuement à Ranald Mac-Eagh, lui rappelaient, sous beaucoup de rapports, celles du Lion du Nord, du boulevard de la foi protestante, de l'immortel Gustave Adolphe.

CHAPITRE XVII.

La marche guerrière commence; les nations inquiètes observent son regard. La pâle famine garde la côte déserte, et l'hiver entoure de ses barrières de glace l'empire des frimas. Il vient : — ni la faim ni le froid n'arrêtent sa course.   *Vanité des désirs humains.*

Au point du jour, Montrose reçut dans sa cabane le vieux Mac-Eagh, et le questionna longtemps et en détail sur les moyens de pénétrer dans le comté d'Argyle. Il prit note de ses réponses, et les compara à celles de deux de ses compagnons, que le montagnard lui présenta comme les plus prudents et les plus expérimentés. Il les trouva d'accord sur tous les points. Mais, non content de ces précautions dans une circonstance si importante, le marquis rapprocha les renseignements qu'il venait de recevoir de ceux qu'il put obtenir des chefs qui demeuraient le plus près du territoire qu'il se proposait d'envahir; et se trouvant pleinement satisfait du résultat de cette enquête, il résolut de partir de là pour agir en conséquence.

Montrose changea pourtant d'idée sur un point. Il crut impolitique de prendre à son service le jeune Kenneth, parce que si sa naissance

CHAPITRE XVII.

venait à être découverte, cette conduite serait regardée comme une offense par les clans nombreux qui entretenaient une haine mortelle contre cette famille exécrée. Il pria donc le major de le prendre lui-même, et il accompagna cette prière d'une jolie *douceur*[1], sous prétexte qu'il fallait habiller et équiper le jeune homme, arrangement qui convint à toutes les parties.

Vers l'heure du déjeuner, le major Dalgetty prit congé de Montrose, et se mit à la recherche de ses anciennes connaissances, lord Menteith et les Mac-Aulays, auxquels il brûlait de raconter ses aventures et de demander les détails de la campagne. On peut croire qu'il fut reçu avec joie par des hommes qui, fatigués de l'uniformité de la vie militaire, regardaient le moindre changement de société comme une nouveauté intéressante. Allan Mac-Aulay parut seul s'éloigner de son ancienne connaissance, quoique, pressé par son frère, il ne pût donner d'autre raison de sa conduite que la répugnance qu'il éprouvait à traiter familièrement un homme qui s'était trouvé si récemment dans la société d'Argyle et d'autres ennemis. Le major Dalgetty éprouva quelque inquiétude en voyant cette espèce de connaissance instinctive qu'Allan semblait posséder de la société qu'il avait fréquentée dernièrement. Mais il put bientôt se convaincre que, cette fois, les perceptions du Voyant n'étaient pas infaillibles.

Comme Ranald Mac-Eagh devait être placé sous la protection et la surveillance du major Dalgetty, il fallait que celui-ci le présentât aux personnes avec lesquelles il allait sans doute marcher. Depuis qu'ils s'étaient quittés, le vieillard avait mis de côté le tartan de son clan pour prendre une espèce de vêtement particulier aux habitants des îles éloignées, et qui se composait d'une espèce de gilet à manches et d'un jupon tout d'une seule pièce. Cet habit était galonné par-devant du haut en bas, et ressemblait assez à ce que l'on appelle une polonaise, vêtement que portent encore en Écosse les enfants du peuple. Les chausses et le bonnet de tartan complétaient le costume, que les vieillards du siècle dernier se rappelaient bien avoir vu porter par les gens des îles du Nord, qui vinrent se ranger en 1715 sous les étendards du comte de Mar.

Le major Dalgetty, tenant ses regards attachés sur Allan tandis qu'il parlait, présenta Ranald Mac-Eagh sous le nom supposé de Ranald Mac-Gillihuron de Benbecula, qui s'était, dit-il, échappé avec lui des prisons d'Argyle. Il le vanta comme un homme habile dans l'art des joueurs de harpe et des Sennachies[2], et comme un *seer* ou Voyant recommandable. En faisant cette annonce, le major Dalgetty hésita et balbutia d'une façon si peu d'accord avec l'assurance facile de ses manières habituelles, qu'il n'aurait pu manquer d'inspirer des soupçons à Allan

[1] Ce mot est en français dans le texte.
[2] Bardes des montagnes d'Écosse. (L. V.)

Mac-Aulay, si toute l'attention de celui-ci n'avait été absorbée par l'examen curieux qu'il faisait des traits de l'étranger. Ce regard fixe embarrassa tellement Ranald Mac-Eagh, que, craignant d'être attaqué tout à coup par son ennemi, sa main commençait à chercher son poignard, lorsque Allan, s'avançant soudain de l'autre bout de la pièce, lui tendit la main d'une manière amicale. Ils s'assirent l'un à côté de l'autre, et causèrent à voix basse et d'un air mystérieux. Menteith et Angus Mac-Aulay n'en furent point surpris ; car il existait parmi les montagnards qui se prétendaient doués de seconde vue une sorte de franc-maçonnerie, qui les portait ordinairement à s'entretenir ensemble, lorsqu'ils se rencontraient, sur la nature et l'étendue de leur science prophétique.

— La vision descend-elle sombre sur votre esprit? demanda Allan à sa nouvelle connaissance.

— Aussi sombre qu'un nuage sur la lune, lorsqu'elle est obscurcie au milieu de sa course dans le ciel, et que les prophètes prédisent des temps mauvais.

— Venez ici, repartit Allan, venez plus près ; je voudrais causer avec vous en particulier ; car on dit que, dans vos îles éloignées, la vision descend avec plus de puissance et plus de clarté que sur nous, qui demeurons près du Sassenach.

Tandis qu'ils étaient engagés dans leur conférence mystique, les deux cavaliers anglais entrèrent dans la cabane, et annoncèrent avec enthousiasme à Angus Mac-Aulay que des ordres venaient d'être donnés pour que tout le monde se tînt prêt à marcher immédiatement vers l'Ouest. Après avoir raconté leurs nouvelles avec beaucoup de gaîté, ils firent leurs compliments à leur vieille connaissance le major Dalgetty, qu'ils reconnurent tout d'abord, et s'informèrent de la santé de son cheval Gustave.

— Je vous remercie humblement, messieurs, répondit le major ; Gustave se porte bien, quoiqu'il ait, comme son maître, les côtes un peu plus maigres que lorsque vous me proposâtes de m'en débarrasser à Darnlinvarach ; et je vous promets qu'avant que vous ayez fait une ou deux de ces marches dont la perspective semble vous sourire si fort, vous laisserez derrière vous, mes bons chevaliers, un peu de votre graisse, et probablement une couple de chevaux anglais.

Tous deux s'écrièrent que peu leur importait ce qu'ils trouveraient ou ce qu'ils laisseraient, pourvu qu'ils cessassent d'arpenter de long en large les comtés d'Angus et d'Aberdeen, à la poursuite d'un ennemi qui ne voulait ni combattre ni déposer les armes.

— S'il en est ainsi, dit Angus Mac-Aulay, il faut que j'aille donner des ordres à mes hommes, et que je prenne aussi des mesures pour qu'Annette Lyle puisse nous accompagner sans danger ; car pénétrer dans le pays de Mac-Callum More est une entreprise plus longue et plus difficile que ces beaux chevaliers du Cumberland ne le pensent. A ces mots il sortit de la cabane.

— Annette Lyle! répéta Dalgetty; est-ce qu'elle suit l'armée?

— Sûrement, répondit sir Giles Musgrave en regardant tour à tour lord Menteith et Allan Mac-Aulay; nous ne pourrions marcher ni combattre, avancer ni reculer, sans être soutenus par l'influence de la princesse des harpes.

— Dites la princesse des claymores et des targes, repartit son compagnon, car l'épouse de Montrose même ne pourrait être mieux entourée; elle a quatre jeunes filles des Highlands, et autant de Gillies à jambes nues, toujours prêts à exécuter ses ordres.

— Et qu'auriez-vous fait, messieurs? dit Allan, s'éloignant tout à coup du Highlander avec lequel il était en conversation. Auriez-vous laissé une innocente jeune fille, la compagne de votre enfance, exposée à la cruauté de l'ennemi ou aux horreurs de la faim? Au moment où je vous parle, il n'y a plus de toit sur l'habitation de mes pères; — nos moissons ont été détruites et nos troupeaux enlevés. Mais vous, messieurs, bénissez-en le Ciel, venus d'un pays plus doux et plus civilisé, vous n'exposez que votre vie dans cette guerre implacable, sans avoir à craindre que vos ennemis fassent tomber leur vengeance sur les êtres sans défense que vous pouvez avoir laissés derrière vous.

Les Anglais convinrent franchement que sous ce rapport ils avaient l'avantage; et, la compagnie se dispersant, chacun alla vaquer à ses devoirs et à ses occupations.

Allan resta un instant après les autres, et continua à presser de questions Ranald Mac-Eagh sur un point de ses visions supposées, qui le jetait dans une grande perplexité. — Plusieurs fois, dit-il, j'ai vu un Gael qui semblait plonger son poignard dans le corps de Menteith, — de ce jeune seigneur en manteau écarlate brodé qui vient de sortir de la tente; mais jamais, quoique j'aie fixé sur lui mes yeux jusqu'à les rendre presque immobiles dans leur orbite, je n'ai pu voir le visage de ce Highlander, ni même supposer qui il pouvait être, bien que sa personne et son air ne me semblassent point inconnus[1].

— Avez-vous retourné votre plaid, dit Ranald, comme font en pareil cas les habiles Voyants?

— Oui, répondit Allan à voix basse, et frémissant comme s'il eût éprouvé une agonie intérieure.

— Et comment vous apparut alors le fantôme?

— Avec son plaid aussi retourné, reprit Allan d'une voix sourde et entrecoupée.

— Alors soyez certain que c'est votre propre main, et non une autre, qui commettra l'acte dont vous avez vu l'ombre.

---

[1] Voyez la note B, à la fin du volume.

— C'est ce que mon âme inquiète a cent fois pensé. Mais c'est impossible ! Quand je le lirais dans le livre éternel du destin, je soutiendrais que c'est impossible. — Nous sommes unis par les liens du sang, et par cent liens plus étroits encore ; — nous avons combattu côte à côte, nos épées ont été rougies du sang des mêmes ennemis. — Il est IMPOSSIBLE que je le frappe.

— Vous le FRAPPEREZ pourtant, dit Ranald ; cela est certain, quoique le motif de cette action soit encore caché dans les ténèbres de l'avenir. Vous dites, ajouta-t-il en dissimulant avec peine ses propres émotions, vous dites que vous avez poursuivi votre proie côte à côte comme des limiers : — avez-vous jamais vu des limiers tourner leurs dents l'un contre l'autre, et se battre sur le corps d'un daim étranglé ?

— C'est faux ! s'écria Mac-Aulay en se levant avec un mouvement d'horreur ; ce ne sont point là les prédictions du destin, mais les insinuations de quelque esprit malfaisant sorti de l'abîme sans fond ! A ces mots il s'élança hors de la tente.

— Le coup est porté ! dit l'Enfant du Brouillard en le regardant d'un air de triomphe ; la flèche est enfoncée dans ton flanc ! Ames de mes enfants massacrés, réjouissez-vous ! vos assassins vont bientôt plonger leurs épées dans le sang l'un de l'autre.

Le lendemain matin tous les préparatifs furent terminés, et Montrose, remontant la Tay par une marche rapide, conduisit son armée indisciplinée dans la vallée romantique qui entoure le lac du même nom, situé à la tête de cette rivière. Les habitants étaient des Campbells, non, à la vérité, vassaux d'Argyle, mais reconnaissant l'autorité des lairds de Glenorchy, ses parents et ses alliés, qui portent aujourd'hui le nom de Breadalbane. Attaqués à l'improviste, ils ne purent opposer aucune résistance, et furent obligés de rester spectateurs passifs des ravages exercés sur leurs troupeaux. Avançant ainsi vers les rives du lac Dochart, et dévastant tout sur son passage, Montrose atteignit le point le plus difficile de son entreprise.

Aujourd'hui même qu'une bonne route militaire conduit de Teinedrum à la source du Loch Awe, une armée regarderait encore comme une entreprise difficile de traverser ces immenses solitudes. Mais à cette époque, et même longtemps après, il n'y avait aucune espèce de route ni de sentier, et pour surcroît d'obstacle les montagnes étaient déjà couvertes de neige. C'était un spectacle sublime à voir que ces masses énormes entassées les unes sur les autres, brillant au premier plan d'une éblouissante blancheur, tandis que les plus éloignées empruntaient une teinte rosée aux derniers rayons d'un beau soleil d'hiver. Ben Cruachan, la plus haute de ces montagnes, semblait la citadelle même du Génie de la contrée, et montrait au loin au-dessus des autres son sommet étincelant et mutilé.

Les soldats de Montrose n'étaient pas hommes à se laisser effrayer par le spectacle majestueux, mais terrible, qu'ils avaient sous les yeux. La plupart étaient de cette ancienne race highlandaise, qui non-seulement couchait volontiers sur la neige, mais qui regardait même comme un luxe efféminé de la mettre en boule pour s'en faire un oreiller. Au delà de ces montagnes glacées les attendaient le pillage et la vengeance; la difficulté du passage ne pouvait donc les effrayer. Montrose ne laissa pas à leur ardeur le temps de se refroidir. Il ordonna aux cornemuses placées à l'avant-garde de jouer l'ancien pibroch *Hoggil nam bo*, etc. (c'est-à-dire, « A travers des monceaux de neige nous accourons pour saisir notre proie ») dont les sons perçants avaient souvent frappé de terreur les vallées du Lennox[1]. Les troupes s'élancèrent avec l'agilité et l'ardeur propres aux montagnards, et furent bientôt engagées dans le dangereux défilé où Ranald, qui les guidait, marchait en avant avec un corps d'élite pour reconnaître le chemin.

Jamais le pouvoir de l'homme ne paraît plus méprisable que lorsqu'il se trouve placé en contraste avec le spectacle d'une nature imposante et grandiose. L'armée victorieuse de Montrose, dont les exploits avaient semé l'épouvante dans toute l'Écosse, gravissant alors ce redoutable défilé, semblait une misérable poignée de maraudeurs sur le point d'être engloutis dans les abîmes béants des montagnes qui paraissaient prêts à se refermer sur eux. Montrose lui-même se repentit presque de la témérité de son entreprise lorsque, du haut du premier rocher sur lequel il parvint, il vit le désordre de sa petite armée. La difficulté d'avancer était si grande, que des vides considérables commençaient à se faire dans les rangs; l'espace qui séparait l'avant-garde, le centre et l'arrière-garde, augmentait à chaque instant, de manière à rendre la marche aussi dangereuse qu'embarrassante. C'était avec un profond effroi que Montrose remarquait toutes les positions avantageuses qu'offraient les montagnes, dans la crainte qu'elles ne fussent occupées par un ennemi prêt à se défendre; et plus tard on l'entendit souvent répéter que si les défilés de Strath-Fillan eussent été défendus par deux cents hommes déterminés, non-seulement il eût été arrêté court dans sa marche, mais encore son armée eût couru grand risque d'être complètement taillée en pièces. Mais la sécurité, cette trompeuse confiance, la ruine de tant de pays et de tant de forteresses, livra en cette occasion le pays d'Argyle à ses ennemis. Les cavaliers n'eurent à lutter que contre les obstacles naturels du terrain, et contre la neige qui heureusement n'était pas tombée en trop grande quantité. A peine l'armée eut-elle atteint le sommet des montagnes qui séparent le comté d'Argyle du district de Breadalbane, qu'elle se précipita dans les vallées ouvertes sous

---

[1] C'est la marche du clan des Mac-Farlanes, clan belliqueux et déprédateur, qui habitait les rives occidentales du Loch Lomond. Voyez la note Q de *Waverley*.
(W. S.)

ses pieds, avec une furie indiquant assez les motifs d'une entreprise si difficile et si périlleuse.

Montrose divisa son armée en trois corps, afin d'inspirer plus de crainte et de répandre plus loin la terreur. L'un était commandé par le chef du clan Ranald, un autre était confié à Colkitto, et lui-même avait gardé le troisième sous ses ordres. Il put ainsi pénétrer dans le comté d'Argyle par trois points différents. Nulle part il ne trouva de résistance. Les bergers, en s'enfuyant des montagnes, avaient d'abord annoncé dans les districts habités cette formidable irruption, et partout où les hommes des clans tentaient de prendre les armes, ils étaient dispersés, désarmés ou massacrés par un ennemi qui avait prévenu leurs mouvements. Le major Dalgetty, qui avait été envoyé en avant contre Inverary avec les quelques chevaux en état de servir qui se trouvaient dans l'armée, prit si bien ses mesures, qu'il faillit surprendre Argyle, comme il le dit lui-même, *inter pocula*; et ce ne fut qu'en se jetant précipitamment dans une barque, que ce chef put échapper à la mort ou à la captivité. Mais le châtiment qu'Argyle évitait personnellement retomba de tout son poids sur ses domaines et sur son clan; et les ravages commis par Montrose sur cette malheureuse contrée, quoique trop bien d'accord avec l'esprit du siècle et du pays, ont été souvent et avec raison regardés comme une tache qui ternit l'éclat de ses exploits et de sa réputation.

Cependant Argyle s'était enfui à Édimbourg pour porter ses plaintes devant la Convention des États. Pour faire face aux besoins du moment, une armée considérable fut aussitôt levée et placée sous les ordres du général Baillie, officier presbytérien, dévoué et plein de talents, auquel on adjoignit dans le commandement le célèbre sir John Urrie, soldat de fortune comme Dalgetty, qui avait déjà deux fois changé de parti pendant la guerre civile, et qui devait encore tourner casaque avant qu'elle fût terminée. Argyle, enflammé d'indignation, courut rassembler aussi toutes ses forces, afin de se venger de son ennemi mortel. Il établit son quartier-général à Dumbarton, où vinrent bientôt le rejoindre des forces considérables, principalement composées des hommes de son clan et de ses alliés. Baillie et Urrie étant venus s'y réunir à lui avec une armée nombreuse de troupes régulières, il se prépara à rentrer dans le comté d'Argyle, et à châtier les usurpateurs de ses domaines héréditaires.

Mais tandis que ces deux formidables armées opéraient leur jonction, Montrose avait abandonné le pays ravagé, en apprenant l'approche d'une troisième armée rassemblée dans le nord par le comte de Seaforth. Après quelque hésitation, ce seigneur avait embrassé le parti des covenantaires, et avec le secours des vieilles troupes qui tenaient garnison dans Inverness, il avait formé un corps nombreux avec lequel il occupait l'Invernessshire et dont il menaçait Montrose. Enfermé dans une contrée dévastée et ennemie, menacé de tous côtés par des forces supérieures qui s'avançaient contre lui, on aurait pu croire la perte de ce dernier inévitable. Mais c'était précisément en de semblables circonstances que le génie actif et entreprenant du Grand Marquis excitait l'étonnement et l'admiration de ses amis en répandant la stupeur et l'effroi parmi ses adversaires. Il rassembla, comme par enchantement, ses troupes éparses sur la vaste étendue de territoire qu'elles avaient ravagée ; et elles étaient à peine réunies, qu'Argyle et les généraux qui marchaient avec lui apprirent que les royalistes avaient subitement disparu de son comté, et qu'ils s'étaient retirés vers le nord, dans les sombres et impénétrables montagnes de Lochaber.

La sagacité des généraux opposés à Montrose devina aussitôt que le projet de leur actif antagoniste était de combattre et, s'il le pouvait, d'écraser Seaforth, avant qu'ils pussent lui porter secours. Ils changèrent donc en conséquence leurs plans d'opérations. Laissant Argyle se défendre comme il le pourrait, Baillie et Urrie séparèrent de nouveau leurs troupes des siennes; et, comme leurs forces consistaient principalement en cavalerie et en soldats des Basses-Terres, ils longèrent le versant méridional des monts Grampians, et marchèrent vers l'est, sur le comté d'Angus, pour, de là, passer dans celui d'Aberdeen, afin de couper Montrose, s'il tentait de s'échapper dans cette direction.

Argyle, à la tête de ses vassaux et de ses alliés, entreprit de suivre la marche de Montrose, afin que, s'il en venait aux mains, soit avec Seaforth, soit avec Baillie et Urrie, il se trouvât placé entre deux feux par cette troisième armée, qui, le suivant à une distance prudente, devait se tenir prête à fondre sur son arrière-garde.

Dans ce dessein, Argyle se dirigea vers Inverary, et à chaque pas il eut lieu de déplorer les ravages commis par les clans ennemis sur ses terres et sur celles de ses alliés. Quelques nobles qualités que possédassent les Highlanders, et ils en avaient plus d'une, la clémence envers les habitants des pays ennemis n'était pas leur vertu ; mais ces ravages mêmes contribuèrent à augmenter le nombre des partisans d'Argyle. C'est encore aujourd'hui un proverbe dans les Highlands, que celui dont la maison est brûlée doit se faire soldat. Beaucoup des habitants de ces malheureuses vallées n'avaient plus alors d'autres ressources pour vivre que d'exercer à leur tour les mêmes déprédations dont ils avaient eu à souffrir, et d'autre perspective de bonheur que l'espoir de la vengeance. Les maux mêmes qui avaient désolé son pays furent donc cause de l'accroissement de ses forces, et Argyle se trouva bientôt à la tête de trois mille hommes déterminés, d'une valeur et d'une audace à toute épreuve, et conduits par des chefs de sa propre famille qui ne le cédaient à personne en courage. Il confia, sous ses ordres, le principal commandement à sir Duncan Campbell d'Ardenvohr, et à un autre sir Duncan Campbell d'Auchenbreck[1], vieux militaire rempli d'expérience, qu'il avait exprès rappelé d'Irlande où il faisait la guerre. Mais la circonspection d'Argyle prévalut sur les avis plus belliqueux de ses intrépides officiers, et il fut résolu que, malgré l'augmentation de leurs forces, ils observeraient le même plan d'opérations et suivraient prudemment Montrose, de quelque côté qu'il se dirigeât, évitant d'avoir aucun engagement jusqu'à ce que l'occasion se présentât de fondre sur son arrière-garde, pendant que lui-même serait aux prises avec un autre ennemi.

CHAPITRE XVIII.

Le chant de guerre de Donald-le-Noir,
Le chant de guerre du Noir Donald,
Les cornemuses et les bannières,
Indiquent pour rendez-vous Inverlochy.

La route militaire qui unit ce qu'on appelle la chaîne des forts, et qui suit la direction générale du canal Calédonien, a maintenant ouvert complétement la grande vallée, ou gorge, qui traverse presque toute l'île, et qui, couverte autrefois sans doute par les eaux de la mer, fournit encore des bassins à cette longue suite de lacs au moyen desquels l'art moderne est parvenu à joindre l'océan Germanique à l'océan Atlantique. Les chemins ou sentiers par lesquels les habitants traversaient cette vallée étendue étaient, en 1645-6, dans le même état que lorsqu'ils inspirèrent la muse d'un Irlandais, officier du génie, qui avait travaillé à les transformer en routes stratégiques, et dont l'ode commence et finit, je crois, par ces mots :

« Si vous aviez vu ces routes avant qu'elles fussent construites, vous auriez levé les mains au ciel, et béni le général Wade. »

Mais, si mauvais que fussent les chemins ordinaires, Montrose les évita, et conduisit son armée comme un troupeau de daims sauvages, de montagnes en montagnes, de forêts en forêts, où, tandis que ses ennemis ne pouvaient rien apprendre de ses mouvements, il était instruit de tous les leurs par les clans de Cameron et de Mac Donnell.

---

[1] Ce dernier personnage est historique. (W. S.)

ses alliés, dont il traversait alors le pays. Des ordres exprès avaient été donnés pour qu'on épiât la marche d'Argyle et pour que le général fût informé à l'instant même de tous les avis relatifs à ce sujet.

Une nuit, la lune brillait au ciel, et Montrose, accablé par les fatigues de la journée, s'était étendu dans une misérable baraque pour y prendre quelque repos. Il n'avait encore dormi que deux heures, lorsque quelqu'un lui frappa légèrement sur l'épaule. Il ouvrit les yeux, et, à sa taille élevée, à sa voix grave, il reconnut aisément le chef des Camerons.

— Je vous apporte, dit le chef, des nouvelles qui méritent que vous vous leviez pour les entendre.

— Mac-Ilduy [1] ne saurait en apporter d'autres, répondit Montrose en l'appelant par son nom patronymique. — Sont-elles bonnes ou mauvaises?

— Cela dépend de la manière dont vous les envisagerez.

— Sont-elles certaines?

— Oui, autrement ce ne serait pas moi qui vous les apporterais. Sachez que las d'accompagner, comme on m'en avait chargé, ce malheureux Dalgetty et sa poignée de cavaliers, qui m'ont tenu pendant des heures à marcher comme un blaireau estropié, je me suis, avec six de mes hommes, avancé à quatre milles dans la direction d'Inverlochy, où j'ai rencontré Ian de Glenroy, qui était allé à la découverte. Argyle marche sur Inverlochy avec trois mille hommes d'élite commandés par la fleur des fils de Diarmid. — Voilà mes nouvelles; — elles sont certaines, — c'est à vous d'apprécier ce qu'elles valent.

— Elles sont excellentes, s'écria Montrose transporté. La voix de Mac-Ilduy est toujours agréable à l'oreille de Montrose, et plus encore lorsqu'elle annonce quelque noble exploit à tenter. — Combien avons-nous de monde?

Il demanda alors de la lumière, et reconnut bientôt qu'un grand nombre de ses soldats s'étaient dispersés, suivant l'usage, pour mettre leur butin en sûreté, et qu'il ne lui restait pas plus de douze à quatorze cents hommes.

— Ce n'est guère plus du tiers des forces d'Argyle, dit Montrose d'un air pensif; et Highlanders contre Highlanders. — Avec la protection de Dieu qui soutient la cause royale, je n'hésiterais pas si nous étions seulement un contre deux.

— Hé bien, n'hésitez pas; car dès que vos trompettes donneront le signal de l'attaque contre Mac-Callum More, pas un homme dans ces glens ne restera sourd à l'appel. Glengarry, — Keppoch — et moi-même, nous poursuivrions, le fer et la flamme à la main, le misérable qui resterait en arrière, sous quelque prétexte que ce fût. Demain ou,

---

[1] Mhich Connel Dhu, descendant de Donald-le-Noir. (W. S.)

après-demain sera un jour de bataille pour tous ceux qui portent le nom de Mac-Donnell ou de Cameron, quoi qu'il en puisse arriver.

— C'est parler en brave, mon noble ami, dit Montrose en lui serrant la main, et je serais le plus lâche des hommes de ne pas rendre justice à de tels guerriers, en doutant un seul instant de la victoire. Nous nous retournerons et nous tomberons sur ce Mac-Callum More, qui nous suit comme un corbeau pour dévorer les restes de notre armée, si nous rencontrions des adversaires plus braves qui parvinssent à la détruire. Que les chefs et les officiers se réunissent le plus promptement possible; et vous qui nous avez apporté la première nouvelle de cet heureux événement, — car c'en est un sans doute, — vous, Mac Ilduy, vous mènerez l'affaire à bonne fin en nous conduisant devant l'ennemi par la route la meilleure et la plus courte.

— De tout mon cœur, repartit Mac Ilduy; si je vous ai montré les passages par lesquels vous pouviez opérer votre retraite à travers ces sombres solitudes, avec combien plus d'empressement ne vous indiquerai-je pas ceux qui conduisent en présence de votre ennemi !

Tout le camp fut bientôt en mouvement, et de tous côtés les chefs quittèrent la couche grossière sur laquelle ils avaient cherché un instant de repos.

— Parbleu, dit le major Dalgetty en regardant le tas de bruyères sèches qu'il lui fallait abandonner, je n'aurais jamais cru quitter avec autant de peine un lit qui est bien aussi dur qu'un balai d'écurie. Mais indubitablement, le marquis n'ayant dans son armée qu'un officier expérimenté, il est certainement tout naturel que Son Excellence lui donne de l'occupation.

Tout en se parlant ainsi, il se rendit au conseil, où, malgré sa pédanterie, Montrose paraissait toujours l'écouter avec beaucoup d'attention, tant parce que le major possédait réellement de l'expérience et des connaissances militaires, et donnait souvent d'utiles conseils, que parce qu'il dispensait le général de déférer entièrement aux avis des chefs highlandais, et lui donnait plus de force pour discuter leur opinion, lorsqu'elle n'était pas conforme à la sienne. Dans cette occasion, Dalgetty approuva vivement le projet de faire volte-face, et d'aller à la rencontre d'Argyle, projet qu'il compara à l'énergique résolution du grand Gustave, qui, bien que menacé du côté du Nord par l'armée nombreuse que Wallenstein avait rassemblée en Bohême, marcha contre le duc de Bavière, et enrichit ses soldats par le pillage de cette fertile contrée.

Les chefs de Glengarry, de Keppoch et de Lochiel, dont les clans, qui ne le cédaient en courage et en réputation guerrière à aucune autre tribu des Highlands, habitaient dans le voisinage du théâtre de la guerre, envoyèrent la croix de feu à leurs vassaux pour sommer tous ceux qui étaient en âge de servir, de joindre l'armée du lieutenant du roi, et d'aller se ranger sous les étendards de leurs chefs respectifs lorsqu'ils marcheraient sur Inverlochy. Cet ordre énergique fut exécuté avec autant de joie que de promptitude. Leur passion naturelle pour la guerre, leur zèle pour la cause royale, — car ils regardaient le roi comme un chef que les hommes de son clan avaient abandonné, — et leur obéissance aveugle aux volontés de leurs lairds, firent accourir à l'armée de Montrose non-seulement tous les montagnards des environs en état de porter les armes, mais encore beaucoup d'hommes qui, par leur âge du moins, semblaient avoir passé le temps de les prendre. Le lendemain, pendant qu'il avançait à travers les montagnes de Lochaber, sans que l'ennemi pût soupçonner sa marche, des bandes de montagnards sortant de toutes les vallées vinrent accroître ses forces en se rangeant d'eux-mêmes sous les bannières de leurs chefs respectifs. Cette circonstance stimula vivement l'enthousiasme du reste de l'armée, qui, lorsqu'elle arriva près de l'ennemi, se trouva augmentée de plus d'un quart, comme l'avait prédit le vaillant chef des Camerons.

Tandis que Montrose exécutait cette contre-marche, Argyle, à la tête de sa brave armée, remontant le côté méridional du Loch-Eil, avait gagné les bords du Lochy, rivière qui unit ce lac avec le Loch-Lochy. L'ancien château d'Inverlochy, autrefois, dit-on, forteresse royale, et qui, bien que démantelé, était encore une place de quelque importance, lui fournit un quartier-général convenable, et son armée put camper à son aise autour de ce château dans la vallée où le Lochy se jette dans le Loch-Eil. Plusieurs barques chargées de provisions avaient suivi les troupes, qui, de la sorte, étaient, sous tous les rapports, aussi commodément campées qu'une pareille armée pouvait le désirer ou l'espérer. Argyle, en se consultant avec Auchenbreck et Ardenvohr, leur exprima la conviction intime que Montrose était à deux doigts de sa perte. Ses soldats devaient diminuer à mesure qu'il s'enfonçait vers l'est dans ces chemins impraticables. S'il se dirigeait vers l'ouest, il rencontrait Urrie et Baillie; s'il marchait vers le nord, il tombait entre les mains de Seaforth; enfin, s'il s'arrêtait quelque part, il s'exposait à être attaqué par trois armées à la fois.

— Je ne saurais me réjouir, mylord, dit Auchenbreck, en songeant que James Graham sera vaincu par d'autres que par nous. Il a laissé dans le comté d'Argyle un compte terrible à régler, et il me tarde de lui rendre goutte de sang pour goutte de sang. Je n'aime point laisser à des tiers le soin de payer de pareilles dettes.

— Vous êtes trop scrupuleux, répondit Argyle; qu'importe par quelles mains le sang des Grahams soit versé? Il est temps que celui des fils de Diarmid cesse de couler. — Quel est votre avis, Ardenvohr.

— Je pense, mylord, répondit sir Duncan, qu'Auchenbreck sera satisfait, et qu'il aura l'occasion de régler personnellement ses comptes avec Montrose, et de le punir de ses brigandages. Le bruit est venu jusqu'à nos avant-postes que les Camerons réunissent toutes leurs forces au pied du Ben-Nevis; ce doit être pour se joindre à Montrose qui s'avance, et non pour couvrir sa retraite.

— Sans doute quelque projet de pillage et de dévastation, repartit Argyle, inventé par la haine invétérée que Mac-Ilduy décore du nom de royalisme. Ils ne peuvent tout au plus que vouloir attaquer nos avant-postes, ou nous harceler demain pendant notre marche.

— J'ai envoyé des éclaireurs dans toutes les directions, reprit sir Duncan, pour avoir des renseignements, et nous saurons bientôt s'ils rassemblent réellement des troupes, sur quel point, et dans quel but.

Ils furent longtemps avant de recevoir aucun avis; mais, après le lever de la lune, une grande agitation se manifesta dans le camp, et, se propageant aussitôt dans le château, annonça l'arrivée d'une nouvelle importante. Des éclaireurs qu'avait envoyés d'abord Ardenvohr, quelques-uns étaient revenus sans avoir pu recueillir autre chose que des bruits vagues sur les mouvements qui se manifestaient dans le pays des Camerons. On eût dit que les cavernes du Ben-Nevis faisaient entendre ces sons étranges et sinistres par lesquels elles annoncent quelquefois l'approche d'un orage. D'autres, que leur zèle avait entraînés plus loin, avaient été surpris et massacrés par les habitants des défilés dans lesquels ils avaient tenté de pénétrer. Enfin, grâce à la marche rapide de Montrose, son avant-garde et les avant-postes d'Argyle se trouvèrent en présence, et, après avoir échangé quelques flèches et quelques coups de mousquet, se replièrent respectivement sur le gros de leur armée pour y porter la nouvelle et prendre des ordres.

Sir Duncan Campbell et Auchenbreck montèrent aussitôt à cheval pour visiter les avant-postes, et Argyle soutint avec honneur son titre de commandant en chef, en disposant habilement ses soldats dans la plaine; car il devait évidemment s'attendre à être attaqué pendant la nuit, ou au plus tard le lendemain matin. Montrose avait caché si soigneusement ses troupes dans les défilés des montagnes, que tous les efforts qu'Auchenbreck et Ardenvohr crurent prudent de tenter ne purent leur faire connaître les forces de leur adversaire. Ils reconnurent néanmoins qu'en les portant au plus haut, elles devaient être encore inférieures aux leurs, et ils revinrent informer Argyle du résultat de leurs observations; mais le marquis ne voulut pas croire que Montrose en personne fût réellement devant lui. — C'était, dit-il, une folie dont James Graham lui-même, malgré toute son extravagante présomption, était incapable; et il ne doutait pas que ceux qui voulaient arrêter leur marche ne fussent simplement leurs anciens ennemis, les Glenco, les Keppoch et les Glengarry; peut-être aussi Mac-Vourigh avec ses Mac-Phersons, avait-il assemblé une armée ; mais il savait qu'elle devait être bien inférieure en nombre à la sienne, et il était sûr de la disperser ou par force ou par capitulation.

Les vassaux d'Argyle, pleins d'un ardent enthousiasme, brûlaient de se venger des désastres que leur pays venait d'éprouver ; la nuit se passa à attendre impatiemment que l'aurore vînt éclairer leur vengeance. Les avant-postes des deux armées se tinrent soigneusement sur leurs gardes, et les soldats d'Argyle dormirent dans l'ordre de bataille qu'ils devaient occuper le lendemain.

Une pâle clarté avait à peine commencé à colorer les sommets de ces gigantesques montagnes, que les chefs des deux armées se préparèrent au combat. C'était le 2 février 1645-6. Les troupes d'Argyle étaient rangées sur deux lignes non loin de l'angle formé par la rivière et par le lac, et paraissaient aussi redoutables que déterminées. Auchenbreck aurait voulu engager la bataille en attaquant les avant-postes de Montrose ; mais Argyle, plus circonspect, aima mieux rester sur la défensive. Des signes non équivoques leur annoncèrent bientôt qu'ils n'attendraient pas longtemps l'ennemi. Les Campbells purent reconnaître dans les gorges des montagnes les marches guerrières des différents clans, à mesure qu'ils approchaient. Celle des Camerons, où se trouvent ces mots sinistres adressés aux loups et aux corbeaux : — Venez à moi, et je vous donnerai de la pâture ! — était répétée par les échos retentissants de leur vallée natale. Pour parler le langage des bardes des Highlands, la voix de guerre de Glengarry se faisait entendre ; et on pouvait aisément distinguer les divers chants des autres tribus, à mesure qu'elles atteignaient à leur tour l'extrémité des défilés d'où elles devaient descendre dans la plaine.

— Vous voyez, dit Argyle à ses alliés, comme je vous le disais, nous n'avons affaire qu'à nos voisins ; James Graham n'a pas osé déployer devant nous sa bannière.

Au même instant, du fond des défilés, retentit une éclatante fanfare de trompettes qui jouèrent l'air par lequel on avait autrefois coutume, en Écosse, de saluer l'étendard royal.

— A ce signal, mylord, dit sir Duncan Campbell, vous pouvez juger que celui qui se prétend le lieutenant du roi doit être en personne au milieu de ces troupes.

— Et qu'il a probablement de la cavalerie avec lui, ajouta Auchenbreck, ce que je n'aurais pas supposé. Mais tremblerons-nous pour cela, mylord, lorsque nous avons des ennemis à combattre et des injures à venger ?

Argyle se tut, et regarda son bras, qu'il portait en écharpe, par suite d'une chute qu'il avait faite un des jours précédents.

— C'est vrai, dit vivement Ardenvohr, vous êtes hors d'état, mylord, de manier l'épée ou le pistolet ; il faut vous retirer à bord d'une chaloupe; — comme chef, votre vie nous est précieuse; — comme soldat, votre bras ne peut nous être utile.

— Non, dit Argyle, dont l'orgueil combattait l'irrésolution, il ne sera pas dit que j'ai fui devant Montrose; si je ne puis combattre, je veux du moins mourir au milieu de mes enfants.

Plusieurs autres principaux chefs des Campbells se réunirent pour conjurer instamment leur chef de laisser pour ce jour-là le commandement aux sirs d'Ardenvohr et d'Auchenbreck, et de regarder le combat de loin et à l'abri du danger. — Nous n'osons accuser Argyle de lâcheté; car, quoique sa vie n'ait été marquée par aucun acte de bravoure, cependant il se conduisit avec tant de calme et de dignité à ses derniers moments, que sa conduite dans cette circonstance et dans d'autres pareilles doit plutôt être attribuée à l'indécision qu'à un manque de courage. Mais quand la voix secrète qui dit au cœur d'un homme que sa vie lui est précieuse est secondée par celle des personnes qui l'entourent, et qui l'assurent qu'elle n'est pas moins utile au public, l'histoire offre maint exemple d'hommes d'un caractère habituellement plus hardi que celui d'Argyle, qui ont écouté l'amour de la vie, lorsque ses séductions étaient si puissamment appuyées.

— Conduisez-le à bord, si vous voulez, sir Duncan, dit Auchenbreck à son parent; pour moi, il faut que j'empêche cet esprit de se propager parmi nous.

A ces mots, il se jeta au milieu des rangs, priant, conjurant, sommant les soldats de se rappeler leur ancienne réputation et leur supériorité actuelle, les maux qu'ils avaient à venger s'ils triomphaient, le sort qu'ils avaient à craindre s'ils étaient vaincus, et faisant passer dans tous les cœurs l'ardeur qui animait le sien. Pendant ce temps, Argyle, tout en opposant une résistance apparente, se laissait entraîner par ses officieux amis sur la rive du lac; puis on le transporta à bord d'une chaloupe, du tillac de laquelle il regarda la bataille, à l'abri du danger plus que du déshonneur.

Sir Duncan Campbell d'Ardenvohr, quoique le temps pressât, resta un instant les yeux attachés sur la barque qui emportait son chef loin du champ de bataille. Au fond de son âme s'agitaient d'inexprimables sentiments; car un chef était regardé comme un père, et le membre de son clan n'osait condamner ses faiblesses avec la même sévérité que celles des autres hommes. D'ailleurs, Argyle, dur et sévère pour les autres, était généreux et libéral envers ses vassaux, et le noble cœur d'Ardenvohr était rempli de la plus amère douleur en songeant aux interprétations auxquelles la conduite du marquis pouvait l'exposer.

— Il vaut mieux qu'il en soit ainsi, se dit-il à lui-même en dévorant son émotion; mais de tous ses ancêtres, je n'en connais pas un qui eût voulu se retirer tant que la bannière de Diarmid flottait au vent en face de ses ennemis les plus invétérés !

Des acclamations retentissantes le forcèrent alors de revenir : il courut en toute hâte à son poste, qui était à l'aile droite de la petite armée d'Argyle.

La retraite d'Argyle n'avait pas échappé à l'attention de ses vigilants ennemis, qui, occupant les hauteurs, pouvaient voir tout ce qui se passait dans la plaine. En voyant trois ou quatre cavaliers marcher vers l'arrière-garde, ils comprirent que ceux qui se retiraient étaient des chefs.

— Ils vont, en prudents cavaliers, mettre leurs chevaux à l'abri du danger, dit Dalgetty. Voilà là-bas sir Duncan Campbell monté sur un cheval bai brun, sur lequel j'avais jeté mon dévolu pour me faire la paire.

— Vous vous trompez, major, dit Montrose avec un sourire ironique, ils vont mettre leur précieux chef en sûreté. — Donnez sur-le-champ le signal de l'attaque, — faites passer dans les rangs le mot de ralliement. — Gentilshommes, nobles chefs, Glengarry, Keppoch, Mac-Vourigh, fondez sur eux ! — Major Dalgetty, courez dire à Mac-Ilduy de charger, au nom de son amour pour le Lochaber. — Allez, et revenez ranger vos cavaliers autour de mon étendard ; ils formeront avec les Irlandais le corps de réserve.

CHAPITRE XIX.

Comme un rocher affronte mille vagues, ainsi Inisfail affronta Lochlin
OSSIAN.

Les trompettes et les cornemuses, ces bruyants avant-coureurs du sang et de la mort, donnèrent ensemble le signal de l'attaque, auquel répondirent les cris de plus de deux mille guerriers, et, derrière eux, les échos des vallées. Divisés en trois corps ou colonnes, les Highlanders de Montrose s'élancèrent hors des défilés qui les avaient jusqu'alors cachés à leurs ennemis, et se précipitèrent avec la plus extrême impétuosité sur les Campbells, qui les reçurent de pied ferme. Derrière ces premières colonnes marchaient en ligne les Irlandais, formant la réserve, sous les ordres de Colkitto. Au milieu d'eux était l'étendard royal, et Montrose lui-même ; et sur les flancs, sous les ordres de Dalgetty, se déployait une cinquantaine de cavaliers, qu'avec une peine incroyable on était parvenu à équiper tant bien que mal.

L'aile droite des royalistes était commandée par Glengarry, la gauche par Lochiel, et le centre par le comte de Menteith, qui aima mieux combattre à pied sous le costume des Highlands que de rester avec la cavalerie.

Les montagnards se répandirent en avant avec la furie proverbiale de leur pays, et s'avancèrent à une très-petite distance de l'ennemi pour décharger leurs mousquets et lancer leurs flèches. Les soldats d'Argyle reçurent l'attaque avec la plus impassible bravoure. Mieux pourvus d'armes à feu que leurs adversaires, immobiles et pouvant dès lors ajuster avec plus de précision, leur feu fut beaucoup plus meurtrier que celui qu'ils avaient essuyé. Les clans royalistes, s'apercevant de leur désavantage, attaquèrent l'ennemi corps à corps, et parvinrent, sur deux points, à jeter le désordre dans ses rangs. Avec des troupes régulières, la victoire eût été décidée; mais ici c'étaient Highlanders contre Highlanders, et la nature des armes, ainsi que l'agilité de ceux qui les maniaient, étaient égales des deux côtés.

Le combat fut donc acharné; au cliquetis des claymores et des haches, qui se choquaient ou tombaient sur les boucliers, se mêlaient ces cris brefs et sauvages dont les Highlanders, pour s'animer, accompagnent leurs combats, leurs danses, en un mot tous leurs exercices violents. Un grand nombre de combattants se connaissaient personnellement, et se cherchaient l'un l'autre, soit par des motifs de haine, soit par un sentiment plus noble d'émulation guerrière. Aucun des deux partis ne voulait céder un pouce de terrain, et la place de ceux qui tombaient (et ils tombaient en foule de part et d'autre) était aussitôt remplie par de nouveaux soldats, jaloux d'affronter le danger au premier rang. Une vapeur semblable à celle qui se dégage d'une chaudière bouillante s'élevait dans l'atmosphère claire et glacée, et planait au-dessus des combattants.

Ainsi se passaient les choses au centre et sur l'aile droite, sans autre résultat des deux parts que des blessures et la mort.

A la droite des Campbells, le chevalier d'Ardenvohr dut quelque avantage à ses talents militaires et à la supériorité du nombre. Il avait fait avancer obliquement le flanc de sa ligne au moment où les royalistes s'élançaient; de sorte qu'ils eurent à soutenir à la fois un double feu sur le front et en flanc, et malgré tous les efforts de leur chef la confusion se mit dans leurs rangs. Au même instant sir Duncan Campbell donna l'ordre de charger, et commença ainsi inopinément l'attaque au moment où il semblait qu'il allait être lui-même attaqué. Un semblable changement de rôles est toujours décourageant, et souvent fatal. Mais le désordre fut réparé par l'approche de la réserve irlandaise, dont le feu serré et soutenu força le chevalier d'Ardenvohr à céder son avantage et à se contenter de repousser l'ennemi. Pendant ce temps, le marquis de Montrose, profitant de quelques bouleaux épars et de la fumée produite par le feu continuel de la mousqueterie irlandaise, qui cachaient ses mouvements, ordonna à Dalgetty de le suivre avec ses cavaliers, et faisant un détour de manière à s'approcher de l'aile droite et même de l'arrière-garde de l'ennemi, il commanda à ses six trompettes de sonner la charge. Les fanfares éclatantes de la cavalerie et le galop des chevaux produisirent sur l'aile droite d'Argyle un effet qu'aucun autre bruit n'aurait pu causer. Les Highlanders d'alors avaient, comme les Péruviens, une crainte superstitieuse du cheval de guerre, et une foule d'idées étranges sur la manière dont cet animal était dressé au combat. Lors donc qu'ils virent leurs rangs subitement enfoncés, et qu'ils aperçurent tout à coup au milieu d'eux les objets de leur plus grand effroi, une frayeur panique, dont tous les efforts de sir Duncan ne purent arrêter les progrès, s'empara de tous les esprits. La vue seule du major Dalgetty, couvert de son impénétrable armure et faisant caracoler et bondir son cheval de manière à donner plus de poids à chaque coup qu'il portait, était une nouveauté suffisante pour frapper de terreur des gens qui n'avaient jamais vu d'autres cavaliers qu'un Highlander écrasant du poids de son corps un *shelty* moins gros que lui. Les royalistes repoussés revinrent à la charge; les Irlandais, conservant leurs rangs, continuèrent un feu nourri et meurtrier. Le combat ne dura plus longtemps. Les soldats d'Argyle commencèrent à plier et à prendre la fuite, la plupart vers le lac, les autres dans différentes directions. La déroute de l'aile droite, décisive par elle-même, devint irréparable par la mort d'Auchenbreck, qui fut frappé tandis qu'il s'efforçait de rétablir l'ordre.

Le chevalier d'Ardenvohr, à la tête de deux ou trois cents hommes, tous nobles et d'une bravoure signalée, — car les Campbells passent pour avoir plus de gentilshommes dans leurs rangs qu'aucun autre clan des montagnes, — s'efforça, avec un héroïsme inutile, de protéger la retraite tumultueuse des simples soldats. Mais leur courage leur devint fatal: chargés sans relâche par des adversaires qui se renouvelaient à chaque instant, forcés de se séparer, il ne leur resta plus enfin d'autre ressource que d'acheter une mort honorable par une résistance désespérée.

— Rendez-vous, sir Duncan, cria le major Dalgetty en apercevant son ancien hôte, qui se défendait avec un ou deux autres gentilshommes contre plusieurs montagnards; et pour donner plus de force à son invitation il courut sur lui le sabre à la main. Pour toute réponse, sir Duncan lui lâcha un coup de pistolet qu'il tenait en réserve. La balle ne toucha point le major, mais elle atteignit son noble coursier, qui, frappé au cœur, tomba mort sous son cavalier. Ranald Mac-Eagh, un de ceux qui avaient serré sir Duncan de si près, saisit le moment où celui-ci se détournait pour faire feu, et le renversa d'un coup de sa claymore.

Allan Mac-Aulay arriva en cet instant. A l'exception de Ranald, ceux qui combattaient de ce côté étaient des vassaux de son frère.

— Misérables, s'écria-t-il, qui de vous a osé porter la main sur le chevalier d'Ardenvohr, lorsque j'avais donné l'ordre formel de le prendre vivant?

Une demi-douzaine de montagnards, qui s'empressaient à l'envi de dépouiller le chevalier terrassé, dont les armes et les vêtements étaient d'une magnificence conforme à son rang, abandonnèrent aussitôt leur occupation, et deux ou trois voix s'excusèrent, rejetant le blâme sur l'homme de l'île de Skye, ainsi qu'ils désignaient Ranald Mac-Eagh.

— Chien d'insulaire! s'écria Allan, oubliant dans sa colère leur fraternité prophétique, suis la chasse et laisse ce malheureux, si tu ne veux mourir de ma main. Ils étaient alors presque seuls; car les menaces d'Allan avaient dispersé les hommes de son clan, et tous les combattants s'étaient portés en foule vers le lac; semant devant eux le tumulte, la terreur et la confusion, et ne laissant derrière que des morts et des mourants. L'occasion était de nature à tenter l'esprit vindicatif de Mac-Eagh. — Moi, mourir de ta main, rouge encore du sang de mes proches, s'écria-t-il en répondant à la menace de son ennemi d'un ton non moins menaçant; c'est toi plutôt qui mourras de la mienne. A ces mots, il lui porta un coup avec tant de promptitude que Mac-Aulay eut à peine le temps de le parer avec son bouclier.

— Traître! dit Allan saisi de surprise, que signifie ceci?

— Je suis Ranald du Brouillard! répondit l'insulaire en lui assénant un nouveau coup. Aussitôt s'engagea entre eux un combat furieux et acharné. Mais le sort semblait avoir destiné Allan à venger sur cette tribu sauvage les maux de sa mère; comme celle des luttes précédentes, l'issue de ce combat en donna la preuve. Après quelques coups échangés, Ranald Mac-Eagh, atteint d'une profonde blessure dans le crâne, tomba terrassé; et Mac-Aulay, mettant le pied sur lui, s'apprêtait à lui passer l'épée au travers du corps, lorsque la pointe de l'arme fut détournée par un tiers qui intervint tout à coup. C'était le major Dalgetty en personne, qui, d'abord étourdi de sa chute, et empêtré sous le corps de son cheval, avait enfin retrouvé ses jambes et recouvré ses esprits. — Relevez votre épée, dit-il à Mac-Aulay, et ne faites pas d'autre mal à cet homme, qui est ici sous ma sauvegarde et au service de Son Excellence. Rappelez-vous que la loi martiale ne permet jamais à un honorable cavalier de venger ses injures personnelles *flagrante bello, multo majus flagrante prœlio*[1].

— Insensé! s'écria Allan, retirez-vous, et ne venez pas vous mettre entre le tigre et sa proie.

Mais loin de renoncer à son objet, Dalgetty, se plaçant devant le malheureux Mac-Eagh, fit entendre à Allan que le tigre, comme il disait, pourrait bien en cette occasion trouver un lion sur son passage.

---

[1] Pendant la guerre, encore bien moins pendant le combat.

Il ne fallait que cet air et ce ton de défi pour détourner toute la rage du belliqueux *voyant* sur celui qui s'opposait au cours de sa vengeance; et sans plus de cérémonie les coups furent aussitôt échangés.

La lutte d'Allan et de Mac-Eagh n'avait pas été remarquée, parce que l'Enfant du Brouillard était peu connu des soldats de Montrose; mais le frère d'Angus et le major étaient tous deux trop bien connus pour que leur querelle n'attirât pas aussitôt l'attention. Montrose lui-même, qui accourait pour rassembler son petit corps de cavalerie et se remettre à la poursuite des vaincus vers le Loch-Eil, aperçut heureusement les deux champions. Sachant les conséquences fatales de la discorde dans sa petite armée, il piqua vers eux, et voyant Mac-Eagh étendu à terre, et Dalgetty en devoir de le protéger contre Mac-Aulay, son esprit pénétrant comprit aussitôt la cause de la querelle, et trouva en même temps le moyen de l'apaiser. — Fi, messieurs! s'écria-t-il, se quereller sur un si noble champ de victoire! — Êtes-vous fous? ou êtes-vous enivrés de la gloire que vous venez tous deux d'acquérir aujourd'hui?

— S'il plaît à Votre Excellence, dit Dalgetty, je ne suis pas dans mon tort. J'ai toujours été connu, dans toutes les armées d'Europe, pour *bonus socius*, *buen camarado*; mais celui qui touche à un homme placé sous ma sauvegarde...

— Et celui, interrompit Allan, qui ose arrêter le cours de ma juste vengeance....

— Fi, messieurs! répéta Montrose; j'ai pour vous d'autres occupations, — des occupations plus importantes que de vider une querelle particulière. Vous trouverez sans peine un moment plus convenable pour régler vos différends. Major Dalgetty, à genoux.

— A genoux! fit Dalgetty; c'est un commandement auquel je n'ai pas appris à obéir, à moins qu'il ne soit prononcé du haut de la chaire. Dans la manœuvre suédoise, le premier rang met un genou en terre, mais c'est seulement lorsque le régiment est aligné sur six files de profondeur.

— N'importe, reprit Montrose, pliez le genou, monsieur, au nom du roi Charles et de son représentant.

Lorsque Dalgetty se fut enfin décidé à obéir, Montrose lui frappa légèrement le cou du plat de son épée, en disant: — En récompense de tes bons services dans cette journée, au nom et de l'autorité du roi Charles notre souverain, je te fais chevalier; sois brave, loyal et heureux. Et maintenant, sir Dugald Dalgetty, à votre poste. Rassemblez tous les cavaliers que vous pourrez réunir, et poursuivez ceux des ennemis qui fuient du côté du lac. Ne laissez pas disséminer vos hommes, et ne vous aventurez pas trop loin; mais empêchez l'ennemi de se rallier. Ce ne sera pas d'ailleurs bien difficile. A cheval donc, sir Dugald, et faites votre devoir.

— Mais quel cheval monterai-je? dit le nouveau chevalier. Le pauvre Gustave dort au champ d'honneur, comme son immortel homonyme! et je suis fait *knight*[1], ou cavalier[2], comme disent les Allemands, juste au moment où je n'ai plus de cheval.

— Cela ne sera pas dit, repartit Montrose en mettant pied à terre; je vous fais présent du mien, qui passe pour assez bon. Ne songez donc plus, je vous prie, qu'au service dont vous vous acquittez si bien.

Après avoir vivement remercié son général, sir Dugald monta sur le coursier qui venait de lui être si généreusement donné; et se bornant à prier Son Excellence de ne pas oublier que Mac-Eagh était sous sa sauvegarde, il courut aussitôt plein de zèle et d'empressement exécuter les ordres qu'il avait reçus.

— Et vous, Allan Mac-Aulay, dit Montrose en s'adressant au Highlander, qui, la pointe de son épée appuyée contre terre, avait regardé la réception de son antagoniste avec un amer sourire de dédain; — vous, supérieur aux hommes ordinaires qui se laissent guider par de vils motifs de pillage, de paie et de distinctions personnelles; — vous, que vos profondes connaissances rendent si précieux dans les conseils, — est-ce *vous* que je trouve en querelle avec un homme tel que Dalgetty, pour avoir le privilége d'arracher un reste de vie à un ennemi aussi méprisable que celui qui est étendu à vos pieds? Venez, mon ami, j'ai d'autres soins à vous confier. Cette victoire habilement exploitée doit gagner Seaforth à notre parti. Ce n'est pas par déloyauté, mais parce qu'il désespérait de la bonne cause, qu'il s'est laissé entraîner à prendre les armes contre nous. Aujourd'hui que le sort semble plus favorable, on peut l'amener à joindre ses forces aux nôtres. De ce champ de bataille même, je lui envoie mon brave ami le colonel Hay; mais il faut qu'il soit accompagné dans cette mission d'un gentilhomme des Highlands d'un rang égal à celui de Seaforth, et qui, par ses talents et par son habileté, puisse avoir de l'influence sur le comte. Non-seulement vous êtes sous tous les rapports l'homme le plus capable de remplir cette importante mission; mais, n'ayant point de commandement immédiat, votre présence ici est moins indispensable que celle d'un chef dont le clan est en campagne. Vous connaissez tous les défilés, toutes les vallées des Highlands, ainsi que les mœurs et les usages de chaque tribu. Allez donc rejoindre à l'aile droite le colonel Hay; il a mes instructions et il vous attend. Vous le trouverez avec les gens de Glenmorrison; soyez son guide, son interprète et son collègue.

Allan Mac-Aulay jeta sur le marquis un regard sombre et pénétrant

---

[1] *Knight* est l'expression anglaise qui correspond à notre titre de chevalier. Sur ce mot *knight*, nous renverrons le lecteur à une des notes d'*Ivanhoe*. (L. V.)

[2] En allemand, comme en latin, la signification propre du mot *ritter* (chevalier), correspondant à *eques*, est cavalier. (W. S.)

comme pour s'assurer qu'il n'avait point quelque dessein secret et réservé en lui confiant cette mission soudaine. Mais Montrose, habile à pénétrer les motifs des autres, ne l'était pas moins à cacher les siens. Il regardait comme de la dernière importance, dans ce moment d'effervescence et d'exaltation, d'éloigner Allan du camp pour quelques jours, afin de pouvoir aviser, comme son honneur l'exigeait, à la sûreté de ceux qui lui avaient servi de guides. Quant à la querelle du Voyant avec Dalgetty, il ne doutait point qu'il ne fût facile de l'apaiser. En partant, Allan recommanda au marquis sir Duncan Campbell, que Montrose fit aussitôt transporter en lieu de sûreté. Il prit la même précaution pour Mac-Eagh, mais il le remit entre les mains de quelques Irlandais, en leur ordonnant d'en prendre soin et d'empêcher qu'aucun montagnard, de quelque clan qu'il fût, pût en approcher.

Le marquis monta alors sur un cheval de main que tenait un de ses domestiques, et parcourut le théâtre de sa victoire, laquelle était plus décisive qu'il ne s'en était flatté au milieu même de ses plus ardentes espérances. Des trois mille hommes qui composaient la vaillante armée d'Argyle, plus de la moitié avait péri sur le champ de bataille ou dans la déroute. Ils avaient été principalement repoussés sur cette partie de la plaine où la rivière forme un angle avec le lac, de sorte qu'il n'y avait aucun moyen de battre en retraite ou de s'échapper. Plusieurs centaines d'entre eux furent bousculés dans le lac et s'y noyèrent. La moitié environ de ceux qui n'y périrent point s'échappa en traversant la rivière à la nage ou en s'enfuyant le long de la rive gauche du lac. Le reste se jeta dans le vieux château d'Inverlochie; mais, dénués de provisions et sans espoir de secours, ils furent obligés de se rendre, à condition qu'on les laisserait retourner tranquillement dans leurs foyers. Armes, munitions, bagages, étendards, tout devint la proie des vainqueurs.

Ce fut le plus grand désastre qu'éprouva jamais la race de Diarmid, ainsi qu'on appelait les Campbells dans les Highlands; car on a généralement remarqué qu'ils étaient aussi heureux dans leurs entreprises qu'habiles à en concerter le plan et courageux à l'exécuter. Au nombre des morts étaient près de cinq cents *dunniwassels* ou gentilshommes, descendants de familles connues et honorées. Mais, dans l'esprit de la plupart des membres du clan, cette perte, quelque terrible qu'elle fût, n'était rien auprès du déshonneur dont les couvrait la conduite honteuse de leur chef, dont la chaloupe leva l'ancre dès que la bataille fut perdue, et descendit le lac avec toute la vitesse que pouvaient lui imprimer les voiles et les rames.

CHAPITRE XX.

> Un vent sourd portait au loin le bruit confus de la bataille. La terreur et le carnage marchaient rapidement devant, laissant après elles les blessures et la mort.
>
> PENROSE.

La brillante victoire remportée par Montrose sur son puissant rival ne le fut pas sans quelques pertes de son côté ; mais elles ne montèrent pas au dixième de celles d'Argyle. La valeur opiniâtre des Campbells coûta la vie à plusieurs braves guerriers dans les rangs ennemis ; un plus grand nombre furent blessés, notamment le jeune comte de Menteith, qui avait commandé le centre. Mais il n'était que légèrement atteint, et ce fut d'un air plutôt gracieux qu'effrayant qu'il présenta à son général l'étendard d'Argyle, qu'il avait arraché lui-même des mains de l'officier qui le portait, après l'avoir tué dans une lutte corps à corps. Montrose chérissait tendrement son noble parent, en qui brillaient des sentiments généreux, romanesques, désintéressés, dignes de l'esprit de chevalerie des temps héroïques : esprit bien différent des habitudes de cupidité, de calcul et d'égoïsme que l'usage d'entretenir des troupes mercenaires avait introduites dans la plupart des contrées de l'Europe, et dont l'Écosse dégénérée, en fournissant des soldats de fortune à presque toutes les nations, s'était souillée plus qu'aucune autre. Montrose, que la nature avait doué de sentiments semblables, quoique l'expérience lui eût appris à tirer parti des motifs qui faisaient agir les autres, ne fit à Menteith ni éloge ni promesse, mais il le serra contre son cœur en s'écriant :—Mon brave parent ! — Ce touchant témoignage d'approbation pénétra Menteith d'une joie plus vive que s'il eût vu son nom cité avec éloge dans un bulletin de la bataille envoyé directement à son souverain.

—Maintenant, dit-il, que rien ne semble plus réclamer mes services, permettez-moi, mylord, de remplir un devoir d'humanité. — Je viens d'apprendre que le chevalier d'Ardenvohr est notre prisonnier et qu'il est grièvement blessé.

—Et il l'a bien mérité, dit sir Dugald Dalgetty, qui les rejoignit alors avec un prodigieux surcroît d'importance, il l'a bien mérité en tuant mon cher Gustave au moment même où je lui offrais une capitulation honorable ; ce qui, je dois le dire, est plutôt le fait d'un ignorant cateran des montagnes, qui n'a pas l'esprit d'élever une redoute pour la défense de sa vieille bicoque de château, que d'un soldat d'honneur et de distinction.

— Avons-nous donc à déplorer la perte du fameux Gustave? demanda lord Menteith.

— Hélas! oui, mylord, répondit le soldat en poussant un profond soupir: *Diem clausit supremum* [1], comme nous disions au collége Mareschal d'Aberdeen. Mieux vaut encore cela que de l'avoir vu s'enfoncer comme un poney de regrattier dans quelque fondrière ou au milieu des neiges, ce qui lui serait probablement arrivé si cette campagne d'hiver eût duré plus longtemps. Mais, ajouta-t-il en s'inclinant vers Montrose, Son Excellence a eu la bonté de me donner à la place un noble coursier, que j'ai pris la liberté de nommer *Récompense de loyauté*, en souvenir de cette mémorable occasion.

— J'espère, dit le marquis, que vous trouverez *Récompense de loyauté*, puisque c'est ainsi que vous l'appelez, au fait de toutes les manœuvres.
— Mais je ne dois pas vous laisser ignorer qu'aujourd'hui, en Écosse, la loyauté obtient plus souvent pour récompense un licou qu'un cheval.

— Aha! Votre Excellence aime à rire. Récompense de loyauté connaît toutes les évolutions aussi bien que Gustave, et il est beaucoup plus beau. Il est seulement fâcheux que ses qualités sociales soient moins cultivées, ce qui vient de ce qu'il n'a vécu jusqu'ici qu'en mauvaise compagnie.

— Vous n'entendez pas parler de Son Excellence le général, j'espère, dit lord Menteith. — Fi, sir Dugald!

— Mylord, répondit gravement le chevalier, je suis incapable d'avoir une idée si inconvenante. Ce que je veux dire, c'est que Son Excellence ayant avec son cheval, pendant qu'elle s'en sert, les mêmes relations qu'avec ses soldats lorsqu'elle les instruit, peut les former et les rompre à tous les exercices militaires qu'il lui plaît, et qu'en conséquence ce noble coursier est admirablement dressé. Mais comme c'est le commerce de la vie privée qui forme le caractère social, je ne pense pas que celui du simple soldat se civilise beaucoup dans la conversation du caporal ou du sergent, ni que celui de Récompense de loyauté se soit bien amélioré et bien adouci dans la compagnie des palefreniers de Son Excellence, qui prodiguent aux animaux confiés à leurs soins plus de jurons, de coups de pieds et de gourmades que d'amitiés et de caresses; c'est ainsi que plus d'un généreux quadrupède devient en quelque sorte misanthrope, et se montre dans le reste de sa carrière plus disposé à mordre son maître et à lui lancer des ruades qu'à l'aimer et à le respecter.

— C'est parler comme un oracle, dit Montrose. Si jamais on créait au collége Mareschal d'Aberdeen une division pour l'éducation des chevaux, sir Dugald Dalgetty devrait seul en remplir la chaire.

— Parce qu'en sa qualité d'âne, dit Menteith à l'oreille de son général, le professeur aurait quelque rapport avec ses élèves.

---

[1] Il a vu son dernier jour.

— Et maintenant, continua le nouveau chevalier, avec la permission de Votre Excellence, je vais rendre ma dernière visite aux restes de mon vieux compagnon d'armes.

— Vous n'avez pas dessein de célébrer ses funérailles? dit le marquis, ne sachant pas jusqu'où l'enthousiasme du major pourrait le conduire ; songez que nos braves camarades eux-mêmes seront ensevelis sans cérémonie.

— Votre Excellence me pardonnera, répondit Dalgetty ; mon projet est moins romanesque. Je vais partager les restes de mon pauvre Gustave avec les oiseaux du Ciel ; je leur abandonne la chair et je m'en réserve le cuir, dont je veux, en signe de bon souvenir, me faire faire un justaucorps et des culottes à la façon des Tartares, pour porter sous mon armure, car mes vêtements actuels sont dans un pitoyable état. — Hélas, pauvre Gustave! que n'as-tu vécu au moins une heure de plus, pour avoir senti sur ta croupe l'honorable poids d'un chevalier!

Il se disposait à partir, lorsque le marquis le retint : — Sir Dugald, lui dit-il, comme il n'est pas probable que personne vous prévienne dans cet acte d'amitié envers votre vieux compagnon, je pense que vous voudrez bien m'aider d'abord à déguster, avec nos principaux amis, les provisions qu'Argyle nous a laissées en abondance dans le château.

— Très-volontiers, Excellence, répondit sir Dugald ; jamais repas ni messe n'a retardé une affaire. D'ailleurs, je n'ai pas peur que les loups ou les aigles commencent à attaquer Gustave cette nuit, attendu qu'ils trouveront tout autour de lui de quoi faire meilleure chère. Mais, ajouta-t-il, comme je vais me trouver avec deux honorables chevaliers d'Angleterre, et d'autres membres de la chevalerie au service de Votre Honneur, je vous prie de vouloir bien leur expliquer que dès à présent et à l'avenir j'ai droit d'avoir le pas sur eux tous, attendu ma qualité de banneret créé sur le champ de bataille.

— Que le diable le confonde! dit Montrose à part lui ; il va rallumer le feu quand je viens de l'éteindre. — Sir Dugald, reprit-il en s'adressant gravement au major, c'est là un point que je dois soumettre à l'examen particulier de Sa Majesté. Dans mon camp, tous les officiers sont sur le pied de l'égalité, comme les chevaliers de la Table-Ronde ; ils prennent leur place, comme des soldats, d'après le principe : Premier venu, premier servi.

— Alors, dit tout bas Menteith au marquis, j'aurai soin que la première place ne soit pas aujourd'hui pour Don Dugald. — Sir Dugald, ajouta-t-il en élevant la voix, puisque vous dites que votre garde-robe est hors de service, ne feriez-vous pas bien d'aller là-bas jeter un coup d'œil sur les bagages pris à l'ennemi, près desquels on a placé des gardes? Je viens de voir un superbe justaucorps de buffle, avec des broderies en soie et argent sur la poitrine.

— *Voto à Dios!* comme dit l'Espagnol, s'écria le major ; et quelque misérable drôle va peut-être se l'approprier pendant que je suis ici à babiller!

L'idée du butin lui faisant oublier à la fois Gustave et la provende qui lui était offerte, il donna un coup d'éperon à Récompense de loyauté, et s'élança au galop à travers le champ de bataille.

— Voilà le limier parti, dit Menteith, foulant, écrasant sous ses pieds le front de plus d'un homme qui valait mieux que lui, et aussi avide d'un vil butin qu'un vautour qui fond sur un cadavre. Le monde appelle cependant un pareil homme un soldat; — et vous, mylord, vous le jugez digne des honneurs de la chevalerie, s'il est encore permis de les appeler ainsi. Vous avez fait du collier de chevalier la décoration d'un véritable limier.

— Que pouvais-je faire? repartit Montrose. Je n'avais point de vieux os à lui jeter, et il fallait bien le récompenser. — Je ne puis pas suivre le gibier tout seul. D'ailleurs, le chien a de bonnes qualités.

— Si la nature lui en a donné, l'habitude les a changées en un égoïsme démesuré. Il peut être pointilleux sur sa réputation, et brave dans l'action; mais c'est seulement parce que sans ces qualités il ne pourrait monter en grade; — s'il fait bien, c'est encore pour un motif d'intérêt. Il défendra son camarade tant qu'il le verra sur ses pieds; mais à peine mort, il le débarrassera de sa bourse aussi tranquillement qu'il va prendre la peau de Gustave pour s'en faire un justaucorps.

— Et quand tout cela serait vrai, cousin, il est assez bon d'avoir à commander des soldats dont on peut calculer les mobiles avec une certitude mathématique. Un noble cœur comme le vôtre, mon cousin, est ouvert à mille sentiments auxquels celui de cet homme est aussi inaccessible que sa cuirasse; — c'est à ces sentiments que votre ami doit s'adresser quand il vous donne un avis. Changeant alors de ton tout à coup, il demanda à Menteith depuis quand il avait vu Annette Lyle.

— Pas depuis hier soir, répondit le jeune comte dont les joues se colorèrent vivement; — si ce n'est, ajouta-t-il en hésitant, un instant ce matin... une demi-heure à peu près avant la bataille.

— Mon cher Menteith, reprit Montrose avec amitié, si vous étiez un de ces cavaliers éventés de Whitehall, qui, dans leur genre, sont tout aussi égoïstes que notre ami Dalgetty, je n'aurais pas besoin de vous tourmenter de mes questions sur une amourette semblable. Ce serait une intrigue dont il ne faudrait que rire. Mais c'est ici le pays des enchantements; les dames y font avec les tresses de leurs cheveux des filets aussi forts que l'acier, et vous êtes précisément l'un des chevaliers destinés, n'importe comment, à y tomber. Cette jeune fille est admirablement belle, et ses talents sont faits pour captiver votre imagination romanesque. Vous n'êtes pas capable de penser à la séduire, — vous ne *pouvez* penser à l'épouser.

— Voilà déjà plusieurs fois, mylord, que vous répétez cette plaisanterie; car je dois croire que c'en est une, bien qu'elle soit un peu prolongée. La naissance d'Annette Lyle est inconnue ; — c'est une captive, — la fille, sans doute, de quelque obscur outlaw, — et qui doit tout à l'humanité des Mac-Aulays.

— Ne vous fâchez pas, Menteith, interrompit le marquis ; vous aimez les classiques, quoique vous n'ayez pas été élevé au collége Mareschal, et vous pouvez vous rappeler combien de nobles cœurs la beauté captive a subjugués :

> Movit Ajacem Telamone natum,
> Forma captivæ dominum Tecmessæ [1].

En un mot, cette affaire m'inquiète sérieusement. — Peut-être, ajouta-t-il d'un ton grave, ne songerais-je pas à vous fatiguer de mes avis sur ce sujet, si vous étiez, seul avec Annette, intéressé dans cet amour ; mais vous avez dans Allan Mac-Aulay un dangereux rival, et nul ne sait jusqu'où peut l'emporter son ressentiment. Il est de mon devoir de vous dire que le service du roi pourrait être fortement compromis s'il s'élevait des discussions entre vous.

— Mylord, dit Menteith, votre intérêt et votre amitié pour moi vous inspirent, je le sais, ces inquiétudes, et j'espère les dissiper en vous disant que j'ai eu, à ce sujet, une explication avec Allan Mac-Aulay ; je lui ai déclaré que, d'une part, rien n'est plus éloigné de mon caractère que de concevoir des vues indignes sur cette jeune fille sans protection, et que, de l'autre, l'obscurité de sa naissance m'empêche d'avoir sur elle d'autres projets. Je ne cacherai pas à Votre Seigneurie ce que je n'ai pas caché à Mac-Aulay, — que si Annette Lyle eût été d'une naissance noble, elle aurait partagé mon rang et mon nom ; dans l'état des choses, c'est impossible. Cette explication satisfera, je pense, Votre Seigneurie, puisqu'elle a satisfait un homme moins raisonnable.

— Et comme de véritables héros de romans, repartit Montrose en haussant les épaules, vous êtes convenus d'adorer la même maîtresse, d'encenser la même idole, et de borner là tous deux vos prétentions ?

— Je n'ai pas été si loin, mylord ; — j'ai seulement dit que dans les circonstances actuelles, — et il n'est pas probable qu'elles changent, — je ne pouvais, par égard pour ma famille et pour moi-même, être pour Annette autre chose qu'un ami et un frère. Mais je prie Votre Seigneurie de m'excuser, ajouta-t-il en montrant son bras enveloppé de son mouchoir, j'ai une petite blessure à faire panser.

— Une blessure ! s'écria Montrose avec inquiétude ; montrez-la-moi.

— Hélas ! ajouta-t-il, je n'en aurais pas entendu parler, si je n'avais cher-

---

[1] La beauté de Tecmesse captive toucha le cœur de son maître, Ajax, fils de Télamon.

ché à en sonder une autre plus secrète et plus dangereuse. Je vous plains, Menteith. — Moi aussi, j'ai connu... Mais que sert de réveiller des douleurs assoupies depuis longtemps?

A ces mots, il serra la main de son noble parent, et rentra dans le château.

Annette Lyle, comme il était assez ordinaire chez les femmes des Highlands, possédait quelques connaissances en médecine et même en chirurgie. On croira sans peine que ces deux professions, considérées comme arts spéciaux, étaient inconnues dans les montagnes; le petit nombre de règles grossières que l'on observait étaient confiées aux femmes et aux vieillards, auxquels de perpétuelles discordes ne fournissaient que trop d'occasions d'acquérir de l'expérience. Les lumières d'Annette Lyle, ses soins et ceux de ses serviteurs et des personnes placées sous ses ordres, avaient donc été fort utiles pendant cette sanglante campagne. Elle avait prodigué avec empressement ses secours à tous ceux qui pouvaient en avoir besoin, amis ou ennemis. Elle était alors dans un des appartements du château, surveillant avec attention la préparation des herbes vulnéraires destinées aux blessés, écoutant les questions que lui adressaient plusieurs femmes au sujet des malades dont elles étaient particulièrement chargées, et leur enseignant les moyens de les soulager, lorsque Allan Mac-Aulay entra tout à coup. Elle tressaillit, car elle avait entendu dire qu'il avait quitté le camp pour remplir une mission lointaine; et bien qu'accoutumée à son air sombre, son front lui parut en ce moment couvert d'un nuage plus épais encore qu'à l'ordinaire. Il s'arrêta devant elle, gardant un profond silence, et elle se vit obligée de parler la première.

— Je croyais, lui dit-elle en faisant un effort sur elle-même, que vous étiez déjà parti.

— Mon compagnon m'attend, répondit Allan, et je pars à l'instant.

Cependant il continuait de rester droit devant elle, et lui saisissant le bras, il le lui serra, non de manière à lui faire du mal, mais assez pour lui faire sentir sa force prodigieuse; car il la tenait serrée comme entre les griffes d'un étau.

— Prendrai-je une harpe? demanda-t-elle d'une voix timide; l'ombre descend-elle sur vous?

Au lieu de répondre, il l'entraîna vers une fenêtre, d'où l'on découvrait le champ du carnage et toutes ses horreurs. La terre était jonchée au loin de morts et de blessés; et d'avides soldats s'occupaient à dépouiller les victimes de la guerre et de l'ambition féodale, avec autant d'indifférence que si ces malheureux n'eussent pas été leurs semblables, et qu'eux-mêmes n'eussent pas été exposés, peut-être dès le lendemain, à subir le même sort.

— Cette vue vous plaît-elle? dit Mac-Aulay.

— C'est un spectacle hideux! s'écria Annette en se couvrant le visage de ses mains; comment pouvez-vous m'y faire porter les yeux?

— Il faudra vous y habituer, si vous restez au milieu de cette armée vouée à la destruction; — vous aurez bientôt à chercher sur un pareil champ de bataille le cadavre de mon frère, — celui de Menteith, — le mien; — mais cette tâche vous sera la moins pénible, — vous ne m'aimez pas!

— C'est la première fois que vous m'accusez d'indifférence, dit Annette en pleurant; vous êtes mon frère, — mon sauveur, — mon protecteur, — puis-je ne pas vous aimer? — Mais l'heure de votre vision approche, permettez-moi d'aller chercher ma harpe....

— Restez, dit Allan, la tenant toujours avec force; que mes visions viennent du ciel ou de l'enfer, ou de la sphère intermédiaire des esprits incorporels, — ou qu'elles ne soient, comme le prétendent les Saxons, que les illusions d'une imagination exaltée, je ne suis pas sous leur empire en ce moment; je parle la langue du monde visible et naturel. — Vous ne m'aimez point, Annette; — vous aimez Menteith; — vous en êtes aimée, et Allan vous est aussi indifférent qu'un des cadavres qui couvrent cette bruyère.

On peut bien supposer que cet étrange discours n'apprenait rien de nouveau à celle à qui il s'adressait. Jamais femme, placée dans les mêmes circonstances, n'eût pu ne pas reconnaître l'état du cœur de son amant. Mais en déchirant tout à coup le voile, si léger qu'il fût, qui couvrait sa passion, Allan lui fit entrevoir les conséquences terribles auxquelles pouvait le porter l'exaltation de son caractère. Elle fit un effort pour repousser cette imputation.

— Vous oubliez, dit-elle, votre générosité et votre noblesse, en insultant un être aussi isolé que je le suis, moi que le destin a mise entièrement en votre pouvoir. Vous savez qui je suis; vous n'ignorez pas qu'il est impossible que Menteith et vous puissiez me parler un autre langage que celui de la simple amitié. Vous savez de quelle race malheureuse j'ai probablement reçu l'existence.

— Je ne veux pas le croire, répondit Allan avec impétuosité. Jamais goutte limpide n'est sortie d'une source impure.

— Mais le doute seul devrait vous empêcher de me parler ainsi.

— Je sais qu'il élève une barrière entre nous, — mais je sais aussi que cette barrière n'est pas un obstacle aussi insurmontable entre vous et Menteith. — Écoutez-moi, ma chère Annette! — quittez cette scène de terreur et de danger. — Suivez-moi dans le Kintail; — je vous placerai sous la protection de la noble comtesse de Seaforth, — ou je vous conduirai en sûreté à Icolmkill, où de saintes femmes se vouent encore au service de Dieu, suivant l'usage de nos ancêtres.

— Vous ne songez pas à ce que vous me demandez; entreprendre un pareil voyage seule avec vous serait me montrer moins soigneuse de ma réputation que ne doit l'être une jeune fille. Je resterai ici, Allan,

—ici, sous la protection du noble Montrose; et quand son armée s'approchera des Lowlands, je chercherai quelque moyen de vous délivrer de la présence d'une pauvre fille, qui est devenue, sans savoir pourquoi, un objet d'aversion pour vous.

Allan demeurait immobile, comme s'il n'eût su s'il devait prendre pitié de sa douleur ou s'irriter de sa résistance.

—Annette, dit-il enfin, vous savez trop bien que vos paroles ne peuvent s'appliquer aux sentiments que j'ai pour vous; — mais vous profitez de votre pouvoir, et vous vous réjouissez de mon départ, qui éloigne de vous et de Menteith un surveillant incommode. Mais prenez garde tous deux, ajouta-t-il d'un ton sinistre; car a-t-on jamais entendu dire qu'Allan Mac-Aulay ait reçu une injure sans en avoir tiré une vengeance dix fois plus grande?

A ces mots, il lui serra violemment le bras, enfonça sa toque sur son front, et sortit précipitamment.

CHAPITRE XXI.

> .... Après votre départ j'ai interrogé mon cœur, et j'ai cherché ce qui l'agitait ainsi. — Hélas! j'y ai trouvé l'amour, mais un amour si pur, que si j'eusse pu seulement vivre auprès de vous, tous mes vœux eussent été comblés.
>
> PHILASTER.

ANNETTE Lyle eut alors à contempler le gouffre effrayant que l'amour et la jalousie d'Allan Mac-Aulay venait d'ouvrir sous ses pas. Il lui semblait qu'elle chancelait sur le bord d'un abîme, et qu'elle était privée de tout refuge et de tout secours humain. Depuis longtemps elle sentait qu'elle aimait Menteith plus tendrement qu'un frère; et pouvait-il en être autrement? N'était-ce pas le résultat naturel de leur longue intimité, — du mérite personnel du jeune seigneur, — de ses attentions assidues, — de la douceur de son esprit, — de la grâce de ses manières, et de son extrême supériorité sur les guerriers sauvages avec lesquels elle vivait? Mais son affection était un sentiment calme, timide et réfléchi, qui la portait à placer son bonheur dans celui de l'objet de son amour, plutôt qu'à concevoir des espérances hardies et présomptueuses. Une petite chanson gaélique dans laquelle elle exprimait ses sentiments a été traduite par le spirituel et infortuné Mac-Donald, et nous en rapporterons volontiers une transcription:

« Si, comme moi, tu parcourais une des vallées inférieures de la vie, que j'aurais été heureuse de partager ton sort! Avec toi, j'irais partout où il plairait au vent de nous pousser, partout où voudrait nous porter la barque bondissante. Mais, séparés par un destin jaloux, bien différents doivent couler nos jours. Puisse le bonheur embellir les tiens ! — pour moi ; c'est assez de pleurer et de prier pour celui que j'aime.

« Nul murmure importun ne révélera les angoisses que pourra ressentir ce faible cœur, quand l'espoir aura fui sans retour ; jamais une plainte égoïste ne les trahira. Je ne traînerai pas non plus le fardeau de la vie, pâle et abattue comme la pleureuse d'un convoi funèbre, tant que je pourrai penser que mes larmes secrètes blesseraient peut-être le cœur de celui que j'aime. »

La déclaration furieuse d'Allan venait de détruire le plan romanesque qu'elle avait formé de nourrir en secret sa tendresse rêveuse, sans chercher à être payée de retour. Depuis longtemps déjà elle redoutait Allan, autant que pouvaient le lui permettre la reconnaissance et la certitude qu'il adoucissait pour elle un caractère naturellement si fougueux et si violent. Mais maintenant elle ne pensait à lui qu'avec une terreur complète, que n'autorisait que trop la parfaite connaissance qu'elle avait de son naturel et de son histoire. Quelle que fût d'ailleurs la noblesse de ses sentiments, il n'avait jamais su résister à l'impétuosité de ses passions. — Dans la maison et dans le pays de ses pères, c'était un lion apprivoisé que personne n'osait contrarier de peur de réveiller sa férocité naturelle. Il s'était écoulé tant d'années depuis qu'il n'avait éprouvé une contradiction, ou même une remontrance, que, sans le solide bon sens qui, à part son mysticisme, formait le fond de son caractère, il serait probablement devenu la terreur et le fléau de tous les environs. Mais Annette n'eut pas le temps de s'abandonner à ses craintes ; elle fut interrompue par l'arrivée de sir Dugald Dalgetty.

On peut croire aisément que les scènes au milieu desquelles le major avait passé sa vie ne l'avaient pas rendu très-propre à briller dans la société des femmes. Il sentait lui-même instinctivement que le langage de la caserne, du corps-de-garde et de la parade, n'était pas fait pour amuser les dames. La seule partie pacifique de sa vie s'était écoulée au collége Mareschal d'Aberdeen ; et il avait oublié le peu qu'il y avait appris, si ce n'est l'art de raccommoder ses bas, et celui d'expédier son ordinaire avec une célérité peu commune, talents qu'il avait conservés depuis dans toute leur vigueur, parce qu'il s'était souvent trouvé dans le cas de les exercer. Pourtant, c'était dans le souvenir imparfait de ce qu'il avait étudié à cette époque qu'il puisait ses sujets de conversation lorsqu'il se trouvait en société avec des dames ; en d'autres termes, quand son langage cessait d'être militaire, c'était pour devenir pédantesque.

— Miss Annette Lyle, dit-il en entrant, je suis précisément en ce moment comme la demi-pique ou l'esponton d'Achille, qui pouvait blesser d'un bout et guérir de l'autre ; — propriété que ne possèdent ni la pique espagnole, ni le *brown-bill* [1], ni la pertuisane, ni la hallebarde, ni la hache de Lochaber, ni aucune autre arme des temps modernes.

Il répéta deux fois son compliment; mais, comme Annette l'entendit à peine la première, et ne le comprit pas la seconde, il fut obligé de s'expliquer.

— Je veux dire, miss Annette Lyle, qu'ayant été cause qu'un honorable chevalier a reçu aujourd'hui une blessure grave, — vu qu'il avait, un peu contre les lois des armes, tué d'un coup de pistolet mon cheval, auquel j'avais donné le nom de l'immortel roi de Suède, — je désire lui procurer le soulagement que vous pouvez lui donner, vous, madame, qui êtes comme le dieu païen Esculape (il voulait probablement dire Apollon), habile, non-seulement dans le chant et dans la musique, mais encore dans l'art bien plus noble de la chirurgie : — *Opiferque per orbem dicor* [2].

— Veuillez avoir la bonté de vous expliquer plus clairement, dit Annette, dont le cœur était trop affecté pour qu'elle pût s'amuser des airs de galanterie pédantesque de sir Dugald.

— Cela ne sera peut-être pas très-facile, répondit le chevalier, car j'ai perdu l'habitude de faire la construction; — pourtant nous essaierons. *Dicor*, sous-entendu *ego*, — je suis nommé, — *opifer? opifer?* — je me souviens de *signifer*, et de *furcifer*, — mais *opifer* est là, je crois . pour D. M., c'est-à-dire docteur médecin.

— Ce jour est pour nous tous un jour de grande occupation, interrompit Annette; veuillez donc me dire tout simplement ce que vous désirez de moi.

— Simplement que vous veniez voir mon confrère en chevalerie, et que vous lui fassiez apporter par votre suivante quelque médicament pour mettre sur sa blessure, qui menace d'être ce que les savants appellent *damnum fatale*.

Annette Lyle n'hésitait jamais lorsqu'il s'agissait de soulager un malheureux. Elle s'informa à la hâte de la nature de la blessure, et toute émue du malheur du noble vieillard qu'elle avait vu à Darnlinwarach, et dont l'aspect l'avait si vivement frappée, elle oublia un instant ses propres chagrins pour ne songer qu'à lui porter secours.

Sir Dugald introduisit Annette avec beaucoup de cérémonie dans la chambre du malade. Ce ne fut pas sans étonnement qu'elle y rencontra lord Menteith, et elle ne put s'empêcher de rougir en l'apercevant; mais pour cacher son trouble, elle se mit aussitôt à examiner la blessure du chevalier d'Ardenvohr, et reconnut aisément qu'il n'était pas en son pouvoir de la guérir. Pour sir Dugald, il retourna vers un

---

[1] Espèce de dard, ancienne arme des fantassins anglais. (L. V.)

[2] Et je suis un opérateur connu par toute la terre.

vaste hangar, sous lequel, parmi d'autres blessés, on avait déposé Ranald du Brouillard.

— Mon vieil ami, lui dit le chevalier, je vous ai dit que je serais bien aise de faire quelque chose pour vous obliger, en compensation de la blessure que vous avez reçue pendant que vous étiez sous ma sauvegarde. J'ai donc, comme vous m'en aviez instamment prié, envoyé miss Annette Lyle auprès du chevalier d'Ardenvohr, pour panser sa blessure, quoique je ne puisse concevoir quel bien cela peut vous faire.

— Il me semble que je vous ai entendu parler autrefois de quelque relation de parenté entre eux ; mais un soldat, chargé comme moi d'un commandement, a bien autre chose à penser qu'à se fourrer dans la tête des généalogies de montagnards.

Et de fait, pour rendre justice au digne major, jamais il ne s'inquiétait, ne s'informait ni ne se souvenait des affaires des autres, à moins qu'elles n'eussent rapport à l'art militaire, ou qu'elles ne fussent liées de quelque manière avec son intérêt personnel. Dans ces deux cas, sa mémoire était des plus fidèles.

— Et maintenant, mon brave ami du Brouillard, pouvez-vous me dire ce qu'est devenu votre précoce petit-fils ? car je ne l'ai pas vu depuis qu'il m'a aidé à me désarmer après la bataille. C'est là une négligence qui mériterait l'estrapade.

— Il n'est pas loin d'ici, répondit le blessé. — Mais ne levez pas la main sur lui ; car il est homme déjà à payer une aune de courroie avec un pied d'acier bien trempé.

— Voilà une bravade fort inconvenante ; mais je vous ai quelques obligations, et je veux bien n'y pas faire attention.

— Si vous croyez me devoir quelque chose, vous pouvez vous acquitter en m'accordant une faveur.

— Ami Ranald, j'ai lu dans des livres d'histoire de ces sottes promesses par lesquelles d'imprudents chevaliers se sont liés à leur grand détriment ; c'est pourquoi, Ranald, les chevaliers les plus sages, aujourd'hui, ne promettent jamais rien avant d'être sûrs de pouvoir tenir leur parole sans qu'il en résulte pour eux ni préjudice ni inconvénient. Vous désirez peut-être que j'engage notre chirurgien femelle à venir visiter vos blessures ? Vous devriez pourtant considérer, Ranald, que la malpropreté de l'endroit où l'on vous a déposé pourrait nuire un peu à la fraîcheur de sa toilette, chose dont vous pouvez avoir remarqué que les femmes sont particulièrement soigneuses. J'ai perdu les bonnes grâces de la femme du grand pensionnaire d'Amsterdam, pour avoir mis la semelle de ma botte sur la queue de sa robe de velours noir, que j'eus le malheur de prendre pour un tapis de pied, tant elle était à une grande distance de sa personne.

— Il ne s'agit point d'amener ici Annette Lyle, repartit Mac-Eagh, mais de me faire transporter dans la chambre où elle est occupée à soigner le chevalier d'Ardenvohr. J'ai à leur dire quelque chose qui est de la dernière importance pour tous deux.

— Il n'est pas trop dans l'ordre de porter un outlaw blessé en présence d'un chevalier ; la chevalerie ayant été jadis, et étant encore aujourd'hui, à quelques égards, le plus haut grade militaire, toujours abstraction faite des officiers commissionnés qui prennent rang suivant la teneur de leur brevet. Cependant cette faveur, comme vous l'appelez, est si légère, que je ne saurais refuser de vous l'accorder. Dalgetty ordonna alors à six hommes de transporter sur leurs épaules Mac-Eagh dans l'appartement de sir Duncan Campbell, et s'empressa lui-même de le devancer pour y annoncer la cause de cette singulière visite. Mais telle fut l'activité des soldats chargés d'exécuter ses ordres, qu'ils arrivèrent en même temps que lui ; et, entrant avec leur horrible fardeau, ils déposèrent Mac-Eagh sur le plancher de la chambre. Ses traits naturellement farouches étaient alors contractés par la douleur; ses mains et ses vêtements en lambeaux étaient teints de son propre sang et de celui des autres, qu'aucune main amie n'avait essuyé, quoiqu'on eût appliqué un bandage sur sa blessure.

— Êtes-vous, dit-il en tournant péniblement la tête vers le lit sur lequel était couché son ancien ennemi, êtes-vous celui qu'on appelle le chevalier d'Ardenvohr?

— C'est moi, répondit sir Duncan ; — que voulez-vous d'un homme dont les heures sont comptées ?

— Mes heures à moi ne sont plus que des minutes, reprit l'outlaw ; il faut m'en savoir d'autant plus de gré si je les emploie à servir celui dont la main a toujours été levée contre moi, et sur lequel la mienne s'est appesantie encore plus lourdement.

— Ta main s'est appesantie sur moi ! — pauvre vermisseau ! dit le chevalier en abaissant les yeux vers son misérable adversaire.

— Oui, répondit l'outlaw d'une voix ferme ; mon bras a été le plus lourd. Dans la lutte à mort engagée entre nous, les blessures que je t'ai faites ont été les plus profondes, quoique celles que j'ai reçues de toi n'aient pas été légères. — Je suis Ranald Mac-Eagh, — je suis Ranald du Brouillard ; la nuit où j'ai livré ton château embrasé à la fureur des vents est maintenant mariée au jour où tu es tombé sous la claymore de mes pères. — Souviens-toi des maux que tu as faits à notre tribu : — jamais personne ne l'a persécutée ainsi, hors *un seul* homme après toi. CELUI-LA, dit-on, le destin l'a mis à l'abri de notre vengeance.
— C'est ce qu'on saura bientôt.

— Lord Menteith, dit sir Duncan en se soulevant sur son lit, cet homme est un traître signalé, à la fois l'ennemi du roi et du parlement, de Dieu et des hommes. — C'est un de ces bandits du Brouillard mis hors la loi, l'ennemi de votre maison, de celle des Mac-Aulays et de la mienne. Vous ne souffrirez pas, j'espère, que ces moments, les derniers peut-être qui me restent à vivre, soient empoisonnés par son barbare triomphe.

— Il sera traité comme il le mérite, dit Menteith ; qu'on l'éloigne à l'instant.

Sir Dugald s'interposa alors, et il parla des services que Ranald avait rendus comme guide, et de la sauvegarde qu'il lui avait jurée ; mais la voix rauque et forte de l'outlaw étouffa celle du major.

— Non, s'écria-t-il, qu'ils fassent préparer le chevalet et la potence, que mon corps se dessèche entre le ciel et la terre, qu'il serve de pâture aux faucons et aux aigles du Ben-Nevis ; alors ni cet orgueilleux chevalier ni ce thane présomptueux ne connaîtront jamais le secret que je puis seul leur révéler, secret qui ferait tressaillir de joie le cœur d'Ardenvohr, fût-il à l'agonie de la mort, et que le comte de Menteith voudrait acheter au prix de son vaste comté. — Approche, Annette Lyle, continua-t-il en se redressant avec une force à laquelle on ne s'attendait pas ; ne crains pas la vue de celui qui a pris soin de ton enfance. Dis à ces hommes orgueilleux, qui te méprisent comme étant issue de mon ancienne race, que notre sang ne coule pas dans tes veines, — que tu n'es pas la fille des Enfants du Brouillard, mais que tu es née dans des salles aussi riches, que tu as été bercée sur un duvet aussi doux, qu'aucun de ceux où dorment leurs fils dans les plus orgueilleux palais.

— Au nom du Ciel, s'écria Menteith tremblant d'émotion, si tu sais quelque chose sur la naissance de cette jeune fille, décharge ta conscience du poids de ce secret avant de sortir de ce monde !

— Et faut-il aussi bénir mes ennemis à mon dernier soupir ? dit Mac-Eagh en jetant sur lui un regard plein d'une expression sinistre. — Telles sont les maximes que prêchent vos prêtres ; — mais quand et envers qui les mettez-vous en pratique ? Que je sache d'abord le prix de mon secret, avant de le livrer. — Que donneriez-vous, laird d'Ardenvohr, pour apprendre que vos jeûnes superstitieux ont été superflus, et qu'il existe encore un rejeton de votre famille ? — J'attends votre réponse ; — sans cela je ne dis pas un mot de plus.

— Je pourrais, dit sir Duncan d'une voix agitée à la fois par le doute, la haine et l'inquiétude, je pourrais... Mais non, je sais que ta race, semblable à l'Ennemi du genre humain, est menteuse et perfide de toute éternité. — Si pourtant ce que tu dis était vrai, je pourrais presque te pardonner tous les maux que tu m'as faits.

— Vous l'entendez ! dit Ranald ; c'est s'engager beaucoup pour un fils de Diarmid. — Et vous, noble thane, — les bruits du camp disent que vous paieriez de vos biens et de votre sang la certitude qu'Annette Lyle n'est pas la fille d'un proscrit, mais qu'elle est d'une race aussi noble à vos yeux que la vôtre même. — Hé bien ! — ce n'est pas par affection pour vous que je parle. — Il fut un temps où j'aurais échangé ce secret pour ma liberté; je l'échange aujourd'hui pour ce qui est plus précieux que la liberté et la vie. Annette Lyle est le plus jeune, le dernier des enfants du laird d'Ardenvohr, le seul qui fut épargné lorsque tout fut mis à feu et à sang dans son château.

— Cet homme dit-il la vérité? s'écria Annette Lyle, sachant à peine ce qu'elle disait; ou n'est-ce qu'une étrange illusion?

— Jeune fille, reprit Ranald, si tu avais vécu plus longtemps avec nous, tu aurais appris à mieux connaître les accents de la vérité. Mais, à l'appui de mes paroles, je donnerai à ce seigneur saxon et au laird d'Ardenvohr des preuves capables de convaincre l'incrédulité même. Cependant, retire-toi. — J'ai aimé ton enfance, je suis sans haine pour ta jeunesse; — l'œil ne se détourne pas de la rose fleurie, quoiqu'elle ait poussé sur une épine; et pour toi seule j'ai quelque regret de ce qui doit arriver bientôt. Mais celui qui veut se venger de son ennemi ne doit pas s'inquiéter si l'innocent est enveloppé dans sa ruine.

— Il a raison, Annette, dit lord Menteith; au nom du Ciel, retirez-vous. — Si cet homme dit vrai, pour sir Duncan et pour vous-même cette réunion veut être mieux préparée.

— Si j'ai retrouvé mon père, s'écria Annette, je ne m'en séparerai pas. — Je ne le quitterai pas dans un moment si terrible.

— Quoi qu'il arrive, dit sir Duncan d'une voix faible, vous trouverez toujours un père en moi.

— Alors, reprit Menteith, je vais faire transporter Mac-Eagh dans l'appartement voisin, et je recueillerai moi-même les preuves de sa déclaration. Sir Dugald Dalgetty voudra bien sans doute m'accompagner et m'assister?

— Avec plaisir, mylord, répondit sir Dugald. — Je serai confesseur ou assesseur, — l'un ou l'autre, ou tous les deux. Personne ne saurait mieux faire votre affaire, car j'ai entendu raconter toute l'histoire, il y a un mois, au château d'Inverary; mais des assauts comme celui d'Ardenvohr se confondent dans ma mémoire, qui est d'ailleurs occupée de sujets bien plus importants.

En entendant cette déclaration naïve, que Dalgetty fit au moment où ils sortaient avec le blessé, lord Menteith jeta sur lui un regard de colère et de mépris, auquel le digne major, intimement pénétré de son mérite, ne fit pas la moindre attention.

CHAPITRE XXII.

> Je suis libre comme était l'homme au sortir des mains de la nature, avant que les lois honteuses de l'esclavage eussent été imaginées, lorsque le noble sauvage errait à son gré dans les bois.
> *La prise de Grenade.*

Le comte de Menteith, comme il s'en était chargé, adressa alors à Ranald des questions plus circonstanciées sur l'histoire qu'il venait de raconter, et dont les détails furent confirmés par l'interrogatoire des deux autres Enfants du Brouillard qui avaient servi de guides avec lui. Il compara soigneusement ces déclarations avec toutes les circonstances relatives à la destruction du château et de la famille de sir Duncan Campbell que le laird put lui rappeler, et l'on peut croire aisément qu'il n'avait rien oublié de ce qui se rapportait à un événement si grave et si terrible. Il était de la dernière importance de s'assurer que le récit de l'outlaw n'était pas une imposture imaginée pour faire passer quelque fourbe pour la fille et l'héritière d'Ardenvohr.

Peut-être Menteith, qui avait si fort intérêt à ajouter foi aux paroles de Ranald, n'était-il pas bien la personne la plus propre à en constater la véracité; mais les aveux des Enfants du Brouillard étaient simples, précis, et d'accord entre eux sur tous les points. On se rappela un signe que portait, dans son enfance, la fille de sir Duncan, et qui se voyait sur l'épaule gauche d'Annette Lyle. Enfin, on se souvint que lorsqu'on avait recueilli les déplorables restes des autres enfants du laird, ceux de la jeune fille n'avaient été retrouvés nulle part. D'autres circonstances irrécusables, qu'il est inutile de citer ici, donnèrent non-seulement à Menteith, mais encore à Montrose, dont l'esprit était moins prévenu, l'entière conviction que dans Annette Lyle, humble enfant élevée par humanité, et n'ayant pour se faire distinguer que sa beauté et ses talents, on aurait désormais à respecter l'héritière d'Ardenvohr.

Tandis que Menteith allait en toute hâte communiquer le résultat de son enquête aux personnes qu'elle intéressait le plus, l'outlaw demanda à parler à son petit-fils, qu'il avait l'habitude d'appeler son fils. — On devait le trouver, dit-il, sous le hangar où lui-même avait d'abord été déposé.

Effectivement, après l'avoir cherché quelque temps, on trouva le jeune sauvage blotti dans un coin sous un tas de vieille paille, et on l'amena à son grand-père.

CHAPITRE XXII.

— Kenneth, lui dit le vieil outlaw, écoute les dernières paroles du père de ton père. Un soldat saxon et Allan à la Main Sanglante ont quitté le camp il y a quelques heures, pour se rendre dans le pays de Caberfae. Poursuis-les comme le limier poursuit le daim blessé, — passe les lacs à la nage, — gravis les montagnes, — traverse les forêts, — ne t'arrête pas que tu ne les aies rejoints. La physionomie du jeune homme s'assombrissait à mesure que son grand-père parlait, et il portait la main sur un poignard passé dans la ceinture de cuir qui retenait le plaid en lambeaux dont il était couvert. — Non, dit le vieillard, ce n'est pas de ta main qu'il doit périr. Ils te demanderont des nouvelles du camp. Dis-leur qu'on a découvert qu'Annette Lyle, la princesse de la harpe, est la fille de Duncan d'Ardenvohr; que le thane de Menteith va l'épouser en face du prêtre, et que tu vas inviter leurs amis aux noces. N'attends point leur réponse, mais disparais comme l'éclair quand un sombre nuage l'obscurcit tout à coup. — Et maintenant, pars, enfant chéri de mon fils le plus chéri! je ne reverrai plus tes traits, je n'entendrai plus le bruit de tes pas légers. — Mais non, reste encore un instant, et écoute mes derniers avis. Souviens-toi du destin de notre race, et conserve les mœurs antiques des Enfants du Brouillard. Nous ne sommes plus aujourd'hui qu'une bande errante, chassée de toutes les vallées par l'épée de tous les clans, qui commandent en maîtres sur les terres où leurs aïeux coupaient le bois et puisaient l'eau pour les nôtres. Mais dans la solitude des forêts, au milieu du brouillard des montagnes, Kenneth fils d'Éracht, conserve sans souillure la liberté que je te laisse pour héritage. Ne l'échange ni pour de riches vêtements, ni pour un toit de pierre, ni pour une table bien servie, ni pour un lit de duvet. — Sur la montagne ou dans la vallée, dans l'abondance ou dans la disette, — au milieu de l'été feuillu ou des jours rigoureux de l'hiver, — fils du Brouillard! — sois libre comme tes aïeux. Ne reconnais pas de maître, — ne reçois pas de lois. — Ne vends pas tes services, — ne paie ceux de personne; — ne bâtis point de cabane, — n'enclos point de pâturages, — n'ensemence pas la terre; — que les daims de la montagne soient tous tes troupeaux; — s'ils te manquent, fonds sur les biens de nos oppresseurs, — des Saxons, — et sur ceux de ces Gaëls, Saxons au fond de l'âme, qui estiment leurs bœufs et leurs moutons plus que l'honneur et la liberté. Et cela n'en vaut que mieux pour nous, — car ils ouvrent un champ plus large à notre vengeance. N'oublie pas ceux qui se sont montrés amis de notre race, et paie leur service de ton sang, si l'occasion le réclame. Si un Mac-Ian vient à toi, la tête du fils du roi à la main, donne-lui asile, quand l'armée vengeresse du père serait à sa poursuite; car nous avons vécu en paix avec eux dans Glencoe et dans Ardnamurchan pendant le temps que nous y avons passé. Quant aux Enfants de Diarmid, — à la race de Darnlinvarach, — aux seigneurs de Menteith, — malédiction sur ta tête, Enfant du Brouillard, si tu en épargnes un seul, quand le temps de les exterminer sera venu, et il approche; car ils se dévoreront les uns les autres, et ceux qui échapperont à l'épée fuiront dispersés vers le séjour du Brouillard, et seront immolés par ses Enfants. Encore une fois, pars, — secoue la poussière de tes pieds contre les habitations des hommes, qu'ils soient réunis pour la paix ou pour la guerre. Adieu, enfant bien-aimé ! et puisses-tu mourir, comme tes pères, avant que les infirmités, les maladies et la vieillesse aient brisé ton courage ! — Pars ! — pars ! — Vis libre, — n'oublie jamais les services rendus à ta race, — et venge ses injures !

Le jeune sauvage se pencha sur son père mourant, et le baisa au front; mais accoutumé dès l'enfance à réprimer tout signe extérieur d'émotion, il partit sans verser une larme, sans prononcer un mot d'adieu, et fut bientôt hors de l'enceinte du camp de Montrose.

Sir Dugald Dalgetty, qui avait été témoin de la dernière partie de cette scène, fut assez peu édifié de la conduite de Mac-Eagh en cette occasion.
— Mon ami Ranald, lui dit-il, je ne crois pas que vous soyez dans la meilleure route possible pour un mourant. Donner l'assaut, saccager des villes, massacrer des habitants, brûler des faubourgs, c'est la besogne quotidienne d'un soldat, et il est justifié par la nécessité, attendu qu'en agissant ainsi il ne fait que son service; et quant à brûler des faubourgs, en particulier, on peut dire que ce sont pour les villes fortes autant de traîtres et de vrais coupe-gorges. Il résulte donc clairement de là que la profession de soldat est une profession spécialement favorisée du Ciel, puisque nous pouvons espérer de faire notre salut tout en commettant chaque jour de tels actes de violence. Mais aussi, Ranald, au service d'aucune puissance de l'Europe, ce n'est l'usage d'un soldat mourant de se vanter de pareilles choses ni de recommander à ses camarades d'en faire autant. Bien au contraire, il montre quelque contrition de sa vie, et il prononce ou fait prononcer pour lui quelque bonne prière, ce que, si vous le désirez, je vais aller demander au chapelain de Son Excellence de faire pour votre compte. Au surplus, ce que je vous dis là ne fait pas partie de mes devoirs; mais votre conscience serait peut-être plus à l'aise si vous quittiez ce monde un peu plus en chrétien et un peu moins en Turc que vous ne semblez en beau chemin de le faire.

Pour toute réponse, le mourant — (car Ranald Mac-Eagh pouvait alors être considéré comme tel) — demanda qu'on le soulevât de manière à ce qu'il pût voir à travers une fenêtre du château. Un brouillard épais et glacé, qui s'était longtemps arrêté sur le sommet de la montagne, descendait alors en masses roulantes jusqu'au fond des vallées, où les cimes des rochers dessinaient leurs formes noires et irrégulières, semblables à des îles désertes s'élevant sur un océan de vapeurs.
— Esprit du Brouillard ! s'écria Ranald Mac-Eagh, toi que notre race appelle son père et son protecteur, — reçois dans ton tabernacle de nuages, quand ce moment de douleurs sera passé, celui que tu as si sou-

vent protégé pendant sa vie. A ces mots, il retomba entre les bras de ceux qui le soutenaient, et, sans prononcer un mot de plus, tourna la tête du côté de la muraille.

— Je crois, dit Dalgetty, qu'au fond du cœur mon ami Ranald ne vaut guère mieux qu'un païen. Et il lui renouvela l'offre de lui procurer les secours du docteur Wisheart, chapelain de Montrose.— C'est un homme, dit-il, qui connaît parfaitement son affaire, et qui fera main basse sur vos péchés en moins de temps qu'il ne m'en faudrait pour fumer une pipe.

— Saxon, dit le moribond, ne me parle plus de ton prêtre ; — je meurs content. As-tu jamais eu un ennemi contre lequel toutes les armes étaient inutiles, — sur lequel glissait la balle et se brisait la flèche, dont la peau nue était aussi impénétrable à l'épée et au poignard que ton armure d'acier? — as-tu jamais entendu parler d'un pareil ennemi?

— Très-souvent, pendant que je servais en Allemagne, repartit sir Dugald. Il y avait un drôle de ce calibre-là à Ingolstadt ; il était à l'épreuve du plomb et du fer. Les soldats l'assommèrent à coups de crosses de mousquets.

— Cet invulnérable ennemi, continua Ranald sans prendre garde à l'interruption du major, cet ennemi qui a les mains teintes de mon sang le plus cher, — je lui lègue aujourd'hui les tortures de l'âme, la jalousie, le désespoir et la mort, — ou une vie plus malheureuse que la mort même. Tel sera le sort d'Allan à la Main Sanglante, quand il apprendra qu'Annette épouse Menteith ; et je ne demande plus que cette certitude pour me consoler de mourir misérablement de sa main.

— S'il en est ainsi, reprit le major, il n'y a plus rien à dire ; mais j'aurai soin de vous laisser voir le moins de monde possible, car je ne trouve pas que la manière dont vous prenez votre congé soit bien honorable ni bien exemplaire pour une armée chrétienne. A ces mots il sortit, et quelques instants après l'Enfant du Brouillard rendit le dernier soupir.

Menteith, cependant, laissant le père et la fille enfin réunis se livrer aux épanchements mutuels de leurs émotions, était allé discuter avec Montrose les conséquences de cette découverte. — A l'intérêt que vous y prenez, dit le marquis, je verrais à présent, mon cher Menteith, quand même je ne l'aurais pas su déjà, que cet événement n'importe pas peu à votre bonheur. Cette jeune dame retrouvée, vous l'aimez, — vous êtes payé de retour. Sous le rapport de la naissance, il n'y a pas d'objection à faire ; sous tous les autres, ses avantages personnels égalent ceux que vous possédez vous-même. — Réfléchissez un peu, cependant. Sir Duncan est un fanatique — un presbytérien, du moins. — qui a pris les armes contre le roi ; il n'est au milieu de nous que comme prisonnier, et nous ne sommes encore, je le crains, qu'au commencement d'une longue guerre civile. Croyez-vous, Menteith que ce soit le moment de lui demander la main de sa fille? pensez-vous qu'il vous l'accordera?

L'amour, conseiller aussi ingénieux qu'éloquent, fournit au jeune comte mille réponses à ces objections. Il rappela à Montrose que le chevalier d'Ardenvohr n'était fanatique ni en politique ni en religion. Il fit valoir le zèle connu pour la cause royale dont il avait lui-même donné des preuves, et fit sentir que les forces de cette cause pourraient s'accroître par son union avec l'héritière d'Ardenvohr. Il représenta l'état inquiétant de la blessure de sir Duncan, et le danger qu'il y avait à laisser partir la jeune dame pour le pays des Campbells, où, son père venant à mourir ou continuant à être malade, elle se trouverait nécessairement placée sous la tutelle d'Argyle, événement fatal aux espérances du jeune comte, à moins qu'il ne s'abaissât à acheter les bonnes grâces du marquis en abandonnant le parti du roi.

Montrose convint de la force de ces arguments, et avoua que bien que ce mariage ne fût pas sans difficulté, il semblait pourtant que le service du roi n'avait qu'à gagner à ce qu'il se conclût le plus promptement possible.

— Je désirerais, dit-il, que tout fût fini d'une manière ou d'une autre, et que cette belle Briséis ne fût plus dans notre camp au retour de notre Achille montagnard, Allan Mac-Aulay. — Je crains quelque affreux malheur de ce côté, Menteith. — Je crois que le mieux serait de renvoyer sir Duncan sur parole, et que vous l'accompagniez lui et sa fille comme pour leur servir d'escorte. Le voyage, qui peut se faire tout entier par eau, ne peut empirer l'état de sa blessure; — et la vôtre, mon ami, sera une excuse honorable pour couvrir votre absence momentanée du camp.

— Jamais! dit Menteith. Dussé-je renoncer à l'espoir qui commence à luire pour moi, jamais je ne quitterai le camp de Votre Excellence, tant que l'étendard royal y sera déployé. Je mériterais que la gangrène se mît à cette misérable égratignure et me dévorât le bras, si j'étais capable d'en faire un prétexte pour m'absenter en cet instant critique pour les affaires du roi.

— Votre détermination est donc bien prise?

— Elle est aussi ferme que le Ben-Nevis.

— Il faut alors sans perdre de temps vous expliquer avec le chevalier d'Ardenvohr. S'il vous accueille favorablement, je parlerai moi-même à Angus Mac-Aulay, et nous chercherons les moyens d'occuper son frère loin de l'armée jusqu'à ce qu'il ait pris son parti sur ce désappointement. Plût au Ciel qu'il lui apparût quelque vision assez belle pour effacer de son imagination tout souvenir d'Annette Lyle! Vous ne croyez sans doute pas cela possible, Menteith? — N'importe; maintenant occupons-nous chacun de notre service, vous de celui de Cupidon, moi de celui de Mars.

CHAPITRE XXII.

Ils se séparèrent, et, conformément au plan arrêté, Menteith eut le lendemain matin de bonne heure un entretien particulier avec le chevalier blessé d'Ardenvohr, et lui demanda la main de sa fille. Sir Duncan connaissait leur attachement mutuel. Mais il n'était pas préparé à une déclaration si prompte de la part de Menteith. Il répondit d'abord qu'il s'était déjà trop abandonné peut-être aux sentiments de son bonheur personnel quand son clan venait d'éprouver un désastre si terrible et si humiliant, et qu'il lui répugnait de songer à l'agrandissement de sa propre maison au milieu de tant de calamités. Mais pressé par le jeune amant, il demanda quelques heures pour délibérer et se consulter avec sa fille sur une question d'une si haute importance.

Le résultat de l'entretien et de la délibération fut favorable à Menteith. Sir Duncan Campbell reconnut que le bonheur de la fille qu'il venait de retrouver dépendait de son union avec celui qui l'aimait, et il sentit que si elle n'avait lieu immédiatement, Argyle opposerait mille obstacles à ce mariage, qu'il trouvait, lui, convenable sous tous les rapports. La noble réputation dont jouissait Menteith, le rang et la considération que lui assuraient sa fortune et sa naissance, contre-balançaient, dans l'esprit de sir Duncan, la différence de leurs opinions politiques ; et quand même il eût été moins favorable à ce projet, peut-être n'aurait-il pu se résoudre à contrarier les vœux de la fille qu'il venait de retrouver, et qui faisait son espoir. Un sentiment d'orgueil influa encore sur sa détermination : introduire dans le monde, comme l'héritière d'Ardenvohr, une pauvre musicienne élevée par charité dans la famille de Darnlinvarach, avait en soi quelque chose d'humiliant ; mais la présenter comme la fiancée ou l'épouse du comte de Menteith, et comme ayant touché son cœur à l'époque où elle vivait dans l'obscurité, c'était prouver que dans tous les temps elle avait été digne du rang auquel elle se trouvait élevée.

Déterminé par ces considérations, sir Duncan Campbell annonça aux jeunes amants qu'il consentait à ce qu'ils fussent unis dans la chapelle du château par le chapelain de Montrose, avec le moins d'éclat possible. Mais il fut convenu que lorsque Montrose quitterait Inverlochie ; ce qui devait avoir lieu sous peu de jours, la jeune comtesse partirait avec son père pour le château d'Ardenvohr, et y resterait jusqu'à ce que les événements politiques permissent à Menteith de se retirer du service avec honneur. Cette résolution une fois prise, sir Duncan Campbell ne permit point aux timides scrupules de sa fille d'en retarder l'exécution, et il fut décidé que le mariage aurait lieu dans la soirée suivante, c'est-à-dire le surlendemain du jour de la bataille.

CHAPITRE XXIII.

> Il m'a enlevé mon esclave ; — mon esclave aux yeux bleus, le prix de maint sanglant combat.
> ILIADE.

Il était indispensable, pour bien des raisons, qu'Angus Mac-Aulay, si longtemps le bienveillant protecteur d'Annette Lyle, fût instruit du changement survenu dans la fortune de sa protégée. Montrose, comme il s'en était chargé, l'informa de ce singulier événement. Il l'apprit avec l'indifférence et la bonne humeur naturelles à son caractère, et montra plus de joie que d'étonnement de la bonne fortune d'Annette. Il ne doutait nullement qu'elle n'en fût digne, et comme elle avait toujours été élevée dans des principes de loyauté, il espérait qu'elle ferait passer la fortune de son vieux fanatique de père entre les mains de quelque fidèle ami du roi. — Je ne m'opposerais pas, ajouta-t-il, à ce que mon frère Allan se mît sur les rangs, quoique ce sir Duncan Campbell soit le seul homme qui ait jamais accusé la maison de Darnlinvarach d'avoir manqué aux lois de l'hospitalité. Annette Lyle a toujours su calmer les sombres accès d'Allan : qui sait si le mariage ne pourrait pas faire encore plus de lui un homme de ce monde ?

Montrose se hâta d'interrompre la construction de ces châteaux aériens, en informant Angus que la main de la jeune fille était déjà demandée et promise ; qu'avec l'approbation de son père elle allait, dans quelques heures, épouser le comte de Menteith son parent ; et qu'en témoignage de la haute déférence due à Mac-Aulay, qui avait été si longtemps le protecteur d'Annette, il était chargé de le prier d'assister à la cérémonie. A cette déclaration, Mac-Aulay devint grave et se redressa de l'air d'un homme qui croit que l'on a manqué d'égards envers lui.

— Il pensait, dit-il, que les soins affectueux qu'il avait toujours eus pour cette jeune fille, pendant tant d'années qu'elle avait passées sous son toit, exigeaient dans une pareille circonstance quelque chose de plus qu'un simple compliment de cérémonie. Il aurait cru pouvoir, sans présomption, s'attendre à être consulté. Il souhaitait beaucoup de bonheur à son parent Menteith : personne ne pouvait lui en souhaiter davantage ; mais il devait dire qu'il lui semblait que le comte avait été bien vite en cette affaire. Les sentiments d'Allan pour Annette étaient assez connus, et quant à lui, il ne voyait pas comment les droits supérieurs que son frère avait à la reconnaissance de la jeune fille avaient pu être écartés, sans être au moins l'objet d'une discussion préalable.

Montrose, ne voyant que trop où tendaient ces reproches, conjura Mac-Aulay d'écouter la voix de la raison et de considérer s'il était probable que le chevalier d'Ardenvohr se décidât à accorder la main de son unique héritière à Allan, dont les excellentes qualités, d'ailleurs incontestables, étaient déparées et obscurcies par de sombres accès, qui faisaient trembler tout ce qui approchait de lui.

—Mylord, repartit Angus Mac-Aulay, mon frère est ce que Dieu nous a faits tous, un composé de défauts et de qualités ; mais, quel que puisse être celui qu'on lui préfère, Allan est l'homme le plus brave et le plus valeureux de votre armée, et il ne méritait pas que Votre Excellence, — que son propre parent, — qu'une jeune personne qui lui doit tout ainsi qu'à sa famille, eussent si peu d'égards à son bonheur.

Montrose s'efforça en vain de lui faire envisager les choses sous un autre point de vue; Angus était décidé à les voir ainsi, et c'était un de ces esprits qu'il est impossible de convaincre quand ils ont une fois adopté une prévention. Montrose éleva alors le ton plus haut, et lui recommanda de prendre garde de nourrir dans son cœur des sentiments qui pussent nuire au service de Sa Majesté. Il lui signifia qu'il désirait surtout qu'Allan ne fût pas interrompu dans la mission qu'il remplissait en ce moment, — mission, dit-il, aussi hautement honorable pour celui qui en était chargé qu'elle pouvait être utile aux intérêts du roi. Il comptait donc que dans sa correspondance avec son frère, Angus ne l'entretiendrait d'aucun autre sujet, et qu'il ne susciterait aucune cause de division qui pût détourner son attention d'une négociation si importante.

Angus répondit avec quelque aigreur qu'il n'était point un fauteur de querelles, un brandon de discorde ; qu'il jouerait plutôt le rôle de pacificateur; que d'ailleurs son frère savait aussi bien que qui que ce fût ce qu'il avait à faire quand il se trouvait offensé. — Il ajouta, quant à la manière dont Allan serait instruit de ce qui se passait, qu'on croyait généralement qu'il avait d'autres sources d'informations que celles des messagers ordinaires, et qu'il ne serait pas surpris si on le voyait arriver plus tôt qu'on ne l'attendait.

La promesse de ne point intervenir dans cette affaire fut tout ce que Montrose put obtenir de ce chef, qui était d'ailleurs du caractère le plus doux et le plus modéré, toutes les fois que son orgueil, son intérêt ou ses préjugés n'étaient pas en jeu. Le marquis fut donc obligé d'en laisser là les choses pour le moment.

On devait s'attendre à trouver dans sir Dugald Dalgetty, que Montrose voulut inviter comme étant dans le secret des circonstances qui avaient amené le mariage, un témoin plus empressé de la cérémonie nuptiale, et surtout un convive mieux disposé à assister au banquet. Mais, contre toute attente, sir Dugald hésita ; il regarda les coudes de son justaucorps, les genoux de ses culottes de peau, et répondit en balbutiant avec une sorte d'embarras, qu'il se rendrait à l'invitation si, après s'être consulté avec le noble futur, il trouvait que cela fût possible. Montrose, un peu surpris, dédaigna de laisser voir aucun mécontentement et laissa sir Dugald se retirer sans insister.

Le major se rendit aussitôt dans l'appartement du fiancé. Menteith était alors occupé à chercher dans la modeste garde-robe qu'il avait au camp les vêtements les plus convenables pour la cérémonie qui allait avoir lieu. Sir Dugald, en entrant, lui offrit, de l'air le plus sérieux, ses compliments de félicitation sur son prochain bonheur, — dont il était, dit-il, désolé de ne pouvoir être témoin.

— Franchement, ajouta-t-il, je ne pourrais guère faire honneur à la cérémonie, attendu que je n'ai pas d'habits de noce. Au milieu des belles toilettes des autres convives, mon pourpoint décousu, déchiré, troué aux coudes, pourrait présager quelque solution de continuité semblable dans votre félicité conjugale. — Et à vrai dire, mylord, vous êtes bien un peu coupable de ce contre-temps, vous qui m'avez fait faire un pas de clerc en me disant d'aller chercher un justaucorps de buffle dans le butin pris par les Camerons ; autant aurait valu m'envoyer retirer une livre de beurre frais de la gueule d'un dogue. Pour toute réponse, mylord, ils ont tiré leurs poignards et leurs claymores en marmottant quelques mots de ce baragouin qu'ils appellent leur langue. Pour ma part, je crois que vos Highlanders ne valent guère mieux que de véritables païens, et j'ai été fort scandalisé de la manière dont mon ami Ranald Mac-Eagh a jugé à propos de descendre la garde[1] ces jours derniers.

Dans la situation d'esprit où se trouvait Menteith, il était disposé à être content de tout et de tout le monde ; les graves doléances de sir Dugald ajoutèrent à sa bonne humeur. Il le pria d'accepter un fort bel ajustement en peau de buffle qui était étendu sur le plancher. — Je l'avais choisi, dit-il, pour mon costume de noces, comme étant le moins formidable de mes accoutrements de guerre, car je n'ai point ici les vêtements qu'on porte en temps de paix.

Sir Dugald opposa d'abord le refus obligé. — Pour rien au monde, il ne voudrait l'en priver, — et autres exercices semblables ; puis enfin il lui vint à l'esprit qu'il était beaucoup plus conforme aux usages militaires que le comte se mariât revêtu de son armure, costume qu'il avait vu porter au fiancé lors du mariage du prince Léon de Wittlesbach avec la plus jeune des filles du vieux Georges Frédéric de Saxe, dont l'union avait été formée sous les auspices du vaillant Gustave-Adolphe, le Lion du

---

[1] Il y a dans le texte *to beat his final march*, battre sa dernière marche. (L. V.)

CHAPITRE XXIII.

Nord, etc., etc. L'aimable jeune comte se rendit en souriant à l'observation, et, sûr d'avoir au moins un visage gai à son mariage, il se revêtit d'une cuirasse légère et richement ornée, à moitié couverte par un manteau de velours et par une large écharpe de soie bleue qu'il portait passée sur l'épaule, conformément à son rang et à la mode de cette époque.

Tout était prêt; et il avait été convenu que, suivant la coutume du pays, les deux fiancés ne se reverraient plus qu'au pied de l'autel. L'heure qui devait y appeler le jeune époux avait déjà sonné, et le comte, dans une petite salle voisine de la chapelle, attendait Montrose, qui avait bien voulu lui servir de chevalier d'honneur. Des affaires relatives à l'armée ayant tout à coup réclamé les soins du marquis, Menteith, comme on peut le croire, attendait son retour avec une vive impatience; et, lorsqu'il entendit la porte s'ouvrir, il s'écria en plaisantant : — Vous arrivez bien tard à la parade.

— Vous trouverez que j'arrive assez tôt, répondit Allan Mac-Aulay en s'élançant dans l'appartement. — Tirez votre épée, Menteith, et défendez-vous comme un homme, ou mourez comme un chien.

— Vous êtes fou, Allan! dit Menteith, non moins surpris de son apparition subite que de la fureur inexprimable empreinte sur tous ses traits. Ses joues étaient livides, — ses yeux sortaient de leur orbite, — ses lèvres étaient couvertes d'écume, et ses gestes étaient ceux d'un démoniaque.

— Vous mentez, traître! s'écria le montagnard furieux; — vous mentez en cela, comme vous mentiez dans tout ce que vous m'avez dit. Toute votre vie n'est qu'un mensonge!

— Si je ne vous avais pas dit ce que je pense en vous appelant fou, repartit Montrose indigné, la vôtre ne serait plus longue. En quoi m'accusez-vous de vous avoir trompé?

— Vous m'aviez dit que vous n'épouseriez pas Annette Lyle! — Perfide imposteur! — et en ce moment elle vous attend à l'autel.

— C'est vous qui mentez, répondit Menteith. Je vous ai dit que l'obscurité de sa naissance était le seul obstacle à notre union; et cet obstacle n'existe plus. Qui donc croyez-vous être pour que je vous sacrifie mes prétentions?

— Tirez donc votre épée! répliqua Allan; nous n'avons pas besoin d'autres explications.

— Pas à présent, pas en cet endroit. Vous me connaissez, Allan : — attendez à demain, et je vous donnerai toute satisfaction.

— Aujourd'hui même, — à l'instant, — ou jamais! Votre triomphe ne durera pas plus que l'heure qui vient de sonner. Menteith, je vous en conjure, au nom de notre parenté, — au nom de nos travaux, de nos combats communs, — tirez votre épée. et défendez votre vie. En parlant ainsi, il saisit la main du comte, et la serra avec une telle violence, qu'il lui fit jaillir le sang des ongles. — Retirez-vous, insensé, dit Menteith en le repoussant avec force.

— Que la vision s'accomplisse donc! s'écria Allan; et tirant son dirk, il en frappa le comte à la poitrine avec toute la force de son poignet de géant. La pointe du fer glissa sur la cuirasse à l'épreuve de Menteith, et lui fit, en remontant, une profonde blessure entre le cou et l'épaule: la violence du coup le renversa. Montrose entrait en ce moment par une porte. Les amis des jeunes époux, accourus d'un autre côté au bruit de la querelle, étaient partagés entre la surprise et l'effroi. Avant que le marquis pût reconnaître ce qui était arrivé, Allan Mac-Aulay s'était précipité dehors, et descendait l'escalier du château avec la rapidité de l'éclair. — Gardes, s'écria Montrose, fermez les portes! — arrêtez-le! — Tuez-le s'il résiste! — Fût-il mon frère, il mourra!

Mais Allan renversa d'un second coup de son poignard la sentinelle qui était en faction, — traversa le camp comme un daim des montagnes, quoique poursuivi par tous ceux qui répandaient l'alarme, — s'élança dans la rivière, — atteignit à la nage la rive opposée, et s'enfonça bientôt dans les bois. Dans le cours de la même soirée, son frère Angus et ses vassaux quittèrent le camp de Montrose; et, reprenant le chemin de leurs montagnes, ne reparurent plus sous ses drapeaux.

Pour Allan, on dit qu'aussitôt après avoir commis son crime, il parut tout à coup dans une des salles du château d'Inverary, où le marquis d'Argyle était en conseil, et jeta sur la table son poignard ensanglanté.

— Est-ce le sang de James Graham? demanda Argyle avec une horrible expression, où se confondaient l'espoir de la vengeance et la terreur qu'excitait naturellement cette apparition imprévue.

— C'est le sang de son favori, répondit Mac-Aulay; — c'est un sang que j'étais prédestiné à répandre, quoique j'eusse aimé mieux cent fois verser le mien.

A ces mots, s'élançant hors de la salle, il sortit du château; et depuis ce moment on n'eut aucun renseignement certain sur son sort. Comme on vit peu de temps après le jeune Kenneth traverser le Loch-Fine avec trois autres Enfants du Brouillard, on suppose qu'ils le suivirent à la piste, et qu'Allan tomba sous leurs coups dans quelque sombre solitude. D'autres prétendent qu'Allan Mac-Aulay quitta le pays, et alla mourir moine dans un couvent de chartreux. Mais on ne put jamais alléguer que de simples présomptions à l'appui de l'une ou de l'autre de ces deux opinions.

Sa vengeance fut moins complète qu'il ne se l'imaginait probablement; car la blessure de Menteith, quoique assez grave pour mettre longtemps ses jours en danger, n'eut heureusement pas de plus funestes suites, grâce à l'heureuse recommandation que lui avait faite le major Dalgetty de se marier couvert d'une armure. Mais Montrose perdit ses

CHAPITRE XXIII.

services, et il fut décidé qu'il se ferait transporter à Ardenvohr dans le château de son beau-père, où se rendraient, en même temps que lui, sir Duncan blessé aussi, et la future comtesse, alors, hélas! fiancée désolée. Dalgetty les accompagna jusqu'au bord du lac, et ne manqua pas de rappeler à Menteith la nécessité de faire construire une redoute sur l'éminence de Drumsnab, pour protéger l'héritage de sa nouvelle épouse.

Ils firent leur voyage sans accident, et Menteith, au bout de quelques semaines, fut assez bien rétabli pour épouser Annette dans le château de son père.

Les Highlanders furent quelque peu embarrassés pour concilier la guérison de Menteith avec les prédictions de la seconde vue, et les Voyants les plus experts lui surent mauvais gré de n'être pas mort. Mais d'autres pensèrent que la Vision était suffisamment vérifiée par la blessure qu'il avait reçue de la main et du poignard prédestinés, et tous furent d'avis que l'incident de la bague à la tête de mort avait rapport au trépas du père de la fiancée, qui ne survécut que de quelques mois au mariage. Les incrédules soutinrent que toutes ces opinions étaient des rêves insensés, et que la prétendue vision d'Allan n'était autre chose qu'une suggestion de ses passions, qui, ayant reconnu depuis longtemps dans Menteith un rival préféré, luttaient avec sa bonté naturelle, et lui inspiraient à son insu l'idée de tuer son compétiteur.

Menteith ne se rétablit point assez tôt pour rejoindre Montrose pendant sa courte et glorieuse carrière; et lorsque cet héroïque général eut licencié son armée et quitté l'Écosse, le jeune comte résolut de se retirer dans la vie privée, où il se renferma jusqu'à la Restauration. Après cet heureux événement, il occupa dans son pays des fonctions dignes de son rang, vécut longtemps entouré de l'estime publique et de l'affection des siens, et mourut dans un âge très-avancé.

Les personnages de notre drame sont en si petit nombre, qu'à l'exception de Montrose, dont la vie et les exploits appartiennent à l'histoire, il ne nous reste à parler que de sir Dugald Dalgetty. Cet officier continua avec la plus rigoureuse ponctualité à faire son service et à recevoir sa paie, jusqu'au moment où il fut, avec beaucoup d'autres, fait prisonnier à la bataille de Philliphaugh. Il fut condamné à partager le sort de ses compagnons d'armes envoyés à la mort, moins par les arrêts des tribunaux civils ou militaires que par les déclamations des ministres presbytériens, qui regardaient leur sang comme une espèce d'offrande expiatoire destinée à effacer les péchés du pays, et réclamaient avec une ardeur aussi cruelle qu'impie qu'on leur fît subir le traitement qu'un bras tout-puissant avait infligé aux Chananéens.

Plusieurs officiers des Lowlands au service des covenantaires intercédèrent en cette occasion pour Dalgetty, qu'ils représentèrent comme un homme dont les talents pouvaient être utiles dans leur armée, et qu'il serait facile de déterminer à changer de drapeau. Mais ils rencontrèrent sur ce point, dans sir Dugald, une résistance inattendue. Il s'était engagé au service du roi pour un temps fixe, et, jusqu'à l'expiration de ce temps, ses principes ne lui permettaient pas l'ombre d'un changement. Les covenantaires n'entendaient pas des distinctions si subtiles, et il courait le plus grand danger de mourir martyr, non de tel ou tel principe politique, mais simplement de ses idées rigoureuses sur l'enrôlement militaire. Heureusement ses amis découvrirent, en faisant le calcul, qu'il ne lui restait plus à faire qu'une quinzaine de son engagement, auquel, bien qu'il fût certain qu'il ne serait pas renouvelé, aucune puissance au monde n'aurait pu le faire manquer. Ils obtinrent, non sans peine, un sursis pour ce court espace de temps, et au bout de ce délai, ils le trouvèrent parfaitement disposé à se ranger sous tous les drapeaux qu'ils lui indiqueraient. Il entra donc au service du Covenant, et il parvint à se faire nommer major dans le corps de Gilbert Ker, communément appelé le régiment des Cavaliers de l'Église. Nous ne savons plus rien de son histoire, jusqu'au moment où nous le retrouvons en possession de son domaine paternel de Drumthwacket, qu'il ne reconquit pas à la pointe de l'épée, mais par un pacifique mariage avec Hannah Strachan, matrone un peu sur le retour, veuve du covenantaire du comté d'Aberdeen.

On croit que sir Dugald survécut à la révolution, car des traditions qui ne sont pas encore très-anciennes nous le représentent comme courant encore le pays, très-vieux, très-sourd, et ayant toujours à la bouche d'interminables histoires sur l'immortel Gustave-Adolphe, le Lion du Nord et le boulevard de la foi protestante.

FIN D'UNE LÉGENDE DE MONTROSE.

AU LECTEUR.

Lecteur ! les Récits de mon Hôte sont désormais à leur terme, et c'était mon dessein de te l'annoncer sous le nom de Jedediah Cleishbotham ; mais, comme Horam, fils d'Ashmar, et tous les autres conteurs imaginaires, Jedediah s'est évanoui dans l'air.

M. Cleishbotham avait avec Ariel la même ressemblance que celui qui l'a évoqué avec le sage Prospero ; et cependant, nous nous attachons tellement aux créations de notre esprit, que j'éprouve un regret puéril à me séparer de lui et de tout son entourage imaginaire. Je sais que c'est là un sentiment qu'il est difficile de faire partager au lecteur ; mais il ne peut être plus convaincu que je le suis, que d'assez nombreuses nuances du caractère écossais ont été présentées dans ces pages pour épuiser les facultés d'observation d'un seul individu, et que continuer ce travail serait inutile et fastidieux. J'ai la présomption de croire que ces romans ont été assez répandus pour montrer mes compatriotes et leurs traits caractéristiques sous un jour nouveau pour les lecteurs du sud, et que les allusions à l'histoire d'Écosse qui se rencontrent dans ces fictions ont engagé à la lire bien des personnes qui y étaient jusque-là restées indifférentes.

Je me retire d'un champ où je sais que je laisse après moi non-seulement une abondante moisson, mais encore des ouvriers capables de la recueillir. Plus d'un écrivain a récemment fait preuve de talent dans ce genre ; et si, fantôme lui-même, l'auteur de ces lignes pouvait distinguer l'ombre d'un frère ou peut-être d'une sœur, il citerait en particulier l'auteur du très-attachant ouvrage intitulé : *Mariage*[1].

---

[1] Il est aisé de voir, par cet épilogue, que l'intention de Walter Scott n'était nullement de donner une suite aux trois premières séries des *Récits de mon Hôte*, et que ce n'est que par superfétation qu'on y a ajouté la quatrième série, composée de *Robert, comte de Paris* (formant le tome VI, 2ᵉ partie, de notre traduction) et du *Château dangereux*, qui termine le volume actuel. (L. V.)

NOTES

SUR

UNE LÉGENDE DE MONTROSE.

(A) Page 106.

FIDES ET FIDUCIA SUNT RELATIVA.

Les militaires de cette époque dissertaient sur les engagements d'honneur, comme ils les appelaient, avec tous les arguments métaphysiques d'un docteur en droit ou en théologie.

L'officier anglais dont sir James Turner était prisonnier après la déroute d'Uttoxeter, lui demanda sa parole d'honneur de ne pas sortir des murs de Hull sans permission. « Il m'apporta le message lui-même, — je lui dis que j'étais prêt à m'engager, pourvu qu'il m'ôtât mes gardes ; car *fides et fiducia sunt relativa* ; que, s'il prenait ma parole pour gage de ma fidélité, il était obligé de s'y fier ; qu'autrement, il était inutile à lui de la demander, et à moi de la donner, et qu'en conséquence, je le priais de s'en rapporter ou à ma parole, que je ne violerais pas, ou à ses propres gardes, que je ne supposais pas capables de le tromper. J'agis avec lui de cette manière, parce que je savais qu'il avait étudié. »—*Turner's Memoirs*, p. 80. L'officier anglais reconnut la force du raisonnement ; mais Cromwell, ce logicien concis, trancha bientôt la question en disant : — Sir James Turner donnera sa parole ou sera mis aux fers.

(B) Page 159.

WRAITHS.

Les tribus celtes ajoutaient foi à une espèce d'apparition semblable à celle que les Allemands appellent *Double Ganger* (double marcheur), et qui est encore regardée comme un présage de malheur ou de mort. M. Kirker (voyez une note du ch. XXX de *Rob-Roy*), le ministre d'Aberfoil, qui, sans doute, pourra nous en dire davantage sur ce sujet, si jamais il revient du pays des fairies, raconte ce qui suit :

« Quelques individus, affectés de cette exaltation de la vue, produite par l'art ou par la nature, m'ont dit avoir vu dans ces réunions un homme double, ou la figure d'un homme en deux endroits, c'est-à-dire un être terrestre et un être fantastique, parfaitement semblables l'un à l'autre de tous points. Cependant, on pouvait les distinguer aisément l'un de l'autre par des signes et des moyens secrets, et aller parler à l'ami ou au voisin que l'on connaissait, en passant devant son image ou son apparition. Ils prétendent que chaque élément, chaque partie de l'univers renferme des êtres semblables à ceux d'un autre élément; comme il y a dans la mer des poissons qui semblent porter le capuchon et tout le costume des anciens moines, de même l'invention catholique des bons et des mauvais esprits et des anges gardiens assignés à chacun des hommes est regardée par eux comme une ignorante méprise qui provient de cette cause. Ils appellent cet homme réfléchi *co-walker* (co-marcheur). Le *co-walker* est en tout semblable à l'individu qu'il reproduit; on dirait un frère jumeau, un camarade qui le suit comme son ombre. On a vu et connu dans le monde de ces images avant et après la mort de l'original; on les a vues souvent aussi autrefois entrer dans une maison et faire savoir aux gens par leur présence que la personne dont elles étaient le *double* viendraient dans peu les visiter. Cette espèce de copie, d'écho ou de peinture vivante retournait à la fin dans son véritable séjour. Le but dans lequel les *co-walkers* accompagnaient si longtemps et si souvent leur prototype n'était bien connu que d'eux-mêmes, soit qu'ils eussent pour objet de le préserver des piéges secrets d'autres êtres de leur espèce, soit qu'ils ne voulussent que s'amuser à contrefaire comme un singe toutes ses actions. » — (*Kirk's Secret Commonwealth*, p. 5.)

Les deux apparitions suivantes, analogues à la vision attribuée dans le texte à Allan Mac-Aulay, se trouvent dans Théophilus Insulanus (*Traité sur la Seconde Vue* du révérend M. Fraser, relations X et XVII).

« Barbara Mac-Pherson, veuve de feu M. Alexandre Mac-Leod, ancien ministre de Saint-Kilda, m'a dit que les naturels de cette île ont un genre particulier de seconde vue, qui est toujours un présage de leur fin prochaine. Quelques mois avant de tomber malades, ils sont obsédés par une apparition qui reproduit fidèlement tous les traits de leur personne et même leurs vêtements. Cette image, qui semble animée, marche en plein jour avec eux dans la campagne; et s'ils s'occupent à labourer, à herser, à semer ou à faire toute autre besogne, ils sont aussitôt imités par ce fantastique visiteur. La dame de qui je tiens ces renseignements ajouta qu'étant allée voir un des habitants de l'île qui était malade, elle eut la curiosité de lui demander s'il avait jamais vu un fantôme comme ceux dont il vient d'être question. Il répondit affirmativement, et lui dit que pour s'en mieux assurer il avait, un matin en sortant de chez lui, remplacé par des jarretières de paille tordue celles qu'il portait ordinairement, et qu'étant allé dans les champs, son autre lui-même parut avec des jarretières semblables. Bref, le malade mourut, et elle ne douta plus de la vérité de ces remarquables présages.

« Marguerite Mac-Leod, brave femme avancée en âge, m'a assuré que, lorsqu'elle était jeune, dans la famille de Grishornish, une fille de laiterie, qui menait chaque jour paître les vaches dans un parc auprès de la maison, observa à plusieurs reprises une femme semblable à elle par sa tournure et ses vêtements, se promenant seule à peu de distance. Surprise de cette apparition et voulant éclaircir ses doutes, elle mit son jupon sens devant derrière; aussitôt le fantôme en fit autant, ce qui la rendit inquiète, pensant que ce phénomène lui présageait quelque malheur. Peu de temps après, elle fut saisie d'une fièvre qui la conduisit au tombeau. Avant sa maladie et sur son lit de mort, elle raconta à plusieurs personnes sa seconde vue. »

FIN DES NOTES D'UNE LÉGENDE DE MONTROSE.

LE CHATEAU DANGEREUX.

> Comme je me tenais près de cette tour sans toit, où la giroflée jaune embaume l'air chargé de rosée, où le hibou se plaint sous un berceau de lierre, et raconte sa peine à la lune au milieu de la nuit; les vents étaient enchaînés, l'air était calme, les étoiles brillaient au firmament, le renard hurlait sur la colline, et les échos de la vallée lui répondaient au loin. ROBERT BURNS.

INTRODUCTION.

L'INTRODUCTION suivante au *Château périlleux* fut envoyée de Naples par sir Walter Scott en février 1832, avec quelques corrections du texte et quelques notes sur les localités dont il est question dans ce roman.

Il faut que les matériaux de cette introduction aient été rassemblés par l'auteur avant son départ d'Écosse, en septembre 1831; mais les préparatifs d'un voyage précipité ne lui avaient sans doute pas permis de les mettre suffisamment en ordre pour les joindre à la première édition.

Un petit nombre de notes de l'éditeur sont placées au bas des pages.

Les incidents qui ont fourni la matière principale de cet ouvrage sont tirés de l'ancienne Chronique en vers des Bruce, par l'archidiacre Barbour, et de l'Histoire des maisons de Douglas et d'Angus, par David Hume de Godscroft, et s'appuient de plus sur des traditions immémoriales de l'ouest de l'Écosse. Ces incidents sont tellement d'accord avec l'esprit et les mœurs de cette époque de troubles où la tradition les place, que je ne vois aucune raison de douter qu'ils ne soient fondés en fait. La vérité est que les noms d'une foule de localités dans le voisinage de Douglas-Castle paraissent attester, au delà de tout soupçon, les circonstances, même les plus minimes, racontées dans l'histoire de Godscroft.

Parmi tous ceux qui unirent leurs efforts à ceux de Robert Bruce pour arracher l'Écosse au pouvoir d'Edward, la première place est universellement attribuée à James, huitième lord Douglas, vénéré aujourd'hui encore par ses compatriotes sous le titre de *bon sir James* :

« Le bon sir James de Douglas, qui dans son temps était si digne, qu'il était renommé dans les pays lointains pour sa valeur et sa bonté. »   BARBOUR.

« Le bon sir Douglas, le redoutable Douglas le Noir, qui de son temps fut si sage et si digne, était là, et contre les infidèles d'Espagne obtint honneur, réputation et triomphes. »

GORDON.

Depuis le moment où le roi d'Angleterre refusa de le réintégrer, à son retour de France, où il avait reçu l'éducation d'un chevalier, dans les immenses possessions de sa famille, lesquelles avaient été confisquées sur son père William le Hardi, le jeune chevalier de Douglas paraît avoir embrassé la cause de Bruce avec une ardeur pleine d'enthousiasme, et s'être attaché à la fortune de son souverain avec une fidélité et un dévouement inaltérables. — « Le chevalier de Douglas, dit Hollinshed, fut à bon droit reçu joyeusement par le roi Robert, au service duquel il resta fidèlement attaché, soit dans la paix, soit dans la guerre, jusqu'à la fin de sa vie. Bien que le nom et la famille de Douglas fût en quelque estime de noblesse avant ces temps-là, cependant leur renommée date surtout de ce sir James Douglas; car, au moyen de l'avancement qu'il avait obtenu, plusieurs autres du même lignage eurent occasion, par la singulière valeur et noble prouesse qu'ils montrèrent en différents temps pour la défense du royaume, de s'élever si haut en autorité et en estime, que leur grande puissance en vassaux, en terres et possessions, par la jalousie qu'en conçurent les rois dans la suite, devint en partie la cause de leur décadence. »

Dans tous les récits des guerres écossaises de l'indépendance, un espace considérable est consacré aux années de périlleuses aventures et de souffrances que passa l'illustre ami de Bruce à harasser les détachements anglais qui occupèrent successivement les domaines de ses pères, et dans des efforts réitérés et heureux pour leur enlever la formidable forteresse de Douglas-Castle. Dans les chroniques anglaises, aussi bien que dans les chroniques écossaises et dans les *Fœdera* de Rymer, on trouve fréquemment les noms des différents officiers auxquels Edward avait confié la garde de cette fameuse place forte; surtout ceux de sir Robert de Clifford, ancêtre de l'héroïque famille des Cliffords, comtes de Cumberland; de son lieutenant, sir Richard de Thurlewalle, écrit quelquefois Thruswall, de Thirwall, sur le Tirppal, dans le Northumberland; enfin de sir John de Walton. L'histoire romanesque de sa gageure amoureuse de garder le château de Douglas pendant un an et un jour ou de perdre les faveurs de sa maîtresse, avec ses conséquences tragiques, adoucies dans ce roman, se trouve tout au long dans Godscroft, et a souvent été citée comme l'un des passages les plus touchants des chroniques de la chevalerie¹.

L'auteur, avant d'être bien avancé dans la composition de ce roman, qui sera probablement le dernier, entreprit un voyage à Douglasdale, dans le dessein d'examiner les restes du fameux château, l'église de Sainte-Bride, patronne de cette grande famille, et les diverses localités dont parle Godscroft dans son récit des premières aventures du bon sir James. Mais, bien qu'il ait eu l'avantage de trouver un cicerone plein de zèle et d'instruction dans M. Thomas Haddow, et des secours de toute sorte dans la complaisance de M. Alexander Finlay, fermier-général résident de son ami lord Douglas, l'état de sa santé était si mauvais à cette époque, qu'il se trouva incapable de poursuivre ses recherches aussi loin que dans d'autres temps il eût été enchanté de le faire. Il dut donc se borner à voir en gros ces scènes si intéressantes, autant qu'il le pouvait faire en une seule matinée, quand le moindre exercice du corps était pour lui accompagné de souffrances. M. Haddow a eu la complaisance d'envoyer subséquemment à l'auteur quelques notes sur certains points qu'il avait témoigné le désir d'étudier; mais elles ne lui parvinrent qu'au moment où, contraint d'aller chercher sous un autre ciel un peu de force et de santé, il s'était vu forcé de terminer son ouvrage tel qu'il a été publié.

Les ruines du château de Douglas sont peu considérables. Elles consistent surtout dans une tour démantelée, qui se tient encore debout à peu de distance du château moderne, lequel n'est lui-même qu'un fragment du plan sur lequel le duc de Douglas se proposait de reconstruire l'édifice la dernière fois qu'il fut accidentellement détruit par le feu². Sa Grâce avait gardé le souvenir de cette ancienne prophétie, que chaque fois que le château de Douglas aurait été détruit il serait reconstruit sur des dimensions plus grandes et avec plus de splen-

---

¹ Le lecteur trouvera cette histoire et celle de *Robert de Paris* dans l'*Essai sur la Chevalerie* de sir Walter Scott, publié en 1818 dans le supplément à l'*Encyclopedia britannica*. (*Éditeur anglais.*)

Cet *Essai sur la Chevalerie* fait partie, dans cette traduction, des *OEuvres mêlées*.

(L. V.)

² La Notice suivante sur le château de Douglas, etc., est tirée de la *Description du Sheriffdom de Lanark*, par William Hamilton de Whishaw, écrite au commencement du siècle dernier, et imprimée par le Maitland Club de Glascow, en 1831 :

« La paroisse, la baronnie et le château de Douglas appartenaient depuis longtemps aux lords de ce nom, et suivirent chez eux le titre de comte de Douglas, jusqu'à leur

deur. Elle projetait donc un édifice qui aurait surpassé de beaucoup toutes les résidences de grands personnages qui existaient alors en Écosse. — En effet, ce qui a été fini, c'est-à-dire un huitième à peu près du plan total, suffit pour une famille du premier ordre, et il s'y trouve plusieurs appartements dont les dimensions sont magnifiques. Sa position commande tout le pays; et, bien que les héritiers du duc aient laissé l'édifice dans l'état où il l'avait mis, ils ont dépensé de grandes sommes dans les environs, qui présentent maintenant un riche rideau de bois, s'étendant jusqu'au pied des monts Cairntable, souvent cités comme la retraite favorite de leur illustre ancêtre aux jours de dangers et de persécution. A l'entrée du bourg voisin, on voit encore le chemin de l'ancienne église de Sainte-Bride, sous laquelle se trouve le caveau où dernièrement encore on déposait les restes de cette famille princière, usage auquel on n'a renoncé que lorsque les pierres tumulaires et les cercueils de plomb s'y furent tellement accumulés dans l'espace de cinq à six cents ans, qu'il n'a plus été possible d'y en mettre davantage. On y montre encore aujourd'hui une boîte d'argent renfermant la poussière de ce qui fut autrefois le cœur du bon sir James. Dans le sanctuaire au-dessus, tout dilapidé qu'il soit, on voit, quoique dans un état affligeant de ruine, la tombe, autrefois magnifique, du guerrier lui-même. Après avoir détaillé les circonstances de la mort de sir James en Espagne, le 24 août 1330, au moment où il prêtait le secours de son bras au roi d'Aragon dans une ex-

---

fatale confiscation en 1455. Les histoires sont pleines d'actions nobles et importantes des lords et comtes de cette grande famille. Le roi en fit présent à Douglas, comte d'Angus, et ses descendants le conservèrent jusqu'à ce que William, comte d'Angus, fut créé marquis de Douglas en 1633, et maintenant c'est le principal domaine du marquis de Douglas, celui où il réside avec sa famille. C'est une grande paroisse et baronnie, un bénéfice laïque, dont le marquis est à la fois le titulaire et le patron. Il y a près de l'église une habitation tout à fait grande, appelée le château de Douglas, et près de l'église aussi un beau village appelé la ville (*town*) de Douglas, érigé depuis longtemps en bourg et baronnie. Cette église est belle, et ornée de nombre d'anciens monuments et d'inscriptions commémoratifs des comtes de ce lieu.

« La rivière de Douglas traverse cette paroisse dans toute sa longueur; et les deux rives forment le Douglasdale (Vallée de la Douglas). Cette contrée touche au nord à la Clyde; à l'ouest elle est limitée par Lesmabagow, au sud-ouest par Kyle, au sud et au sud-est par John Crawfurd et Carmichaell. C'est un pays agréable, abondant en blés et en pâturages, et le ministre y jouit d'un bon revenu.

« Les terres d'Heysleside, appartenant à Samuel Douglas, contiennent une bonne maison d'habitation agréablement située sur la lisière du bord, » etc. — Page 65.

(*Éditeur anglais.*)

pédition contre les Maures, et revenait en Écosse de Jérusalem où il
était allé porter le cœur de Bruce, le vieux poëte Barbour nous dit
que :

> « Quhen bis men lang had mad mornyn,
> They debowalyt him, and syne
> Girt scher him swa, that wicht be tane
> The flesh all haly fra the bane,
> And the carioune that in haly place
> Erdyt, wich rycht gret worschip, was.
>
> « The banys have thai with thaim tane ;
> And syne ar to thair schippis gane ;
> Syne towart Scotland held their way,
> And thar ar cummyn in full gret by.
> And the banys honorabilly
> In till the kirk off Douglas war
> Erdyt, with dule and mekill car.
> Schyr Archebald his sone gert syne
> Off alabastre, bath fair and fyne,
> Ordane a tumbe sa richly
> As it behowyt to swa worthy¹. »

On suppose que ce monument fut volontairement et sans utilité aucune
mutilé et profané par quelque détachement des troupes de Cromwell,
lesquelles, suivant leur coutume, avaient fait de l'église de Sainte-
Bride une écurie pour leurs chevaux. Cependant les débris qui subsis-
tent suffisent pour faire reconnaître le lieu où repose le grand sir James.
La statue en pierre brune a les jambes croisées, ce qui indique que le
personnage qu'elle représente était mort après avoir accompli le pèlerinage au Saint-Sépulcre, et sur le champ de bataille même contre les
infidèles en Espagne. Le cœur introduit pour la première fois dans l'ancien écu des Douglas, en signe que le chevalier avait rempli les injonctions de Bruce mourant, si on le rapproche de l'attitude de la statue,
suffit pour constater l'identité du monument. Dans son état primitif,
ce tombeau n'a dû le céder en rien aux plus beaux de cette époque
qui se voient dans l'abbaye de Westminster. Le lecteur curieux de
plus longs détails à ce sujet les trouvera dans les *Antiquités sépulcrales
de la Grande-Bretagne*, par Edward Blore, membre de la société des
Antiquaires ; Londres, 1826, in-quarto. Il y trouvera aussi des détails

---

¹ Nous laissons en original ces vers écrits dans un idiome dont les formes vieillies
ne sont guère plus familières aux Anglais modernes qu'à nous-mêmes, et qui peuvent
se comparer aux compositions de nos vieux trouvères. (L. V.)

intéressants sur d'autres tombeaux et statues du cimetière de la première maison de Douglas.

Comme l'auteur n'a traduit qu'avec de grandes libertés les événements historiques qui servent de base à ce roman, il croit, pour redresser les erreurs dans lesquelles il aurait pu entraîner le lecteur, devoir placer sous ses yeux quelques extraits de Godscroft : « Nous n'omettrons pas, dit Godscroft, le jugement des contemporains sur sir James Douglas, en vers grossiers, sans doute, mais qui témoignent de sa magnanimité vraie et de son courage inébranlable dans la bonne et la mauvaise fortune :

« Le bon sir James Douglas (qui était sage, puissant et digne) ne fut jamais ni trop joyeux d'avoir gagné, ni trop triste d'avoir perdu ; la bonne et la mauvaise fortune, il les pesa toutes deux dans une même balance. »

WALTER SCOTT.

APPENDICE A L'INTRODUCTION.

Extrait de l'*Histoire des Maisons de Douglas et d'Angus*; par M. David Hume de Godscroft, édition in-folio.

Et ici, en effet, le cours des infortunes du roi commença à s'arrêter et à faire place à de plus grands succès, tant ceux qu'il remporta personnellement que ceux plus nombreux de sir James, qui reconquit ses propres châteaux et domaines. De là il se rendit dans le Douglasdale, où, par l'entremise du vieux serviteur de son père, Thomas Dickson, il prit le château de Douglas, et, ne pouvant le garder, il le fit brûler, satisfait de voir que ses ennemis auraient une forteresse de moins en Écosse. On raconte ainsi la manière dont il s'en empara : — Prenant seulement avec lui deux de ses serviteurs, sir James se rendit chez Thomas Dickson, dont il fut reçu avec larmes, après qu'il s'en fut fait reconnaître, car le bon vieillard ne le reconnaissait pas d'abord, à cause de la simplicité et de la pauvreté de ses vêtements. Thomas Dickson le garda en secret dans une chambre isolée, et lui amena tous les anciens serviteurs de son père, non pas tous à la fois, mais l'un après l'autre, de peur de surprise. Leur avis fut que le jour des Rameaux, quand les Anglais sortiraient pour aller à l'église, et que ses partisans seraient réunis, il donnerait le mot d'ordre et pousserait le cri des Douglas, et qu'alors ses partisans tomberaient sur les Anglais qui seraient sortis, et qu'après les avoir dépêchés, la prise du château deviendrait chose aisée. Ceci convenu, les Écossais arrivèrent, et aussitôt que les Anglais furent entrés dans l'église avec des rameaux à la main (suivant qu'on a coutume de le faire ce jour-là), ne soupçonnant et ne craignant rien de semblable, sir James, ainsi qu'il avait été arrêté, poussa, mais trop tôt, le cri de : *un Douglas! un Douglas!* ce cri se fit entendre dans l'église, celle de Sainte-Bride de Douglas. Thomas Dickson, supposant que son seigneur en était aux mains avec les Anglais, tira son épée et attaqua ceux qui se trouvaient dans l'église. Mais il n'avait avec lui pour le seconder qu'un autre homme, en sorte qu'il fut bientôt écrasé par le nombre, renversé et tué. Cependant, sir James étant venu, les Anglais qui étaient dans le sanctuaire repoussèrent les Écossais, et, profitant du peu de largeur de l'entrée, ils se défendirent vaillamment. Mais sir James encourageant ses soldats non-seulement par ses paroles, mais par ses actions et son exemple, et ayant égorgé les plus braves de ses adversaires, l'emporta à la fin, et entrant dans le chœur en tua environ vingt-six et emmena le reste, c'est-à-dire dix ou douze, dans l'intention de s'en servir pour amener le château à composition, ou pour y entrer en même temps qu'eux quand on leur en ouvrirait les portes. Mais il n'en fut pas besoin ; ceux du château se croyaient si bien en sûreté qu'il n'y était resté personne pour le garder, à l'exception du portier et du cuisinier, lesquels, ne sachant rien de ce qui s'était passé à l'église, située à un grand quart de lieue, avaient laissé les portes ouvertes, le portier se promenant en dehors et le cuisinier dressant son dîner. Les Écossais entrèrent donc sans résistance ; et trouvant les viandes cuites et la table mise, ils fermèrent les portes et prirent tranquillement leur repas.

« Une fois qu'il fut maître du château, sir James, qui n'était pas moins sage que vaillant, considéra qu'il lui serait difficile de le garder, parce que les Anglais étaient encore les plus forts dans le pays, et que s'ils le venaient assiéger, il ne pouvait compter sur aucun secours ; il crut que le mieux était de prendre tout ce qu'il pourrait emporter aisément, l'or, l'argent, les vêtements, les munitions et les armes, toutes choses dont il avait le plus grand besoin, et de détruire le reste des provisions avec le château lui-même, plutôt que de diminuer le nombre de ses partisans, et d'en laisser une partie dans une garnison où ils ne pourraient rendre aucun service. Il fit donc porter les viandes et la bière, le froment et les autres grains dans le cellier, et en fit faire un grand monceau : il prit ensuite les prisonniers et les égorgea, pour venger la mort de son brave et fidèle serviteur, Thomas Dickson, arrosant de leur sang les vivres entassés, et enterrant leurs cadavres dans le blé ; après cela il fit sauter les bondes des barils et des poinçons, et laissa le liquide se répandre ; puis il y jeta les carcasses des chevaux morts et d'autres charognes, plaçant le sel sur le tout, de manière à ce que ces provisions ne pussent plus être utiles à l'ennemi, et ce cellier s'appelle encore aujourd'hui le garde-manger de Douglas. Enfin il mit le feu à la maison, et brûla toute la charpente et tout ce qui était combustible, ne laissant rien derrière lui que les murailles noircies. Il paraît que ceci se passa à la première prise du château de Douglas, car on croit qu'il le prit par deux fois. Pour ce service et d'autres rendus à lord William, son père, sir James donna à Thomas Dickson la terre d'Hisleside; il la lui donna avant la prise du château et non après, comme un encouragement à déployer du zèle, car il fut tué dans l'église. Sir James avait donc agi généreusement et habilement de commencer de cette façon pour donner du cœur à ses partisans et les exciter à lui rendre de bons services. Le château incendié, sir James se retira, et divisant ses soldats en divers détachements pour qu'ils fussent moins remarqués, il fit donner des soins à ceux qui avaient été blessés dans le combat, et lui-même se tint dans le voisinage, épiant l'occasion d'entreprendre quelque chose contre l'ennemi. A peine était-il parti que lord Clifford, ayant reçu avis de ce qui s'était passé, vint en personne au château de Douglas, le fit réparer et reconstruire en très-peu de temps, et y ajouta une tour qui a gardé son nom de Harries Tower; cela fait, il institua capitaine un certain Thurswall, et puis retourna en Angleterre. » — *Pages 26-28.*

. . . .

« Sir James Douglas, revenu dans Douglasdale, usa du stratagème suivant contre Thurswall, capitaine du château sous ledit lord Clifford. Il ordonna à quelques-uns de ses partisans d'enlever les bestiaux qui paissaient à quelque distance et sous la protection du château, puis de les abandonner et de fuir dès que le capitaine et la garnison sortiraient pour les secourir. Il fit renouveler plusieurs fois cette manœuvre pour habituer le capitaine à prendre peu de soucis de ces légères escarmouches, à se croire en sûreté et à ne rien soupçonner de plus sérieux. Quand il crut avoir répété cette ruse assez souvent, il plaça quelques hommes en embuscade et en envoya d'autres enlever les bestiaux qui se trouvaient devant le château, comme ils l'avaient déjà fait auparavant, et comme si c'eussent été des voleurs et des maraudeurs. Le capitaine, en apprenant cette nouvelle, ne soupçonna pas qu'il y eût cette fois plus de danger qu'auparavant; il sortit du château à leur poursuite avec tant de hâte, que ses soldats couraient à qui plus fort, sans ordre et sans garder leurs rangs. Ceux qui emmenaient le bétail coururent aussi de toutes leurs forces, jusqu'à ce qu'ils eussent attiré le capitaine et sa compagnie un peu au delà de l'embuscade; ceux qui la composaient, sortant à l'improviste de leurs cachettes, l'attaquèrent vigoureusement, le tuèrent et poursuivirent sa compagnie jusque sous les murs du château; quelques-uns, ayant été atteints, furent massacrés; les autres, ayant pénétré dans la place, furent sauvés. Sir James, ne se sentant pas assez fort pour assiéger le château, enleva tout le butin qu'il put à l'extérieur, et partit. Par ces exploits et d'autres de même nature, il effraya tellement l'ennemi, qu'on regarda comme une chose très-difficile de garder son château, et qu'on commença à l'appeler l'*aventureux* (ou hasardeux) *château de Douglas*. Postérieurement, sir John Walton faisant la cour à une demoiselle anglaise, elle lui écrivit que quand il aurait gardé le château de Douglas pendant sept ans, alors il pourrait se croire un amant digne d'elle. Sir John Walton prit donc le commandement et succéda à Thurswall; mais sa destinée fut la même que celle de ses prédécesseurs.

« Car sir James, ayant d'abord dressé une embuscade dans le voisinage de la place, fit prendre à quatorze de ses soldats chacun un sac rempli de gazon, comme si c'eût été du blé qu'ils conduisaient à Lanark, le principal marché du pays; espérant par cet appât faire sortir le capitaine, et les prendre lui ou le château, ou peut-être tous les deux.

« Son espérance ne fut pas trompée; le capitaine mordit à l'hameçon et sortit pour s'emparer de ce qu'il croyait être des provisions. Mais avant qu'il ne pût atteindre ceux qui les portaient, sir James et sa troupe se placèrent entre lui et le château. De leur côté, les prétendus paysans, se voyant poursuivis, quittèrent les vêtements extérieurs sous lesquels ils s'étaient déguisés, jetèrent leurs sacs, montèrent sur leurs chevaux, et se retournèrent vigoureusement sur le capitaine, lequel fut d'autant plus épouvanté qu'il s'y attendait le moins. C'est pourquoi, quand il vit ces paysans métamorphosés en guerriers et prêts à l'assaillir, il craignit, comme de fait, qu'ils ne dussent être soutenus par d'autres, et se retourna pour rentrer au château; mais de ce côté encore il trouva l'ennemi; de sorte que pris entre ces deux compagnies il fut tué avec les siens, si bien qu'il n'en échappa pas un seul. Quand ensuite on fouilla le capitaine, on trouva, dit-on, sur lui les lettres de sa maîtresse. Sir Douglas se dirigea ensuite sur le château et s'en rendit maître, mais on ne sait, disent nos chroniqueurs, si ce fut de vive force ou par capitulation. Toutefois, il paraîtrait que le sénéchal et les autres qui y étaient restés le rendirent sans attendre l'assaut, à en juger par la douceur avec laquelle il les traita, ce qu'il n'eût pas fait s'ils ne s'étaient rendus qu'à la dernière extrémité. Car il les renvoya sains et saufs à lord Clifford, et leur donna des provisions et de l'argent pour leurs besoins le long de la route. Le château, qu'il s'était contenté de brûler auparavant, il le rasa cette fois et en jeta les murs par terre. C'est par ces exploits et d'autres semblables qu'en peu de temps il délivra le Douglasdale, la forêt d'Attrick, et celle de Jedward, du joug des garnisons anglaises. » — *Idem*, page 29.

LE
CHATEAU DANGEREUX.

CHAPITRE PREMIER.

<blockquote>On a vu des armées plier devant ce son redoutable, et, Douglas mort, son nom a gagné des batailles.

JOHN HOME.</blockquote>

C'ETAIT vers la fin d'un des premiers jours du printemps, alors que, dans une des froides provinces de l'Écosse, la nature se ranimait au sortir de son sommeil hivernal, et que l'air au moins, sinon la végétation, promettait un adoucissement dans la rigueur de la saison. Deux voyageurs, dont l'extérieur à cette époque annonçait assez la profession errante, profession qui, en général, assurait un libre passage même à travers un pays dangereux, s'avancèrent, venant du sud-ouest, à quelques milles du château de Douglas, et parurent se diriger vers la rivière de ce nom, dont les encaissements offraient une sorte de chemin pour arriver à cette mémorable forteresse des temps féodaux. Le cours de la rivière, petite en comparaison de sa célébrité, servait de canal de desséchement aux campagnes du voisinage, et en même temps offrait un accès rude et difficile vers le château et le village. Les hauts et puissants seigneurs auxquels ce château avait appartenu depuis des siècles auraient pu, s'ils l'avaient jugé convenable, rendre cet accès beaucoup plus doux et plus commode; mais ces génies n'avaient encore eu que peu ou point d'occasions de s'exercer, qui ont enseigné au monde entier qu'il vaut mieux prendre une route plus circulaire pour tourner une montagne, que de la gravir perpendiculairement d'un côté pour la descendre perpendiculairement de l'autre, sans sacrifier un seul pas au désir de rendre le chemin facile aux voyageurs. Encore moins rêvait-on alors à ces mystères que Mac Adam a depuis expliqués; et puis, dans quel but les anciens Douglas auraient-ils appliqué ses principes, alors même qu'ils les eussent connus dans toute leur perfection? Les voitures à roues étaient totalement inconnues, excepté celles du genre le plus grossier, et employées aux opérations les plus simples de l'agriculture. Même les femmes les plus délicates n'avaient d'autres ressources qu'un cheval, ou, en cas de quelque infirmité douloureuse, une litière. Les hommes n'employaient que leurs membres vigoureux ou des chevaux sûrs pour se transporter d'un lieu à un autre, et les voyageurs, les femmes surtout, n'éprouvaient pas peu d'inconvénients par suite de la nature raboteuse du pays. Quelquefois un torrent débordé traversait leur chemin, et les forçait à attendre que les eaux eussent diminué de force. D'autres fois l'encaissement d'une petite rivière se trouvait emporté et aplani par l'effet d'une tempête, d'une inondation récente ou de semblables convulsions de la nature ; il fallait alors que le voyageur s'en rapportât à sa connaissance du pays, ou qu'il obtînt des habitants de la contrée de meilleures informations pour savoir comment diriger ses pas et surmonter cet obstacle imprévu.

La rivière de Douglas sort d'un amphithéâtre de montagnes qui limite la vallée au sud-ouest, et le tribut de ces montagnes, en y joignant le produit de quelques tempêtes soudaines, forme le mince volume de ses eaux. L'aspect général du pays est celui des collines pastorales du midi de l'Écosse, formant à l'ordinaire des terres froides et arides, dont quelques-unes, à une distance peu éloignée de la date de cette histoire, étaient couvertes d'arbres, ce qu'atteste le nom de *shaw* que quelques-unes d'entre elles portent encore aujourd'hui, nom qui signifie une forêt vierge et sauvage. Le voisinage de la Douglas elle-même formait un terrain plat propre à porter des moissons d'orge et de seigle, suffisantes pour satisfaire aux besoins des habitants. A une distance peu considérable des bords de la rivière, un petit nombre de localités exceptées, le terrain propre à l'agriculture se mêlait de plus en plus aux bois et aux pâturages, et le tout se terminait par des marécages déserts, en partie inaccessibles.

Par-dessus tout, on était en temps de guerre, et naturellement tout ce qui n'était que de pure commodité devait céder le pas à la crainte prédominante du danger. Au lieu donc de chercher à améliorer les sentiers qui communiquaient d'un district à un autre, les habitants remerciaient le Ciel de ce que les obstacles naturels dont ils étaient entourés les dispensaient du soin de rompre ou de fortifier les chemins qui les réunissaient à des pays plus ouverts. A très-peu d'exceptions près, ils avaient de quoi satisfaire complètement à leurs besoins dans les produits grossiers et peu nombreux de leurs montagnes et de leurs *holms*[1]. C'était sur ces derniers qu'ils exerçaient leur agriculture peu étendue, tandis que les parties les plus fertiles des montagnes et les clairières des forêts leur

---

[1] Terrains plats sur le bord des ruisseaux et des rivières, appelés *ings* dans le midi de l'Écosse. (W. S.)

servaient de pâturage pour le grand et le petit bétail. Les profondeurs de ces forêts inexplorées étant rarement troublées, surtout depuis que les seigneurs du manoir avaient, durant ces temps de guerre, abandonné la chasse, qui était leur occupation constante, le gibier de toute espèce s'était accru d'une manière prodigieuse; de sorte que non-seulement, en traversant les parties les plus difficiles de la contrée montueuse et désolée que nous venons de décrire, on voyait de temps à autre différentes espèces de daims, mais qu'on apercevait aussi quelquefois les bestiaux sauvages particuliers à l'Écosse, dont la présence indiquait l'état de confusion et de désordre de l'époque. Souvent on surprenait le chat sauvage dans les ravins obscurs ou dans les buissons marécageux. Le loup, que déjà ne connaissaient plus les districts plus populeux des Lothians, s'y maintenait contre les attaques de l'homme, et y était encore un objet de terreur pour ceux qui devaient finir par l'en extirper. Dans l'hiver surtout, et l'hiver était à peine passé, ces animaux sauvages, réduits à la dernière extrémité par le manque de nourriture, avaient coutume de fréquenter, en troupes dangereuses, les champs de bataille, les cimetières abandonnés, — et même quelquefois aussi les habitations des vivants, pour y épier les enfants, leur proie sans défense, avec autant de familiarité que le renard qui s'aventure aujourd'hui à rôder près de la basse-cour de la *maîtresse* [1].

D'après ce que nous avons dit, nos lecteurs, s'ils ont fait un *tour* en Écosse, — et aujourd'hui qu'est-ce qui ne l'a pas fait? — seront en état de se former une idée passablement juste de la partie supérieure et la plus sauvage de la Vallée de Douglas (*Douglasdale*) au commencement du quatorzième siècle. Le soleil couchant jetait ses rayons sur un pays marécageux qui allait s'élevant à l'ouest, pour se terminer par les montagnes appelées la Grande et la Petite Cairntable. La première est, pour ainsi dire, la mère des collines avoisinantes, la source de cent ruisseaux, et de beaucoup la plus considérable de cette chaîne; conservant encore, dans ses flancs sombres et dans les ravins dont ils sont labourés, des restes considérables de ces anciennes forêts dont toute la partie élevée de ce pays était autrefois couverte, particulièrement les collines dans lesquelles les rivières, — aussi bien celles qui coulent à l'est que celles qui se dirigent à l'ouest pour se décharger dans le Solway, — cachent, comme autant d'ermites, leurs faibles sources.

Le paysage était encore illuminé par le soleil couchant, dont les rayons se réfléchissaient sur les étangs et les ruisseaux, ou s'arrêtaient sur des roches grisâtres, géants qui encombraient le sol, et que le travail et l'agriculture en ont depuis fait disparaître; ou bien, enfin, se bornaient à dorer les bords de la rivière, dont les eaux prenaient

---

[1] On désigne presque universellement sous le nom de *mistress* la *bonne dame*, ou femme d'un gros fermier, en Écosse. (W. S.)

alternativement une teinte grisâtre, verte ou rouge, suivant que les rives étaient de rochers, d'herbes épaisses, de terre sèche et nue, ou qu'à distance elles offraient la teinte pourpre foncé d'un rempart de porphyre. Quelquefois aussi l'œil se reposait sur l'étendue montueuse et brunâtre du marécage, au moment où le rayon de soleil se réfléchissait sur un petit *tarn* ou étang de montagne, dont l'éclat, comme celui de l'œil dans la figure humaine, donne la vie et le mouvement aux traits environnants.

Le plus âgé et le plus grand des deux voyageurs dont nous avons parlé était une personne bien vêtue, vêtue même avec recherche, suivant la mode du temps, et qui portait sur son dos, comme les ménestrels errants le faisaient d'ordinaire, une boîte contenant une petite harpe, une rote, une viole ou quelque autre instrument de cette espèce pour accompagner la voix. C'est ce qu'annonçait la boîte de cuir, encore qu'elle n'accusât pas exactement la nature de l'instrument. La couleur du pourpoint du voyageur était bleue, celle de ses *trowsers* ou hauts-de-chausses violette, avec des taillades laissant voir une doublure de même couleur que le justaucorps. Suivant la coutume ordinaire, un manteau aurait dû recouvrir tout ce vêtement ; mais la chaleur du soleil, quoique la saison fût si peu avancée, avait engagé le voyageur à plier le sien sous un petit volume, pour en former un paquet qu'il portait sur ses épaules, comme les soldats d'infanterie portent de nos jours la capote militaire. L'habileté avec laquelle il était ployé indiquait un voyageur expérimenté, auquel une longue habitude avait enseigné tous les expédients que les changements de temps pouvaient exiger. Une grande profusion de rubans étroits ou *pointes*, formant les brides à l'aide desquelles nos aïeux liaient le justaucorps au haut-de-chausses, composaient une sorte de cordon de nœuds bleus ou violets entourant la personne du voyageur, et s'harmonisant, quant à la couleur, avec les deux vêtements qu'il devait réunir. Le bonnet qu'on portait d'habitude avec ce brillant costume était celui sous lequel on représente ordinairement Henri VIII et Édouard VI. Son étoffe délicate le rendait plus propre à paraître en public qu'à affronter un orage. Il était mi-parti, c'est-à-dire composé de différentes bandes bleues et violettes, et celui qui le portait s'arrogeait un certain degré de noblesse, puisqu'il l'avait surmonté d'une grande plume présentant les mêmes couleurs. Les traits sur lesquels retombait cette plume n'avaient rien de remarquable dans leur expression. Toutefois, dans un pays aussi triste que l'ouest de l'Écosse, il n'eût pas été facile de passer près de cet homme sans lui accorder une attention plus minutieuse qu'on ne l'aurait fait dans une contrée où le paysage aurait présenté plus de choses sur lesquelles le regard du voyageur pût s'arrêter.

Un œil vif, un air sociable, qui semblaient dire : « Oui, regardez-moi, je suis un homme qui vaut la peine d'être vu et qui n'est pas indigne de votre attention, » entraînaient pourtant avec eux une interprétation qui pouvait être favorable ou défavorable, suivant la personne que le voyageur rencontrerait. Un chevalier ou un soldat aurait seulement pensé qu'il voyait là un bon vivant capable de chanter une chanson un peu leste, de dire un joyeux conte et d'aider à vider un flacon avec tous les agréments qui font un bon compagnon à l'hôtellerie, excepté peut-être l'empressement à payer sa part de la dépense. De son côté, un ecclésiastique aurait pu penser que l'homme au costume bleu et violet avait des habitudes trop dissolues, et était trop peu accoutumé à se tenir dans les bornes d'une gaieté décente, pour être une société convenable à un homme de sa sainte profession. Cependant, l'homme aux chansons avait dans ses traits un certain aplomb qui semblait le rendre propre à tenir sa place dans des affaires sérieuses aussi bien que dans des scènes de gaieté. Un voyageur riche, classe peu nombreuse à cette époque, aurait pu craindre en lui un voleur de profession ou un homme auquel il ne manquait que l'occasion pour devenir tel. Une femme aurait pu appréhender quelques traitements peu civils; un homme jeune ou timide aurait pu avoir la pensée de quelque meurtre ou d'autres actes de même nature. Toutefois, à moins que le ménestrel n'eût des armes cachées, il semblait mal accoutré pour aucune entreprise dangereuse. La seule arme qu'on vit sur lui était une petite épée courbe, comme ce que nous appelons aujourd'hui un couteau de chasse, et les circonstances dans lesquelles se trouvait le pays auraient autorisé qui que ce fût, même avec les intentions les plus pacifiques, à se précautionner d'une pareille arme contre les périls de la route. Si un coup d'œil jeté sur cet homme avait pu créer un préjugé contre lui, à quelque égard que ce fût, dans l'esprit de ceux qui l'auraient rencontré, un regard porté sur son compagnon, autant qu'on en pouvait juger, — car son vêtement ne permettait pas de distinguer ses traits, — aurait pu lui servir d'excuse et de garantie.

Le second voyageur paraissait de la première jeunesse, de bonne famille et d'un extérieur doux. Il portait la robe esclavonne, costume ordinaire des pèlerins, plus serrée autour du corps que le froid de la saison ne semblait le demander, même le permettre. Ses traits, qu'on n'apercevait qu'imparfaitement sous son capuchon de pèlerin, prévenaient on ne peut plus en sa faveur; et bien qu'il portât une épée de cour, il avait l'air plutôt de le faire pour se conformer à l'usage général que dans aucune intention violente. On voyait des traces de chagrin sur son front et de larmes sur ses joues. Sa fatigue était telle que son compagnon plus grossier semblait le voir avec sympathie, en même temps qu'en secret il prenait part aux chagrins qui avaient marqué leur passage sur une figure si aimable. Ils conversaient ensemble, et le plus âgé des deux, tout en ayant cet air de déférence qui convient à un inférieur s'adressant à son supérieur, laissait voir dans son accent et dans ses gestes de l'intérêt et de l'affection.

— Bertram, mon ami, dit le plus jeune, à quelle distance sommes-nous encore du château de Douglas? Nous avons déjà couru plus de trente milles, et vous m'aviez dit que c'était là ce qu'il y avait de Cammock à ce château, — ou comment appelez-vous l'hôtellerie que nous avons quittée au point du jour?

— Cumnock, ma très-chère dame... mille excuses — mon gracieux jeune maître.

— Appelez-moi Augustin, répondit son compagnon, si vous voulez parler comme les circonstances le demandent.

— Ma foi, quant à cela, si Votre Seigneurie condescend à mettre de côté sa qualité, ma politesse n'est pas si solidement cousue à ma personne que je ne puisse m'en détacher et la reprendre ensuite sans qu'il y manque une maille. Puisqu'il plaît à Votre Seigneurie, à qui j'ai juré obéissance, que je la traite comme mon propre fils, il serait honteux à moi de ne lui pas montrer l'affection d'un père. D'autant plus, et j'en puis faire mon grand serment, que je vous la dois comme si je l'étais, bien que dans notre cas particulier le père ait été nourri par la bonté et la libéralité du fils; car quand est-ce que j'ai eu faim ou soif, et que le *Black Stock*[1] de Berkely n'a pas soulagé mes besoins?

— Je le voulais ainsi, repartit la jeune dame, dont le vêtement de pèlerin était taillé de façon à faire croire qu'elle appartenait à l'autre sexe. — A quoi auraient servi les montagnes de bœuf et les océans de bière que nos domaines produisent, à ce qu'on dit, s'il y avait eu parmi nos vassaux un seul estomac affamé, et si toi surtout, Bertram, qui as été plus de vingt ans le ménestrel de notre famille, tu avais éprouvé un semblable besoin?

— Certes, madame, c'eût été une catastrophe semblable à celle qu'on nous raconte du baron de Fastenough, quand sa dernière souris mourut de faim au milieu même de sa paneterie; et si je me tire de ce voyage sans avoir éprouvé une semblable calamité, je me croirai hors d'atteinte de la soif ou de la famine pour le reste de ma vie.

— Tu en as déjà souffert une ou deux fois, mon pauvre ami.

— Tout ce que j'ai pu souffrir est peu de chose, et il y aurait de l'ingratitude à moi de donner un nom aussi sérieux au léger inconvénient de me passer d'un déjeuner ou de trouver mon dîner un peu trop tard; mais je ne sais trop comment Votre Seigneurie pourrait endurer longtemps encore cette façon d'aller. Vous devez sentir vous-même que ce n'est pas une plaisanterie d'arpenter ces pays montueux dont les Écossais font si bonne mesure lorsqu'ils supputent leurs milles. Quant

---

[1] On appelait souvent ainsi la *table dormante* ou permanente dressée dans la grande salle du château d'un baron. (W. S.)

au château de Douglas, il est à près de cinq milles d'ici, sans parler de ce que les Écossais appellent un *bittock*, ce qui, dans leur manière de compter, fait au moins un mille de plus par-dessus le marché.

— Alors, dit la dame en poussant un profond soupir, la question est de savoir ce que nous avons à faire, puisqu'il nous reste encore tant de chemin, et que les portes du château seront nécessairement fermées longtemps avant que nous y arrivions.

— Quant à cela, je vous en donne ma parole; les portes de Douglas, confiées à la garde de sir John de Walton, ne s'ouvrent pas aussi aisément que celles de la dépense dans notre propre château, quand elle est bien huilée. Si Votre Seigneurie veut suivre mon avis, nous retournerons au midi, et, dans deux jours de marche au plus tard, nous nous retrouverons dans un pays où l'on pourvoit aux besoins de l'homme dans le plus court délai possible, ainsi que le disent les enseignes des hôtelleries. Dans ce cas, le secret de cette petite excursion ne sera connu d'aucun homme vivant, nous deux exceptés, aussi sûr que je suis ménestrel juré et homme d'honneur.

— Je te remercie de ton avis, mon fidèle Bertram, mais je ne saurais en profiter. Si, par suite de l'habitude que tu as de ce pays, tu connaissais quelque maison honnête, riche ou pauvre, je m'y réfugierais volontiers, si l'on voulait me le permettre, jusqu'à demain matin. Les portes du château de Douglas s'ouvriront alors devant des voyageurs d'un extérieur aussi pacifique que le nôtre, et... et... il faut le dire, — nous aurions peut-être le temps de donner à notre toilette les soins propres à nous assurer une bonne réception; comme, par exemple, de passer un peigne dans nos cheveux.

— Ah! madame, s'il ne s'agissait de sir John de Walton dans cette affaire, je me hasarderais à vous répondre qu'un visage non lavé, des cheveux non peignés, et qu'un air bien plus impudent que Votre Seigneurie ne l'a ou ne saurait jamais l'avoir, seraient le meilleur déguisement pour jouer, comme vous vous l'êtes proposé, le rôle d'un apprenti ménestrel.

— Est-ce que vous souffrez que vos jeunes élèves soient si malpropres et de si mauvais ton? Quant à moi, je ne les imiterai pas en cela; et que sir John soit ou non au château de Douglas, je n'en ferai pas moins aux soldats chargés d'une si noble garde l'honneur de me présenter à eux avec un visage lavé et des cheveux un peu mieux en ordre. Quant à m'en retourner sans avoir vu un château qui se rattache même à mes rêves, — je n'ai qu'un mot à te dire, Bertram : tu peux t'en aller, mais moi, je ne le ferai pas.

— Et moi, si je me sépare de Votre Seigneurie, maintenant que votre projet romanesque est presque accompli, il faudra que ce ne soit rien de plus aimable ou de moins dangereux que le grand diable d'enfer lui-même qui m'arrache de vos côtés. Il y a à une distance peu considérable d'ici la maison d'un certain Tom Dickson d'Hazelside, l'un des plus honnêtes gens de la vallée, et qui, bien que simple laboureur, était regardé comme guerrier, lorsque j'étais dans ce pays, au moins autant qu'aucun noble gentilhomme qui ait jamais fait partie des bandes de Douglas.

— C'est donc un soldat?

— Oui, quand son pays ou son seigneur ont besoin de son épée, — et à vrai dire, ils sont rarement en paix ; mais autrement, il n'est l'ennemi que des loups qui ravagent ses troupeaux.

— Mais n'oublie pas, mon bon guide, que le sang qui coule dans nos veines est anglais, et que par conséquent nous avons des dangers à craindre de la part de tous ceux qui s'appellent les ennemis de la Croix-Rouge.

— Ne doutez pas de l'hospitalité de cet homme ; vous pouvez aussi bien vous fier à lui qu'au meilleur chevalier ou gentilhomme du pays. Nous pourrons payer notre logement avec un air de musique ou une chanson, et je dois vous rappeler que je me suis promis, — sauf le bon plaisir de Votre Seigneurie, — de me plier un peu à l'humeur des Écossais, pauvres diables qui aiment l'art du ménestrel, et qui, lorsqu'ils n'ont qu'un *penny* d'argent, le donneraient volontiers pour encourager la gaie science. — Je vous ai promis que nous serions aussi bien reçus parmi eux que si nous étions nés au sein de leurs montagnes sauvages. J'ajouterai, belle dame, que le fils du ménestrel ne désirera rien en vain de ce qui pourra se trouver de mieux dans la maison de Dickson. Et maintenant, voulez-vous faire connaître vos intentions à votre ami dévoué, à votre père adoptif, ou plutôt à votre guide et à votre serviteur reconnaissant, Bertram le ménestrel? — Quel est votre bon plaisir dans cette circonstance?

— Oh! nous accepterons certainement l'hospitalité de cet Écossais, puisque vous me donnez votre parole de ménestrel pour garantie de sa fidélité. — Tom Dickson, vous l'appelez?

— Oui, tel est son nom ; et, en voyant ces moutons, je suis sûr que nous sommes maintenant sur sa ferme.

— En vérité! dit la dame avec quelque surprise ; et comment votre sagesse le peut-elle reconnaître?

— Je vois la première lettre de son nom sur chaque pièce de ce bétail. Ah! la science est ce qui peut conduire un homme d'un bout du monde à l'autre, aussi bien que s'il possédait cette bague par la vertu de laquelle les anciens ménestrels nous disent qu'Adam comprenait le langage des animaux dans le paradis. Ah! madame, il y a plus de choses à apprendre sous le toit du berger que ne le pense la grande dame qui coud ses étoffes brochées dans son boudoir d'été.

— Cela peut être, mon bon Bertram ; et, quoique je ne sois pas aussi versée que vous l'êtes dans la connaissance du langage écrit, il est impossible d'en faire plus de cas que je n'en fais en ce moment. Dirigeons-nous donc, par la route la plus courte, vers la maison de ce Tom Dickson, dont les moutons mêmes annoncent le voisinage. J'espère que nous n'avons pas loin à aller, bien que, depuis que je crois que notre voyage est abrégé de quelques lieues, je me sens tellement remise de ma fatigue, qu'il me semble que je danserais durant tout le reste de la route.

CHAPITRE II.

> *Rosalinde.* — Hé bien, ceci est la forêt des Ardennes.
> *Touchstone.* — Oui, je suis maintenant dans les Ardennes, et je n'en suis que plus fou. Quand j'étais chez moi, j'étais en meilleur lieu; mais en voyage, il se faut contenter.
> *Rosalinde.* — Oui, contentez-vous, mon bon Touchstone. — Attention! qui va là? c'est un jeune homme et un vieillard, engagés dans une conversation solennelle.
> *Comme il vous plaira*, acte II, scène IV.

Tout en s'entretenant ainsi, nos voyageurs arrivèrent à un détour de la route, où la vue s'étendait beaucoup plus loin que la surface brisée du pays ne le lui avait encore permis. Une vallée que traversait un petit ruisseau offrait l'aspect sauvage, mais non désagréable, d'une vallée solitaire de verte bruyère, parsemée çà et là de bouquets d'aunes, de noisetiers et de chênes, qui étaient demeurés en possession des profondeurs de la vallée, quoiqu'ils eussent disparu des flancs plus élevés et plus exposés des collines. La ferme, ou le manoir (car d'après son étendue ou son extérieur on aurait pu également supposer que c'était l'un ou l'autre), était un bâtiment grand, mais peu élevé, et les murs des constructions extérieures étaient assez forts pour résister à l'attaque d'une bande ordinaire de déprédateurs. Toutefois, il n'y avait rien qui pût le défendre contre une force plus considérable; car, dans un pays dévasté par la guerre, le fermier était obligé alors, comme il l'est aujourd'hui, de subir la chance de toutes les grandes calamités inséparables d'un pareil état de choses, et sa condition, peu digne d'envie en aucun temps, s'empirait considérablement par le peu de sécurité que les propriétés offraient alors. Environ à un demi-mille plus loin, on voyait un édifice gothique d'une très-petite étendue, avec une chapelle à moitié ruinée, que le ménestrel déclara devoir être l'abbaye de Sainte-Bride:
— On tolère, dit-il, que cette maison subsiste, à ce que j'ai entendu

dire, parce que deux ou trois vieux moines et autant de religieuses qu'il contient ont obtenu des Anglais la permission d'y servir Dieu et d'y secourir quelquefois les voyageurs écossais. En conséquence, ils ont pris un permis de sir John de Walton, et ont accepté pour supérieur un ecclésiastique sur lequel il croit pouvoir compter ; mais si ces hôtes laissent échapper un secret quelconque, je ne sais comment il se fait qu'il arrive toujours à l'oreille du gouverneur anglais. En conséquence, à moins d'ordres positifs de Votre Seigneurie, je crois que nous ferons aussi bien de ne pas nous fier à leur hospitalité.

— Certainement non, dit la dame, si tu peux me procurer un logis où nous trouvions des hôtes plus sages.

En ce moment, on vit deux hommes s'approcher de la ferme dans une direction différente de celle que suivaient nos voyageurs. Ils parlaient si haut d'un ton apparent de dispute, que le ménestrel et son compagnon purent distinguer leur voix, bien qu'à une distance considérable. Ayant pendant quelques minutes placé la main au-dessus de ses yeux pour mieux regarder, Bertram s'écria à la fin : — Par Notre-Dame ! à coup sûr, c'est mon vieil ami Tom Dickson. — Qui peut le mettre de si mauvaise humeur contre ce pauvre jeune homme, qui, je crois, pourrait bien être son petit garçon Charles, que j'ai vu jouer et tresser des joncs il y a quelque vingt ans. Quoi qu'il en soit, il est heureux que nous ayons trouvé nos amis dehors ; car, j'en suis sûr, il y a une bonne pièce de bœuf dans le pot qui attend Tom avant qu'il n'aille se coucher, et il faudrait qu'il fût bien changé si un ami n'en prenait pas sa part. Qui sait, si nous nous étions attardés davantage, à quelle heure il ferme la porte et tire les verrous, dans le voisinage si rapproché d'une garnison ennemie ; car, pour appeler les choses par leur nom, c'est le mot propre en parlant d'une garnison anglaise dans le château d'un noble Écossais.

— Fou que tu es, tu juges de sir John de Walton comme tu le ferais de quelque paysan grossier, pour lequel l'occasion de faire ce qu'il veut est une tentation et une excuse pour des actes de cruauté et d'oppression. J'engagerais ma parole qu'à part la querelle des deux royaumes, qui naturellement sera décidée par les deux partis en combat loyal, les armes à la main, vous trouveriez que les Anglais et les Écossais, sur ce domaine et partout où s'étend l'autorité de sir John de Walton, vivent ensemble comme ce troupeau de moutons et de chèvres par rapport aux chiens de berger, ennemis dont ils sont charmés de s'écarter en certaines occasions, mais autour desquels ils cherchent une protection dès qu'un loup vient à se montrer.

— Ce n'est pas à Votre Seigneurie que je m'aviserais d'exposer mes opinions sur un pareil sujet ; mais le jeune chevalier, quand il revêt son armure, se montre tout autre qu'au jour des fêtes dans un salon au milieu d'une foule de dames, et celui qui prend un repas au coin du

CHAPITRE II.

feu d'un autre homme, surtout si cet hôte involontaire se trouve être Douglas le Noir, a de bonnes raisons pour tenir les yeux ouverts autour de lui pendant qu'il est à table. — Mais il vaudrait mieux m'occuper de nous procurer quelques rafraîchissements pour ce soir, que de rester là à bavarder des affaires des autres. A ces mots il cria d'une voix de tonnerre : — Dickson ! holà ! hé ! Thomas Dickson ! ne voulez-vous pas reconnaître un vieil ami, singulièrement disposé à s'en fier à votre hospitalité pour son souper et son gîte de la nuit ?

L'Écossais, dont l'attention fut éveillée par cet appel, regarda d'abord sur les bords de la rivière, puis en haut sur le côté aride de la montagne, et enfin fixa les yeux sur les deux voyageurs qui en descendaient.

Comme s'il eût trouvé la nuit plus froide à mesure qu'il quittait la partie la plus abritée de la vallée pour venir à leur rencontre, le fermier s'enveloppa et se serra davantage dans ce manteau gris employé de temps immémorial par les bergers du midi de l'Écosse, qui donne un air poétique aux paysans et aux classes moyennes, et qui, moins brillant et moins voyant dans ses couleurs, est aussi pittoresque dans la manière de se draper que le tartan plus militaire des Highlanders. Quand ils approchèrent les uns des autres, la dame put remarquer que l'ami de son guide était un homme robuste et d'une taille athlétique, qui avait passé tant soit peu le méridien de la vie, et montrait quelques signes avant-coureurs de la vieillesse, mais non aucune de ses infirmités, sur un visage qui avait été exposé à bien des tempêtes. Des yeux perçants et un air observateur indiquaient cette vigilance acquise par un homme qui avait longtemps vécu dans un pays où il avait eu de constantes occasions de regarder autour de lui avec prudence. Ces traits étaient encore contractés par le déplaisir, et le beau jeune homme qui l'accompagnait ne paraissait pas moins mécontent, comme s'il venait de subir les marques assez rudes de l'humeur de son père. L'expression de tristesse et de honte qui se peignait sur sa physionomie indiquait à la fois la colère et le remords.

— Mon vieil ami, dit Bertram aussitôt qu'ils furent à portée de la voix, m'avez-vous oublié, ou les vingt années qui se sont écoulées depuis que nous ne nous sommes vus ont-elles chassé de votre mémoire tout souvenir de Bertram, le ménestrel anglais ?

— Ma foi, répondit l'Écossais, ce n'est pas faute de vos compatriotes pour me le rappeler, et j'en ai à peine entendu un siffler :

« Allons, le jour commence à poindre, »

sans me rappeler quelques notes de votre joyeux rebec ; mais nous sommes de tels animaux que j'avais oublié la figure de mon vieil ami, et que je le reconnaissais à peine à distance. Mais nous avons eu bien des peines depuis quelque temps ; il y a un millier de vos compatriotes pour tenir garnison dans le périlleux château de Douglas, aussi bien que sur d'autres points de la vallée, et c'est une vue assez pénible pour un franc Écossais. — Il n'y a pas jusqu'à ma pauvre maison qui n'a pu échapper à l'honneur d'une garnison, composée d'un homme d'armes, de deux ou trois archers, d'un ou deux mauvais garnements appelés pages, etc., tous gens qui ne veulent pas permettre à un homme de dire au coin de son propre feu : Ceci est à moi. Ne m'en veuillez donc pas, mon vieux camarade, si je vous fais un accueil un peu plus froid que vous n'aviez le droit d'en attendre d'un ancien ami ; car, par Sainte-Bride de Douglas, il me reste à peine quoi que ce soit que je vous puisse offrir.

— Peu de chose nous suffira, dit Bertram. — Mon fils, saluez l'ancien ami de votre père. — Augustin est en train d'apprendre la joyeuse profession, mais il lui faudra un peu de pratique avant de pouvoir en endurer les fatigues. Pour peu que vous puissiez lui donner quelque petite chose à manger et un lit pour reposer tranquillement la nuit, tout ira bien pour nous deux. Je suis sûr que quand vous voyagez avec mon ami Charles, — si ce grand jeune homme est le petit Charles que j'ai connu autrefois, — il vous semble qu'il ne vous manque plus rien une fois que vous le voyez content

— Du diable si c'est vrai, répliqua le fermier écossais. Je ne sais pas de quoi sont faits les garçons aujourd'hui ; — à coup sûr ils ne sont pas de la même argile que leurs pères ; — ils ne sont pas sortis de la bruyère, qui ne craint ni le vent ni la pluie, mais de quelque plante délicate et étrangère qui ne saurait venir autrement que sous verre. — Que la peste l'étouffe ! Le brave lord Douglas — j'ai été son *henchman*, et je puis en répondre — n'a pas demandé, quand il était page, une nourriture et un logement comme ceux dont, aujourd'hui, un garçon comme votre ami Charles daignerait à peine se contenter.

— Ce n'est pas qu'Augustin soit, lui, trop difficile, mais j'ai mes raisons pour vous prier de lui accorder un lit à lui tout seul ; il ne s'est pas bien porté depuis quelque temps.

— Oui, je comprends ; votre fils a eu une attaque de cette maladie qui se termine si fréquemment par ce qu'on appelle la mort noire, et qui a fait tant de ravages parmi vous autres Anglais. Nous avons assez entendu parler du mal qu'elle a fait dans le Sud. Est-ce que le fléau s'avance sur nous ?

Bertram fit un signe affirmatif.

— Hé bien, il y a, Dieu merci, plus d'une chambre dans la maison de mon père ; votre fils en aura une confortable et bien aérée. Quant au souper, vous prendrez part à celui qui a été préparé pour vos compatriotes, malgré que j'aimerais mieux leur place que leur compagnie. Puisque je suis obligé d'en nourrir une vingtaine, ils ne disputeront pas, j'espère, le droit d'un ménestrel habile comme vous à une hospitalité d'une nuit. Je suis honteux de le dire, il me faut obéir à leurs ordres même dans ma propre maison. Morbleu ! si mon brave seigneur était en possession de ce qui lui appartient, je me sens le cœur et le bras assez bons pour les mettre tous à la porte, comme... comme...

— Pour parler clairement, interrompit Bertram, comme une bande de maraudeurs du Redesdale, que je vous ai vu jeter dehors comme une nichée de petits chiens nouveau-nés, et pas un ne se retourna pour voir qui lui avait fait cette politesse avant qu'il ne fût à moitié chemin de la Cairntable.

— Oui, répondit l'Écossais, se redressant et grandissant au moins de six pouces ; dans ce temps-là, j'avais une maison qui m'appartenait, j'avais une cause, et un bras pour la défendre. Maintenant je suis... qu'importe ce que je suis ? — le plus noble lord d'Écosse n'est guère davantage.

— En vérité, mon ami, reprit Bertram, maintenant vous envisagez la chose sous un point de vue raisonnable. Je ne dis pas que l'homme le plus habile, le plus riche ou le plus fort dans ce monde, ait le droit de tyranniser son voisin parce que celui-ci est plus faible, plus ignorant ou plus pauvre ; mais si c'est le dernier qui veut entrer en lutte, il doit se soumettre au cours ordinaire de la nature. Il finira toujours par donner l'avantage à la richesse, à la force et à la vigueur.

— Toutefois, avec votre permission, repartit Dickson, le plus faible, s'il tire tout le parti possible de ses facultés, peut à la longue venger ses souffrances sur leur auteur, ce qui sera au moins une compensation pour sa soumission temporaire. Comme homme il agit avec simplicité, comme Écossais avec folie, s'il endure ces affronts avec l'insensibilité d'un idiot, ou s'il s'efforce de les venger avant que le temps marqué par le Ciel ne soit arrivé. — Mais si je parle ainsi, je vais vous effrayer comme j'ai effrayé plusieurs de vos compatriotes, et vous empêcher d'accepter un repas et un gîte pour la nuit dans une maison où vous pourriez être appelé le matin à régler avec du sang une querelle nationale.

— Ne vous inquiétez pas, dit Bertram ; il y a longtemps que nous nous connaissons, et je n'ai pas plus peur d'éprouver de mauvais traitements dans votre maison, que vous n'en avez de me voir venir ici pour ajouter aux maux dont vous vous plaignez.

— Soit ; vous êtes personnellement le bienvenu dans ma maison, mon vieil ami, non moins autant qu'à l'époque où elle ne s'ouvrait qu'à des hôtes de mon choix. — Vous, mon jeune ami, maître Augustin, on prendra le même soin de vous que si vous vous présentiez avec le front joyeux et le teint coloré qui conviennent mieux à la *gaie science*.

— Mais, reprit Bertram, pourrais-je vous demander pourquoi vous paraissiez tout à l'heure si fâché contre mon jeune ami Charles ?

— Mon père, mon cher monsieur, peut donner à la chose la couleur qu'il voudra, dit le jeune homme avant que Dickson eût le temps de répondre ; mais dans ces temps de trouble, les hommes les plus habiles et les plus sages peuvent voir leur cerveau s'affaiblir. Il avait vu deux ou trois loups enlever trois de nos plus beaux moutons ; et parce que je criais pour appeler la garnison anglaise, il s'est fâché au point qu'on aurait cru qu'il allait me tuer, — rien que pour avoir sauvé le bétail de la gueule du loup qui allait le dévorer.

— Ce qu'on raconte de vous est étrange, mon vieil ami, dit Bertram ; seriez-vous d'accord avec les loups qui dérobent vos propres moutons?

— Laissons cela, si vous avez quelque amitié pour moi, répondit le fermier ; Charles, s'il le voulait, pourrait dire quelque chose qui se rapprocherait un peu plus de la vérité ; mais encore une fois, laissons cela quant à présent.

Le ménestrel, s'apercevant que ce sujet embarrassait l'Écossais et semblait lui déplaire, n'insista pas davantage.

En ce moment, et comme ils arrivaient devant la porte de Thomas Dickson, ils entendirent la voix de deux soldats anglais dans l'intérieur : — Tiens-toi donc, Anthony ! disait l'un ; — tiens-toi tranquille, camarade ! — au nom du sens commun, si ce n'est pas au nom des bonnes manières. — Robin Hood lui-même ne s'est jamais mis à table avant que le rôti ne fût prêt.

— Prêt ! répondit l'autre avec un accent grossier, il est brûlé et desséché ; et malgré cela, la part de ce coquin de Dickson eût été bien petite, si ce n'avait été l'ordre exprès de Sa Seigneurie sir John de Walton, que les soldats placés aux avant-postes fournissent aux habitants les provisions qui ne sont pas nécessaires pour leur propre subsistance.

— Silence, Anthony ! — silence, par pudeur ! répliqua son camarade, si j'ai jamais entendu le pas de notre hôte, je l'entends en ce moment. Cesse donc tes grognements, puisque notre capitaine a défendu, comme nous le savons tous, sous des peines très-sévères, toutes querelles entre le soldat et les gens du pays.

— Je suis sûr, repartit Anthony, que je n'ai fourni l'occasion d'aucune ; mais je voudrais être également certain du bon vouloir de ce sournois de Thomas Dickson à l'égard des soldats anglais. Je vais rarement au lit, dans ce cachot qu'il appelle une maison, sans m'attendre à voir avant de m'éveiller ma gorge aussi largement béante qu'une huître altérée. Toutefois le voici, ajouta Anthony d'un ton de voix plus bas ; et que je sois excommunié s'il n'amène pas avec lui cet animal enragé, son fils Charles, et deux étrangers, assez affamés, je le jurerais, pour avaler tout le souper, s'ils ne nous font pas d'autre tort

— Honte à toi, Anthony ! répéta son camarade ; tu es aussi bon archer qu'aucun qui jamais ait revêtu l'uniforme vert de Kendal, et pourtant tu te donnes l'air d'avoir peur de deux voyageurs fatigués, et d'être alarmé de la brèche que leur appétit pourra faire à notre repas du soir. Nous sommes ici quatre ou cinq, —nous avons nos arcs et nos haches sous la main, et nous ririons de voir une douzaine d'Écossais résidants ou vagabonds entreprendre de nous empêcher de nous asseoir au souper, ou d'y prendre notre part. — Hé bien, quartier-maître, ajouta-t-il en se tournant vers Dickson, vous n'ignorez pas que d'après les instructions spéciales du poste que nous occupons, nous sommes obligés de nous informer du rang et de la profession des hôtes que vous pouvez recevoir en sus de nous autres, vos convives involontaires. Vous êtes, j'en suis sûr, aussi prêts pour le souper que le souper l'est pour vous; je ne vous retiendrai donc, ainsi que mon ami Anthony, dont l'impatience devient inquiétante, que le temps nécessaire pour que vous répondiez à deux ou trois questions que vous connaissez à l'avance.

— Bande-l'Arc, répondit Dickson, tu es un garçon poli; et bien qu'il y ait quelque chose de pénible à être obligé de rendre compte de ses amis, parce que le hasard voudra qu'ils logent chez vous, il me faut me soumettre à la nécessité des temps sans essayer une résistance inutile. Vous pouvez donc coucher sur votre bréviaire que le quatorzième jour avant le dimanche des Rameaux, Thomas Dickson a amené dans sa maison d'Hazelside, où vous tenez garnison par ordre du gouverneur anglais sir John de Walton, deux étrangers auxquels ledit Thomas Dickson a promis des rafraîchissements et un lit pour la nuit, si toutefois une pareille promesse est permise à une telle époque et dans un pareil lieu.

—Mais quels sont-ils, ces étrangers? demanda assez brusquement Anthony.

— Le beau monde où nous vivons, murmura tout bas Thomas Dickson, qu'un honnête homme soit forcé de répondre aux questions du premier mauvais compagnon venu! Mais il modifia le ton de sa voix, et répondit: — L'aîné de mes hôtes est Bertram, vieux ménestrel anglais qui va pour ses propres affaires au château de Douglas, et qui communiquera à sir John de Walton lui-même les nouvelles qu'il peut apporter. Voilà vingt ans que je le connais, et je n'ai jamais rien entendu dire de lui si ce n'est que c'est un honnête homme, un homme à qui on peut se fier. Le plus jeune, son fils, est convalescent de la maladie anglaise qui vient de s'étendre au loin et au large dans le Westmoreland et le Cumberland.

—Dites-moi, demanda Bande-l'Arc, ledit Bertram n'était-il pas, il y a un an environ, au service de quelque noble dame dans notre propre pays?

—Oui, à ce que j'ai entendu dire, répondit Dickson.

— En ce cas, je crois que nous ne courons pas grand danger en permettant à ce vieillard et à son fils de continuer leur voyage au château.

— Vous êtes mon ancien, et vous en savez plus long que moi, dit Anthony ; mais je puis vous rappeler qu'il ne me paraît pas si conforme à notre devoir d'accorder un libre passage pour se rendre au milieu d'une garnison de mille hommes de tous rangs, à un jeune homme si récemment atteint d'une maladie contagieuse. Je me demande si notre commandant supérieur n'aimerait pas mieux apprendre que Douglas le Noir, avec cent démons aussi noirs que lui (puisque telle est sa couleur), a pris possession de l'avant-poste d'Hazelside l'épée et la hache au poing, que d'apprendre qu'une seule personne qui a souffert cette redoutable maladie soit entrée paisiblement par le guichet ouvert du château.

— Il y a quelque chose dans ce que tu dis, Anthony, repartit son camarade ; et puisque notre gouverneur, depuis qu'il a entrepris la rude corvée de garder un château qui passe pour le plus périlleux de l'Écosse, est devenu l'un des hommes du monde les plus prudents et les plus jaloux de son autorité, il me semble que nous ferions mieux de l'informer de cette circonstance et d'attendre ses ordres à l'égard de ce jeune homme.

— C'est cela, dit l'archer ; et d'abord il me semble que pour montrer que nous savons ce qu'il y a à faire en pareil cas, je voudrais poser au jeune homme un petit nombre de questions. Je lui demanderais par exemple combien de temps il a été malade, de quel médecin il a reçu les soins, depuis combien de temps il est guéri, et qu'est-ce qui prouve sa guérison.

— C'est trop juste, camarade. — Tu entends, ménestrel ; nous voudrions faire quelques questions à ton fils. — Qu'est-il donc devenu ? — il était ici il n'y a qu'un moment.

— Sauf votre respect, répondit Bertram, il n'a fait que traverser la salle ; maître Thomas Dickson, à ma prière aussi bien que par égard pour la santé de Vos Seigneuries, l'a emmené au plus tôt, pensant que sa propre chambre à coucher était le lieu le plus convenable pour un jeune homme qui sort à peine d'une maladie si terrible, et après une si fatigante journée.

— Fort bien, dit le plus âgé des archers ; quoiqu'il ne soit pas ordinaire pour des hommes comme nous, qui vivons le carquois et la flèche à la main, de nous mêler d'examens et d'interrogatoires, pourtant, dans le cas présent, il est de notre devoir de faire quelques questions à votre fils avant que de lui permettre de continuer sa marche vers le château de Douglas, où vous dites que ses affaires l'appellent.

— Plutôt mes affaires, nobles seigneurs, que celles du jeune homme lui-même.

— S'il en est ainsi, repartit Bande-l'Arc, nous pouvons faire suffisamment notre devoir en vous envoyant au château à la première aube du jour, et laissant votre fils au lit, qui est, j'en jurerais, le lieu le plus convenable pour lui, jusqu'à ce que les ordres de sir John de Walton nous aient fait savoir s'il faut le diriger en avant ou non.

— Nous ferions aussi bien, dit Anthony, puisque nous devons avoir la compagnie de cet homme à souper, de lui faire connaître l'ordre du jour de la garnison actuellement postée ici. Là-dessus il tira de sa poche de cuir un parchemin, et dit au ménestrel : — Sais-tu lire?

— Cela est indispensable dans ma profession.

— Mais cela n'a rien à voir avec la mienne, répliqua l'archer. Lis-nous donc ce règlement ; car, comme je ne comprends pas ces caractères à la vue, je ne laisse passer aucune occasion de me les faire relire aussi souvent que je le puis, afin que les paroles s'en gravent dans ma mémoire. Ainsi, fais attention à lire les mots lettre par lettre, comme ils sont couchés là-dessus ; car, sire ménestrel, si tu ne les lis pas comme un homme loyal doit le faire, il t'en pourra cuire.

— Je vais le faire, sur ma parole de ménestrel, dit Bertram ; et il se mit à lire très-lentement, désirant gagner ainsi le temps de la réflexion, dont il avait besoin pour empêcher, autant qu'il se pourrait, qu'on ne le séparât de sa maîtresse, ce qui probablement aurait occasionné à celle-ci bien de l'inquiétude et du malaise. Il commença donc en ces termes : — « Avant-poste de Hazelside, à la maison du fermier Thomas Dickson. »—Eh! Thomas, est-ce ainsi qu'on appelle ta maison?

— Oui, c'est l'ancien nom de ce domaine, répondit l'Écossais, parce qu'il est entouré d'un bois de coudriers [1].

— Arrêtez un peu votre bavarde de langue, ménestrel, dit Anthony, et continuez, si vous faites quelque cas de vos oreilles, dont vous semblez moins disposé à vous servir.

— « Sa garnison, reprit le ménestrel continuant à lire, consiste en une lance et sa suite. » — Ah, une lance! en d'autres termes, un chevalier commande donc ce détachement?

— Ça ne te regarde pas, dit l'archer.

— Si fait, cela me regarde ; car nous avons le droit d'être interrogés par le chef du poste lui-même.

— Drôle! dit l'archer bondissant de sa place, je vais te montrer que je suis un assez haut chevalier pour qu'un homme comme toi me réponde. Je te casse la tête si tu dis un mot de plus.

— Rappelle-toi, Anthony, lui dit son camarade, que nous devons traiter les voyageurs avec politesse, et, sauf ta permission, ceux-là surtout qui viennent de notre propre pays.

— Cela est même couché ici, dit le ménestrel ; et il reprit sa lecture : — « La garde de l'avant-poste de Hazelside arrêtera et interrogera tous les voyageurs qui passeront sur ce point, les interrogeant toujours avec politesse, leur permettant de poursuivre leur route vers la ville ou le

[1] *Hazel Shaw.*

château de Douglas, les arrêtant ou leur faisant rebrousser chemin s'ils lui paraissent suspects, mais se conduisant toujours avec courtoisie et civilité à l'égard des habitants et des voyageurs. » — Vous voyez, très-excellent et très-vaillant archer, ajouta le commentateur Bertram, que la courtoisie et la civilité sont recommandées par-dessus tout à Votre Seigneurie dans ses rapports avec les habitants et les voyageurs qui peuvent se trouver, comme nous, soumis à cette consigne.

— Je n'ai pas besoin, fit l'archer, qu'on m'apprenne comment je dois me conduire dans l'exercice de ma profession ; je vous conseille, sire ménestrel, d'être franc et ouvert dans les réponses que vous ferez à nos questions, et alors vous n'aurez aucune raison de vous plaindre.

— Dans tous les cas, j'espère obtenir de vous quelque indulgence pour mon fils, qui est un jeune homme délicat et peu accoutumé à jouer son rôle au milieu de l'équipage de ce monde corrompu.

— Ma foi, reprit le plus âgé et le plus poli des deux archers, si ton fils est novice dans cette navigation terrestre, je garantis que toi, l'ami, à en juger par ta mine et tes discours, tu es assez habile pour savoir t'y piloter. Pour te rassurer, bien que tu doives toi-même répondre aux questions de notre gouverneur ou de son lieutenant, pour qu'ils voient si tu n'es pas un individu suspect, je crois qu'on peut permettre, jusqu'à ce que tu aies terminé ton affaire au château de Douglas et que tu sois prêt à te remettre en route, que ton fils réside dans le couvent voisin, où les nonnes, par parenthèse, sont aussi vieilles que les moines et ont la barbe presque aussi longue ; ainsi, tu n'as rien à craindre pour les mœurs de ton garçon.

— Si l'on peut obtenir une telle permission, dit le ménestrel, j'aimerais mieux le laisser à l'abbaye, et aller moi-même prendre d'abord les ordres de votre officier commandant.

— Certainement, répondit l'archer, ce sera le meilleur et le plus court ; avec une ou deux pièces d'argent, tu pourras t'assurer la protection de l'abbé.

— Tu dis bien, repartit le ménestrel, je sais vivre. Je connais depuis trente ans tous les langages, les ouvertures, les sentiers et les passages du désert que nous habitons ; et celui qui, après un apprentissage aussi long que celui-là, ne saurait pas y diriger sa course en habile matelot, ne l'apprendrait probablement jamais, quand on lui donnerait cent ans pour y arriver.

— Puisque tu es un marin si expérimenté, reprit l'archer Anthony, je parierais bien que dans tes excursions tu as dû faire connaissance avec une certaine potion qu'on appelle le coup du matin, et que ceux qui, à défaut d'expérience personnelle, se font conduire par d'autres, ont coutume d'offrir à ceux qui entreprennent la tâche de les piloter, en pareille occasion?

— Je vous comprends, messire, répondit le ménestrel ; et quoique l'argent, ou le *drinkgeld*, comme disent les Allemands, soit chose assez rare dans la poche d'un homme de ma profession, eu égard à l'étendue de mes faibles moyens tu n'auras pas à te plaindre que tes yeux ou ceux de tes compagnons aient été endommagés par un brouillard d'Écosse, tant que nous pourrons trouver une pièce de monnaie anglaise pour payer la bonne liqueur qui peut vous les éclaircir.

— Suffit, dit l'archer, nous nous entendons l'un l'autre; et si quelque difficulté vient à s'élever sur la route, l'assistance d'Anthony ne te manquera pas pour en sortir triomphant. Mais tu feras mieux de prévenir ton fils tout de suite de la visite qu'il doit faire demain matin de bonne heure. Tu dois supposer que nous ne pourrions ni n'oserions différer notre départ pour le couvent d'une seule minute après que le soleil levant aura rougi l'horizon. Les jeunes gens, sans parler de leurs autres défauts, sont portés à dormir tard et aiment généralement leurs aises.

— Tu n'auras aucune raison de le penser ainsi, répondit le ménestrel. L'alouette elle-même, lorsqu'elle est réveillée par le premier rayon du soleil qui commence à poindre, n'est pas plus prompte à s'envoler que mon Augustin ne le sera demain matin à répondre à ce brillant appel. Maintenant, nous nous comprenons; il ne me reste plus qu'à vous prier d'éviter les sujets de conversation trop libres, tant que mon fils sera dans votre compagnie; — c'est un garçon plein d'innocence et de timidité.

— Allons, gentil ménestrel, dit le plus vieux des deux archers, c'est par trop fort; tu joues là le rôle de Satan réprouvant le péché. Si, comme tu le prétends, tu as suivi ta profession depuis vingt ans, ton fils, t'ayant tenu compagnie depuis son enfance, doit être en état d'ouvrir école pour enseigner aux diables eux-mêmes la pratique des sept péchés mortels, dont personne ne connaît la théorie si ceux de la gaie science l'ignorent.

— En vérité, camarade, tu parles bien, répliqua Bertram, et je te confesse que nous autres ménestrels nous ne méritons que trop de blâme à cet égard. Néanmoins, pour parler sérieusement, c'est une faute dont je ne suis pas, quant à moi, particulièrement coupable. Au contraire, je pense que celui qui désire que ses cheveux soient honorés quand le temps les aura argentés, devrait, lorsqu'il se trouve en présence des jeunes gens, régler sa gaîté de manière à montrer le respect qu'il a pour l'innocence. Avec votre permission, je vais donc dire un mot à Augustin pour lui apprendre que demain il faut que nous soyons sur pied de bonne heure.

— Fais, l'ami, dit le soldat anglais, et fais d'autant plus vite que notre pauvre souper attend toujours que tu sois prêt à en prendre ta part.

— Et je te promets, repartit Bertram, que je n'ai pas envie de te faire attendre longtemps.

— Suis-moi donc, dit Dickson, et je vais te montrer où ce jeune oiseau a son nid.

L'hôte monta un escalier de bois et frappa à une porte, qu'il lui indiqua ainsi pour celle de la chambre où reposait le jeune homme.

— Maître Augustin, ajouta-t-il quand la porte s'ouvrit, votre père désirerait vous parler.

— Excusez-moi, mon hôte, répondit Augustin ; la vérité est que cette chambre, se trouvant positivement au-dessus de votre salle à manger, et que le plancher n'étant pas dans le meilleur état de réparation possible, j'ai été forcé de jouer le vilain rôle d'écouteur, et que je n'ai pas perdu un seul mot de tout ce qui s'est dit concernant mon séjour projeté à l'abbaye, notre voyage de demain et l'heure tant soit peu matinale à laquelle je dois secouer ma paresse, et, selon votre expression, m'envoler du juchoir.

— Et que penses-tu, continua Dickson, du projet de te laisser ici avec le petit troupeau de l'abbaye de Sainte-Bride ?

— Cela me sourit assez, si l'abbé est un homme respectable, tel qu'il convient à son état, et non pas un de ces ecclésiastiques fanfarons qui, dans ces temps de troubles, tirent l'épée et se conduisent en vrais soldats.

— Quant à cela, mon jeune maître, si vous lui laissez plonger sa main assez à fond dans l'intérieur de votre bourse, je parierais bien qu'il ne vous cherchera querelle sur rien.

— Je le renverrai sur ce point à mon père, qui probablement ne marchandera sur rien de ce qu'il demandera de raisonnable.

— En ce cas, vous pouvez vous en rapporter à votre abbé pour prendre convenablement soin de vous ; — ainsi les deux parties seront contentes l'une de l'autre.

— C'est bien, mon fils, dit Bertram, qui se joignit alors à la conversation ; et pour que tu puisses être prêt à partir demain de bonne heure, je vais demander à notre hôte qu'il t'envoie quelque chose à manger ; après quoi tu te mettras au lit pour t'y refaire des fatigues de la journée, attendu que celle de demain doit apporter les siennes.

— Quant à ton engagement envers ces honnêtes archers, repartit Augustin, j'espère que tu seras en état de satisfaire nos guides, s'ils sont disposés à être polis et fidèles.

— Dieu te bénisse, mon enfant ! tu sais déjà ce qui pourrait amener à ta suite tous les archers anglais qui jamais se soient trouvés à Crécy ou à Poitiers. Il n'y a pas à craindre les plumes d'oie de leurs flèches, quand on leur chante un *réveil* comme celui qui sonne en ce moment dans ce nid de soie plein de jeunes et jolis chardonnerets.

— Comptez donc, dit le prétendu jeune homme, que je serai prêt quand vous partirez demain matin ; je suis, à ce que je suppose, à portée d'entendre les cloches de la chapelle de Sainte-Bride, et je ne crains pas que ma paresse vous fasse attendre, vous ou votre compagnie.

— Bonne nuit, et Dieu te bénisse, mon enfant ! dit de nouveau le ménestrel ; rappelle-toi que ton père couche à peu de distance, et qu'à la plus petite alarme il ne tarderait pas à venir à tes côtés. Je n'ai pas besoin, en attendant, de te dire de te recommander au Grand Être qui est l'ami et le père de nous tous.

Le pèlerin remercia son père supposé pour sa bénédiction du soir, et les visiteurs s'éloignèrent sans en dire plus pour le moment, laissant la jeune dame en proie aux craintes que la nouveauté de sa situation et la délicatesse naturelle à son sexe ne pouvaient manquer de lui inspirer.

Peu de temps après, on entendit devant la maison d'Hazelside le pas d'un cheval, et le cavalier fut salué avec des marques de respect par les hommes de la petite garnison. Bertram entendit assez de leur conversation pour comprendre que le nouvel arrivant était Aymer de Valence, le chevalier qui commandait le petit détachement, et à la lance duquel, pour nous servir des expressions techniques, appartenaient les archers avec lesquels nous avons déjà fait connaissance, un homme d'armes ou deux, un certain nombre de pages ou de varlets, en un mot, le commandement de la garnison établie dans la maison de Thomas Dickson ; quant à son rang, il était sous-gouverneur du château de Douglas.

Pour prévenir tous les soupçons contre lui-même et son compagnon, aussi bien que le risque de voir celui-ci troublé dans son repos, le ménestrel jugea convenable de s'offrir lui-même à l'inspection du chevalier, la grande autorité dans cette petite garnison. Il le trouva avec aussi peu de scrupule que les archers, faisant son souper des restes du roastbeef.

Bertram subit un interrogatoire de ce jeune chevalier, tandis qu'un vieux soldat couchait par écrit les détails que l'interrogé jugeait à propos d'articuler dans ses réponses, sur les plus petites particularités de son voyage actuel, sur les affaires qui l'appelaient au château de Douglas, enfin sur la route qu'il prendrait en s'en retournant quand elles seraient terminées, en un mot un examen beaucoup plus minutieux que celui que les archers lui avaient auparavant fait subir, et qui n'avait rien peut-être d'agréable pour un homme chargé tout au moins d'un secret, s'il n'en avait pas d'autres. Ce n'est pas que ce nouvel examinateur eût rien de sévère dans le regard, ni de dur dans ses questions. Il était doux, poli, réservé comme une jeune fille ; il avait exactement ces manières courtoises que notre père Chaucer attribue au jeune élève de chevalerie qu'il nous représente dans son pèlerinage à Cantorbéry. Mais nonobstant toute sa politesse, le jeune Aymer de Valence montra beaucoup de perspicacité et de finesse dans ses questions, et Bertram fut charmé que le chevalier n'insistât pas pour voir son prétendu fils, encore que même, dans ce cas, il fût prêt, comme un marin dans la tempête, à sacrifier une partie de l'équipage pour sauver le reste. Toutefois, il ne fut pas poussé à cette extrémité. Sir Aymer de Valence le traita avec ce degré de courtoisie qu'à cette époque on croyait généralement devoir aux ménestrels. Le chevalier consentit avec facilité et bonté à ce que le jeune garçon demeurât dans le couvent, séjour convenable pour un convalescent, jusqu'à ce que le gouverneur, sir John de Walton, eût fait connaître son bon plaisir à cet égard. Sir Aymer consentit d'autant plus volontiers à cet arrangement, qu'il éloignait de la petite garnison anglaise tout danger de contagion.

Par les ordres du jeune chevalier, tous ceux qui se trouvaient dans la maison de Dickson se retirèrent pour reposer plus tôt qu'à l'ordinaire, la cloche de la chapelle voisine devant être, le lendemain, le signal de la réunion en effet, dès qu'à l'aube du jour elle sonnerait les matines. Ils se réunirent comme il était convenu, et se rendirent à Sainte-Bride, où ils entendirent la messe; après quoi une entrevue eut lieu entre l'abbé Jérôme et le ménestrel Bertram, dans laquelle le premier s'engagea, avec la permission de sir Aymer de Valence, à recevoir le jeune Augustin dans son abbaye pour quelques jours, plus ou moins; et l'autre promit, sous forme d'aumônes, pour reconnaître cette faveur, une somme dont l'abbé se déclara très-satisfait.

— Ainsi soit-il, dit Bertram en prenant congé de son fils supposé; soyez sûr que je ne resterai pas au château de Douglas un jour de plus que ne l'exige l'affaire qui m'y appelle, c'est-à-dire pour y parcourir certains livres anciens que vous savez; après quoi je reviendrai promptement vous prendre à l'abbaye de Sainte-Bride, et nous retournerons ensemble dans notre pays.

— O mon père, répliqua le jeune homme en souriant, une fois que vous vous trouverez au milieu des romans et des chroniques, et de tout ce que contient une vieille et belle bibliothèque, je crains bien que vous n'oubliiez le pauvre Augustin et tout ce qui se rapporte à lui.

— N'aie pas peur de cela, Augustin, dit le vieillard feignant d'imprimer un baiser sur le front de son fils; tu es vertueux et bon: le Ciel ne te négligera pas, si ton père était assez dénaturé pour le faire. Crois-moi, toutes les vieilles romances depuis le temps de Merlin ne me feraient pas oublier mon fils.

Ce fut ainsi qu'ils se séparèrent, le ménestrel partant avec le chevalier anglais et sa suite pour se diriger vers le château, et le jeune homme demeurant auprès du vénérable abbé, lequel était charmé que les pensées de son hôte se dirigeassent plutôt vers les choses spirituelles que vers le repas du matin, que lui-même ne pouvait s'empêcher de voir avec plaisir s'approcher.

CHAPITRE III.

> Cette nuit me fait l'effet d'un jour malade ; elle est un peu plus pâle ; c'est un jour sombre comme ceux où le soleil se cache.
>
> *Le Marchand de Venise.*

Pour arriver plus facilement au château de Douglas, le chevalier de Valence offrit au ménestrel un cheval que ses fatigues de la veille lui firent accepter avec empressement. Tous ceux qui ont quelque habitude de l'exercice équestre savent que rien ne soulage autant que le cheval d'un excès de marche à pied. Cet exercice met en mouvement une autre série de muscles, et permet à ceux qui étaient fatigués de se reposer plus complétement par ce changement d'action, qu'ils ne le sauraient faire dans un repos absolu. Sir Aymer de Valence était revêtu de son armure complète et monté sur un cheval de bataille; deux des archers, un valet d'un rang inférieur et un écuyer qui aspirait à obtenir un jour les honneurs de la chevalerie, complétaient le détachement, qui semblait disposé de façon à empêcher le ménestrel de s'échapper aussi bien qu'à le protéger contre toute violence : — Ce n'est pas, dit le jeune chevalier, adressant la parole à Bertram, qu'il y ait ordinairement plus de danger à voyager dans ce pays que dans aucun des districts les plus tranquilles de l'Angleterre ; mais, ainsi que vous pouvez l'avoir appris, quelques troubles ont éclaté ici depuis l'année dernière, et ont forcé la garnison de Douglas à se tenir plus sévèrement sur ses gardes. Mais accélérons le pas, car cette matinée paraît être parfaitement d'accord avec le nom premier du pays et le portrait qu'on nous fait des anciens chefs auxquels il appartenait : — *Sholto Dhu Glass* — (voyez ce sombre homme gris). Effectivement, nous aurons un temps assez gris et assez sombre ce matin, bien qu'heureusement notre course ne soit pas longue.

Véritablement la matinée était ce qu'impliquaient ces vieux mots gaéliques, — brumeuse, noire et humide. De froides vapeurs s'étaient fixées sur les collines, et se déroulaient sur les ruisseaux, les vallées et les clairières ; et la brise du printemps n'avait pas assez de force pour déchirer ce voile, bien que les mugissements qu'elle faisait entendre de temps à autre entre les rochers et dans les vallées eussent pu faire supposer qu'elle gémissait dans le sentiment de son impuissance. La route de nos voyageurs était indiquée par le cours que la rivière s'était elle-même creusé à travers la vallée. Ses eaux en général avaient cette couleur grisâtre que sir Aymer de Valence avait indiquée comme la teinte prédominante du pays. Quelques efforts inefficaces du soleil lançaient çà et là un rayon pour saluer le sommet des collines. Mais ils n'étaient pas capables de vaincre tout ce qu'il y a de sombre dans une matinée de mars, à une heure si peu avancée ; ils produisaient plutôt une variété dans les ombres qu'aucun éclat visible sur la partie orientale de l'horizon. Cette vue n'avait rien que de monotone et de triste ; aussi le bon chevalier Aymer semblait-il rechercher quelque distraction dans la conversation qu'il engageait de temps en temps avec Bertram, lequel, comme il convenait à sa profession, possédait une masse de connaissances et une parole suffisamment agréable pour charmer une ennuyeuse matinée. Le ménestrel, désireux de recueillir tous les renseignements qu'il pouvait sur l'état actuel du pays, embrassait avec empressement toutes les occasions de soutenir le dialogue.

— Je désirerais te parler, sire ménestrel, dit le jeune chevalier, si tu ne trouves pas l'air de cette matinée trop vif pour tes organes. Je voudrais bien que tu me disses franchement ce qui a pu te porter, étant un homme de sens, à en juger par ton extérieur, à te venir jeter dans un pays aussi sauvage que celui-ci, et dans de pareilles circonstances. — Et vous, mes maîtres, ajouta-t-il, s'adressant aux archers et aux autres individus composant son détachement, il me semble qu'il serait tout aussi bien, et que même il serait plus convenable, que vous vous rejetassiez en arrière d'une longueur de cheval au moins ; car je pense que vous êtes gens à voyager sans la distraction que peut fournir la conversation d'un ménestrel. Les soldats ne se le firent pas dire deux fois et ils se rejetèrent en arrière ; mais, à en juger par quelques murmures qu'ils laissèrent échapper, ils n'étaient pas enchantés de ce qu'il leur restât si peu de chance d'entendre la conversation qui allait avoir lieu entre le jeune chevalier et le ménestrel, et qui continua comme il suit :

— Ainsi donc, bon ménestrel, vous qui dans votre jeunesse avez porté les armes et avez suivi au saint sépulcre la bannière de saint Georges, décorée d'une croix rouge, vous êtes si peu las des dangers inséparables de votre profession, que sans nécessité vous vous sentez attirer vers ces contrées, où l'épée, qui ne tient jamais bien au fourreau, est toujours prête à en sortir à la moindre provocation ?

— Il serait difficile, répliqua hardiment le ménestrel, de répondre affirmativement à une pareille question ; et cependant, si vous réfléchissiez combien la profession de celui qui célèbre les faits d'armes s'allie de près à celle de l'homme qui les exécute, Votre Honneur penserait, je crois, qu'il est à désirer qu'un ménestrel jaloux de faire son devoir cherche le vrai des aventures là où on les peut trouver, et qu'il visite plutôt les pays où se conserve le souvenir de grandes et nobles actions, que les royaumes indolents et tranquilles où les hommes vivent dans l'oisiveté et meurent ignoblement en paix ou par la sentence de la loi. Vous-même, seigneur, et ceux qui, comme vous, font peu de cas de la vie, comparée à la gloire, vous suivez dans ce monde la même règle de conduite qui amène le pauvre poëte Bertram, votre serviteur, du fond d'une des joyeuses provinces d'Angleterre dans cette triste et sombre partie de l'Écosse appelée le Douglasdale. Vous brûlez de rencontrer des aventures dignes de mémoire, et moi, je vous demande pardon de prononcer nos deux noms d'une même haleine, je cherche une vie modeste et précaire, mais qui cependant ne manque pas d'honneur, en préparant aussi bien que je le puis pour l'immortalité les détails de tels exploits, et conservant surtout les noms de ceux qui en ont été les héros. Ainsi, chacun de nous travaille selon sa vocation, et il ne serait pas juste d'admirer l'un plus que l'autre, puisque s'il y a quelque différence dans la gravité des dangers auxquels s'exposent le héros et le poëte, le courage, la force, les armes et l'adresse du vaillant chevalier rendent pour lui les scènes de la guerre moins périlleuses qu'elles ne le sont pour le pauvre chanteur de ballades.

— Vous dites bien, repartit le guerrier; et encore que je trouve quelque chose de nouveau à entendre votre profession placée pour ainsi dire sur un même niveau avec mon propre genre de vie, il serait honteux de dire que le ménestrel qui se donne tant de mal pour conserver à la postérité les hauts faits des braves chevaliers ne préfère pas lui-même la renommée à la vie, et une seule action d'éclat à un siècle entier passé sans gloire, ou d'affirmer que la profession à laquelle il s'est voué soit basse ou indigne.

— Dans ce cas, Votre Seigneurie avouera que c'est un but légitime pour moi, qui, tout inhabile que je sois, ai pris mes degrés réguliers parmi les professeurs de la gaie science dans la ville capitale d'Aigues-Mortes, de me frayer un chemin dans ce district septentrional, où je suis convaincu que bien des hauts faits se sont passés et ont été adaptés à la harpe par des ménestrels de grand renom dans les anciens jours, et sont devenus le sujet de lais qui demeurent ensevelis dans la bibliothèque du château de Douglas. S'ils n'y sont copiés par quelqu'un qui connaisse les anciens caractères et l'ancienne langue des Bretons, tout ce qu'ils peuvent contenir d'édifiant ou d'agréable sera bientôt perdu pour la postérité; tandis, au contraire, que si ces trésors enfouis pouvaient être conservés à la mémoire par mes soins, pauvre ménestrel que je suis, ou par ceux de quelque autre, cela ne compenserait-il pas bien la chance d'un coup de sabre ou de *brown bill*[1] que je pourrais recevoir en me livrant à leur recherche? Je serais indigne du nom d'homme, encore plus de celui d'inventeur ou de *trouveur*[2] si je mettais dans la balance la perte de la

---

[1] Sorte de masse d'armes. (L. V.)

[2] Dans l'ancienne langue écossaise, on voit le mot *maker*, faiseur, pour *poëte*; mot qui, d'après l'étymologie grecque, a positivement la même signification. Celui de trou-

vie, marchandise toujours si incertaine, avec la chance de cette immortalité qui me survivra longtemps après que ma voix cassée et ma harpe brisée ne seront plus capables de chanter un air ou de l'accompagner.

— Certainement, ayant un cœur pour sentir un pareil motif, vous avez un droit indubitable à l'exprimer, et je ne me serais pas permis de le mettre le moins du monde en question si j'avais trouvé beaucoup de ménestrels prêts à préférer la renommée à la vie elle-même, que beaucoup d'hommes regardent comme une bien plus haute conséquence.

— Il y a en effet, noble seigneur, des ménestrels, et, sauf votre respect, des chevaliers même revêtus du baudrier, qui ne font pas suffisamment cas du renom qu'on acquiert au risque de la vie. Laissons donc à ces hommes ignobles la récompense qu'ils convoitent; — abandonnons-leur la terre et les choses de la terre, puisqu'ils ne sauraient aspirer à cette gloire qui est la meilleure de toutes les récompenses.

Le ménestrel prononça ces derniers mots avec un tel enthousiasme, que le chevalier tira la bride de son cheval pour s'arrêter vis-à-vis de Bertram, le visage enflammé par le sujet de la conversation, sur lequel, au bout de peu d'instants, il s'exprima avec une égale vivacité.

— Conserve ce courage, joyeux compagnon! s'écria-t-il; je suis heureux de voir qu'il reste encore tant d'enthousiasme dans le monde. Tu as bien légitimement gagné le *groat* du ménestrel, et si je ne le paye pas en proportion du sentiment que j'ai de ton mérite, ce sera la faute de dame Fortune, qui a récompensé mes efforts dans ces guerres d'Écosse par la maigre paye écossaise. Toutefois, il me doit rester une ou deux pièces d'or de la rançon d'un certain chevalier français que la chance des combats avait fait mon prisonnier, et certainement ces deux pièces d'or sont les tiennes. Et puis, écoute-moi bien, moi Aymer de Valence qui te parle en ce moment, je suis né de la noble maison de Pembroke; et quoique je sois à présent sans terres, j'aurai avec le temps, par la grâce de Notre-Dame, un établissement convenable où je trouverai place pour un ménestrel comme toi, si d'ici là tes talents ne t'ont pas procuré un meilleur patron.

— Merci, noble seigneur, aussi bien pour vos bonnes intentions actuelles que pour leur exécution ultérieure, dont je ne doute pas le moins du monde; mais, je puis le dire avec vérité, je n'ai pas les inclinations sordides de beaucoup de mes confrères.

— Celui qui est dévoré de la noble soif de la renommée doit conserver dans son cœur peu de place pour l'amour de l'or; mais, ami ménestrel, tu ne m'as pas encore dit quels sont en particulier les motifs qui ont attiré dans ce pays sauvage tes pas errants?

vère, de troubadour, de trouveur, enfin, a une signification semblable; presque dans tous les pays la race poétique a été décorée d'épithètes analogues indiquant la faculté d'invention ou de création. (W. S.)

— Si je le faisais, répliqua Bertram, désireux d'éviter la question comme se rapprochant de trop près à certains égards du but secret de son voyage, cela pourrait avoir l'air d'un panégyrique étendu de tes propres hauts faits, seigneur chevalier, et de ceux de tes compagnons d'armes. Tout ménestrel que je suis, j'abhorre l'adulation comme un bon vivant une coupe vide. Je te dirai donc en peu de mots que le château de Douglas et les nobles faits d'armes dont il a été le témoin ont retenti au loin dans toute l'Angleterre; il n'y a pas un brave chevalier, pas un digne ménestrel dont le cœur ne tressaille au nom de ce château-fort, dont jamais le pied d'un Anglais n'avait franchi le seuil à moins qu'il n'y fût reçu à titre d'hospitalité. Il y a de la magie dans les noms mêmes de sir John de Walton et de sir Aymer de Valence, les vaillants défenseurs d'une place si souvent reprise par ses anciens seigneurs, avec de telles circonstances de courage et de cruauté, qu'on l'appelle en Angleterre le Château Dangereux.

— Je serais ravi d'entendre, ménestrel, comment vous racontez ces légendes, qui vous ont porté, pour l'amusement des siècles à venir, à visiter un pays si rempli à présent de divisions et de dangers.

— Si vous ne redoutez pas la longueur d'un conte de ménestrel, je trouve toujours, moi, du plaisir dans l'exercice de ma profession, et je ne refuse pas le moins du monde de vous raconter mon histoire, pourvu que vous ne deveniez pas un auditeur impatient.

— Quant à cela, tu auras en moi un bon auditeur; et si la récompense que tu recevras de moi n'est pas grande, mon attention du moins sera remarquable.

— Et celui-là doit être un pauvre ménestrel, qui ne se regarde pas comme mieux payé ainsi qu'avec de l'or et de l'argent, même quand les pièces seraient des nobles à la rose d'Angleterre. A ces conditions, donc, je commence une longue histoire, dont quelques détails pourront fournir des sujets à de plus habiles ménestrels que moi, et être entendus avec plaisir dans quelques centaines d'années par des guerriers tels que vous.

CHAPITRE IV.

> De joyeux lais, de nombreuses chansons, charmaient la route raboteuse, et nous eussions désiré qu'elle fût longue; la route raboteuse tournait en rond, et leurs pas devinrent impatients, car tout ce terrain était l'ouvrage des fées.
> JOHNSON.

C'ÉTAIT, dit le ménestrel, vers l'an de notre rédemption 1285 que le roi Alexandre III d'Écosse perdit sa fille Margaret, dont le seul enfant du même nom, appelé la Vierge de Norvége, parce que son père était roi de ce pays, devint l'héritière de ce royaume d'Écosse, aussi bien que de la couronne de son père.

Cette mort était bien malheureuse pour Alexandre, auquel il ne restait pas d'héritier plus proche que sa petite-fille. Elle pouvait, il est vrai, réclamer son royaume par droit de naissance; mais quiconque a réfléchi sur ce sujet doit prévoir combien il était difficile de faire valoir un pareil droit. Le roi écossais s'efforça donc de réparer la perte qu'il avait faite, et de remplacer la feue reine, qui était une princesse anglaise, sœur de notre Édouard Ier, par Juliette, fille du comte de Dreux. Les solennités de la cérémonie nuptiale eurent lieu dans la ville de Jedburgh et furent très-grandes et très-remarquables, surtout lorsqu'au milieu d'une fête brillante on vit paraître un spectre affreux sous la forme d'un squelette, ainsi qu'on représente, dit-on, le Roi des Terreurs. — Votre Seigneurie peut rire de ce que je dis, si cela lui paraît un sujet qui prête à la gaîté; mais il y a des hommes vivant encore qui l'ont vu de leurs propres yeux, et l'événement n'a que trop bien montré de quelles infortunes cette apparition était le singulier pronostic.

— Je connais cette histoire, dit le chevalier; mais le moine qui me l'a racontée ajoutait que ce personnage, encore que choisi avec peu de goût, avait peut-être été introduit à dessein, et faisait partie du spectacle.

— C'est ce que je ne sais pas, repartit sèchement le ménestrel; mais ce qui n'est pas douteux, c'est que peu de temps après cette apparition, le roi Alexandre mourut, au grand chagrin de son peuple. La Vierge de Norvége, son héritière, suivit bientôt son grand-père dans la tombe, et notre roi anglais éleva une prétention de suzeraineté et d'hommages, qu'il disait lui être due par l'Écosse, et dont ni les gens de loi, ni les nobles, ni les prêtres, ni même les ménestrels d'Écosse n'avaient jamais entendu parler auparavant.

— Oho! que le diable m'enlève, s'écria en l'interrompant sir Aymer de Valence, si cela est dans notre marché ; je suis convenu d'entendre votre conte avec patience, mais je ne savais pas qu'il dût contenir aucun reproche contre Édouard Ier de bienheureuse mémoire ; et je ne permettrai pas que son nom soit prononcé en ma présence sans le respect dû à son rang élevé et à ses nobles qualités.

— Ma foi, reprit le ménestrel, je ne suis pas un Highlander joueur de cornemuse ou généalogiste, pour pousser le respect de mon art jusqu'au point que je me fasse une querelle avec un homme de mérite, qui m'arrête au commencement d'un pibroch. Je suis Anglais, et certes ma patrie m'est chère et je lui veux du bien ; mais avant tout, mon premier devoir est de dire la vérité. Toutefois, j'éviterai volontiers tous les sujets de conversation sur lesquels nous pourrions ne pas être d'accord. Votre âge, seigneur, bien qu'il ne soit pas des plus avancés, m'autorise à supposer que vous avez vu la bataille de Falkirk et d'autres rencontres terribles, dans lesquelles a été rudement débattue la rivalité de Bruce et de Baliol, et vous me permettrez de dire que, si les Écossais n'ont pas eu la bonne cause de leur côté, ils ont au moins défendu la mauvaise par tous les efforts qu'on puisse attendre d'hommes braves et fidèles.

— Braves, je vous l'accorde ; quant à fidèles, ceux-là en peuvent le mieux juger qui savent combien de fois ils ont juré foi et hommage à l'Angleterre, et combien de fois ils ont violé leurs serments.

— C'est une question que je ne veux pas soulever ; je laisserai à Votre Seigneurie le soin de décider lequel est le plus coupable de celui qui force le plus faible à prêter un serment injuste, ou de celui qui, contraint par la nécessité, prête le serment qu'on lui impose sans intention de tenir sa parole.

— Allons, allons, gardons chacun notre manière de voir, car il n'est pas probable que nous devions nous forcer l'un l'autre à quitter l'opinion que nous nous sommes faite à ce sujet. Mais écoutez mon avis. Tant que vous voyagerez sous un fanon anglais, ayez soin d'éviter ce sujet de conversation, aussi bien au salon qu'à la cuisine, où les soldats seraient peut-être moins tolérants que leur officier. Et maintenant, en un mot, quelle est la légende sur ce château de Douglas?

— Quant à cela, répondit Bertram, il me semble que Votre Seigneurie doit vraisemblablement en avoir une meilleure édition que moi, qui ne suis pas venu dans ce pays depuis bien des années ; mais il ne m'appartient pas de disputer sur aucun point avec un chevalier. Je vais donc vous raconter mon histoire telle que je l'ai apprise. Je n'ai pas besoin, je suppose, d'apprendre à Votre Seigneurie que les lords de Douglas, qui ont bâti ce château, ne le cèdent à aucune famille d'Écosse quant à l'antiquité de leur race. Bien plus, ils se vantent qu'on ne peut voir ou distinguer leurs maisons comme il arrive pour d'autres grandes familles, qu'on ne la voie tout d'un coup dans un certain degré d'éminence : — vous pouvez nous voir en arbre, disent-ils, vous ne sauriez nous voir en arbrisseau; vous pouvez nous voir en torrent, vous ne sauriez remonter jusqu'à notre source. En un mot, ils nient qu'historiens ou généalogistes puissent indiquer un premier individu de basse naissance nommé Douglas d'où soit sortie leur famille. Le fait est qu'aussi loin que nous la connaissons, nous là trouvons toujours renommée par sa valeur et ses entreprises, et toujours investie de la force nécessaire pour rendre ses entreprises heureuses.

— Assez; j'ai entendu parler de l'orgueil et de la puissance de cette grande famille, et je ne vois pas que j'aie le plus petit intérêt à dénier ou à ravaler leurs prétentions au respect à cet égard.

— Sans aucun doute, noble seigneur, vous devez avoir entendu beaucoup de choses de James, l'héritier actuel de la maison de Douglas?

— Plus qu'assez. Il est connu pour avoir été un des plus fermes partisans de ce traître mis hors la loi, William Wallace; et maintenant, dès que se déploie pour la première fois la bannière de ce Robert Bruce, qui se prétend roi d'Écosse, il faut que ce jeune fou, James Douglas, se jette de nouveau dans la rébellion. Il dépouille son oncle, l'archevêque de Saint-André, d'une somme considérable d'argent, pour remplir les coffres assez légers de l'usurpateur écossais. Il débauche les serviteurs de son parent, prend les armes, et bien qu'itérativement châtié sur le champ de bataille, il conserve sa vanterie et menace ceux qui défendent le château de Douglas au nom de son légitime souverain.

— C'est votre bon plaisir de parler ainsi, seigneur chevalier; mais je suis sûr que si vous étiez Écossais vous m'écouteriez avec patience redire de ce jeune homme ce qu'en disent ceux qui l'ont connu. La narration qu'ils font de ses aventures montre comment la même histoire peut être diversement racontée. Ceux-là parlent de l'héritier actuel de cette ancienne famille comme d'un homme très-propre à égaler, à soutenir et même à augmenter sa réputation. Le fait est qu'on le représente comme prêt à s'exposer à tous les dangers pour soutenir la cause de Robert Bruce, parce qu'il le regarde comme son roi légitime, et que son devoir et son serment sont, malgré le petit nombre de vassaux qu'il peut réunir, de se venger des Southrons [1], qui, depuis plusieurs années, se sont mis injustement, à ce qu'il pense, en possession de la demeure de ses aïeux.

— Oh! nous avons beaucoup entendu parler de ses exploits à cet égard et de ses menaces contre notre gouverneur et contre nous-même. Cependant, il ne nous paraît pas vraisemblable que sir John de Walton doive jamais sortir du château de Douglas, quand bien même ce James Douglas, un vrai poussin, se donnerait les airs de grossir sa voix jusqu'au chant belliqueux d'un coq.

— Seigneur, répliqua Bertram, notre connaissance ne date pas de

---

[1] Hommes du Sud, Anglais. (L. V.)

loin ; cependant je l'apprécie tellement, que vous ne m'en voudrez pas, j'espère, d'énoncer le désir que vous ne vous rencontriez jamais face à face avec ce James Douglas, jusqu'à ce que les circonstances permettent que votre entrevue puisse être pacifique.

— Ton intention est bonne, l'ami, et je ne doute pas qu'elle ne soit sincère ; et dans le fait, tu sembles avoir bien le sentiment du respect dû à ce jeune chevalier quand on prononce son nom dans la vallée de Douglas où il est né. Quant à moi, je ne suis que le pauvre Aymer de Valence, sans une acre de terre, ni grand espoir d'en acquérir aucune, à moins qu'avec mon épée je ne me taille, au milieu de ces montagnes, quelque chose qui en vaille la peine. Je n'ai qu'une prière à te faire, bon ménestrel : si tu me survis pour raconter mon histoire, conserve le même soin scrupuleux de rechercher la vérité, et que je vive ou que je meure, tu ne découvriras pas que celui dont tu auras fait connaissance par une matinée de printemps a plus ajouté aux lauriers de James Douglas que ne le peut faire la mort d'un homme quelconque dont la destinée serait de succomber sous un bras plus fort ou plus heureux que le sien propre.

— Je ne crains rien à cet égard, sire chevalier ; car vous êtes de cette trempe qui, dans la jeunesse, donne à un chevalier l'audace qui convient à votre âge, et qui, plus tard, est la source de conseils prudents, dont je ne voudrais pas qu'une mort prématurée privât votre pays.

— Tu as donc assez de candeur pour désirer que la vieille Angleterre reçoive de bons avis et en profite, encore que tu penches, dans cette querelle, du côté de l'Écosse.

— Assurément, sire chevalier, puisqu'en désirant que l'Angleterre et l'Écosse connaissent toutes deux leur véritable intérêt, je ne leur souhaite autre chose que du bien, c'est-à-dire que je désire de les voir vivre en paix comme deux pays amis. Si elles occupaient chacune leur portion de la même île, vivant en paix et sous les mêmes lois, elles pourraient sans crainte défier l'inimitié du monde entier.

— Si tes idées sont si libérales, seigneur ménestrel, tu devrais, comme il convient à un honnête homme, faire des vœux pour le succès de l'Angleterre dans cette guerre, succès par lesquels seuls peuvent se terminer en paix les hostilités meurtrières dont les provinces du nord sont le théâtre. Les rébellions de ce pays obstiné ne sont que la lutte inutile du cerf blessé à mort. L'animal va s'affaiblissant de plus en plus à chaque effort, jusqu'à ce que le trépas mette un terme à sa vaine résistance.

— Non pas, sire chevalier ; si ma religion m'a été bien enseignée, ce n'est pas ainsi que nous devons prier. Nous pouvons, sans offenser Dieu, désigner dans nos prières le but que nous désirons atteindre ; mais il ne nous appartient pas, pauvres mortels que nous sommes, d'indiquer à une Providence qui voit tout la manière précise dont nos demandes doivent se réaliser, ou de désirer la ruine d'un pays pour mettre un terme à ces commotions, comme le coup du couteau de chasse termine l'agonie du cerf blessé. Que je consulte mon cœur ou ma raison, tous deux me répondent également que, dans ce cas, je dois prier le Ciel pour ce qui est juste et équitable. Si donc je craignais pour vous une rencontre personnelle avec sir James Douglas, c'est seulement parce que, dans mon opinion, le bon droit est de son côté, et que le succès lui a été annoncé par des puissances surhumaines.

— Est-ce ainsi que vous osez parler devant moi, sire ménestrel, s'écria de Valence d'un ton menaçant, sachant qui je suis et quel poste j'occupe?

— Votre mérite personnel et la dignité dont vous êtes revêtu ne sauraient changer le juste en injuste, ou prévenir l'accomplissement des décrets de la Providence. Vous savez, je présume, que, par divers stratagèmes, ce Douglas est déjà parvenu à se rendre trois fois maître de ce château, et que sir de Walton l'occupe aujourd'hui avec une garnison triple, sous la promesse que, s'il peut le défendre de toute surprise et empêcher les Écossais d'y pénétrer pendant un an et un jour, il obtiendra pour sa récompense, en toute propriété, la baronnie de Douglas, avec ses dépendances étendues; mais que d'un autre côté, si pendant ce même espace de temps il laisse reprendre la forteresse, soit par ruse, soit à force ouverte, comme il est arrivé aux précédents gouverneurs, il est déshonoré comme chevalier, et, comme sujet, accusé de trahison. Les chefs qui servent sous lui partageront sa gloire et sa récompense, ou sa honte et son châtiment.

— Tout cela, je le sais parfaitement bien; une seule chose m'étonne, c'est que ces conditions, étant devenues publiques, soient néanmoins rapportées avec tant d'inexactitude. Mais qu'est-ce que cela a de commun avec l'issue du combat, si Douglas et moi nous venions à nous rencontrer? A coup sûr, je ne serai pas disposé à combattre avec moins de courage, parce que j'aurai ma fortune à la pointe de mon épée, et je ne deviendrai pas un lâche, parce que je me bats pour gagner une partie du domaine de Douglas en même temps que pour la gloire et pour mon pays. Et après tout...

— Écoutez-moi, interrompit le ménestrel : un ancien poëte a dit qu'il n'y a point de vraie valeur dans une querelle injuste, et que le *los* qu'on y acquiert, comparé à une honnête renommée, n'a pas plus de valeur qu'une guirlande de cuivre comparée à un chapelet d'or pur; mais je vous prie de ne pas vous en rapporter à moi dans cette importante question. Vous savez sans doute comment le dernier gouverneur anglais, sir James de Thirlwall, fut surpris, et le château saccagé, avec des circonstances de la plus grande inhumanité?

— Certainement, je crois que l'Écosse et l'Angleterre ont également retenti de ce carnage et de la conduite révoltante du chef écossais, lorsqu'il fit transporter dans la forêt l'or, l'argent, les munitions, les armes, tout ce qui était susceptible d'être facilement déplacé, et qu'il

CHAPITRE IV.

détruisit une grande quantité de provisions d'une manière aussi barbare qu'inouïe.

— Peut-être, sire chevalier, avez-vous été personnellement témoin de cette scène, dont il a été parlé partout, et qu'on a appelée le Garde-Manger de Douglas?

— Je n'ai pas vu ce fait s'accomplir, mais j'en ai assez vu les tristes restes pour que le Garde-Manger de Douglas me demeure dans la mémoire comme un souvenir d'horreur et d'abomination. Je vais te raconter le fait tel qu'il s'est passé, j'en jure par le bras de mon père et par mon honneur de chevalier; et puis, je te laisserai décider à toi-même si ç'a été un acte propre à assurer la faveur du Ciel à ceux qui en ont été les acteurs. Voici mon édition de l'histoire :

Depuis deux ans environ on avait réuni, de différents points, une quantité considérable de provisions; le château de Douglas, nouvellement réparé, et, à ce que l'on croyait, soigneusement gardé, fut choisi comme le lieu où l'on emmagasina toutes ces provisions pour le service du roi d'Angleterre ou de lord Clifford, suivant que l'un ou l'autre entrerait le premier dans les Marches occidentales à la tête d'une armée anglaise, et pourrait avoir besoin d'une semblable ressource. Cette armée devait aussi subvenir à nos besoins, je veux dire à ceux de mon oncle, le comte de Pembroke, qui, depuis quelque temps, se trouvait avec des forces considérables dans la ville qu'on appelle Ayr, près de la vieille forêt calédonienne, où nous avions de rudes combats à soutenir contre les insurgés écossais. Hé bien, sire ménestrel, il arriva, ce qui n'est pas rare en de semblables circonstances, que Thirlwall, bien que soldat brave et actif, fut surpris dans le château de Douglas par ce même personnage, le jeune James Douglas. Celui-ci n'était pas de très-bonne humeur, comme vous le pouvez supposer; car son père, appelé Williams le Hardi ou Williams Longues-Jambes, ayant refusé de prendre parti pour les Anglais à quelque condition que ce fût, avait été fait prisonnier, et était mort dans un cachot de Berwick, d'autres disent de Newcastle. La nouvelle de la mort de son père avait mis le jeune Douglas dans une grande fureur, et lui suggéra, je pense, ce qu'il fit dans son ressentiment. Il se trouvait embarrassé de la quantité de provisions trouvées dans le château; car, les Anglais ayant des forces supérieures dans le pays, il ne pouvait ni les enlever, ni rester là pour les consommer. Le diable en personne lui inspira, je pense, le moyen dont il se servit pour les rendre impropres à tout usage. Vous allez voir si un pareil projet a dû être suggéré par un bon ou par un malin esprit.

Après avoir fait transporter dans certain lieu secret l'or, l'argent et les autres objets d'un petit volume, Douglas fit descendre dans la cave du château la viande, la bière, le froment et les autres grains; il fit vider le contenu des sacs en un amas énorme, faisant sauter les bondes des tonneaux et des poinçons, de sorte que les liquides mêlangés coulèrent sur cet amas de viande, de grains, etc. Les bœufs vivants, gardés pour être tués à mesure des besoins, il les fit frapper sur la tête, et leur sang coula sur cette masse de substances alimentaires ; enfin leur chair y fut aussi ensevelie, et pour couronner le tout, on y jeta les cadavres des soldats de la garnison anglaise, qui, n'obtenant aucun quartier de Douglas, payèrent chèrement leur défaut de vigilance. Cet abus bas et indigne de provisions destinées à l'usage de l'homme, et l'infamie d'avoir jeté dans le puits du château des cadavres d'hommes et de chevaux, ainsi que d'autres immondices, pour en corrompre les eaux, voilà ce que depuis ce temps on a appelé le GARDE-MANGER DE DOUGLAS.

— Je ne prétends pas, brave sir Aymer, dit le ménestrel, justifier ce que vous blâmez avec raison, et je ne vois non plus aucun moyen de rendre propre à la nourriture d'aucun chrétien des provisions arrangées comme elles le furent dans le Garde-Manger de Douglas. Toutefois, peut-être, ce jeune seigneur a-t-il agi sous l'impulsion d'un ressentiment naturel, ce qui rendrait son singulier exploit plus excusable qu'il ne le peut paraître d'abord. Représentez-vous votre père qui viendrait de mourir dans une triste captivité, son héritage confisqué et occupé comme une place forte par un ennemi étranger : ne pensez-vous pas que ces circonstances pourraient vous suggérer un mode de vengeance que de sang-froid, et le jugeant comme l'action d'un ennemi, vous regardez naturellement avec une louable horreur? — Respecteriez-vous des animaux morts ou des objets matériels que personne ne pourrait vous blâmer d'approprier à vos propres besoins, et vous-même vous feriez-vous scrupule de refuser quartier aux prisonniers, quand cela se pratique souvent même dans des guerres qu'on appelle à d'autres égards loyales et humaines?

— Vous me serrez de près, ménestrel. Je ne suis pas payé pour trouver des motifs d'excuse à la conduite de Douglas en cette affaire, puisque la conséquence a été que moi-même, ainsi que toute l'armée de mon oncle et celle de Clifford, nous avons travaillé à reconstruire ce même Château Dangereux, et que, ne nous sentant pas d'estomac pour les provisions que Douglas nous avait laissées, nous eûmes de grandes privations à souffrir, encore que nous n'hésitâmes pas, je le confesse, à appliquer à nos besoins le petit nombre de bœufs et de moutons qui restait encore dans les fermes des malheureux Écossais. Et je ne plaisante pas, sire ménestrel, quand je reconnais sérieusement et tristement que nous autres hommes de guerre nous devrions adresser au Ciel, dans des sentiments de pénitence tout particuliers, notre demande de pardon, si nous réfléchissions aux misères de toute sorte que la nature de notre profession nous force à nous infliger les uns aux autres.

— Il semble que ceux qui sentent le remords de leur propre conscience devraient être plus indulgents lorsqu'ils parlent des péchés des autres. — Je ne compte pas beaucoup sur une sorte de prophétie faite au jeune Douglas, à ce que disent les montagnards de ce district, par un homme qui, dans le cours ordinaire de la nature, aurait dû être mort depuis longtemps, prophétie dans laquelle il lui aurait promis une suite de succès contre les Anglais pour avoir sacrifié son propre château de Douglas, et empêché les Anglais d'y tenir garnison.

— Nous avons assez de temps pour cette histoire, dit sir Aymer, et il me semble qu'elle conviendrait mieux à un chevalier et à un ménestrel que la conversation que nous avons eue jusqu'ici, laquelle—Dieu me sauve — n'aurait pas été déplacée dans la bouche de deux moines en voyage.

— Soit, repartit le ménestrel ; la rote ou la viole peuvent aisément changer de mesure et varier de tons.

CHAPITRE V.

> Une histoire triste, car vos yeux pourront pleurer ; une histoire horrible, car vos chairs pourront frémir ; une histoire merveilleuse, car vos sourcils s'élèveront aussi bien que vos artères se crisperont, si vous la lisez comme il convient.
> *Ancienne Comédie.*

VOTRE Honneur saura, noble sir Aymer de Valence, que j'ai entendu raconter cette histoire, à une grande distance du pays où elle est arrivée, par un ménestrel juré, ancien ami et serviteur de la maison de Douglas ; l'un des meilleurs, dit-on, qui ait jamais appartenu à cette illustre famille. Ce ménestrel, nommé Hugo Hugonet, accompagnait son maître, comme il avait coutume de le faire, dans cette terrible expédition.

Le château tout entier était en proie au tumulte. D'un côté, les soldats coupaient en morceaux et détruisaient les provisions ; de l'autre, on égorgeait les hommes, les chevaux et le bétail, et un bruit s'élevait tel qu'en comportent de pareils actes. Les bestiaux en particulier avaient le sentiment du sort qui allait les atteindre ; par leur résistance matérielle et leurs cris lamentables ils témoignaient de la répugnance avec laquelle les pauvres animaux s'approchent instinctivement de la boucherie. Les cris et les gémissements des hommes recevant ou près de recevoir le coup de la mort, et les hennissements des malheureux chevaux dans la dernière agonie, formaient un effrayant chorus. Hugonet brûlait de s'éloigner d'un spectacle et d'accents si pénibles ; mais son maître, le chevalier Douglas, avait été un homme quelque peu versé dans les lettres, et son ancien serviteur désirait ardemment recouvrer un livre de poésies, auquel il tenait depuis longtemps. Ce livre contenait les lais d'un ancien barde écossais, lequel, si de son vivant il avait été réellement une créature humaine ordinaire, ne saurait peut-être aujourd'hui être justement regardé comme tel.

Pour le dire, en un mot, c'était ce Thomas, distingué par l'épithète de Rimeur, dont l'intimité était devenue si grande, à ce qu'on disait, avec la famille des fairies, que comme elles il pouvait prédire les événements futurs avant qu'ils n'arrivassent, et qu'il réunissait dans sa personne les talents du barde à ceux du devin. Mais depuis quelques années il avait presque entièrement disparu de ce monde périssable, et quoique l'époque et le genre de sa mort n'aient jamais été publiquement connus, cependant on croyait généralement qu'il n'avait pas été retranché du pays des vivants, mais transporté dans celui des fairies, d'où il faisait quelquefois des excursions, ne s'intéressant qu'aux événements à venir. Hugonet était d'autant plus désireux de prévenir la perte des ouvrages de cet ancien barde, qu'on disait qu'un grand nombre de ses poëmes et de ses productions étaient conservés dans le château, et qu'on supposait que leur contenu avait trait surtout à l'ancienne famille de Douglas et à quelques autres d'aussi vieille origine, qui avaient été les sujets des prophéties de ce vieillard. Il résolut donc en conséquence de sauver ce volume de la destruction au milieu de l'incendie général auquel le château allait être livré par l'héritier de ses anciens propriétaires. Dans ce dessein, il courut à la petite chambre voûtée qu'on appelait le cabinet de Douglas, dans lequel pouvaient se trouver quelques douzaines de vieux livres écrits par les anciens chapelains, en ce que les ménestrels appellent *la lettre noire*. Il découvrit immédiatement le fameux lai intitulé *Sir Tristram* qui a été si souvent altéré et abrégé, qu'il ne ressemble plus guère à la version originale. Hugonet, qui savait bien toute la valeur qu'attachaient à ce volume les anciens seigneurs du château, le prit sur l'un des rayons de la bibliothèque et le posa sur un petit pupitre qui touchait le fauteuil du baron. Ayant fait ces préparatifs pour sauver ce livre, il tomba dans une courte rêverie occasionnée par la chute du jour, par ce qu'il avait vu du Garde-Manger de Douglas, et surtout par l'aspect récent d'objets familiers à ses yeux, et qu'il savait au moment d'être détruits.

Le barde réfléchissait donc en lui-même sur le mélange peu ordinaire du savant mystique et du guerrier que présentait son ancien maître, lorsque les yeux dirigés sur le livre du *Vieux Rimeur*, il fut étonné de le voir enlevé lentement de dessus le petit pupitre par une invisible main. Le vieillard suivit avec terreur les mouvements spontanés du livre auquel il portait un si vif intérêt. Il eut le courage de s'approcher un peu plus de la table, afin de découvrir comment il en avait été enlevé.

J'ai déjà dit que la chambre devenait sombre, en sorte qu'il était diffi-

CHAPITRE V.

cile de distinguer une personne qui aurait été dans le fauteuil; cependant, en y regardant de plus près, il lui parut qu'une sorte d'ombre offrant les lignes de la forme humaine y était assise, mais elle n'était pas assez précise pour donner à l'esprit une idée exacte de la figure, ni assez détaillée pour qu'on reconnût distinctement son mode d'action. Le barde de Douglas tenait donc les yeux fixés sur l'objet de ses craintes, comme sur quelque chose de surnaturel. Néanmoins, en regardant plus attentivement, il devint plus capable d'apprécier l'objet qui s'offrait à ses yeux, et ceux-ci s'habituèrent par l'exercice à mieux distinguer ce qu'ils voyaient. Une grande forme maigre, vêtue ou plutôt ombragée d'une longue robe flottante de couleur sombre, une figure si étrange et tellement recouverte de barbe qu'elle avait à peine physionomie humaine, étaient les seuls traits marqués dans ce fantôme. En regardant plus attentivement encore, Hugonet aperçut deux autres formes, l'esquisse d'un cerf et celle d'une biche, qui semblaient s'abriter à moitié derrière la personne et sous la robe de cette apparition surnaturelle.

— Voilà une histoire bien probable, sire ménestrel, pour qu'un homme de sens ainsi que vous le paraissez être vienne la raconter si gravement! De quelle autorité digne de foi tenez-vous un pareil conte, qui passerait encore le soir au bruit des vents, mais qui ne saurait manquer de paraître apocryphe pendant les heures plus calmes du matin?

— Sur ma parole de ménestrel, sire chevalier, je ne suis pas l'inventeur de cette fable, si c'en est une. Hugonet le joueur de viole, quand il se fut retiré dans un cloître près du lac de Pembelmère dans le pays de Galles, m'a communiqué cette histoire comme je vous la raconte en ce moment. En conséquence, comme j'avais l'autorité d'un témoin oculaire, je ne crois pas avoir besoin d'excuse en vous la racontant, car je ne connais pas de source plus directe d'information.

— Soit, sire ménestrel; conte ton conte, et puisse-t-il échapper à la critique des autres aussi bien qu'à la mienne.

— Hugonet, sire chevalier, était un saint homme, et a joui d'une bonne réputation pendant toute sa vie, encore que sa profession fût tant soit peu légère. La vision lui parla dans une langue antique, semblable à celle qu'on parlait autrefois dans le royaume de Strath-Clyde[1]: c'était une espèce d'écossais et de gaëlique que bien peu de personnes eussent compris.

— Vous êtes un homme instruit, dit l'apparition, et vous connaissez les dialectes autrefois en usage dans votre pays, bien qu'on ne les y parle plus, et que vous soyez obligé de les traduire en saxon vulgaire de Deira ou de Northumberland; mais un ancien barde breton doit tenir en grande estime celui qui fait assez de cas de la poésie de son

[1] Vallée de la Clyde. (L. V.)

pays natal pour songer à sa conservation au milieu d'une terreur comme celle qui règne ce soir dans ce château.

— C'est en effet, dit Hugonet, une nuit de terreur que celle qui évoque les morts de leurs tombeaux et en fait les pâles et effrayants compagnons des vivants. — Qui es-tu et qu'es-tu, au nom de Dieu, toi qui brises les barrières qui les séparent, et qui visites d'une manière si étrange un monde auquel tu avais dit adieu depuis si longtemps?

— Je suis, répondit la vision, le célèbre Thomas le Rimeur, que quelques-uns appellent Thomas d'Erceldoun, ou Thomas le Diseur de Vérités. Comme à d'autres sages, il m'est permis à de certaines époques de visiter de nouveau le théâtre de ma vie antérieure, et je ne suis pas incapable d'écarter les nuages et l'obscurité qui voilent l'avenir. Apprends donc, homme affligé, que ce que tu vois maintenant dans ce triste pays n'est pas l'emblème général de ce qui existera dans la suite; mais en proportion de ce que les Douglas souffrent maintenant par la peste et la destruction de leur château, pour leur fidélité à l'héritier légitime du royaume d'Écosse, le Ciel leur réserve une juste récompense. Et comme ils n'ont point hésité à brûler et à détruire leurs propres maisons et celles de leurs aïeux pour la cause de Bruce, la volonté du Ciel est que, toutes les fois que les murailles du château de Douglas seront brûlées et renversées à terre, elles seront reconstruites avec encore plus de grandeur et de magnificence qu'auparavant.

En ce moment, continua le narrateur, on entendit un grand cri comme celui d'une multitude réunie dans la cour, qui pousserait d'horribles acclamations de joie. Au même instant une lueur rougeâtre et vive sembla sortir des poutres et des planches; les étincelles jaillirent de toutes parts comme de dessous le marteau du forgeron. Le feu trouvait partout des aliments, et l'incendie se propagea par toutes les issues.

— Vois-tu cela? dit la vision, jetant les yeux vers la fenêtre et disparaissant; — pars! l'heure marquée pour enlever ce livre n'est pas encore arrivée, et ce ne sont pas tes mains qui le doivent faire; mais il sera en sûreté là où je l'ai mis, et le moment arrivera où il en doit être tiré. — On entendit la voix après que la vision se fut évanouie, et la tête tourna presque à Hugonet au spectacle horrible qui se présenta à sa vue. Il eut besoin de tous ses efforts pour s'arracher de ce lieu terrible. Cette nuit-là le château de Douglas s'abîma en un monceau de cendres et de fumée, pour se relever peu de temps après plus fort que jamais.

Le ménestrel s'arrêta, et son auditeur, le chevalier anglais, garda le silence quelques minutes; après quoi il reprit:

— Il est vrai, ménestrel, que votre histoire est incontestable en ce point que ce château brûlé trois fois par l'héritier de la maison et de la baronnie a été autant de fois reconstruit jusqu'ici par Henri Clifford et les autres généraux anglais, et que chaque fois ils se sont efforcés de le reconstruire avec plus d'art et de le rendre plus fort qu'auparavant, parce qu'il occupe une position trop importante à la sûreté de nos frontières d'Écosse pour que nous puissions l'abandonner. C'est ce dont j'ai été moi-même en partie témoin. Mais je ne puis croire que parce que ce château a été ainsi détruit, il soit dans sa destinée d'être toujours ainsi réparé à l'avenir ; car des cruautés telles que celles qui ont marqué les exploits des Douglas ne sauraient à coup sûr obtenir l'approbation du Ciel. Toutefois, je vois que tu es résolu à garder ta croyance, et je ne peux t'en blâmer. Les étonnantes vicissitudes qu'a éprouvées cette forteresse autorisent suffisamment ceux qui attendent encore les indices particuliers de la volonté du Ciel à son égard. Mais tu peux m'en croire, bon ménestrel, la faute n'en sera pas à moi si le jeune Douglas trouve l'occasion de déployer une seconde fois ses talents en cuisine dans le garde-manger de sa famille, ou s'il tire quelque profit des prédictions de Thomas le Rimeur.

— Je ne doute pas que sir John de Walton et vous ne montriez toute la circonspection convenable ; mais il n'y a pas de crime de ma part à dire que le Ciel peut accomplir ses propres desseins. Je regarde le château de Douglas jusqu'à un certain point comme un lieu marqué par le destin, et il me tarde de voir les changements qui peuvent y être survenus depuis vingt années. Surtout je désire, s'il est possible, sauver le livre de ce Thomas d'Erceldoun, puisqu'il contient un tel fonds de poésie oubliées et de prophéties sur la destinée future de la Grande-Bretagne, aussi bien du royaume du Nord que de celui du Midi.

Le chevalier ne répondit pas, mais il marcha quelques pas en avant, tenant le haut du chemin que côtoyait la rivière, et qui s'avançait dans la vallée par une montée assez rapide. Enfin il atteignit le sommet d'une éminence assez considérable. De ce point, et derrière un gros rocher qui semblait avoir été jeté de côté comme une décoration de théâtre, pour laisser voir la partie inférieure de la vallée, les voyageurs l'aperçurent dans toute son étendue. Ils en avaient déjà pu distinguer quelques détails; mais à mesure que la rivière devenait plus étroite, le paysage s'étendait en tout sens, et ils découvrirent à quelque distance du cours de l'eau le château majestueux et élevé auquel la rivière a donné son nom. Le brouillard qui continuait à couvrir la vallée de ses nuages humides ne permettait de voir qu'imparfaitement les fortifications grossières qui défendaient la petite ville de Douglas, assez forte pour résister à un coup de main, mais non pour soutenir ce qu'on appelait alors un siége en forme. Ce qu'elle avait de plus frappant, c'était son église, ancien monument gothique construit sur une éminence au centre de la ville, et qui, dès cette époque, était presque entièrement en ruines. Sur la gauche, et à quelque distance, on pouvait voir d'autres tours et d'autres créneaux ; puis, séparé de la ville par une pièce d'eau artificielle qui l'entourait presque de tous côtés, s'élevait le Château Dangereux de Douglas.

Il était soigneusement fortifié, à la manière du moyen-âge, par un donjon et des créneaux, et déployait au-dessus de toutes les autres la haute tour qui portait le nom de lord Henry, ou celui de Tour de Clifford.

— Voici le château, dit Aymer de Valence, étendant le bras avec un sourire de triomphe; tu peux juger par toi-même s'il est probable que les défenses qu'y a ajoutées Clifford doivent le rendre plus facile à prendre que la dernière fois.

Le ménestrel se contenta de secouer la tête, et de citer ces paroles du Psalmiste : —*Nisi Dominus custodiet...* et il n'acheva pas même cette citation, quoique de Valence lui répondît vivement : Ma propre édition de ce texte ne diffère pas beaucoup de la tienne, mais tu me sembles plus tourner aux choses spirituelles qu'on ne le pourrait dire généralement d'un ménestrel errant.

— Dieu sait, répondit Bertram, que si moi ou mes confrères nous oublions le doigt de la Providence dans l'accomplissement de ses desseins sur cette terre, nous devons être plus sévèrement blâmés que les autres, puisque dans l'exercice de notre profession nous sommes perpétuellement appelés à admirer les chances qui amènent le bien et le mal, et qui font de ceux qui ne s'occupent que de leurs passions et de leurs projets les exécuteurs des volontés célestes.

— Je me soumets à ce que vous dites, sire ménestrel, répondit le chevalier; il serait inconvenant d'exprimer aucun doute sur des vérités dont vous parlez d'un ton si solennel, non plus que sur la sincérité de votre propre foi. Permettez-moi d'ajouter que je crois avoir assez de crédit dans ce château pour vous dire que vous y êtes le bienvenu. J'espère que sir John de Walton ne refusera pas un libre accès dans les salles, les cours et les jardins, à un homme de votre profession, dont la conversation pourra ne pas laisser que de nous être profitable. Cependant, je ne saurais vous faire espérer la même faveur pour votre fils, à cause de l'état actuel de sa santé; mais si je lui procure le privilége de rester dans le couvent de Sainte-Bride, il y demeurera tranquille et en sûreté jusqu'à ce qu'ayant renouvelé connaissance avec la vallée de Douglas et son histoire, vous soyez disposé à vous remettre en route.

— J'embrasse d'autant plus volontiers la proposition que me fait Votre Honneur, que je suis en position de récompenser le père abbé.

— C'est un point capital pour les saints hommes et les saintes femmes, qui en temps de grâce vivent de l'hospitalité qu'ils accordent dans leur cloître à ceux qui visitent leur chapelle.

Cependant la troupe approchait des sentinelles nombreuses du château, placées à des distances très-rapprochées les unes des autres. Elles laissèrent passer respectueusement sir Aymer de Valence, comme le lieutenant de sir John de Walton. Fabian, car tel était le nom du jeune écuyer, dit que c'était le bon plaisir de son maître que le ménestrel fût aussi admis dans la forteresse.

CHAPITRE V.

Toutefois, un vieil archer regarda d'un œil mécontent le ménestrel qui suivait le sire de Valence. — Il ne nous appartient pas, dit-il, ni à aucun de notre condition inférieure, de nous opposer au bon plaisir de sir Aymer de Valence, oncle ou neveu du comte de Pembroke ; et quant à ce qui est de nous, maître Fabian, vous pouvez faire de ce chanteur votre compagnon au lit et à la table, aussi bien que votre serviteur pendant une semaine ou deux au château de Douglas. Mais Votre Seigneurie n'ignore pas la consigne sévère qui nous a été donnée, et si Salomon, roi d'Israël, se présentait ici sous le costume d'un ménestrel voyageur, sur ma foi, je n'oserais le laisser entrer, à moins que je n'en eusse l'ordre positif de sir John de Walton.

— Doutez-vous, drôle, s'écria sir Aymer de Valence qui était revenu sur ses pas, entendant une altercation entre Fabian et l'archer, — doutez-vous que je n'aie bien le droit de recevoir un hôte? ou avez-vous l'insolence de me le contester?

— Le Ciel me préserve, dit le vieux soldat, d'avoir la présomption de placer mes propres désirs en opposition à ceux de Votre Seigneurie, qui a si récemment et si honorablement gagné ses éperons ; mais en pareille matière, il me semble que je dois me demander aussi quelle sera la volonté de sir John de Walton, qui est votre gouverneur, sire chevalier, aussi bien que le mien. Je crois donc qu'il est bien que je retienne votre hôte ici, jusqu'à ce que sir John soit de retour d'une promenade à cheval qu'il fait aux avant-postes ; et comme je n'agis ainsi que par le sentiment de mon devoir, j'espère que Votre Seigneurie ne s'en offensera pas.

— Il me semble, reprit le chevalier, que c'est une impertinence à toi de supposer qu'il puisse y avoir dans mes ordres quelque chose d'inconvenant, ou qui soit en contradiction avec ceux de sir John de Walton. Tu peux du reste compter sur moi, il ne t'en arrivera aucun mal. Retiens donc cet homme dans le corps de garde, aie soin qu'il lui soit fourni des rafraîchissements ; quand sir John de Walton reviendra, fais-lui-en ton rapport comme d'une personne admise sur mon invitation, et si cela ne parait pas suffisant pour t'excuser, je me charge de le confirmer au gouverneur.

L'archer fit un signe d'obéissance avec la pique qu'il tenait à la main, et reprit la démarche grave et solennelle d'une sentinelle à son poste. Au préalable, toutefois, il avait fait entrer le ménestrel dans le corps de garde, et lui avait fourni de la nourriture et des spiritueux, tout en parlant avec Fabian, qui était resté derrière. Ce brillant jeune homme était devenu très-fier depuis quelque temps, pour avoir obtenu le rang d'écuyer de sir Aymer, et avoir fait ainsi un pas dans l'ordre de la chevalerie, en même temps que son maître lui-même, un peu plus tôt qu'il n'était d'usage à cette époque, avait passé au rang de chevalier, de simple écuyer qu'il était auparavant.

— Je te dis, Fabian, reprit le vieil archer, dont la gravité, la sagacité et l'expérience du métier, en même temps qu'elles lui assuraient la confiance de tous ceux qui habitaient le château, le soumettaient quelquefois, ainsi qu'il le reconnaissait lui-même, à être tourné en ridicule par de jeunes fats, et, nous pourrions ajouter, le rendaient quelque peu formaliste et pointilleux à l'égard de ses supérieurs par la naissance ou le grade;—je te dis, Fabian, que tu rendras un bon office à ton maître, si tu lui insinues de permettre qu'un vieil archer, un vieil homme d'armes, lui fasse une réponse loyale et civile sur les ordres qu'il donne; car, bien certainement, ce n'est pas dans les vingt premières années de la vie d'un homme qu'il peut apprendre les diverses règles du service militaire. Sir John de Walton, un très-excellent commandant à coup sûr, est un rigoureux observateur des strictes règles de la discipline, et se montrera, tu peux m'en croire, tout aussi rigoureusement sévère envers ton maître, qu'il le ferait à l'égard d'un homme dans une position inférieure. Bien plus, il est doué de ce zèle pour le service qu'il portera, dès qu'il en aura la moindre occasion, jusqu'à blâmer Aymer de Valence lui-même, quoique son oncle, le comte de Pembroke, ait été le fidèle patron de sir John de Walton, et le premier fondement de sa fortune; car sir John a pris la meilleure manière de se montrer reconnaissant envers le vieux comte, en formant son neveu dans la vraie discipline des guerres de France.

— Comme tu voudras, mon vieux Gilbert Greenleaf, répondit Fabian. Tu sais que je ne te cherche jamais querelle pour tes sermons; tu me dois donc rendre quelque témoignage pour m'être soumis à tant de remontrances de ta part et de celle de sir John de Walton. Mais tu pousses les choses un peu trop loin, si tu ne peux passer un seul jour sans m'infliger une fustigation. Crois-moi : sir John de Walton ne te sera pas fort reconnaissant si tu dis de lui qu'il est trop vieux pour se rappeler qu'il a eu autrefois quelque sève dans les veines. Oui, le vieillard n'oubliera pas qu'il a été jeune autrefois, non plus que le jeune homme qu'il sera vieux un jour. Ainsi, l'un change ses manières en ce sens qu'il adopte le formalisme de l'âge avancé, tandis que l'autre reste comme un torrent d'été gonflé par les pluies, où chaque goutte d'eau tombe en faisant du bruit, bouillonne et déborde. Voilà une maxime pour toi, Gilbert;—en as-tu jamais entendu de meilleure? Suspends-la donc parmi tes axiomes de sagesse; tu peux en avoir comme cela quinze à la douzaine, et cela te sera de quelque utilité, quand le vin, ton péché mignon, mon bon Gilbert, t'aura mis dans une fausse position.

— Garde-la pour toi-même, mon brave écuyer; il me semble que tu pourras en avoir quelque jour grand besoin. Qui a jamais entendu parler d'un chevalier, ou du bois dont on fait les chevaliers, qui ait été puni corporellement comme un vieil archer ou un jeune palefrenier? Votre pire faute sera toujours pardonnée pour quelque phrase spiri-

CHAPITRE V.

tuelle, et les meilleurs services ne seront guère mieux récompensés que par le nom qu'on te donnera de Fabian le Fablier, ou par quelque autre titre de même nature.

Après s'être permis cette repartie, le vieux Greenleaf reprit une certaine contenance acidulée, qui généralement est le propre de ceux dont l'avancement s'est glacé par la lenteur de sa marche, et qui déploie une aversion générale contre tous ceux qui ont obtenu plus tôt, et, comme elle suppose, avec moins de mérite, ces distinctions progressives que tous les hommes cherchent à conquérir. De temps en temps le vieux soldat détournait l'œil de la pointe de sa pique, et le reposait d'un air de triomphe sur le jeune homme, comme pour voir jusqu'à quel point lui cuisait la blessure qu'il venait de lui faire, tandis qu'en même temps il se tenait sur le qui-vive pour remplir tel devoir machinal que son poste pouvait exiger. Fabian et son maître étaient tous deux à cette époque de la vie où l'on fait peu d'attention à des mécontentements tels que celui qu'exprimait le vieil archer, où, au pis aller, on ne les considère que comme des plaisanteries venant d'un vieillard et d'un bon soldat, d'autant plus que celui-ci était toujours prêt à faire le service de ses compagnons, et qu'il jouissait de toute la confiance de sir John de Walton, qui, bien que beaucoup plus jeune, avait fait, comme Greenleaf, son éducation militaire dans les guerres d'Édouard Ier, et s'appliquait à maintenir cette discipline sévère qui, depuis la mort de ce grand monarque, avait été singulièrement négligée par la bouillante valeur de la jeunesse anglaise.

Cependant, il vint à l'esprit de sir Aymer de Valence que bien qu'en déployant une hospitalité ordinaire à l'égard d'un homme comme Bertram, il n'eût fait que ce qui convenait à son rang, arrivé qu'il était aux plus hauts honneurs de la chevalerie, il était toutefois possible que l'homme qui s'était présenté à lui comme ménestrel ne fût pas en réalité ce qu'il prétendait être. A coup sûr, il y avait quelque chose dans sa conversation plus grave au moins, pour ne pas dire plus austère, que ce qui se trouvait ordinairement chez les hommes de sa profession. Quand il se rappela certains faits de rigidité minutieuse de sir John de Walton, un doute s'éleva dans son esprit que le gouverneur dût approuver qu'il eût introduit dans le château un homme comme Bertram, dans le cas de faire des observations qui pourraient être dans la suite une source d'inconvénients et de dangers pour la garnison. Il regrettait donc secrètement de n'avoir pas franchement signifié au ménestrel errant que les circonstances actuelles ne permettaient pas sa réception, non plus que celle d'aucun étranger, dans le Château Dangereux. S'il eût suivi ce parti, les règles étroites de la discipline eussent été son excuse, et lui auraient assuré les éloges honorables de son supérieur, au lieu qu'il se trouvait exposé à s'en voir désapprouver et blâmer.

A ces réflexions qui se présentaient à son esprit, se joignaient quelque appréhension secrète d'une réprimande de la part de son officier supérieur; car, malgré sa sévérité, c'était un chef que sir Aymer aimait autant qu'il le craignait. Il se rendit donc au corps de garde, sous prétexte de voir si les règles de l'hospitalité avaient été convenablement observées à l'égard de son compagnon de voyage. Le ménestrel se leva respectueusement, et par la manière dont il lui présenta ses compliments, il parut que s'il ne s'attendait pas à cette démarche polie, du moins il n'en était aucunement surpris. De son côté, sir Aymer prit un air de supériorité qu'il n'avait pas encore eu envers Bertram, et, revenant sur son invitation antérieure, il la modifia dans ce sens qu'il rappela au ménestrel qu'il n'était là que comme lieutenant, et qu'une permission d'entrer dans le château, pour avoir quelque valeur, devait être sanctionnée par sir John de Walton.

Il y a une manière polie de paraître croire à une excuse quand on est disposé à s'en payer, sans élever le plus léger soupçon sur la franchise qui l'a inspirée. Le ménestrel remercia donc de la politesse qu'on lui avait montrée jusque-là. C'était, disait-il, une fontaine de curiosité passagère, et si l'on refusait de la satisfaire, il n'y voyait rien de pénible ou même de désagréable pour lui. Thomas d'Erceldoun était, suivant les triades galloises, l'un des trois bardes anglais qui n'avaient jamais teint une lame de sang, qui jamais n'avaient pris ni repris de châteaux ni de forteresses; ce n'était donc pas une personne qu'on pût, avec vraisemblance, soupçonner après sa mort de tels exploits belliqueux. Mais je comprends aisément, ajouta-t-il, pourquoi sir John de Walton a laissé tomber en désuétude les droits ordinaires de l'hospitalité, et pourquoi un homme revêtu, comme je le suis, d'un caractère public, ne doit pas désirer de trouver le logement et la nourriture dans un lieu où l'on croit si dangereux de les lui accorder. Personne ne saurait non plus être surpris que le gouverneur n'ait pas investi son jeune et digne lieutenant du pouvoir de dispenser d'une consigne si rigoureuse et si peu ordinaire.

Ces paroles, prononcées froidement, avaient quelque chose d'offensant pour le jeune chevalier, en ce qu'elles semblaient indiquer que sir John de Walton ne le regardait pas comme suffisamment digne de sa confiance, quoiqu'ils eussent vécu dans des termes d'affection et de familiarité, bien que le gouverneur eût trente ans et au delà, tandis que le lieutenant en comptait vingt-un à peine, l'âge généralement requis pour l'élévation au rang de chevalier ayant été avancé en sa faveur à raison d'un exploit prématuré. Avant que sir Aymer eût eu le temps de calmer le sentiment d'humeur qu'il éprouvait, le son de la trompe de chasse se fit entendre à la porte du château, et par le mouvement empressé de toute la garnison, il fut évident que le gouverneur était de retour de son inspection. Chaque sentinelle, comme animée par sa présence, porta sa pique plus droit, donna le mot d'ordre plus brièvement, et sembla éprouver plus vivement le sentiment et la vigilance de sa position. Sir John de Walton, ayant mis pied à terre, demanda à Greenleaf ce qui s'était passé pendant son absence. Le vieil archer crut qu'il était de son devoir de répondre qu'un ménestrel, qui semblait, par son extérieur, être Écossais ou habitant des Marches, avait été admis dans le château, tandis que son fils, convalescent de la maladie contagieuse dont on parlait tant, avait été laissé momentanément à l'abbaye de Sainte-Bride. Il avait appris ce dernier fait de Fabian. L'archer ajouta que le père savait tant de contes et de chansons, qu'il serait dans le cas d'amuser la garnison tout entière sans laisser aux soldats le temps de s'occuper de leurs devoirs.

— Nous n'avons pas besoin de tels passe-temps, répondit le gouverneur; nous eussions été plus satisfait qu'il eût plu à notre lieutenant de nous amener d'autres hôtes plus propres à une conversation franche et directe, qu'un homme qui est, par profession, le détracteur de Dieu et le trompeur de son prochain.

— Toutefois, reprit le vieux soldat, qui pouvait à peine entendre parler, fût-ce même son commandant, sans se livrer à son besoin inné de contredire, toutefois j'ai entendu Votre Honneur dire que la profession de ménestrel, quand elle est loyalement exercée, est tout aussi honorable que la chevalerie elle-même.

— Il a pu en être ainsi autrefois, répondit le chevalier; mais de nos jours l'art a oublié qu'il devait être un excitant à la vertu, et nous sommes bien heureux si la poésie, qui enflammait nos pères et les portait à de nobles actions, ne pousse pas leurs enfants à celles qui sont basses et indignes. Mais je vais parler sur ce sujet à mon ami Aymer, car je ne connais pas un plus brave, un plus excellent jeune homme.

Tout en causant de cette manière avec l'archer, sir John de Walton, cavalier de grande taille et de belle apparence, s'avança et se tint sous l'immense manteau de la cheminée du corps de garde. Gilbert l'écoutait dans un silence respectueux, remplissant par les signes d'assentiment, comme il convient à un auditeur attentif, les intervalles de la conversation. La conduite d'un troisième individu qui assistait à cette conversation n'était pas également respectueuse; mais elle échappait à l'observation à cause de la position où il se trouvait.

Ce troisième individu n'était autre que l'écuyer Fabian, qui ne pouvait être vu, placé qu'il était derrière l'un des portants, c'est-à-dire l'une des parties saillantes de l'antique cheminée, et qui s'y cacha plus soigneusement encore quand il vit que la conversation entre le gouverneur et l'archer prenait une tournure qui lui sembla défavorable à son maître. L'écuyer, en ce moment, était occupé de la tâche servile de nettoyer l'armure de sir Aymer, ce qu'il faisait à son aise en chauffant, contre la partie de la cheminée dont nous avons parlé, les différentes pièces de l'armure d'acier, avant que de les revêtir, suivant l'usage, d'une légère couche de vernis. Il ne pouvait donc, dans le cas où il aurait été découvert, être taxé de manque de respect ou d'une insolente curiosité. Il était d'autant mieux dérobé à la vue des deux interlocuteurs, qu'une épaisse fumée s'élevait d'une quantité de panneaux de chêne, sculptés pour la plupart et représentant les armes et les exploits de la famille de Douglas, et qu'à défaut d'autres combustibles sous la main on avait jetés demi-pourris dans le brasier.

Le gouverneur, ignorant la présence de cette partie de son auditoire, poursuivit sa conversation avec Gilbert Greenleaf : — Je n'ai pas besoin de te dire que j'ai intérêt à voir se terminer promptement ce siége ou ce blocus dont Douglas nous menace continuellement ; mon honneur et mes affections sont engagés à conserver à l'Angleterre ce Château Dangereux. Mais l'admission de cet étranger me contrarie ; le jeune de Valence eût agi plus strictement en conformité de ses devoirs, s'il eût refusé à ce vagabond de communiquer avec la garnison sans ma permission.

— C'est pitié, répliqua le vieux Greenleaf en secouant la tête, qu'un chevalier naturellement si bon et si brave se laisse quelquefois égarer par les conseils inconsidérés de son écuyer, le jeune Fabian, qui est brave sans doute, mais qui n'a pas plus de calme qu'une bouteille de petite bière fermentée.

— La potence soit de toi ! pensa Fabian en lui-même, vieille relique de bataille, tout farci d'amour-propre et de termes de guerre, comme le soldat qui pour se garantir du froid s'est si bien enveloppé dans un drapeau déchiré, que tout son extérieur ne montre plus que des chiffons et des armoiries.

— Je ne prendrais pas deux fois pour y songer, si mon lieutenant m'était moins cher, continua sir John de Walton ; mais je veux être utile à ce jeune homme, même quand je devrais lui causer quelque peine pour perfectionner son éducation militaire. L'expérience doit être imprimée pour ainsi dire avec un fer chaud dans l'esprit d'un jeune homme, au lieu d'y être légèrement esquissée à la craie. Je me rappellerai l'idée que vous m'avez suggérée, et je ne laisserai pas échapper l'occasion de séparer ces deux jeunes gens ; car, encore que je sois on ne peut plus tendrement attaché au premier, et bien loin de vouloir du mal au second, il est certain, comme vous le disiez tout à l'heure, que c'est un aveugle qui en conduit un autre ; le jeune chevalier a pour second et pour conseil un écuyer trop jeune, il y faudra remédier.

— Marry ! va-t'en au diable, vieux ver rongeur ! se dit le page à part lui ; je t'ai surpris sur le fait exerçant ta malice contre mon maître et moi, comme c'est le propre d'une chenille de ton espèce, pour chercher à étouffer tous les jeunes chevaliers encore dans la fleur : si ce n'était pas salir les armes d'un élève de la chevalerie que de se mesurer avec un homme de ton rang, je pourrais te faire l'honneur de t'appeler

CHAPITRE V.

sur le terrain tandis que la médisance est encore toute chaude sur les lèvres. Au surplus, je ne te permettrai pas d'avoir un langage quand tu parles en public dans ce château, et un autre quand tu causes en particulier avec le gouverneur, sous prétexte que tu as servi avec lui sous la bannière d'Edward aux Longues-Jambes. Je vais rapporter à mon maître tes mauvaises intentions, et quand nous nous serons concertés tous les deux, on verra si c'est la partie la plus jeune et la plus active de la garnison ou les barbes grises, qui doivent le plus vraisemblablement être l'espoir et la force du château de Douglas.

Qu'il nous suffise de dire que Fabian exécuta son dessein, et qu'il rapporta à son maître, dans d'assez mauvaises dispositions, la conversation qui avait eu lieu entre sir John de Walton et le vieux soldat. Il parvint à représenter la chose comme un affront prémédité contre sir Aymer de Valence; tandis que tout ce que le gouverneur put faire pour écarter les soupçons du jeune chevalier ne put le ramener à regarder sous un jour plus amical les dispositions de son commandant envers lui. Il conserva l'impression qu'il s'était formée sur le récit de Fabian, et ne se crut coupable d'aucune injustice envers John de Walton en supposant qu'il désirait accaparer la plus grosse part de la renommée acquise par la défense du château, et rejeter dans l'ombre ceux de ses compagnons qui auraient pu raisonnablement prétendre à avoir une part dans cet honneur.

La mère du mal, dit un proverbe écossais, n'est pas plus grosse que l'aile d'un moucheron; dans cette querelle, ni le jeune homme ni le chevalier plus âgé ne s'étaient donné l'un à l'autre aucun sujet raisonnable d'offense. De Walton était un strict observateur de la discipline militaire, à laquelle il avait été formé dès sa plus tendre enfance, et par laquelle il était presque aussi complétement gouverné qu'un autre aurait pu l'être par ses penchants naturels; et la position dans laquelle il se trouvait en ce moment avait donné une nouvelle force à son éducation première.

La commune renommée avait encore exagéré les talents militaires, l'amour des aventures et la grande variété de ressources qu'on attribuait au jeune lord James de Douglas. Il avait aux yeux de la garnison anglaise les facultés d'un démon plutôt que celles d'un simple mortel; car si les soldats anglais maudissaient l'ennui d'une surveillance et d'une garde continuelle du Château Dangereux, qui ne permettaient pas qu'on s'écartât un seul instant de la sévérité extrême du service, ils convenaient tous qu'un homme de grande taille ne manquait pas de se présenter une hache d'armes à la main et d'entrer en conversation de la manière la plus insinuante avec les sentinelles mécontentes, pour leur offrir avec une éloquence et une adresse infernales les moyens de se conquérir leur liberté en trahissant leur pays. Ces faits s'étaient renouvelés si souvent et dans des circonstances si variées, qu'ils tenaient perpétuellement sir John de Walton sur le qui-vive. Il ne se croyait en aucun moment à l'abri des atteintes de Douglas le Noir, non plus qu'un bon chrétien ne se croit jamais hors de portée de celles du diable. Chaque nouvelle tentation, au lieu de confirmer son espérance, semble lui annoncer que la retraite du malin esprit sera immédiatement suivie de quelques nouvelles tentations encore plus artificieusement combinées. Sous l'influence de cet état continuel d'anxiété et d'appréhension, le caractère du gouverneur s'était singulièrement aigri, et ceux qui lui étaient le plus attachés regrettaient qu'il prît l'habitude d'accuser d'indolence ceux qui, n'ayant pas la même responsabilité que lui, et n'étant pas stimulés par l'espérance de récompenses aussi magnifiques, ne poussaient pas la vigilance au même degré et ne nourrissaient pas comme lui des soupçons continuels. Les soldats murmuraient de la sévérité excessive dont était empreinte la vigilance de leur gouverneur ; les officiers et les hommes de naissance, et il s'en trouvait plusieurs au château, parce qu'il offrait pour les armes une école renommée, et qu'on gagnait un certain mérite à servir dans l'enceinte de ses murs, se plaignaient en même temps que sir John de Walton ne fît plus de parties de chasse aux chiens et aux faucons, qu'il ne permît aucune autre distraction qui eût pu adoucir les rigueurs de la guerre, et qu'il ne souffrît pas que rien se fît au château autrement que d'après les règles de la plus stricte discipline. D'un autre côté, on doit convenir qu'en général un château est bien gardé quand le gouverneur y est partisan d'une discipline rigoureuse. Lorsque dans une garnison il s'élève des dissentiments et des querelles, les torts sont ordinairement plutôt du côté des jeunes gens que de ceux auxquels une expérience plus longue a appris la nécessité de ne pas négliger les précautions même les plus minutieuses.

Un caractère généreux — et tel était celui de sir John de Walton — se trouve souvent changé et corrompu par l'habitude d'une vigilance excessive, et poussé au delà des limites de sa loyauté naturelle. De son côté, sir Aymer de Valence n'avait pas su échapper à un changement semblable ; des soupçons, quoique nés de causes différentes, semblaient également menacer son caractère naturellement franc et noble, et devoir le priver des excellentes qualités qui l'avaient distingué jusque-là. Ce fut en vain que sir John de Walton saisit avec empressement l'occasion d'accorder à son jeune ami des faveurs qu'il étendit quelquefois aussi loin que le permettaient les devoirs de la garnison. Le coup était porté, et des deux côtés l'alarme avait été donnée à un caractère fier et ombrageux. Tandis que de Valence pensait qu'il était injustement soupçonné par un ami qui était à plusieurs égards son obligé, de l'autre de Walton croyait qu'un jeune homme dont il s'était occupé avec autant d'affection que de son propre fils, et qui lui devait tout ce qu'il savait de l'art militaire, aussi bien que tous les succès qu'il avait obtenus dans le monde, avait pris de l'ombrage pour de pures bagatelles, et sans aucune raison suffisante se regardait comme maltraité par lui. Ces semences de désaccord jetées entre eux ne manquèrent pas, comme l'ivraie que l'Ennemi a semée entre le bon grain, de se communiquer d'un rang de la garnison à l'autre. Les soldats, sans autre raison que celle de passer le temps, prirent parti, les uns pour le gouverneur, les autres pour son jeune lieutenant; et la pomme de discorde, une fois lancée, ne manqua pas de bras pour la renvoyer et la tenir en mouvement continuel.

CHAPITRE VI.

> Hélas! ils avaient été amis dans la jeunesse, mais les langues qui parlent à voix basse peuvent empoisonner la vérité. La constance n'habite que dans les royaumes supérieurs; la vie est épineuse, la jeunesse est vaine, et la colère contre quelqu'un que nous aimons agit sur le cerveau comme la folie furieuse... Chacun prononça des mots d'un haut dédain, qui blessèrent le frère cher à leur cœur, et jamais aucun d'eux ne trouva personne pour remplir le vide de leurs cœurs ulcérés; ils demeurèrent l'un contre l'autre, droits et fiers comme deux rochers que la tempête a violemment séparés. Maintenant une mer orageuse roule entre eux deux; mais, j'en ai l'assurance, ni le chaud, ni le froid, ni le tonnerre, n'effaceront jamais entièrement la trace de l'union qui a autrefois existé entre eux.
>
> COLERIDGE. — *Christabel.*

Pour suivre l'intention qui lui sembla la plus sage quand il fut de sang-froid, sir John de Walton résolut de pousser l'indulgence jusqu'aux dernières limites envers son lieutenant et ses jeunes officiers, de leur fournir tous les amusements que la garnison rendait possibles, et de les rendre honteux de leur mécontentement en les accablant de politesses. La première fois donc qu'il vit Aymer depuis son retour au château, il lui adressa la parole avec un air de bonne humeur réel ou supposé.

— Qu'en penses-tu, mon jeune ami? si nous essayions quelques-unes de ces chasses qu'on dit particulières au pays? Il y a encore dans le voisinage quelques troupeaux de taureaux sauvages, qu'on ne saurait trouver ailleurs que dans les marécages, — sur cette frontière sauvage de ce qu'on appelait anciennement le royaume de Strath-Clyde. Il y a aussi quelques chasseurs accoutumés à cet exercice qui prétendent que ces animaux sont le gibier le plus hardi et le plus terrible qu'on puisse rencontrer dans toute l'île de la Grande-Bretagne.

— Vous en ferez ce qu'il vous plaira, répondit froidement sir Aymer ; mais ce n'est pas moi, sir John, qui voudrais vous engager pour le plaisir d'une chasse à mettre toute la garnison en danger. Vous connaissez mieux que moi toute la responsabilité du poste que vous occupez, et ce n'est pas sans y avoir réfléchi que vous faites une proposition de cette nature.

— Sans doute, je connais mon devoir, repartit de Walton, offensé à son tour, et j'ai le droit de m'occuper aussi du vôtre, sans dépasser les limites de ma propre responsabilité ; mais on dirait que le commandant de ce Château Dangereux, entre autres incapacités, est, comme le disent les vieilles gens du pays, sous le coup d'un charme qui lui rend impossible de diriger sa conduite de manière à faire plaisir à ceux qu'il a le plus envie d'obliger. Il n'y a pas encore bien des semaines que les yeux de sir Aymer de Valence auraient étincelé à la proposition d'une chasse générale contre un gibier tout nouveau ; et maintenant, comment reçoit-il ma proposition, uniquement, je le crois, pour désappointer mon intention de lui être agréable ? — un froid remercîment tombe à peine de ses lèvres glacées ; il parle d'aller relancer les animaux sauvages avec la même gravité qu'il mettrait à entreprendre un pèlerinage au tombeau de quelque martyr.

— Pas tout à fait, sir John. Dans notre présente situation, nous avons plus d'un devoir en commun ; et encore que vous occupiez le poste le plus élevé et le plus difficile, je sens que j'ai moi-même à porter ma part d'une responsabilité sérieuse. J'espère donc que vous daignerez écouter mon opinion avec indulgence, et que vous voudrez bien y avoir égard, même dans cette partie qui semble se rapporter à ceux de nos devoirs communs plus spécialement confiés à vos soins. La dignité de chevalier que j'ai l'honneur de partager avec vous, l'accolade que j'ai reçue sur l'épaule de la royale main d'un Plantagenet, me donnent droit, je pense, à cette faveur.

— Je vous crie merci, sir Aymer ; j'oubliais quel personnage important j'ai devant moi, élevé à ce haut rang par le roi Edward lui-même, qui, sans doute, a eu de bonnes raisons pour lui conférer un pareil honneur avant l'âge. Je sens que certainement j'aurais outre-passé mes devoirs en proposant quoi que ce soit qui ait l'air d'un amusement frivole à un homme qui a de si graves prétentions.

— Sir John de Walton, répliqua de Valence, en voilà trop, ce me semble, sur ce sujet ; — restons-en là. Tout ce que je veux dire, c'est que, chargé sous vos ordres de la garde du château de Douglas, ce ne sera pas par mon consentement qu'on se livrera à aucun amusement qui implique un relâchement dans la discipline, surtout à aucun amusement qui nous force à appeler le concours d'un grand nombre d'Écossais, dont nous connaissons le mauvais vouloir. Et, bien que ma jeunesse m'expose à de pareils soupçons, je ne voudrais pas qu'il pût m'être imputé rien de semblable, si malheureusement, bien qu'à coup sûr je n'en voie aucune cause, nous devions dans l'avenir mettre de côté ces liens d'amitié familière qui nous unissaient l'un à l'autre ; je ne vois pas pourquoi, dans tous les rapports que le service nécessite, nous n'agirions pas comme des chevaliers et des gentilshommes, en interprétant dans le meilleur sens possible nos motifs réciproques, puisqu'il n'y a aucune raison pour que l'un de nous deux prenne en mauvaise part ce qui lui vient de l'autre.

— Vous pouvez avoir raison, sir de Valence, dit le gouverneur en le saluant cérémonieusement, et puisque vous dites que nous ne sommes plus liés l'un à l'autre comme amis, vous pouvez être certain, cependant, que jamais je ne laisserai pénétrer dans mon sein une pensée hostile dont vous seriez l'objet. Vous avez été longtemps mon élève dans les devoirs de la chevalerie, et, je l'espère, vous ne l'avez pas été sans quelque fruit. Vous êtes le proche parent du comte de Pembroke, mon constant et affectionné protecteur. Toutes ces circonstances bien pesées établissent entre nous des rapports que moi, du moins, je trouverais difficile de briser ; si, comme vous semblez le donner à entendre, vous vous sentez moins étroitement lié par des obligations antérieures, c'est à vous de choisir et de fixer à l'avenir les relations que nous devrons avoir ensemble.

— Tout ce que je puis dire, répliqua de Valence, c'est que naturellement ma conduite se réglera sur la vôtre, et vous ne sauriez, sir John, espérer plus vivement que je ne le fais que nous pourrons remplir nos devoirs militaires sans altérer nos rapports amicaux.

Là-dessus les deux chevaliers se séparèrent, après une conférence qui une fois ou deux avait été au moment de se terminer par une explication cordiale et complète ; mais il avait toujours manqué un mot qui partît du cœur de l'un ou de l'autre, et brisât, pour ainsi dire, la glace qui s'était étendue sur leurs rapports, et ni l'un ni l'autre ne voulut être le premier à faire avec une suffisante cordialité les avances nécessaires. Chacun d'eux, cependant, n'eût pas demandé mieux que de les faire, si l'autre lui eût paru disposé à les accueillir avec le même empressement ; mais leur fierté trop grande les empêcha tous deux de dire ce qui aurait pu tout d'un coup les replacer sur le pied d'une bonne et franche amitié. Ils se séparèrent donc sans revenir sur le sujet de la partie de chasse proposée, sujet qui ne fut repris que par une invitation formelle et par écrit que reçut sir Aymer de Valence d'accompagner le commandant du château de Douglas dans une grande partie de chasse aux taureaux sauvages dans la vallée voisine.

Le rendez-vous fut donné pour six heures du matin en dehors de la grille des barricades extérieures, et il fut déclaré que la chasse se terminerait le soir lorsque la retraite sonnerait sous le grand chêne, connu sous le nom de Sholto's-Club, qui était un point remarquable en un endroit où la vallée de Douglas était bornée par quelques arbres épais, sentinelles avancées de la forêt et du pays de montagnes. Les avertissements d'usage furent donnés au menu peuple ou vassaux du district; et, malgré leurs sentiments d'antipathie, ils les reçurent en général avec grand plaisir, d'après le principe capital des épicuriens, *carpe diem*, c'est-à-dire : en quelque circonstance qu'elle se présente, ne laissez échapper aucune occasion d'amusement. Une partie de chasse a encore ses attraits, bien que ce soit un chevalier anglais qui doive s'en donner le plaisir dans les bois des Douglas.

Sans doute il était affligeant pour ces fidèles vassaux de reconnaître un autre seigneur que le redouté Douglas, et de suivre à travers le bois, ou sur la rivière, des officiers anglais, et cela encore dans la compagnie de leurs archers, qu'ils regardaient comme leurs ennemis naturels. Cependant, c'était le seul genre d'amusement qui leur eût été permis depuis longtemps, et ils ne se sentaient pas disposés à perdre une occasion si rare. La chasse au loup, au sanglier, ou même au cerf, demandait des armes agrestes; celle au taureau sauvage demandait de plus des arcs et des flèches, des épieux, des épées tranchantes, et d'autres armes semblables à celles dont on se sert dans une véritable guerre. C'est pourquoi on permettait rarement aux habitants écossais de prendre part à la chasse, à moins qu'on n'eût réglé leur nombre et l'espèce d'armes qu'on leur devait confier. On avait surtout le soin de conserver l'avantage du nombre du côté des soldats anglais, ce qui offensait cruellement les habitants. En de semblables occasions on mettait sur pied la plus grande partie de la garnison, et divers détachements, formés d'après les ordres du gouverneur, stationnaient sur différents points, en cas que quelque querelle vînt à s'élever tout à coup.

CHAPITRE VII.

> Les batteurs se répandirent dans le bois pour faire lever le gibier ; les archers se penchèrent sur leurs arcs, tenant de la main droite leur large flèche armée d'un fer brillant ; les fanfares, partant de tous les points du bois, retentirent dans les taillis ; les lévriers se lancèrent dans toutes les allées pour tuer leur gibier.
>
> *Ballade de Chevy Chase.*

Le matin désigné pour la chasse se trouva froid et humide, comme c'est l'ordinaire en Écosse au mois de mars. Les chiens jappaient, aboyaient et grelottaient, et les chasseurs, bien que l'attente des plaisirs de la journée les animât et les réchauffât, ramenèrent, en le croisant de près sur la poitrine, leur *maud* ou manteau du bas-pays, et regardèrent d'un œil consterné les vapeurs brumeuses suspendues dans l'atmosphère, tantôt menaçant de fondre sur les sommets et les rampes des montagnes proéminentes, et tantôt de changer de position sous l'influence des vents incertains, qui s'élevaient et s'abaissaient alternativement en balayant la vallée.

Néanmoins cette réunion, dans son ensemble, comme il arrive ordinairement dans toutes les parties de chasse, offrait un aspect gai et joyeux. On eût dit qu'une courte trêve avait été conclue entre les deux nations. Les Écossais avaient plutôt l'air de montrer amicalement les plaisirs de leurs montagnes aux nobles chevaliers et aux braves archers de la vieille Angleterre, que d'accomplir une servitude féodale, qui n'a rien d'agréable ni de digne quand il faut s'en acquitter sur l'ordre de voisins usurpateurs. Les figures des cavaliers, vues tantôt en entier, tantôt à demi, suivant la nature du terrain dangereux et inégal sur lequel ils se trouvaient, attiraient surtout l'attention des hommes de pied, qui, conduisant les chiens et battant les buissons, délogeaient tout le gibier qu'ils pouvaient trouver dans les broussailles, et tenaient leurs yeux sur leurs compagnons, rendus plus remarquables par la rapidité avec laquelle ils poussaient leurs chevaux ; le mépris de tous les accidents possibles étant là aussi parfait qu'à Melton Mowbray même, ou qu'en tout autre lieu à la mode pour les chasses d'aujourd'hui.

Les principes d'après lesquels la chasse se dirigeait alors sont cependant aussi différents que possible de ce que nous voyons aujourd'hui. Maintenant, un renard ou même un lièvre paraissent une cause suffisante pour donner de l'exercice pendant toute une journée à quarante ou cinquante chiens, et à presque autant d'hommes et de chevaux ; mais la chasse, autrefois, alors même qu'elle ne se terminait pas, comme il arrivait souvent, par une bataille, avait pour but des objets plus importants et présentait infiniment plus d'intérêt. Le fait est que s'il y a un exercice que l'on puisse citer comme absorbant l'attention et causant en général plus de plaisir qu'aucun autre, à coup sûr c'est la chasse. Le pauvre diable brisé de fatigues, et qui a épuisé toute son énergie au service des autres hommes, — celui qui a été pendant un grand nombre d'années esclave, condamné aux travaux de l'agriculture, ou, ce qui est pire encore, à ceux d'une manufacture ; — celui qui, d'année en année, a fait venir le même boisseau de blé dans le même champ, ou qui a passé sa vie dans les travaux monotones du bureau, — peuvent à peine rester insensibles au bonheur général, quand la chasse passe rapidement devant lui avec ses aboiements de chiens et ses sons de cor, et pour un moment il éprouve autant de surexcitation que le plus superbe des cavaliers de la troupe. Que tous ceux qui ont assisté à un pareil spectacle rappellent à leur imagination la vie et l'intérêt qu'ils lui ont vu jeter dans un village entier, sans en excepter ses habitants les plus âgés et les plus faibles. C'est de telles occasions que le poëte Wordsworth a dit :

« Debout, Timothy, debout ! prends ton bâton et pars. Pas une âme ne restera aujourd'hui dans le village ; le lièvre vient de partir du parc d'Hamilton, et Skiddaw retentit des cris joyeux des chasseurs. »

Mais comparez ces sons inspirateurs au tumulte d'une population féodale se livrant tout entière à ce plaisir, d'une population dont la vie, au lieu de s'épuiser dans les monotones occupations de la société moderne, a été agitée par les hasards de la guerre, et par ceux de la chasse qui ressemblaient tant aux premiers, et vous comprendrez que l'enthousiasme du plaisir se communiquât de l'un à l'autre comme le feu qui gagne des bruyères sèches. Pour me servir d'une expression vulgaire empruntée à un autre amusement, en pareille occasion tout ce qui tombe dans le filet est poisson. Une partie de chasse dans les temps anciens, la nature du carnage exceptée, équivalait presque à une bataille dans les temps modernes, quand la lutte a lieu sur la surface d'un pays inégal et varié. Un district tout entier vomissait ses habitants, qui formaient une chaîne de grande étendue, appelée en terme technique un *tinchel*, et qui, resserrant graduellement leur cercle à mesure qu'ils approchaient, poussaient devant eux, alarmés, les animaux de toute espèce, dont chacun, au moment où il sortait d'un buisson ou d'un marais, se trouvait en but aux flèches, aux javelines et aux autres projectiles dont les chasseurs étaient armés, tandis que d'autres étaient courus et étranglés par de grands lévriers, qui, cependant, le plus fréquemment, se contentaient de les forcer. Alors les personnages les plus importants parmi les chasseurs réclamaient le plaisir de les mettre à mort de leur noble main, courant personnellement les dangers qu'implique toujours une lutte à mort, même avec le daim timide, lorsqu'il est aux abois et n'a plus d'autre alternative que de se soumettre à son sort ou de se placer sur la défensive, à l'aide de son bois magnifique et en déployant tout le courage du désespoir.

La quantité de gibier qu'on trouva ce jour-là dans la vallée de Douglas fut immense; car, ainsi que nous l'avons déjà dit, il y avait longtemps qu'une chasse sur une grande échelle n'y avait été tentée, même sous les Douglas, dont les infortunes avaient commencé plusieurs années auparavant avec celles de leur pays. Les garnisons anglaises ne s'étaient pas encore non plus trouvées assez fortes ou assez nombreuses pour exercer ces importants priviléges de féodalité; et pendant ce temps le gibier s'était considérablement accru. Le daim, le taureau sauvage et le sanglier habitaient le pied des montagnes, et faisaient de fréquentes irruptions dans les parties basses de la vallée, lesquelles, dans Douglasdale, ne ressemblaient pas mal à une oasis entourée de bois épais et de marécages, quelquefois interrompus par des rochers offrant une grande étendue de ces terrains sauvages où les bêtes fauves aiment à se réfugier, quand elles y sont poussées par le voisinage de l'homme.

Au moment où les chasseurs franchissaient l'espace qui séparait la plaine du bois, il y avait toujours, ce qui n'était pas sans charme, incertitude de savoir quel gibier on allait rencontrer, et le tireur, l'arc bandé, la javeline levée, son cheval bridé de près, relevé sur les hanches, prêt à se lancer au moindre signal, épiait avec attention tout ce qui pouvait sortir du couvert, afin d'être toujours sur ses gardes, que ce fût un cerf, un sanglier, un loup, un taureau sauvage ou toute autre espèce de gibier.

Le loup, que ses ravages rendait le plus odieux des animaux de proie, ne présentait pas cependant aux chasseurs l'amusement que promettait son nom; ordinairement il fuyait loin — quelquefois à la distance de plusieurs milles — avant d'avoir le courage de se retourner contre ses adversaires. Il est vrai qu'en de tels moments il devenait formidable, déchirant de ses morsures terribles les chiens et les hommes; mais d'autres fois il en était méprisé pour sa couardise. Le sanglier était plus irascible et plus courageux.

Les taureaux sauvages, bien que les plus formidables hôtes des anciennes forêts calédoniennes, étaient cependant de beaucoup, pour les cavaliers anglais, le plus intéressant objet de chasse [1]. En somme, le son

---

[1] Voici ce qu'Hector Boetius dit de ces taureaux sauvages : — « Dans cette forêt, appelée la Forêt Calédonienne, on voyait quelquefois des taureaux blancs avec une crinière frisée et retombant en boucles comme celle du lion; et bien que quant au reste

des bugles, le piaffement des chevaux, les mugissements et les beuglements des taureaux furieux, les gémissements des daims mis en pièces par les chiens animés, les cris de joie poussés par les hommes, formaient un chorus qui s'étendait au loin dans tous les lieux qui en étaient le théâtre, et semblait menacer les habitants de la vallée jusque dans leurs retraites les plus profondes.

Pendant le cours de cette chasse, au moment où on attendait un daim ou un sanglier, on voyait s'élancer tout à coup un taureau sauvage, déracinant les jeunes arbres, brisant les branches sur son passage, et dispersant en général tous les obstacles que les chasseurs lui pouvaient présenter. Parmi les chevaliers, sir John de Walton fut le seul qui réussit à abattre personnellement l'un de ces puissants animaux; comme un tauréador espagnol, il fit rouler dans la poussière et tua de sa lance un taureau furieux. On tua aussi deux taurillons parvenus jusqu'à leur taille, et trois génisses, qui succombèrent sous le poids des flèches, des javelines et d'autres projectiles que dirigèrent sur eux les archers et les rabatteurs. Mais un grand nombre d'autres, en dépit de tous les efforts qu'on fit pour leur couper le chemin, s'échappèrent, et gagnèrent leurs sombres retraites dans la montagne de Cairntable, le cuir couvert comme de plumes de ces marques des hostilités de l'homme.

leur aspect n'offrit rien de menaçant, ils étaient plus sauvages qu'aucun des autres animaux, et avaient une telle haine pour la société et pour la compagnie de l'homme, qu'ils n'entraient jamais dans les bois et les marécages où ils trouvaient des marques de son pied ou de sa main, et que plusieurs jours après ils ne mangeaient pas encore l'herbe que l'homme avait foulée ou touchée de la main. Ces taureaux étaient si sauvages, que jamais on ne pouvait les prendre sans beaucoup de peine et d'adresse, et si impatients de la captivité, que quand ils y étaient réduits ils se laissaient mourir de douleur. Aussitôt que l'homme pénétrait dans leur retraite, ils fondaient sur lui avec une impétuosité si terrible, qu'ils le renversaient à terre sans avoir aucune crainte des chiens, des épieux et des autres armes plus pénétrantes. » *Boetius*, *Chronique d'Écosse*, tome I, page 39.

Les taureaux sauvages de cette race, qu'on ne connaît plus maintenant que dans un seul manoir d'Angleterre, celui de Chillingham-Castle, dans le Northumberland, se trouvaient, de mémoire d'homme, en trois endroits d'Écosse; savoir : à Drumlanrig, dans Cumbernauld, et dans le parc d'Hamilton-Palace. Je crois qu'ils ont été détruits dans les deux premières localités, à cause de leur férocité. Mais encore que ceux des temps modernes fussent remarquables par leur couleur blanche et leur museau noir, encore qu'il leur restât trois ou quatre pouces de cette crinière noire qui distinguait particulièrement les taureaux sauvages, ils ne se rapprochent pas du tout de la description que nous en ont laissée les anciens auteurs, ce qui a fait penser à quelques naturalistes que ces animaux appartenaient à une espèce différente, quoiqu'ils eussent les mêmes habitudes générales et fissent partie de la même famille. Les ossements que l'on découvre souvent appartiennent certainement à une race d'animaux plus grands que les taureaux de Chillingham, dont le poids varie de 840 à 1120 livres, et dépasse rarement ce dernier chiffre. Nous serions taxé d'une impardonnable négligence par une certaine classe de lecteurs, si nous oubliions de dire ici que la viande de ces animaux est d'excellent goût et parfaitement marbrée. (W. S.)

CHAPITRE VII.

Une grande partie de la matinée se passa de cette façon, jusqu'à ce que, par une sommation particulière, le maître de la chasse annonçât qu'il n'avait pas oublié la louable coutume du repas, qu'en semblable occasion on préparait sur une échelle proportionnée à la multitude de ceux qui avaient pris part à la chasse.

Cette sonnerie particulière rassembla toute la troupe des chasseurs dans une clairière du bois, où elle trouva de la place pour s'asseoir à l'aise sur un vert gazon. Le gibier qu'on avait tué fournit abondamment des viandes à rôtir et à bouillir, occupation à laquelle se livrèrent immédiatement toutes les personnes d'un rang inférieur ; tandis que des pipes et des poinçons, arrivant à point nommé et scientifiquement ouverts, fournirent en abondance du vin de Gascogne et de l'ale forte, suivant le goût des consommateurs.

Les chevaliers, à qui leur rang ne permettait pas de s'occuper de ces détails, s'assirent à part et furent servis par leurs écuyers et leurs pages. Ces services domestiques n'étaient pas regardés comme déshonorants pour ceux-ci ; ils faisaient, au contraire, une partie honorable de leur éducation. Le nombre des personnes distinguées assises à la table qu'on appelait la table du dais, parce qu'elle était placée à l'ombre sous un abri de branches et de feuilles, se composait de sir John de Walton, de sir Aymer de Valence, de quelques révérends pères du couvent de Sainte-Bride, qui, bien qu'Écossais, étaient en leur qualité d'ecclésiastiques traités avec un respect convenable par les soldats anglais. Un ou deux vavasseurs écossais, qui par prudence peut-être montraient de la déférence pour les chevaliers anglais, prirent place à l'extrémité de la table. Un pareil nombre d'archers anglais, particulièrement estimés de leurs supérieurs, furent, suivant la phrase moderne, invités aux honneurs de la séance.

Sir John de Walton s'assit au bout de la table ; ses yeux, quoiqu'ils ne parussent fixés sur aucun objet en particulier, ne restèrent pas un instant immobiles. Il les promenait incessamment sur les physionomies de ses hôtes rangés en cercle autour de lui : car tous étaient indubitablement ses hôtes, bien qu'il eût été embarrassé de dire sur quel principe il avait fait des invitations, et que même il parût ne savoir trop, à l'égard de l'un ou deux de ses convives, ce qui lui avait procuré l'honneur de leur présence.

Un individu surtout fixa les yeux de Walton comme ayant l'air d'un homme d'armes redoutable, quoiqu'il ne parût pas que, depuis quelque temps, la fortune eût souri à ses entreprises. C'était un homme de grande taille, d'une maigreur excessive, d'une figure extrêmement dure, et dont la peau, qu'on apercevait à travers plusieurs solutions de continuité qu'offrait son vêtement, semblait par sa couleur avoir supporté toutes les vicissitudes de l'existence d'un homme mis hors la loi, d'un homme qui, suivant la phrase populaire, *avait pris le pli* avec

Robin Bruce, ou, en d'autres mots, s'était retiré avec cet insurgé dans les marécages. Quelques idées de ce genre se présentèrent à l'esprit de Walton. Cependant la tranquillité apparente, l'absence de toute alarme que témoignait l'étranger assis à la table de l'officier anglais et entièrement en son pouvoir, avaient quelque chose qui ne se pouvait concilier avec cette supposition. De Walton et plusieurs personnes de sa suite avaient remarqué dans la matinée que ce cavalier déguenillé, dont le vêtement et l'équipement offraient surtout de remarquable une vieille cotte de mailles et une pertuisane rouillée, mais pesante, d'environ huit pieds de long, était plus habile dans l'art de la chasse qu'aucun autre membre de la compagnie. Le gouverneur, après avoir regardé cette figure suspecte jusqu'à ce que l'étranger s'aperçût de l'attention particulière dont il était l'objet, remplit enfin un gobelet de vin fin, et le pria, comme l'un des meilleurs élèves de sir Tristram qui eussent pris part à la chasse, de lui faire raison, en acceptant un verre de vin supérieur à celui qu'on servait à la généralité des convives.

— Je suppose cependant, seigneur, dit de Walton, que vous n'aurez pas d'objections à attendre, pour me faire raison, qu'on vous ait servi d'un vin de Gascogne qui croît dans les domaines mêmes du roi, qui a été pressé pour ses propres lèvres, et qui, par conséquent, est le plus convenable que l'on puisse boire à la prospérité et à la santé de Sa Majesté.

— La moitié de l'île bretonne, répondit avec sang-froid le chasseur, sera de l'opinion de Votre Honneur; mais, comme j'appartiens à l'autre moitié, le vin même le plus fin de Gascogne ne me saurait rendre cette santé agréable à porter.

Un murmure désapprobateur s'éleva parmi les guerriers; les prêtres baissèrent la tête, prirent un air profondément sérieux, et récitèrent à voix basse leurs patenôtres.

— Vous voyez, étranger, reprit de Walton d'un ton sec, que ce que vous venez de dire déconcerte la société.

— Cela peut être, repartit l'inconnu du même ton hardi et froid; et néanmoins, il est possible qu'il n'y ait rien de mal dans ce que j'ai dit.

— Réfléchissez-vous que c'est en ma présence que vous avez tenu ce langage?

— Oui, sire gouverneur.

— Et avez-vous pensé aux suites nécessaires qu'il doit avoir?

— Je comprendrais assez facilement ce que je pourrais avoir à craindre, si votre sauf-conduit et votre parole d'honneur, en m'invitant à cette chasse, étaient moins dignes de confiance, et si je ne savais tout le cas qu'on en doit faire réellement; mais je suis votre hôte. — Votre bonne chère traverse en ce moment mon gosier; — votre coupe, pleine du plus excellent vin, je viens à l'instant de la vider. — Je ne craindrais pas le plus infidèle païen, si je me trouvais dans de tels rapports à son égard, encore moins craindrai-je quelque chose d'un chevalier anglais. Je vous le dirai de plus, sire chevalier : vous n'appréciez pas assez le vin que nous avons bu ; de quelque crû qu'il soit, son excellente saveur m'excite à vous dire une ou deux circonstances que, dans un moment comme celui où nous nous trouvons, une sobriété froide et prudente m'aurait fait passer sous silence. Vous désirez, je n'en doute pas, savoir qui je suis. Mon nom de baptême est Michael ; — mon surnom est Turnbull : c'est celui d'un clan redoutable, à l'honneur duquel je crois avoir ajouté quelque chose, aussi bien à la chasse que sur le champ de bataille. Ma demeure est de l'autre côté de la montagne de Rubieslaw, au bord des belles eaux de Teviot. Vous êtes surpris que j'entende la chasse au taureau sauvage, — moi qui en ai fait mon amusement depuis l'enfance, dans les forêts désertes de Jed et de Southdean, et qui en ai plus tué que vous ou aucun autre Anglais de votre armée en ayez jamais vu, même en y comprenant vos magnifiques exploits d'aujourd'hui.

Le hardi Borderer fit cette déclaration avec cet irritant sang-froid qui dominait dans tout son extérieur, et qui était le propre de son caractère. Son effronterie ne manqua pas de produire son effet sur sir John de Walton, qui s'écria aussitôt : — Aux armes ! aux armes ! emparez-vous de cet espion, de ce traître. — Holà ! pages et soldats : — Williams, Anthony, Bande-l'Arc et Greenleaf, — saisissez ce traître, liez-le avec les cordes de vos arcs, avec les laisses de vos chiens ; — liez-le, dis-je, et serrez jusqu'à ce que le sang jaillisse de dessous ses ongles !

— Voilà une belle sommation ! dit Turnbull avec un rire effrayant. Si j'étais sûr qu'une vingtaine d'hommes que je pourrais nommer dussent me répondre, il me resterait peu de doutes sur le résultat de la journée.

Les archers se pressèrent autour du chasseur, sans cependant mettre la main sur lui, aucun d'eux ne se souciant d'être le premier à rompre la paix qui aurait dû régner en semblable occasion.

— Dis-moi, traître, reprit de Walton, que viens-tu faire ici?

— J'y viens uniquement et seulement, répondit l'habitant des forêts, pour rendre à Douglas le château de ses ancêtres, et pour t'assurer à toi, sire Anglais, la récompense que tu as méritée, en te coupant cette même gorge dont tu fais maintenant un si bruyant usage.

S'apercevant en même temps que les archers se pressaient en foule derrière lui pour exécuter les ordres de leur commandant aussitôt qu'il les aurait réitérés, le chasseur se retourna tout à coup en face de ceux qui semblaient prêts à le surprendre, et, par la rapidité de ce mouvement, les ayant forcés à reculer d'un pas, il continua en ces termes : — Oui, John de Walton, mon dessein était, il y a peu de temps encore, de te donner la mort, parce que je te trouvais en possession de ce château et de ce domaine, qui appartiennent à mon maître, un chevalier bien plus digne que toi ; mais je ne sais pourquoi j'ai hésité. — Tu m'as donné de la nourriture, quand je souffrais de la faim depuis vingt-quatre heures; je ne me suis donc pas senti le cœur de te payer comme tu le méritais. Sauve-toi de ce domaine et de ce pays; fais ton profit du loyal avertissement d'un ennemi. Tu t'es constitué l'ennemi mortel de ce peuple, et il y a dans ses rangs des hommes qu'on ne défie pas, et auxquels on ne fait pas injure impunément. Ne te donne pas la peine de me chercher; — ce serait en vain, — jusqu'à ce que nous nous rencontrions de nouveau par mon bon plaisir et non par le tien. Ne pousse pas ton inquisition jusqu'à la cruauté pour découvrir par quel moyen je t'ai trompé : il te serait impossible de l'apprendre. Maintenant que je t'ai donné ces conseils d'ami, regarde-moi et fais-moi tes adieux; car, bien que nous devions nous revoir un jour, il peut se passer d'ici là bien du temps.

De Walton gardait le silence, espérant que son prisonnier — car il ne voyait aucune chance qu'il pût lui échapper — pourrait dans son humeur communicative lui donner quelques informations importantes. Et puis, il ne voulait pas hâter le tumulte par lequel cette scène semblait devoir se terminer, ne se doutant pas de l'avantage que sa temporisation donnait à l'audacieux chasseur.

Au moment où Turnbull terminait sa dernière phrase, il fit tout à coup en arrière un bond qui le porta hors du cercle formé autour de lui; et avant que les Anglais se fussent aperçus de son intention, il avait complètement disparu dans les taillis.

—Saisissez-le! —saisissez-le! répétait de Walton ; ayons-le à notre discrétion, à moins que la terre ne l'ait réellement englouti.

Cette supposition n'avait rien d'invraisemblable, car près de l'endroit où Turnbull avait sauté se trouvait un ravin escarpé et béant dans lequel il plongea et descendit à l'aide des branches, des broussailles et de petits arbrisseaux, jusqu'à ce qu'arrivé au fond il trouva une route qui le conduisit jusqu'à la lisière de la forêt à travers laquelle il s'échappa, laissant les plus exercés de ceux qui le poursuivaient totalement en défaut et incapables de suivre ses traces.

CHAPITRE VIII.

Cet épisode jeta quelque confusion dans la partie de chasse ainsi interrompue par l'apparition de Michael Turnbull, partisan déclaré et armé de la maison de Douglas, événement auquel on devait peu s'attendre dans un pays où son maître était regardé comme un rebelle et un bandit, et où lui-même devait nécessairement être connu de la majeure partie des paysans. Cette circonstance fit une impression évidente sur les chevaliers anglais. Sir John de Walton, d'un air grave et soucieux, ordonna que tous les chasseurs se réunissent au lieu où il se trouvait, et à ses soldats de commencer une recherche sévère parmi les Écossais présents, pour voir si Turnbull y avait quelques complices. Mais il était trop tard pour faire cet examen aussi exactement que de Walton l'avait ordonné.

Les Écossais, voyant que la chasse, prétexte sous lequel on les avait convoqués, était interrompue, et qu'on allait mettre la main sur leur personne et les assujettir à un interrogatoire, eurent soin de faire cadrer leurs réponses avec les questions qu'on leur adressait, et gardèrent leur secret, s'ils en avaient un. Nombre d'entre eux, se sentant les plus faibles, craignirent quelque abus de la force, et abandonnèrent les lieux où on les avait postés, renonçant à la chasse en hommes qui croyaient ne pas y avoir été invités dans des intentions amies. Sir John de Walton s'aperçut que le nombre des Écossais allait en décroissant, et leur disparition graduelle réveilla chez le chevalier anglais cette méfiance qui depuis quelque temps était devenue le trait dominant de son caractère.

— Prenez, je vous prie, dit-il à sir Aymer de Valence, autant d'hommes d'armes que vous pourrez en rassembler en cinq minutes de temps, et au moins cent archers montés, et courez au galop renforcer la garnison de Douglas, sans permettre à aucun des nôtres de s'écarter un instant du drapeau; car lorsque nous voyons ici de nos propres yeux une telle nichée de traîtres, je ne puis m'empêcher de songer à ce qu'on aura peut-être tenté contre le château.

— Sauf votre respect, sir John, répondit sir Aymer, votre flèche, en cette occasion, va au delà du but. Que ces paysans écossais soient pleins de mauvais vouloir envers nous, je serais le dernier à le nier; mais, privés qu'ils ont été de la chasse pendant si longtemps, vous ne sauriez vous étonner qu'ils soient accourus en grand nombre, attirés par le plaisir dans la forêt et sur les bords de la rivière, et encore moins qu'ils s'alarment facilement, incertains du pied sur lequel ils sont avec nous. La plus légère apparence de rigueur déployée à leur égard les frappe de crainte, leur inspire le désir de s'échapper, et ainsi...

— Et ainsi, interrompit sir John de Walton, qui avait témoigné, en l'écoutant, un degré d'impatience à peine compatible avec la politesse grave et formelle qu'un chevalier avait coutume d'avoir pour un autre, — et ainsi, j'aimerais mieux voir sir Aymer de Valence hâter les pieds de son cheval pour exécuter mes ordres, que donner à sa langue la peine de les discuter.

A cette vive réprimande, tous ceux qui étaient présents se regardèrent les uns les autres avec des signes d'un déplaisir marqué. Sir Aymer se sentit vivement offensé, mais il vit que ce n'était pas le moment d'user de représailles. Il s'inclina jusqu'à ce que la plume qui ornait sa toque de banneret se mêlât à la crinière de son cheval; et sans répliquer, — car il n'osa s'en fier à sa langue pour répondre en ce moment, — il se mit à la tête d'un corps considérable de cavalerie, qu'il reconduisit au château de Douglas par la route la plus directe.

Quand il arriva sur l'une de ces éminences d'où il pouvait voir les murailles massives et les nombreuses tourelles de la vieille forteresse se réfléchir dans le grand lac qui l'entourait de trois côtés, il éprouva un grand plaisir à la vue de la bannière d'Angleterre, qui flottait sur la partie la plus élevée du bâtiment : — Je le savais, se dit-il intérieurement; j'étais sûr que sir John de Walton était vraiment devenu une femme par la manière dont il s'abandonne à ses craintes et à ses soupçons. Hélas! faut-il que la responsabilité d'un tel poste ait changé à ce point un caractère que j'ai connu si noble et si digne d'un chevalier! Tout à l'heure je ne savais trop quelle conduite tenir à son égard, quand il m'a ainsi gourmandé publiquement en présence de toute la garnison. Certainement il mérite qu'un jour ou un autre je lui fasse comprendre que quelque orgueil qu'il déploie dans son commandement temporaire, cependant si nous devions nous rencontrer face à face, sir John de Walton serait fort embarrassé de se montrer le supérieur d'Aymer de Valence, où peut-être même son égal. Mais si, au contraire, ses craintes, quoique fantasques, sont sincères au moment où il les exprime, il est de mon devoir d'obéir ponctuellement à des ordres qui, bien qu'absurdes, me sont imposés parce que le gouverneur les croit nécessités par la difficulté des circonstances, et qui ne sont pas imaginés pour tourmenter ses officiers et leur faire sentir inutilement son pouvoir. Je voudrais bien savoir ce qui en est, et si de Walton, jadis si justement renommé, a de ses ennemis une crainte indigne d'un chevalier, ou s'il se fait, d'appréhensions imaginaires, un prétexte pour tyranniser celui qu'il appelait son ami. Je ne saurais dire que cela doive faire une grande différence pour moi, mais je préférerais voir l'homme que j'ai autrefois aimé devenir un petit tyran qu'un esprit faible et un poltron. J'aimerais mieux savoir qu'il s'étudie à me tourmenter que de le voir effrayé de son ombre.

Tandis que ces idées occupaient son esprit, le jeune chevalier franchit la chaussée qui traversait la pièce d'eau par laquelle le fossé était alimenté, et passant sous la porte redoutablement fortifiée, il donna des ordres sévères pour qu'on baissât la herse et qu'on levât le pont-levis, même quand le propre étendard de Walton serait en vue.

Une marche lente et circonspecte, du lieu de la chasse au château de Douglas, donna au gouverneur le temps de se calmer et d'oublier que son jeune ami avait montré moins d'empressement que de coutume dans l'exécution de ses ordres. Il se sentait même disposé à traiter comme une plaisanterie la lenteur et la ponctualité du cérémonial militaire déployé pour le laisser pénétrer lui-même dans le château dont il était gouverneur. Cependant le vent froid et humide d'une soirée de printemps soufflait autour de sa personne non armée, tandis qu'il attendait, devant la porte du château, l'échange des mots d'ordre, la remise des clefs et toutes les observances minutieuses qui accompagnent les mouvements de troupes dans une forteresse bien gardée.

— Allons, dit-il à un vieux chevalier qui blâmait avec aigreur le lieutenant-gouverneur, c'est ma faute. Tout à l'heure encore j'ai parlé à Aymer de Valence d'un ton plus impératif que celui dont sa nouvelle dignité se voulait accommoder, et maintenant cette affectation de minutieuse discipline est une revanche bien naturelle et tout à fait pardonnable. Cependant il me semble que nous lui devons quelque chose, sir Philip; — n'êtes-vous pas de cet avis? Ce n'est pas une nuit à tenir un homme à la porte.

Ce dialogue, entendu par quelques-uns des pages et des écuyers, se transmit de l'un à l'autre jusqu'à ce qu'il perdît entièrement le ton de bonne humeur avec lequel il avait été tenu. On en fit une offense dont sir John de Walton et le vieux sir Philip méditaient de se venger; on prétendit que le gouverneur y avait vu un affront mortel et prémédité de la part de son subordonné.

C'est ainsi que la mésintelligence alla chaque jour augmentant entre deux guerriers qui n'avaient aucune juste cause de querelle, et qui, au contraire, avaient au fond du cœur toutes les raisons de s'aimer et de s'estimer. Cette mésintelligence devint visible dans la forteresse, même pour les hommes du rang le plus inférieur, qui espérèrent se donner de l'importance en se mêlant aux rivalités jalouses de leurs deux commandants, — rivalités qui peuvent bien exister aujourd'hui, mais auxquelles ne sauraient se rattacher les sentiments d'orgueil blessé et de dignité froissée qui existaient à l'époque où l'honneur personnel attaché au titre de chevalier rendait excessivement susceptibles ceux qui étaient revêtus de ce titre.

Il s'éleva tant de petits débats entre les deux chevaliers, que sir Aymer de Valence se crut dans la nécessité d'écrire au comte de Pembroke, qui était son oncle et dont il portait le nom, lui disant que son commandant, sir John de Walton, nourrissait malheureusement des préventions contre lui depuis quelque temps, et qu'après avoir supporté des preuves irritantes de son déplaisir, il se voyait dans la nécessité de demander qu'on le retirât du château de Douglas et qu'on l'envoyât partout ailleurs où il y aurait de l'honneur à gagner, en attendant que le temps mît un terme à ses griefs actuels contre son supérieur. Dans toute cette lettre, le jeune Aymer de Valence mit la plus grande prudence dans la manière dont il exprima l'opinion qu'il avait de la jalousie de sir John de Walton et de ses mauvais procédés à son égard ; mais de tels sentiments ne se cachent pas aisément. En dépit donc de ses efforts, un air de déplaisir perçait dans certains passages, et montrait qu'il était mécontent du vieil ami et compagnon d'armes de son oncle, ainsi que de la sphère des devoirs militaires que ce dernier lui avait assignée.

Un mouvement accidentel parmi les troupes anglaises apporta à sir Aymer une réponse à sa lettre beaucoup plus prompte qu'il n'eût pu l'espérer, à cette époque où la correspondance était en général extrêmement lente et souvent interceptée.

Pembroke, vieux guerrier rigide, conservait l'opinion la plus favorable de sir John de Walton, qu'il regardait pour ainsi dire comme l'œuvre de ses mains. Il s'indigna que son neveu, qu'il considérait encore comme un enfant, s'avisât de ne pas la partager entièrement, enflé qu'il était probablement de ce qu'on lui avait conféré, avant l'âge ordinaire, les honneurs de la chevalerie. Il lui répondit donc du ton le plus mécontent, et s'exprima comme une personne d'un rang élevé écrivant sur les devoirs de sa profession à un parent jeune et dépendant de lui. Parcourant l'un après l'autre les griefs qu'alléguait son neveu, il ne crut pas lui faire injustice en les traitant comme beaucoup plus futiles qu'ils ne l'étaient en effet. Il rappela au jeune homme que l'étude de la chevalerie consistait dans l'accomplissement fidèle et patient de ses devoirs militaires, nobles ou peu importants, suivant les circonstances de la guerre où il se trouvait employé ; que surtout, le poste dangereux, ainsi qu'on s'accordait unanimement à désigner le château de Douglas, était en même temps le poste de l'honneur, et qu'il devait craindre d'encourir le soupçon de désirer quitter le commandement honorable qu'il avait en ce moment, parce qu'il était las de la discipline d'un chef militaire aussi renommé que sir John de Walton. Cette lettre contenait encore nombre d'avis, comme il était naturel dans une lettre de cette époque, sur le devoir d'un jeune homme de se laisser implicitement guider par ses anciens, soit dans le conseil, soit dans l'exécution. Il lui faisait observer avec justice que l'officier supérieur qui s'était mis en situation de répondre par la perte de son honneur, si ce n'était par celle de sa vie, de l'issue d'un siége ou d'un blocus, pouvait réclamer, à plus juste titre qu'aucun autre, la direction implicite de tous ses moyens de défense. Enfin, Pembroke rappelait à son neveu que la réputation du reste de sa vie dépendait en grande partie des rapports que ferait sur lui sir John de Walton, et lui rappelait qu'un petit nombre d'actions téméraires et d'une valeur irréfléchie n'assurerait pas aussi fermement sa réputation militaire que les mois et les années passées dans une obéissance régulière, humble et constante, aux ordres que le gouverneur de Douglas pourrait juger nécessaire de lui donner dans des conjonctures si dangereuses.

Cette missive arriva si peu de temps après l'envoi de la lettre à laquelle elle répondait, que sir Aymer fut presque tenté de supposer que son oncle avait pour correspondre avec de Walton quelque moyen inconnu du chevalier et du reste de la garnison. Comme son oncle faisait allusion à quelque déplaisir particulier que de Valence avait montré dans une occasion récente et de peu d'importance, la connaissance de ce fait et de quelques autres bagatelles lui sembla confirmer l'idée que sa conduite était surveillée d'une manière qui lui sembla peu honorable pour lui-même et peu digne de la part de son parent. En un mot, il se regarda comme exposé à cette sorte de surveillance dont les jeunes gens, dans tous les temps, ont accusé les personnes plus âgées. Il est à peine nécessaire de dire que l'admonition du comte de Pembroke irrita le caractère altier de son neveu, d'autant plus que si le comte avait voulu écrire de propos délibéré une lettre tendant à accroître les préventions que, dans le fait, il désirait éteindre, il n'aurait pu faire usage d'expressions plus propres à produire cet effet.

La vérité était que, sans que le jeune chevalier en eût connaissance, le vieil archer Gilbert Greenleaf était allé au camp de Pembroke, dans l'Ayrshire, et avait été recommandé au comte par sir de Walton, comme en état de lui donner les informations les plus minutieuses qu'il pourrait désirer sur Aymer de Valence. Le vieil archer, ainsi que nous l'avons vu, était fanatique de discipline; et pressé sur certains points de la conduite de sir Aymer de Valence à cet égard, il n'hésita pas à se permettre certaines insinuations, qui, rattachées à la lettre du chevalier à son oncle, firent adopter trop implicitement à celui-ci l'idée que son neveu se laissait aller à un esprit d'insubordination et à une impatience de l'autorité, très-dangereux pour la réputation d'un jeune soldat. Une courte explication aurait pu amener un accord parfait entre les sentiments des deux parents; mais le sort n'en fournit ni le temps ni l'occasion, et le vieux comte se trouva malheureusement induit à prendre parti dans la querelle au lieu d'y jouer le rôle de négociateur, et

« Par sa décision, embrouilla les affaires. »

Sir John de Walton s'aperçut bientôt que la réception de la lettre de Pembroke n'avait en rien changé la conduite cérémonieuse de son lieutenant envers lui, conduite qui limitait leurs rapports à ceux que le service rendait indispensables, et n'indiquait de sa part aucune avance pour rétablir une liaison plus franche et plus intime. Ainsi, comme ce peut être aujourd'hui le cas entre officiers dans leur position respective, ils restèrent dans les termes froids et polis de leurs communications officielles, ne s'adressant qu'aussi peu de mots que pouvait en comporter l'exécution de leurs devoirs réciproques. Un tel état de mésintelligence est pire dans le fait qu'une franche querelle : — celle-ci peut se terminer par une explication, des excuses, ou la médiation d'un tiers ; mais dans le premier cas, il n'y a pas plus de chances d'un éclaircissement qu'il n'y en a pour un engagement général entre deux armées qui ont pris chacune de leur côté de fortes positions défensives. Cependant leurs fonctions obligeaient les deux principaux officiers du château de Douglas à se trouver souvent ensemble ; mais alors, bien loin de chercher l'occasion de se réconcilier, ils ravivaient ordinairement d'anciens sujets de débats.

Ce fut dans l'une de ces occasions que de Walton, le plus formellement du monde, demanda à de Valence en quelle qualité, et pour combien de temps, son bon plaisir était que le ménestrel appelé Bertram demeurât dans le château.

— Une semaine, dit le gouverneur, ajoute certainement, en un tel temps et en un pareil lieu, à l'hospitalité due à un ménestrel.

— Certainement, répliqua le jeune homme, je n'y prends pas assez d'intérêt pour former un seul désir à ce sujet.

— En ce cas, je prierai ce personnage d'abréger sa visite au château de Douglas.

— Je ne vois pas quel intérêt particulier je pourrais prendre aux mouvements de cet homme ; il est ici sous prétexte de certaines recherches qu'il veut faire des écrits d'un certain Thomas d'Erceldoun, surnommé le Rimeur, écrits qui sont, dit-il, infiniment curieux, et dont un volume se trouverait dans le cabinet du vieux baron, après avoir été sauvé d'une manière ou d'une autre des flammes qui ont tout dévoré dans le dernier incendie. Cela dit, vous en saurez autant que moi des affaires qui l'amènent ici. Si vous regardez la présence d'un vieillard errant, et le voisinage d'un jeune garçon, comme dangereux pour le château dont vous avez la garde, vous feriez bien sans aucun doute de les renvoyer ; — il n'en coûtera qu'un mot de votre bouche.

— Pardonnez-moi ; le ménestrel est venu ici comme faisant partie de

CHAPITRE VIII.

votre suite, et je ne saurais, dans les règles de la courtoisie, le renvoyer sans votre agrément.

— Je suis fâché à mon tour que vous ne m'ayez pas fait connaître vos intentions plus tôt ; je n'ai jamais eu un vassal ou un serviteur, quelqu'un enfin qui dépendît de moi, dont j'aie désiré prolonger le séjour dans ce château un moment au delà de votre honorable plaisir.

— Je suis fâché, reprit sir John de Walton, que depuis quelque temps nous soyons devenus si polis l'un envers l'autre, qu'il nous soit difficile de nous entendre. Le ménestrel et son fils viennent on ne sait d'où ; où ils vont, on ne le sait pas davantage. Un bruit court parmi quelques-uns des hommes de votre escorte que ce Bertram aurait eu, chemin faisant, l'audace de contester, en vous parlant à vous-même, le droit du roi d'Angleterre à la couronne d'Écosse, et que pendant que vous discutiez tous deux ce point, vous auriez donné ordre à votre détachement de se tenir à quelque distance en arrière et hors de portée d'entendre votre conversation.

— Ha ! votre intention est-elle de baser sur cette circonstance une accusation d'infidélité envers mon souverain ? Je vous prierai d'observer qu'une telle intimation toucherait à mon honneur, que je suis prêt et disposé à défendre jusqu'à la dernière extrémité.

— Je n'en fais pas de doute ; mais c'est contre le ménestrel vagabond et non contre le noble chevalier anglais que se dirige mon accusation.

— Passons. Le ménestrel vient au château et exprime le désir que son fils obtienne la permission de se loger dans le vieux couvent de Sainte-Bride, où l'on tolère la présence de deux ou trois moines écossais et d'autant de nonnes, plutôt par respect pour leur ordre qu'en considération du bon vouloir qu'on leur suppose à l'égard des Anglais et de leur souverain. Il est encore bon d'observer que, si j'ai été bien informé, ils ont acheté cette permission par le sacrifice d'une somme plus forte que celle qui se trouve ordinairement dans la poche de ménestrels errants, classe de vagabonds aussi remarquable par sa pauvreté que par son génie. Que pensez-vous de tout ceci ?

— Moi ? je me trouve heureux que ma position subalterne me dispense du devoir d'y penser du tout. Mon poste comme lieutenant-gouverneur de ce château est tel que si je ne puis arranger les choses de façon à dire que mon honneur et mon âme me restent encore, je dois penser qu'on me laisse assez de liberté, et je vous promets que vous n'aurez à cet égard à l'avenir aucune occasion de me réprimander ou de faire un mauvais rapport à mon oncle.

— Voilà qui passe les bornes de la patience ! dit à demi-voix sir John de Walton ; puis il ajouta tout haut : — Au nom du Ciel, ne me faites pas, ne vous faites pas à vous-même l'injustice de supposer que je cherche à gagner quelque avantage sur vous en vous adressant ces questions. Rappelez-vous, jeune chevalier, que lorsque vous éludez de répondre à votre officier supérieur qui vous demande votre avis, vous manquez autant aux règles de la discipline que si vous lui refusiez le concours de votre lance et de votre épée.

— Tel étant le cas, dites-moi clairement sur quoi mon opinion est demandée. Je l'exprimerai franchement, aux risques de ses conséquences, aurait-elle même le malheur (crime impardonnable dans un homme si jeune et un officier si inférieur) de différer de celle de sir John de Walton.

— Je vous demanderai donc, sire chevalier de Valence, quelle est votre opinion par rapport à ce ménestrel Bertram, et si les soupçons qui s'élèvent sur lui et sur son fils ne sont pas de nature à me forcer, pour obéir à mon devoir, à les soumettre à un interrogatoire rigoureux, avec la question ordinaire et extraordinaire, comme cela se pratique dans des cas semblables, et à les chasser non-seulement de ce château, mais de tout le territoire de la vallée de Douglas, sous peine du fouet si on les retrouve rôdant dans ces parages.

— Vous me demandez mon opinion et vous l'aurez, sire chevalier de Walton, aussi honnêtement et aussi franchement que si nous étions ensemble dans les mêmes termes d'amitié où nous avons été. Je conviendrai avec vous que la plupart de ceux qui professent aujourd'hui la gaie science n'ont nullement les qualités nécessaires pour soutenir les hautes prétentions de cette noble carrière. Les ménestrels ayant réellement le droit de se donner ce nom se sont dévoués à la noble tâche de célébrer les exploits des chevaliers et les principes généreux. Ce sont leurs vers qui transmettent à la postérité le nom des valeureux guerriers, et le poëte a non-seulement le droit, mais encore le devoir, de rivaliser de vertu avec ceux dont il fait l'éloge. Le relâchement des temps a diminué l'importance et altéré les mœurs de cette classe errante; maintenant leurs satires et leurs éloges ne sont souvent distribués d'après aucun autre principe que l'amour du gain. Espérons cependant qu'il en reste quelques-uns qui connaissent encore leur devoir et sont désireux de l'accomplir. Mon opinion est que ce Bertram se regarde comme un homme qui n'a point pris part à la dégradation de ses confrères ni plié le genou devant le Mammon de l'époque. C'est à vous qu'il appartient de décider si un individu dont les intentions paraissent honorables et morales peut mettre en quelque danger la sûreté du château de Douglas. Mais croyant, d'après les sentiments qu'il m'a manifestés, qu'il est incapable de jouer le rôle d'un traître, je dois énergiquement protester contre le dessein de le punir comme tel ou de le soumettre à des tortures dans l'intérieur d'une forteresse anglaise. Je rougirais pour mon pays s'il exigeait de nous d'infliger des cruautés si arbitraires à des voyageurs dont le seul crime est la pauvreté. Vos propres sentiments de chevalier vous suggéreront à cet égard plus de choses qu'il ne me convient d'en dire à sir John de Walton, à moins que cela ne devienne nécessaire pour m'excuser de persister dans ma propre opinion.

Le front de sir John de Walton se colora quand il entendit énoncer une opinion contraire à la sienne, et stigmatisant celle-ci comme manquant de générosité, de sentiment, et indigne d'un chevalier. Il fit un effort pour ne pas s'emporter, et répondit avec un certain degré de calme : — Vous avez donné votre avis, sir Aymer de Valence ; vous l'avez donné hardiment, franchement, sans égard pour le mien, et je vous en remercie. Il n'est pas aussi clair que je doive soumettre mes sentiments aux vôtres, dans le cas où les devoirs de ma place, — les ordres du roi, — et les observations que j'ai faites personnellement me suggéreraient une ligne de conduite différente de celle que vous croyez qu'il serait juste que j'adoptasse.

De Walton salua très-gravement en terminant ce discours ; le jeune chevalier lui rendit son salut avec le même degré de politesse cérémonieuse. Il lui demanda s'il avait quelques ordres à lui donner concernant ses devoirs particuliers au château, et se retira après avoir reçu une réponse négative.

Sir John de Walton, après avoir exprimé son impatience comme un homme désappointé de voir que les tentatives qu'il avait faites auprès de son jeune ami, pour arriver à une explication, avaient échoué, prit un air profondément pensif et se promena en long et en large dans l'appartement, se demandant à quel parti il s'arrêterait dans les circonstances actuelles : — Il est dur de le blâmer trop sévèrement, se dit-il, quand je me rappelle qu'au moment où je suis entré dans le monde, j'aurais pensé et agi comme ce jeune homme ardent et fier, mais brave et généreux. Maintenant la prudence m'enseigne à me défier du genre humain dans mille circonstances, sans en avoir peut-être de motifs suffisants. A supposer que je sois disposé à risquer mon honneur et ma vie plutôt que d'exposer un vagabond ménestrel à souffrir un peu de peine, que, dans tous les cas, je puis compenser avec de l'argent, ai-je le droit de m'exposer à courir le risque d'une conspiration contre le roi, et d'avancer ainsi la perfide reddition du château de Douglas, alors que je sais que tant de plans sont formés pour l'amener, et qu'on ne saurait en imaginer de si périlleux, qu'il ne se trouvât des gens assez hardis pour en entreprendre l'exécution ? Un homme dans ma position, bien que toujours l'esclave de sa conscience, doit apprendre à mettre de côté ces vains scrupules qui ont l'air de découler de nos sentiments moraux, tandis que, dans le fait, ils nous sont suggérés par une délicatesse ridicule. J'en jure par le Ciel, je ne me laisserai point atteindre par la folie contagieuse d'un enfant comme Aymer ; je n'obéirai pas à ses caprices ; je ne perdrai pas tout ce que l'amour, l'honneur et l'ambition peuvent m'offrir de récompenses pour un service d'une année si peu agréable, et qui exige tant de surveillance. J'irai droit à mon but, et j'userai, en Écosse, des précautions ordinaires que j'emploierais en Normandie ou en Gascogne. — Holà! page! qui est de service ici?

Quelqu'un se présenta : — Cherchez Gilbert Greenleaf, l'archer, et dites-lui que je veux lui parler, touchant les deux arcs et le paquet de flèches que je lui avais donné commission de m'acheter à Ayr.

Quelques minutes s'étaient à peine écoulées depuis l'ordre donné, lorsque l'archer entra, tenant à la main deux bois d'arc non encore façonnés et une botte de flèches retenues ensemble par une courroie. Il avait cet air mystérieux de quelqu'un dont l'affaire apparente n'est pas de très-grande conséquence, mais sert de passe-port à d'autres affaires qui sont en elles-mêmes d'une nature secrète. Ainsi donc, comme le chevalier gardait le silence et ne donnait aucune autre occasion à Greenleaf d'entrer en conversation, le judicieux négociateur profita de la seule qui se présentait.

—Voici, noble seigneur, les deux bois d'arc que vous m'avez chargé de me procurer pendant que je serais à Ayr avec l'armée du comte de Pembroke. Ils ne sont pas aussi bons que j'aurais pu le désirer, mais peut-être sont-ils de meilleure qualité que ceux qu'aurait pu se procurer quiconque n'aurait pas été bon juge de cette arme. Le camp tout entier du comte de Pembroke est fou furieux du désir de se procurer de vrai bois d'Espagne du port de Grogne, et d'autres du même pays; mais, quoique deux vaisseaux qui, à ce qu'on disait, en étaient chargés pour l'armée du roi, soient arrivés à Ayr, je ne pense pas que la moitié en soit tombée en des mains anglaises. Ces deux-ci sont de la forêt de Sherwood; et comme ils sont préparés depuis le temps de Robin Hood, il n'est pas vraisemblable qu'ils manquent ni de force ni de justesse, tenus d'un bras aussi vigoureux et dirigés par un œil aussi sûr que ceux des archers qui servent sous Votre Seigneurie.

—Et qui s'est emparé du reste de la cargaison, puisque deux vaisseaux sont arrivés à Ayr apportant des bois d'arc neufs, et que tu n'as pu réussir qu'avec difficulté à m'en procurer deux vieux?

—Ma foi, je ne prétends pas être assez habile pour le savoir, répondit Greenleaf en haussant les épaules; on parle de conspirations dans ce pays-là aussi bien qu'ici. On dit que lord Bruce et le reste de ses partisans ont l'intention de jouer un nouveau jeu de Mai, et que le roi proscrit se propose de débarquer près de Turnberry au commencement de l'été, à la tête d'un bon nombre de fantassins irlandais. Sans doute, les habitants de ce prétendu comté de Carrick se munissent de flèches et d'épieux, et se préparent pour une entreprise qui offre de si belles espérances. M'est avis qu'il ne nous en coûtera que quelques vingtaines de carquois à vider pour terminer convenablement cette affaire.

—Tu parles donc de conspirations dans cette partie de l'Ecosse où nous sommes, Greenleaf? Je te connais pour un homme plein de sagacité, habitué depuis longtemps à manier l'arc et la flèche, et qui n'est pas homme à laisser passer de pareilles trames sous ton nez sans t'en apercevoir.

— Dieu sait que je suis assez vieux, et que j'ai une bonne expérience de ces guerres d'Écosse ; je sais bien si ces Écossais sont un peuple auquel doivent se fier chevaliers ou archers anglais. Dites que c'est un peuple de traîtres, ajoutez que c'est un bon archer qui vous l'a dit, un archer dont le bras est aussi sûr que l'œil, et qui a rarement manqué le but de la largeur d'une main. Ah, monseigneur ! Votre Honneur sait comment les traiter : — tenez-les solidement sous vous, et serrez-leur la bride de près ; — vous n'êtes pas comme ces novices qui s'imaginent, dans leur simplicité, que tout doit se faire par la douceur, et qui se piquent de se montrer courtois et généreux envers ces montagnards sans foi, qui jamais dans tout le cours de leur vie n'ont eu la moindre teinture de courtoisie non plus que de générosité.

— Tu fais allusion à quelqu'un en particulier, dit le gouverneur, et je t'ordonne d'être franc et explicite avec moi ; tu me connais, je pense, et tu sais que tu ne risques rien à te fier à moi.

— C'est vrai, c'est vrai, sire chevalier, dit le vieux débris de tant de guerres en portant la main à son front ; mais il serait imprudent de communiquer toutes les remarques qui peuvent passer par le cerveau d'un vieux soldat dans le désœuvrement d'une garnison comme celle-ci. On peut tomber aussi bien sur des rêveries sans fondement que sur des réalités, et c'est ainsi qu'on acquiert, sans trop d'injustice, la réputation d'un rapporteur et d'un mauvais camarade. C'est une accusation que je ne me soucie pas de mériter.

— Parle-moi franchement, et ne crains pas de te voir mésinterprété, n'importe sur qui doive rouler la conversation.

— Au surplus, pour dire la simple vérité, je ne crains pas la puissance de ce jeune chevalier, étant, comme je suis, le plus vieux soldat de la garnison, et ayant tiré la corde d'un arc longtemps avant qu'on ne songeât à le sevrer.

— C'est donc sur mon lieutenant et ami, Aymer de Valence, que se portent tes soupçons ?

— Ils ne touchent en rien l'honneur du jeune chevalier lui-même, qui est aussi brave que son épée, et qui tient un rang élevé, eu égard à sa jeunesse, parmi les chevaliers anglais ; mais il est jeune, ainsi que le sait Votre Honneur, et j'avoue que le choix de la compagnie qu'il fréquente me contrarie et m'alarme.

— Mais tu sais que dans les loisirs d'une garnison un chevalier ne peut pas toujours, pour ses plaisirs et ses amusements, se limiter à la société de ceux de son propre rang, qui ne sont pas nombreux et pas aussi amateurs peut-être du plaisir et de la folie qu'il le pourrait désirer.

— Je le sais fort bien, et je ne m'aviserais pas de trouver à redire à la conduite de votre lieutenant pour se joindre à quelques honnêtes garçons, quelque inférieur que fût leur rang, et s'amuser avec eux à lutter ou à jouer du bâton. Mais si Aymer de Valence a tant de goût pour les histoires des anciennes guerres, il me semble qu'il ferait mieux de les apprendre de la bouche des vieux soldats qui ont suivi Edward Ier, que Dieu bénisse, et qui ont vu, avant qu'il ne fût au monde, les guerres des barons et autres guerres mémorables dans lesquelles les chevaliers et les archers de la joyeuse Angleterre se sont illustrés par tant d'exploits dignes d'être conservés à la postérité; cela, dis-je, serait mieux séant pour le neveu du comte de Pembroke, que de le voir chaque jour s'enfermer avec un ménestrel vagabond qui gagne sa vie à réciter des sottises et des mensonges aux jeunes gens assez fous pour le croire, ménestrel dont pas un peut-être ne pourrait dire s'il est Anglais ou Écossais par ses opinions, dont pas un ne saurait dire s'il est Anglais ou Écossais de naissance, et surtout pourquoi on le laisse vaguer dans ce château, libre de communiquer tout ce qui s'y passe à ces marmotteurs de matines du couvent de Sainte-Bride, qui disent de la langue Dieu sauve le roi Edward! et dans leur cœur, Dieu sauve le roi Robert Bruce! — Ces communications, il les peut aisément entretenir au moyen de son fils, demeuré, comme Votre Seigneurie le sait, au château de Sainte-Bride, sous prétexte de maladie.

— Comment, sous prétexte? s'écria le gouverneur; — est-ce qu'il n'est pas réellement malade?

— Eh! il peut être malade et en danger de mort, pour ce que j'en sais; mais si cela était vrai, ne serait-il pas plus naturel que le père se tînt au chevet de son fils, que d'être à rôder dans ce château où on le rencontre perpétuellement dans la bibliothèque du vieux baron ou dans quelque autre coin, au moment où on s'y attend le moins?

— Si sa présence n'avait pas un but honnête, tu pourrais avoir raison; mais on dit qu'il est ici à la recherche de vieilles poésies ou prophéties de Merlin, ou du Rimeur, ou de quelque autre ancien barde. Dans le fait, il est naturel qu'il cherche à augmenter la masse de ses connaissances et ses moyens d'amuser les autres; et où pourrait-il trouver plus de matériaux pour cela que dans une bibliothèque pleine d'anciens livres?

— Sans doute, répondit l'archer avec un sourire qui, pour être poli, n'en indiquait pas moins l'incrédulité; j'ai rarement entendu parler d'une insurrection en Écosse qui n'eût été prophétisée dans quelques vieux vers arrachés tout exprès à la poussière et aux toiles d'araignée pour donner du cœur à ces rebelles septentrionaux, qui n'eussent pas osé sans cela s'arrêter pour entendre siffler nos flèches. Mais les têtes bien frisées sont trop vives, et, sauf votre permission, il y a dans votre état-major des personnes qui conservent trop du feu de la jeunesse, pour des temps aussi incertains que ceux où nous vivons.

CHAPITRE VIII.

— Tu m'as convaincu, Gilbert Greenleaf, et je vais m'informer de plus près que je ne l'ai fait jusqu'à présent de ce que c'est que cet homme, et de ses occupations ici. Ce n'est pas le moment de compromettre la sûreté d'un château royal pour le plaisir de déployer de la générosité envers un homme que nous connaissons si peu, et sur lequel, sans injustice, nous pouvons faire planer de graves soupçons, jusqu'à ce qu'il nous ait donné des explications très-complètes. Est-il maintenant dans l'appartement qu'on appelle la bibliothèque du baron?

— Votre Seigneurie peut être certaine de l'y trouver.

— Suis-moi donc avec deux ou trois de tes camarades, et tiens-toi hors de vue, mais à portée d'entendre; il pourra être nécessaire d'arrêter cet homme.

— Je serai là quand vous m'appellerez, mais....

— Mais quoi? je ne vais pas, j'espère, trouver de tous côtés des doutes et de la désobéissance?

— Non pas du mien, certes; je voulais seulement rappeler à Votre Seigneurie que ce que j'ai dit n'a été qu'une réponse sincère à ses questions, et que, comme sir Aymer de Valence s'est déclaré le protecteur de cet homme, je n'aimerais pas à demeurer exposé aux hasards de sa vengeance.

— Allons donc! Qui est gouverneur de ce château, de sir Aymer de Valence ou de moi? et à qui vous imaginez-vous que vous ayez à rendre compte de vos réponses aux questions que je puis vous poser?

— Croyez-moi, sire chevalier, repartit le vieil archer, qui n'était pas intérieurement fâché de voir de Walton se montrer jaloux de son autorité, je connais ma place et celle de Votre Seigneurie, et je n'en suis pas à apprendre à qui je dois obéir.

— A la bibliothèque, donc; hâtons-nous d'aller trouver cet homme.

— Belle affaire, en vérité, ajouta Greenleaf tout en le suivant, que Votre Seigneurie aille en personne procéder à l'arrestation d'un si piètre individu; mais Votre Honneur a raison : ces ménestrels sont souvent des jongleurs, et possèdent des moyens de s'échapper que les gens illettrés comme moi sont disposés à attribuer à la nécromancie.

Sans faire attention à ces dernières paroles du vieil archer, sir John de Walton se dirigea vers la bibliothèque d'un pas rapide, comme si cette conversation avait augmenté chez lui le désir de se voir en possession de la personne du ménestrel suspect.

Après avoir traversé les anciens corridors du château, le gouverneur arriva sans peine à la bibliothèque, qui était une pièce voûtée en grosses pierres de taille, dans laquelle se trouvait une sorte d'armoire en fer, destinée à conserver des choses précieuses et des papiers importants en cas d'incendie. Il y trouva le ménestrel assis devant une petite table, tenant devant lui un manuscrit très-ancien, à en juger par les apparences, et dont il semblait occupé à faire des extraits. Les fenêtres de l'appartement étaient très-petites, et des traces montraient encore que, dans l'origine, l'histoire de sainte Bride y avait été peinte sur verre, nouvelle preuve de la dévotion de la grande famille de Douglas pour leur sainte protectrice.

Le ménestrel, qui semblait profondément absorbé par la tâche à laquelle il se livrait, en fut distrait par l'entrée imprévue de sir John de Walton. Il se leva avec tous les signes de respect et d'humilité; et se tenant debout en présence du gouverneur, il parut attendre ses questions, comme s'il eût prévu que cette visite le concernait d'une manière particulière.

— J'aime à supposer, sire ménestrel, dit de Walton, que vous avez été heureux dans votre recherche, et que, parmi ces planches brisées et ces volumes gâtés, vous avez trouvé le livre de poésies ou de prophéties que vous veniez chercher?

— J'ai été, sire chevalier, plus heureux que je ne devais l'espérer, d'après les ravages de l'incendie. Il est probable que c'est là le fatal volume que je cherchais; et, d'après le sort qu'ont éprouvé la plupart des autres livres de cette bibliothèque, il est étrange que j'aie pu en retrouver quelques fragments même imparfaits.

— Puisqu'il vous a été permis de satisfaire votre curiosité, j'espère, ménestrel, que vous ne vous refuserez pas à contenter aussi la mienne?

Le ménestrel répondit avec la même humilité, que s'il y avait, dans la pauvre étendue de ses talents, quelque chose qui pût faire le moindre plaisir à sir John de Walton, il allait prendre son luth, et qu'il était à ses ordres.

— Vous vous méprenez, sire ménestrel, repartit le gouverneur assez brusquement; je ne suis pas de ceux qui ont des heures à dépenser à écouter des contes ou des airs d'autrefois. Ma vie m'a à peine donné assez de temps pour apprendre les devoirs de ma profession, à plus forte raison ne m'a-t-elle pas laissé de loisirs pour ces sottises sonores. Peu m'importe qu'on le sache : mon oreille est si incapable de juger de votre art, que sans doute vous regardez comme très-noble, que je saurais à peine distinguer la modulation d'un air de celle d'un autre.

— En ce cas, répliqua tranquillement le ménestrel, je ne saurais me promettre le plaisir de procurer à Votre Seigneurie l'amusement que sans cela j'aurais pu espérer de lui donner.

— Et je n'en attends aucun de vous, reprit le gouverneur, se rapprochant d'un pas et parlant d'un ton plus sévère. J'attends des informations que vous pouvez me donner, j'en suis sûr, si vous le voulez. Mon devoir est de vous prévenir que si vous ne paraissez pas disposé à dire la vérité, je connais des moyens que je serai obligé d'employer, quoiqu'à regret, pour vous l'arracher d'une manière plus désagréable que je ne l'aurais voulu.

— Si vos questions, sire chevalier, sont de telle nature que je puisse ou doive y répondre, vous n'aurez pas besoin de me les faire deux fois. Si, au contraire, elles sont telles que je ne puisse pas, que je ne doive pas y répondre, croyez-moi, aucune menace de violence ne saurait me contraindre à le faire.

— Vous parlez hardiment; mais, je vous en donne ma parole, votre courage sera mis à l'épreuve. Je suis aussi peu désireux d'en venir à de telles extrémités que vous pouvez l'être de les subir, mais elles seraient la conséquence naturelle de votre obstination. Je vous demande donc si Bertram est réellement votre nom, — si vous n'avez aucune autre profession que celle de ménestrel errant, — enfin si vous n'avez aucun rapport ou liaison avec quelque Anglais ou Écossais hors des murs de ce château de Douglas?

— J'ai déjà répondu à toutes ces questions lorsqu'elles m'ont été faites par l'honorable chevalier sir Aymer de Valence, et l'ayant pleinement satisfait, je ne crois pas qu'il soit nécessaire que je subisse un second interrogatoire. Je ne crois pas non plus que ce second interrogatoire puisse s'accorder avec l'honneur de Votre Seigneurie ou celui de votre lieutenant.

— Vous prenez bien souci de mon honneur et de celui de sir Aymer de Valence. Vous pouvez en croire ma parole; nous suffirons à en prendre soin, et vous pouvez vous dispenser de le faire. Je vous le demande encore : voulez-vous répondre aux questions qu'il est de mon devoir de vous faire? ou serai-je contraint à vous faire obéir en vous soumettant aux rigueurs de la question? J'ai déjà vu, je dois vous le dire, les réponses que vous avez faites à mon lieutenant, et elles ne me satisfont pas.

A ces mots il frappa dans ses mains; deux ou trois archers se montrèrent, dépouillés de leur tunique et vêtus seulement de leur chemise et de leur haut-de-chausses.

— Je vois, dit le ménestrel, que vous avez l'intention de m'infliger un châtiment étranger à l'esprit des lois anglaises, puisqu'il n'y a aucune preuve que je sois coupable. Je vous ai déjà dit que je suis Anglais de naissance, ménestrel de profession, et que je n'ai nulle espèce de rapports avec aucune personne susceptible de nourrir aucun dessein contre ce château de Douglas, son gouverneur ou sa garnison. Quant aux réponses que vous pourriez m'arracher par l'agonie corporelle, je ne saurais, loyal chrétien que je suis, m'en regarder comme responsable. Il me semble que je suis aussi capable que qui que ce soit d'endurer la douleur physique; je suis sûr au moins de n'en avoir pas encore connu que je ne préférasse subir de nouveau plutôt que de violer la parole que j'ai donnée, ou de devenir traîtreusement dénonciateur de personnes innocentes. Mais je ne sais pas, je le confesse, jusqu'où l'art du tourmenteur peut aller, et bien que je ne vous craigne pas, sir John de Walton, je dois avouer que je me crains moi-même, puisque je ne sais pas à quelles extrémités votre cruauté est capable de me soumettre, et jusqu'à quel point je serai, moi, capable d'y résister. Je proteste donc d'abord que je ne serai, en aucune façon, responsable de toutes paroles que je pourrais prononcer dans un interrogatoire dont la torture serait l'instrument. Cela dit, il ne vous reste plus qu'à passer à l'exécution d'un office, qui, permettez-moi de le dire, n'est pas ce que j'attendais d'un chevalier accompli comme vous.

— Écoutez-moi, sire ménestrel, reprit le gouverneur ; vous et moi ne sommes pas d'accord, et si je faisais mon devoir, peut-être devrais-je passer immédiatement aux moyens extrêmes dont je vous ai menacé. Mais peut-être éprouvez-vous moins de répugnance à subir ce genre d'interrogatoire, que je ne m'en sens, moi, à le commander ; je vais donc, quant à présent, vous consigner dans un lieu de détention tel qu'il convient à un homme soupçonné de jouer le rôle d'espion dans cette forteresse. Jusqu'à ce qu'il vous plaise de mettre un terme à ces soupçons, votre nourriture et votre logement seront ceux d'un prisonnier. En attendant, et avant de vous soumettre à la question, faites-y attention, je vais aller à cheval à l'abbaye de Sainte-Bride, et m'assurer par moi-même si le jeune homme que vous faites passer pour votre fils possède le même degré de résolution que vous affectez. Il pourra arriver que son interrogatoire et le vôtre jettent l'un sur l'autre une lumière suffisante pour prouver votre culpabilité ou votre innocence, sans qu'il soit besoin de les confirmer par l'emploi de la question extraordinaire. S'il en est autrement, tremblez pour votre fils, si ce n'est pour vous-même. — Vous ai-je ébranlé, sire ménestrel? — ou bien craignez-vous pour les chairs et les nerfs plus délicats de votre fils ces engins que vous sembleriez braver volontiers vous-même?

— Sire chevalier, répondit le ménestrel, maîtrisant l'émotion momentanée qu'il avait laissé voir, vous êtes homme d'honneur, vous êtes un homme loyal : je vous le demande donc à vous-même, devriez-vous en bonne justice prendre une pire opinion d'un homme parce qu'il serait disposé à subir personnellement des cruautés qu'il ne désire pas voir infliger à son fils, à un jeune enfant délicat et relevant à peine d'une dangereuse maladie?

— Il est de mon devoir, repartit de Walton après une pause de quelques instants, de ne négliger absolument rien pour remonter à la source de toute cette affaire. Si tu désires merci pour ton fils, tu l'obtiendras très-aisément en lui donnant l'exemple de l'honnêteté et de la franchise.

Le ménestrel se rejeta sur sa chaise, comme fermement résolu à subir toutes les tortures qu'on lui pourrait infliger plutôt que de faire aucune réponse plus explicite qu'il n'avait fait jusque-là. Sir John de Walton lui-même semblait jusqu'à un certain point irrésolu sur la conduite qu'il devait tenir. Il éprouvait une répugnance invincible à pro-

CHAPITRE VIII.

céder, sans un mûr examen, à ce que bien des gens eussent appelé l'exécution directe de son devoir, c'est-à-dire à infliger des tortures corporelles au père et au fils à la fois. Quelque profond que fût son dévouement au roi, quelques espérances qu'il fondât sur le strict accomplissement des hautes fonctions qui lui étaient confiées, il ne pouvait se résoudre à adopter cette méthode cruelle de trancher la difficulté. Bertram avait un extérieur vénérable, et son élocution y répondait. Le gouverneur se rappela qu'Aymer de Valence, dont il était impossible de nier le jugement en général, lui en avait parlé comme de l'un de ces rares individus qui rachetaient par leur bonne conduite ce que leur profession avait de corrompu. Il reconnaissait en lui-même qu'il y aurait une grande injustice et une grande cruauté à refuser d'admettre le prisonnier au nombre des hommes honnêtes et loyaux, jusqu'à ce que, pour prouver son honnêteté, il lui eût disloqué le corps aussi bien que celui de son fils. — Je n'ai pas de pierre de touche, se dit-il, pour distinguer la vérité du mensonge; Bruce et ses partisans sont debout: — c'est bien lui qui avait équipé les galères qui étaient à l'ancre à Rachrin cet hiver. L'histoire que m'a faite Greenleaf d'armes pour une nouvelle insurrection s'accorde étrangement avec l'apparition étrange de ce forestier dans la dernière chasse. Tout tend à prouver que quelque chose se trame, qu'il est de mon devoir de prévenir. Je ne négligerai donc aucun moyen d'agir sur ce ménestrel par la crainte ou par l'espoir, mais plaise à Dieu de m'éclairer de quelque autre manière ! je ne crois pas qu'il soit loyal de torturer ces hommes malheureux et peut-être innocents. — Après ces réflexions, il sortit de la bibliothèque, disant à voix basse à Greenleaf un mot au sujet de son prisonnier.

Il avait déjà franchi la porte de l'appartement, et ses satellites avaient déjà mis la main sur le vieillard, quand il entendit celui-ci l'appeler et le prier de rentrer un moment.

— Qu'as-tu à me dire? demanda le gouverneur; parle vite, car j'ai déjà perdu à t'écouter plus de temps que je n'aurais dû, et dans ton propre intérêt je te conseille....

— Et moi, dans ton propre intérêt, sir John de Walton, interrompit le ménestrel, je te conseille de réfléchir avant que de persister dans ta résolution actuelle; car de tous les hommes vivants tu es celui qui devra le plus cruellement en souffrir. Si tu enlèves un cheveu de la tête de ce jeune homme, — bien plus, si tu permets qu'il subisse aucune privation qu'il soit en ton pouvoir d'empêcher, tu prépareras pour tes propres souffrances un degré d'agonie plus aigu que celle que pourrait te faire éprouver aucune autre cause en ce monde périssable. Je jure par ce qu'il y a de plus sacré dans notre sainte religion, je prends à témoin le saint sépulcre dont j'ai été le visiteur indigne, que je n'ai rien dit que la vérité, et qu'un jour tu me témoigneras ta reconnaissance pour la manière dont j'ai agi à ton égard. Il est de mon intérêt aussi bien que du tien de t'assurer la tranquille possession de ce château, encore qu'effectivement je sache, par rapport à lui et à Votre Seigneurie, quelque chose que je ne puis vous révéler sans le consentement de ce jeune homme. Apportez-moi seulement un billet de sa main par lequel il consent à ce que je vous révèle notre mystère, et vous verrez bientôt tous ces nuages se dissiper, puisque jamais incertitude pénible ne s'est changée plus subitement en joie, puisque jamais un nuage chargé d'adversités n'a fait plus rapidement place à un brillant soleil, que ne le feraient tes soupçons qui maintenant paraissent si formidables.

Il parla avec tant de chaleur qu'il fit impression sur sir John de Walton, et celui-ci sut moins que jamais comment il devait agir.

— Je ne demande pas mieux que de suivre mon dessein par les voies les plus douces, dit-il, et je ne ferai pas à ton jeune enfant d'autre mal que celui que ton obstination et la sienne paraîtraient mériter. En même temps, songe, sire ménestrel, que mon devoir a des limites, et que si je m'en écarte un seul jour pour toi, il est du tien de m'en témoigner ta reconnaissance. Je te permettrai donc d'écrire de ta propre main à ton fils, et j'attendrai sa réponse avant de prendre un parti dans une affaire qui semble si mystérieuse. En attendant, si tu as une âme à sauver, je t'adjure de parler avec vérité, et de me dire si les secrets dont tu parais être le gardien fidèle ont rapport aux menées de Douglas, de Bruce, ou de qui que ce soit en leur nom, contre la sûreté de ce château ?

Le prisonnier réfléchit un moment, puis il répondit : — Je sais, sire chevalier, sous quelle condition sévère le commandement de cette forteresse vous a été confié. S'il était en mon pouvoir de vous aider du bras ou de la langue comme un fidèle ménestrel et un loyal sujet, je me croirais obligé de le faire ; mais, bien loin d'être ce que vous m'avez soupçonné, j'aurais certainement cru que Bruce et Douglas avaient rassemblé leurs partisans dans l'intention de renoncer à leurs entreprises coupables, et de partir pour la Terre-Sainte, n'était l'apparition de ce forestier, qui, à ce que l'on m'a dit, vous a bravé de si près à la chasse, ce qui me fait croire que lorsqu'un partisan si résolu de Douglas s'asseyait si hardiment à votre table, son maître et ses compagnons ne pouvaient pas être à une grande distance. — Jusqu'à quel point ses intentions pouvaient-elles être amicales à votre égard, c'est ce que je vous laisserai à juger. Seulement, croyez-moi, le chevalet, la poulie et les tenailles n'auraient pu me forcer à jouer le rôle d'espion ou de conseiller dans une querelle où je n'ai que peu ou point d'intérêt, si je n'avais éprouvé le désir de vous bien convaincre que vous avez affaire à un honnête homme, à un homme qui a votre bien-être à cœur. — Cependant, faites-moi donner ce qu'il faut pour écrire, ou faites-moi rendre ma plume et mon écritoire, car je possède jusqu'à un certain degré les talents les plus relevés de ma profession, et je ne crains pas de vous promettre une explication satisfaisante de toutes ces merveilles dans un espace de temps très-court.

— Dieu veuille qu'il en soit ainsi, encore que je ne voie pas trop comment je puis espérer un résultat si favorable, tandis que je puis éprouver beaucoup de mal par suite de mon trop de confiance dans cette affaire. En attendant, mon devoir exige que vous soyez réduit à une sévère détention.

A ces mots, il remit au ménestrel la plume et l'encre que les archers avaient saisies sur lui en entrant, et leur commanda de le lâcher.

— Ainsi donc, dit Bertram, je demeure soumis à une captivité rigoureuse? Mais je ne repousse aucun désagrément personnel si je puis vous éviter d'agir avec une précipitation dont vous vous repentiriez pendant tout le reste de votre vie, sans avoir les moyens de l'expier.

— Pas un mot de plus, ménestrel; et puisque j'ai fait mon choix, peut-être un choix bien dangereux pour moi, essayons de ce talisman que tu prétends me devoir servir, comme les marins disent que l'huile répandue sur les flots irrités en calme la furie.

CHAPITRE IX.

> Prends garde! prends garde au moine noir; il conserve encore sa puissance, car il est encore de droit l'héritier de l'Église, quel que soit le suzerain laïque. Amundeville est seigneur le jour, mais le moine est seigneur la nuit; ni vin ni bière n'enhardirait un vassal à contester le droit du moine noir.
> *Don Juan*, chant XVII.

Le ménestrel ne s'était pas vanté à tort de son habileté dans l'art d'employer la plume et l'encre. Dans le fait, aucun prêtre de l'époque n'aurait pu faire en aussi peu de temps un petit billet plus nettement composé ou écrit d'un caractère plus joli que les lignes adressées « Au jeune homme appelé Augustin, fils de Bertram le ménestrel. »

— Je n'ai pas plié cette lettre, dit-il, et je ne l'ai point entourée d'un fil de soie, car elle n'est point conçue en des termes susceptibles de vous expliquer le mystère, et, à vous parler franchement, je crois qu'elle ne vous apprendra rien; mais il peut être utile de vous montrer ce qu'elle ne contient pas, et de vous faire voir qu'elle est écrite par une personne et à une personne qui ont l'une et l'autre les meilleures intentions à votre égard et à l'égard de votre garnison.

— C'est un moyen de déception facile, repartit le gouverneur; toutefois, cela tend à montrer, quoique d'une manière peu certaine, que vous êtes disposé à agir de bonne foi, et jusqu'à ce que le contraire me soit démontré, je me ferai un devoir de vous traiter avec tous les égards que la circonstance pourra permettre. Cependant je vais me rendre à cheval à l'abbaye de Sainte-Bride; j'interrogerai en personne le jeune prisonnier, et Dieu veuille qu'il ait la volonté, comme vous dites qu'il en a le pouvoir, d'expliquer cette énigme qui nous jette tous dans une telle confusion. — A ces mots il demanda son cheval, et pendant qu'on le sellait il lut avec beaucoup de calme la lettre du ménestrel, qui était ainsi conçue :

« Mon cher Augustin,

« Sir John de Walton, gouverneur de ce château, a conçu les soupçons que je vous avais indiqués comme la conséquence probable de votre arrivée dans ce pays sans motif apparent. Moi, du moins, je suis arrêté et menacé d'un interrogatoire avec tortures, pour me forcer à dire les motifs de notre voyage; mais ils m'arracheront les chairs et me mettront les os à nu, avant de me faire violer le serment que j'ai prêté. Le but de cette lettre est donc de vous apprendre le danger où vous êtes de vous trouver en semblable position, à moins que vous ne m'autorisiez à découvrir la chose à ce chevalier. Vous n'avez qu'un mot à dire pour exprimer vos volontés à ce sujet, bien sûr qu'elles seront exécutées de tous points par votre dévoué,   Bertram. »

Cette lettre ne jetait pas la moindre lumière sur le secret de celui qui l'avait écrite. Le gouverneur la lut plus d'une fois, il la tourna et la retourna dans ses mains, comme s'il eût espéré par ce mouvement mécanique tirer de cette lettre quelque chose que les mots dont elle se composait ne révélaient pas au premier coup d'œil; mais, n'obtenant aucun succès de ce genre, de Walton se retira dans la grande salle du château, où il annonça à sir Aymer de Valence qu'il allait jusqu'à l'abbaye de Sainte-Bride, et qu'il le priait de prendre le commandement et la responsabilité pendant son absence. Naturellement, sir Aymer accepta la charge qui lui était confiée, et la désunion qui régnait entre eux ne leur permit pas d'entrer dans de plus longues explications.

Dès que sir John de Walton fut arrivé au vieux couvent délabré, l'abbé, se hâtant d'un pas tremblant, s'empressa de venir prendre immédiatement les ordres du commandant de la garnison anglaise dont sa maison dépendait, aussi bien pour l'indulgence qu'il lui avait témoignée, que pour la subsistance et la protection qui lui étaient nécessaires à une époque si pleine de dangers. De Walton, ayant interrogé le vieillard sur le jeune homme logé dans l'abbaye, apprit qu'il avait été indisposé depuis qu'il y avait été laissé par son père, Bertram le ménestrel. L'abbé ajouta qu'il lui paraissait possible que cette indisposition eût quelque rapport à la maladie contagieuse qui, à cette époque, ravageait les frontières d'Angleterre, et qui s'était même propagée en Écosse, où ensuite elle fit d'effrayants progrès. Après que la conversation eut duré quelques instants, sir John de Walton mit dans la main de l'abbé la lettre adressée au jeune homme qui logeait actuellement sous son toit. Quand l'abbé se fut acquitté de sa commission, il reçut pour le gouverneur un message qui lui parut si hardi, qu'il n'osait trop s'en charger. C'était que le jeune homme ne pouvait et ne voulait pas recevoir le chevalier anglais dans ce moment; mais que s'il revenait le lendemain après la messe, il était probable qu'il pourrait apprendre quelque chose de ce qu'il désirait savoir.

— Ce n'est pas là, dit sir John de Walton, la réponse qu'un jeune homme comme celui-ci doit faire à une personne dans ma position, et il me semble, frère abbé, que vous avez pris peu de soin de votre sûreté personnelle en vous chargeant de me transmettre un message si insolent.

L'abbé trembla sous les longs plis de sa robe de bure, et de Walton, s'imaginant que cette émotion était la conséquence d'une conscience coupable, lui dit de se rappeler ses devoirs envers l'Angleterre, les bienfaits qu'il en avait reçus, et les conséquences probables de sa conduite s'il aidait ce jeune insolent à braver le pouvoir du gouverneur de la province.

L'abbé s'excusa avec la plus vive anxiété des accusations portées contre lui; il jura sa parole sacrée que ce qu'il y avait d'inconsidéré dans le message de ce jeune garçon provenait d'une humeur fantasque, suite de son indisposition; il rappela au gouverneur que comme chrétien et comme Anglais il avait des devoirs envers la communauté de Sainte-Bride, laquelle n'avait jamais donné au gouvernement anglais le plus léger sujet de plainte. A mesure qu'il parlait, l'homme d'église paraissait s'encourager des immunités de son ordre. Il dit qu'il ne pouvait permettre qu'un enfant malade, qui avait cherché un refuge dans le sanctuaire de l'église, fût arrêté ou soumis à aucune espèce de violence, à moins qu'il ne fût accusé d'un crime que l'on spécifiât et que l'on pût prouver immédiatement. Les Douglas, race aussi entière qu'il en fût, avaient constamment respecté le sanctuaire de Sainte-Bride; il n'était pas supposable que le roi d'Angleterre, fils obéissant et soumis de l'Église de Rome, montrerait moins de vénération pour ses droits que les partisans d'un usurpateur, d'un homicide et d'un excommunié comme Robert Bruce.

Walton fut singulièrement ébranlé par ces remontrances; il savait qu'à cette époque le pape avait une grande influence dans toutes les querelles où il lui plaisait d'intervenir; il savait que même dans la dispute pour la couronne d'Écosse. Sa Sainteté y avait élevé des prétentions qui, dans les idées alors reçues, auraient pu l'emporter sur celles de Robert Bruce et d'Edward d'Angleterre ; il comprit que son souverain lui saurait peu de gré de lui occasionner quelques nouveaux démêlés avec l'Église. D'ailleurs, il était aisé d'établir une garde pour empêcher Augustin de s'échapper pendant la nuit, et le lendemain matin il serait tout aussi complétement dans la puissance du gouverneur anglais que s'il l'arrêtait de vive force en ce moment. Toutefois, sir John de Walton usa de son autorité sur l'abbé pour lui faire promettre qu'à raison du respect accordé pendant ce délai au sanctuaire, il s'engagerait, une fois qu'il serait expiré, à favoriser et aider de son influence spirituelle l'arrestation du jeune homme, s'il n'alléguait pas de raisons suffisantes pour s'y opposer. Cet arrangement, qui paraissait flatter encore le gouverneur de l'espoir de terminer facilement ce démêlé pénible, lui fit accorder le délai qu'Augustin imposait plutôt qu'il ne le sollicitait.

— A votre requête, père abbé, vous que j'ai toujours connu pour un homme sûr, j'accorderai à ce jeune homme la grâce qu'il demande avant de le faire arrêter ; il est bien entendu qu'il ne lui sera pas permis de sortir de cette maison et que vous m'en répondrez. Maintenant, ainsi qu'il est raisonnable, je vous donne le pouvoir de commander notre petite garnison d'Hazelside, à laquelle je joindrai un petit renfort dès que je serai de retour au château, en cas que vous en ayez besoin ou que les circonstances me forcent à prendre d'autres mesures.

— Digne chevalier, répliqua l'abbé, je ne suppose pas que la résistance de ce jeune homme rende nécessaire d'avoir recours à aucun autre moyen que celui de la persuasion, et j'ose dire que vous vous trouverez on ne peut plus satisfait de la manière dont je m'acquitterai des fonctions de confiance dont vous voulez bien m'honorer.

L'abbé s'acquitta ensuite des devoirs de l'hospitalité, énumérant les mets simples que les règles du couvent lui permettaient d'offrir au chevalier. Sir John de Walton refusa de se rafraîchir ; toutefois il prit courtoisement congé de l'homme d'église, et n'épargna pas son cheval jusqu'à ce que le noble animal l'eût ramené devant le château de Douglas. Sir Aymer de Valence vint le recevoir sur le pont-levis et lui fit rapport qu'il n'y avait rien de nouveau depuis son départ, si ce n'est qu'on avait reçu avis que douze à quinze hommes partis des environs d'Ayr et se rendant dans la ville de Lanark passeraient la nuit aux avant-postes d'Hazelside.

— J'en suis charmé, répondit le gouverneur ; j'étais au moment de renforcer ce poste. Ce jeune homme, le fils de Bertram le ménestrel, ou quel qu'il soit, s'est engagé à se soumettre demain matin à un interrogatoire. Comme les soldats de ce détachement appartiennent à l'armée de votre oncle lord Pembroke, pourrais-je vous prier de monter à cheval, d'aller au-devant d'eux, et de leur commander de rester à Hazelside jusqu'à ce que vous ayez fait une nouvelle enquête sur ce jeune homme, auquel il reste encore à expliquer le mystère dont il s'enveloppe et à répondre à une lettre que j'ai remise de mes propres mains entre celles de l'abbé de Sainte-Bride. J'ai montré trop d'indulgence dans cette affaire; je compte donc sur vous pour veiller à ce que ce jeune homme ne puisse s'échapper, et pour l'amener ici avec toutes sortes de soins et d'égards, comme un prisonnier de quelque importance.

—Certainement, sir John, répondit Aymer, vos ordres seront exécutés, puisque vous n'en avez pas de plus importants à confier à celui qui a l'honneur de ne reconnaître que vous pour supérieur dans ce château.

—Je vous demande mille pardons, sir Aymer, repartit le gouverneur, si la commission vous paraît au-dessous de votre dignité; mais c'est notre malheur de ne pouvoir nous entendre l'un l'autre quand nous faisons nos efforts pour être le plus intelligibles.

—Mais que devrai-je faire—non que je veuille discuter vos ordres, mais au contraire pour les mieux comprendre — que devrai-je faire si l'abbé de Sainte-Bride s'oppose à leur exécution?

—Comment! avec le renfort du détachement de lord Pembroke, vous seriez à la tête de vingt hommes d'armes au moins, avec l'arc et la lance, contre cinq ou six vieux moines timides qui n'ont que leur robe et leur capuchon.

—C'est vrai; mais le ban et l'excommunication sont quelquefois, par le temps qui court, trop durs pour la cotte de mailles, et je ne me verrais pas volontiers rejeté hors du giron de l'Église.

—Hé bien alors, très-soupçonneux et très-scrupuleux jeune homme, sache que si ce fils prétendu du ménestrel ne se livre pas de lui-même, ainsi qu'il l'a promis, l'abbé s'est engagé à le remettre entre tes mains.

Il n'y avait pas d'autres observations à faire, et bien que de Valence trouvât qu'on le fatiguât inutilement d'une mission au-dessous de lui, il prit cette sorte de demi-armure en usage quand les chevaliers sortaient de l'enceinte de la garnison, et se mit en devoir d'exécuter les ordres de de Walton. Un ou deux cavaliers l'accompagnaient, ainsi que son écuyer Fabien.

La soirée se termina par l'un de ces brouillards d'Écosse qu'on dit généralement valoir les pluies des climats plus heureux. Le sentier devint de plus en plus obscur; les collines s'enveloppèrent de plus de vapeurs, et devinrent plus difficiles à traverser; tous les petits inconvénients qui rendaient le voyage lent et incertain dans ce pays s'augmentèrent de la densité du brouillard, qui couvrait tous les objets.

Sir Aymer de Valence pressa donc le pas de son cheval, et éprouva souvent le sort de l'homme attardé qui allonge encore son chemin par les efforts qu'il fait pour le hâter. Le chevalier songea qu'il aurait une route directe en traversant la ville presque déserte de Douglas, dont les habitants avaient été si sévèrement traités par les Anglais, dans les derniers troubles, que la plupart de ceux qui étaient en état de porter les armes l'avaient abandonnée pour se réfugier en différentes parties du pays. Cette ville presque inhabitée était défendue par une palissade grossière et un pont-levis encore plus grossier, lequel donnait accès dans des rues si étroites que trois chevaux avaient peine à y passer de front, ce qui prouvait bien à quel point les anciens seigneurs du pays étaient fidèles à leurs préjugés contre les fortifications et préféraient tenir la campagne, ce qu'exprime le proverbe si connu de cette famille : — « Il vaut mieux entendre chanter l'alouette que crier la souris. » Les rues, ou plutôt les ruelles, auraient été dans une obscurité complète si la lune, qui se levait en ce moment, n'eût envoyé de temps à autre un rayon oblique sur les pignons raides et étroits. On n'entendait pas le moindre bruit indiquant l'industrie domestique ou les joies du foyer ; pas un rayon lumineux ne s'échappait à travers les fenêtres, partant de l'âtre ou de la chandelle. L'ancienne ordonnance appelée le couvre-feu, que Guillaume le Conquérant avait introduite en Angleterre, était alors en pleine vigueur dans toutes les parties de l'Écosse dont la fidélité était suspecte, ou que même on regardait comme disposées à la rébellion ; et parmi celles-ci nous n'avons pas besoin de dire que l'on rangeait en première ligne les anciennes possessions des Douglas. L'église, monument gothique d'un caractère magnifique, avait été autant que possible détruite par le feu ; mais les ruines, retenues ensemble par le poids des pierres dont elle se composait, attestaient encore suffisamment la grandeur de la famille qui l'avait élevée de ses deniers, et dont les restes, de temps immémorial, avaient été ensevelis dans ses caveaux.

Accordant peu d'attention à ces reliques d'une splendeur qui n'était plus, sir Aymer de Valence s'avançait avec son petit détachement, et déjà il avait dépassé les fragments épars du cimetière de Douglas, lorsqu'à sa grande surprise, au bruit des pas de son cheval, il crut entendre répondre les pas d'un autre cheval de guerre s'avançant lourdement par le haut de la rue, comme pour venir à sa rencontre. Il fut impossible à de Valence de deviner quelle pouvait être la cause de ces sons belliqueux ; il entendait distinctement le cliquetis d'une armure et le pas pesant d'un cheval de guerre, auquel l'oreille d'un soldat ne pouvait se tromper. La difficulté d'empêcher les hommes d'armes de sortir de leur quartier pendant la nuit aurait expliqué suffisamment la présence d'un fantassin attardé ; mais il était plus difficile de se rendre compte de celle d'un cavalier monté et revêtu de toutes ses armes, tel que celui qu'un rayon passager de la lune laissa apercevoir à l'autre bout de la ruelle. Peut-être le guerrier inconnu aperçut-il en même temps sir Aymer de Valence et les hommes armés qui composaient son escorte ; — du moins

CHAPITRE IX.

tous les deux crièrent à la fois : « Qui va là ? » et deux voix retentissantes répondirent en même temps, d'un côté : Saint George ! et de l'autre : Douglas ! éveillant les tranquilles échos de la rue étroite et délabrée, et ceux des arches silencieuses de l'église à demi ruinée. Étonné d'entendre un cri de guerre auquel se rattachaient tant de souvenirs, le chevalier anglais mit à force d'éperons son destrier au grand galop sur la chaussée inégale et rapide qui conduisait à la porte sud-est de la ville, et ce fut pour lui l'affaire d'un moment que de s'écrier : — Holà ! Saint George ! vous tous, sus à cet insolent vilain ! — Cours à la porte, Fabien, et coupe-lui la retraite ! — Saint George pour l'Angleterre ! — Aux arcs et aux bills ! — aux arcs et aux bills ! — Cependant Aymer mit en arrêt sa longue lance, qu'il avait prise des mains de l'écuyer qui la portait; mais le rayon de la lune parut et disparut en un instant, et bien que de Valence fût persuadé que le guerrier ennemi n'avait pu avoir le temps d'éviter sa rencontre, il n'eut que ses conjectures quant au but où il devait tendre, et continua à descendre en courant dans cette ruelle obscure au milieu des pierres et d'autres obstacles épars, sans que sa lance rencontrât l'objet de sa poursuite. Il parcourut ainsi, d'un galop inégal, une descente de cinquante à soixante pas, sans croire avoir rencontré la figure qui lui avait apparu, quoique le peu de largeur de la rue ne lui permît guère de penser qu'il l'eût dépassée, à moins qu'au moment de la rencontre cheval et cavalier ne se fussent évanouis comme une bulle d'air. Cependant les hommes de sa suite étaient sous le poids d'une terreur presque surnaturelle, que nombre d'aventures singulières leur avaient appris, pour la plupart, à rattacher au nom de Douglas, et quand il arriva à la porte qui terminait cette misérable rue, il n'y avait auprès de lui que Fabien, dans la tête duquel nulle suggestion d'une nature timorée ne pouvait dominer le son de la voix de son maître bien-aimé.

Là se trouvait un poste d'archers anglais; ceux-ci furent singulièrement alarmés quand ils virent de Valence et son page galoper au milieu d'eux : — Vilains, s'écria de Valence, pourquoi ne faites-vous pas mieux votre devoir ? Qui vient tout à l'heure de traverser votre poste en poussant le cri rebelle des Douglas ?

— Nous n'avons connaissance de rien de semblable, répondit le chef du poste.

— Ce qui veut dire, infâmes vilains, que vous avez dormi après avoir bu ?

Les hommes protestèrent du contraire, mais d'une manière embarrassée qui fut loin de détruire les soupçons de sir Aymer. Il demanda à grands cris des fanaux, des torches, des chandelles, et le petit nombre d'habitants demeurés dans la ville commencèrent à se montrer en rechignant avec les différents moyens d'éclairage qu'ils pouvaient posséder. Ils parurent étonnés du récit que faisait le jeune chevalier, et, bien qu'il fût confirmé par tous les hommes de sa suite, ils n'y ajoutèrent aucune foi et pensèrent plutôt que les Anglais voulaient d'une manière ou d'une autre chercher une querelle aux habitants de la ville en prétextant qu'ils y avaient, de nuit, introduit l'un des partisans de leurs anciens maîtres. Ils protestèrent donc de leur innocence quant à la cause de ce tumulte, et s'efforcèrent de se montrer actifs à courir, leurs torches à la main, de coin en coin et de maison en maison, afin de découvrir le cavalier invisible. Les Anglais n'étaient pas moins disposés à soupçonner les Écossais de trahison que ceux-ci à croire que tout cela n'était de la part du jeune chevalier qu'un prétexte pour accuser les citoyens. Cependant les femmes, qui commençaient à sortir de leurs maisons, trouvèrent pour expliquer le mystère de cette apparition une solution qui, à cette époque, paraissait suffisante pour en servir à tout ce qui n'en avait pas d'autre. Il fallait, dirent-elles, que le diable en personne se fût montré aux Anglais, — explication qui déjà était venue à l'esprit des hommes composant l'escorte du jeune chevalier; car il semblait impossible qu'un homme et un cheval de chair et d'os, tous deux, à ce qu'on disait, de taille gigantesque, se fussent évanouis en un clin d'œil après s'être montrés dans une rue gardée d'un côté par les meilleurs archers du monde et de l'autre par sir de Valence et ses cavaliers. Les habitants ne s'aventurèrent pas à dire tout haut ce qu'ils en pensaient, de peur d'irriter leurs maîtres, et ce ne fut qu'en passant et à l'oreille qu'ils se communiquèrent le plaisir qu'ils éprouvaient à voir la confusion et l'embarras de la garnison anglaise. Toutefois, ils continuèrent d'affecter de prendre un grand intérêt à l'alarme qu'avait éprouvée de Valence et à son anxiété d'en découvrir la cause.

A la fin, une femme éleva la voix au-dessus de ces sons dignes de la tour de Babel, et s'écria : — Où est le chevalier anglais? à coup sûr, je puis lui indiquer la seule personne capable de le tirer de la difficulté actuelle.

— Quelle est cette personne, bonne femme? demanda sir Aymer, qui à chaque instant s'impatientait davantage du temps qu'il perdait dans des recherches blessantes pour son amour-propre, et qui commençaient à tourner au ridicule. Cependant, la présence d'un partisan des Douglas dans leur propre ville lui semblait impliquer des conséquences trop sérieuses pour laisser passer cette affaire sans l'examiner à fond.

— Venez ici près de moi, dit cette même voix de femme, et je vous nommerai la seule personne capable d'expliquer toutes les aventures de ce genre qui puissent arriver dans ce pays. — Là-dessus, le chevalier saisit une torche des mains d'un des assistants, et, la levant en l'air, regarda la personne qui lui parlait. C'était une femme de grande taille, et qui évidemment s'efforçait de se rendre remarquable. — Quand il s'approcha, elle lui dit d'un ton grave et solennel :

—Autrefois nous avions des hommes sages qui auraient pu expliquer toutes les paraboles qu'on aurait été dans le cas de leur proposer dans le pays ; il ne m'appartient pas de dire si, vous autres seigneurs anglais, vous n'avez pas contribué à les chasser. Ce qu'il y a de sûr, c'est qu'il n'est pas aussi aisé qu'il l'était d'obtenir un bon conseil dans ce domaine des Douglas, et peut-être ne serait-il pas sans danger de prétendre pouvoir le donner.

—Bonne femme, dit de Valence, si vous voulez me donner l'explication de ce mystère, je vous donnerai, moi, une camisole du plus beau drap gris.

—Ce n'est pas moi, reprit la vieille femme, qui ai la prétention de posséder les connaissances qui peuvent vous être utiles ; mais avant de vous nommer celui qui les a, je voudrais être sûre qu'il ne lui sera fait ni mal ni violence. Sur votre honneur et votre parole de chevalier, voulez-vous me le promettre?

—Assurément il aura droit à des remercîments et à une récompense s'il donne des renseignements fidèles, et de plus à son pardon s'il a prêté l'oreille à de dangereuses menées ou pris part à quelque complot.

—Lui? oh non ! dit la femme ; c'est le vieux bonhomme Powheid, celui qui a la charge des *muniments* funéraires[1] (voulant sûrement dire monuments), c'est-à-dire de ceux que vous autres Anglais avez laissés debout ; bref, c'est le vieux fossoyeur de l'église de Douglas, qui est en état de conter plus d'histoires de ces anciens seigneurs, dont le nom ne paraît pas trop agréable à Votre Honneur, que nous n'aurions le temps d'en écouter d'ici à Noël.

—Quelqu'un sait-il de qui cette vieille femme veut parler? dit le chevalier.

—Je suppose, répondit Fabien, que c'est d'un vieux radoteur qui est, je crois, le grand bureau de renseignements sur l'histoire des antiquités de cette ville, et de la famille de sauvages qui y habitait déjà peut-être avant le déluge.

—Et qui, j'ose le dire, en sait autant là-dessus que cette bonne femme elle-même, ajouta le chevalier ; mais où est cet homme? Ne dites-vous pas que c'est un fossoyeur? Il pourrait, dans ce cas, connaître des cachettes qu'on pratique souvent dans ces bâtiments gothiques, lui qui par état les doit fréquenter. Allons, bonne femme, amenez-moi cet homme, ou, ce qui vaudra mieux, je vais aller moi-même le trouver, car nous n'avons déjà perdu que trop de temps.

—Du temps! s'écria la vieille ; — le temps est-il un objet pour Votre Honneur? Pour sûr, c'est tout au plus si tout le mien peut me gagner de quoi tenir l'âme et le corps ensemble. Vous n'êtes pas loin de la maison du bonhomme.

Elle se mit à marcher devant sir Aymer, trébuchant à chaque pas sur

[1] Il est bon de remarquer que *muniment*, en anglais, signifie *fortification*. (L. V.)

des monceaux de décombres, et se frayant péniblement un chemin à travers les embarras d'une rue en ruine. Le chevalier, ayant donné son cheval à l'un de ses soldats et recommandé à Fabien de se tenir prêt à le joindre au premier cri, la suivit tout en maudissant le pas alourdi de son guide.

Tous deux se trouvèrent bientôt dans ce qui restait de la vieille église délapidée à plaisir par les soldats anglais, et tellement encombrée de débris, que le chevalier se demandait comment la vieille femme pouvait s'y faire un chemin. Elle ne cessa de parler, malgré tous les accidents de la marche. Quelquefois elle appelait d'une voix criarde : Powheid ! — Lazarus Powheid ! — puis elle murmurait entre ses dents : — Oui, oui, le bonhomme sera occupé de quelques-uns de ses devoirs, comme il les appelle ; je ne sais pas trop ce qu'il en retire à présent. Mais n'importe, cela durera autant que lui et moi ; et les temps, Dieu me pardonne, sont encore assez bons pour ceux qui doivent y vivre.

— Êtes-vous sûre, bonne femme, dit le chevalier, qu'un être humain habite dans ces ruines ? Quant à moi, je croirais plutôt que vous me conduisez au charnier des morts.

— Vous pouvez bien avoir raison, répondit la vieille femme avec un rire sépulcral ; les vieillards sont bien placés au milieu des voûtes funéraires et des charniers, et quand un vieux fossoyeur demeure près des morts, il habite au milieu de ses pratiques. — Holà ! eh ! Powheid ! — Lazarus Powheid ! — voilà un gentleman qui désire vous parler ; et elle ajouta avec une sorte d'emphase : Un noble gentleman anglais, — l'un des officiers de l'honorable garnison.

On entendit alors le pas d'un vieillard qui s'avançait, mais si lentement que la lumière vacillante qu'il tenait à la main se réfléchit sur les murs en ruine quelque temps avant qu'on pût apercevoir celui qui la portait.

L'ombre du vieillard se projeta aussi sur le mur éclairé avant qu'on ne vît sa personne. Son vêtement était dans un grand désordre, attendu qu'il venait de s'arracher du lit ; car, depuis que l'usage de la lumière artificielle leur avait été interdit par l'ordre du jour de la garnison, les habitants de la vallée de Douglas passaient dans le sommeil le temps dont autrement ils n'auraient su que faire. Le fossoyeur était un grand homme mince, amaigri par les années et les privations ; son corps était resté courbé par l'habitude de creuser des fosses, et ses yeux s'inclinaient naturellement vers le théâtre de ses travaux. Il tenait à la main une petite lampe, de manière à éclairer les traits de ses visiteurs, et qui servit en même temps au jeune chevalier à distinguer ceux de l'homme avec qui il allait se trouver en rapport. Ses traits, bien qu'ils ne fussent ni beaux ni agréables, étaient fortement accusés ; ils avaient quelque chose de vénérable et de fin, et indiquaient en même temps cet air de dignité qu'amènent ordinairement l'âge et l'extrême pauvreté,

CHAPITRE IX.

dignité qui provient de cette triste indépendance où se trouvent ceux dont rien ne saurait guère rendre la situation pire que ne l'ont faite l'infortune et les années. Le costume de frère lai ajoutait à son extérieur une sorte d'importance religieuse.

— Que voulez-vous de moi, jeune homme? demanda le fossoyeur. La jeunesse de vos traits, la gaieté de votre vêtement n'indiquent pas quelqu'un qui ait besoin de mon ministère pour lui-même ou pour d'autres.

— Le fait est, répondit le chevalier, que je suis un homme vivant, et que par conséquent je n'ai besoin pour mon propre compte ni de la pelle ni de la pioche. Comme vous le voyez, je ne suis pas non plus vêtu de deuil, et par conséquent je n'ai pas besoin de vos services pour quelqu'un qui me soit cher. Je désirerais seulement vous adresser un petit nombre de questions.

— Il faut que ce que vous voulez soit fait, car vous êtes à présent l'un de nos maîtres, et, à ce que je crois, un homme investi de l'autorité. Suivez-moi donc par ici dans ma pauvre demeure; j'en ai possédé une meilleure dans mon temps, et toutefois Dieu sait qu'elle est assez bonne pour moi, quand des hommes bien plus grands sont obligés de se contenter de pis.

Il ouvrit une porte basse, ajustée, quoique assez irrégulièrement, pour fermer l'entrée d'une pièce voûtée où il paraît que le vieillard, séparé du reste des vivants, faisait sa misérable et solitaire habitation. Le plancher, composé de pierres plates unies ensemble avec un certain soin, et sur lesquelles on apercevait çà et là quelques lettres ou quelques hiéroglyphes, comme si elles eussent servi autrefois à distinguer les sépultures, était assez mal balayé. A l'extrémité était allumé un feu dont la fumée se dirigeait vers un trou tenant lieu de cheminée. La pioche, la bêche et d'autres outils à l'usage du chambellan de la mort étaient épars dans la chambre, dont, avec deux tabourets grossiers et une table pour laquelle une main inhabile avait certainement remplacé celle du menuisier, ils composaient tout l'ameublement, sauf le lit de paille du vieillard étendu dans un coin et mal en ordre, vu qu'il venait de le quitter. A l'extrémité inférieure de la pièce, le mur était presque entièrement recouvert d'un grand écusson comme on en plaçait ordinairement sur la tombe d'hommes d'un très-haut rang, offrant les quartiers, au nombre de seize, convenablement et distinctement blasonnés, placés comme ornement autour de la principale cotte armoriée.

— Asseyons-nous, dit le vieillard; cette posture permettra à mes oreilles affaiblies de mieux saisir vos paroles, et l'asthme me tourmentant moins, je pourrai mieux vous faire entendre les miennes.

Un accès de toux sèche et rapprochée vint attester l'intensité du mal dont il se plaignait, et le jeune chevalier suivit l'exemple de son hôte en s'asseyant sur l'un des tabourets boiteux à l'un des côtés du foyer. Le vieillard tira d'un coin de l'appartement un tablier qu'il portait quelquefois. Ce tablier était rempli de débris de planches d'une forme irrégulière, quelques-uns encore couverts de drap noir, d'autres de clous noirs ou dorés.

— Vous trouverez ce supplément de bois nécessaire, dit le vieillard, pour conserver quelque peu de chaleur dans cette vaste pièce, et les vapeurs de mortalité dont cette voûte se remplit facilement, lorsqu'on laisse le feu s'éteindre, ne sont pas sans quelque inconvénient pour les poumons des hommes délicats et bien portants comme Votre Seigneurie, encore que moi j'y sois habitué. Ce bois prendra feu, bien qu'il se passe quelque temps avant que l'humidité de la tombe soit vaincue par l'air sec et la chaleur du foyer.

En effet, ces débris de la mort que le vieillard y avait accumulés commencèrent à produire une vapeur onctueuse et épaisse, qui finit par se changer en lumière, et qui, s'élevant jusqu'au trou qui servait de cheminée, ranima cette triste scène. Le blason du grand écusson reçut et refléta les rayons aussi brillants que ce triste objet le pouvait comporter, et l'appartement entier revêtit un aspect d'une vivacité fantastique, se mêlant étrangement aux idées sombres que ces ornements présentaient naturellement à l'imagination.

— Vous êtes étonné, sire chevalier, reprit le vieillard, et peut-être n'avez-vous jamais vu ce dernier héritage des morts employé à donner aux vivants plus de confort que leur condition n'en admettrait sans cela.

— Du confort! repartit le chevalier de Valence en haussant les épaules; je serais fâché, vieillard, de savoir qu'un de mes chiens soit aussi mal logé que tu l'es ici, toi dont les cheveux blancs ont sûrement vu des jours meilleurs.

— Cela peut être, dit le fossoyeur, et cela peut n'être pas; mais ce n'est pas, je présume, sur ma propre histoire que Votre Seigneurie se dispose à me faire des questions. Je me permettrai donc de lui demander ce qu'elle désire de moi.

— Je vous parlerai franchement, et vous reconnaîtrez tout de suite la nécessité de me faire une prompte et claire réponse. Je viens de rencontrer à l'instant dans les rues de ce village un personnage que m'a montré un rayon de la lune, et qui a eu l'audace de déployer les armoiries et de pousser le cri de guerre des Douglas; bien plus, si je puis m'en fier à ce rayon passager de lumière, ce cavalier avait les traits et le teint brun qui distinguent cette famille. On m'adresse à vous comme à quelqu'un dans le cas de m'expliquer cette circonstance extraordinaire, circonstance sur laquelle, comme chevalier anglais et investi d'un commandement au nom du roi Edward, je suis spécialement appelé à ouvrir une enquête.

— Permettez-moi d'établir une distinction, dit le vieillard. Les Douglas des générations passées sont mes proches voisins, et, suivant les idées superstitieuses des habitants de cette ville, mes connaissances et mes visiteurs ; je puis prendre sur ma conscience de répondre de leur bonne conduite, et garantir sous ma responsabilité qu'aucun des vieux barons, en remontant jusqu'aux racines de ce puissant arbre généalogique, ne troublera plus de son cri de guerre les villes et les villages de son pays natal, — qu'aucun ne promènera à la clarté de la lune l'armure noire qui s'est rouillée sur sa tombe :

> « Les chevaliers ne sont plus que poussière ; leurs bonnes épées sont dévorées par la rouille ; leurs âmes, nous en avons la foi, sont avec les saints. »

Regardez, sire chevalier ; vous avez au-dessus et autour de vous les hommes dont nous parlons. Au-dessous de nous, dans une petite aile de l'église souterraine qui n'a pas été ouverte depuis que ces cheveux blancs et clair-semés étaient bruns et épais, gît le premier homme qu'on puisse citer comme mémorable dans cette puissante lignée. C'est celui que le thane d'Athol désigna au roi d'Écosse comme le Sholto Dhu-Glass, ou l'homme brun comme le fer, dont les efforts venaient de gagner la bataille en faveur de son prince légitime, et qui, suivant la légende, transmit son nom à notre vallée et à la ville, bien que d'autres traditions prétendent que cette famille prit le nom de Douglas du ruisseau qui le portait de temps immémorial avant qu'elle ne se fixât sur ses bords. D'autres, ses descendants, appelés Eachain ou Hector Ier, et Orodh ou Hugh, William premier du nom et Gilmour, le héros de bien des chants de ménestrels qui racontent ses exploits sous l'oriflamme de Charlemagne, empereur de France, dorment tous de leur dernier sommeil, et leur mémoire n'a pas été à l'abri des ravages du temps. Nous savons peu de choses de leurs grands exploits, de leur grande puissance, et hélas ! de leurs grands crimes. Nous savons quelque chose aussi d'un lord Douglas qui siégea, à Forfar, dans un parlement que tint le roi Malcolm Ier, et nous savons entre autres choses que par suite de son attachement à la chasse du cerf sauvage, il se bâtit dans la forêt d'Ettrich la tour appelée Blackhouse[1], qui peut-être existe encore.

— Je vous demande pardon, vieillard, mais je n'ai pas dans ce moment de temps à consacrer au récit de la généalogie de la famille de Douglas. Un sujet moins important fournirait à un ménestrel dont les poumons seraient forts, matière à parler pendant un mois entier, fêtes et dimanches compris.

— Quelles autres informations pouvez-vous attendre de moi, repartit le fossoyeur, que celles relatives à ces héros dont mon lot a été de consigner quelques-uns au repos éternel qui séparera pour toujours les morts des devoirs de ce monde ? Je vous ai dit où repose toute la race, depuis le règne du roi Malcolm ; je puis vous parler encore d'un autre caveau dans lequel sont étendus sir John de Douglas-Burn, son fils lord

[1] Maison-Noire.

Archibald, et un troisième William connu par un contrat qu'il passa avec lord Abernethy. Enfin, je puis vous parler de celui à qui cet écusson appartient avec la splendeur et la dignité qui s'y rattachent à si juste titre. Portez-vous envie à ce noble seigneur, que je n'hésiterais pas, quand cette parole devrait me coûter la mort, à appeler mon illustre protecteur? Avez-vous quelque dessein de déshonorer ses restes? Ce sera une pauvre victoire, et il ne convient pas à un noble chevalier de venir remporter un pareil triomphe sur un mort contre lequel, quand il vivait, bien peu eussent osé lancer leur cheval de bataille. Il combattit pour la défense de son pays, mais il n'eut pas la bonne fortune qu'avaient eue la plupart de ses ancêtres de mourir sur le champ de bataille. La captivité, la maladie et le regret des malheurs de sa patrie, le conduisirent au tombeau dans sa prison, sur la terre étrangère.

L'émotion interrompit ici la voix du vieillard, et le chevalier anglais sentit qu'il lui serait difficile de continuer son interrogatoire du ton sévère que son devoir exigeait.

— Vieillard, reprit-il, je ne te demande pas ces détails, aussi inutiles pour moi qu'ils doivent t'être pénibles. Tu ne fais que ton devoir en rendant justice à ton ancien seigneur; mais tu ne m'as pas encore expliqué comment, dans cette ville, cette nuit, il n'y a pas une demi-heure, j'ai rencontré un personnage ayant le teint, portant les armes des noirs Douglas, et poussant leur cri de guerre comme pour braver ses vainqueurs.

— A coup sûr, répondit le fossoyeur, je ne suis pas obligé d'expliquer de pareils rêves, à moins que je ne suppose que la crainte naturelle à un Anglais éveillera toujours le spectre des Douglas chaque fois qu'il se trouvera dans le voisinage de leurs sépulcres. Il me semble que par une pareille nuit le cavalier le plus blond aurait le teint basané de cette famille; il ne me paraît pas non plus surprenant qu'un cri de guerre qui a été si longtemps dans la bouche de tant de milliers d'Écossais se fraye à l'occasion un passage dans celle d'un seul champion.

— Vous êtes hardi, vieillard; réfléchissez-vous que votre vie est en mon pouvoir, et que dans certains cas il peut être de mon devoir d'infliger la mort avec un degré de souffrance qui fait frémir l'humanité?

Le vieillard se leva lentement à la lueur du feu flamboyant; il déploya des traits amaigris qui ressemblaient à ceux que les artistes donnent à saint Antoine dans le désert; puis appelant l'attention de son interrogateur sur une petite lampe qu'il plaça sur l'ais grossier de la table, il répondit avec un air de parfaite tranquillité, qui avait même quelque chose de digne :

— Jeune chevalier anglais, vous voyez cet ustensile destiné à répandre la lumière sous ces fatales voûtes,—il est aussi fragile que puisse l'être tout objet dont la flamme est alimentée par l'élément vivant et contenue dans une enveloppe de fer. Il est sans doute complétement en votre pouvoir de mettre fin aux services que rend cette lampe, soit en éteignant la flamme, soit en détruisant le vase ; menacez-la donc, cette lampe, de destruction, et vous verrez si vos paroles, sire chevalier, font éprouver aucun sentiment de crainte, soit à la flamme, soit au fer. Apprenez que vous n'avez pas plus de pouvoir sur le faible mortel que vous menacez en ce moment d'un semblable anéantissement. Vous pouvez arracher de mes membres la peau qui en ce moment les recouvre ; mais encore que mes nerfs puissent brûler du feu de l'agonie pendant cette opération inhumaine, elle ne produirait pas plus d'impression sur moi que n'en éprouve le daim qu'on écorche quand une flèche lui a précédemment percé le cœur. Mon âge me met au-dessus de votre cruauté ; si vous en pensez autrement, appelez vos satellites, et mettez-vous à l'œuvre. Ni menaces ni tortures ne m'arracheront rien de ce que je ne serais pas disposé à vous dire de moi-même.

—Vous vous jouez de moi, vieillard, dit de Valence ; vous parlez comme si vous possédiez quelques secrètes intelligences sur les mouvements de ces Douglas dont vous avez fait pour ainsi dire vos dieux, et cependant, quand je vous interroge, vous ne m'en communiquez aucune.

—Vous saurez bientôt tout ce qu'un pauvre fossoyeur peut vous communiquer ; cela n'accroîtra pas beaucoup vos connaissances sur les vivants, bien que cela puisse jeter quelque lumière sur mon propre domaine, qui est celui des morts. Les esprits des Douglas défunts ne demeurent pas tranquilles dans leurs monuments déshonorés et au milieu des ruines de leur maison. Qu'après la mort, le plus grand nombre des membres d'une famille quelconque soit envoyé dans les régions d'éternelle béatitude ou de misère sans fin, c'est ce que la religion ne nous permet pas de croire ; et dans une race qui a eu une si grande part aux triomphes et aux prospérités de ce monde, nous pouvons supposer qu'il en a existé un grand nombre dont le juste lot a été un temps intermédiaire de punition. Vous avez détruit les temples qui avaient été bâtis par leur postérité pour invoquer la clémence du Ciel en faveur de leurs âmes ; vous avez réduit les prières au silence ; nulle voix ne s'élève plus dans les chœurs que la piété des enfants avait fondés pour apaiser la colère du Ciel envers leurs pères soumis aux flammes expiatrices. Pouvez-vous vous étonner que les âmes en peine, ainsi privées du secours qui leur avait été destiné, ne reposent pas dans la tombe, comme on le dit ordinairement? Pouvez-vous vous étonner qu'elles se montrent errantes et plaintives autour des lieux où elles auraient reposé en paix sans vos guerres sacriléges? Ou vous étonnerez-vous que ces guerriers dépouillés de leur chair interrompent vos marches, fassent tout ce que leur nature aérienne leur permet pour troubler vos conseils et pour affronter, autant qu'elles le peuvent, les hostilités que vous vous faites une gloire de continuer aussi bien contre les morts que contre ceux qui survivent encore à votre cruauté?

— Vieillard, répliqua Aymer de Valence, tu n'espères pas sans doute que je prenne pour une réponse un conte comme celui-là, trop absurde pour endormir un écolier qui aurait le mal de dents; néanmoins, grâce à Dieu, ce n'est pas à moi qu'il appartient de décider de ton sort. Mon écuyer et deux archers te conduiront prisonnier devant l'honorable sir John de Walton, gouverneur du château et de la vallée de Douglas, pour qu'il agisse à ton égard ainsi qu'il avisera, et il n'est pas homme à ajouter foi à tes apparitions d'âmes du purgatoire. — Holà! Fabien, viens ici, et amène avec toi deux archers de la garde.

Fabien, qui avait attendu à l'entrée du bâtiment, se dirigea sur la lumière de la lampe du fossoyeur et sur la voix de son maître jusque dans le singulier appartement du vieillard, dont l'étrange décoration le frappa de surprise et peut-être aussi de quelque horreur.

— Prends les deux archers avec toi, Fabien, et avec leur assistance conduis ce vieillard, à cheval ou en litière, en présence de l'honorable sir John de Walton; dis-lui ce que nous avons vu, ce dont tu as été témoin aussi bien que moi; dis-lui que ce vieux fossoyeur, que je lui adresse pour qu'il l'interroge dans sa sagesse supérieure, paraît en savoir plus qu'il n'en veut dire sur le cavalier que nous avons rencontré, et qu'il ne veut nous expliquer sa présence autrement qu'en nous disant que ce pourrait bien être une âme en peine de la famille des Douglas, explication à laquelle sir John de Walton ajoutera telle foi qu'il lui plaira. Tu pourras ajouter que mon opinion à moi est que le fossoyeur a la tête dérangée par l'âge, le besoin ou l'enthousiasme, ou qu'il trempe dans quelque conspiration qui se trame en ce pays. Tu pourras encore dire que je n'userai pas de beaucoup de cérémonie avec le jeune homme confié aux soins de l'abbé de Sainte-Bride; il y a quelque chose de suspect dans tout ce qui se passe autour de nous.

Fabien promit d'obéir, et le chevalier, le tirant à part, lui fit une recommandation additionnelle d'agir avec beaucoup de prudence dans cette affaire, puisque son propre jugement et celui de son maître ne paraissaient pas, comme il le devait savoir, en grand crédit auprès du gouverneur, et qu'il serait peu honorable pour eux d'aller commettre quelque méprise dans une affaire d'où dépendait peut-être le salut du château.

— Ne craignez rien, digne chevalier, répondit le jeune homme; je retourne à l'air pur, d'abord, et ensuite auprès d'un bon feu, échange fort agréable au lieu de ce souterrain, des vapeurs suffocantes et des odeurs exécrables qui s'en exhalent. Vous pouvez vous en fier à moi, je ne mettrai aucun retard à l'exécution de vos ordres; il me faudra bien peu de temps pour retourner au château de Douglas, même en modérant ma marche de façon à ne pas disloquer les os de ce vieillard.

— Traite-le avec humanité, repartit le chevalier; et toi, vieillard, si tu es insensible aux menaces d'un danger personnel en cette affaire,

CHAPITRE IX.

rappelle-toi que si tu continuais à te jouer de nous, ton châtiment serait peut-être plus sévère que celui qui n'atteindrait que ta personne.

— Pouvez-vous administrer la torture à l'âme? dit le fossoyeur.

— Dans ton cas, ami, nous le pouvons; — nous détruirons tous les monastères, tous les établissements religieux fondés pour les âmes des Douglas, et nous ne permettrons aux moines et aux religieuses d'y rester qu'à condition de prier pour l'âme du roi Edward 1er de glorieuse mémoire, le *Malleus Scotorum*[1]; et si les Douglas se trouvent privés du bénéfice des prières et des services dans ces églises, on pourra dire que ton obstination en aura été cause.

— Une vengeance de cette nature, répliqua le vieillard avec la même hardiesse qu'il avait montrée jusqu'alors, serait plus digne de diables d'enfer que de chrétiens.

L'écuyer leva la main. Le chevalier s'interposa : — Non, Fabien, dit-il, épargne-le : il est bien vieux, et peut-être ne jouit-il pas de sa raison. — Et toi, fossoyeur, rappelle-toi que la vengeance dont je te menace est légale contre une famille qui s'est obstinée à soutenir le rebelle excommunié qui a égorgé Comyn-le-Rouge dans la grande église de Dumfries.

A ces mots Aymer sortit des ruines, dont il se tira avec quelque peine; — puis il remonta sur son cheval, qu'il trouva à l'entrée, — renouvela à Fabien la recommandation de se conduire avec prudence, et se dirigeant vers la porte du sud-ouest, il y fit les injonctions les plus sévères à la garde d'exercer la surveillance la plus active par des patrouilles et des sentinelles, exprimant en même temps l'idée qu'on devait en avoir manqué dans la première partie de la nuit. Les soldats grommelèrent une excuse entre leurs dents, mais si confuse qu'elle prouvait que la réprimande devait avoir été méritée.

Sir Aymer continua alors sa route vers Hazelside, sa suite étant diminuée par l'absence de Fabien et des deux archers. Après un voyage assez long, quoique rapide, le chevalier mit pied à terre à la maison de Thomas Dickson, où il trouva que le détachement d'Ayr était arrivé avant lui et s'était logé comme il avait pu pour la nuit. Il envoya l'un des archers annoncer son approche à l'abbé de Sainte-Bride et au jeune homme confié aux soins du religieux, ajoutant que l'archer ne devait pas perdre de vue le jeune homme jusqu'à ce qu'il vînt lui-même à la chapelle, ce qui ne tarderait que quelques instants.

[1] Le Martel (ou marteau) des Écossais.

CHAPITRE X.

> Quand le rossignol chante, les bois, les feuilles et les prairies reverdissent sous la chaleur bienfaisante d'un soleil d'avril; l'amour perce mon cœur d'une flèche si aiguë, qu'elle boit mon sang jour et nuit, et que le cœur me brûle. *Manuscrit de Hail*; cité par Warton.

Sir Aymer de Valence ne fut pas plutôt arrivé au couvent de Sainte-Bride, sur les pas de l'archer, qu'il fit appeler l'abbé. Celui-ci arriva de l'air d'un homme qui aime ses aises, qu'on arrache tout à coup au lit dans lequel il avait compté reposer toute la nuit, par l'ordre de quelqu'un auquel il ne croirait pas prudent de désobéir, mais auquel il ferait volontiers, s'il l'osait, sentir sa mauvaise humeur.

— Votre Honneur, dit-il, s'est mise en route à une heure bien avancée pour venir du château jusqu'ici; pourrais-je savoir la cause de ce déplacement, après l'arrangement si récemment convenu entre le gouverneur et moi?

— J'aime à penser, répondit le chevalier, que vous l'ignorez encore, mon père. On a des soupçons,—et j'ai vu moi-même, cette nuit, quelque chose qui semblerait les confirmer — on a des soupçons, dis-je, que quelques-uns des rebelles obstinés trament de nouveau de dangereuses menées de nature à compromettre la sûreté du château; et je suis venu, mon père, voir si, en reconnaissance de tant de faveurs que vous avez reçues du monarque anglais, vous ne voudrez pas reconnaître ses bienfaits et sa protection en contribuant à la découverte des desseins de ses ennemis?

— Assurément, répondit le père Jérôme d'une voix agitée; sans le moindre doute je suis à vos ordres, c'est-à-dire j'y serais si j'avais à vous communiquer quoi que ce fût qui pût vous être de quelque avantage.

— Père abbé, reprit le chevalier anglais, encore qu'il y ait quelque témérité de me porter caution pour un habitant du nord dans les temps où nous vivons, j'avoue cependant que je vous considère comme ayant été jusqu'ici un fidèle sujet du roi d'Angleterre, et j'aime à espérer que vous continuerez de vous montrer tel.

— Le bel encouragement que j'y ai! être arraché de mon lit à minuit, par cette humidité pénétrante, pour subir l'interrogatoire d'un chevalier, le plus jeune peut-être de son ordre honorable, lequel ne veut pas me dire le sujet de son examen, mais me retient là sur ce pavé froid jusqu'à ce que, suivant l'opinion de Celse, la goutte qui tourmente mes pieds me remonte dans l'estomac, et alors adieu l'abbaye et les interrogatoires.

— Bon père, l'esprit des temps doit vous enseigner la patience ; rappelez-vous que je ne trouve nul plaisir dans le devoir que j'accomplis en ce moment, et que si une insurrection éclatait, les rebelles, qui vous en veulent suffisamment pour avoir reconnu le monarque anglais, vous pendraient à la flèche de votre clocher où vous serviriez de pâture aux corbeaux. Que si au contraire vous aviez assuré votre tranquillité de ce côté-là par quelque pacte secret avec les insurgés, le gouverneur anglais, qui, tôt ou tard, ne saurait manquer d'avoir l'avantage, ne se ferait faute de vous pendre aussi comme rebelle à son souverain.

— Vous devez voir, mon noble fils, répondit le moine évidemment déconcerté, que dans ce cas je suis pendu aux cornes du dilemme que vous venez de poser. Néanmoins, je vous proteste que si quelqu'un m'accuse de conspirer avec les rebelles contre le roi d'Angleterre, je suis prêt, pourvu que vous me donniez le temps d'avaler une potion que Celse recommande dans ma position périlleuse, à répondre avec la plus parfaite sincérité à toutes les questions qu'il vous plaira de me faire à ce sujet. A ces mots il appela un moine qui l'avait aidé à son lever, et lui remettant une grande clef, il lui dit un mot à l'oreille. La coupe que le moine apporta était d'une telle capacité qu'elle prouvait que la drogue de Celse demandait à être administrée à forte dose. L'odeur forte qui se répandit dans l'appartement fit soupçonner au chevalier que la base de cette médecine était ce qu'on appelait alors les *eaux distillées*, préparation connue dans les monastères quelque temps avant que l'heureuse recette s'en fût répandue parmi les laïques. L'abbé, sans se laisser effrayer par la force non plus que par la quantité de la potion, l'avala avec un sentiment que lui-même eût appelé de consolation et de plaisir, et sa voix reprit beaucoup plus d'assurance. Il déclara que la médecine lui avait fait grand bien, et qu'il était prêt à répondre à toutes les questions que son brave et jeune ami voudrait lui faire.

— Maintenant, dit le chevalier, vous comprenez, mon père, que les étrangers qui voyagent dans ce pays doivent être les premiers objets de nos soupçons et de notre enquête. Quelle est votre opinion, par exemple, sur le jeune homme nommé Augustin, le fils, ou prétendu tel, du ménestrel Bertram, jeune homme qui réside depuis quelques jours dans votre couvent?

Quand l'abbé entendit cette question, ses yeux exprimèrent la surprise de se la voir adressée par sir Aymer.

— A coup sûr, répondit-il, d'après tout ce que j'en ai vu, ce jeune homme me paraît plein d'excellentes opinions, soit politiques, soit religieuses, ainsi que j'avais droit de m'y attendre de la personne estimable qui me l'a confié.

Sur ce, l'abbé salua, comme s'il eût été convaincu qu'il avait répondu d'avance à toutes les questions qui pourraient suivre sur le même sujet. Il fut donc probablement surpris quand sir de Valence reprit en ces termes :

— Il est vrai, père abbé, que c'est moi-même qui vous ai recommandé ce jeune homme comme tout à fait inoffensif, et à l'égard duquel il ne serait pas nécessaire d'exercer la stricte vigilance déployée pour d'autres en semblable circonstance ; mais les témoignages qui me semblaient garantir l'innocence de ce jeune homme n'ont pas paru aussi satisfaisants à mon supérieur, et c'est par son ordre que je fais une nouvelle enquête auprès de vous. Vous devez penser que la chose est de conséquence, pour que nous venions vous déranger une seconde fois à une heure aussi indue.

— Je ne puis que protester, par l'ordre auquel j'appartiens et par le voile de sainte Bride, que s'il y a quelque chose de mal dans toute cette affaire je l'ignore totalement, et que ni chevalet ni torture ne pourraient m'arracher un secret que je ne possède pas. Si le jeune homme a laissé voir quelques signes de désaffection pour notre souverain, je n'en ai, moi, aperçu aucun, et cependant j'ai surveillé exactement sa conduite.

— Sous quel rapport ? — et quel a été le résultat de vos observations ?

— Ma réponse sera franche et directe. Le jeune homme a consenti à me compter un certain nombre de couronnes d'or, non pas certainement pour payer l'hospitalité de l'abbaye de Sainte-Bride, mais simplement pour....

— Mon père, vous pouvez couper court là-dessus ; le gouverneur et moi savons parfaitement à quelles conditions les moines de Sainte-Bride exercent l'hospitalité. Ce qu'il m'importe plus de demander, c'est comment le jeune homme l'a reçue, cette hospitalité ?

— Avec la plus grande douceur et la plus grande modération ; il est vrai que dans le commencement je craignais qu'il ne fût un hôte incommode, puisque le chiffre de ce qu'il avait donné au couvent semblait l'encourager, et, pour ainsi dire, l'autoriser à demander une réception supérieure à celle que nous pouvions lui faire.

— Auquel cas vous eussiez eu le désagrément de rendre une partie de l'argent que vous aviez reçu ?

— C'eût été une manière d'arranger les affaires contraire aux vœux que nous avons prononcés. Ce qui a été une fois versé dans le trésor de Sainte-Bride ne saurait à aucun titre être restitué, d'après nos statuts ; mais, noble chevalier, nous n'avons pas eu besoin d'avoir recours à ce règlement. Une croûte de pain et une jatte de lait suffisent à la nourriture de ce jeune homme pendant toute une journée, et c'est seulement ma sollicitude pour sa santé qui m'a fait placer dans sa cellule un lit plus doux et de meilleures couvertures que ne le comportent les règles de notre ordre.

— Maintenant, sire abbé, faites attention à ce que je vais vous demander, et répondez-moi avec franchise. Quelles communications ce jeune homme a-t-il eues avec les habitants de votre couvent ou avec les personnes du dehors? Consultez bien votre mémoire à ce sujet, et faites-moi une réponse claire; le salut de votre jeune homme et le vôtre en dépendent.

— Aussi vrai que je suis chrétien, je n'ai rien observé qui puisse servir de base aux soupçons de Votre Seigneurie. Le jeune Augustin, différent en cela de ceux que j'ai observés, et qui avaient fait leur éducation dans le monde, a montré une préférence marquée pour la société des sœurs que contient la maison de Sainte-Bride, plutôt que pour celle des moines mes frères, bien qu'il y ait parmi eux des hommes agréables et pleins de conversation.

— La médisance pourrait trouver une raison pour cette préférence.

— Non pas dans le cas des sœurs de Sainte-Bride, qui pour la plupart ont été cruellement maltraitées par le temps, ou dont la beauté a été détruite par quelque mésaventure avant qu'elles ne fussent reçues dans la retraite de la maison.

Cette observation du bon père fut faite avec un certain mouvement de gaîté intérieure, occasionnée probablement par l'idée que les sœurs de Sainte-Bride pussent devenir un objet attrayant aux yeux de qui que ce fût par leur beauté personnelle, tandis qu'il était notoire qu'elles en manquaient toutes au point d'en être presque ridicules. Le chevalier anglais, qui connaissait le personnel de la partie femelle du couvent, ne put s'empêcher de sourire en entendant ce discours.

— J'acquitte volontiers, dit-il, les pieuses sœurs de l'accusation de charmer qui que ce soit, autrement que par leur bon vouloir et par leurs attentions aux besoins des visiteurs souffrants.

— La sœur Béatrice, continua le père en reprenant sa gravité, est douée, il est vrai, du précieux talent de faire des confitures et des conserves; mais en rappelant mes souvenirs, je ne crois pas que le jeune homme en ait une seule fois goûté. La sœur Ursule a plutôt été défigurée par un accident qu'elle n'avait originairement à se plaindre de la nature; mais Votre Honneur sait que quand une femme est laide, les hommes ne se donnent pas la peine de savoir à quelle cause elle doit cette triste faveur. Avec votre permission, je vais aller voir en quel état est notre jeune homme, et le sommer de paraître devant vous.

— Je vous en prie, mon père, car l'affaire est urgente; je vous recommande tout particulièrement de surveiller de près la conduite de cet Augustin; vous ne sauriez y apporter trop de soin. J'attendrai votre retour pour conduire le jeune homme au château ou le laisser ici, suivant que les circonstances le pourront demander.

L'abbé s'inclina, promit la surveillance la plus scrupuleuse, et sortit de l'appartement pour se rendre auprès du jeune Augustin, vivement porté à satisfaire, s'il était possible, les désirs de sir Aymer, qu'il regardait comme devenu par les circonstances son protecteur militaire.

Il demeura longtemps absent, et le chevalier commençait à concevoir des soupçons quand l'abbé reparut, la figure inquiète et les traits décomposés.

— Je demande pardon à Votre Seigneurie de l'avoir fait attendre si longtemps, dit Jérôme d'un air fort embarrassé ; j'ai été moi-même retenu et contrarié par des scrupules et des formalités de la part de cet entêté garçon. D'abord, en entendant que je m'approchais de sa chambre, mon jeune homme, au lieu d'en ouvrir la porte, ce qui eût été une marque de respect due à ma position, a tiré au contraire un gros verrou que la sœur Ursule a fait mettre dans l'intérieur pour que son sommeil, disait-elle, ne fût pas interrompu ; je lui ai dit aussi haut et aussi ferme que j'ai pu, qu'il fallait qu'il vînt vous trouver sans délai, et vous accompagnât au château de Douglas. Mais il ne m'a répondu que pour me recommander la patience, à laquelle force m'a été d'avoir recours, ainsi que votre archer, que j'ai trouvé montant la garde devant la porte de sa cellule, et obligé de se contenter de l'assurance que lui donnaient les sœurs, qu'il n'y avait pas d'autre issue par laquelle Augustin pût s'échapper. A la fin la porte s'est ouverte, et le jeune homme s'est présenté tout habillé pour son voyage. Le fait est, je crois, qu'il a ressenti quelque nouvelle attaque de sa maladie, ou qu'il est tourmenté d'hypocondrie ou d'humeur noire, espèce de faiblesse d'esprit qui est le symptôme de cette maladie, et qui souvent se déclare simultanément avec elle. Mais à présent il est plus calme, et si Votre Seigneurie veut le voir, il est à vos ordres.

— Faites-le venir à l'instant, dit le chevalier. Un temps considérable se passa encore avant que l'éloquence de l'abbé, moitié par voie de menace, moitié par voie d'encouragement, persuadât à la dame d'entrer dans le parloir sous son déguisement emprunté. A la fin elle parut, le visage couvert de traces de larmes récentes, avec ce petit air boudeur d'un jeune garçon ou plutôt d'une jeune fille déterminée à faire ce qu'elle veut, et en même temps à ne donner aucune raison pour cela. La précipitation de son lever ne l'avait pas empêchée d'avoir recours, en revêtant son habit de pèlerin, à tous les petits artifices propres à empêcher qu'elle ne fût reconnue et à dissimuler son sexe. Mais, comme la politesse l'empêchait de porter son chapeau à grands bords, elle montrait naturellement sa figure plus qu'elle ne faisait sur la voie publique. Le chevalier vit donc des traits extrêmement jolis, mais qui, toutefois, ne contredisaient pas le rôle de jeune garçon qu'elle avait adopté et qu'elle persistait à soutenir. Elle avait donc rassemblé un courage qui ne lui était pas naturel, et qu'elle soutenait peut-être par des espérances que ne comportait guère sa situation. Dès qu'elle se vit dans le même appartement que de Valence, elle prit un ton et des manières plus résolues qu'elle n'en avait montré jusque-là.

— Votre Seigneurie, dit-elle, avant même d'attendre qu'il lui adressât la parole, est un chevalier anglais, et possède sans doute les vertus que suppose ce noble titre. Je suis un jeune infortuné, obligé, par des raisons que je dois nécessairement tenir secrètes, à voyager dans cette contrée périlleuse, où je suis accusé, sans aucun motif plausible, de tremper dans des complots et des conspirations contraires à mes propres intérêts et que mon âme abhorre. Je puis, en sûreté de conscience, m'en laver en appelant sur moi toutes les malédictions de notre religion et en renonçant à toutes ses promesses si j'ai jamais pris part à de pareils desseins par parole ou par action. Néanmoins, sire chevalier, vous qui ne voulez pas ajouter foi à mes protestations solennelles, vous êtes au moment d'agir contre moi comme envers un coupable. Je dois vous avertir qu'en le faisant vous commettrez une grande et cruelle injustice.

— Je tâcherai de l'éviter en m'en remettant de ce devoir à sir John de Walton, le gouverneur, qui décidera ce qu'il convient de faire. Ma responsabilité se borne à vous remettre entre ses mains au château de Douglas.

— Êtes-vous obligé de le faire?

— Assurément, ou je répondrais des suites de ma négligence.

— Mais si je m'engageais à vous offrir, en compensation de ce que vous pourriez perdre, une grosse somme d'argent ou des terres considérables...

— Aucuns trésors, aucunes terres, à supposer que vous en ayez à votre disposition, ne pourraient compenser la perte de mon honneur. En outre, mon garçon, comment pourrais-je m'en fier à votre parole, si l'avarice me faisait prêter l'oreille à votre proposition?

— Ainsi donc, il faut que je me prépare à vous accompagner à l'instant au château de Douglas et à paraître devant sir John de Walton?

— Jeune homme, il n'y a pas moyen de faire autrement, car si vous m'arrêtez plus longtemps, je serai obligé de vous y conduire de vive force.

— Et quelles seront les conséquences de tout ceci pour mon père?

— Cela dépendra exactement de la nature de votre confession et de la sienne; vous avez tous deux quelque chose à dire, cela est évident par la lettre que sir John de Walton vous a apportée lui-même, et je vous l'assure, vous feriez mieux de le dire tout de suite que de risquer les conséquences d'un plus long délai. Je ne puis me laisser abuser plus longtemps; et, croyez-moi, votre sort dépendra entièrement de votre franchise.

— Il faut donc que je me prépare à voyager comme vous me l'ordonnez. Mais cette cruelle maladie me tourmente toujours, et le père Jérôme, qui est fameux dans la science de la médecine, vous dira que je ne puis voyager sans mettre ma vie en danger; il vous dira encore que depuis que je suis dans le couvent j'ai refusé toutes les occasions de prendre de l'exercice que la garnison d'Hazelside a bien voulu m'offrir, pour ne pas m'exposer à porter peut-être la contagion parmi vos soldats.

— Le jeune homme dit vrai, dit l'abbé; les archers et les hommes d'armes ont envoyé plus d'une fois l'inviter à se joindre à eux dans quelques-uns de leurs jeux militaires, ou peut-être à les amuser de quelque chant de ménestrel; mais il s'y est constamment refusé, et, autant que je puis le croire, c'est la crainte de propager la contagion qui l'a empêché d'accepter des plaisirs si naturels à son âge et dans un lieu aussi triste que le couvent de Sainte-Bride doit nécessairement paraître à un jeune homme élevé dans le monde.

— Croyez-vous, mon révérend père, qu'il y ait un danger réel à conduire ce jeune homme au château, cette nuit, comme je me l'étais proposé?

— Je crois que ce danger existe, non-seulement comme pouvant amener une rechute pour ce pauvre jeune homme lui-même, mais encore comme pouvant introduire la contagion dans votre garnison, pour la préservation de laquelle aucunes mesures n'ont été prises; car, ainsi que l'expérience nous l'apprend, c'est plutôt dans ces rechutes que dans une première attaque que cette maladie est surtout contagieuse.

— En ce cas, dit le chevalier, vous consentirez, mon ami, à partager votre chambre avec un archer qui y sera en sentinelle?

— Je ne m'y oppose pas, dit Augustin, pourvu que mon voisinage ne compromette pas la santé de ce pauvre soldat.

— Il fera aussi bien son devoir en dehors qu'en dedans de la porte de l'appartement, dit l'abbé; et si le jeune homme dort profondément, ce que la présence d'un garde dans sa chambre pourrait peut-être empêcher, il n'en sera que mieux disposé demain au voyage que vous voulez faire.

— Soit, dit sir Aymer, pourvu que vous soyez sûr de ne lui pas fournir ainsi les moyens de s'échapper.

— L'appartement n'a pas d'autre entrée que celle qui est gardée par l'archer; mais pour vous satisfaire, j'en fermerai la porte en votre présence.

— Hé bien, soit; cela fait, je me coucherai moi-même sans détacher ma cotte de mailles, et je tâcherai de dormir un peu jusqu'à ce

CHAPITRE X.

que la première aube du jour nous rappelle à notre devoir. Vous, alors, Augustin, vous vous tiendrez prêt à m'accompagner au château de Douglas.

Les cloches du couvent appelèrent les habitants et les visiteurs de Sainte-Bride à la prière dès que le jour commença à poindre. Ce devoir rempli, le chevalier demanda son prisonnier. L'abbé le conduisit à la porte de la chambre d'Augustin; la sentinelle placée devant la porte, une sorte de pertuisane à la main, déclara que pendant toute la nuit elle n'avait entendu aucun bruit dans l'appartement. L'abbé frappa à la porte, mais ne reçut pas de réponse; il frappa de nouveau, de plus fort en plus fort, mais le silence continua à régner dans l'appartement.

— Que signifie ceci? s'écria le révérend directeur du couvent de Sainte-Bride; il faut que mon jeune malade ait éprouvé un évanouissement ou soit tombé en syncope!

— Plaise à Dieu, père abbé, qu'il ne soit pas plutôt échappé, accident dont vous et moi pourrions avoir à répondre, puisque, pour nous acquitter strictement de notre devoir, nous eussions dû ne pas le perdre de vue et le garder plus strictement jusqu'au matin.

— J'espère que Votre Seigneurie prévoit là un malheur tout à fait impossible.

— C'est ce que nous allons bientôt voir, repartit le chevalier; puis, élevant la voix de manière à être entendu de l'intérieur, il cria: — Apportez des barres et des leviers, faites-moi à l'instant même voler cette porte en éclats!

Le retentissement de sa voix et le ton impérieux dont il parlait amenèrent bientôt autour de lui les frères du couvent et deux ou trois de ses soldats qui s'empressaient de harnacher leurs chevaux. Le mécontentement du jeune chevalier se manifesta par l'animation de son teint et le ton brusque dont il répéta de nouveau l'ordre d'enfoncer la porte. Cet ordre fut promptement exécuté, quoiqu'il demandât l'emploi de forces considérables. Au moment où les débris volaient dans l'appartement, de Valence s'y élança, l'abbé l'y suivit en boitant, et la pire de leurs craintes se réalisa, car ils le trouvèrent vide.

CHAPITRE XI.

> Où est-il? La terre l'a-t-elle englouti dans ses abîmes? s'est-il évanoui comme certains fantômes aériens qui redoutent l'approche du matin et du jeune soleil? ou bien, enveloppé dans les ténèbres cimmériennes, est-il passé au delà du cercle de la vue avec les choses de la nuit?
>
> *Anonyme.*

La disparition du jeune homme, dont le déguisement et la destinée ont mérité, nous l'espérons, quelque intérêt de la part du lecteur, demande quelques explications que nous allons donner avant que de suivre les autres personnages de ce drame.

Lorsque la veille au soir Augustin avait été pour la seconde fois enfermé dans sa cellule, le moine et le jeune chevalier avaient vu tourner sur lui la clef en dehors et l'avaient entendu tirer en dedans le verrou qui y avait été placé à sa prière par la sœur Ursule, dont le jeune Augustin avait conquis toute l'affection par sa jeunesse, son extrême beauté, surtout par son état maladif et son air mélancolique.

Aussitôt qu'Augustin rentra dans son appartement, il y fut félicité à voix basse par la sœur, qui, pendant son absence, avait trouvé moyen de s'introduire dans la cellule, et, s'étant cachée derrière le petit lit, en sortait pour venir avec joie au devant du jeune homme. Une foule de petites attentions, des rameaux de buis bénit et d'autres arbres toujours verts, les seuls que permît la saison, attestaient l'empressement des saintes sœurs à décorer la chambre de leur hôte. L'accueil de la sœur Ursule exprima le même intérêt amical, en même temps qu'il laissait voir que déjà elle était jusqu'à un certain point maîtresse du secret de l'étranger.

Pendant qu'Augustin et la sainte sœur faisaient un échange de confidences, quiconque eût été témoin de cette entrevue aurait été nécessairement frappé de la différence extraordinaire de leur physionomie et de leur personne. La robe brune de pèlerin de la jeune femme déguisée ne faisait pas un contraste plus fort avec la robe de laine blanche dont était vêtue la religieuse de Sainte-Bride, que la belle figure d'Augustin, animée en ce moment par un sentiment de confiance et d'affection, n'en offrait avec le visage de la nonne couvert d'effroyables cicatrices et privé d'un œil, dont l'orbite éteint présentait à la vue un hideux spectacle.

CHAPITRE XI.

— Vous connaissez, dit le prétendu Augustin, la partie principale de mon histoire ; pouvez-vous et voulez-vous me prêter votre assistance ? sinon, ma très-chère sœur, il faut que vous consentiez à être témoin de ma mort plutôt que de mon déshonneur. Oui, sœur Ursule, je ne veux pas être montrée au doigt comme un objet de mépris, comme une jeune fille imprudente qui a tant sacrifié pour un homme de l'attachement duquel elle n'était pas aussi sûre qu'elle aurait dû l'être. Je ne veux point être traînée en présence de Walton, pour y être contrainte par des menaces de torture à me faire connaître comme la femme en l'honneur de laquelle il garde le Château Dangereux. Sans doute il pourrait accepter avec plaisir la main d'une demoiselle dont la dot est si belle ; mais qui pourrait dire s'il me regardera avec ce respect que toute femme désire commander, et s'il pardonnera la démarche téméraire dont je me suis rendue coupable, bien que les conséquences en doivent tourner en sa faveur ?

— Allons, ma chère fille, calmez-vous, repartit la nonne ; car soyez sûre que je vous aiderai en tout ce que je pourrai. J'ai plus de moyens pour cela que ma situation actuelle ne le ferait présumer, et ne doutez pas que je ne les emploie tous pour vous être agréable. Il me semble que j'entends encore ce lai que vous avez chanté aux autres sœurs et à moi, quoique moi seule, éclairée par des sentiments semblables aux vôtres, j'aie eu l'adresse de comprendre que c'était votre propre histoire que vous racontiez.

— Je suis encore surprise, reprit Augustin, parlant à voix basse, d'avoir eu la hardiesse de vous chanter un lai qui dans le fait était bien le récit de mes propres malheurs.

— Hélas ! faut-il que vous parliez ainsi ! il n'y avait pas un mot qui ne ressemblât à ces histoires d'amour et de guerre que les plus habiles ménestrels aiment à célébrer, et auxquelles les plus braves chevaliers, les plus nobles demoiselles, ne refusent pas une larme, en même temps qu'ils ont plaisir à les entendre. Lady Augusta de Berkely, grande héritière suivant le monde en biens de terre et en biens mobiliers, devient par la mort de ses parents la pupille du roi, et se trouve au moment d'être donnée en mariage à l'un des mignons de ce roi d'Angleterre que dans nos vallées d'Écosse nous ne nous faisons pas scrupule d'appeler un barbare tyran.

— Il ne m'est pas permis de m'exprimer ainsi, ma sœur ; et cependant, en vérité, le cousin de cet obscur parasite Gaveston, à qui le roi voulait abandonner ma main, n'était digne d'une pareille alliance ni par sa naissance, ni par sa fortune, ni par son mérite personnel. Cependant j'avais entendu parler de la renommée de sir John de Walton, et le récit ne m'en avait pas moins touchée parce que ces exploits honoraient un chevalier riche de tous les dons de la nature, mais pauvre quant aux biens de ce monde et au sourire de la fortune. Je vis ce sir John de Walton, et je confesse qu'une pensée qui s'était déjà glissée dans mon imagination s'y présenta plus fréquemment après cette entrevue, qu'elle me devint familière et agréable. Il me semblait que l'héritière d'une puissante maison anglaise, si elle disposait avec sa main d'une fortune si considérable que celle dont on parlait, en ferait un usage plus juste et plus honorable en l'employant à corriger les erreurs de la fortune à l'égard d'un brave chevalier comme sir de Walton ; qu'en réparant les affaires d'un mendiant français, dont le seul mérite consistait dans sa parenté avec un homme détesté de toute l'Angleterre, à l'exception de son monarque infatué.

— C'était un noble dessein, ma fille ; quoi de plus digne d'un grand cœur, quand on possède les richesses, la beauté, la naissance et le rang, que de les conférer à un chevalier indigent et plein de mérite ?

— Telles étaient mes intentions, ma très-chère sœur ; mais peut-être ne vous ai-je pas suffisamment expliqué la manière dont je comptais y arriver. Par le conseil d'un vieux ménestrel de notre maison, celui-là même qui est maintenant prisonnier au château de Douglas, je fis annoncer une grande fête pour le jour de Noël, et je fis envoyer des invitations au loin à tous les jeunes chevaliers de noble race connus pour occuper leurs loisirs à chercher les passes d'armes et les aventures. A la fin du repas, ainsi que nous en étions convenus, Bertram fut invité à prendre sa harpe ; il chanta, et reçut de tous ceux qui y étaient présents le degré d'attention dû à un ménestrel d'une si grande réputation. Le thème qu'il choisit fut la capture fréquente de ce château de Douglas, ou, comme il l'appela, le Château Dangereux : — Où sont, s'écria le ménestrel, où sont les champions du renommé Edward Ier, que le royaume d'Angleterre ne puisse fournir un homme assez brave ou assez habile dans l'art de la guerre pour défendre un misérable village du nord contre les rebelles écossais, qui ont juré de le reprendre sur nos soldats avant que l'année ne soit révolue ? où sont les nobles dames dont le sourire avait coutume d'encourager les chevaliers de la croix de Saint-Georges ? Hélas ! l'amour et la chevalerie sont également morts parmi nous ; — nos chevaliers se bornent à de misérables entreprises ; — nos nobles héritières sont jetées à l'étranger comme un butin, comme si dans leur propre pays il n'y avait personne qui les pût mériter. — La harpe se tut ici, et je rougis d'avouer que moi-même je me levai, mue par l'enthousiasme qu'avaient excité dans mon âme les chants du ménestrel, et qu'enlevant de mon cou la chaîne d'or à laquelle était suspendue une croix d'une sainteté toute particulière, je fis vœu, sauf toujours l'autorisation du roi, de donner ma main et l'héritage de mes pères au brave chevalier qui, de bonne naissance et d'honorable lignage, garderait le château de Douglas, au nom du roi d'Angleterre, pendant un an et un jour. Je me rassis, ma chère sœur, assourdie par les applaudissements avec lesquels mes convives accueillaient mon patriotisme supposé. Cependant il régna un certain silence parmi les jeunes chevaliers, qu'on aurait pu raisonnablement s'attendre à voir embrasser une telle offre, même au risque de se trouver chargés de la personne d'Augusta de Berkely.

— Honte à l'homme qui aurait pu penser ainsi! dit sœur Ursule; ne mettez dans la balance que votre beauté, ma très-chère, et un vrai chevalier aurait dû embrasser les dangers de vingt châteaux de Douglas, plutôt que de perdre l'occasion inestimable de gagner vos faveurs.

— Peut-être quelques-uns pensaient-ils ainsi, mais le plus grand nombre parut croire qu'on courrait risque de perdre les faveurs du roi, en s'empressant trop de contrarier ses projets à l'égard de sa pupille. Dans tous les cas, à ma grande satisfaction, la seule personne qui profita de l'offre que j'avais faite fut sir John de Walton; et comme il le fit sous une clause spéciale, sauf l'approbation du roi, j'espère que cette démarche ne lui aura rien fait perdre de sa faveur.

— Soyez-en sûre, noble et courageuse dame, il n'est pas à craindre que votre dévouement généreux ait fait à votre amant le moindre tort dans l'esprit du roi d'Angleterre. Même dans cette solitude du couvent de Sainte-Bride, quelque bruit de ce qui se passe dans le monde retentit jusqu'à nous; et bien que les soldats anglais disent que le roi se fût offensé de vous voir mettre votre volonté en opposition avec la sienne, cependant, d'un autre côté, l'amant préféré, sir John de Walton, était un homme d'une réputation si étendue, et l'offre que vous aviez faite était tellement dans l'esprit de temps meilleurs mais non encore oubliés, que le roi ne pouvait, au commencement d'une guerre longue et périlleuse, priver un chevalier errant de sa fiancée, s'il la conquérait l'épée et la lance au poing.

— Ah! chère sœur Ursule, soupira le faux pèlerin; mais d'un autre côté, que de temps doit se passer dans ce siége! que de dangers à braver pour qu'il ait gagné le prix! Quand j'étais solitaire dans mon château, nouvelles venaient sur nouvelles pour m'épouvanter des grands et incessants dangers qui environnaient mon amant, jusqu'à ce que, dans un moment de folie, je crois, je résolus de prendre un déguisement d'homme, et d'aller voir par moi-même en quelle position j'avais placé mon chevalier. Je me décidai à adopter cette mesure pour abréger le terme de son épreuve, d'après ce que m'inspirerait la vue de ce château de Douglas, et, pourquoi le dissimulerais-je? la vue de sir John de Walton lui-même. Peut-être, ma chère sœur, ne comprendriez-vous pas bien que je me sois laissé tenter à me relâcher d'une résolution que j'avais prise dans l'intérêt de mon honneur et de celui de mon amant? Mais réfléchissez que ma résolution était la conséquence d'un moment d'enthousiasme, et que le parti que j'ai pris depuis a été la suite d'un long état d'accablante incertitude, dont l'effet a été d'affaiblir mes nerfs que j'avais crus autrefois si fortement excités par l'amour de mon pays, mais qui ne l'étaient, dans le fait, que par des sentiments d'une nature bien plus égoïste.

— Hélas! dit sœur Ursule, témoignant la sympathie la plus vive à sa compagne, suis-je, ma chère enfant, la personne que vous devriez soupçonner d'insensibilité aux malheurs qui sont le fruit de l'amour? Croyez-vous que l'air que je respire entre ces murs ait sur le cœur des femmes la propriété de certaines fontaines merveilleuses qui, dit-on, changent en pierre les substances qui y sont plongées? Écoutez mon histoire, et vous verrez si le reproche d'insensibilité peut être adressé à une personne qui a souffert comme moi et pour une pareille cause. Et ne craignez pas de perdre du temps : il faut que nous laissions nos voisins d'Hazelside plongés dans leur repos de la nuit avant que je ne vous fournisse des moyens d'évasion; il vous faut un guide, de la fidélité duquel je me rendrai caution, pour vous conduire à travers ces forêts et vous protéger en cas de dangers qui ne sont que trop présumables dans les temps difficiles où nous vivons. Vous serez encore ici plus d'une heure avant de partir, et je suis sûre que vous ne pouvez mieux employer votre temps qu'à écouter le récit de malheurs trop semblables aux vôtres, et produits également par une affection désappointée à laquelle vous ne sauriez refuser votre sympathie.

La position malheureuse de lady Augusta ne l'empêcha pas de sentir ce qu'il y avait de presque plaisant dans le singulier contraste entre la hideuse figure de cette victime d'une tendre passion, et la cause à laquelle elle imputait ses chagrins; mais ce n'était pas le moment de se livrer à un mouvement de gaîté qui eût été on ne peut plus offensant pour la sœur de Sainte-Bride, dont elle avait toutes les raisons du monde de s'assurer le bon vouloir. Elle se prépara donc à écouter son histoire avec tous les dehors d'une sympathie qui devait payer celle que lui avait témoignée la sœur Ursule; tandis que l'infortunée recluse, sous le poids d'une agitation qui rendait sa laideur encore plus remarquable, fit presque à voix basse le récit suivant :

— Mes malheurs ont commencé longtemps avant que je ne portasse le nom de sœur Ursule, et que je ne fusse renfermée, comme religieuse, entre ces murs. Mon père était un noble normand, qui, à l'imitation de plusieurs de ses compatriotes, avait cherché et trouvé la fortune à la cour du roi d'Écosse. Il fut nommé sheriff de ce comté, et Maurice de Hattely ou de Hautlieu était au nombre des riches et puissants barons d'Écosse. Pourquoi nierais-je que la fille de ce baron, alors appelée Marguerite de Hautlieu, était au nombre des plus grandes et des plus belles dames du pays? Ce n'est pas une vanité blâmable qui me pousse à dire la vérité, et si je ne la disais moi-même, vous ne soupçonneriez pas la ressemblance que j'ai eue autrefois avec l'aimable lady Augusta de Berkely. A peu près vers cette époque éclatèrent les malheureuses que-

CHAPITRE XI.

relles de Bruce et de Balliol, qui furent si longtemps le fléau de ce pays. Mon père, déterminé dans le choix de son parti par les raisons des riches parents qu'il avait à la cour d'Edward, embrassa avec passion celui des Anglais, et devint l'un des plus fougueux partisans d'abord de John Balliol, et ensuite du monarque anglais. Aucun des Écossais anglisés, comme on les appelait alors, ne déploya autant de zèle que lui pour la croix rouge, et aucun ne fut plus détesté de ceux de ses compatriotes qui suivaient l'étendard national de Saint-André et du patriote Wallace. Parmi ces guerriers du sol, Malcolm Heming de Biggar était l'un des plus distingués pour sa naissance, ses talents et ses exploits de chevalerie. Je le vis, et le pâle fantôme qui vous parle en ce moment ne doit pas rougir de dire qu'elle aima l'un des plus beaux jeunes gens de l'Écosse et qu'elle en fut aimée. Mon père découvrit notre attachement, pour ainsi dire, avant que nous ne nous le fussions avoué l'un à l'autre. Il se montra furieux contre mon amant et moi; il me plaça sous la surveillance d'une religieuse de cet ordre, et je fus renfermée dans la maison de Sainte-Bride, où mon père n'eut pas honte d'annoncer qu'il me ferait prendre le voile de force, si je ne consentais à épouser son neveu, élevé à la cour du roi d'Angleterre, et que, n'ayant pas de fils, il avait résolu de faire l'héritier de la maison de Hautlieu. Je ne fus pas longtemps à faire mon choix; je dis que je préférerais la mort plutôt que de prendre un autre époux que Malcolm Heming.

La fidélité de mon amant ne fut pas moindre que la mienne; il trouva moyen de me faire savoir qu'en une certaine nuit il se proposait de tenter l'assaut du couvent de Sainte-Bride, de me rendre à la liberté, et de m'emmener dans les forêts que l'on appelait généralement le patrimoine de Wallace. Dans un moment d'aveuglement, et, je pense, de sortilége, je laissai l'abbesse m'arracher un secret qui devait, j'aurais dû m'en douter, lui paraître plus honteux qu'à aucune autre femme vivante; mais je n'avais pas encore prononcé de vœux, je croyais que les noms de Wallace et de Heming avaient pour tout le monde le même charme que pour moi. Cette femme artificieuse me persuada que sa fidélité à l'égard de Bruce était à l'abri de tout soupçon, et qu'elle prenait part à un complot dont ma liberté était le but. L'abbesse me promit que les troupes anglaises s'éloigneraient à quelque distance; et, de fait, elles semblèrent avoir disparu. En conséquence, au milieu de la nuit désignée, j'ouvris sans bruit la fenêtre de ma cellule, qui était au second étage, et jamais mes yeux ne furent plus enchantés que lorsque, toute disposée pour la fuite et vêtue même d'un habit de cavalier comme vous, belle lady Augusta, je vis Malcolm Heming sauter dans l'appartement. Il se précipita vers moi; mais au même moment, mon père, accompagné des dix hommes les plus forts de sa suite, s'y jeta en poussant le cri de guerre de Balliol. Des coups furent portés de part et d'autre; cependant, au milieu du tumulte, une figure gigantesque se présenta, que mes yeux, alarmés qu'ils étaient, ne purent s'empêcher de distinguer, par la facilité avec laquelle elle renversa et dispersa tout ce qui lui faisait obstacle. Mon père seul opposa une résistance qui menaçait de lui devenir fatale; car Wallace, c'était lui, pouvait combattre à la fois les deux guerriers les plus vigoureux qui eussent jamais tenu une épée. Balayant devant lui les hommes armés, comme une dame chasserait de son éventail des mouches importunes, il m'avait prise dans un de ses bras, et se servait de l'autre pour nous défendre tous les deux. Déjà il me descendait saine et sauve par l'échelle qui avait servi à mes libérateurs pour pénétrer dans l'appartement; mais c'était là qu'une destinée fatale m'attendait.

Mon père, que le champion d'Écosse avait épargné, par égard pour moi ou plutôt par égard pour Heming, avait gagné, par la compassion ou l'humanité du vainqueur, un grand avantage, dont il fit un horrible usage. Wallace, malgré sa force, n'ayant que la main gauche à opposer aux efforts furieux de mon père, ne put l'empêcher, avec toute l'énergie du désespoir, de renverser l'échelle au haut de laquelle sa fille se trouvait, comme une colombe dans les serres d'un aigle. Le champion vit notre danger; et, déployant sa force et son agilité extraordinaires, il quitta l'échelle et sauta au delà du fossé du couvent, dans lequel sans cela nous eussions été précipités. Le champion d'Écosse se retira sain et sauf de cet effort désespéré; mais moi, qui tombai sur un amas de pierres et de décombres, moi, fille désobéissante et presque religieuse infidèle, je ne sortis d'un lit où la douleur m'avait longtemps retenue que pour me trouver misérablement défigurée comme vous me voyez aujourd'hui. Je sus alors que Malcolm avait survécu à cette sanglante mêlée, et j'appris peu de temps après, avec moins de douleur peut-être que je n'aurais dû en ressentir, que mon père avait été tué dans l'une de ces incessantes batailles que se livraient les deux partis. S'il avait vécu, j'aurais pu me soumettre jusqu'au bout à ma destinée; mais, puisqu'il n'était plus, je sentis que le sort d'une mendiante dans les rues d'un village d'Écosse était préférable à celui d'une abbesse dans la misérable maison de Sainte-Bride. D'ailleurs, cette déplorable perspective que mon père avait coutume d'offrir à mon ambition, quand il essayait de me persuader d'entrer dans l'état monastique par des moyens plus doux qu'en me précipitant du haut des remparts, ne me fut pas longtemps ouverte. La vieille abbesse mourut d'un rhume qu'elle avait gagné le soir même de mon malheur. Sa place aurait pu demeurer vacante jusqu'à ce que je fusse en état de la remplir; mais il en fut autrement. Les Anglais jugèrent à propos d'introduire la réforme dans cette maison; et au lieu de faire procéder à l'élection d'une nouvelle abbesse, ils y envoyèrent deux ou trois moines de leur parti, qui ont maintenant le gouvernement absolu de la communauté, et l'exercent sous le bon plaisir de leurs protecteurs. Mais moi, du moins, qui ai eu l'honneur d'être soutenue dans les bras du champion de mon pays, je

CHAPITRE XI.

ne resterai pas ici pour y recevoir les ordres de cet abbé Jérôme. J'en sortirai, et je ne doute pas que je ne trouve des parents et des amis qui offriront à Marguerite de Hautlieu un asile plus convenable que le couvent de Sainte-Bride. Vous aussi, ma chère dame, vous allez recouvrer votre liberté; et il sera bon de laisser ici, après vous, un écrit qui apprenne à sir John de Walton le dévouement qu'il a eu le bonheur de vous inspirer.

— Votre intention n'est-elle donc pas de rentrer dans le monde? dit lady Augusta, ou bien allez-vous renoncer à l'amant dont l'union avec vous devait assurer votre bonheur réciproque?

— C'est là, ma chère enfant, une question que je n'ose me faire à moi-même, et à laquelle je ne sais trop quelle réponse je ferais. Je n'ai prononcé aucuns vœux définitifs et irrévocables; je n'ai rien fait pour changer ma situation vis-à-vis de Malcolm Heming. Lui aussi est mon fiancé, d'après les vœux enregistrés dans la chancellerie du Ciel, et j'ai conscience de ne pas mériter moins sa foi qu'au moment où il me l'a engagée. Mais je l'avouerai, des rumeurs sont venues jusqu'à moi qui m'ont péniblement affectée. On dit que mes blessures et mes cicatrices m'ont aliéné le cœur du chevalier de mon choix. Je suis maintenant pauvre, il est vrai, ajouta-t-elle avec un soupir, et je ne possède plus ces avantages personnels qui attirent l'amour et fixent l'inconstance de l'autre sexe. Je m'apprends donc à penser, dans les moments où la raison prend sur moi le dessus, que tout est fini entre Malcolm et moi, à l'exception de nos souvenirs et des vœux que nous pouvons former pour le bonheur l'un de l'autre. Et cependant, en dépit de ma raison, je sens quelque chose en moi qui me dit tout bas que si je croyais absolument ce que je vous dis maintenant, il ne me resterait plus rien au monde qui valût la peine d'y vivre. En dépit de ma raison et du bon sens, ce quelque chose me dit au plus profond de mon âme que Malcolm, qui a tout risqué au service de son pays, est incapable des affections versatiles que nourrit un homme ordinaire, grossier et vénal. Il me semble que si ce malheur lui fût arrivé et non pas à moi, il n'eût rien perdu à mes yeux parce qu'il serait couvert d'honorables cicatrices en luttant pour assurer la liberté de son choix, et que même, dans mon opinion, de telles blessures ajouteraient à son mérite tout ce qu'il aurait pu perdre de beauté personnelle. Des idées s'élèvent dans mon âme que Malcolm et Marguerite pourraient bien encore être l'un pour l'autre ce que dans leur affection ils se promettaient autrefois avec tant de confiance. Regardez-moi, ma chère lady Augusta, — regardez-moi, — si vous en avez le courage, — là, bien en face, — et dites-moi si je n'extravague pas quand mon imagination me représente comme naturel et probable ce qui n'est que possible tout au plus?

Lady Berkely, sentant qu'il le fallait absolument, leva les yeux sur la malheureuse nonne, effrayée de perdre la seule chance de salut par la manière dont elle se conduirait dans cette circonstance critique, et ne voulant pas cependant flatter la malheureuse Ursule en lui suggérant des idées que son propre bon sens ne lui permettait pas de regarder comme raisonnablement fondées. Mais sa mémoire, remplie des poésies du temps, lui rappela la Dame Dégoûtante dans *le Mariage de sir Gawayn*, et en conséquence elle lui fit la réponse suivante :

— Ma chère lady Marguerite, vous me faites là une question embarrassante ; ce serait manquer à l'amitié que de n'y pas répondre avec sincérité, et il serait cruel d'y répondre avec trop de précipitation. Il est vrai que ce qu'on appelle la beauté est la première qualité dont notre sexe apprend à faire cas ; nous sommes flattées quand on nous parle de nos charmes personnels, que nous les possédions réellement ou non, et nous y attachons bien plus d'importance qu'ils n'en ont réellement. Toutefois, des femmes qui aux yeux des personnes de leur sexe et aux leurs propres, peut-être, passaient pour n'avoir aucune prétention à la beauté, sont devenues, par leur esprit, leurs talents et leurs qualités, l'objet d'attachements les plus vifs et les plus sincères. Pourquoi donc, lorsque vous n'avez encore que des craintes, regarderiez-vous comme impossible que Malcolm soit pétri de cet argile d'une qualité supérieure qui méprise les attraits passagers de la forme extérieure, en comparaison des charmes plus solides d'une affection sincère, des talents et des vertus ?

La nonne pressa sur son sein la main de sa compagne, et lui répondit en poussant un profond soupir :

— Je crains que vous ne me flattiez ; et cependant, dans une crise comme celle-ci, la flatterie fait du bien, comme ces spiritueux généralement dangereux pour la constitution, et que cependant les médecins administrent sagement au patient pour le soutenir dans un paroxysme d'agonie, et le mettre en état de supporter ce qu'ils ne peuvent guérir. Répondez à ma dernière question, et puis il sera temps de cesser cette conversation. Pourriez-vous, aimable dame, vous à qui la fortune a prodigué tant d'attraits, pourriez-vous, à l'aide d'un raisonnement quelconque, supporter la perte irréparable de vos avantages personnels, perte qui devrait entraîner, comme il est probable pour moi, celle de l'amant pour lequel vous avez déjà tant fait ?

L'Anglaise jeta les yeux sur son amie et ne put réprimer un léger frisson à l'idée que sa belle figure pourrait devenir semblable aux traits cicatrisés de la dame de Hautlieu, que la perte d'un œil rendait encore plus affreuse.

— Croyez-moi, dit-elle en levant les yeux d'un air solennel, même dans le cas que vous supposez, j'aurais moins de regret pour moi-même que je ne déplorerais la bassesse d'esprit de l'amant qui pourrait m'abandonner, parce que ces charmes passagers, qui de toute manière ne sauraient durer longtemps, auraient été enlevés avant le jour de notre hymen. Toutefois, Dieu seul sait quelle impression de pareils changements pourraient produire sur d'autres dont les dispositions ne nous sont pas parfaitement connues. Tout ce que je puis faire, c'est de vous assurer que je joins mes vœux aux vôtres, et qu'aucun obstacle ne s'opposera à votre bonheur à venir, s'il est en mon pouvoir de le surmonter. — Écoutez !...

— C'est le signal de notre délivrance, dit Ursule, prêtant l'oreille à un bruit qui ressemblait au cri de la chouette. Nous devons nous préparer à quitter ce couvent dans quelques minutes ; avez-vous quelque chose à emporter ?

— Rien, excepté le peu de bijoux que dans ma fuite précipitée j'ai apportés avec moi sans trop savoir pourquoi. Ce morceau de parchemin que je laisse donne permission à mon fidèle ménestrel de se sauver lui-même, en confessant à sir John de Walton quelle était réellement la personne qu'il a eue en son pouvoir.

— C'est une chose étrange, dit la novice de Sainte-Bride, de voir dans quels labyrinthes extraordinaires l'amour entraîne ceux qui lui sacrifient. Prenez garde en descendant ; cette trappe soigneusement cachée, ajustée et huilée, conduit à une poterne secrète où je crois que déjà nous attendent les chevaux qui bientôt nous aideront à dire adieu à Sainte-Bride, — que Dieu bénisse ainsi que son couvent ! Nous n'aurons pas de lumière jusqu'à ce que nous nous trouvions en plein air.

Tout en disant cela, sœur Ursule, pour lui donner une dernière fois son nom de religion, changeait son étole ou grande robe de dessus contre un manteau plus étroit et un chaperon de cavalier. Elle marcha devant à travers un véritable labyrinthe de corridors, jusqu'à ce que lady de Berkely, le cœur palpitant, se trouva à la lumière incertaine et pâle de la lune qui éclairait à demi les murailles de l'antique abbaye. L'imitation d'un cri de chouette les dirigea vers un grand orme voisin ; elles aperçurent trois chevaux tenus par quelqu'un dont elles ne purent rien distinguer, si ce n'est qu'il était grand, vigoureux et vêtu du costume d'un homme d'armes.

— Lady Marguerite, dit-il, le plus tôt que nous serons partis d'ici sera le meilleur ; vous n'avez qu'à nous indiquer la route que vous désirez suivre.

La réponse de lady Marguerite fut donnée à voix basse ; son guide y répliqua en lui recommandant de marcher lentement et en silence pendant le premier quart d'heure, après quoi ils se trouveraient à quelque distance de tout lieu habité.

CHAPITRE XII.

Grand fut l'étonnement du jeune chevalier de Valence et du révérend père Jérôme, lorsqu'en se précipitant dans la cellule ils s'aperçurent de l'absence du jeune pèlerin, et que, d'après les vêtements qui y avaient été laissés, ils eurent toutes les raisons de penser que la nonne cyclope, sœur Ursule, l'avait accompagné dans sa fuite. Mille pensées assaillirent l'âme de sir Aymer, honteux de s'être laissé prendre aux artifices d'un jeune enfant et d'une novice. Le révérend père n'éprouvait pas moins de contrition d'avoir recommandé au chevalier d'user de modération dans l'exercice de son autorité. Le père Jérôme n'avait obtenu sa nomination à la place d'abbé que sur la confiance qu'on avait dans son zèle pour la cause du monarque anglais, et il lui semblait difficile de concilier avec ce zèle prétendu sa conduite de la nuit dernière. On fit à la hâte une enquête, dont le seul résultat fut que bien certainement le jeune pèlerin s'était enfui avec Marguerite de Hautlieu, incident dont la partie femelle de la communauté exprima sa surprise mêlée d'une grande horreur, tandis que celle des moines, quand ils en apprirent la nouvelle, semblait se baser surtout sur la différence qui existait entre l'extérieur des deux fugitifs.

— Sainte Vierge! s'écria une nonne, qui aurait pu croire que sœur Ursule, une novice qui donnait de si belles espérances, et qui naguère fondait en larmes à la mort prématurée de son père, fût capable de se faire enlever par un jeune garçon qui compte quatorze ans à peine?

— Sainte Bride! dit l'abbé Jérôme, qui a pu pousser un si beau jeune homme à prêter son bras à un cauchemar comme sœur Ursule pour commettre une pareille énormité? Certainement il ne peut alléguer ni la tentation ni la séduction. Il faut, comme le dit la phrase mondaine, qu'il soit allé au diable avec une lavette.

— Je vais dépêcher des soldats à la poursuite de nos fugitifs, dit de Valence, à moins que cette lettre, que le pèlerin doit avoir laissée à dessein, ne nous donne quelque explication sur notre mystérieux prisonnier.

Après avoir parcouru la lettre avec quelque surprise, il la lut à haute voix :

« Moi soussignée, qui ai résidé quelque temps dans l'abbaye de Sainte-Bride, je vous fais savoir, à vous père Jérôme, abbé de ladite maison, que voyant que vous vous disposiez à me traiter comme un prisonnier et un espion, après m'avoir admise dans votre sanctuaire comme une personne dans le malheur, j'ai résolu d'user de ma liberté naturelle, dans laquelle vous n'aviez pas droit d'intervenir, et qu'en conséquence je m'éloigne de votre abbaye. De plus, voyant que la novice appelée Ursule dans votre couvent, et qui, d'après les règles de la discipline monastique, a complétement le droit de rentrer dans le monde, à moins qu'après une année de noviciat il ne lui convienne de prendre le voile, est déterminée à jouir du même privilége, j'embrasse avec plaisir l'occasion de l'accompagner dans cet acte tout légitime ; ce qui est conforme à la loi de Dieu et au précepte de Sainte-Bride qui ne vous permet de retenir par force dans votre couvent aucune personne qui n'a pas prêté les vœux irrévocables de votre ordre.

« A vous, sir John de Walton, et à vous, sir Aymer de Valence, chevaliers anglais, commandant la garnison de Douglasdale, je n'ai rien à dire, si ce n'est que vous avez agi et que vous agissez à mon égard sous l'influence d'un mystère dont la solution est un secret connu seulement de mon fidèle ménestrel Bertram, pour le fils duquel il m'a convenu de me faire passer. Mais comme il ne me convient pas en ce moment de divulguer un secret que je ne saurais révéler sans un certain sentiment de pudeur, non-seulement je donne permission audit Bertram le ménestrel, mais encore je lui fais commandement exprès de vous dire dans quel dessein je suis venue originairement au château de Douglas. Ce secret une fois connu, il ne me restera plus qu'à exprimer mes sentiments envers les deux chevaliers, en retour des peines et des angoisses que m'ont fait éprouver leurs violences et leurs menaces plus acerbes.

« Et d'abord, quant à sir Aymer de Valence, je lui pardonne librement et volontiers d'être tombé dans une erreur où j'ai été la première à l'induire ; je serai heureuse dans toutes les circonstances de retrouver en lui une connaissance, et jamais je ne songerai davantage au rôle qu'il a joué dans cette histoire si courte, que comme à un sujet de rires et de plaisanteries.

« Mais quant à sir John de Walton, je suis obligée de lui demander si sa conduite envers moi, eu égard aux rapports dans lesquels nous sommes l'un vis-à-vis de l'autre, est telle qu'il la puisse oublier et que je puisse la lui pardonner. J'espère qu'il me comprendra quand je lui dirai que toutes relations sont désormais finies entre lui et moi.

« AUGUSTINE. »

— C'est de la folie, dit l'abbé quand il eut achevé cette lecture, — une vraie folie de canicule, qui n'accompagne que trop fréquemment cette maladie pestilentielle. Je ferais bien de recommander aux soldats qui les premiers appréhenderont ce jeune Augustin de le mettre immédiatement au pain et à l'eau, et d'avoir soin de ne lui en donner que juste ce qu'il faudra pour le soutenir. Peut-être même les plus savants médecins m'approuveraient-ils de recommander en même temps quelques flagellations à l'aide de ceinturons, de lanières et de cilices, et si cela ne suffisait pas, quelques coups de baguette, de cravache, etc.

— Silence, mon révérend père! dit de Valence, la lumière commence à poindre pour moi; si je ne me trompe, John de Walton aimerait mieux que les chairs lui fussent enlevées des os que le petit doigt de cette Augusta ou de cette Augustine soit piqué par un cousin. Au lieu de traiter ce jeune homme comme un fou, j'aime mieux avouer que j'ai été étrangement aveuglé et fasciné. Sur mon honneur, si je dépêche mes soldats à la poursuite des fugitifs, ce sera avec une stricte recommandation, s'ils les atteignent, de les traiter avec toutes sortes d'égards, et s'ils témoignent répugnance à revenir en ce moment, de les protéger jusqu'au premier lieu honorable de refuge qu'ils pourront désigner.

— J'espère, dit l'abbé, qui parut tout confus, que je serai d'abord entendu au nom de l'Église dans une affaire où il s'agit de l'enlèvement d'une nonne. Vous voyez vous-même, sire chevalier, que ce damné ménestrel ne témoigne ni repentir ni contrition de la part qu'il a prise à un attentat si horrible.

— Soyez sûr, mon père, qu'on vous donnera l'occasion de vous expliquer complétement, si, toute réflexion faite, vous croyez le devoir faire. En attendant, il faut que je m'en retourne sans perdre un moment pour informer sir John de la tournure qu'ont prise les affaires. Adieu, mon révérend père. Sur mon honneur, nous devons nous féliciter l'un l'autre d'échapper à une charge inquiétante qui amenait autant de terreurs que les fantômes d'un rêve affreux, que cependant on peut guérir par un moyen bien simple : — en éveillant le dormeur. Mais par Sainte-Bride! l'homme d'église et le laïque doivent sympathiser avec le malheureux sir John de Walton. Je vous dis, mon père, que si cette lettre — et il la toucha du bout du doigt — doit s'interpréter littéralement en ce qui le concerne, il est l'homme le plus digne de pitié qui existe depuis les bords de la Solway jusqu'ici. Suspendez votre curiosité, très-digne ecclésiastique, de peur qu'il n'y ait dans cette affaire plus encore que je n'y vois, et que, pensant avoir trouvé la véritable explication, je ne sois forcé d'avouer que je vous ai une seconde fois induit en erreur. — Sonnez le boute-selle, vous autres! cria-t-il par la fenêtre, et que le détachement que j'ai amené ici se prépare à battre les bois en s'en retournant.

— Par ma foi! dit le père Jérôme, je suis bien content que ce jeune fou me laisse à mes propres méditations; je ne puis souffrir qu'un jeune homme prétende comprendre tout ce qui se passe, tandis que

CHAPITRE XII.

les personnes plus instruites et plus expérimentées que lui sont obligées de confesser que tout y est mystère pour elles. Une pareille présomption ressemble à l'orgueil de cette folle de sœur Ursule, qui prétendait lire avec un seul œil un manuscrit que moi je ne pouvais déchiffrer avec le secours de mes lunettes.

Cette observation n'eût peut-être pas plu beaucoup au jeune chevalier, et ce n'était pas une de ces vérités que l'abbé eût aimé à énoncer en sa présence. Mais le chevalier lui avait donné une poignée de main, lui avait dit adieu, et déjà il était à Hazelside donnant des ordres particuliers à de petits détachements d'infanterie et de cavalerie, et gourmandant à l'occasion Thomas Dickson, qui, pour satisfaire une curiosité que le chevalier anglais n'était nullement disposé à excuser, s'efforçait de recueillir quelques détails sur les événements de la nuit.

— Paix, drôle ! dit-il, et occupe-toi de tes affaires ; sois sûr que le moment viendra où elles demanderont toute l'attention que tu leur peux donner, sans t'ingérer de ce qui ne te regarde pas.

— Si je suis soupçonné de quelque chose, répondit Dickson d'un ton assez brusque et assez hargneux, il me semble qu'il serait plus loyal de me faire connaître l'accusation portée contre moi. Je n'ai pas besoin de vous dire que les règles de son ordre veulent qu'un chevalier n'attaque pas un ennemi sans l'avoir défié.

— Quand vous serez chevalier, répliqua sir Aymer, il sera temps pour moi de songer aux formalités que j'aurai à remplir à votre égard. En attendant, vous feriez mieux de me dire quelle part vous avez eue dans l'apparition de ce fantôme guerrier qui a fait retentir le cri séditieux de Douglas dans la ville de ce nom.

— Je ne sais pas ce dont vous voulez parler, répondit le fermier.

— En ce cas, ayez soin de ne pas vous mêler des affaires des autres, même quand votre conscience vous dirait que les vôtres ne vous doivent placer dans aucun danger.

A ces mots il partit au galop sans attendre une réponse, la tête pleine d'idées qui pouvaient se traduire ainsi :

— Je ne sais comment cela se fait, mais un brouillard est à peine dissipé que nous nous trouvons enveloppés dans un autre. Je tiens pour certain que la damoiselle déguisée n'est autre que la déesse objet du culte de de Walton, qui lui a coûté, ainsi qu'à moi, assez d'inquiétudes, et qui a été cause de quelques malentendus entre nous deux depuis un certain temps. Sur mon honneur, cette belle dame est bien généreuse dans le pardon qu'elle m'a si franchement accordé, et si elle est moins disposée à en faire autant pour sir John de Walton, hé bien, alors... et alors quoi ? — Il ne s'ensuit pas qu'elle veuille m'accorder dans ses affections la place dont elle vient de chasser de Walton, et quand elle le voudrait, pourrais-je profiter d'un changement en ma faveur aux dépens d'un ami, aux dépens de mon compagnon d'armes?

ce serait une folie de penser même à quelque chose de si improbable. — Mais nos autres affaires demandent une sérieuse considération. Ce fossoyeur paraît avoir tenu si longtemps aux morts qu'il est devenu impropre à la société des vivants. Quant à ce Dickson d'Hazelside, il n'y a pas eu dans toutes ces guerres interminables une seule tentative contre les Anglais à laquelle il n'ait pris part. Quand ma vie en aurait dépendu, je n'aurais pu me retenir de lui témoigner mes soupçons, qu'il le prenne comme il voudra.

Tout en réfléchissant ainsi, le chevalier éperonna son coursier; et, arrivant au château de Douglas sans autre aventure, il demanda, avec bien plus de cordialité qu'il ne l'avait fait depuis longtemps, s'il pouvait être admis auprès de sir John de Walton, ayant un rapport important à lui faire. Il fut introduit immédiatement dans un appartement où il trouva le gouverneur seul à déjeuner. Eu égard aux termes dans lesquels ils étaient depuis quelque temps, celui-ci fut surpris de l'air aisé et familier avec lequel de Valence l'abordait.

— Quelques nouvelles extraordinaires, dit sir John assez gravement, me procurent l'honneur de la compagnie de sir Aymer de Valence?

— C'en est une de la plus haute importance pour vous, sir John, et je serais en conséquence blâmable si je tardais un moment à vous la communiquer.

— Je serai heureux et fier de profiter de vos lumières.

— Et moi je serais fâché de perdre la gloire d'avoir découvert un mystère que sir John de Walton n'a pu pénétrer. En même temps, je ne voudrais pas que vous me crussiez capable d'une mauvaise plaisanterie à votre égard, ce que vous pourriez croire si par malentendu je m'étais trompé dans cette affaire. Sauf votre permission, voici donc comme nous allons procéder. Nous nous rendrons ensemble dans la prison de Bertram le ménestrel. La personne confiée aux soins de l'abbé Jérôme m'a chargé d'une feuille de parchemin. Il est écrit d'une délicate main de femme, et autorise le ménestrel à déclarer dans quel but ils sont venus tous deux dans cette vallée de Douglas.

— Il faut qu'il en soit comme vous le désirez, encore que je ne voie pas bien la nécessité d'ajouter cette formalité à un mystère qui pourrait s'expliquer en si peu de mots.

Les deux chevaliers, précédés d'un gardien, se rendirent donc dans le cachot où l'on avait enfermé le ménestrel.

CHAPITRE XIII.

Les portes, étant ouvertes, laissèrent voir un donjon d'où les victimes qu'on y renfermait à cette époque auraient eu peu d'espoir de s'échapper, mais où l'ingénieux voleur de notre civilisation moderne eût à peine daigné rester quelques heures. Les anneaux massifs qui composaient les fers des prisonniers et qui s'attachaient à leurs corps, lorsqu'on les examinait de plus près, se trouvaient n'être fermés que par une rivure si faible, qu'en les frottant avec quelque acide corrosif, ou en les usant patiemment avec un morceau de pierre à sablon, il était facile de la briser, et alors toute cette lourde masse de fer devenait inutile. Les verrous, quoique grands et en apparence très-solides, étaient si grossièrement faits, qu'un artiste très-ordinaire eût pu également en venir à bout par des moyens analogues. Le jour ne pénétrait qu'à midi dans ce cachot souterrain, par un passage qu'on avait fait tortueux afin qu'il ne permit pas aux rayons du soleil d'y pénétrer, quoiqu'il ne présentât aucun obstacle au vent ou à la pluie. La doctrine qu'un prisonnier doit être réputé innocent jusqu'à ce que ses pairs l'aient déclaré coupable, n'était pas encore comprise dans ces temps de force brutale. Seulement, on lui accordait une lampe ou quelques autres adoucissements à sa misère, si sa conduite était tranquille et s'il ne semblait pas devoir donner de l'inquiétude à son geôlier en essayant de s'évader. Tel était le cachot où l'on avait renfermé Bertram, auquel cependant sa douceur et sa patience avaient procuré tous les soulagements à son sort que son gardien avait pu lui accorder. On lui avait permis d'emporter dans son cachot de vieux livres dont la lecture lui offrait un amusement dans sa solitude; il avait, de plus, tout ce qu'il faut pour écrire, et tout ce qu'un homme versé dans la science des ménestrels pouvait désirer pour lui aider à passer le temps, enfermé qu'il était au cœur du rocher. Il leva la tête quand les chevaliers entrèrent, et le gouverneur dit à sir Aymer de Valence:

— Comme vous semblez vous croire en possession du secret du prisonnier, je vous laisse le mettre au jour de la façon qui vous paraîtra la plus convenable; si cet homme ou son fils ont supporté des désagréments inutiles, je me ferai un devoir de leur en offrir la compensation, — ce qui, je pense, ne peut pas s'élever bien haut.

Bertram leva les yeux et les fixa sur ceux du gouverneur; il ne put y lire rien qui lui indiquât que celui-ci comprît mieux qu'auparavant le secret qui avait amené son emprisonnement. Mais quand il les tourna sur sir Aymer, ses traits s'animèrent tout à coup, et la manière dont ils se regardèrent fut un signe d'intelligence.

— Ainsi vous avez mon secret, vous, et vous savez quelle est la personne qui se cachait sous le nom d'Augustin?

Sir Aymer fit signe que oui, tandis que le gouverneur, promenant ses yeux animés du prisonnier au chevalier de Valence, s'écria :

— Sir Aymer de Valence, vous êtes chevalier et chrétien ; par l'honneur que vous avez à conserver sur cette terre, par l'âme que vous avez à sauver après la mort, je vous enjoins de me donner l'explication de ce mystère! Il est possible que vous croyiez avec vérité avoir sujet de vous plaindre de moi ; — dans ce cas, je vous donnerai la satisfaction que peut offrir un chevalier.

Le ménestrel s'écria en même temps :

— Par le vœu qu'il a prêté, je somme ce chevalier de ne divulguer aucun secret appartenant à une personne honorable et noble, à moins qu'il ne soit positivement sûr qu'il le fasse avec le libre assentiment de cette personne.

— Que ce billet dissipe vos scrupules, dit sir Aymer, plaçant la feuille de parchemin entre les mains du ménestrel. Quant à vous, sir John de Walton, loin de conserver le moindre ressentiment des malentendus qui ont existé entre nous, je suis prêt à les ensevelir dans l'oubli, comme nés d'une série d'erreurs qu'il n'était donné à aucun homme de comprendre. Ne vous offensez pas, mon cher sir John, si je proteste, sur ma foi de chevalier, que j'ai pitié de la peine que ce morceau de parchemin va probablement vous causer, et que si les plus grands efforts de ma part peuvent vous aider le moins du monde à débrouiller cet écheveau emmêlé, je vous les offre avec autant d'empressement que je l'aie jamais fait à aucune époque de ma vie. Ce fidèle ménestrel doit voir maintenant qu'il n'a plus aucune raison de garder un secret que, sans l'écrit que je viens de mettre entre ses mains, il aurait continué de garder avec une inébranlable loyauté.

Sir Aymer remit à de Walton un écrit sur lequel, avant de quitter le couvent de Sainte-Bride, il avait lui-même consigné son interprétation de ce mystère, et le gouverneur avait à peine lu le nom qu'il contenait, que ce même nom fut prononcé tout haut par Bertram, qui, au même moment, lui passa le parchemin qu'il avait reçu du chevalier de Valence.

La plume blanche qui flottait sur la toque que le chevalier de Walton portait au lieu du casque dans l'intérieur du château, n'était pas plus pâle que ne le devint son visage quand il apprit ainsi inopinément que la dame maîtresse de ses pensées et de ses actions, pour me servir de la phrase chevaleresque, et à laquelle, dans des temps moins poétiques, il aurait dû encore la plus profonde gratitude pour le choix généreux qu'elle avait fait en sa faveur, était cette personne-là même qu'il avait menacée de violences corporelles, et qu'il avait soumise à des rigueurs et à des affronts auxquels il n'eût pas volontiers exposé la femme du plus bas étage.

Toutefois, sir John de Walton parut d'abord comprendre à peine les nombreuses et fatales conséquences qui pourraient probablement suivre cette malheureuse complication de méprises ; il prit le parchemin des mains du ménestrel, et tandis qu'à l'aide de la lampe ses yeux erraient sur les caractères, sans qu'ils parussent présenter aucune idée bien distincte à son intelligence, de Valence put craindre qu'il ne fût au moment de perdre la raison.

— Au nom du Ciel, monseigneur, dit-il, soyez homme, et supportez avec la fermeté d'un homme ces événements inattendus ; — j'aime à croire qu'ils n'amèneront pas de conséquences que l'esprit d'un homme ne puisse encore prévenir. Cette belle dame ne saurait, je l'espère, être trop profondément blessée d'une série de circonstances qui ont été la suite naturelle de votre attention à vous acquitter parfaitement d'un devoir de l'accomplissement duquel dépendaient toutes les espérances qu'elle vous autorisait à concevoir. Au nom de Dieu, remettez-vous, seigneur, afin qu'on ne puisse pas dire que la crainte du déplaisir d'une dame ait abattu à ce point le courage du plus intrépide chevalier d'Angleterre ; soyez ce que les hommes vous ont appelé : Walton l'Inébranlable. Au nom du Ciel, voyons d'abord si cette dame est réellement offensée, avant de conclure qu'elle le soit d'une manière irrévocable. La source de toutes ces erreurs, à qui en est la faute ? certainement, sauf le respect qui lui est dû, au caprice de cette dame elle-même, qui a donné lieu à cette suite de méprises. Pensez-en comme le doit faire un homme et un soldat ; supposons que vous-même ou moi, désirant éprouver la fidélité de nos sentinelles, ou pour toute autre raison bonne ou mauvaise, nous eussions essayé de pénétrer dans ce Château Dangereux de Douglas sans donner le mot d'ordre aux gardes : serions-nous en droit de les blâmer s'ils nous en avaient résolument refusé l'entrée, s'ils nous avaient faits prisonniers, et même s'ils nous avaient maltraités en cas d'insistance, le tout en conformité des ordres que nous leur aurions nous-mêmes donnés ? Quelle différence y a-t-il entre une sentinelle et vous-même, John de Walton, dans cette curieuse affaire, laquelle, de par le Ciel ! fournirait plutôt un gai sujet à cet excellent barde que le thème d'un lai tragique. Allons, quittez cet air affligé, sir John ; soyez irrité, si vous le voulez, contre la dame qui a commis une pareille folie, ou contre moi qui ai couru à cheval toute la nuit par monts et par vaux pour faire une si sotte besogne, contre moi qui ai éreinté mon meilleur cheval, sans savoir comment je pourrai m'en procurer un autre jusqu'à ce que mon oncle de Pembroke et moi nous soyons réconciliés ; ou enfin, si vous désirez être tout à fait absurde dans votre fureur, dirigez-la contre ce digne ménestrel à cause de sa rare fidélité, et punissez-le d'une conduite qui lui mériterait plutôt une chaîne d'or. Donnez carrière, si vous voulez, à votre colère, mais chassez ce triste abattement du front d'un homme et d'un chevalier banneret.

Sir John de Walton fit un effort pour parler, et n'y parvint pas sans quelque difficulté :

— Aymer de Valence, dit-il, en irritant un furieux, savez-vous que vous jouez votre propre vie? — Cela dit, il continua à garder le silence.

— Je suis charmé que vous en ayez pu tant dire, repartit son ami; je ne plaisantais pas quand je vous disais tout à l'heure que j'aimerais mieux vous voir irrité contre moi que vous en prendre à vous seul. Il me semble qu'il serait de la plus simple courtoisie de mettre immédiatement ce ménestrel en liberté; en même temps, au nom de sa dame, je le prierai de vouloir bien être notre hôte jusqu'à ce que lady Augusta de Berkely nous fasse le même honneur, et de nous aider dans nos recherches pour découvrir le lieu de sa retraite. — Brave ménestrel, vous entendez ce que je dis, et vous ne serez pas surpris, je suppose, si, avec tous les honneurs et les égards que vous méritez, vous vous trouvez retenu pour un court espace de temps encore dans ce château.

— Vous paraissez, sire chevalier, répondit le ménestrel, ne pas tant regarder le droit que vous auriez de faire une chose que le pouvoir que vous en avez. Il faut de toute nécessité que j'obéisse à votre invitation, puisqu'il ne dépend que de vous de lui donner la forme d'un ordre.

— J'espère de plus, continua de Valence, que lorsque vous aurez retrouvé votre maîtresse, nous aurons le bénéfice de votre intercession auprès d'elle pour tout ce qui aurait pu lui déplaire dans notre conduite, puisque nos actes ont été précisément l'inverse de nos intentions.

— Je n'ai qu'un mot à ajouter, reprit sir John de Walton; je veux vous offrir une chaîne d'or assez lourde pour vous faire oublier le poids de ces chaînes, comme un témoignage du regret que j'éprouve de vous avoir soumis à de telles indignités.

— Assez, sir John, dit de Valence; ne faisons pas d'autres promesses jusqu'à ce que ce brave ménestrel ait vu quelque preuve de leur accomplissement. Suivez-moi : je veux vous parler en particulier de quelques autres nouvelles qu'il est important que vous connaissiez.

A ces mots, il sortit du cachot avec de Walton; et, faisant appeler le vieux chevalier sir Philip de Montenay, qui remplissait les fonctions de sénéchal du château, il lui donna l'ordre de faire sortir le ménestrel de sa prison, de le traiter parfaitement bien à tous autres égards, mais de l'empêcher, avec toute la politesse possible, de sortir du château sans être accompagné d'un homme sûr.

— Et maintenant, sir John de Walton, dit-il, il me semble qu'il est assez peu poli de votre part de ne me pas faire servir à déjeuner, après

CHAPITRE XIII.

que j'ai passé toute la nuit à m'occuper de vos affaires. Un verre de canarie ne me nuirait pas, je pense, pour examiner à fond cette question difficile.

— Tu sais, répondit de Walton, que tu peux demander tout ce que tu voudras, pourvu que tu me dises sans perdre de temps tout ce que tu sais encore sur les intentions de cette dame, contre laquelle nous avons tous si grossièrement péché, — et moi, je le crains, sans espoir de pardon !

— Croyez-moi, repartit le chevalier de Valence, cette honorable dame n'a point de rancune à mon égard ; elle a témoigné expressément qu'elle abjurait tout ressentiment contre moi. Les mots sont clairs ; vous pouvez les relire vous-même : — « Et d'abord, quant à sir Aymer de Valence, je lui pardonne librement et volontiers d'être tombé dans une erreur où j'ai été la première à l'induire ; je serai heureuse, dans toutes les circonstances, de retrouver en lui une connaissance, et jamais je ne songerai davantage au rôle qu'il a joué dans cette histoire si courte, que comme à un sujet de rires et de plaisanteries. » Vous le voyez, c'est clair et positif.

— Oui ; mais ne voyez-vous pas que son coupable amant est nominativement exclu de l'amnistie accordée à l'étranger qui l'a moins grièvement offensée ? Ne remarquez-vous pas le dernier paragraphe ? — Il prit le parchemin d'une main tremblante, et lut d'une voix mal assurée les derniers mots de la lettre : — « Toutes relations sont désormais finies entre lui et moi. » Expliquez-moi comment ces paroles pourraient avoir un autre sens que celui d'une condamnation et d'une rupture de contrat, impliquant la destruction des espérances de sir John de Walton.

— Vous êtes un peu plus âgé que moi, sire chevalier, et, je l'accorderai volontiers, beaucoup plus prudent et plus expérimenté. Toutefois, je maintiens qu'il n'y a pas moyen d'adopter l'interprétation que vous donnez à cette lettre, à moins de supposer au préalable que la belle dame qui l'a écrite avait perdu l'esprit. — Allons, ne tressaillez pas ainsi ; ne prenez pas cet air colère, et ne portez pas la main à la garde de votre épée. Je n'affirme pas qu'il en soit ainsi : c'est une pure supposition. Je le répète, aucune femme dans son bon sens n'aurait pardonné à une connaissance ordinaire d'avoir sans intention manqué de respect et d'égards envers elle dans une mascarade, et ne romprait durement et irrévocablement avec l'amant auquel sa foi était engagée, encore que l'erreur qui lui aurait fait prendre part à la même offense n'aurait été ni plus grossière ni plus prolongée que celle de la personne qui lui était indifférente.

— Ne blasphémez pas, de Valence, et pardonnez-moi si, pour rendre justice à la vérité et à l'ange que je crains d'avoir perdu pour toujours, je vous fais remarquer la différence qu'une demoiselle douée de nobles sentiments doit mettre entre l'offense commise à son égard par une connaissance ordinaire, et une offense exactement du même genre, provenant de la personne obligée par la préférence la plus imméritée, par les bienfaits les plus généreux, et par tout ce qui peut lier un cœur d'homme, à penser et à réfléchir avant de prendre une part à rien de ce qui peut toucher sa dame.

— Sur mon honneur, je suis ravi de vous voir faire quelque essai de raisonnement, encore que votre raisonnement soit tout ce qu'il y a de plus déraisonnable, puisque son but est de détruire vos propres espérances, et de vous enlever toutes vos chances de bonheur. Mais si, dans toute cette affaire, je me suis conduit de manière à donner quelque cause de déplaisir non-seulement à mon supérieur, mais à mon ami, je veux le réparer à votre égard, John de Walton, en essayant de vous convaincre en dépit de votre logique faussée. Mais voici le vin de canarie et le déjeuner; voulez-vous prendre quelques rafraîchissements, — ou poursuivons-nous nos arguments sans le secours fortifiant du muscat?

— Au nom du Ciel, fais comme tu voudras, pourvu que tu me débarrasses de ton bavardage bien intentionné.

— Votre mauvaise humeur ne m'enlèvera rien de ma puissance d'argumentation, dit de Valence en riant et se versant un verre plein jusqu'au bord. Si vous vous avouez vaincu, je ne demande pas mieux que d'attribuer ma victoire à la force inspiratrice de cette joyeuse liqueur.

— Encore une fois, fais comme tu voudras, mais cesse de raisonner de ce que tu ne saurais comprendre.

— Je nie l'accusation, dit le jeune chevalier, essuyant ses lèvres après avoir vidé son verre. Écoutez, Walton le Belliqueux, un chapitre de l'histoire des femmes, dans laquelle vous êtes moins versé que je ne le désirerais. Vous ne sauriez contester qu'à tort ou à raison, lady Augusta ne se soit aventurée vers vous plus qu'il n'est ordinaire sur la mer d'affection. Elle vous a résolument choisi, quand vous n'étiez connu d'elle que comme la fleur de la chevalerie anglaise. — Sur ma foi, je respecte sa franchise; — mais ç'a été un choix que des femmes au cœur plus froid eussent peut-être qualifié de téméraire et de précipité. — Ne vous offensez pas, je vous prie : je suis loin de penser ou de dire cela, moi; au contraire, je suis prêt à soutenir, la lame au poing, que la préférence qu'elle a donnée à John de Walton sur les mignons de la cour a été sage et généreuse, et sa conduite aussi noble que candide. Mais il n'est pas impossible qu'elle ne craigne elle-même de se voir ainsi mal interprétée, et il n'est pas improbable que cette crainte l'induise, dans une occasion donnée, à montrer à son amant une rigueur extraordinaire et imméritée, pour contre-balancer l'encouragement quelque peu insolite qu'elle lui avait accordé au commencement de leurs rapports, dans lesquels elle avait fait franchement le premier pas. Il peut être aisé à son amant de prendre le parti de sa dame contre lui-même, en raisonnant comme vous

CHAPITRE XIII.

le faites, maintenant que vous n'êtes pas dans votre bon sens, au point de lui rendre difficile de renoncer à un système que vous avez été assez fou pour fortifier; et alors, comme une jeune fille qu'on s'est trop hâté de croire au premier non qu'elle dit, elle n'aura peut-être plus l'occasion d'agir suivant ses intentions véritables, et de rétracter une sentence à laquelle semble avoir acquiescé celui dont elle détruit les espérances.

— Je t'ai écouté, de Valence, et je ne fais pas difficulté de reconnaître que tes leçons peuvent servir de carte pour plus d'un cœur de femme, mais non pas pour celui d'Augusta de Berkely. Sur ma vie! j'aimerais mieux être privé du mérite des quelques exploits qui m'ont valu, à ce que tu dis, ce choix si digne d'envie, que d'en prendre occasion d'agir avec insolence, comme si je disais que ma place dans le cœur de cette dame était trop fortement marquée pour que je pusse en être chassé par les succès d'un amant plus digne, ou par la grossièreté de ma conduite envers l'objet de mon attachement. Non, elle seule pourrait me persuader que sa bonté, égale à celle des saints qui intercèdent pour nous, me rendra dans ses affections une place que j'ai indignement perdue par une stupidité que je ne saurais comparer qu'à celle de la brute.

— Si telle est votre manière de voir, je n'ai plus qu'un mot à dire, — et pardonnez-moi si je le fais aussi positivement : — c'est que cette dame, comme vous le dites avec raison, doit être juge en dernier ressort de cette question. Je ne prétends pas que vous deviez réclamer sa main, qu'elle veuille ou non vous la donner; mais, pour connaître sa résolution à cet égard, il faut d'abord que vous sachiez où elle est, et malheureusement je n'ai aucun renseignement à vous donner à cet égard.

— Comment! que voulez-vous dire? s'écria le gouverneur, qui alors seulement commença à comprendre l'étendue de son infortune. Où a-t-elle fui, et avec qui?

— Autant que je le puis savoir, elle est allée chercher quelque amant plus entreprenant que celui qui se montre si prompt à interpréter le moindre air de froideur comme une brise glaciale qui doive tuer ses espérances. Peut-être est-elle allée chercher Douglas le Noir ou quelque autre héros du Chardon [1] pour récompenser par le don de sa main, de sa fortune et de ses terres, ces vertus et ce courage dans les entreprises, pour lesquels John de Walton était autrefois renommé. Mais, sérieusement, il se passe autour de nous des événements d'une étrange importance. La nuit dernière, en allant à Sainte-Bride, j'en ai vu assez pour me rendre tout suspect; je vous ai envoyé comme prisonnier le vieux fossoyeur de l'église de Douglas, parce qu'il s'est refusé à répondre à certaines questions que j'avais jugé nécessaire de lui adresser.

[1] Le chardon est l'insigne national de l'Écosse. (L. V.)

Nous en reparlerons plus longuement une autre fois. La fuite de lady Augusta ajoute beaucoup aux difficultés dont nous sommes entourés dans ce fatal château.

— Aymer de Valence, repartit de Walton d'un ton solennel et animé, avec l'aide de Dieu, nous défendrons le château de Douglas aussi bien que nous l'avons pu faire jusqu'ici, et la bannière de saint Georges continuera de flotter sur ces remparts. Advienne de moi ce qu'il pourra pendant ma vie, je mourrai le fidèle amant d'Augusta de Berkely, même quand je ne pourrai plus me dire le chevalier de son choix. Il y a des cloîtres et des ermitages.

— Oui, ma foi, et il y a de plus des cordes de chanvre et des chapelets en chêne ; mais nous ne ferons pas entrer tout cela dans nos calculs, jusqu'à ce que nous ayons découvert où est lady Augusta et quel parti elle compte prendre.

— Vous avez raison ; consultons-nous ensemble pour découvrir, s'il est possible, la retraite qu'elle s'est trop hâtée de choisir en me faisant une grande injure ; c'est-à-dire dans le cas où elle aura supposé que ses ordres n'eussent pas été immédiatement exécutés, si elle avait daigné en honorer le gouverneur de Douglas, ou quelqu'un de ceux qui sont sous ses ordres.

— Maintenant vous recommencez à parler en véritable enfant de la chevalerie. Avec votre permission, je désirerais appeler devant nous ce ménestrel. Sa fidélité pour sa maîtresse a été remarquable ; et dans l'état où sont les choses, il nous faut prendre de promptes mesures pour découvrir le lieu de la retraite de lady Augusta.

CHAPITRE XIV.

> Le chemin est long, mes enfants, long et raboteux ; les marais sont sauvages et les bois sont noirs ; mais celui qui n'a connu, du berceau à la tombe, que les sentiers de velours de la fortune, a perdu les enseignements qui forment de nobles cœurs.
> *Ancienne Comédie.*

Il était encore de très-bonne heure lorsque le gouverneur et de Valence appelèrent de nouveau Bertram à prendre part à leur conseil. La garnison de Douglas fut mise sous les armes, et un certain nombre de petits détachements, indépendamment de ceux que de Valence avait déjà dépêchés d'Hazelside, furent envoyés pour battre les bois à la recherche des fugitives, avec de strictes injonctions, s'ils les rejoignaient, de les traiter avec le plus grand respect et d'obéir à leurs moindres ordres, en observant d'un œil attentif, toutefois, le lieu où il leur plairait de chercher un asile. Pour faciliter ce résultat, on découvrit à certains hommes éprouvés le rang et la qualité véritables du prétendu pèlerin et de la nonne. Tout le terrain, forêts ou marécages, à plusieurs milles du château de Douglas, fut couvert de détachements, dont le désir de découvrir les fugitives était proportionné à la récompense qu'avaient offerte généreusement de Walton et de Valence dans le cas où on les ramènerait saines et sauves. Cependant ils ne manquèrent pas de prendre de tous côtés les informations propres à jeter quelque lumière sur les complots des rebelles écossais qui pouvaient se tramer dans ces contrées difficiles, et sur lesquels, comme nous l'avons dit, de Valence en particulier avait de grands soupçons. En cas que les détachements en découvrissent aucun, ils avaient ordre de sévir de la manière la plus vigoureuse, par l'arrestation ou par tout autre moyen, contre les personnes qui y auraient pris part, ainsi que de Walton lui-même l'avait ordonné à l'époque où Douglas le Noir et ses partisans étaient les principaux objets de sa vigilance soupçonneuse. Ces divers détachements avaient singulièrement diminué les forces de la garnison ; mais, quoiqu'ils fussent nombreux, actifs, et lancés dans toutes les directions, ils n'eurent le bonheur de rencontrer ni les traces de lady de Berkely ni celles d'aucun parti de rebelles écossais.

Cependant, comme nous l'avons vu, nos fugitives étaient parties du couvent de Sainte-Bride sous la conduite d'un cavalier dont lady Augusta ne savait rien autre chose si ce n'est qu'il devait guider leurs pas de manière à les arracher au danger d'être atteintes par ceux qui les pourraient poursuivre. Enfin Marguerite de Hautlieu ouvrit la première la conversation à ce sujet.

—Lady Augusta, dit-elle, vous ne m'avez pas encore demandé où nous allons et sous la conduite de qui ; il me semble cependant que ces deux points doivent singulièrement vous intéresser.

—Ma bonne sœur, répondit lady Augusta, ne me suffit-il pas de savoir que je voyage sous la protection de quelqu'un auquel vous vous confiez vous-même comme à un ami? et qu'aurais-je besoin de demander d'autres garanties de ma sécurité?

—Simplement parce que les personnes avec lesquelles je suis liée, par suite de circonstances particulières ou d'affection nationale, ne sont peut-être pas précisément les protecteurs auxquels vous, madame, pourriez vous fier en toute sécurité.

—Qu'entendez-vous par là?

— Que Bruce, Douglas, Malcolm Heming, et les autres de ce parti, bien qu'incapables d'abuser dans quelque intention déshonnête d'un pareil avantage, pourraient se trouver singulièrement tentés de vous considérer comme un otage que la Providence aurait jeté entre leurs mains, et par l'entremise duquel ils pourraient entrevoir la possibilité d'obtenir des conditions meilleures pour leur parti abattu et découragé.

— Ils pourraient faire de moi l'objet d'un pareil traité après ma mort, mais non pas tant que je vivrai. Vous m'en pouvez croire : quelque peine, quelque honte, quelque douleur que j'éprouvasse à me retrouver au pouvoir de de Walton, j'aimerais mieux me mettree ntre ses mains — que dis-je? entre ses mains ! — entre les mains du dernier archer de mon pays natal, que de me réunir à ses ennemis pour conspirer contre la joyeuse Angleterre, — contre mon Angleterre à moi, — ce pays qui est l'objet de l'envie de tous les autres et l'orgueil de tous ceux qui peuvent se dire ses enfants.

— Je n'augurais pas autrement de vos sentiments, ma chère lady Augusta ; et puisque vous m'avez fait l'honneur de placer en moi votre confiance, je me ferai un plaisir d'assurer votre liberté en vous plaçant, autant que mes faibles moyens me le pourront permettre, dans la position que vous auriez vous-même désirée. Avant une demi-heure, nous courrons le danger d'être rattrapées par des partis anglais qui seront détachés dans toutes les directions à notre poursuite. Maintenant faites attention, madame : je connais un lieu où je puis me réfugier parmi mes amis et compatriotes, ces braves Écossais qui, dans ce siècle déshonoré, n'ont jamais fléchi le genou devant Baal. En d'autres temps j'aurais donné mon propre honneur en garantie de leur honneur, de leur honneur poussé jusqu'aux derniers scrupules ; mais depuis quelque temps, je suis obligée de vous le dire, ils ont été soumis à des épreuves qui aigrissent les caractères les plus généreux, et les poussent à une espèce de fureur d'autant plus redoutable qu'elle avait originairement sa source dans les plus nobles sentiments. Un individu qui se voit privé des droits naturels de sa naissance, dénoncé, exposé à la confiscation de ses biens et à la mort, parce qu'il défend les droits de son roi et la cause de son pays, cesse de son côté d'être bien scrupuleux, bien difficile, sur le degré de représailles qu'il lui est permis d'exercer pour venger de pareilles injustices. Croyez-moi, je déplorerais amèrement de vous avoir conduite dans une situation que vous pourriez regarder comme pénible ou dégradante.

— En un mot, que supposez-vous que j'aie à redouter de vos amis, que vous m'excuserez d'appeler des rebelles?

— Si *vos* amis, que j'appellerais, moi, des oppresseurs et des tyrans, saisissent nos terres, nos châteaux, nos propriétés de toute espèce, et nous enlèvent jusqu'à la vie, vous avouerez que les rudes lois de la guerre accordent aux miens le droit de représailles. On ne peut pas craindre que dans aucun cas de pareils hommes se montrent cruels ou insolents envers une dame de votre rang ; mais c'est autre chose de supposer qu'ils s'abstiendront de tirer de votre captivité un de ces avantages trop communs en temps de guerre. Vous ne voudriez pas, je pense, être remise entre les mains des Anglais à condition que sir John de

Walton rendît le château de Douglas à son seigneur naturel? Et cependant, si vous tombiez entre les mains de Bruce ou de Douglas, encore que je voulusse répondre que vous seriez traitée avec tous les égards qu'il serait en leur pouvoir de vous témoigner, j'avoue qu'il ne serait pas impossible qu'ils ne voulussent mettre votre rançon à ce prix.

— J'aimerais mieux mourir que de voir mon nom mêlé à un traité si déshonorant; et j'en suis sûre, à une pareille proposition, la réponse de de Walton serait de faire couper la tête au messager et de la faire lancer du haut de la tour la plus élevée du château de Douglas.

— En ce cas, madame, où voudriez-vous aller si le choix en était laissé en votre pouvoir?

— A mon propre château, où je pourrais me défendre, s'il était nécessaire, contre le roi lui-même, jusqu'à ce que du moins j'aie placé ma personne sous la protection de l'Église.

— En ce cas, je ne puis vous prêter qu'une assistance précaire. Cependant je puis vous offrir un parti qui aurait, toutefois, l'inconvénient d'exposer au danger d'être découverts et déconcertés les secrets de mes amis; mais la confiance que vous m'avez témoignée m'impose la nécessité de vous en accorder une semblable. Il dépend de vous d'aller avec moi au secret rendez-vous de Douglas et de ses partisans, qu'on pourra me blâmer de vous avoir fait connaître, et là de prendre votre chance quant à la réception qui vous y sera faite, puisque je ne puis rien vous garantir, si ce n'est que vous y serez personnellement traitée avec le respect qui vous est dû. Si vous trouvez ce parti trop hasardeux, cherchez à gagner immédiatement la frontière, auquel cas je vous accompagnerai aussi près que possible des lignes anglaises, pour continuer seule votre voyage et chercher un guide et un protecteur parmi vos compatriotes. Je serai trop heureuse, dans cette hypothèse, si je ne suis pas rattrapée par les gens de l'abbé, qui n'hésiterait pas à m'infliger la mort due à une religieuse apostate.

— Il ne saurait, ma chère sœur, exercer une pareille cruauté sur vous, qui n'avez jamais prononcé les vœux de religion, et qui, suivant les lois de l'Église, devez avoir encore le choix entre le monde et le voile.

— Un choix comme celui que les Anglais ont donné à leurs braves victimes tombées entre leurs mains dans ces guerres sans pitié. — un choix comme celui qu'ils ont laissé à Wallace, le champion de l'Écosse, — au noble et libre Hay, — à Sommerville, la fleur de la chevalerie, — à Athol, allié par le sang au roi Edward lui-même. — Tous ont été déclarés traîtres et exécutés comme tels... ils ne l'étaient pas plus que Marguerite de Hautlieu n'est une nonne apostate et soumise aux règles du cloître.

Elle parlait avec un certain degré de chaleur, car il lui semblait que la belle Anglaise lui imputait plus de froideur, dans ces circonstances difficiles, qu'elle n'avait conscience d'en avoir manifesté.

— Et après tout, ajouta-t-elle, vous, lady Augusta de Berkely, que risquez-vous dans le cas où vous tomberiez entre les mains de votre amant? quelles conséquences effroyables pouvez-vous redouter? Vous ne craignez pas, ce me semble, d'être enfermée entre quatre murs avec une corbeille de pains et une cruche d'eau, ce qui, si j'étais arrêtée, moi, serait le seul secours qu'on m'accorderait pendant le court espace de temps que j'aurais encore à vivre. Bien plus, dans le cas même où vous seriez livrée aux rebelles écossais, ainsi que vous les appelez, une captivité dans les montagnes, adoucie par l'espoir de la délivrance et rendue tolérable par toutes les attentions que la position de vos ennemis leur permettrait de vous témoigner, ne serait pas, je le pense, un sort si difficile à supporter.

— Il faut cependant qu'il m'ait paru assez redoutable, puisque pour l'éviter j'ai pris la fuite avec vous.

— Et quoi que vous puissiez penser ou soupçonner, je vous suis aussi fidèle qu'une femme l'ait jamais été à une autre ; je vous le serai autant que sœur Ursule l'était à ses vœux, bien qu'ils n'aient jamais été définitivement prononcés. Je garderai votre secret au risque même de trahir le mien. — Attention, madame ! ajouta-t-elle, s'arrêtant tout à coup : entendez-vous ce cri ?

Le bruit auquel elle faisait allusion était cette même imitation du cri de la chouette que lady Augusta avait déjà entendue auparavant sous les murs du couvent.

— Ce cri m'annonce, dit Marguerite de Hautlieu, qu'il y a quelqu'un près d'ici plus capable que moi de nous diriger dans cette affaire. Il faut que j'aille en avant et que je lui parle, et cet homme, notre guide, restera avec vous pendant ce temps-là. Quand il quittera la bride de votre cheval, vous n'aurez pas besoin d'attendre un autre signal : portez-vous en avant vers le sentier boisé, et obéissez aux avis et aux instructions qui vous y seront donnés.

— Arrêtez ! arrêtez, sœur Ursule ! s'écria lady de Berkely ; ne m'abandonnez pas dans ce moment d'incertitude et de détresse !

— Il le faut pour notre salut commun, répondit Marguerite de Hautlieu ; moi aussi je suis dans l'incertitude, — moi aussi je suis dans la détresse : — la patience et l'obéissance sont les seules vertus qui puissent nous sauver toutes les deux.

A ces mots elle donna un coup de houssine à son cheval, se porta brusquement en avant, et disparut entre les bouquets d'un épais taillis. La dame de Berkely aurait voulu suivre sa compagne ; mais le cavalier qui l'accompagnait posa une main vigoureuse sur la bride de son palefroi, en la regardant d'un air qui semblait dire qu'il ne lui permettrait pas de prendre cette direction. Terrifiée, sans qu'elle eût pu dire exactement ce qu'elle redoutait, la dame de Berkely continua de fixer instinctivement les yeux sur le petit bois, comme si elle se fût attendue à en voir sortir une bande d'archers anglais ou de grossiers rebelles écossais, incapable de dire lesquels lui inspiraient plus de terreur. Dans l'angoisse de l'incertitude, elle essaya une seconde fois de se porter en avant ; mais la manière brusque dont son compagnon retint une seconde fois la bride lui prouva suffisamment que pour s'opposer à ses désirs l'étranger ne se ferait pas scrupule d'employer la force qu'il possédait évidemment. Enfin, après une dizaine de minutes environ, le cavalier ôta la main de la bride, et lui désignant du bout de sa lance le taillis à travers lequel serpentait un sentier si étroit qu'il était à peine visible, sembla indiquer à la belle Anglaise que c'était là la route qu'elle devait prendre, et qu'il ne l'en empêcherait pas plus longtemps.

— Ne venez-vous pas avec moi ? dit lady Augusta, qui, s'étant accoutumée à la compagnie de cet homme depuis qu'elle était sortie du couvent, était arrivée par degrés à le regarder comme une sorte de protecteur. Mais il secoua la tête gravement, comme pour s'excuser de ne point acquiescer à une demande qu'il n'était pas en son pouvoir de satisfaire, et tournant son cheval dans une autre direction, il s'éloigna d'un pas tel que bientôt la dame le perdit de vue. Elle n'avait plus d'autre alternative que de suivre dans le taillis le sentier qu'avait pris Marguerite de Hautlieu ; elle ne s'y était pas engagée depuis longtemps lorsqu'un singulier spectacle s'offrit à ses regards.

Les arbres devenaient plus grands à mesure que la dame s'avançait, et quand elle fut entrée dans le massif, elle s'aperçut que, bien qu'entouré d'un taillis, le bois, dans l'intérieur, ne se composait que d'un petit nombre d'arbres magnifiques qui semblaient avoir été les ancêtres de cette forêt, et qui suffisaient pour ombrager tout l'espace par la grande étendue de leurs rameaux entrelacés. Sous l'un de ces arbres était étendu quelque chose d'une couleur grisâtre, qui, lorsque la distance permit de le mieux voir, se trouva être un homme armé de pied en cap, mais étrangement accoutré, comme les chevaliers de cette époque le faisaient quelquefois par un disgracieux caprice. Son armure était habilement peinte de manière à représenter un squelette dont les deux parties de la cuirasse formaient les côtes ; le bouclier représentait une chouette les ailes étendues, emblème qui se trouvait répété sur le casque, que couvrait presque entièrement la figure de cet oiseau de sinistre augure. Mais ce qui était surtout de nature à exciter la surprise, c'était la grande taille et la maigreur de l'individu, qui, lorsqu'il se leva de terre et se tint droit, ressemblait plutôt à une apparition qui se dégage du tombeau, qu'à un homme ordinaire qui se remet sur pied. Le cheval même que montait lady Augusta frissonna et se rejeta en arrière, soit qu'il fût effrayé du changement soudain de posture de ce fantastique chevalier, soit qu'il fût désagréablement affecté par quelque odeur qui accompagnait et décelait sa présence. Lady Augusta manifesta quelque alarme, car bien qu'elle ne se crût pas positivement en présence d'un être surnaturel, cependant, de tous les déguisements à moitié fous des chevaliers, celui-ci était bien certainement le plus étrange qu'elle eût jamais vu. Si l'on se rappelle combien les imaginations extravagantes des chevaliers de cette époque se rapprochaient souvent de la folie, ce pouvait ne pas être une aventure sans danger que d'aller seule, au milieu d'une forêt sauvage, en aborder un qui avait pris pour costume celui de la mort. Toutefois, quels que pussent être l'état d'esprit et les desseins de ce chevalier, la dame résolut de l'accoster avec le langage et les manières usités dans les romans en semblables occasions, espérant que même si c'était un fou, ce pourrait être un fou paisible et sur lequel la politesse ferait impression.

— Sire chevalier, dit-elle du ton le plus ferme qu'elle put prendre, je serais réellement désespérée si ma brusque approche avait troublé vos méditations solitaires. Mon cheval, sentant probablement la présence du vôtre, m'a conduite ici sans que je susse qui j'allais rencontrer.

— Je suis, répliqua le chevalier du ton le plus solennel, un être que les hommes ne cherchent guère à rencontrer jusqu'à ce que le moment soit arrivé où ils ne peuvent l'éviter plus longtemps.

— Vous parlez, sire chevalier, d'après le triste personnage dont il vous a plu d'adopter le costume; oserai-je me permettre de m'adresser à quelqu'un dont l'extérieur est si formidable, pour lui demander quelques renseignements propres à me diriger dans cette forêt sauvage? Quel est, par exemple, le nom du château le plus voisin de la ville ou l'hôtellerie la plus proche? et par quelle route ai-je le plus de chance d'y arriver?

— C'est une singulière audace, répondit le Chevalier du Tombeau, que de vouloir entrer en conversation avec celui qu'on appelle l'Inexorable, l'Implacable, le Sans-Pitié, celui que même les plus misérables s'abstiennent d'appeler à leur secours, de peur que leurs prières ne soient trop tôt exaucées.

—Sire chevalier, le personnage que pour de bonnes raisons sans doute vous avez cru devoir représenter, vous dicte un langage particulier; mais quoique votre rôle soit assez triste, il ne vous oblige pas, je suppose, à me refuser ces actes de courtoisie auxquels vous vous êtes engagé en prononçant les nobles vœux de chevalerie.

— Si vous voulez vous fier à moi comme à un guide, répondit le lugubre personnage, je vous en servirai à une condition : c'est que vous suivrez mes pas sans me faire aucune question sur le but de votre voyage.

—Il faut, je suppose, me soumettre à votre condition, si vous avez la bonté de me servir de guide. Au fond du cœur, je vous crois l'un de ces malheureux seigneurs écossais qui ont pris les armes pour ce qu'ils appellent la défense de leurs libertés. Une entreprise téméraire m'a amenée dans la sphère de votre influence, et la seule faveur que j'aie à solliciter de vous, à qui je n'ai jamais fait ni souhaité aucun mal, c'est que vous vous serviez de la connaissance que vous avez du pays pour diriger mes pas vers la frontière d'Angleterre. Croyez-moi, ce que je pourrai voir de vos retraites et de vos pratiques sera pour moi comme si je ne les avais pas vues, comme des choses cachées par la pierre du tombeau. Si une somme d'argent égale à la rançon d'un riche comte peut acheter cette faveur, elle vous sera loyalement payée avec autant de scrupule que celle que paie un prisonnier au chevalier son vainqueur. Ne me refusez pas, noble Bruce, — noble Douglas, — si c'est à l'un ou à l'autre que je m'adresse dans cette nécessité extrême. — On parle de tous deux comme d'ennemis redoutables, mais comme de chevaliers généreux et d'amis fidèles. Permettez-moi de vous rappeler combien vous désireriez que vos propres amis et vos parents, en semblable circonstance, trouvassent de la compassion chez les chevaliers anglais.

— Et en ont-ils trouvé? répliqua le chevalier d'une voix encore plus lugubre qu'auparavant ; et agissez-vous sagement, lorsque pour implorer la protection de celui que vous croyez un fidèle chevalier écossais, sans autre raison que la misère et l'extravagance extrême de son extérieur, — est-il bien, est-il sage, dis-je, de rappeler à son souvenir la manière dont les seigneurs d'Angleterre ont traité les belles jeunes filles et les nobles dames d'Écosse? Ne les a-t-on pas suspendues prisonnières au haut des remparts dans des cages, pour les donner en spectacle aux derniers bourgeois qui désiraient contempler la misère des plus nobles pairesses? que dis-je? de la reine d'Écosse elle-même [1]? — Est-ce un pareil souvenir qui peut inspirer de la compassion à un chevalier écossais envers une damoiselle anglaise? est-ce là une pensée qui soit propre à rien autre chose qu'à enflammer contre Edward Plantagenet, l'auteur de tous ces maux, la haine qui bout dans chaque goutte de sang écossais, tant que la mort ne l'a pas glacé? Non! tout ce que vous pourriez attendre, c'est que froid et sans pitié comme le sépulcre que je représente, je vous laisse sans secours dans la position désespérée où vous avouez être.

— Vous ne serez pas si inhumain; si vous en agissiez ainsi, vous perdriez tous les droits à la renommée que la lance ou l'épée peuvent vous avoir acquise. Il faut que vous renonciez à toute prétention à cette justice dont le plus éclatant mérite est de protéger le faible contre le fort. Il faut que vous proclamiez comme votre principe de vous venger des affronts et de la tyrannie d'Edward Plantagenet sur les dames et les

---

[1] La femme de Robert Bruce et la comtesse de Buchan, qui l'avait couronné à Scone, comme descendante de Macduff, furent soumises à un emprisonnement semblable à celui décrit dans le texte. (W S.)

demoiselles d'Angleterre, qui n'ont point accès dans ses conseils, et qui peut-être ne l'ont pas approuvé dans ses guerres contre l'Écosse.

— Vous n'en persisteriez donc pas moins dans votre requête, si je vous disais à quels maux vous vous exposeriez si nous tombions entre les mains des troupes anglaises, et qu'ils vous trouvassent sous une protection d'un aussi fatal augure que la mienne.

— Soyez sûr que la possibilité d'un pareil événement n'ébranle le moins du monde ni ma résolution ni mon désir de me confier à votre protection. Vous pouvez probablement savoir qui je suis, et juger jusqu'à quel point Edward lui-même croirait avoir le droit de me punir.

— Comment saurais-je qui vous êtes ou quelle est votre position? il faut qu'elle soit bien relevée, en effet, si elle impose un frein de justice ou d'humanité à l'amour d'Edward pour la vengeance. Tous ceux qui le connaissent savent que ce ne sont pas des motifs ordinaires qui l'empêcheraient de se livrer au plaisir de faire le mal. Mais qu'il en soit ce qu'il voudra, vous, madame, si vous êtes une dame, jetez-vous sur mes bras comme un fardeau, et je m'acquitterai le mieux que je le pourrai du devoir que votre confiance m'impose. Pour cela, il faudra que vous vous soumettiez explicitement à mes instructions, qui vous seront données pour votre conduite, à la manière de celles du monde des esprits, plutôt par intimations que par des avis formulés, et exprimées plutôt par voie de commandement que par raisonnements ou invitations. De cette manière il est possible que je vous sois de quelque utilité; autrement il est très-probable que je vous manquerai au moment où vous aurez besoin de moi, et que je disparaîtrai d'auprès de vous comme un fantôme qui redoute l'approche du jour.

— Vous ne sauriez être si cruel! un gentilhomme, un chevalier, un prince, — et je me persuade que vous êtes tout cela, — a des devoirs qu'il ne peut abandonner.

— Il en a, je l'accorde, et ils me sont très-sacrés; mais j'en ai d'autres plus saints, plus impérieux encore, et je dois leur sacrifier ceux qui sans cela me feraient me dévouer à votre service. La seule question est de savoir si vous êtes disposée à accepter ma protection dans les limites étroites où je puis l'offrir, ou si vous préférez que chacun de nous aille de son côté, abandonné à ses propres ressources et s'en reposant du reste sur la Providence?

— Hélas! poursuivie et effrayée comme je le suis, me demander de prendre une résolution par moi-même, c'est demander au malheureux qui tombe dans un précipice d'examiner froidement quelle branche lui offre une meilleure chance d'arrêter sa chute. Nécessairement sa réponse sera de saisir convulsivement la première qu'il pourra atteindre de la main, et de s'en remettre ensuite à la Providence. J'accepte donc votre offre de protection dans les limites où vous l'avez restreinte, et je me confie au Ciel et à vous. Toutefois, pour me secourir efficacement, il faut que vous connaissiez mon nom et les circonstances où je me trouve.

— Tout cela m'a déjà été dit par la dame qui vous accompagnait tout à l'heure ; car ne pensez pas que la beauté, le rang, les domaines étendus, la richesse illimitée ou les talents les plus grands, puissent être de quelque poids auprès de celui qui porte la livrée de la mort, et dont les affections aussi bien que les désirs sont depuis longtemps ensevelis dans la tombe.

— Puisse votre foi être aussi ferme que vos paroles sont sévères, et je me mets sous votre protection sans douter ou sans craindre que l'issue de cette aventure ne soit telle que je le puisse espérer.

CHAPITRE XV.

Comme le chien qui suit son maître, quand celui-ci le dresse pour la chasse où il le veut voir exceller, lady Augusta se vit de temps à autre traitée avec une sévérité calculée pour la forcer à la plus implicite obéissance envers le Chevalier de la Tombe, dans lequel elle s'était promptement persuadée qu'elle avait rencontré l'un des principaux partisans de Douglas, si ce n'était James de Douglas lui-même. Toutefois, les idées qu'elle s'était faites du redouté Douglas étaient celles d'un chevalier accompli dans les devoirs de sa profession, dévoué en particulier au service du beau sexe, et tout à fait différent du personnage auquel elle se trouvait si étrangement unie, ou plutôt, quant à présent, enchaînée. Néanmoins, lorsque, comme pour couper court à la conversation, il eut tourné brusquement dans un des massifs du bois et eut pris une allure que le cheval de lady Augusta avait de la peine à garder à cause de la difficulté du terrain, celle-ci le suivit avec l'empressement et les alarmes d'un jeune épagneul qui s'efforce, plutôt par crainte que par affection, de ne pas perdre la trace d'un maître redouté. La comparaison, il est vrai, n'est pas polie et ne convient pas, généralement parlant, à un siècle où les femmes étaient honorées avec une sorte d'idolâtrie ; mais des circonstances comme celles que nous venons de décrire étaient rares, et lady Augusta de Berkely ne pouvait s'empêcher de se persuader que le terrible champion qui avait été si longtemps le sujet de ses craintes et la terreur du pays tout entier pourrait, d'une manière ou d'une autre, accomplir sa délivrance. Elle faisait donc tous ses efforts pour garder le pas de cette apparition fantastique, et suivait le chevalier comme l'ombre du soir suit le paysan attardé.

Comme il était évident que la dame souffrait des efforts qu'elle était obligée de faire pour empêcher son palefroi de butter dans ces sentiers raides et embarrassés, le Chevalier du Tombeau ralentit son pas, promena autour de lui des yeux inquiets, puis, comme s'il se fût parlé à lui-même, il dit assez haut pour que sa compagne l'entendit : Il n'y a rien qui nous force d'aller si vite.

Il prit donc un pas plus modéré, jusqu'à ce qu'ils arrivassent sur le bord d'un ravin, l'une des nombreuses irrégularités que présentait la surface du terrain. Ce ravin, formé par les torrents particuliers à ce pays, serpentant à travers les arbres et les broussailles, formait, pour ainsi dire, une série d'endroits où se cacher, communiquant les uns avec les autres, en sorte qu'aucun lieu dans le monde n'eût été plus propre pour une embuscade. L'endroit par où le forestier Turnbull s'était échappé le jour de la chasse était un échantillon de ce pays coupé, et peut-être communiquait-il lui-même avec les différents buissons et les gorges à travers lesquelles le chevalier et la pèlerine semblaient se diriger, quoique ce ravin fût à une distance considérable de la route qu'ils suivaient en ce moment.

Cependant le chevalier continuait à marcher devant, plutôt comme s'il eût voulu égarer lady Augusta au milieu de ces bois interminables, que suivre un chemin précis et déterminé. Tantôt il montait, puis il semblait redescendre dans la même direction, ne voyant toujours qu'un désert sans limites et les combinaisons variées d'un paysage forestier. Le chevalier semblait éviter les parties de terre arable ; cependant il ne pouvait diriger sa course d'une manière si sûre qu'il ne passât quelquefois à portée de quelques habitants ou cultivateurs ; et ceux-ci ne semblaient pas surpris d'une si étrange apparition, bien que, comme lady Augusta le remarqua, ils ne lui fissent aucun salut et ne témoignassent en rien le reconnaître. Il était facile d'en conclure que ce chevalier fantôme était connu dans le pays, qu'il y avait des partisans et des complices, ou au moins des gens qui étaient assez ses amis pour éviter de donner l'alarme et de le faire découvrir. L'imitation du cri de la chouette, hôte trop fréquent dans ces solitudes pour devenir un objet de surprise, semblait être un signal généralement compris parmi eux, car on l'entendait de différentes parties du bois, et lady Augusta, qui avait l'expérience de pareils voyages par ceux qu'elle avait faits précédemment avec Bertram pour guide, fut conduite à observer qu'à ce cri sauvage son guide changeait de direction, et se jetait dans des sentiers qui conduisaient à des solitudes plus profondes et à des bouquets de bois plus impénétrables. Cela arriva si souvent qu'une nouvelle alarme suggéra à l'infortunée pèlerine de nouveaux motifs de terreur. N'était-elle pas la confidente et presque l'instrument de quelque dessein artificieux formé en vue d'un vaste plan d'opérations, et qui devait se terminer, comme les efforts de Douglas y avaient déjà réussi précédemment, par la surprise du château de ses aïeux, le massacre de la garnison anglaise, et finalement par la mort et le déshonneur de sir John de Walton, du sort duquel elle avait longtemps cru ou s'était appris à croire que le sien dépendait?

A peine la pensée s'était-elle présentée à la pensée de lady Augusta qu'elle se trouvait engagée dans quelque conspiration de cette nature avec un insurgé écossais, qu'elle frémit des conséquences des événements mystérieux qui semblaient avoir une tendance toute différente de celle qu'elle avait supposée d'abord.

La matinée de ce jour remarquable, qui était le dimanche des Rameaux, se passa ainsi à errer d'un endroit à un autre. Lady de Berkely essayait de temps à autre de redemander sa liberté, ce qu'elle s'efforçait de faire dans les termes les plus touchants et les plus pathétiques; d'autres fois elle avait recours à des offres considérables pour sa rançon, et à tout cela son étrange guide ne faisait aucune espèce de réponse.

Enfin, comme poussé à bout par les importunités de sa captive, le chevalier, se rapprochant de la tête du cheval d'Augusta, dit d'un ton solennel : Je ne suis pas, ainsi que vous pouvez facilement le comprendre, un de ces chevaliers qui parcourent les bois et les solitudes, cherchant des aventures qui leur obtiennent les bonnes grâces d'une belle dame. Toutefois, je vous accorderai votre requête jusqu'à ce point que je laisserai votre destinée dépendre du bon plaisir de celui à qui vous paraissiez disposée à la soumettre. En arrivant au lieu de notre destination, qui maintenant n'est pas éloigné, j'écrirai à sir John de Walton, et avec ma lettre je lui enverrai votre belle personne par un messager spécial. Sans doute il viendra immédiatement à notre rendez-vous, et vous verrez par vous-même que celui qui jusqu'ici a paru sourd à vos prières et insensible aux affections de ce monde, conserve encore quelque sympathie pour la vertu et la beauté. Je mettrai entre vos mains et entre celles de l'amant de votre choix votre sûreté et votre bonheur à venir; ce sera à vous de voir s'il vous convient de leur préférer une position pitoyable et malheureuse.

Tandis qu'il parlait ainsi, l'un de ces ravins ou de ces grandes fissures de la terre s'ouvrit béant devant eux; le chevalier-spectre y descendit par l'extrémité supérieure, et, avec une politesse attentive qu'il n'avait pas encore témoignée, prit par les rênes le palefroi de la dame et le conduisit dans cette descente rapide et embarrassée qui seule conduisait au fond de cette espèce de précipice.

Une fois qu'elle fut sur un terrain solide, après les dangers d'une descente dans laquelle son palefroi avait semblé soutenu par la force corporelle et l'adresse de l'être singulier qui tenait la bride, la dame jeta un regard d'étonnement sur ce lieu, on ne peut plus propre à servir de refuge; il parut évident qu'il en servait en effet, car plus d'une réponse étouffée fut donnée aux notes très-basses que le Chevalier du Tombeau sonna sur son cor, et quand il les eut répétées, une dizaine d'hommes armés parurent à demi, comme pour obéir à cet appel, les uns vêtus en soldats, les autres en bergers et en laboureurs.

CHAPITRE XVI.

SALUT, mes braves amis, dit le Chevalier du Tombeau à ses compagnons, qui parurent l'accueillir avec l'empressement d'hommes réunis dans les dangers d'une même entreprise. L'hiver est passé, la fête des Rameaux est arrivée, et aussi sûr que la glace et la neige de la saison qui expire ne continueront pas d'affroidir la terre pendant l'été qui s'approche, nous tiendrons notre parole à ces matamores du Sud, qui croient que leur langage de vanterie et de méchanceté a autant d'empire sur nos cœurs écossais que le vent de la tempête sur les fruits d'automne ; mais il n'en est pas ainsi. Tant qu'il nous plaît de demeurer cachés, ils peuvent nous chercher aussi vainement que la ménagère chercherait l'aiguille qu'elle aurait perdue entre les feuilles jaunies tombées d'un chêne gigantesque. Encore quelques heures, cependant, et l'aiguille perdue deviendra le glaive exterminateur du Génie de l'Écosse, qui vengera mille injures, et surtout la mort du brave lord Douglas, cruellement frappé comme un exilé loin du pays qui l'avait vu naître.

Une exclamation qui tenait le milieu entre un houra et un cri de douleur échappa aux partisans de Douglas en l'entendant rappeler la mort de leur chef, et en même temps ils parurent sentir la nécessité de faire peu de bruit pour ne point donner l'alarme à quelqu'un des nombreux détachements anglais qui parcouraient en ce moment diverses parties de la forêt. Cette acclamation proférée avec prudence avait à peine cessé de se faire entendre, que le Chevalier du Tombeau, ou, pour lui donner son véritable nom, sir James Douglas, adressa de nouveau la parole à cette poignée de partisans fidèles :

— Mes amis, un effort peut être encore tenté pour terminer sans effusion de sang notre querelle avec les Anglais. Le sort a jeté depuis quelques heures entre mes mains la jeune héritière de Berkely, en l'honneur de laquelle on dit que sir John de Walton garde avec tant d'opiniâtreté le château qui m'appartient par droit d'héritage. Y a-t-il quelqu'un parmi vous qui ose servir d'honorable escorte à lady Augusta de Berkely, et porter une lettre dans laquelle j'explique à quelle condition je consens à la rendre à son amant, à la liberté, et à la brillante fortune qu'elle possède en Angleterre ?

CHAPITRE XVI.

— S'il ne s'en présente pas d'autre, répondit un homme d'une taille élevée, vêtu du costume déguenillé d'un forestier, et qui n'était autre que ce même Michael Turnbull qui déjà nous a donné une preuve extraordinaire de son audace virile, je serai volontiers l'écuyer de cette dame dans cette expédition.

— On ne manque jamais de te trouver quand il y a quelque action périlleuse à entreprendre, dit Douglas; mais rappelle-toi que cette dame doit s'engager par sa parole et son serment à se considérer comme notre loyale captive, secourue ou non; qu'elle doit se regarder comme un otage pour la vie, la liberté, et le bon traitement qui sera fait à toi, Michael Turnbull; et que si John de Walton refuse mes conditions, elle doit se regarder comme obligée à revenir en notre présence avec toi, pour que nous disposions de son sort à notre bon plaisir.

Il y avait dans ces conditions bien des choses qui firent naître dans le cœur de lady Augusta le doute et la terreur. Cependant, tout étrange que cela puisse paraître, c'était une espèce de solution à sa position actuelle, et sans cela elle n'en eût peut-être pas obtenu. De plus, elle avait une si haute opinion du caractère chevaleresque de Douglas, qu'elle ne pouvait se figurer que tout rôle qu'il consentait à jouer dans le drame qui allait se dénouer pût ne pas être celui qu'un honnête chevalier voudrait dans toutes circonstances remplir à l'égard d'un ennemi. Même quant à de Walton, elle se sentait tirée d'une position difficile. L'idée d'être découverte par lui sous un vêtement d'homme l'avait péniblement affectée; il lui semblait qu'elle était coupable, pour ainsi dire, de s'être écartée des convenances de son sexe, en lui témoignant plus vivement ses affections que ne le doit faire une jeune fille, démarche qui pourrait la déprécier aux yeux de l'amant même pour lequel elle avait tant risqué:

« On fait peu de cas, se disait-elle, d'un cœur trop facile à gagner, et celui-là pleurera longtemps l'homme qui n'en a pas, et qui abandonne trop tôt l'objet de son amour. »

D'un autre côté, c'était une circonstance également humiliante et désagréable, que d'être conduite prisonnière devant lui; mais cette circonstance était indépendante de sa volonté, et Douglas, dans les mains duquel elle était tombée, lui semblait jouer le rôle du dieu, dans la tragédie ancienne, dont l'arrivée suffisait presque pour dénouer l'intrigue la plus embrouillée. Elle se soumit donc à tous les serments qu'on exigea, et promit, quoi qu'il advînt, de se regarder comme légalement prisonnière des insurgés. En même temps qu'elle obéissait ponctuellement aux instructions de ceux qui maîtrisaient ses actions, elle adressait au Ciel de ferventes prières pour que les circonstances, tout adverses qu'elles paraissaient, pussent mettre d'accord sa propre liberté et l'honneur de son amant.

Il y eut après cela un intervalle de repos, pendant lequel un léger repas fut offert à lady Augusta, qui était presque épuisée par les fatigues de son voyage.

Cependant Douglas et ses partisans conféraient à voix basse, comme s'ils désiraient qu'elle ne les entendît pas, tandis que, pour se faire bien venir d'eux, s'il était possible, elle évitait soigneusement d'avoir l'air d'écouter.

Après que la conversation eut ainsi duré quelque temps, Turnbull, qui semblait considérer Augusta comme particulièrement placée sous sa garde, lui dit d'un ton assez rude : Ne craignez rien, madame, il ne vous sera fait aucun mal; néanmoins, vous nous permettrez de vous bander les yeux pendant un certain temps.

Elle s'y soumit dans une terreur silencieuse; et le soldat, après lui avoir enveloppé la tête d'un morceau de manteau, ne l'aida pas à remonter sur son palefroi, mais il lui prêta le bras pour la soutenir dans sa marche aveugle.

CHAPITRE XVII.

E pays qu'ils traversèrent était, autant que lady Augusta put en juger, très-brisé et très-inégal, quelquefois même encombré de ruines qu'il était difficile de franchir. La force de son compagnon l'aida à surmonter ces obstacles; mais il lui prêtait son secours avec tant de brusquerie, qu'une fois ou deux la dame ne put contenir ses cris ou ses soupirs, arrachés par la crainte ou la douleur, quel que fût son désir de dissimuler ces témoignages des frayeurs qu'elle éprouvait ou des souffrances qu'elle endurait. Dans une de ces occasions, elle sentit, à n'en pas douter, que le rude forestier s'était éloigné de son côté, et était remplacé par un autre de ses compagnons, dont il lui sembla qu'elle avait récemment entendu la voix plus douce.

— Noble dame, disait cette voix, ne craignez pas de notre part la plus légère injure, et acceptez mon appui au lieu de celui du forestier, qui est allé en avant avec votre lettre; ne croyez pas que je veuille abuser de votre situation, si je vous porte dans mes bras au milieu de ruines où vous pourriez difficilement vous mouvoir seule et les yeux bandés.

En même temps, lady Augusta Berkely se sentit enlever de terre dans les bras d'un homme vigoureux, et portée avec la plus grande douceur, débarrassée ainsi de ces efforts pénibles qu'elle avait dû faire auparavant. Elle était honteuse de sa situation; mais, quelque délicate qu'elle fût sur les bienséances, ce n'était pas le moment de se laisser aller à des plaintes, dont auraient pu s'offenser ceux qu'il lui importait de se rendre favorables. Elle se soumit donc à la nécessité, et entendit les paroles suivantes murmurées à son oreille :

— Ne craignez rien, car on ne veut point vous faire de mal; il n'en sera pas fait non plus à sir John de Walton, s'il vous aime comme vous le méritez. Nous ne l'appelons que pour nous faire justice ainsi qu'à vous. Soyez certaine que le meilleur moyen d'assurer votre bonheur, c'est de favoriser nos vues, qui sont également en faveur de vos souhaits et de votre liberté.

Lady Augusta aurait voulu faire quelque réponse; mais la crainte qu'elle éprouvait et la rapidité avec laquelle on la transportait ne lui permirent pas de trouver des accents intelligibles. Cependant elle commença à s'apercevoir qu'elle devait être dans l'intérieur de quelque bâtiment, et probablement d'un bâtiment en ruine; car, bien que le mode de sa locomotion ne lui permît plus de distinguer bien exactement la nature du sol qu'elle traversait, cependant l'absence de l'air extérieur, — lequel, toutefois, se faisait sentir par bourrasque, — indiquait qu'on la conduisait à travers un édifice entier dans certaines parties, et dans d'autres admettant le vent par de grandes fissures ou des ouvertures considérables. Dans un certain moment, il sembla à la dame qu'elle passait à travers une troupe considérable de gens, qui tous gardaient le silence, bien que par intervalles on entendît un murmure auquel contribuaient jusqu'à un certain point toutes les personnes présentes, encore que le son total ne s'élevât guère au-dessus d'un chuchotement. Sa situation la rendait attentive aux moindres circonstances; elle ne manqua donc pas de remarquer que ces gens faisaient place à celui qui la portait, jusqu'à ce qu'enfin elle sentit qu'il descendait les degrés réguliers d'un escalier, et qu'elle s'y trouvait seule avec lui. Arrivés, à ce qui lui parut, sur un terrain plus uni, ils continuèrent leur singulier voyage par une route qui ne semblait ni directe ni facile, et à travers une atmosphère épaisse au point d'en être suffocante, humide et désagréable comme les exhalaisons d'une tombe récemment creusée. Son guide, en ce moment, prit de nouveau la parole :

— Encore un peu de courage, lady Augusta; continuez à endurer cette atmosphère, qui sera un jour la nôtre à tous tant que nous sommes. Les nécessités de ma situation me forcent à vous confier de nouveau à votre premier guide; je ne puis que vous donner l'assurance que ni lui ni personne autre ne se rendra coupable à votre égard de la moindre insulte ni du plus léger manque de courtoisie. — Quant à cela, vous y pouvez compter sur la parole d'un homme d'honneur.

Après avoir parlé ainsi, il la déposa sur un frais gazon, et elle sentit avec ravissement qu'elle se retrouvait en plein air et hors de l'atmosphère étouffante qui naguère l'avait oppressée comme celle d'un charnier. Au même moment elle exprima à demi-voix le désir suppliant de se voir débarrassée des plis du manteau qui la privait presque de la respiration, bien que son objet n'eût été que de l'empêcher de reconnaître la route qu'elle avait traversée. Immédiatement elle sentit le manteau se délier, et elle se hâta de profiter de la vue qu'on lui rendait pour examiner la scène qui l'environnait.

Ce lieu était ombragé de chênes vieux et épais, au milieu desquels se trouvaient les restes d'édifices ou ce qu'on pouvait prendre pour tels, et qui peut-être étaient les mêmes qu'elle venait de traverser. Une source d'eau vive jaillissait d'entre les racines de l'un de ces arbres. La dame saisit cette occasion de se désaltérer à cette fontaine rafraîchissante; elle y baigna aussi sa figure, qui avait reçu plus d'une égratignure dans le cours de son voyage, en dépit du soin et presque de la tendresse que son dernier compagnon avait mis à la porter. La fraîcheur de l'eau arrêta bientôt le sang qui coulait de ces légères blessures, en même temps qu'elle ranima ses sens éperdus. La première idée qui lui vint fut de se demander si elle ne devait pas essayer de s'échapper, dans le cas où la chose lui paraîtrait possible; un moment de réflexion suffit pour la convaincre qu'il n'y fallait pas songer. Elle fut confirmée dans cette seconde manière de voir par l'approche du gigantesque forestier Turnbull, dont la grosse voix se fit entendre avant même qu'elle pût distinguer sa personne.

— Étiez-vous impatiente de mon retour, belle dame? Des gens comme moi, ajouta t-il d'un ton ironique, qui sont les premiers à la chasse du cerf et des autres habitants des forêts, n'ont pas coutume de rester en arrière quand de belles dames comme vous sont l'objet qu'il s'agit de poursuivre; et si je ne vous ai pas tenu aussi fidèle compagnie que vous pouviez vous y attendre, vous devez croire que c'est que j'avais quelque autre occupation à laquelle il m'a fallu sacrifier pour un moment même le plaisir de vous tenir compagnie.

— Je ne fais aucune résistance, dit Augusta; toutefois, en t'acquittant de ton devoir, évite d'ajouter par ta conversation aux tourments que j'éprouve, car ton maître m'a donné sa parole qu'il ne souffrirait pas qu'on me causât aucune alarme ou qu'on me fît subir aucun mauvais traitement.

— Allons, belle dame, j'avais toujours cru qu'il convenait de se faire par de douces paroles bien venir des personnes de votre sexe; mais si vous n'aimez pas cela, quoique ce soit un plaisir que je me donne rarement, il m'est tout aussi égal de garder le silence. Allons, puisque nous devons attendre ici votre amoureux jusqu'à la fin de la matinée, pour apprendre de lui sa dernière résolution dans une affaire qui se complique si étrangement, je ne vous parlerai plus comme à une femme, mais comme à une personne raisonnable, quoique Anglaise.

— Vous n'en remplirez que mieux les intentions de ceux par les ordres de qui vous agissez, en n'ayant d'autres rapports avec moi que ceux que rendent absolument nécessaires vos fonctions de guide.

Le chasseur fronça le sourcil ; cependant il parut consentir à ce que demandait lady de Berkely, et ils se mirent à marcher en silence, absorbés l'un et l'autre dans leurs propres réflexions, qui probablement roulaient sur des objets bien différents. Enfin le son retentissant d'un bugle se fit entendre à peu de distance de ces deux compagnons de voyage si mal assortis. — C'est la personne que nous cherchons, dit Turnbull ; je distingue sa fanfare de celle de tous ceux qui fréquentent cette forêt, et mes ordres sont de vous conduire vers lui pour lui parler.

Le sang afflua rapidement au front de lady Augusta, à l'idée de se voir présenter si peu cérémonieusement au chevalier en faveur duquel elle avait témoigné une préférence si imprudente, conduite plus conforme aux mœurs de cette époque, où des sentiments exagérés inspiraient souvent des actions d'une extravagante générosité, qu'à celle de nos jours, où l'on regarde comme absurde tout ce qui ne se rapporte pas immédiatement à l'intérêt de notre égoïsme. Lors donc que Turnbull donnait du cor pour répondre à celui de l'Anglais, lady Augusta, cédant à une première impulsion de pudeur et de crainte, fut au moment de prendre la fuite. Turnbull s'aperçut de son intention, et la saisissant d'une main assez rude : — Non pas, dit-il, madame ; comprenez qu'il faut que vous jouïez votre rôle dans ce drame ; car si vous quittiez la scène il finirait probablement d'une manière peu satisfaisante pour nous tous, par un combat à outrance entre votre amant et moi, combat dans lequel on verrait lequel de nous deux est le plus digne de vos faveurs.

— J'aurai de la patience, dit la dame, réfléchissant que la présence de cet homme étrange et la violence dont il semblait user à son égard devaient calmer ses scrupules féminins, et l'excuser de paraître en présence de son amant pour la première fois sous un déguisement qu'elle sentait ne pas être extrêmement bienséant, ni d'accord avec la dignité de son sexe.

Au moment où ces pensées venaient de traverser son esprit, on entendit le pas d'un cheval qui approchait, et sir John de Walton, perçant à travers les arbres, vit la dame de son cœur captive aux mains d'un proscrit écossais qu'il n'avait connu jusque-là que pour l'audace qu'il avait montrée le jour de la chasse.

Sa surprise et sa joie ne permirent au chevalier que ce peu de mots précipités :—Misérable, lâche prise, ou meurs dans ta tentative profane pour contrôler les mouvements d'une femme, aux ordres de laquelle le soleil même des cieux serait fier d'obéir. — En même temps, craignant que le forestier n'entraînât sa dame hors de sa vue dans quelque sentier inaccessible tel que celui par lequel il s'était échappé dans une autre occasion, sir John de Walton jeta sa lance, dont les arbres ne lui permettaient pas de se servir aisément, et, sautant à bas de son cheval, s'approcha de Turnbull l'épée nue.

L'Écossais, gardant toujours sa main gauche sur le manteau de lady Augusta, déploya de la droite sa hache d'armes ou bâton de Jedwood, afin de parer et de rendre les coups de son antagoniste; mais la dame prit la parole :

— Sir John de Walton, dit-elle, au nom du Ciel, abstenez-vous de tout acte de violence, jusqu'à ce que vous ayez appris dans quel but pacifique on m'a amenée ici, et par quels moyens pacifiques ces guerres peuvent se terminer. Cet homme, bien qu'il soit un ennemi pour vous, a été pour moi un guide civil et respectueux ; je vous supplie de l'écouter avec patience quand il va vous dire dans quel dessein il m'a conduite ici.

— Prononcer dans une même phrase le mot de violence et le nom de lady de Berkely serait un crime digne d'une mort immédiate, dit le gouverneur ; mais vous l'avez ordonné, madame, et j'épargne son insignifiante vie, encore que j'aie des sujets de plainte contre lui, dont le moindre suffirait, eût-il mille vies, pour les lui faire toutes perdre.

— John de Walton, répliqua Turnbull, cette dame sait que ce n'est nullement la crainte que je pourrais avoir de toi qui me fait désirer que cette rencontre soit pacifique. Si je n'étais retenu par des considérations de grande importance pour Douglas aussi bien que pour toi, je n'hésiterais pas plus à t'attaquer face à face qu'à coucher cet arbre sur la terre où il croît.

En parlant ainsi, Michael Turnbull leva sa hache d'armes sur un chêne voisin, et en détacha une branche grosse comme le bras, qui vint tomber, avec tous ses rameaux, entre lui et de Walton, donnant ainsi une preuve singulière de la bonne trempe de son arme, ainsi que de la force et de la dextérité avec laquelle il s'en servait.

— Qu'il y ait donc trêve entre nous, mon brave, dit de Walton, puisque c'est le bon plaisir de cette dame, et fais-moi savoir ce que tu es chargé de me dire par rapport à elle.

— Mes paroles à ce sujet ne seront pas nombreuses, mais pesez-les bien, sire Anglais. Lady Augusta Berkely, errante dans ces parages, est devenue la prisonnière du noble lord Douglas, héritier légitime de ce château et de ce domaine. Il se voit obligé d'attacher à la liberté de cette dame les conditions suivantes, lesquelles sont, à tous égards, aussi loyales et aussi douces que la guerre autorise un chevalier à en imposer ; les voici : Lady Augusta sera rendue en tout honneur et sûreté à sir John de Walton ou à ceux qu'il aura nommés pour la recevoir. D'un autre côté, le château de Douglas, avec tous ses avant-postes et les garnisons qui en dépendent, sera évacué et remis par sir John de Walton, dans la même situation où il se trouve aujourd'hui, et avec toutes les provisions et l'artillerie qu'il renferme en ce moment.

Une trêve d'un mois sera accordée à sir James Douglas et à sir John de Walton pour régler plus en détail les termes de cet échange, tous deux ayant au préalable engagé par serment leur parole de chevalier que l'échange de cette honorable dame contre ledit château est l'objet principal de la présente capitulation, et que tout autre sujet de dispute sera honorablement discuté et réglé à l'amiable entre les deux parties, ou, si les deux chevaliers le préfèrent, réglé en champ clos par un combat singulier devant toute personne honorable, jugée digne d'être le juge d'un pareil combat.

Il serait difficile de peindre l'étonnement de sir John de Walton à ce message extraordinaire ; il tourna vers lady de Berkely des yeux pleins de désespoir, comme on peut supposer qu'un criminel regarderait son ange gardien prêt à s'envoler. De pareilles idées se présentaient à l'esprit de la dame ; on lui offrait la réalisation de ce qu'elle avait considéré comme l'apogée de ses souhaits, mais à des conditions déshonorantes pour son amant, et ces conditions devenaient comme l'épée flamboyante du chérubin, barrière placée entre nos premiers parents et les joies du paradis. Après un moment d'hésitation, sir John de Walton rompit le silence en ces termes :

— Noble dame, quand une condition m'est imposée et qu'elle a pour objet votre liberté, vous pouvez être surprise que sir John de Walton, qui déjà vous a de si grandes obligations qu'il est fier de reconnaître, hésite et n'accepte pas avec empressement ce qui doit vous rendre l'indépendance et la liberté ; et cependant les mots qui viennent d'être prononcés ont résonné à mon oreille sans arriver à mon intelligence, et je demande pardon à lady Berkely si je prends le temps d'y réfléchir quelques instants.

— Et moi, reprit Turnbull, il m'est enjoint de ne vous accorder qu'une demi-heure pour peser une offre que vous devriez, ce me semble, accepter en sautant de joie, au lieu de demander le temps d'y réfléchir. Qu'est-ce que ce cartel exige au delà de ce que votre devoir de chevalier vous oblige implicitement à faire ? Vous vous êtes engagé à devenir l'agent du tyran Edward, en occupant ce château de Douglas pour lui au préjudice de la nation écossaise et du chevalier de Douglasdale, qui ne vous ont jamais ni l'un ni l'autre fait le plus petit tort ; vous êtes donc dans une fausse route, indigne d'un brave chevalier. D'un autre côté, on vous offre la liberté et le salut de cette dame avec toutes les garanties désirables, à condition que vous abandonnerez la ligne injuste de conduite dans laquelle vous vous êtes imprudemment laissé engager. Si vous y persévérez, vous mettez votre propre honneur et le bonheur de cette dame entre les mains d'hommes que vous avez fait tout ce qu'il était en votre pouvoir pour réduire au désespoir, et qui probablement en agiront en hommes désespérés.

— Ce n'est pas de toi, du moins, repartit le chevalier, que j'apprendrai à apprécier la manière dont Douglas explique les lois de la guerre, ou comment de Walton en doit recevoir l'application.

— Ainsi donc, je ne suis pas reçu en messager ami? En ce cas, adieu, et songez que cette dame ne sera pas dans des mains bien sûres, tandis que vous réfléchirez à loisir sur le cartel d'échange que je vous ai apporté. — Allons, madame, il faut que nous partions.

A ces mots, il saisit Augusta par la main et la tira comme pour la forcer à s'éloigner. Elle était restée sans mouvement et comme privée de ses sens pendant que les deux guerriers avaient parlé; mais quand elle sentit sur son bras la main de Michael Turnbull, elle s'écria hors d'elle-même et glacée de terreur : — Au secours, de Walton!

Le chevalier ne put se contenir : il assaillit le forestier avec la dernière furie, et avant, pour ainsi dire, que celui-ci n'eût le temps de se mettre en garde, il lui porta de sa longue épée trois ou quatre coups redoutables qui le blessèrent si profondément qu'il tomba en arrière sur un buisson. De Walton allait l'achever quand il en fut empêché par les cris d'anxiété d'Augusta : — Hélas! de Walton, qu'avez-vous fait? cet homme était un ambassadeur, et il devait être à l'abri de toute violence quand il se bornait à rendre le message dont on l'avait chargé; si vous l'avez tué, qui sait quelle vengeance terrible on en pourra tirer!

La voix d'Augusta sembla ranimer le forestier, et tempérer l'effet des blessures qu'il avait reçues; il bondit sur ses pieds et s'écria : — Ne vous occupez pas de moi, et ne croyez pas que je veuille devenir la cause de quelque malheur. Le chevalier, dans sa précipitation, a frappé sans m'avoir défié ou prévenu, ce qui lui a donné un avantage qu'en toute autre disposition il aurait sûrement dédaigné de prendre. Je renouvellerai le combat à des conditions plus égales, ou j'appellerai un autre champion, ainsi qu'il plaira au chevalier. — A ces mots il disparut.

— Ne craignez rien, reine des pensées de de Walton, dit alors le chevalier; croyez que si nous regagnons ensemble le château de Douglas, une fois à l'abri sous l'étendard de la croix de Saint-Georges, vous pourrez rire de tout. Et si vous pouvez pardonner, ce que je ne me pardonnerai jamais à moi-même, l'aveuglement de taupe qui m'a fait ne pas reconnaître le soleil dans l'une de ses éclipses temporaires, il n'est point de tâche que la valeur d'un mortel puisse achever, que je n'entreprenne volontiers pour effacer le souvenir d'une faute si grossière.

— N'en parlons plus, dit Augusta; ce n'est pas dans un moment comme celui-ci, alors que notre vie est en danger, que nous devons nous quereller pour des sujets si futiles. Je puis vous dire, si vous ne le savez pas, que les Écossais sont en armes dans le voisinage, et que la terre elle-même s'est entr'ouverte pour les cacher aux yeux de vos soldats.

— Qu'elle s'entr'ouvre donc, et que tous les démons des abîmes infernaux s'échappent de leurs cachots souterrains pour renforcer nos ennemis. — Oh! la plus belle des femmes, j'ai reçu en toi une perle d'un prix inestimable; mes éperons me seront arrachés des talons par le plus misérable goujat, si je détourne la tête de mon cheval en présence de toutes les forces que ces misérables pourraient réunir sur la terre et dans ses entrailles. En ton nom, je les défie tous au combat à l'instant.

Comme sir John de Walton prononçait ces derniers mots d'un ton exalté, un grand cavalier, couvert d'une armure noire de la forme la plus simple, sortit du taillis par lequel Turnbull avait disparu : — Je suis, dit-il, James de Douglas, et votre cartel est accepté; moi, comme le défié, je choisis pour armes celles ordinaires aux chevaliers, que nous portons en ce moment; pour lieu du combat, celui où nous sommes, qu'on appelle les Bloody Sykes; pour heure, l'instant même; et les combattants, en dignes chevaliers, renonceront à tout avantage déloyal qu'ils pourraient avoir l'un sur l'autre.

— Soit, au nom de Dieu, repartit le chevalier anglais, qui, bien que surpris de se voir appelé si soudainement au combat par un guerrier aussi formidable que le jeune Douglas, était trop fier pour songer un moment à l'éviter. Faisant signe à la dame de se retirer derrière lui pour qu'il ne perdît pas l'avantage qu'il avait gagné en la délivrant des mains du forestier, il tira son épée; et prenant l'attitude calme et délibérée de l'attaque, il avança lentement contre son adversaire. La rencontre fut terrible; car le lord de Douglas et de Walton étaient cités pour leur courage et leur habileté parmi les plus fameux guerriers de l'époque, et peut-être le monde entier eût-il eu peine à fournir deux chevaliers plus fameux. Leurs coups tombaient comme mus par une puissante machine; ils étaient reçus ou parés avec autant de force que de dextérité, et pendant dix minutes rien n'annonça qu'un des deux champions dût gagner aucun avantage sur l'autre. Un moment ils s'arrêtèrent par un accord tacite, comme pour reprendre haleine : — Je supplie cette noble dame, dit alors Douglas, de bien comprendre que sa liberté n'est nullement intéressée dans ce combat, qui n'a d'autre motif que les torts faits par ce sir John de Walton et sa nation anglaise à la mémoire de mon père et aux droits que je tiens de ma naissance.

— Vous êtes généreux, sire chevalier, répondit Augusta; mais dans quelle circonstance me placez-vous, si vous me privez de mon protecteur tué ou fait prisonnier, et que vous me laissiez seule sur une terre étrangère?

— Si tel est l'événement du combat, Douglas lui-même, madame, vous conduira en sûreté sur votre terre natale; car jamais son épée n'a causé un préjudice qu'il ne fût disposé à réparer avec son épée; et si John de Walton lui-même veut témoigner le moins du monde qu'il renonce à soutenir le combat actuel, ne serait-ce qu'en détachant une

24

des plumes de son casque, Douglas, de son côté, renoncera à tout ce qui peut intéresser l'honneur ou la sécurité de sa dame, et le combat demeurera suspendu jusqu'à ce que les querelles nationales les remettent en présence.

Sir John de Walton réfléchit un moment, et la dame de ses pensées, bien qu'elle ne parlât pas, le regarda d'un air qui disait clairement combien elle désirait le voir choisir l'alternative la moins hasardeuse. Mais les scrupules personnels du chevalier l'empêchèrent de terminer l'affaire par un arrangement aussi favorable.

— Il ne sera jamais dit de sir John de Walton, répondit-il, qu'il a compromis le moins du monde son propre honneur ou celui de son pays. Ce combat peut se terminer par ma défaite, ou plutôt par ma mort, et dans ce cas tout mon avenir en ce monde est fini, et avec mon dernier soupir j'abandonne à Douglas le soin de protéger lady Augusta, convaincu qu'il la défendra au péril de sa vie, et qu'il trouvera les moyens de la faire rentrer saine et sauve dans le château de ses ancêtres. Tant que je vivrai, elle pourrait avoir un protecteur plus puissant, mais celui qu'elle a honoré de son choix ne lui fera pas défaut. Je ne céderai pas, je n'arracherai pas une plume de mon casque, ce qui pourrait impliquer l'aveu que j'ai soutenu une injuste querelle, soit dans la cause de l'Angleterre, soit dans celle de la plus belle de ses filles. Je ne puis faire qu'une concession à Douglas, — celle d'une trêve immédiate, pourvu que lady Augusta ne soit point interrompue dans sa retraite en Angleterre et que le combat s'achève un autre jour. Le château et le territoire de Douglas sont la propriété d'Edward d'Angleterre ; le gouverneur en son nom est le légitime gouverneur : c'est un point que je défendrai les armes à la main tant que la mort n'aura pas clos mes paupières.

— Le temps fuit sans attendre nos résolutions, reprit Douglas, et jamais minutes n'ont été aussi précieuses que celles que nous perdons en ce moment. Pourquoi ajournerions-nous à demain ce que nous pourrions aussi bien terminer aujourd'hui ? Nos épées seront-elles plus tranchantes ou nos bras plus vigoureux qu'à présent ? Douglas est disposé à tout ce qu'un chevalier peut faire pour secourir une dame en détresse ; mais il n'accordera pas à son protecteur la moindre marque de déférence, quand sir John de Walton s'imagine dans son orgueil pouvoir la lui arracher par la force des armes.

A ces mots, les chevaliers engagèrent de nouveau un combat mortel, et lady de Berkely resta incertaine si elle devait essayer de s'échapper à travers les différents sentiers de la forêt, ou attendre l'issue de cette lutte acharnée. Ce fut plutôt le désir de voir le destin de sir John de Walton qu'aucun autre motif qui l'engagea à rester comme fascinée au lieu où se vidait une des plus terribles querelles débattue par deux des plus braves champions qui jamais eussent porté une épée. Enfin elle

CHAPITRE XVII.

s'efforça de mettre un terme au combat, en en appelant au son des cloches qui commençaient à annoncer l'office du jour, lequel était, comme nous l'avons dit, le dimanche des Rameaux.

— Au nom du Ciel, dit-elle, dans votre intérêt commun, pour l'amour des dames et les devoirs de la chevalerie, suspendez vos coups pendant une heure, et voyez si dans une lutte où les forces sont si égales, on ne pourrait pas trouver moyen de changer la trêve en une paix durable. Songez que c'est aujourd'hui le jour des Rameaux; voudriez-vous souiller de sang une fête si grande pour toute la chrétienté? Suspendez votre querelle, au moins jusqu'à ce que vous puissiez passer devant la plus prochaine église portant dans vos mains des branches vertes, non pas à la manière orgueilleuse des conquérants mondains, mais pour rendre hommage aux lois de notre sainte Église et aux instituts de notre bienheureuse religion.

— J'étais en chemin, belle dame, répondit l'Anglais, pour me rendre dans ce dessein à l'église de Douglas, lorsque j'ai été assez heureux pour vous rencontrer ici; je ne demande pas mieux que de m'y rendre en ce moment, en observant une trêve d'une heure, et je me fais fort d'y trouver des amis aux soins desquels je pourrai m'en rapporter de votre sûreté, dans le cas où j'aurais le dessous dans le combat actuellement interrompu pour être repris après l'office du jour.

— Je consens pareillement, dit Douglas, à une trêve si courte; je ne doute pas que je ne trouve à l'église assez de bons chrétiens qui ne verraient pas de sang-froid leur maître écrasé par l'inégalité du nombre. Allons donc à l'église, et que chacun accepte le sort qu'il plaira au Ciel de lui envoyer.

Sir John de Walton ne douta guère, après ces derniers mots, que Douglas ne se fût assuré un parti parmi les gens qui se trouvaient à l'église; mais il ne douta pas davantage que les soldats de la garnison ne s'y trouvassent aussi en nombre suffisant pour prévenir toute tentative de rébellion, et puis il lui semblait qu'il en pouvait courir le risque, puisque c'était l'occasion de mettre lady Augusta en sûreté, ou du moins de faire dépendre sa liberté de l'issue d'un combat général, et non plus de l'événement incertain d'un duel entre Douglas et lui.

Ces deux chevaliers distingués pensaient intérieurement chacun que la proposition de lady Augusta, bien qu'elle suspendît le combat actuel, ne les forçait aucunement à renoncer aux conséquences que l'arrivée d'un nombre de leurs partisans pourrait ajouter à leurs forces respectives, et chacun espérait avoir la supériorité sur ce point, d'après les mesures qu'il avait prises à l'avance. Sir John de Walton se tenait pour certain d'y rencontrer divers détachements de ses soldats qui par son ordre avaient battu le pays et traversé la forêt. D'un autre côté, on peut croire que Douglas ne s'était pas aventuré en personne, alors que sa tête était mise à prix, sans être soutenu par un nombre suffisant de partisans éprouvés placés à des distances plus ou moins rapprochées, mais de manière à se soutenir les uns les autres. Chacun des deux chevaliers avait donc des espérances fondées qu'en consentant à la trêve proposée il s'assurait un avantage sur son adversaire, encore que ni l'un ni l'autre ne sût exactement quel serait cet avantage, ni jusqu'à quel point il le pourrait obtenir.

CHAPITRE XVIII.

> Ses paroles étaient d'un autre monde, — ses présages étranges, douteux et mystérieux; ceux qui l'entendaient, l'écoutaient comme un homme dans un délire fiévreux, qui parle d'autres objets que de ceux présents, et semble s'entretenir avec une vision. *Ancienne Comédie.*

Le même jour des Rameaux, tandis que de Walton et Douglas mesuraient leurs redoutables épées, le ménestrel Bertram s'occupait activement de l'ancien livre de prophéties dont nous avons déjà parlé comme de l'œuvre attribuée à Thomas le Rimeur, ce qui ne l'empêcha pas d'éprouver de grandes inquiétudes sur le sort de sa maîtresse et sur les événements qui se passaient autour de lui. Comme ménestrel, il ne demandait pas mieux que d'avoir un auditeur à qui communiquer les découvertes qu'il ferait dans ce volume mystique, et pour l'aider à passer le temps. Sir John de Walton lui avait fourni dans la personne de Gilbert Greenleaf l'archer quelqu'un qui ne demanderait pas mieux que de jouer le rôle d'écouteur,

« De l'aube du matin à la rosée du soir, »

pourvu qu'il y eût constamment sur la table un flacon de vin de Gascogne ou un pot de bonne ale anglaise. On peut se rappeler que de Walton, quand il fit sortir le ménestrel du cachot, avait compris qu'il lui devait quelque compensation pour les soupçons sans cause qui avaient dicté son emprisonnement, d'autant plus que c'était un serviteur estimé de lady Augusta, qu'il s'était montré son fidèle confident, et que vraisemblablement c'était lui qui devait le mieux connaître les motifs et les circonstances de leur voyage en Écosse. Il était donc politique de s'assurer son bon vouloir, et de Walton, en conséquence, avait intimé à son fidèle archer qu'il devait mettre de côté tous ses soupçons sur Bertram, sans pourtant le perdre de vue, et tâcher autant que possible de le bien disposer à l'égard du gouverneur et de tous ceux qui servaient sous ses ordres. Greenleaf ne doutait pas dans son esprit que le plus sûr moyen de plaire

CHAPITRE XVIII.

à un menestrel ne fût d'écouter avec patience et éloge les lais qu'il aimait le mieux à chanter et les histoires qu'il prenait plaisir à raconter. Mais pour bien assurer l'exécution des ordres de son maître, il jugea nécessaire de demander au bouteiller une certaine quantité de liquide, qui ne pouvait manquer d'ajouter encore au plaisir que le ménestrel trouverait dans sa société.

Après s'être ainsi muni de tout ce qui pouvait l'aider à soutenir une longue entrevue avec le ménestrel, Gilbert Greenleaf lui proposa la faveur d'un déjeuner matinal, qu'ils pourraient, s'il le voulait, arroser d'un verre ou deux de canarie; et comme son maître lui avait ordonné de montrer à Bertram tout ce qu'il pourrait y avoir de curieux aux environs du château, il ajouta qu'il pourrait se rafraîchir un peu l'esprit en accompagnant une partie de la garnison à l'église de Douglas, où se célébrait une fête d'une sainteté toute particulière. Le ménestrel n'avait aucune objection à faire à une pareille proposition, comme bon chrétien par profession, et comme bon vivant en vertu des degrés qu'il avait pris dans la gaie science. Les deux camarades, qui naguère n'étaient pas trop bien disposés l'un pour l'autre, commencèrent donc leur repas du matin, en ce fameux dimanche des Rameaux, avec toute la cordialité et la bonne humeur désirables.

— Ne croyez pas, digne ménestrel, dit l'archer, que mon maître apprécie mal votre mérite ou votre rang, s'il vous restreint à la compagnie et à la conversation d'un pauvre diable tel que moi. Il est vrai que je ne suis point officier dans cette garnison, mais je suis un vieil archer, qui, depuis trente ans, a vécu l'arc et la flèche à la main. Grâces en soient rendues à Notre-Dame, je ne suis pas moins haut placé dans la faveur et l'estime du comte de Pembroke, et d'autres fameux guerriers, que la plupart de ces brillants jeunes gens à qui l'on confère des commissions et des postes de confiance, non pas à cause de ce qu'ils ont fait eux-mêmes, mais à cause de ce que leurs ancêtres ont fait avant eux. Je vous prie de remarquer surtout parmi eux le jeune homme placé à notre tête en l'absence de sir de Walton, qui porte le nom honorable d'Aymer de Valence, le même que celui du comte de Pembroke, dont je vous parlais tout à l'heure. Ce chevalier a aussi avec lui un jeune page des plus éveillés, qu'on appelle Fabien Harbothell.

— Est-ce à ces jeunes seigneurs que votre censure s'applique, dit le ménestrel; j'en aurais jugé différemment, car dans une longue carrière je n'ai pas vu un jeune homme plus courtois et plus aimable que celui que vous venez de nommer.

— Je ne doute pas qu'il ne puisse devenir tel, repartit l'archer, se hâtant de sortir du mauvais pas où il venait de s'engager; mais pour cela, il faudra qu'il se conforme aux exemples que lui donne son oncle, c'est-à-dire qu'il prenne conseil de vieux soldats dans les circonstances difficiles qui se peuvent présenter, et qu'il ne croie pas que l'expérience, que les années seules peuvent donner, se puisse conférer par un coup de plat d'épée et les mots magiques : « Relevez-vous, sir Arthur, » — ou tout autre nom du nouveau chevalier.

— Croyez bien, sire archer, que je comprends parfaitement tout l'avantage qu'il y a à converser avec des hommes d'expérience comme vous. Les hommes de toutes les professions ne peuvent qu'y gagner ; moi-même je suis souvent réduit à déplorer de ne pas connaître suffisamment les armoiries, les devises, les insignes, et je serais charmé d'avoir votre assistance dans un pays où je ne connais pas les noms des lieux et des personnes, les bannières et les emblèmes, à l'aide desquels les grandes familles se distinguent les unes des autres, toutes choses qu'il faudrait absolument que je susse pour accomplir la tâche que j'ai entreprise en ce moment.

— Des pennons et des bannières, je n'en ai pas mal vu, et, comme c'est le propre d'un vieux soldat, je puis dire le nom d'un chef en voyant sous quelle bannière il réunit ses soldats et ses vassaux. Néanmoins, digne ménestrel, je ne saurais prétendre à comprendre ce que, d'après l'autorité de vos vieux livres enluminés, vous appelez prophéties, explications de songes, oracles, révélations, invocations des esprits infernaux, astrologie judiciaire, et autres grossières et palpables offenses, à l'aide desquelles des hommes qui se prétendent assistés du démon imposent au vulgaire, en dépit des arrêts du Conseil-Privé ; non pas que je vous soupçonne, digne ménestrel, de vous occuper de ces tentatives pour expliquer l'avenir, tentatives dangereuses, qu'on peut dire punissables, et se rapprochant du crime de haute trahison.

— Il y a quelque chose dans ce que vous dites, mais cela ne s'applique point à des livres comme ceux que je viens de consulter. Une partie de ce qui y est écrit étant déjà arrivée, nous autorise certainement à attendre la réalisation du reste, et il ne me serait pas difficile de vous le montrer, ce volume à la main.

— Je serais charmé de vous entendre, repartit l'archer, qui n'avait guère plus de foi aux prophéties et aux augures que n'en a généralement un soldat, mais qui ne se souciait pas de contredire trop ouvertement le ménestrel sur un pareil sujet, puisqu'il avait reçu de sir John de Walton l'ordre de lui complaire en tout ce qu'il pourrait. En conséquence, le ménestrel commença à réciter des vers auxquels, de nos jours, l'interprète le plus habile ne saurait trouver un sens :

« Quand le coq coquerique, gardez bien sa crête, car le renard et la fouine sont traîtres tous deux. Quand le corbeau et la grolle auront tourné ensemble, et que le chevreau sur son rocher aura dansé à leurs accords, alors ils seront hardis et bientôt engageront la bataille, alors les oiseaux de proie des montagnes et des ravins du midi et les hommes loyaux du Lothian sauteront sur leurs chevaux, et le pauvre peuple sera tondu de près. On verra réduire en cendres les abbayes qui s'élèvent maintenant sur les bords de la Tweed ; ils brûleront, ils égorgeront, ils feront bien du mal, il n'y aura pas un pauvre homme qui pourra dire à quel seigneur il appartient. Alors il n'y aura plus de lois dans ce pays, d'amour il n'y en aura plus; alors le mensonge triomphera pendant cinq années de règne. La vérité sera teinte, et nul n'en embrassera un autre. Le cousin ne se fiera plus à son cousin, le fils au père, le père au fils, car chacun d'eux voudrait voir pendre l'autre pour avoir ses biens, etc., etc. »

L'archer écouta ces prophéties mystiques, qui n'étaient pas moins fatigantes pour être à peu près inintelligibles, se pliant à regret à la monotonie d'un pareil récit, quoique par intervalles il eût recours au flacon pour endurer ce qu'il ne comprenait pas, et ce qui, par conséquent, ne l'intéressait pas le moins du monde. Cependant, le ménestrel se mit à lui expliquer les présages douteux et imparfaits contenus dans les vers dont nous avons donné un échantillon suffisant.

— Pourriez-vous souhaiter, dit-il à Greenleaf, une description plus exacte de toutes les misères dans lesquelles l'Écosse a été plongée depuis quelque temps? Est-ce que ces événements n'ont pas expliqué le corbeau et la grolle, le renard et la fouine, soit parce que le caractère de ces animaux offre une ressemblance avec celui des chevaliers qui les déploient sur leur bannière, ou parce qu'ils sont blasonnés sur leur écu et descendent de fait sur les champs de bataille pour ravager et détruire? Les dissensions intestines ne sont-elles pas indiquées par ces mots, que les liens du sang seront rompus, que le parent ne se fiera plus au parent, que le père et le fils, au lieu de suivre les affections naturelles, mettront en danger la vie l'un de l'autre par cupidité de leur héritage réciproque? Ces vers ne disent-ils pas distinctement que les hommes loyaux du Lothian prendront les armes? et ne font-ils pas une allusion évidente aux autres événements qui se sont passés dans les derniers troubles d'Écosse? La mort du dernier William est obscurément annoncée sous le titre d'un lévrier, qui était souvent l'emblème sous lequel on reconnaissait ce brave seigneur :

« Le lévrier qui a été blessé sera muselé; ceux qui l'aimaient le moins déploreront son malheur. Cependant un rejeton sortira de cette même race, qui rugira bruyamment dans tout le nord et acquittera la dette de tous les torts anciens, bien qu'il ait été quelque temps retenu loin du foyer qui l'avait vu naître; c'est l'infaillible Thomas qui me l'a dit dans ces temps difficiles, un matin, à l'époque des moissons, dans les montagnes d'Eldoun. »

— Ceci a un sens, sire archer, reprit le ménestrel; cela va au but aussi directement qu'une de vos flèches, quoique peut-être il y ait absence de prudence à en donner la véritable explication. Cependant, comme nous sommes maintenant amis, je n'hésiterai pas à vous dire que, dans mon opinion, ce lionceau qui attend son temps représente le fameux prince écossais Robert Bruce, qui, bien que défait plusieurs fois, entouré d'ennemis de toute espèce, harcelé par des limiers avides de sang, n'en a pas moins soutenu ses prétentions à la couronne d'Écosse, en dépit du roi Edward actuellement régnant.

— Ménestrel, vous êtes mon hôte, et nous nous sommes assis ensemble comme amis à ce repas frugal. Toutefois, bien qu'il me répugne de troubler l'harmonie qui règne entre nous, vous êtes le premier qui vous soyez aventuré, en présence de Gilbert Greenleaf, à prononcer un mot en faveur de ce traître mis hors la loi, de ce Robert Bruce, dont les révoltes ont si souvent troublé la paix de ce royaume. Écoutez mon avis, et gardez le silence à ce sujet; car l'épée d'un fidèle archer anglais s'élancerait du fourreau sans le consentement de son maître, si elle entendait quelque chose de contraire à l'honneur de monseigneur saint Georges et de sa croix rouge. L'autorité de Thomas le Rimeur, ou de tout autre prophète d'Écosse, d'Angleterre ou du pays de Galles, ne saurait excuser à mes yeux une prédiction si malséante.

— Je ne suis point homme à chercher à offenser qui que ce soit, à plus forte raison ne voudrais-je pas exciter votre ressentiment au moment même où je profite de votre hospitalité. J'espère, toutefois, que vous voudrez vous rappeler que si je suis votre hôte, ce n'est pas sans y avoir été invité, et que si je parle d'événements à venir, je le fais sans aucune intention d'aider à leur accomplissement. Car, Dieu le sait, il y a longtemps que je lui adresse mes sincères prières pour que la paix et le bonheur règnent entre tous les hommes, et en particulier pour la félicité et la gloire du pays des archers où je suis né, et qu'il est de mon devoir de placer dans mes prières avant toutes les autres nations du monde.

— Et en cela vous avez raison; c'est le meilleur moyen de vous acquitter de vos devoirs envers le beau pays de votre naissance, le plus riche de tous ceux que le soleil éclaire. Il y a cependant une chose que je désirerais vous demander, si toutefois votre bon plaisir est de me le dire : c'est si dans toutes ces vieilles rimes il en est quelques-unes qui paraissent se rapporter à la sûreté du château de Douglas où nous sommes en ce moment. Car, écoutez-moi bien, sire ménestrel : j'ai remarqué que ces vieux parchemins, n'importe par qui ils aient été écrits, et n'importe à quelle époque, ont cette coïncidence avec la vérité, que lorsque les prophéties qu'ils contiennent se sont répandues dans le pays, et y ont créé des bruits de complots, de conspirations et de guerres sanglantes, elles sont très-propres à causer les malheurs qu'elles étaient censées prédire.

— Il ne serait pas très-prudent à moi de choisir pour thème de mes explications une prophétie qui aurait trait à quelque attaque contre cette garnison; car, d'après vos idées, je m'exposerais au soupçon de chercher à amener un résultat que personne ne déplorerait plus que moi.

— Acceptez-en ma parole, mon cher ami, vous ne risquez rien de semblable avec moi, car personnellement je n'en prendrai pas de vous

CHAPITRE XVIII.

une mauvaise opinion, et je n'irai pas rapporter à sir John de Walton que vous machiniez rien contre lui ou contre notre garnison. — Et pour dire la vérité, sir John de Walton ne croirait pas volontiers quiconque lui viendrait parler en ce sens. Il a la plus haute opinion, et sans doute l'opinion la mieux méritée, de votre attachement à votre maîtresse, et il regarderait comme injuste de soupçonner la fidélité de celui qui a donné des preuves évidentes qu'il était prêt à mourir plutôt que de trahir le moindre secret de sa maîtresse.

— En gardant son secret, je n'ai fait qu'accomplir le devoir d'un serviteur fidèle, lui laissant le soin de décider jusqu'à quand il convenait que ce secret fût gardé ; car un serviteur fidèle ne doit pas plus s'occuper du résultat que pourra avoir pour lui la commission dont il est chargé, que le ruban de soie ne s'occupe du secret de la lettre qu'il assure en la fermant. Quant à votre question, je ne vois pas d'inconvénient, pour satisfaire votre curiosité, à vous dire que ces vieilles prophéties parlent de guerres qui auront lieu dans Douglasdale entre un faucon sauvage, que je regarde comme les armes de sir John de Walton, et les trois étoiles ou martinets, qui sont celles de Douglas. Je pourrais vous en dire davantage si je savais où se trouve, dans ces forêts, un lieu appelé les Bloody Sykes, qui doit être, à ce que je comprends, une scène de meurtre et de carnage entre les partisans des trois étoiles et ceux qui suivent les enseignes du Saxon, c'est-à-dire du roi d'Angleterre.

— J'ai souvent entendu prononcer ce nom par les naturels du pays, mais il serait inutile de chercher à découvrir le lieu précis auquel il s'applique. Ces rusés Écossais nous cachent avec soin ce qui concerne la géographie de leur pays, comme disent les savants ; mais toujours est-il que Bloody Sykes et Bottomless Myre, et quelques autres, sont des noms de mauvais augure auxquels leurs traditions rapportent des idées de guerre et de carnage[1]. Toutefois, si cela peut vous convenir, tout en allant à l'église nous pourrons essayer de trouver cet endroit appelé Bloody Sykes, et je ne doute pas que nous n'y réussissions longtemps avant que ces traîtres qui méditent une attaque contre nous aient réuni assez de forces pour l'essayer.

En conséquence le ménestrel et l'archer, lequel avait eu le temps de s'abreuver raisonnablement, sortirent du château de Douglas sans attendre la compagnie d'aucun des autres hommes de la garnison, résolus à chercher la vallée qui portait le nom sinistre de Bloody Sykes, dont l'archer ne savait rien, si ce n'est qu'il avait par hasard entendu prononcer ce nom à la dernière chasse qui avait eu lieu sous les auspices de sir John de Walton, et que cette vallée se trouvait quelque part près de la ville de Douglas, et non loin du château.

---

[1] *Bloody-Sykes*, Ruisseau-sanglant ; *Bottomless-Myre*, Bourbier sans fond. (L. V.)

CHAPITRE XIX.

> *Hotspur.* — Je ne suis pas le maître ; quelquefois il me met en colère en me parlant de la taupe et de la fourmi, du rêveur Merlin et de ses prophéties, d'un dragon et d'un poisson sans nageoires, d'un griffon aux ailes accolées, et d'un corbeau sans plumes, d'un lion couchant et d'un chat rampant, et d'un tas de choses sans queue ni tête dont ma foi est ébranlée.   *Henry IV.*

La conversation entre le ménestrel et le vieil archer prit en se prolongeant une tournure qui ressemblait davantage à celle d'Hotspur et de Glendower, et Gilbert Greenleaf y prit graduellement une part plus active que ne semblaient le comporter ses habitudes et son éducation. Mais la vérité est qu'en tâchant de se rappeler les armoiries des chefs militaires, leurs cris de guerre et les autres signes auxquels on les distinguait dans la bataille et par lesquels ils pouvaient être désignés dans les rimes prophétiques, il ressentit ce plaisir que la plupart des hommes éprouvent lorsqu'ils se voient en possession de connaissances que les circonstances les appellent à déployer, et qui leur donnent de l'importance aux yeux des autres. Le bon sens naturel du ménestrel s'étonna plus d'une fois des inconséquences qui échappèrent à son compagnon entraîné par le désir de montrer, d'un côté, le talent qu'il venait de se découvrir, et de l'autre les préjugés qu'il avait nourris toute sa vie contre les ménestrels, qui, avec leur bagage de légendes et de fables, étaient d'autant plus sujets à mentir que généralement ils venaient tous « des pays du nord ».

Comme ils passaient d'une allée de la forêt dans l'autre, le ménestrel commença à s'étonner du nombre de dévots écossais qu'ils rencontraient, et qui semblaient se hâter de se rendre à l'église pour y prendre part à la cérémonie du jour, comme on le pouvait soupçonner par les rameaux qu'ils portaient à la main. A chacun d'eux l'archer fit une question relativement à l'existence d'un lieu appelé Bloody Sykes, et au chemin qui y pouvait conduire; — mais tous l'ignoraient, ou semblaient vouloir éluder de répondre, prétextant ne pas bien comprendre la question de l'archer, dont le ton se ressentait un peu d'un déjeuner trop prolongé peut-être. Ils répondaient généralement ou qu'ils ne connaissaient pas cet endroit, ou que dans un jour aussi saint ils avaient autre chose à faire que de s'occuper de questions frivoles. Enfin une ou deux fois la réponse fut presque grossière, et le ménestrel remarqua qu'il y avait quelque chose de mauvais sous jeu quand les paysans de ce pays ne pouvaient, ce qui leur était ordinairement si facile, trouver une réponse polie à faire à leurs supérieurs, et qu'ils semblaient se réunir en bien grand nombre pour cette fête des Rameaux.

— Vous ne manquerez pas sans doute, sire archer, d'en faire votre rapport à vos supérieurs, dit-il ; car autrement, comme la liberté de ma dame y est intéressée, je croirais de mon devoir d'exposer à sir de Walton les circonstances qui me font concevoir des soupçons, tant à cause de l'affluence extraordinaire de ces Écossais, que de la grossièreté qui remplace subitement leur politesse habituelle.

— Bah! bah! sire ménestrel, répondit l'archer, mécontent de voir Bertram se mêler de son service ; croyez-moi, ce n'est pas d'aujourd'hui que le salut d'une armée a dépendu de mon rapport au général, rapport qui a toujours été clair et perspicace comme l'exigent les devoirs d'un soldat. Votre carrière et la mienne ont été jusqu'ici parfaitement séparées. Quant aux choses de la paix, comme vieilles chansons, prophéties et autres, il est loin de ma pensée de vouloir lutter avec vous ; mais, sur ma parole, il vaudra mieux pour la réputation de tous deux que chacun de nous n'essaie pas de se mêler des affaires de l'autre.

— Je suis loin de le désirer non plus ; mais je voudrais que nous pussions revenir promptement au château pour avoir l'opinion de sir John de Walton sur ce que nous venons de voir.

— Je ne m'y oppose pas ; mais si vous voulez trouver le gouverneur à l'heure qu'il est, le plus court et le plus certain est d'aller à l'église de Douglas, où il se rend régulièrement, en semblables occasions, avec les principaux de ses officiers, pour s'assurer par sa présence qu'il n'y aura point de tumulte, ce qui n'est toujours que trop probable entre Anglais et Écossais. Persistons donc dans notre premier dessein d'assister à l'office du jour ; tâchons de sortir de ces bois interminables, et de prendre la route la plus courte pour arriver à l'église de Douglas.

— Dépêchons-nous donc, et en toute hâte, car il me paraît que quelque chose s'est passé ce matin au lieu même où nous sommes, qui indiquerait que la paix de Dieu qu'on doit garder en ce saint jour y aurait été violée. Que signifient ces gouttes de sang ? — faisant allusion à celui qui était tombé des blessures de Turnbull — pourquoi la terre porte-t-elle ces empreintes profondes, ces pas d'hommes armés avançant ou reculant, sans doute suivant les chances d'un combat mortel et acharné ?

— Par Notre Dame! je dois avouer que tu y vois clair ; de quoi étaient donc faits mes yeux, quand ils ont laissé les tiens découvrir les premiers ces indices d'une lutte récente? Voilà des plumes d'un panache bleu que je dois reconnaître, puisque mon chevalier l'a pris ce matin, ou que du moins il m'a laissé le placer à son casque pour témoigner par la vivacité de sa couleur de l'espérance qui rentrait dans son cœur, et cette plume la voilà détachée de sa tête par une main ennemie, autant que je le puis supposer. Allons, camarade, à l'église! — à l'église! — et tu verras par mon exemple comment il faut soutenir de Walton en danger.

Il marcha devant à travers la ville de Douglas, entrant par la porte du Midi, et traversant cette rue-là même dans laquelle sir Aymer de Valence avait chargé sur le chevalier-fantôme.

Nous pouvons maintenant dire avec plus de détails que l'église de Douglas avait été, dans l'origine, un imposant monument gothique, dont les tours, s'élevant de beaucoup au-dessus des murs de la ville, témoignaient de la grandeur de ses constructions premières. Elle était maintenant en partie ruinée, et le petit espace libre conservé pour l'exercice du culte était l'aile où les défunts seigneurs de Douglas se reposaient de leurs travaux mondains et des luttes de la guerre. De la place publique devant l'église l'œil suivait, dans une partie considérable de son cours, la rivière de Douglas, laquelle, venant du midi, s'approchait de la ville, bordée d'une ligne de collines pittoresquement diversifiées, dont quelques-unes étaient couvertes de taillis descendant vers la vallée et formant une partie de ces bois épais et inextricables dont la ville était entourée. La rivière elle-même, tournant la partie ouest de la ville pour se diriger ensuite au nord, alimentait ce grand fossé ou pièce d'eau artificielle dont nous avons déjà parlé. Bon nombre d'Écossais portant des branches d'if ou de saule pour figurer les palmes, symboles de la fête du jour, erraient çà et là dans le cimetière comme s'ils eussent attendu l'arrivée de quelque personne d'une sainteté particulière ou une procession de moines venus pour célébrer cette solennité religieuse. Presque au moment où Bertram et son compagnon entrèrent dans le cimetière, lady de Berkely, qui suivait sir John de Walton dans l'église, après avoir été témoin de son combat contre le chevalier de Douglas, aperçut son fidèle ménestrel, et se résolut aussitôt à rejoindre ce vieux serviteur de sa famille, ce compagnon de sa mauvaise fortune, s'en rapportant au destin d'être retrouvée par sir John de Walton à la tête d'une force suffisante pour assurer sa liberté, ce qui serait infailliblement le premier soin qu'il prendrait. Elle quitta donc rapidement le sentier qu'elle suivait, et gagna le lieu où Bertram et son nouvel ami Greenleaf prenaient des informations auprès de quelques soldats anglais venus pour assister à la cérémonie du jour.

Lady Augusta trouva l'occasion de dire à l'oreille de son fidèle serviteur : N'ayez pas l'air de faire attention à moi, mon brave Bertram, mais ayez soin, s'il est possible, que nous ne soyons plus séparés l'un de l'autre. Après lui avoir donné cet avis, elle fut assurée qu'il l'avait compris par un coup d'œil qu'il lui lança au moment où, enveloppée dans

CHAPITRE XIX.

son manteau, elle se dirigeait vers une autre partie du cimetière. Il semblait s'arrêter et attendre l'occasion favorable pour se séparer de Greenleaf et la rejoindre.

Dans le fait, rien n'aurait pu toucher plus sensiblement le fidèle ménestrel que ce singulier mode de communication, qui lui apprenait que sa maîtresse était saine et sauve, libre de régler ses propres mouvements, et, comme il pouvait l'espérer, disposée à s'arracher aux dangers qui l'entouraient en Écosse, en retournant immédiatement dans son pays et dans ses propres domaines. Il brûlait de s'approcher d'elle pour ne la plus quitter; mais elle profita d'une occasion pour lui faire signe de s'en abstenir. Il n'était pas lui-même sans inquiétude sur les conséquences qu'il pourrait y avoir à la faire remarquer à son nouvel ami Greenleaf, qui peut-être s'aviserait de vouloir déployer son zèle, pour s'avancer davantage dans les bonnes grâces du chevalier qui commandait la garnison. Cependant, le vieil archer continuait sa conversation avec Bertram, tandis que le ménestrel, comme beaucoup d'hommes en semblables occasions, aurait souhaité voir son brave compagnon à cent pieds sous terre, pourvu que cet événement lui permît de rejoindre sa maîtresse; mais tout ce qu'il put faire, ce fut de s'approcher d'elle autant qu'il était en son pouvoir sans éveiller le soupçon.

— Digne ménestrel, je vous en prie, dit Greenleaf après avoir regardé attentivement autour de lui, reprenons le sujet que nous traitions avant d'arriver ici. N'est-ce pas votre opinion que les indigènes écossais ont choisi cette matinée pour quelqu'une de ces dangereuses tentatives qu'ils ont si souvent renouvelées, et contre lesquelles se tiennent si soigneusement en garde les gouverneurs placés dans ce district par le roi Edward, notre légitime souverain?

— Je ne vois pas sur quelle donnée vous fonderiez ces craintes, répondit le ménestrel, ni ce que vous apercevez dans ce cimetière qui diffère de ce dont nous parlions en nous y rendant, alors que vous vous êtes presque moqué de moi pour vous avoir témoigné des soupçons de cette nature.

— Ne voyez-vous pas cette foule d'hommes, avec d'étranges mines et sous des déguisements variés, qui se rassemblent autour de ces vieilles ruines ordinairement si solitaires? Par exemple, voyez là-bas ce jeune garçon assis qui semble éviter les regards, et dont le vêtement, j'en jurerais, n'a jamais été taillé en Écosse.

— Si c'est un pèlerin anglais, à coup sûr il doit exciter moins de soupçons, répliqua le ménestrel, qui vit que c'était lady de Berkely que l'archer lui montrait du doigt.

— Je n'en sais rien; mais je crois que je remplirai mon devoir en informant sir John de Walton, si je puis le rejoindre, qu'il y a ici bon nombre de personnes qui, à en juger par leur extérieur, n'appartiennent ni à la garnison ni à la population de ce district.

— Avant d'accuser un pauvre jeune homme et de le soumettre aux conséquences nécessaires de soupçons de cette nature, réfléchissez aux nombreuses circonstances qui appellent plus particulièrement en ce jour les fidèles à des actes de dévotion. Non-seulement c'est l'anniversaire de l'entrée triomphale du fondateur de la religion chrétienne dans Jérusalem ; mais ce jour est appelé *Dominica Confidentium*, ou le Dimanche des Confesseurs de la Foi. On l'appelle encore le Dimanche des Rameaux, à cause des branches de buis et d'if qu'on y porte au lieu des palmes iduméennes. Ces rameaux, remis aux prêtres, sont réduits solennellement en cendres, lesquelles seront distribuées aux fidèles le premier jour du carême suivant. Tous ces rites et cérémonies s'observent dans notre pays par l'ordre de l'Église chrétienne. Vous ne devez, vous ne pouvez donc pas sans crime poursuivre comme coupables de mauvais desseins contre votre garnison ceux qui motivent leur présence en ce lieu sur l'accomplissement de leurs devoirs religieux. Voyez-vous s'approcher de ce côté cette nombreuse procession avec la croix et la bannière? C'est sans doute quelque haut dignitaire de l'Église qui y préside. Sachons d'abord ce qu'il est, et il est probable que son nom et son rang nous offriront des garanties suffisantes de la conduite pacifique et régulière de ceux qu'un sentiment de piété rassemble aujourd'hui dans l'église de Douglas.

Greenleaf prit en effet les informations recommandées par son compagnon, et apprit que le saint homme qui conduisait la procession n'était autre que le métropolitain du pays, l'archevêque de Glascow, venu pour honorer de sa présence les cérémonies du jour.

Le prélat entra dans le cimetière en ruine, précédé de ses porte-croix, et suivi d'une foule de fidèles portant des branches d'if et d'autres arbres verts, comme il est d'usage le jour des Rameaux. Le saint prélat faisait pleuvoir sa bénédiction accompagnée de signes de croix, et que ceux qui se pressaient autour de lui pour la recevoir accueillaient par ces dévotes acclamations : Révérend père, c'est à toi que nous nous adressons pour obtenir le pardon de nos péchés, que nous désirons humblement te confesser, afin d'en obtenir la rémission dans le Ciel!

C'est ainsi que la congrégation et le prélat se réunirent, échangeant de pieuses salutations, et tous paraissant exclusivement occupés des cérémonies et des rites de la fête. Les acclamations des fidèles se mêlaient à la voix puissante de l'officiant, qui récitait le rituel ; toute cette scène, conduite avec l'habileté et le cérémonial du culte catholique, était à la fois touchante et imposante.

L'archer, témoin du zèle avec lequel la foule réunie dans le cimetière et celle qui sortait de l'église se hâtait avec un sentiment de fierté d'accueillir l'évêque du diocèse, se sentit presque honteux d'avoir pu soupçonner la sincérité des intentions qui amenaient là ce saint homme.

CHAPITRE XIX.

Profitant d'un accès de dévotion, probablement peu ordinaire au vieux Greenleaf, qui en ce moment se précipitait en avant pour avoir sa part des faveurs spirituelles que dispensait le prélat, Bertram lui échappa, et, se glissant à côté de lady Augusta, échangea avec elle par une légère pression de main l'expression du plaisir que leur faisait éprouver cette heureuse réunion. Sur un signe du ménestrel, ils se retirèrent dans l'intérieur de l'église pour être moins remarqués au milieu de la foule, et favorisés d'ailleurs par l'ombre de quelques piliers.

Délabrée comme était la nef de l'église, qu'ornaient les trophées armoriés des derniers lords de Douglas, elle avait plutôt l'air d'un temple abandonné à la suite de quelque sacrilège que de l'enceinte d'un lieu saint. Cependant on voyait qu'on avait pris soin de la préparer pour le service du jour. A l'extrémité inférieure appendait le grand écusson du comte de Douglas, mort récemment dans les prisons d'Angleterre; autour étaient placés les boucliers plus petits de seize de ses ancêtres. Cet ensemble projetait une ombre épaisse, éclairée seulement par l'éclat des couronnes ou de quelques attributs que l'art héraldique avait figurés d'une teinte plus gaie. Je n'ai pas besoin de dire qu'à tous autres égards l'intérieur de l'église était dans un état complet de dévastation, puisque c'était en ce lieu même que s'était passée l'entrevue de sir Aymer de Valence avec le vieux fossoyeur. En ce moment, le jeune chevalier y avait rassemblé en un même point les divers détachements qu'il avait pu réunir; il se tenait sur le qui-vive, également prêt à repousser une attaque au milieu du jour ou à l'heure évocatrice de minuit : vigilance d'autant plus nécessaire, que les yeux de sir John de Walton erraient d'un point à un autre, incapables de trouver l'objet qu'ils cherchaient. Le lecteur n'aura pas de peine à comprendre que c'était lady Augusta de Berkely, qu'il avait perdue de vue au milieu de la foule. Dans la partie orientale de l'église, on avait élevé un autel temporaire, près duquel s'était placé l'archevêque de Glascow, revêtu de son grand costume et entouré des prêtres et des autres officiers appartenant à sa maison. Sa suite n'était ni nombreuse ni richement costumée, et ses propres vêtements n'offraient pas un brillant échantillon de la richesse et de la pompe épiscopales. Toutefois, depuis que sur l'ordre sévère du roi d'Angleterre il avait quitté sa crosse d'or, celle de simple bois qu'il avait prise en place n'inspirait pas moins de respect au clergé et aux fidèles de son diocèse.

Les Écossais de diverses conditions qui se pressaient autour de lui semblaient épier ses mouvements comme ceux d'un saint descendu du ciel, et les Anglais attendaient dans le silence et l'étonnement, comme si à un signal imprévu ils avaient dû être attaqués par quelque puissance terrestre ou divine, ou peut-être par les deux à la fois. Et véritablement, tel était le dévouement des hauts dignitaires de l'Église d'Écosse à la cause de Robert Bruce, que les Anglais leur permettaient difficilement de prendre part aux cérémonies religieuses qui tombaient le plus spécialement sous leur autorité. La présence de l'archevêque de Glascow officiant dans une grande fête à l'église de Douglas était une circonstance rare, étonnante et suspecte. Toutefois, un concile de l'Église avait dernièrement appelé les illustres prélats d'Écosse à remplir leurs fonctions le dimanche des Rameaux, et c'était une cérémonie que les Anglais ne voyaient pas avec indifférence, non plus que les Écossais. Le silence extraordinaire qui régnait alors dans l'église, pleine de gens qui paraissaient mus de désirs, d'espérances et de craintes si diverses, ressemblait à l'une de ces pauses solennelles qu'on remarque souvent dans la nature avant une lutte des éléments, et que l'on s'accorde à regarder comme l'avant-coureur de quelque grande commotion physique. Tous les animaux, suivant leur naturel particulier, accusent le sentiment qu'ils ont de la tempête qui s'approche; les bœufs, les cerfs et les autres habitants des forêts, se retirent dans les plus sombres retraites de leurs pâturages; les moutons s'entassent dans la direction de leur parc; et la lourde stupeur de la nature entière, animée ou inanimée, présage qu'elle ne tardera pas à se réveiller dans une convulsion et un déchirement général quand l'éclair livide sifflera à l'unisson du tonnerre.

C'est ainsi que dans une profonde anxiété ceux qui étaient venus en armes à l'église sur l'ordre de Douglas attendaient et croyaient à chaque instant recevoir le signal de l'attaque, tandis que les soldats anglais, connaissant bien les mauvaises dispositions des indigènes à leur égard, comptaient de minute en minute entendre le fameux cri de *Bows and Bills* (à vos arcs et à vos bills) donner le signal d'une mêlée générale; les deux partis, se lançant des regards pleins de provocation, semblaient tout prêts pour la fatale rencontre.

Malgré la tempête qui, à chaque moment, semblait devoir éclater, l'archevêque de Glascow continua avec la plus grande solennité les cérémonies de la fête. De temps en temps il s'arrêtait et regardait la foule, se demandant si les passions tumultueuses qui s'agitaient autour de lui pourraient se contenir assez longtemps pour lui permettre de remplir jusqu'au bout ses fonctions avec la décence qu'exigeaient un pareil jour et un pareil lieu.

Le prélat terminait à peine le service divin qu'un individu s'approcha de lui d'un air triste et solennel, et demanda si Sa Révérence pouvait disposer de quelques instants pour donner les dernières consolations à un blessé mourant à quelques pas de là.

L'homme de Dieu témoigna aussitôt qu'il y consentait, au milieu d'un morne silence, qui, à voir les sourcils froncés de l'un au moins des deux partis réunis dans l'église, n'annonçait pas que cette fatale journée pût finir d'une manière pacifique. Il fit signe au messager de lui montrer le chemin, et alla s'acquitter de ce devoir pieux, suivi de quelques-uns des partisans connus des Douglas.

Il y eut quelque chose de particulièrement frappant, sinon de suspect, dans l'entrevue qui suivit. Sous une voûte souterraine on avait déposé un homme épais et grand de taille ; son sang, qui s'échappait en abondance de deux ou trois larges blessures, traversait la paille sur laquelle il était étendu. Ses traits présentaient un mélange de résolution et de férocité, et semblaient prêts à s'animer d'une expression plus sauvage encore.

Le lecteur a sans doute deviné que ce mourant n'était autre que Michael Turnbull, qui, blessé le matin dans sa rencontre avec sir John de Walton, avait été laissé par quelques-uns de ses amis sur un tas de paille, en guise de lit, pour guérir ou mourir selon qu'il aviserait. Le prélat, dès qu'il fut entré dans le caveau, ne perdit pas de temps pour appeler l'attention du blessé sur l'état de ses affaires spirituelles, et lui donner les secours que l'église veut qu'on administre aux pécheurs près de quitter ce monde. Les paroles qu'ils échangèrent avaient ce caractère grave et sévère qui convient entre le confesseur et le pénitent quand un monde s'évanouit aux yeux du pécheur, quand un autre se présente avec toutes ses terreurs et crie aux oreilles du pénitent qu'il faut se préparer à la rémunération due à ses œuvres ici-bas. C'est un des entretiens les plus solennels que puissent avoir deux êtres humains. Le courage endurci du forestier de Jedwood d'un côté, et de l'autre la physionomie bienveillante et pieuse du vieux prêtre, ajoutaient encore au pathétique de cette scène.

— Turnbull, dit l'ecclésiastique, j'espère que vous me croirez quand je vous dirai que je suis profondément ému de vous voir en cet état par suite de blessures que vous devez regarder comme mortelles, c'est mon devoir de vous en prévenir.

— Ainsi voilà donc la chasse terminée, répondit l'homme de Jedwood avec un soupir. Après tout, peu m'importe, bon père ; je me suis comporté en brave, et je ne pense pas que la vieille forêt se plaigne que je l'aie déshonorée, ni en courant le gibier ni en le forçant. Même dans cette dernière affaire il me semble que ce gentil chevalier ne s'en serait pas tiré avec un pareil avantage si le terrain ne l'avait pas plus favorisé que moi, ou si j'avais été prévenu de son attaque. Mais quiconque prendra la peine d'examiner la chose verra que le pied du pauvre Michael Turnbull lui a glissé deux fois, sans quoi il ne serait pas ici étendu sur son lit de mort ; ce serait probablement au contraire cet Anglais qui mourrait ici comme un chien et rougirait cette paille de son sang.

L'évêque engagea son pénitent à quitter des idées de vengeance, à ne plus s'occuper de la mort des autres, mais à ne songer qu'à la sienne qui semblait approcher rapidement.

— A coup sûr, révérend père, répondit le blessé, vous savez le mieux ce qu'il est bon que je fasse ; mais il me semble que les choses iraient mal pour moi, si j'avais attendu jusqu'à ce moment pour examiner ma vie, et je ne suis pas homme à nier que ç'a été une vie de sang et d'entreprises désespérées. Mais vous m'accorderez que je n'ai jamais gardé rancune à un loyal ennemi du mal qu'il m'a pu faire, et montrez-moi l'homme, Écossais de naissance et animé de l'amour naturel de son pays, qui, de nos jours, n'ait pas préféré un casque d'acier à une toque ornée de plumes, et qui n'ait pas eu plus souvent à la main une épée nue qu'un livre de prières ; et vous-même, mon père, vous savez si dans ce que nous avons entrepris contre les Anglais nous n'avons pas été encouragés par les dignes pères de l'église d'Écosse, et s'ils ne nous ont pas exhortés à prendre les armes et à nous en servir pour l'honneur du roi d'Écosse et la défense de nos droits.

— Sans aucun doute, telles ont été les exhortations que nous avons adressées à nos compatriotes opprimés, et je ne vous prêche pas une doctrine différente. Néanmoins, maintenant que je me vois entouré de sang et que j'ai sous les yeux un homme mourant, j'ai besoin de prier Dieu que je ne me sois pas écarté de la bonne route et que je n'aie pas contribué à égarer les autres. S'il en était ainsi, que le Ciel me pardonne ! je ne puis m'excuser que sur l'honnêteté de mes intentions, des conseils erronés que je vous aurais donnés à vous et aux autres touchant ces déplorables guerres. Ma conscience me crie qu'en vous encourageant à teindre ainsi vos épées de sang, je me suis écarté jusqu'à un certain point du caractère sacré dont je suis revêtu, alors que notre profession nous défend de répandre le sang ou d'en faire répandre. Que le Ciel nous donne la grâce d'accomplir nos devoirs et de nous repentir de nos erreurs, de celles-là surtout qui ont occasionné la mort ou le malheur de nos semblables ! et par-dessus tout, puisse ce chrétien mourant reconnaître ses fautes, et se repentir sincèrement d'avoir fait aux autres ce qu'il n'aurait pas voulu qu'ils lui fissent !

— Quant à cela, je n'ai connu aucune époque de ma vie où je ne fusse prêt à échanger un coup avec le plus brave, et si je n'ai pas eu continuellement l'épée à la main, c'est parce que j'avais contracté l'habitude de me servir plutôt de la hache de Jedwood, que les Anglais appellent pertuisane, et qui, je crois, diffère peu de l'épée et du poignard.

— La différence n'est pas grande, en effet ; mais je crains, mon ami, que les meurtres commis avec la hache de Jedwood ne vous donnent aucun avantage sur ceux qui auraient commis les mêmes crimes avec toute autre arme.

— Ma foi, révérend père, je dois convenir que l'effet des différentes armes est le même, quant à celui du moins à qui elles donnent la mort. Mais je voudrais savoir de vos lumières pourquoi un habitant de Jedwood ne se servirait pas, comme c'est la coutume de son pays, d'une hache de Jedwood, puisque c'est, comme son nom l'indique, l'arme spéciale du pays.

— Le crime de meurtre ne consiste pas dans l'arme avec laquelle la mort est infligée, mais dans les souffrances que le meurtrier fait éprouver à son semblable, et dans la violation de la paix et du bon ordre que Dieu avait établis parmi ses créatures. C'est en vous repentant d'un pareil crime que vous pouvez espérer d'apaiser sa colère vengeresse, et en même temps d'échapper aux terribles sentences qu'il prononce dans sa sainte Écriture contre ceux qui auront versé le sang de leurs frères.

— Mais, bon père, vous savez aussi bien que qui que ce soit que dans cette assemblée, dans l'enceinte même de cette église, il y a des centaines d'Anglais et d'Écossais venus moins pour remplir un devoir religieux que pour se priver de la vie les uns les autres, et donner un nouvel exemple de l'horreur de ces querelles qui divisent les deux extrémités de la Bretagne. Quelle conduite peut donc tenir un pauvre homme comme moi? Ne dois-je pas lever ce bras contre les Anglais? et il me semble que je le puis faire encore utilement, — ou dois-je, pour la première fois de ma vie, entendre pousser le cri de guerre de l'Écosse, et tenir mon épée loin du carnage? Je crois qu'il me sera difficile, peut-être tout à fait impossible, d'en agir ainsi; mais si c'est l'ordre du Ciel et votre avis, incontestablement, très-révérend père, je dois faire tous mes efforts pour me laisser diriger par votre opinion, puisque vous avez titre et qualité pour éclairer les fidèles dans toutes les circonstances épineuses, dans ce qu'on appelle les cas de conscience.

— Sans aucun doute, comme je l'ai déjà dit, il est de mon devoir de ne fournir l'occasion aujourd'hui d'aucune effusion de sang, d'aucune violation de la paix; et vous, qui êtes mon pénitent, je vous défends, sur le salut de votre âme, d'en donner aucune, soit personnellement, soit par vos conseils; car en suivant une autre ligne de conduite, vous et moi nous commettrions un péché et méconnaîtrions notre caractère de chrétiens.

— Je vais m'efforcer de penser ainsi, révérend père; néanmoins j'espère qu'on se rappellera en ma faveur que j'aurai été la première personne portant le surnom de Turnbull et le nom propre du prince des Archanges, qui jamais aura pu soutenir l'affront de la présence d'un Anglais l'épée à la main, sans céder à la tentation de saisir la sienne et de lui courir sus.

— Prenez garde, mon fils, et remarquez qu'en ce moment même vous vous écartez déjà des résolutions que vous aviez formées il y a quelques minutes, après de mûres et sérieuses réflexions. Prenez-y garde, ô mon fils! ne soyez pas comme la laie qui s'est vautrée dans la fange, et qui, après avoir été lavée, se pollue de nouveau, en sorte qu'elle redevient plus sale encore qu'auparavant.

— Hé bien, révérend père, encore qu'il semble presque contre nature que des Écossais et des Anglais se rencontrent et se séparent sans en être venus aux mains, je vais sincèrement m'efforcer de ne donner aucune occasion de querelle, et même, si je le puis, de ne pas saisir celles que l'on pourrait m'offrir.

— C'est ainsi que tu expieras les fautes que tu as pu commettre jusqu'ici contre les lois de Dieu, que tu préviendras les causes de querelle entre toi et tes frères du Midi, et que tu échapperas à cette tentation de verser le sang qui n'est que trop puissante dans ces temps malheureux. Ne te figure pas que dans cette admonition je t'impose un devoir au-dessus de tes forces comme homme et comme chrétien. Je suis homme moi-même, je suis Écossais, et comme tel je ressens l'injuste conduite des Anglais envers notre pays et notre souverain ; partageant votre manière de voir, je sais ce que vous devez souffrir quand vous êtes obligés de vous soumettre à des insultes nationales sans les rendre ou sans les venger. Mais ne nous considérons pas comme les agents de cette vengeance rétributive que Dieu, par un décret spécial, a déclaré se réserver exclusivement. Quand nous voyons et quand nous ressentons les injures que souffre notre patrie, n'oublions pas que nos incursions, nos embuscades et nos surprises ont été au moins aussi fatales aux Anglais que nous l'ont pu être leurs attaques et leurs invasions. En un mot, que les injures mutuelles des croix de Saint-André et de Saint-Georges ne soient plus des sujets de guerre pour les habitants des deux parties de la Bretagne, du moins pendant les fêtes de l'Église ; mais, au contraire, puisqu'elles sont toutes deux des signes de rédemption, qu'elles soient aussi des deux côtés des signes de pardon et de paix.

— Je suis résolu de m'abstenir de toute offense envers les autres, repartit Turnbull, et je m'efforcerai de ne pas ressentir celles que les autres pourraient me faire, dans l'espérance de contribuer à amener cet état de choses heureux et pacifique que vos paroles me font attendre — Le forestier, tournant alors la tête vers la muraille, se prépara à la mort qu'il sentait approcher, et l'archevêque le laissa dans cette grave méditation.

Les dispositions pacifiques que le prélat venait si péniblement d'inspirer à Michael Turnbull s'étaient jusqu'à un certain point répandues parmi les assistants, qui avaient entendu avec étonnement et respect cette pieuse admonition de suspendre les antipathies nationales pour vivre en paix et en bonne amitié les uns avec les autres. Cependant le Ciel avait décrété que cette querelle nationale, à laquelle tant de sang avait été sacrifié, serait ce jour-là encore l'occasion d'un combat mortel.

Une bruyante fanfare de trompettes, qui semblait sortir de terre, retentit en ce moment dans l'église, et éveilla l'attention des soldats et des fidèles qui y étaient assemblés. La plupart de ceux qui entendirent ces sons belliqueux se précipitèrent sur leurs armes, croyant qu'il devenait inutile d'attendre aucun autre signal du combat. De fortes voix, des exclamations grossières, le grincement des épées contre les parois du fourreau ou leur retentissement contre quelque autre pièce de l'armure, furent autant de présages d'une terrible mêlée, que cependant les exhortations de l'archevêque parvinrent à détourner quelque temps. Une seconde fanfare de trompettes ayant eu lieu, la voix d'un héraut fit entendre la proclamation suivante :

« Attendu qu'il y a en ce moment dans l'église de Douglas plusieurs nobles poursuivants de la chevalerie ; attendu qu'il existe entre eux les causes ordinaires de querelles et des points à débattre dans leurs prétentions à l'avancement dans ce même ordre de chevalerie, les chevaliers écossais sont prêts à combattre tout nombre de chevaliers anglais dont on pourrait convenir, soit sur la beauté supérieure de leurs dames respectives, soit sur la querelle nationale dans chacun de ses points, soit sur tout autre sujet qui pourrait être contesté entre eux, et que les deux partis admettraient comme cause suffisante de querelle. Les chevaliers qui auraient le dessous dans cette rencontre renonceraient aux prétentions qu'ils y auraient maintenues, ou bien à porter dorénavant les armes, avec telles autres conditions subies par leur défaite qui pourraient être décidées à l'avance par un concile des chevaliers actuellement présents dans ladite église de Douglas. Mais d'abord, et avant tout, les chevaliers écossais, en tout nombre que l'on voudra, depuis un jusqu'à vingt, défendront la querelle qui a déjà fait couler du sang touchant la liberté de lady Augusta de Berkely et la reddition du château de Douglas à son légitime seigneur ici présent. En conséquence, il est requis des chevaliers anglais de manifester leur consentement à ce que cet essai de la valeur réciproque des adversaires ait lieu, essai que, suivant les règles de la chevalerie, ils ne peuvent refuser sans perdre entièrement leur réputation de courage, et sans encourir cette diminution de l'estime que tout brave poursuivant d'armes doit nécessairement désirer obtenir non-seulement des chevaliers de son pays, mais encore de ceux des autres contrées. »

Ce gage de bataille inopinément jeté réalisa les craintes les plus funestes qu'avaient pu concevoir ceux qui n'avaient pas vu sans quelques soupçons, ce jour-là, la réunion extraordinaire des partisans de la maison de Douglas. Après une courte pause, les trompettes sonnèrent de nouveau une vigoureuse fanfare, et la réponse des chevaliers anglais se fit entendre dans les termes suivants :

« A Dieu ne plaise que les droits et les priviléges des chevaliers d'Angleterre, et que la beauté de ses filles, ne soient pas maintenus par ses enfants, ou que les chevaliers anglais, ici assemblés, hésitent le moins du monde à accepter le combat qui leur est offert, motivé, soit sur la beauté supérieure de leurs dames, soit sur les causes de querelles existantes entre les deux nations. Tous les chevaliers d'Angleterre ici présents sont prêts à maintenir la bataille sur tous les points proposés, tant que leurs mains pourront tenir la lance et l'épée; sauf et excepté la reddition du château de Douglas, qui ne peut être remis qu'aux mains du roi d'Angleterre ou de ceux qui se présenteraient en son nom. »

CHAPITRE XX.

> Que les trompettes fassent résonner les notes belliqueuses! Place aux champions! Que chacun fasse bravement son devoir, et que Dieu défende le bon droit. Ainsi trois fois ils ont poussé ce cri en invoquant Saint-André, trois fois ils l'ont poussé de toute leur force contre les Anglais, comme j'ai eu raison de vous le dire. Saint-Georges et nos dames! (les nommer serait inutile) ont aussi trois fois crié les chevaliers anglais, aussi haut, aussi bruyamment que leurs adversaires. *Vieille Ballade.*

La crise extraordinaire dont nous avons parlé dans le dernier chapitre porta, on le peut supposer, les chefs des deux partis à mettre de côté toute espèce de déguisement et à déployer toutes leurs forces en rangeant en bataille leurs adhérents respectifs. On vit le chevalier de Douglas se concerter à voix basse avec sir Malcolm Fleming et d'autres cavaliers distingués.

Sir John de Walton, arraché par la première fanfare aux soins empressés avec lesquels il s'efforçait d'assurer une retraite à lady Augusta, s'occupa immédiatement de rassembler ceux qui combattaient sous ses ordres, tâche dans laquelle il fut aidé par l'active amitié du chevalier de Valence.

Lady de Berkely ne montra point un esprit pusillanime au milieu de ces préparatifs belliqueux; elle s'avança, suivie de près par le fidèle Bertram et une femme en habit de voyage, dont les traits soigneusement cachés n'étaient autres que ceux de l'infortunée Marguerite de Hautlieu, qui avait vu se réaliser tout ce qu'elle avait pu craindre de l'infidélité du chevalier son fiancé.

Un silence profond dura quelque temps, sans qu'aucun de ceux qui étaient présents se crût en droit de le rompre.

Le chevalier de Douglas fit enfin quelques pas en avant, et dit à haute voix : J'attends pour savoir si le chevalier John de Walton demande permission à James de Douglas d'évacuer son château sans perdre davantage la lumière de ce jour qui pourrait éclairer un noble champ de

CHAPITRE XX.

bataille; je désire savoir s'il sollicite pour cette évacuation la permission et la protection de Douglas.

— Je garde le château de Douglas, répondit sir John de Walton en tirant son épée, je le garde en dépit de tous. — Jamais je ne demanderai à un autre la protection que me peut assurer ma propre épée !

— Me voici à vos côtés comme votre fidèle ami, sir John, dit Aymer de Valence; je ne vous abandonnerai pas, quelle que soit l'inégalité du nombre qu'on vous puisse opposer.

— Courage, nobles Anglais! cria Greenleaf; prenez vos armes, au nom de Dieu! A vos arcs et à vos bills! les arcs et les bills! — Un messager nous apporte la nouvelle que Pembroke, ayant quitté les frontières de l'Ayrshire, est en pleine marche et sera ici dans une demi-heure. Combattez, braves Anglais! Valence à la rescousse! et longue vie au brave comte de Pembroke !

Les Anglais, tant ceux qui étaient dans l'église que ceux qui étaient au dehors, n'hésitèrent pas plus longtemps à prendre leurs armes, et de Walton, après avoir crié de toute la force de sa voix : J'adjure Douglas et ses partisans de veiller au salut des dames! se fraya un chemin, l'épée au poing, jusqu'à la porte de l'église. Les Écossais se trouvant incapables de résister à l'impression de terreur qui s'emparait d'eux à la vue de ce fameux chevalier, secondé par son frère d'armes, tous deux depuis longtemps l'effroi du pays, il est possible que de Walton eût pu sortir tout à fait de l'église s'il n'eût été courageusement attendu par le jeune fils de Thomas Dickson d'Hazelside, tandis que son père recevait de Douglas commission de protéger les dames étrangères contre les dangers d'une bataille qui allait enfin avoir lieu après avoir été si longtemps attendue.

De Walton jeta les yeux sur lady Augusta, dans le désir de voler à son secours; mais il fut forcé de comprendre qu'il pourvoirait mieux à sa sûreté en la laissant sous la protection de l'honneur de Douglas.

Cependant le jeune Dickson frappait coup sur coup dans son ardeur juvénile, encouragé par l'espoir d'obtenir la gloire promise au vainqueur du renommé de Walton.

— Pauvre fou, s'écria à la fin sir John de Walton, qui pendant quelque temps avait eu pitié de la jeunesse de son adversaire, reçois donc la mort d'une noble main, puisque tu la préfères à des jours longs et paisibles.

— Peu m'importe, dit le jeune Écossais d'une voix mourante, j'ai assez longtemps vécu, puisque je vous ai retenu si longtemps à l'endroit où vous êtes.

Le jeune homme disait vrai, car, au moment où il tombait pour ne se plus relever, le chevalier de Douglas prenait sa place, et sans dire un mot engageait de nouveau, mais avec une nouvelle force, ce formidable combat singulier où tous deux s'étaient déjà si brillamment signalés. Aymer de Valence se porta à la gauche de son ami de Walton, et semblait n'attendre que la présence d'un des compagnons de Douglas pour prendre part au combat. Mais comme aucun d'eux ne parut disposé à lui fournir cette occasion, il modéra son ardeur, et, bien malgré lui, se contenta de rester spectateur du combat. A la fin, sir Fleming, qui tenait le premier rang parmi les chevaliers écossais, parut désireux de mesurer son épée avec celle du chevalier de Valence. Aymer lui-même, brûlant du désir de combattre, s'écria : Chevalier sans foi de Boghall, avancez, et défendez-vous de l'imputation d'avoir abandonné la dame de vos amours et d'être la honte de la chevalerie !

—Ma réponse même à des injures moins grossières, dit Fleming, pend toujours à mon côté. — En un instant il eut l'épée à la main, et les guerriers les plus exercés qui contemplaient cette lutte eurent peine à suivre les progrès du combat, plus semblable aux éclats du tonnerre dans une contrée montagneuse, qu'aux coups et aux parades de deux épées attaquant et défendant tour à tour.

Leurs coups s'échangeaient avec une rapidité surprenante, et quoique les deux combattants n'égalassent ni Douglas ni de Walton dans cette réserve prudente née du respect que les deux chevaliers avaient l'un pour l'autre, ce qui pouvait manquer du côté de l'art était remplacé par un degré de fureur tel que l'issue du combat était pareillement douteuse.

Voyant leurs supérieurs ainsi engagés dans une lutte mortelle, leurs partisans, comme c'était la coutume, se tinrent immobiles des deux côtés, regardant le combat avec ce respect d'instinct qu'ils avaient pour leurs commandants et leurs maîtres. Cependant, une ou deux femmes, poussées par les sentiments naturels à leur sexe, déployaient leur compassion pour ceux qui avaient déjà éprouvé les chances funestes de la guerre. Le jeune Dickson, qui rendait le dernier soupir sous les pieds des combattants, en fut en quelque sorte arraché par lady de Berkely, dont l'action parut d'autant moins étrange qu'elle était encore revêtue de son habit de pèlerin, et qui s'efforça en vain d'engager le père de la victime à lui prêter aide pour secourir son propre fils.

—Ne vous tourmentez pas, madame, de ce qui est désormais sans remède, dit le vieux Dickson ; ne détournez pas votre attention et la mienne du soin de votre préservation à laquelle Douglas s'intéresse, et que, plaise à Dieu et à sainte Bride, je regarde comme confiée à mes soins. Croyez-moi, la mort du jeune homme n'est point oubliée, quoiqu'il ne soit pas temps de s'en occuper. Un moment viendra pour le souvenir, et une heure pour la vengeance.

Ainsi parla l'austère vieillard, détournant les yeux du corps sanglant étendu à ses pieds, modèle de beauté et de force. Il lui jeta encore un regard douloureux ; puis, se détournant, il se plaça à l'endroit où il pouvait le plus efficacement protéger lady de Berkely, sans que ses regards pussent rencontrer encore le cadavre de son fils.

Cependant le combat se continuait sans la moindre interruption, et sans aucun avantage décidé d'aucun côté. A la fin, cependant, le destin parut vouloir intervenir ; le chevalier de Fleming, s'élançant en avant avec fureur, et conduit par le hasard si près de Marguerite de Hautlieu qu'il la touchait presque, manqua son coup, et le pied lui glissant dans le sang du jeune Dickson, il tomba devant son antagoniste, et courait le danger imminent de se trouver à sa merci, quand Marguerite de Hautlieu, qui avait hérité de l'âme belliqueuse de son père, et qui, de plus, était une femme remarquable pour sa force et son courage, voyant à terre une masse d'armes d'un poids peu considérable que Dickson y avait laissée tomber, la saisit et s'en servit pour écarter ou abaisser l'épée de sir Aymer de Valence, qui autrement serait demeuré vainqueur dans cette lutte intéressante. Fleming était trop occupé à profiter de cette chance inespérée de salut pour chercher par quel moyen singulier elle lui avait été offerte ; il recouvra immédiatement l'avantage qu'il avait perdu, et, dans une nouvelle attaque, il parvint à son tour à jeter son antagoniste sur le pavé, et de sa voix, qui retentissait dans toute l'église, lui cria ces paroles fatales : Rends-toi, Aymer de Valence ! — secouru ou non secouru, — rends-toi ! — Rends-toi, ajouta-t-il, plaçant la pointe de son épée sur la gorge du chevalier tombé, non pas à moi, mais à cette noble dame ; — secouru ou non secouru !

Le cœur plein de douleur de voir qu'il avait perdu une si belle occasion d'acquérir de la renommée, le chevalier anglais comprit qu'il était obligé de se soumettre à son sort ou d'être tué sur la place. Il lui restait une consolation, c'est que jamais combat n'avait été plus honorablement soutenu, et que la victoire avait été gagnée autant par accident que par la valeur de son adversaire.

L'issue de la lutte aussi longue qu'acharnée entre Douglas et de Walton ne demeura guère plus longtemps incertaine. Le nombre des victoires que Douglas avait remportées en combat singulier pendant toute la durée de ces guerres était si grand, qu'on se demandait si, pour la force personnelle et l'habileté, il n'était pas meilleur chevalier que Bruce lui-même, et on le reconnaissait au moins pour son égal dans l'art de la guerre.

Il arriva, toutefois, qu'après trois quarts d'heure d'un rude combat, Douglas et de Walton, dont les nerfs n'étaient pas tout à fait de fer, commencèrent à montrer par quelques signes que leur corps mortel ressentait l'effet d'efforts si prolongés. Leurs coups commencèrent à être portés plus lentement, et parés avec moins de vivacité. Douglas, voyant que le combat allait nécessairement finir, fit généreusement signe à son antagoniste de suspendre un instant.

—Brave de Walton, dit-il, il n'y a point de mortelle querelle entre nous, et vous avez dû voir que dans cette passe d'armes Douglas, quoiqu'il ne possède au monde que sa cape et son épée, s'est abstenu de prendre aucun avantage décisif, quand la chance des armes le lui a plus d'une fois offert. La maison de mon père, les vastes domaines qui l'entourent, les tombeaux de mes ancêtres, sont un prix suffisant pour qu'un chevalier les dispute, et m'ordonnent impérieusement de poursuivre une lutte dont ils sont l'objet, tandis que vous pouvez recevoir de ma main cette noble dame, avec autant d'honneur et de sécurité que si vous la receviez des mains du roi Edward lui-même. Je vous donne ma parole que les plus grands honneurs qu'on puisse faire à un prisonnier, que le soin le plus attentif à éviter tout ce qui ressemblerait à un affront ou à une insulte, attendent de Walton, s'il rend le château et son épée à James de Douglas.

— C'est le sort qui peut-être m'est réservé, répondit sir John de Walton ; mais jamais je ne m'y soumettrai volontairement, et jamais on ne pourra dire qu'excepté à la dernière extrémité, ma langue ait prononcé la phrase fatale, ou que j'aie abaissé la pointe de mon épée devant qui que ce soit. Pembroke est en marche avec toute son armée pour secourir la garnison de Douglas ; j'entends en ce moment même le bruit des pas de ses chevaux, et je maintiendrai mon terrain quand le secours est si proche : je ne crains pas que la force qui commence à m'abandonner m'abandonne entièrement avant qu'il n'arrive. Allons donc, ne me traitez pas comme un enfant, mais comme un homme qui ne redoute pas les derniers efforts de son brave adversaire, qu'il doive succomber ou triompher dans cette lutte.

— Soit, dit Douglas ; et son front rembruni comme le nuage qui porte la tempête indiquait qu'il avait résolu de mettre promptement fin au combat, quand tout à coup le bruit des pas d'un cheval se rapprocha, et un chevalier gallois, qu'on reconnaissait pour tel à la taille exiguë de son cheval, à ses jambes nues, à sa lance sanglante, cria de toute sa voix aux combattants d'arrêter.

— Pembroke approche-t-il ? demanda de Walton.

— Il n'est qu'à Loudon-Hill, répondit le messager ; mais j'apporte ses ordres à John de Walton.

— Je suis prêt à les exécuter en dépit de tous les dangers.

— Malheur à moi, reprit le Gallois, que ma bouche doive porter aux oreilles d'un homme si brave des nouvelles si funestes ! Le comte de Pembroke a reçu avis hier que le château de Douglas était attaqué par le fils du feu comte et tous les habitants du pays. A cette nouvelle, Pembroke résolut, noble chevalier, de marcher à votre secours avec toutes les troupes qu'il avait à sa disposition. Il le fit, et en conséquence il ne doutait pas qu'il n'arrivât à temps pour sauver le château, quand, à Loudon-Hill, il a rencontré à l'improviste une armée de très-peu inférieure à la sienne, et commandée par ce fameux Bruce que les rebelles écossais reconnaissent pour leur roi. Il a immédiatement marché à l'attaque, jurant qu'il ne passerait pas un peigne dans sa barbe grise

CHAPITRE XX.

avant qu'il n'eût délivré l'Angleterre de cette peste incessante. Mais le sort de la guerre a été contre nous.

Le messager s'arrêta ici, faute d'haleine.

— Je le pensais ! s'écria Douglas ; maintenant Robert Bruce pourra dormir la nuit, puisqu'il a payé Pembroke pour le massacre de ses amis et la dispersion de son armée à Methuen Wood. Ses soldats sont accoutumés à affronter le danger et à en triompher ; ceux qui l'accompagnent ont appris le métier des armes sous Wallace, et depuis ils ont partagé les périls de Bruce lui-même. On croyait que les flots les avaient engloutis lorsqu'ils s'étaient embarqués dans l'ouest : mais apprenez que Bruce exécute sa résolution de faire valoir ses prétentions au retour du printemps, et qu'il ne quittera plus l'Écosse tant qu'il vivra et tant qu'un seul lord restera pour combattre à côté de son souverain, en dépit de toutes les forces qu'on a si traîtreusement déployées contre lui.

— Il n'est que trop vrai, dit le Gallois Meredith, quoique cela soit dit par un orgueilleux Écossais.—Le comte de Pembroke, complètement défait, est hors d'état de sortir des murs d'Ayr vers lesquels il a opéré sa retraite avec une perte considérable. Il envoie donc ses instructions à sir John de Walton, qui sont d'obtenir la meilleure capitulation possible pour rendre le château de Douglas, et de ne plus compter en rien sur son secours.

Les Écossais, qui entendirent ces nouvelles inattendues, poussèrent des acclamations si bruyantes que les ruines de l'ancienne abbaye en parurent ébranlées, et qu'on put croire qu'elles allaient s'écrouler sur la tête de la multitude qui s'y était rassemblée.

Le front de de Walton s'obscurcit à la nouvelle de la défaite de Pembroke, bien que cet événement lui permît de prendre des mesures pour assurer le salut de lady de Berkely. Toutefois, il ne pouvait plus réclamer les conditions honorables qu'il avait offertes Douglas avant que l'issue de la bataille de Loudon-Hill fût connue.

— Noble chevalier, dit-il, il reste maintenant entièrement à votre discrétion de dicter les termes auxquels doit vous être rendu le château de vos aïeux, et je n'ai plus le droit de réclamer de vous ces conditions que votre générosité m'offrait il n'y a qu'un moment. Mais je me soumets à mon sort, et quelques lois que vous jugiez à propos de me dicter, je vous fais hommage de cette épée dont j'incline la pointe à terre en signe que je ne la relèverai pas contre vous jusqu'à ce qu'une rançon convenable m'en ait rendu la disposition.

— A dieu ne plaise, répondit le noble James de Douglas, que je profite d'un pareil avantage sur le plus brave des nombreux chevaliers que j'aie jamais rencontrés en combat singulier ! Je prendrai exemple du valeureux sir Fleming, qui a galamment fait don de son prisonnier à une noble damoiselle ici présente. Je transfère de même tous mes droits sur la personne du redouté chevalier de Walton à la haute et noble dame

Augusta, qui, je l'espère, ne dédaignera pas d'accepter des mains de Douglas un présent que les chances de la guerre y ont jeté

Sir John de Walton, en entendant cette décision inespérée, eut l'air du voyageur qui voit les rayons du soleil percer et dissiper la tempête dont il était assailli depuis le matin. Lady de Berkely se rappela ce qui convenait à son rang, et montra sa gratitude pour la conduite chevaleresque de Douglas. Essuyant à la hâte les pleurs qui, à son insu, s'étaient échappés de ses yeux quand elle avait vu le salut de son amant et le sien propre dépendre de l'issue d'un combat désespéré, elle prit l'attitude convenable à une héroïne de cette époque, qui ne se sentait point de répugnance à accepter le rôle important que lui assignait la voix unanime des chevaliers. Faisant quelques pas en avant avec grâce et modestie tout à la fois, comme il appartenait à une noble dame habituée à soutenir les regards au milieu de semblables difficultés, elle prit la parole d'un ton qui n'aurait pas mal convenu à la déesse des batailles se montrant à la fin d'un combat sur un champ couvert de mourants et de morts.

— Le noble Douglas, dit-elle, ne sortira pas sans recevoir un prix de ce champ de bataille où il a si noblement vaincu. Ce collier de brillants, que l'un de mes aïeux a conquis sur le sultan de Trébisonde lui-même, trophée de bataille aussi, acquerra un nouvel honneur s'il soutient sous l'armure de Douglas une mèche de cheveux de celle que ce noble vainqueur a reconnue pour son guide en chevalerie. Jusqu'à ce que Douglas ait obtenu cette mèche, s'il permet que les cheveux qui y sont y demeurent, celle sur la tête de laquelle ils ont crû le regardera comme un signe que la pauvre Augusta de Berkely a obtenu son pardon pour avoir engagé quelque mortel que ce fût dans une lutte contre le chevalier de Douglas.

— Jamais amour de femme, répondit Douglas, ne me séparera de ce médaillon, que je garderai jusqu'au dernier jour de ma vie comme un emblème du mérite et de la vertu qui peuvent orner le beau sexe; et sans prétendre m'arroger les soins honorables qui appartiennent désormais à sir John de Walton, que tous les hommes sachent que quiconque dirait que lady Augusta de Berkely, en cette circonstance difficile, aurait agi autrement qu'il ne convenait à la plus noble personne de son sexe, fera bien de se préparer à soutenir une pareille proposition la lance au poing contre James Douglas.

Ce discours fut reçu avec les plus vives acclamations des deux côtés, et la nouvelle apportée par Meredith de la défaite du comte de Pembroke et de la retraite qui en avait été la suite réconcilia les plus acharnés des soldats anglais avec l'idée de la reddition du château de Douglas. Les conditions nécessaires furent bientôt arrêtées; elles remirent les Écossais en possession de cette place forte, ainsi que des magasins d'armes, de munitions et d'approvisionnements de toute espèce qu'elle contenait. La garnison put se vanter de cet honneur, qu'elle obtint un franc passage avec ses armes et ses chevaux pour retourner par la route la plus courte et la plus sûre jusqu'à la frontière d'Angleterre, sans éprouver aucun dommage ni sans en faire éprouver aucun aux habitants.

Marguerite de Hautlieu ne se laissa pas vaincre en générosité. Le brave chevalier de Valence eut la permission d'accompagner de Walton et lady Augusta en Angleterre, et cela sans aucune rançon.

Le vénérable prélat de Glascow, voyant se terminer si heureusement pour son pays ce qui avait paru devoir amener une lutte générale, se contenta de donner sa bénédiction à la multitude assemblée, et de se retirer avec ceux qui étaient venus pour l'assister dans la célébration de la fête du jour.

Cette reddition du château de Douglas, le dimanche des Rameaux 1036-7, fut le commencement d'une suite non interrompue de conquêtes, dans lesquelles la plus grande partie des châteaux et des forteresses d'Écosse fut rendue à ceux qui combattaient pour la liberté de leur pays, jusqu'à la grande affaire qui couronna le tout, la célèbre bataille de Bannockburn, où les Anglais subirent une défaite plus désastreuse qu'aucune de celles qui jamais aient été mentionnées dans leurs annales. Il reste peu de choses à dire sur le sort des personnages de cette histoire. Le roi Edward fut grandement irrité contre sir de Walton pour avoir rendu le château de Douglas tout en s'assurant l'objet de ses vœux particuliers, la main enviée de l'héritière de Berkely. Toutefois, les chevaliers auxquels il remit le soin de faire une enquête à ce sujet furent d'avis que sir John n'avait encouru aucun blâme, puisqu'il avait rempli son devoir dans toute son étendue jusqu'à ce que son supérieur l'eût obligé de rendre le Château Dangereux.

Un singulier rapprochement eut lieu plusieurs mois après entre Marguerite de Hautlieu et son amant sir Malcolm Fleming. L'usage que cette dame fit de sa liberté et de la décision du parlement d'Écosse qui la remettait en possession de l'héritage de son père, fut de se livrer à son naturel aventureux, au milieu de dangers que ne recherchent pas ordinairement les personnes de son sexe. Lady de Hautlieu ne se contenta pas d'être une hardie chasseresse; on dit qu'elle ne craignit pas d'affronter même le champ de bataille. Elle demeura fidèle aux principes politiques qu'elle avait de bonne heure adoptés; il sembla qu'elle eût formé la généreuse résolution d'empêcher Cupidon de monter en croupe derrière elle, si même elle ne le foulait pas aux pieds de son cheval.

Le chevalier de Fleming, bien qu'il se fût éloigné du voisinage des comtés de Lanark et d'Ayr, fit une tentative pour s'excuser auprès de lady de Hautlieu; celle-ci lui renvoya sa lettre sans l'ouvrir, résolue, suivant toute apparence, à ne plus entendre parler de leurs anciens engagements. Il arriva cependant, à une époque plus reculée de la guerre avec l'Angleterre, qu'une nuit que sir Fleming chevauchait sur la frontière, cherchant les aventures, suivant l'usage du temps, une suivante, vêtue d'un costume bizarre, vint implorer la protection de son bras en faveur de sa maîtresse, qui, vers la fin de la soirée, avait été faite prisonnière par certains félons qui l'entraînaient de force à travers la forêt. La lance de Fleming fut naturellement aussitôt en arrêt, et malheur à ceux qu'elle atteignit. Un premier tomba hors de combat ; un second eut le même sort sans essayer plus de résistance. La dame dégagée des cordes indignes qui avaient retenu ses bras n'hésita pas à accepter la compagnie du brave chevalier qui l'avait délivrée; et bien que l'obscurité ne lui permît pas de reconnaître son ancien amant dans son libérateur, elle ne put s'empêcher de prêter volontiers l'oreille aux discours dont il l'amusa chemin faisant. Il parla des misérables qu'il venait de vaincre comme d'Anglais qui prenaient plaisir à exercer une oppression barbare sur les demoiselles écossaises qu'ils rencontraient errantes, ajoutant qu'il était du devoir des champions d'Écosse d'embrasser leur cause et de les venger, tant qu'il leur restait une goutte de sang dans les veines. Il parla de l'injustice de ces querelles nationales qui avaient fourni un prétexte pour une oppression si coupable, et la dame, qui elle-même avait tant souffert de l'intervention des Anglais dans les affaires d'Écosse, acquiesça volontiers aux sentiments qu'il exprimait sur un sujet qu'elle avait tant de raisons de regarder comme affligeant. Elle répondit du ton animé d'une personne qui n'aurait pas hésité, si les circonstances l'y eussent appelée, à défendre de sa propre main les droits qu'en ce moment elle ne soutenait qu'en paroles.

Le chevalier, enchanté de son côté de l'énergie de ses réponses, et reconnaissant dans sa voix ce charme secret qui, une fois qu'il a fait impression sur le cœur de l'homme, en est rarement effacé par les événements postérieurs, se persuada presque que les accents lui en étaient familiers, et qu'ils avaient autrefois exercé une influence sur ses affections les plus intimes. A mesure qu'ils avançaient dans leur voyage, l'émotion du chevalier augmentait au lieu de diminuer ; les scènes de sa première jeunesse se représentaient à son esprit par des circonstances si légères, que dans tout autre moment elles n'auraient produit aucun effet. Les sentiments qu'il entendait exprimer étaient conformes à ceux auxquels il avait consacré sa vie, et il se figura que l'aube du jour serait pour lui le commencement d'une bonne fortune des plus extraordinaires.

Au milieu de son anxiété, sir Malcolm Fleming n'avait pas la plus légère idée que la dame qu'il avait autrefois repoussée se trouvât de nouveau jetée sur son chemin après des années d'absence; encore moins, quand le jour naissant lui eut permis d'entrevoir les traits de sa belle compagne, put-il croire qu'il pût de nouveau se dire le champion de Marguerite de Hautlieu, et cependant il en était ainsi. Dans cette terrible matinée où elle était sortie de l'église de Douglas, Marguerite ne s'était pas résignée, et quelle dame s'y résoudrait jamais, à perdre, sans effort pour les retrouver, les charmes qu'elle avait autrefois possédés. Le temps, secondé par des mains habiles, avait réussi à effacer les cicatrices qui lui étaient restées depuis sa chute. Ces cicatrices étaient à peine visibles maintenant, et l'absence de l'œil perdu n'était plus aussi sensible, dissimulée qu'elle était par un ruban noir et par les artifices de sa suivante, qui avait soin de le recouvrir d'une mèche de cheveux. En un mot, il revit la même Marguerite de Hautlieu, à peu de chose près avec la même expression de physionomie où se peignait son âme noble et son caractère passionné. Il leur sembla donc à tous deux que le destin, en les rapprochant après une séparation qui avait semblé si définitive, exprimait la volonté que leurs fortunes fussent désormais inséparables. Le soleil était à peine arrivé à toute sa hauteur que nos deux voyageurs marchaient en avant de leur suite, causant avec un empressement qui indiquait l'importance des matières qu'ils discutaient. Peu de temps après, on sut dans toute l'Écosse que sir Malcolm Fleming et lady Marguerite de Hautlieu allaient être unis à la cour du roi Robert, et que l'heureux époux recevrait l'investiture du comté de Biggar et Cumbernauld, qui demeura si longtemps dans sa famille.

AU LECTEUR.

Le lecteur bienveillant sait que probablement ces contes seront les derniers que l'auteur doive avoir l'honneur de soumettre au public. Il est maintenant à la veille de visiter les pays étrangers ; son royal maître a mis en commission un vaisseau de guerre pour porter l'*Auteur de Waverley* dans des climats où il pourra peut-être rétablir assez sa santé pour revenir achever doucement le fil de ses jours dans son pays. S'il avait poursuivi ses travaux littéraires habituels, il est probable qu'à l'âge où il est arrivé, le vase, pour employer l'expression pathétique de l'Écriture, se serait brisé à la fontaine ; et celui qui a joui d'une part peu commune du plus précieux des biens de ce monde n'a guère le droit de se plaindre si sa vie, en approchant de son terme, offre la proportion ordinaire d'ombres et d'orages. Du moins ils ne l'ont pas plus affecté que ne saurait éviter de le faire le paiement de cette dette de l'humanité. De ceux dont le rapprochement avec lui dans les rangs de la vie semblait lui assurer la sympathie quand viendraient l'âge et la maladie, un grand nombre ne sont plus ; et ceux qui lui survivent ont droit d'attendre de lui un exemple de fermeté et de patience à supporter des maux inévitables, d'autant plus qu'il a joui d'un bonheur plus qu'ordinaire dans le cours de son pèlerinage.

Le public a des droits à sa reconnaissance, et l'Auteur de Waverley manque de paroles pour exprimer celle qu'il ressent. Toutefois, on lui permettra d'espérer que les facultés de son âme, quelles qu'elles soient, n'ont pas vieilli plus vite que celles de son corps, et qu'il pourra se présenter de nouveau devant le lecteur bienveillant, si ce n'est exactement dans son ancien genre de littérature, du moins dans quelque autre qui ne justifie pas la remarque que

« Trop longtemps le vieillard s'est traîné sur la scène. »

ABBOTSFORD, septembre 1831.

IMPRIMERIES DE PECQUEREAU ET C°,
58, RUE DE LA HARPE.